사례중심

법과 생활

[제 7 판]

고세일 · 김동건
김용욱 · 김종서
윤부찬 · 윤형렬
이문지 공저

法 文 社

제7판 머리말

이 책의 제6판이 2013년에 발간이 되어 그간 법령의 개정이 있었고, 새로운 해석의 판례가 나옴에 따라 이 책의 개정과 보충이 필요하였다. 그러던 중 제7판을 발간할 수 있게 하여 준 법문사에 우선 감사의 말씀을 드린다.

제7판에서 수정 보충한 내용은 다음과 같다.

제1장 「생활에서의 법은 무엇인가」에서는 일부 자구를 수정하고 문단을 정리함과 아울러 생활 속에서 쉽게 접할 수 있는 예를 보태어 설명의 생동감을 높이고자 하였다.

제2장 「헌법과 사회생활」에서는 헌법의 기본원리에 관한 내용을 대폭 추가, 보완하였다. 국민주권주의, 권력분립원리 및 법치주의에 대하여 그 역사적 배경과 현실적 의미를 설명하고, 서술 순서도 부분적으로 변경하였다. 특히 제3절로 편제되어 있던 권력분립의 경우 제2절에 포함시켜 국민주권주의와 유기적 관계를 강조하는 한편 하나의 사례를 통하여 이 원리의 현실적 의미와 한계를 좀 더 깊이 고민해 보고자 하였다. 제4절 기본권 부분에서는 내용이 좀더 명확히 전달될 수 있도록 설명과 사례를 수정, 보완하는 한편 법령의 개정과 새로운 판례의 내용을 반영하였다.

제3장 「민사법과 사회생활」에서는 재산법(제1절부터 제6절)과 관련하여 우선 그 내용을 줄이는 작업을 하였다. 빠뜨리지 않고 모든 내용을 소개하고자 하는 필자의 욕심이 양을 축소하는 데 그 한계를 주었다. 그리고 문장을 다듬었다. 또한 설명을 쉽게 하기 위하여 서술한 내용이 오히려 오해를 불러올 소지가 있어 이를 법률용어로 정리하였다. 그리고 민법과 민사특별법의 개정이 있어 그 개정된 내용을 반영하였다. 가족법(제7절, 제8절)과 관련하여서는 개정 사유가 별로 없었다. 민사소송절차(제10절부터 제13절)와 관련하여서는 먼저 개정법률(각급법원의 설치와 관할구역에 관한 법률, 소송촉진 등에 관한 특례법, 민사소송 등 인지법, 민사소송 등에서의 전자문서 이용 등에 관한 법률, 변호사보수의 소송비용산입에 관한 규칙)을 그 내용에 맞게 수정하였다. 특히 「독촉절차에서의 전자문서 이용 등에 관한 법률」은 폐지되었으므로 그 내용을 반영하였다. 나아가 표현을 좀 더 다듬었고, 사례나 소장양식을 2016년 기준으로 다시 고쳤다. 항소 부분에

서 부대항소 부분을 추가하였다.

제4장 「형사법과 사회생활」에서는 2013년 이후에 개정된 형법과 형사절차법의 내용을 반영하였다. 구체적으로 그 동안 강간, 강제추행 등의 성범죄가 친고죄가 아닌 일반범죄로 되고, 헌법재판소의 위헌결정으로 간통죄가 폐지되는 등 몇 가지 사정변경이 생겨 이번에 이러한 개정내용을 소개하였다. 그리고 음주운전의 기준, 배상명령의 대상, 범죄피해자구조금, 형사보상, 형사조정의 개정 내용을 반영하고, 최근 사회적으로 문제되고 있는 데이트폭력, 해킹, 디도스 공격 등의 신종범죄에 대한 내용을 추가하여 형사법 내용의 완성도를 높이려고 최대한 노력하였다.

제5장 「상사법과 사회생활」에서는 2014년과 2015년에 개정된 상법의 내용을 반영하였고 일부 문장을 개고하였으며 오탈자를 고쳤다.

제6장 「행정법과 사회생활」에서는 개정 사유가 별로 없어 그대로 유지하기로 하였다.

끝으로, 현재 출판시장의 상황이 열악함에도 불구하고 이 책의 개정판을 출판해 준 법문사에 감사드린다. 특히 출판을 흔쾌히 허락해 주신 사장님께 감사드리며, 이 책의 교정을 맡아 주신 편집부 김진영 선생님과 그 밖의 실무를 맡아 주신 장지훈 부장님께도 감사드린다.

2016년 8월
저 자

제6판 머리말

이 책 제6판의 발간 목적은 제5판 이후에 이루어진 민법과 상법의 개정 내용을 반영하는 데에 두었다. 특히 「제3장 민사법과 사회생활」에서는 2013년 7월 1일부터 시행되는 민법의 개정 내용을 반영하였다. 개정 민법은 행위능력과 관련하여 무능력자제도를 제한능력자제도로 개선하였고, 또 후견계약제도를 새로이 도입하였다. 또한 미성년자와 관련하여, 성년기 연령의 하향 조정과 친권의 자동부활과 법정후견인 제도가 폐지됨에 따라 친권자 지정에 관한 개정 내용도 반영하였다. 그리고 「제5장 상사법과 사회생활」에서는 2009년 및 2011년의 상법 개정의 내용을 반영하였다.

이 책의 집필 목적이 대학교에서 법과 관련된 교양교재로 활용되고 또한 일반인이 생활 속에서 간혹 제기되는 법에 관한 의문점에 관한 개괄적 해설과 이에 대한 이해를 돕기 위한 사례를 제시하여 법률구조에도 기여하고자 함에 있다. 그러기 위해서는 책 내용이 간략하여야 하고 또 양이 방대하지 않아야 한다. 그러나 인위적인 서술의 축소는 꼭 필요한 법지식의 누락이 발생할 수 있어, 필수적인 내용을 추가하다 보니 만족할 만한 수준의 내용조절에는 이르지 못한 아쉬움이 있다. 이 점은 오늘날의 법이 그 내용에 있어 전문화되고 세밀화되어 그 내용 자체가 풍부해진 것에서 비롯된다. 이 책의 독자들은 이 점을 헤아려 주기 바란다.

저희 7인의 저자들은 이 책에 대하여 많은 애착을 갖고 있다. 자기의 전공분야를 중심으로 생활법학의 목적을 달성하기 위한 저술은 법학자들에게는 매우 보람있는 작업이기 때문이다. 부디 독자들의 많은 관심과 이에 따른 비판과 제안을 기대하면서, 저희 저자들은 이 책의 내용을 보다 충실히 하고 수정하는 노력을 계속 경주할 것이다.

제6판이 나오기까지 도움을 주신 여러분께 이 기회를 빌려 감사드린다. 특히 출판사정이 매우 어려운 현실 속에서 이 책을 발간하여 주신 법문사 사장님, 정성을 다하여 편집과 교정을 담당해 주신 편집부 직원과 저희 저자와 법문사 사이에 중간자로서 이 책의 발간을 위해 노력하신 장지훈 차장께도 깊은 감사를 드린다.

2013년 1월
저 자

제5판 머리말

이 책의 제5판은 제4판이 발간된 이후 법령개정에 따른 내용을 반영하여 제4판을 수정하는 것에 목적을 두고 개정판의 형식으로 출간된다. 이 책의 「제3장 민사법과 사회생활」 중 민사소송에 관한 내용에서 전문심리위원의 참여제도(민사소송법 제164조의 2~제164조의 8)와 민사소송 등에서의 전자문서 이용 등에 관한 법률(2010. 3. 24. 법률 제10183호)에 관한 내용을 보충하였고, 소장과 사례의 연도와 날짜를 최근 것으로 고쳤다. 「제4장 형사법과 사회생활」에서는 형사에 관한 개정법령에 따른 내용 수정과 일부사례를 보완하였으며, 특히 최근에 신설된 제도로서 형사조정에 관하여 상술하였다. 「제5장 상사법과 사회생활」에서는 2010년의 상법 총칙과 상행위편의 개정된 내용을 반영하였다. 그리고 전반적으로 이 책의 서술 중에서 명확하지 않거나, 오해 소지가 있는 부분에 대하여 독자들이 좀 더 쉽게 이해할 수 있도록 표현을 수정하였다.

저희 공저자 7인은 이 책에 많은 애정을 가지고 저술하고 있다. 특히 이 책은 다양한 독자들의 법생활에 일반적으로 도움이 되고자 저술되었다. 그러나 이 책은 일반인의 일상생활에 필요한 법상식을 단순히 전달하는 데에 그 목적을 두지 않고, 더 나아가 대학교의 교재로서 활용될 것을 목적으로 하고 있다. 그리하여 이 책에서는 우리의 생활에 필요한 법에 관하여 그 입법의 의미까지 포함하여 상당한 정도로 법이론적 근거를 제시하였고 또 그 이해를 돕기 위해서 사례를 함께 제시하였다. 이러한 저자들의 노력에도 불구하고 이 책의 많은 부분에서 아직 미흡한 서술이 있을 것으로 생각된다. 앞으로 저희 저자들은 독자 제위들의 비판과 충고를 경청하여 이를 이 책에 반영함으로써, 보다 나은 책이 되도록 계속 발전시켜 나갈 것이다.

제5판이 나오기까지 도움을 주신 여러분께 이 기회를 빌려 감사드린다. 특히 출판의 어려운 사정 속에서도 이 책을 발간하여 주신 배효선 사장님께도 감사를 드린다.

2010년 8월

저 자

제4판 머리말

이 책의 제4판에서 집필의 목적은 내용의 증보에 있다. 이 책은 주로 대학교에서 법과 관련된 교양과목의 교재로 활용되고 있다. 이러한 책 활용의 목적을 감안하여 볼 때, 제2판의 내용이 1학기에 1강좌의 강의를 통하여 섭렵하기에는 너무 양이 방대하였다. 그리하여 제3판에서는 강의의 분량을 고려하여 과감한 삭제가 있었으나, 이로 인하여 이 책의 제3판에서는「법과 생활」이라는 책제목에 걸맞지 않은 미비점이 노출되었다. 따라서 강의계획에는 다소 어려움이 따를지라도 이번 제4판을 통하여 미비한 내용을 보충하여,「법과 생활」이라는 제목에 일치하도록 일상생활에 필요한 법지식을 포함시킬 수 있게 되었다. 특히「헌법과 사회생활」에서 통치기구론이 보충되었고,「민사소송과 사회생활」에 관한 내용도 새로이 저술하여 보충하였다. 그리고「민법과 사회생활」의 내용도 2007년에 개정된 가족법에 맞게 보정하였으며, 재산법의 내용도 서술의 흐름에 맞게 정리하였다.

비록 7인의 저자들이 이 책에 애착을 가지고 각자 자기 전공분야에서 나름대로 열심히 저술하고 수정하고 보충하여 왔지만, 여전히 미흡한 부분이 많을 것이다. 앞으로 저희 저자들은 독자 제위들의 비판과 제안을 겸허히 받아들여 이 책을 계속 수정해 나갈 것이다.

제4판이 나오기까지 도움을 주신 여러분께 이 기회를 빌려 감사드린다. 특히 출판의 어려운 사정 속에서도 이 책을 발간하여 주신 배효선 사장님께도 감사를 드린다.

2009년 1월
저 자

제3판 머리말

본서의 초판이 발행된 지 만 10년이 되었다. 그 동안 민법, 상법, 민사소송법, 형사소송법, 채무자회생 및 파산에 관한 법률, 폭력행위 등 처벌에 관한 법률 등 많은 중요 법률들이 개정되거나 새로 제정되었다. 이번 판에서는 이렇게 새롭게 제정 혹은 개정된 법률의 내용을 본서에 반영하도록 노력하였다.

대학교재의 목적은 학문적 성과를 담는 것과 어떻게 하면 학생들로 하여금 쉽게 그 과목의 내용에 접근할 수 있도록 할 것인가 하는 것이다. 이 두 가지 목적 내지 기능을 동시에 달성하는 것은 매우 어려운 것이며 동시에 교수로서는 어느 것 하나도 쉽게 포기할 수 없는 것이기도 하다. 그렇지만 본서에서는 학생들의 이해의 편의를 돕기 위해 전자를 과감히 줄였으며, 가능한 한 이론적인 설명은 제외하고 법학을 전공하지 않은 일반 학생들도 법을 쉽게 이해할 수 있도록 전문적인 법률용어는 피하고 평이한 생활용어를 사용하여 법을 사례중심으로 서술함으로써, 학생들이 법률문제에 관해 흥미와 관심을 가지고 문제해결을 시도할 수 있는 기초를 제공하고자 하였다.

그런데 학생들의 법률생활에 도움을 주기 위해 대학에서 개설되는 대부분의 생활법률 내지 법과 생활에 관한 강좌는 대개 1학기로 개설되는 것이 현실이다. 이런 현실 상황 속에서 너무 방대한 교재는 수강생은 물론 강의를 하는 교수에게도 큰 부담이 되는 것이 사실이다. 그래서 저자들은 제3판에서는 책의 분량을 줄이려고 노력하였다. 너무 이론적이거나 현실생활에서 잘 만나기 어려운 부분은 제외하였으며, 또 그 동안 본서에 포함되어 있었던 노동법 분야와 행정법 분야에 관한 내용을 과감히 삭제하여 상당한 분량을 줄일 수 있었다. 비록 저자들은 나름대로 최선을 다한다고 하였지만, 여전히 미흡한 부분이 많을 것으로 생각한다. 앞으로 독자 제위들의 비판과 제안을 겸허히 받아들여 이 책을 계속 수정보완을 할 생각이다.

제3판이 나오기까지 도움을 주신 여러분께 이 기회를 빌려 감사드린다. 각별히 격려를 해 주신 배재대학교 정순훈 총장님께 감사드리며, 법문사 배효선 사장님께도 감사드린다.

2007년 2월

저 자

제2판 머리말

본서의 초판을 출간한 지 2년여의 시간이 지났다. 그 동안 민법, 상법, 주택임대차보호법, 이자제한법폐지에관한법률, 가정폭력범죄의처벌등에관한특례법 등 중요법률들이 제정 또는 개정되었다. 또한 초판에서 미처 다루지 못했거나 아니면 대학교양교재에 걸맞지 않게 너무 상세히 설명한 부분이 눈에 띄었다. 그래서 저자들이 좀 한가한 겨울방학을 이용하여 본서를 대폭 수정・보완하기로 의견을 모았다.

이 전정판은 초판을 기초로 삼아 그 표현을 다듬거나 제정 또는 개정된 법률의 내용을 반영하거나 설명의 균형을 맞추기 위해서 일부 내용을 가감한 것이다. 그러므로 초판을 내면서 생각했던 저자들의 의도는 이 전정판에서도 그대로 유지되고 있다.

첫째로, 사례중심으로 서술했다. 이런 서술방법은 독자들로부터 좋은 반응을 얻었다고 보여진다. 특히 본서를 통해 사례중심 교육을 받은 학생들이 실생활의 중요한 법률문제에 관하여 나름대로 해결능력을 갖게 되었다는 이야기를 들었을 때 저자들의 당초 의도가 헛되지 않았음을 알게 되었다. 둘째로, 법학을 전공하지 않는 학생들도 쉽게 이해할 수 있도록 전문적인 법률용어는 피하고 평이한 생활용어를 사용하여 서술했다. 저자들은 특히 이 점에 유의하여 초판에 포함되어 있었던 다소 어려운 표현 대신 쉬운 표현으로 다듬는 작업에 많은 시간을 할애했다. 셋째로, 초판의 저자들이 각 전공분야별로 나누어 그 내용을 책임지고 수정・보완함으로써 법학의 현대적 이론수준을 반영하려고 노력했다. 저자들은 나름대로 최선을 다했다고 생각하지만 어쨌든 본 전정판에도 여전히 미흡한 점이 많을 것으로 생각한다. 앞으로도 독자 제위의 비판과 제안을 겸허하게 받아들여 이 책을 계속 수정하고 보완할 계획이다.

본 전정판이 나오기까지 도움을 주신 여러분께 이 기회를 빌려 감사드린다. 경향 각지의 대학에서 본서의 초판을 교재로 삼아 강의를 담당하시면서 초판의 문제점과 개선방향을 지적해 주신 유성국 박사님을 비롯한 여러 강사님께 진심으로 감사드린다. 또한 본 전정판의 출간을 쾌히 허락해 주신 법문사 배효선 사장님께도 머리 숙여 감사드린다. 그리고 본서의 편집에 대하여 조언을 아끼지 않으신 최복현 상무님과 정성어린 편집과 교정을 담당해 주신 편집부 김태우 선생님께도 진심어린 감사를 드린다.

1999년 2월
저 자

머 리 말

시중에는 이미 법학입문서가 많이 나와 있다. 모두 훌륭한 저서들이라고 생각한다. 그래서 이 책의 저자들이 여기에 또 하나의 법학입문서를 보태는 번거로움을 감수해야 할지 많이 망설였던 것도 사실이다. 그럼에도 불구하고 이 책을 저술하기로 결정한 것은 다음과 같은 이유 때문이다.

저자들이 전임교수로 근무하거나 강사로 강의하고 있는 배재대학교에는 "생활과 법률"이라는 교양강좌가 개설되어 있다. 이 강좌는 배재대학교 법학부에서 법학을 전공하지 않는 일반학생들을 대상으로 하는 실용법률강좌로서, 매학기 수백명의 학생들이 수강신청하고 있다. 이러한 현실을 감안할 때 우리 학생들에게 적합한 강의교재를 만들어야 한다는 압박감이 우리를 괴롭혔다. 우리 학생들에게 적합한 강의교재는 실생활에 법적 지식을 직접 적용할 수 있는 능력을 배양해 주면서도 동시에 대학인으로서 법학이라는 학문에 접근할 수 있게 해 주는 이중적인 특성을 만족시켜야 하기 때문이다. 그래서 일단 집필을 시작했지만 집필과정에서 또 하나의 고려가 추가되었다. 그것은 법과대학에서 법학을 전공하기 위해 입문하는 초학자들을 위해서도 이 책이 의미있게 활용되도록 하자는 배려였다. 사실 법학입문서는 많이 있지만 법학전공서적과 법학입문서를 매개해 줄 수 있는 중간단계의 책은 별로 없다는 평소의 아쉬움이 이런 고려를 추가하게 했던 것이다. 배재대학교 이외의 다른 대학에서도 사정은 다르지 않을 것으로 생각한다. 이런 고려하에 저술된 이 책은 다음과 같은 특징을 갖는다.

첫째로, 사례중심으로 서술했다. 법학을 전공하지 않는 학생들에게 실생활에 바로 적용할 수 있는 능력을 길러 주기 위해서는 사례교육보다 우수한 교육방법은 없을 것이라고 생각했기 때문이다. 특히 실생활에서 많이 문제될 만한 사례를 엄선하였기 때문에 일상생활에서 문제되는 사례는 거의 이 책의 사례로 소개되고 있다. 따라서 대학생이 아닌 일반인도 이 책을 손쉽게 활용할 수 있을 것으로 기대한다.

둘째로, 법학을 전공하지 않는 학생도 쉽게 이해할 수 있도록 전문적인 법률용어를 피하고 평이한 생활용어를 사용하여 서술하고자 노력했다. 그래서 어쩔 수 없이 사용하는 법률용어라도 한자로 표기하지 않았다. 다만 꼭 필요하다고 생각되는 경우에는 괄호 안에 한자표기를 넣음으로써 이해를 돕도록 배려했다.

셋째로, 법학을 전공하기 위한 입문서로도 활용할 수 있도록 배려했다. 그래서 단순히 실용적인 법률지식만 나열하지 않고 법적 제도의 본질과 그 배후에 존재하는 이념 및 사상을 조감할 수 있도록 서술했다. 그리고 이 책을 읽어 나가는 과정을 통해서 자연스럽게 법학도의 길로 접어들 수 있도록 서술체계와 내용을 섬세하게 배려했다. 또한 법학의 현대적 이론수준을 반영하고자 노력했다. 그래야 내실있는 법학입문서로서 활용될 수 있다고 판단했기 때문이다. 이런 고려는 저자들이 각 전공분야별로 나누어 책임집필하는 방법에 의해서 충분히 반영되었다고 자부한다. 그러나 이러한 저자들의 의도와 욕심에도 불구하고 아직 미흡한 점이 많을 것이다. 앞으로 저자들은 독자제위의 비판과 제안을 겸허하게 수용하여 이 책을 수정 · 보완할 계획이다.

이 책이 나오기까지 도와준 여러분께 이 기회를 빌려 감사말씀을 드린다. 특히 배재대학교 법학부 강사로서 헌신하고 있는 김상균 박사님, 오병철 박사님, 윤달원 강사님, 주지홍 강사님 그리고 송승은 조교, 남민영 조교에게 감사드린다. 이들의 도움이 없었다면 이 책이 나오기 어려웠을 것이다. 또한 출판을 쾌히 허락해 주신 법문사 배효선 사장님, 정성어린 편집과 교정을 담당해 주신 편집부 현근택 선생님께도 머리숙여 감사드린다.

1997년 2월

저 자

차 례

제 1 장　생활에서 법은 무엇인가

제 1 절　사회생활과 법

[1] 법과 사회규범

'법 없이도 살 사람'이라는 말이 있다. 보통 법에 위반되는 행위를 전혀 하지 않는 착한 사람을 가리킬 때 쓰는 말이다. 그러나 과연 이 말은 타당할까? 결론부터 말한다면 그렇지 않다.

사실 우리는 아침에 일어나서 밤에 잠자리에 들 때까지 항상 법의 적용을 받으면서 살고 있다. 우리가 살고 잠을 자는 공간인 집은 상속을 받은 것이거나 누구에게서 산 것이거나 아니면 누구에겐가 빌린 것이다. 이것은 대개 민법의 적용을 받는 영역이다. 그렇다고 집을 갖지 않는다고 해서 법의 적용으로부터 자유로울 수는 없다. 거리나 공원, 지하도 안의 벤치에서 잠을 자는 것도 법에 의해서 제약을 받게 된다(경범죄처벌법). 우리가 발 디디고 서 있는 대부분의 땅은 누군가에게 소유되어 있고 우리가 걷는 보도나 자동차가 달리는 차도 역시 법(도로법 또는 도로교통법)에 의해 관리되고 있다. 우리가 다니는 학교는 교육관계법에 의거하여 설치되고 진학방법, 교과과정, 배우는 사람과 가르치는 사람의 선발 등이 모두 법에 의해 규율된다. 법은 죽는 순간에도 살아있는 사람을 위해 자신의 재산을 온전히 자기 마음대로 할 수 없게 하고 죽어서 땅속에 묻히는 것조차 법의 규율을 받는다(장사 등에 관한 법률).

이렇듯 우리는 법이 지배하는 사회 속에서 살고 있으며, 반대로 말한다면 법은 우리 삶 속에서 살고 있다. 그렇다면 법 없이도 살 사람이라고 하여 법을 도외시할 것이 아니라 오히려 법을 좀더 잘 이해하고 현명하게 이용하여 법과 더불어 사는 것이 더욱 좋을지도 모른다.

법은 이처럼 우리 생활의 모든 측면을 규율하는 준칙, 즉 사회규범이다. 그러나 사회규범에는 법 이외에도 도덕, 관습, 예의 및 종교 등이 있다. 그리고 이와 같은 사회규범은 모두가 '인간은 사회적 동물'이라는 사실로부터 비롯되는 것이다. 즉, 인간은 고립된 채 혼자서 살아갈 수는 없으며 사회 속에서 비로소 자신의 가치를 실현하고 욕망을 성취할 수 있다. 인간은 반드시 타인과 공동의 생활, 곧 사회생활을 해야 한다. 그런데 사회생활을 하는 이상 각자가 제멋대로 행동을 한다면 하루도 평화로울 날이 없을 것이다. 따라서 사회생활을 하는 이상 사람들의 행위를 규율하는 어떤 규칙이 필요하게 된다. 이러한 규칙은 인간이 사회생활을 하는 중에 자연히 만들어지는 경우도 있으나, 의식적으로 만드는 경우도 있다. 그러나 그 어느 것이든지간에 우리는 이러한 규칙을 통틀어 사회규범이라고 말한다. 그리고 사람들이 바로 이러한 사회규범을 잘 지키면서 생활을 하고 있기 때문에 사회생활 전체가 평화적으로 유지될 수 있게 된다. 그리고 법이란 인간의 필요에 의하여 의식적으로 만들어진 것이면서, 우리 생활에 가장 큰 영향력을 미치는 사회규범이다.

[2] 실정법과 법, 정의

우리가 사회생활을 하면서 법을 지칭할 때, 예컨대 "이 나라에는 법도 없나, 저런 나쁜 놈 안 잡아가고!"할 때 법은 대개 실정법을 가리킨다. 실정법이란 공적인 기관에 의해 인위적으로 만들어진 법규범을 말한다. 그 속에는 국회가 만든 법률도 포함되고, 대통령이 만드는 대통령령도 포함되며, 지방의회에서 만든 조례나 시장이나 도지사가 만드는 규칙도 포함된다. 그리고 이것들을 다 싸잡아서 우리는 그냥 법이라고 한다.

그러나 실정법과 법은 엄연히 다르다. 법이란 어떤 경우에는 있어야 할 상태 그 자체를 가리키는 말로 쓰일 때도 있고, 실정법과 관습법, 판례법 등을 함께 포괄하는 말로 쓰이기도 한다. 이로부터 한 가지 알 수 있는 것은 법이란 개념은 적어도 실정법이란 개념보다는 훨씬 더 근본적이고 포괄적인 개념이라는 사실이다. 하지만 이는 법학의 다양한 분야 중 법철학이라는 분과에서 다루는 다분히 철학적인 문제인 만큼 법과 생활에 관한 개설서인 이 책에서 깊이 있게 다룰 문제는 아니다. 사실 우리가 보통 생활 속에서 말하고 보고 듣고 하는 법은 모두 실정법이고, 이 책이 대상으로 하는 것도 모두 실정법의 영역이다.

다만, 법과 실정법의 관계에 관해서 한 가지 말해 둘 것이 있다면 실정법이라고 해서 반드시 법으로서의 가치를 가지고 있는 것은 아니라는 사실이다. 실제로도 실정법 중에는 누가 보아도 옳지 않은, 그래서 사회생활의 준칙이 되기는 커녕 오히려 사회생활에 해만 되는 그런 법이 있다. 이 점을 굳이 언급하는 것은 사회에서 보고 듣는 실정법을 우리 스스로 평가하는 데 그것이 중요한 기준이 될 수 있기 때문이다. (실정)법이 법으로서의 가치를 갖기 위해서는 정의를 지향해야 한다고 한다. 정의란 법철학상의 중요한 화두가 되고 있는 만큼 그것을 무엇이라 잘라 말하기는 어렵다. 그러나 누구도 그 올바름을 부정할 수 없는 것이 있다면 그것은 곧 정의이고, 정의를 지향하는 것만이 법이며, 그렇지 않은 것은 비록 그것이 **법 또는 ○○법률이라는 명칭을 가지고 있다 하더라도 결코 법이라고 할 수 없음을 알아 두자. 법은 정의이되 실정법은 정의 자체는 아니며, 정의를 지향하는 실정법만이 법으로서의 가치가 있다는 것을!

제2절 법은 어떤 모습으로 존재하는가

법규범의 객관적인 존재형식을 가리키는 말로 법원(法源)이라는 말이 사용된다. 법은 이러이러한 모습으로 존재한다고 할 때 '이러이러한 모습'에 해당하는 것이 바로 법원이다. 즉, 법의 연원(淵源)을 줄인 말이다. 물론 이 때 말하는 법이 앞에서 말하는 정의를 지향하는 법이라고 할 때의 법은 아니다. 오히려 이 때 말하는 법은 그와 같은 질적인 개념이 아니라, 실정법과 기타의 규범 중 국가기관에 의해 행위규범과 강제규범으로서 채택되고 강제될 수 있는 것을 총칭해서 말하는 양적 개념으로 이해해야 한다. 그리고 이와 같은 법의 존재형식에는 제정법, 관습법, 판례법, 조리 등 네 가지가 있고, 이들은 크게 성문법과 불문법의 두 범주로 나눌 수 있다. 그러나 현실적으로 우리 생활에 대해 지배적인 영향력을 행사하는 것은 제정법이며, 제2장 이하에서는 제정법을 중심으로 설명이 진행된다.

[1] 성 문 법

성문법이란 문자로 쓰여졌으며 문서의 형식을 갖춘 법을 말한다. 위에서 본 네 개의 법원 중 제정법은 성문법이다. 제정법은 입법기관에서 일정한 절차에 의해 문서로 작성·공포된 법을 말한다. 우리가 실정법이라고 할 때 보통은 제정법을 말하는 것이다. 제정법에 해당하는 것으로는 헌법, 법률, 명령, 규칙, 자치법규 및 조약 등이 있다.

헌법은 한 나라의 기본조직, 통치작용 및 국민의 기본적인 자유와 권리 등을 규정하는 한 나라의 기본법이며, 최상위법이다. 한편 법률이란 헌법에서 정한 입법기관인 국회에서 가결되고 대통령이 서명, 공포한 제정법을 말한다.

법률 이외에도 명령이 있는데 국회의 의결을 거치지 않고 행정기관이 발하는 성문법규를 말한다. 명령은 다시 그것을 발하는 주체에 따라 대통령령, 총리령, 부령이 있다. 제정법에는 또한 행정기관에 대해 독립의 지위를 가지는 국가기관이 주로 내부의 규율에 관하여 정하는 규칙이 있다. 이러한 규칙은 법률의 하위에 있으나 명령과는 동일한 효력을 가진다. 한편 이러한 명령과 규칙이 '*****대통령령', 'ㅇㅇㅇㅇ대법원규칙'이 되는 것은 아니며 시행령, 시행규칙 등의 명칭으로 존재하기 때문에, 법령의 명칭만으로 일반인이 그것이 대통령이 발한 대통령령인지 대법원이 제정한 대법원규칙인지를 판별하기는 어렵다.

한편 지방자치단체가 법률 및 명령이 위임한 범위내에서 제정하는 자치에 관한 법규를 자치법규라 부른다. 자치법규에는 지방의회가 제정하는 조례와 지방자치단체의 장이 발하는 규칙(위에서 언급한 규칙과는 다르다)이 있다.

끝으로 성문법으로서 조약을 들 수 있다. 조약이란 국가와 국가간의 문서에 의한 합의를 말한다. 국가간에 체결되는 국제조약은 국민의 권리·의무에 관한 것이 많아 국내법과 마찬가지로 국민을 지배하게 되므로 제정법으로서의 성격을 가지고 있다.

[2] 불 문 법

불문법이라 함은 글로 표현되지 않은 법을 말하며 그 중에는 관습법, 판례법 및 조리가 포함된다. 법의 역사는 불문법에서 성문법으로의 과정을 거쳐 왔으므로 불문법은 성문법의 모체라 할 수 있다.

사람들이 어떤 사항에 관해 같은 행위를 계속 반복하는 것을 관습이라 한다. 이렇게 이전부터 사람들이 반복하여 행해온 행동형식은 그것을 지키지 않으면 자기는 물론 타인도 어색하게 될 뿐 아니라, 그러한 관습을 파괴하는 경우 사회구성원에 의해 강제되는 수도 있는데 이러한 관습이 관습법이다. 즉, 관습 중에서 일반인 또는 일정한 직업 내지 계층의 사람들이 법적 확신 또는 법의식을 가지고 계속 반복해서 행하는 것이 관습법이다. 그렇지 않은 것은 단순한 관습이며 관습법은 아니다.

우리나라 민법 제1조에서 "민사에 관하여 법률에 규정이 없으면 관습법에 의하고"라고 규정하고 있는 것은 이와 같은 관습법의 존재를 인정하고 있는 전형적인 예이다. 그리고 관습법은 제정법이 없는 경우에만 그 존립이 인정되며, 제정법에 우선하는 효력은 인정되지 않는다(관습법의 보충적 효력). 그러나 헌법재판소는 관습헌법 위반을 이유로 '신행정수도의 건설을 위한 특별조치법'에 대한 위헌결정을 선고하여 논란을 일으킨 바 있다(2004. 10. 21. 2004헌마554 등).

한편 법원이 판결을 선고할 때 그 근거로 제시한 판결이유가 판결을 선고한 바로 그 사건(당해사건이라고 한다) 뿐만 아니라 장래의 같은 종류의 사건에 대한 판결도 구속하는 법체계를 가진 나라가 있다. 이러한 나라에서는 판례, 특히 최고법원의 판례는 선례구속의 원칙에 의해 법으로서 재판에 원용되는데 영국이나 미국이 대표적인 예이다. 이러한 나라에서는 판례 자체가 법원으로서의 성격을 갖게 된다.

그러나 독일, 프랑스나 우리나라와 같은 경우에는 판례에 선례구속성을 인정하지 않고 재판관은 법률에만 기속되는데, 이 경우에는 판례의 법원성은 인정되지 않는다. 우리나라 법원조직법 제8조도 "상급법원의 재판에 있어서의 판단은 당해사건에 관하여 하급심을 기속한다"고 규정하여 당해사건에 대한 판례기속력을 인정할 뿐 원칙적으로는 판례의 법원성을 인정하지 않고 있다. 그러나 대법원이 최상급법원임을 감안한다면 대법원판례에 어긋나는 하급심판결은 결국 대법원에서 깨질 가능성이 매우 높으므로 대법원의 판례는 사실상의 구속력을 가지고 있다고 볼 수 있고, 실제로도 재판에서 법관들은 대법원판례를 법령 못지 않게 매우 중요하게 다루고 있다.

위에서 본 제정법이나 관습법 또는 판례법이 없는 경우 법관은 무엇을 기준으로 판결을 해야 할 것인가 하는 문제와 관련되어 있는 것이 조리이다. 민사사건에 있어서는 적용할 법이 없다는 것을 이유로 재판의 불능(또는 거부)이 인정되지 않는다(반면 형사소송에서는 죄형법정주의의 원칙이 적용되기 때문에 법률의 부재는 무죄의 근거가 된다). 이런 경우에는 우리 민법 제1조가 규정하듯이 조리에 의하여 판결을 해야 한다.

그러나 조리는 관습법이나 판례법처럼 누구나 객관적으로 인식할 수 있는 형태로 존재하는 것이 아니다. 조리에 따라서 판결을 선고한다고 하더라도 그러한 결정은 객관적인 법에 의한 것이 아니라 법관 자신의 주관적 판단(그 사건에 있어서 그 해결이 가장 적당하다는)에 의한 것에 불과하다. 따라서 조리가 재판의 근거가 된다는 민법 제1조의 규정에도 불구하고, 그것을 곧 법원이라고 할 필요는 없다.

[3] 법의 효력 ― 제정법 상호간의 관계

앞에서 보았듯이 제정법에는 여러 가지 종류가 있으므로, 그 상호간의 충돌(저촉)이 발생하는 경우가 있다. 이 경우에는 어떤 법규범이 우월한가를 정하는 원칙이 필요하게 된다.

첫째, 법규범은 상하의 단계구조를 이루고 있으며 상위의 법규는 하위의 법규에 우월하고 상위의 법규에 저촉하는 하위의 법규는 효력을 가질 수 없게 된다. 이것이 법의 형식적 효력의 문제이다. 각종의 제정법 상호간의 관계는 '헌법 〉 법률(조약 · 일반적으로 승인된 국제법규) 〉 명령 · 규칙 〉 조례 〉 규칙'으로 표시할 수 있다. 즉 상위법은 하위법에 우선하여 적용된다(상위법 우선의 원칙).

법률이 헌법에 저촉하는 경우에는 법원의 제청에 의하여 헌법재판소가 그 위헌 여부를 심사하여 하위인 법률의 효력을 부정한다. 즉 법률의 위헌심사권은 헌법재판소가 가진다. 명령 · 규칙이 상위법인 헌법이나 법률에 위반되는 여부는 법원이 심사한다.

둘째, 형식적 효력이 동등한 법규범 사이에 충돌이 발생하는 경우, 예컨대 2개의 법률 사이에 저촉이 있는 경우가 있다. 예를 들면 채권의 소멸시효기간은 민법에서는 10년이고, 상법에서는 5년으로 되어 있다. 이 경우 상법의 규정은 사인간의 채권 중에서 상거래에 의하여 생긴 채권에 관하여 특칙을 규정한 것이다. 이와 같이 법의 적용범위가 인(人) · 장소 · 사항 · 기타의 관계에 있어서 제한되어 있지 않은 법을 일반법이라 하는데 반하여, 특정한 인 · 장소 · 사항 · 기타의 관계에 한하여 적용되는 법을 특별법이라 한다. 즉, 상법은 민법의 특별법이다.

이처럼 일반법과 특별법의 저촉문제가 발생할 경우에는 "특별법은 일반법에 우선한다"는 원칙에 의하여 특별법이 우선하여 적용되고, 특별법이 없는 경우에 일반법이 2차적으로 적용된다(특별법 우선의 원칙).

셋째, 법령이 새로 제정되거나 또는 개정된 경우에는 "후법(신법)은 전법(구법)에 우선한다"는 원칙이 적용된다. 법령이 제정되거나 개정되면 이와 저촉되는 규정이 이에 따라 삭제되거나 개정되는 것이 보통이지만, 그것이 남아 있는 경우도 있는데 이 때에는 원칙적으로 후법이 우선한다(신법 우선의 원칙).

그러나 이것은 쌍방이 동등한 효력을 가지고 있는 법규범 사이의 문제이며 일반법과 특별법 사이에는 법규범 성립의 선후가 아니라 특별법우선의 원칙에 따라 효력이 결정된다. 위에서 본 예에서 채권의 소멸시효에 관한 민법의 규정이 상법 규정보다 나중에 개정된 것이라고 가정하더라도 상거래에서 생긴 채권에 대해서는 신법인 민법이 아니라 특별법인 상법이 적용된다.

제 3 절 법의 적용과 해석

사람의 생활관계나 사회적 행위를 규율하기 위해 제정된 법, 즉 실정법은 언어로 구성된 추상적 명제의 형식을 취하고 있다. 그러므로 어떤 구체적 사실이 발생했을 때 실정법의 어느 규정이 그 사실에 들어맞는지를 음미하고 판단하는 작업이 필요하며, 법의 적용이란 이러한 음미의 작업과 그 결과 내려진 판단을 말한다. 오늘날 법규범이 적용되는 과정은 재판과정에서 가장 명확히 드러나는데 그 과정을 보면 일차적으로는 법규범이 적용될 사실관계를 확정하고, 이 사실에 적용해야 할 법규를 발견하며 거기에서 판결이라는 결론을 이끌어낸다고 할 수 있다.

사실의 확정은 원칙적으로 입증, 즉 증거에 의해 사실의 존재 또는 부존재를 증명하는 것에 의해 이루어진다. 그러나 때로 사실의 입증이 매우 어려운 경우가 있기 때문에 이를 해결하기 위한 일정한 기술적 조작 역시 법에는 포함되어 있다. 그러나 이와 같은 기술적 조작은 어디까지나 입증이 완전히 또는 거의 불가능하다고 객관적으로 인정되는 경우가 아니면 동원되어서는 곤란하다. 법을 적용받는 사람이 잘 알지도 못하는 법기술적 조작에 의해 사실관계가 확정되고 거기에 법이 적용된다면 그 법은 결코 그 사람을 내면적으로 설득할 수 없고 결국 사회적 행위 기준으로서의 기능을 온전히 수행할 수 없기 때문이다. 따라서 이와 같은 기술적 조작을 많이 동원하는 법일수록 후진적이라고 말할 수도 있다.

다음으로는 확정된 사실관계에 적용해야 할 법규를 발견하는 작업이 이루어진다. 그러기 위해서는 미리 법이 갖는 의미나 내용을 명백하게 하는 작업이 필요하다. 즉 법이 무엇을 요구하고 무엇을 금지하는지가 분명해지지 않으면 안 된다. 이와 같이 법의 의미와 내용을 분명히 하는 이론적 · 기술적 조작을 법의 해석이라고 한다. 법은 다수인에 적용되어야 하고 추상적이고 일반적인 성격을 가지기 때문에 법의 의미를 확정하는 일은 매우 어려운 경우가 많다. 또한 법은 일단 제정되면 개정 또는 폐지될 때까지는 고정된 것이어야 하지만 입법자가 장래의 일을 빠짐없이 예측할 수 없을 뿐만 아니라 사회생활의 변화에 따라 법이 예견하지 못하는 새로운 사실이 계속해서 발생하기 때문에 이를 보충하기 위한 법의 해석은 필수적이다.

법의 해석은 해석하는 사람의 입장에서 실정법의 객관적 의미를 해명하는 것인 까닭에 해석자의 주관이 많이 작용하게 된다. 그러나 해석의 대상이 되는 법규는 객관적 사회규범이고 어느 특정인을 대상으로 한 것이 아니므로 법의 해석도 객관적 타당성이 있도록 이루어져야 함은 지극히 당연하다. 즉, 모든 사람이 수긍할 수 있고 또 경우에 따라 흔들리지 않는 확정성을 가지고 있어야 한다. 또한 법의 해석은 구체적인 사안에 그 법규를 적용하는 데 있어 타당성이 있도록 이루어져야 한다.

이처럼 법의 해석은 해석자의 주관을 가급적이면 억제하여 일반적 확정성과 구체적 타당성이 있도록 해야 한다. 그러나 현실에 있어서 법의 해석이 이러한 요구를 충분히 만족시키고 있는지는 의문이다. 그리고 이것은 다른 측면에서 본다면 법의 해석을 임무로 하고 있는 사람이나 집단의 역할이 얼마나 중요한지를 보여준다. 그런데 법의 해석에서 가장 중요하고 중추적인 역할을 하는 것은 재판을 담당하는 법관이지만, 일반 시민의 입장에서 본다면 보다 직접적으로 부딪히게 되는 해석자는 1차적으로 법집행을 담당하는 행정공무원, 특히 검찰과 경찰이다. 따라서 법원을 비롯한 넓은 의미의 법집행기관을 어떻게 구성하고 그 구성원들을 어떤 과정을 통해서, 그리고 어떤 기준에 의해 선발해야 하는지는 해석을 통한 법의 온전한 실현을 위해 가장 핵심적인 부분이다.

제 4 절 법이 생활규범이 되지 못하는 이유

그런데 이렇게 열심히 설명을 해대고 있어도 사실은 법은 결코 우리와 가까이 있지 않다. 한편으로는 법으로 밥을 먹고 사는 법관, 검사나 변호사, 법학교수도 있지만 대부분의 시민은 법을 한없이 멀게만 느끼고 때로는 법을 냉소하기까지 한다. 법과 관련하여 "재판을 하면 패가망신한다"는 오래된 속설에서부터 '유전무죄, 무전유죄'라는 말에 이르기까지, 법에 대한 시민의 불신과 냉소를 보여 주는 표현은 무수히 많다. 이 점은 외국이라고 해서 다르지 않다. 예컨대 성적 소수자와 에이즈 문제를 다룬 미국영화 〈필라델피아〉의 마지막 장면에는 '변호사 1000명이 꽁꽁 묶인 채 바다에 던져지면?'이라는 질문에 대해 '새로운 세상'(New Start)이라고 답하는 대사가 등장하는데, 법률가에 대한 불신은 어느 나라에나 있는 모양이다.

왜 그럴까? 법이 진정으로 현대 사회에서 가장 중요한 사회규범이고 또 그래야 한다면, 법은 현실을 규율하는 힘을 갖고 있는 것만으로는 부족하고 모든 국민이 법을 우리 생활에서 없어서는 안될 부분으로 여겨야 하지 않는가? 그래서 누구나 법을 지키고 따르는 것을 당연히 여기고 나아가 긍지로 여겨야 할 것이 아닌가? 무엇이 이런 일을 가로막고 있는가? 왜 법은 '지키는 놈만 손해'라는 말까지 나오게 되었는가?

여기에는 여러 가지 원인이 있지만, 간단히 몇 가지만 들어보자.

첫째, 법은 무지하게 어렵다. 우선 법률용어가 일반인에게는 너무나 생소하다. 법전에는 우리가 일상생활에서 사용하지 않는 용어가 너무나 많이 등장한다. 법이 적용되는 영역은 모두 우리 일상사이지만, 법을 구성하는 언어는 일상의 언어가 아니다. 물론 특수한 용어의 사용이 불가피한 경우가 없는 것은 아니지만, 굳이 쉬운 언어를 놔두고 어려운 용어를 골라 썼다고 볼 수밖에 없는 경우도 무수히 많다. 언어는 우리 일상생활에서 가장 중요한 요소이고, 공통의 언어를 사용함으로써 비로소 사회생활이 가능하다. 그런데 대부분의 사람들이 사용하지 않는 언어를 법이 사용하고 있다는 것은 법이 결코 공동체를 위해 존재하는 것이 아니라는 의심을 갖게 한다. 많은 법 중에서 그래도 가장 쉬운 언어로 쓰여진 것이 헌법이라고 생각되지만 그 헌법조차 쉽지만은 않다. 또 법률용어 중에는 일상생활에서 사용되는 것과는 전혀 다른 의미를 가진 것도 많이 있다. 예를 들어 민법에서 많이 사용되는 '선의(善意)로' 라는 용어는 일상생활에서는 '좋은 뜻으로' '좋은 의도를 가지고' 정도의 의미를 갖지만 법률 속에서는 무언가를 '알지 못하고'라는 전혀 다른 의미를 갖는다.

이와 같은 법률용어의 문제점은 이에 익숙한 사람과 그렇지 못한 일반사람을 사회적으로 분리시키는 부작용을 낳는다. 법이 보장하는 권리를 가지고 있으면서도 그 언어를 이해하지 못해 권리를 보장받지 못하는 사례도 많다. '대학생 친구가 한 명이라도 있으면 좋겠다'고 하면서 근로기준법과 자신의 몸을 함께 불태웠던 전태일 열사의 외침은 이 사회 누구에게나 해당되는 이야기이다. "권리 위에 잠자는 자는 보호할 가치가 없다"고 하지만, 대부분의 시민들은 깨어 있으면서도 자신의 권리를 모르고 있을 뿐이다. 법이 시민을 위해 존재하는 것이라면 법은 훨씬 더 쉬워져야 한다. 아무도 모르는 법을 지키라고 요구할 수는 없기 때문이다.

법의 내용도 어렵지만 많은 사람이 읽지 못하는 문자, 즉 한자가 너무 많이 사용되고 있다는 것이 또 하나의 큰 문제다. 일반 시민이 보기에 법전에 수록된 대부분의 내용은 그야말로 '검은 것은 글씨고, 흰 것은 종이'다. 보통 대학의 법학과에서는 헌법, 민법, 형법을 기본 3법이라고 부른다. 그야말로 법 중의 기본이 되는 법이라는 이야기일 터이다. 이 말이 사실이라면 거의 대부분의 시민은 법의 기본조차 모르는 일자무식이 되고 만다. 이 3개의 법을 온전히 다 읽어낼 수 있는 사람은 뛰어난 한학자 이외에는 별로 없을 것이다. 심지어 대학에서 4년 동안 법을 전공한 학생들조차 법전, 아니 기본 3법을 읽어내지도 못하는 경우가 드물지만은 않으니까. 법전을 보면 우리나라 글이 세종대왕이 "어린 백성을 어엿비 여겨" 만드신 한글인지, 아니면 중국 한족(漢族)의 글, 한자인지 구분이 안 될 지경이다. 이름 석 자 짓는 데는 몇 자만 쓰라고 하여 이름도 마음대로 못 짓게 하면서 누구나 알아야 할 법에는 왜 그렇게 한자가 많은가? 혹시 모르는 사람이 많아야 된다고 생각한 것은 아닌가?

게다가 말은 왜 그렇게 늘여서 쓰는지? "해야"라고 하면 될 것을 굳이 "하여야"라고 하고, "그렇지 않다"고 하면 될 것을 굳이 "그러하지 아니하다"고 한다. 여기저기서 경쟁력을 높이자고 야단법석을 떠는 시대에 법전만은 요지부동이다. 오히려 법률용어는 늘여 써야만 권위가 있어 보인다고까지 한다. 게다가 이런 법을 적용하고 해석하는 법관들이 만든 판결문을 보면 더 가관이다.

"그렇지 않다"고 하면 될 것을 "그러하지 아니하다고 말하지 아니할 수 없다"고까지 하니 말이다. 또한 많은 법령에서 사용하고 있는 한자용어 가운데는 일본말이 턱없이 많다.

법이 진정으로 국민들이 존중하는 생활의 일부가 되려면 무엇보다도 모든 사람이 이해할 수 있는 가장 쉬운 언어로 작성되어야 한다. 그리하여 법률전문가들만의 법이 아니라, 누구라도 법규정만을 보더라도 자신의 권리를 당당하게 주장할 수 있게 되는 만인의 권리장전이어야 한다(존 그리샴의 소설 『의뢰인』에는 초등학생인 주인공이 FBI 수사관이 진술을 요구하자 미국 헌법이 보장하는 권리—진술거부권—를 행사하겠다고 말하는 장면이 등장한다). 국민의 질서의식이나 법의식의 부족을 탓하기에 앞서 국민이 알 수 있는 법을 만드는 일이 선행되어야 한다. 법을 그렇게 쉽게 만들 수 없다면 법에 대한 교육을 통해서라도 시민들이 법을 이해할 수 있도록 해야 한다.

둘째, 법은 어려울 뿐더러 많은 법이 모든 사람을 평등하게 다루지는 않는다는 점도 문제이다. 헌법 제11조는 모든 사람이 법 앞에 평등하다고 하지만, 실제로 법 자체가 상당한 불평등을 내포하고 있는 경우가 너무나 많다. 그래서 어떤 국회의원은 〈법은 만 명한테만 평등하다〉는 조롱조의 책을 쓰기도 했다. 서로 다른 입장에 있는 사람들의 권리가 최대한 존중되도록 법이 만들어져야 하지만 어느 한쪽만을 부당하게 우대하거나 부당하게 경시하는 내용을 가진 법이 너무나도 많다.

어떤 법이 모든 사람에게 똑같은 기준으로 적용된다고 하더라도 그 법의 내용이 이미 불평등을 내포하고 있다면 오히려 평등한 적용은 불평등을 심화시킬 뿐이다. 빈부격차가 심한 상황에서 가난한 자에게나 부자에게나 똑같은 기회를 부여하는 법(근대 이후 지금까지의 법이 거의 다 이를 표방하고 있다)이 낳은 결과는 빈익빈 부익부, 나아가 극단적인 양극화 현상이었다. 법에 대한 국민의 불신과 경시를 탓하기에 앞서 먼저 다양한 입장들이 충분히 반영되고 가장 합리적인 결론을 반영한 법을 만들지 않으면 안 된다. 특히 국회는 특정정당의 당리당략을 논박하라고 만들어 놓은 기관이 아니라, 이성적인 토론을 통해 사회에 존재하는 다양한 입장과 견해들을 반영하고 수렴해서 법을 제정하라고 만들어 놓은 기관이라는 점을 분명히 인식할 필요가 있다.

셋째, 법의 집행과정이 그 적용을 받는 사람이나 그것을 보는 사람들을 설득시킬 수 있을 만큼 투명하고 공정하지 못한 경우가 너무나 많다. '코에 걸면

코걸이, 귀에 걸면 귀고리'라거나 '유전무죄, 무전유죄'라는 말은 이를 단적으로 보여준다. 이것은 아마도 국민들이 법에 대해 가지고 있는 불신과 냉소의 가장 큰 원인일 것이다. 과거 수십 년 간 빈발해 왔던 법조비리 사건의 원인으로 지목되어 왔지만 여전히 되풀이되고 있는 전관예우 문제, 하루가 멀다 하고 반복되는 공권력 남용과 이를 바로잡는 데 큰 관심이 없어 보이는 법원 등이야말로 법에 대한 국민의 불신을 부추기는 가장 중요한 요인일 것이다.

아무리 좋은 내용을 가지고 있는 법이 있다 하더라도 적용될 때마다 또 적용되는 사람에 따라 기준이 달라진다면 아무도 그 법을 믿고 따르지 못할 것이다. 법을 만들고(입법) 집행하고(행정) 그 법을 적용하고 선언하는(사법) 모든 과정이 투명하고 국민들을 설득시킬 수 있을 때에야 비로소 법이 달성하고자 하는 사회평화가 가능하다. 법을 경시하고 법집행기관(공권력)에 도전하는 일이 많다는 것은 역설적으로 그만큼 법의 집행이 공정하고 중립적으로 이루어지지 못하다는 것을 반영하는 것이기도 하다. 법집행기관의 중립성과 공정성을 확보하는 일은 국민들이 법을 믿고 지키게 하는 가장 큰 원동력이 된다.

이처럼 세간에 떠도는 법에 관한 속설들에는 다 그럴 만한 이유가 있다. 그러나 그렇다고 해서 법을 완전히 무시하고 살 수는 없다. 그만큼 법은 우리 생활 곳곳을 지배하고 있기 때문이다. 이런 문제점이 있음에도 불구하고 법이 엄연히 현실을 규율하고 지배하고 있는 한 우리는 그것을 알아야 한다는 점 또한 분명하다. 이 사회에서 무리없이, 불이익을 당하지 않고 살아가기 위해서 우리는 어떤 법을 어느 정도로 알아야 할까?

제 5 절 어떤 법들을 알아야 하는가

법은 많은 냉소를 받고 있지만 그럼에도 불구하고 많은 권리를 보장하는 규범이기도 하다. 물론 사람에게는 태어날 때부터 침해되어서는 안되는 권리가 있고, 그것을 우리는 천부인권(天賦人權)이라고 부른다. 그러나 침해되어서는 안되는 권리가 있다는 것과 그러한 권리가 현실적으로 보장되고 실현된다고 하는 것은 엄연히 다른 문제이다. 오히려 현실에서는 개인의 권리가 국가, 개인 및 각종의 사회집단 등으로부터 침해당하고 있다. 그리고 이런 침해로부터 개인의 권리를 지켜주는 궁극적인 장치가 바로 법이다.

물론 법에 의한 권리보장은 법집행과정에서 때로 전적으로 무시되기도 하지만, 적어도 법이 없이 개인의 권리가 온전히 보장될 수 없다는 것만은 확실하다. 법은 개인에게 어떤 권리가 보장되는지, 또 각 권리가 어느 정도로 보장되는지, 어떤 경우에 권리가 합법적으로 제한될 수 있는지를 규정하고 있을 뿐 아니라, 그 권리가 위법하게 침해되었을 때 권리를 구제받을 수 있는 제도적 장치를 규정하고 있다. 물론 법이 보장하는 권리의 다른 측면에는 의무가 있지만, 법적 의무를 충실히 이행하는 한 법은 상응하는 권리를 보장한다고 할 수 있다. 그리하여 법을 매개로 하는 관계, 즉 법률관계는 곧 권리의무관계로 표현된다.

구체적으로 어떤 권리가 보장되는지는 우리 생활의 영역에 따라 달라진다. 국가의 구성원인 국민의 지위에서 이루어지는 생활의 측면에서, 또 일반 사인으로서 사인과 관계를 맺으면서 생활하는 영역에서, 또 범죄를 저질러서 처벌받아야 하는 입장에서, 개인에게 보장되는 권리의 내용과 이를 규율하는 법도 달라진다. 이처럼 우리 생활을 규율하기 위해 만들어진 법령들은 무수히 많기 때문에, 여기에서 그 모든 법령에서 다루어지는 권리와 의무를 모두 언급할 수는 없다. 따라서 우리가 가장 일상적으로 부딪히고 접하는 문제들에서 생각해 볼 수 있는 권리와 그에 관한 법만을 다룰 수밖에 없다.

우선 각 개인은 대한민국이라는 국가의 구성원으로서 국가와 관계를 맺고 있다. 실정법은 국가와 국가기관의 존재를 전제하지 않고는 있을 수 없는 것이므로 이 관계는 한 국가에 속해 있는 국민의 모든 생활영역의 기초가 된다. 국가와 개인의 관계에서 가장 중시되는 권리는 바로 기본권이며, 기본권은 대한민국 헌법에 의해 보장된다. 기본권은 모든 법적 권리의 토대가 되고 이것이 보장되지 않는 한 개별 법률에 의해 어떻게 권리보장이 이루어지더라도 그것은 완전할 수 없다. 그래서 우리는 가장 일차적으로 헌법과 기본권의 문제를 다루게 된다.

그런데 국가와 국민의 관계에서 국민의 권리와 가장 밀접한 영역이 법의 집행과정이다. 즉, 권한이 없는 기관에 의해서 법이 집행되기도 하고, 법의 집행이 법이 규정하고 있는 한계를 넘어서서 이루어지기도 하며, 법의 집행 자체에 의해서 개인의 권리가 침해되기도 한다. 따라서 어떤 기관이 특정한 법을 집행할 권한을 가지는지, 또 법을 집행하는 데에 어떤 한계가 있는지, 위법한 법집행에 의해서 개인의 권리가 침해될 때에는 어떤 구제절차가 있는지를 규정하는 법이 필요하게 되고, 이는 행정법에 의해 규율된다.

다음으로 한 개인이 태어나서 죽을 때까지 맺는 가장 일상적이고 기본적인 문제는 먹고, 입고, 자는 일이다. 즉 인간이 살기 위해서는 먹을 음식과 입을 옷, 그리고 살 집이 있어야 한다. 그런데 이 모든 것을 한 개인이 생산해 낼 수는 없으므로 결국 다른 사람이 생산한 음식과 옷과 집을 사거나 빌려서 생활할 수밖에 없다. 그리고 그것을 사고 빌리기 위해서는 일정한 대가를 지불해야 한다. 이것이 거래관계이다. 사인간에 이루어지는 거래관계는 기본적으로 민법에 의해서 규율된다. 또한 민법은 사람이 소속되는 가장 일차적인 사회인 가족관계에 대해서도 규율한다.

그런데 먹을 음식과 입을 옷, 살 집을 구하기 위해서는 다른 누군가가 대신해 주지 않는 한 자기 자신이 대가를 지불해야 한다. 따라서 자신의 생계를 무한정 책임져 줄 수 있는 사람이 없는 한 누구나 지불능력을 가져야 한다. 즉 돈이 있어야 한다. 그리고 대부분의 사람들은 이와 같은 생계비를 벌기 위해 직장에 취직을 하게 된다. 즉 다른 사람에게 고용되어 일을 해 주고 그 대가로 월급이든 연봉이든 돈을 받는 것이다. 취직해서 직장을 다니다 보면 고용주에게 불이익한 처우를 당하기도 하고 월급을 떼이기도 하며, 위험한 일을 하다가 부상당하거나 심지어 죽기도 한다. 이런 일을 당하면서도 오로지 돈을 벌기 위해서 묵묵히 참아야만 한다면 그것은 누가 생각해도 올바르지 못할 것이다. 그리하여 취직을 하는 과정에서부터 직장을 다니는 전 과정에서 부당한 권리침해를 막고 고용하는 사람과 고용된 사람 사이의 올바른 관계를 정립할 필요가 있게 된다. 바로 이러한 영역을 담당하는 법이 노동법이다. 하지만 아쉽게도 이 책에서는 지면의 제약 때문에 노동법을 다루지 못했다. 대신 제2장에서 헌법상 보장되는 노동3권에 대해서만 간략하게 언급하였다.

대부분의 사람들은 위와 같이 직장에 취직해서 월급을 받고 살지만, 또 상당수의 사람들은 장사를 한다. 조그마한 구멍가게든 거대한 재벌그룹이든 영업을 해서 돈을 벌고 그것으로 먹고 사는 사람들이 많이 있다. 특히 회사를 차려서 사업을 운영하다 보면 어음도 발행하고 수표도 발행해야 한다. 그리고 그 과정에서 다툼이 생기기도 하고 주식회사 같은 경우에는 회사 경영을 둘러싸고 주주와 경영진들간에 마찰이 생기기도 한다. 상거래에서 발생하는 이러한 다툼과 마찰에 대해서는 상법이 규율하고 있다. 또한 상법은 우리가 장래의 불확실성에 대비하기 위해 들고 있는 보험이나 상품의 수출입이나 운송과 관련한 사항들도 다루고 있다.

한편 우리들은 일상 생활속에서 끝없이 범죄를 접하고 산다. 하루 저녁 TV 뉴스에서 보고 듣는 소식 가운데 상당한 부분이 이 나라 어디에선가 범죄가 저질러졌고 그 범죄에 대한 수사가 어떻게 진행되고 있으며 누구는 구속되고 누구는 재판을 받고 있다는 이야기들이다. 크게는 5.16 군사쿠데타나 12.12 군사반란, 5.17 내란의 경우처럼 국가파괴적인 범죄로부터 시작해서 작게는 사소한 절도나 폭행사건에 이르기까지 수많은 범죄 속에서 살고 있다. 또 우리 자신도 모르는 사이에 스스로가 범죄를 저지르고 있는 경우도 있다. 범죄로부터 시민을 보호하는 것은 국가의 의무이며, 시민의 생명과 자유와 재산을 위협하는 범죄를 철저히 수사하여 적절한 처벌을 가하지 않고는 사회질서는 물론 우리 개개인의 평화로운 생활도 보장될 수 없다. 바로 이와 같은 범죄와 형벌을 다루는 가장 기본적인 법이 형법이다.

이상에서 우리가 살아가면서 가장 흔히 부딪히는 여러 영역의 법들과 그 법과 관련된 권리들을 언급하였다. 그러나 헌법이나 민법, 상법 등에서는 사실상 어떤 권리를 선언하고 있을 뿐이다. 누구나 이 선언을 존중하여 권리가 온전히 보장된다면 문제가 없겠지만, 많은 사람들의 욕망과 요구가 교차하고 모든 사람이 자신의 욕망을 법이 허용하는 한도내에서 억제하는 능력을 갖추었다고 볼 수도 없는 현실에서는 이와 같은 선언이 파괴되고 경시되어 권리가 침해되는 일은 얼마든지 일어난다. 그리고 이와 같은 침해가 일어날 때 권리의 실현은 제약받게 되는데, 사람이나 힘이 아니라 적어도 법이 지배하는 사회에서는, 이러한 제약은 궁극적으로 재판을 통해 극복되고 그 결과 권리는 실현된다.

재판은 권리를 침해당한 사람이 권리를 침해한 자를 상대로 하여 제기하는 것이므로 항상 대립하는 양쪽 당사자가 존재한다. 그리고 재판은 대립하는 두 입장 사이에서 무엇이 법이고 누구의 권리가 보장되어야 하는지를 결정하는 과정이다. 따라서 재판에서는 양쪽의 입장이 대등하게 또 충분히 주장될 수 있어야 하고, 재판을 담당하는 사람은 항상 엄정중립의 자세를 지켜야 하며, 재판절차는 무엇이 법인지를 발견하기에 걸맞은 엄밀성과 과학성을 갖추고 있어야 한다. 바로 이와 같은 재판절차에 관한 법이 각종의 소송법이다. 기본권의 보장을 위한 절차를 규정한 헌법재판소법, 행정기관의 법집행과정에서 발생한 권리침해의 구제절차를 규정한 행정심판법과 행정소송법, 민사상의 권리실현을 위한 민사소송법, 범죄와 형벌에 관한 형사소송법 등이 그것이다.

헌법, 민법, 상법, 형법 등은 권리의 실체(내용)를 규정하고 있다는 의미에서 실체법이라고 하며, 소송법은 권리실현의 절차를 규정하고 있으므로 절차법이라고 부른다. 보장되어야 할 권리가 온전히 선언되는 실체법과 그 권리를 완전히 실현할 수 있도록 하는 절차법이 존재하고 이러한 법들이 정당하게 구성된 법집행기관에 의해 불편부당하게 운영될 때 비로소 우리는 그런 사회를 법이 지배하는 사회라고 말할 수 있다.

제 6 절 이 책의 구성과 서술방식

그러나 위에서 언급한 몇몇 실체법과 절차법의 내용만 하더라도 그 하나하나가 모두 한 권의 책으로는 다룰 수 없을 만큼 방대한 영역을 포괄하고 있다. 생활 속에서 법이 어떻게 적용되는지 그 대강을 이해하고 그럼으로써 법을 생활규범으로 정착시키는 데 도움을 주겠다는 이 책의 목적에 비추어 볼 때, 그와 같은 작업은 적절하지도 않고 가능하지도 않다. 따라서 이 책은 그 구성방식이나 서술방식에 있어서 다음과 같은 몇 가지 특성을 띠게 됨을 먼저 밝혀둔다.

우선 이 책은 인간생활과 법의 상호관계를 몇 가지 영역으로 나누어 살펴보게 되는데, 이 영역 구분을 인간이 태어나서 사회생활을 하면서 겪게 되는 경험의 순서에 따라 하고 있다. 우선 제2장에서는 모든 법의 근본이 되고 우리 법률생활의 대원칙과 모든 국민의 기본적 권리를 규정하는 헌법을 다루게 된다. 그리고 제3장은 민사법 영역으로서, 우리가 사회생활을 하면서 다른 사람들과 일상적으로 맺게 되는 각종의 거래관계와 가족관계를 규율하는 법의 문제를 다루게 된다. 제4장은 형사법 영역으로, 우리가 생활을 해나가는 과정에서 끊임없이 부딪히는 각종 범죄와 그에 대한 처벌의 문제, 즉 형법적 문제를 다루게 된다. 이와 같은 헌법, 민법, 형법을 흔히 기본3법이라고 부른다.

제5장은 우리가 거래를 하기 위해 필요로 하는 재화, 즉 돈을 벌기 위해서 취하는 삶의 방식 중 하나로서, 장사를 통해서 돈을 벌 경우 이와 관련되는 법영역을 다루게 된다(상사법),

그리고 마지막으로 우리는 거래관계이든 장사를 하는 과정에서건 아니면 직장문제이건 각 영역에서 행정관청과 다양하게 접촉하게 된다. 행정관청의 법집행과정이 어떤 원칙에 입각하여 이루어져야 하고 그 원칙을 위반한 행정관청의 행위의 효력은 어떻게 되며, 그 과정에서 권리침해가 발생했을 때 어떻게 구제받을 수 있는지 등과 관련한 문제들을 제6장에서 다루게 된다(행정법).

한편 이 책은 일반 시민들이 생활 속에서 부딪히는 각종 법률문제, 특히 어떤 권리가 인정되고 그것이 어떻게 보장되어야 하는지에 관한 간단한 지식과 해결방법을 제시하는 것을 목적으로 하는 것이므로, 실체법과 절차법의 영역을 모두 다루어야 한다. 그러나 법에 무지한 시민들에게 우선적인 중요성을 가지는 것은 권리구제의 절차보다는 어떤 권리가 법적으로 인정되는지를 아는 것이라고 생각한다. "권리 위에 잠자는 자는 보호되지 않는다"는 법언도 있지만, 절차는 권리가 있다는 것을 아는 사람에게만 의미가 있기 때문이다. 따라서 이 책에서는 다양한 법률문제를 실체법, 즉 권리의 내용을 중심으로 다루게 된다. 그리고 절차법만을 따로 한 부분으로 설정하여 다루지는 않고, 관련되는 각 법영역에서 필요한 한도내에서 절차법을 간략하게 다루게 된다.

마지막으로 이 책은 법에 전혀 무지한 일반 시민들을 상대로 한 것이므로, 이해를 돕기 위해서 어려운 법적 개념이나 법률용어를 동원한 설명은 가급적 줄이고, 생활에서 자주 접하게 되는 구체적인 사례를 통해 권리의 내용과 실현과정을 살펴보는 방식을 취한다. 그리하여 법적 권리나 개념에 대한 간단한 설명을 하고, 그 권리나 개념과 관련된 구체적 사례를 제시한 후 그 사례의 해결과정에서 앞에서 언급된 권리나 개념들이 어떻게 처리되는지를 설명하는 방식을 취하게 된다. 생활 속에서 무수히 많은 법률문제가 발생하지만 이것을 다 다룰 수는 없기 때문에, 이 책에서는 불가피하게 가장 기본적이고 전형적이며 중요성이 큰 사례만을 다루었다.

제 2 장 헌법과 사회생활

제 1 절 헌법은 어떤 법인가

[1] 헌법은 국가의 기본법이며 최고법이다

헌법은 우리나라의 최고법이며 모든 실정법규범에 근거를 부여한다. 따라서 헌법에 위배되는 모든 법규범은 그것이 법률이건, 명령이건, 지방자치단체의 법규범이건 모두 그 효력이 부정된다. 그러나 한 가지 분명히 알아야 할 것은 현실 속에서는 헌법에 위배되는 법령이 얼마든지 존재하고 있다는 사실이다. 이와 같이 헌법에 위배되는 법령을 찾아서 그 효력을 부정시키는 일을 국가가 알아서 하지는 않으므로 그것은 온전히 국민들의 몫이다. 이것은 한편으로는 국가의 무책임성으로 비춰질 수도 있지만, 역설적으로는 이 나라의 주인이 국민이라는 사실을 보여주는 것이기도 하다. 이것을 헌법은 "모든 권력은 국민으로부터 나온다"고 하는 국민주권의 원리로 선언하고 있다. 우리가 법을 공부하면서 한시도 잊어서는 안될 대원칙이 바로 국민주권주의이다.

한편 헌법은 국가권력의 존립형태와 근거 및 그 한계를 규정하고 있는 규범이다. 적은 인구와 한정된 영역에서 살아가던 옛날과는 달리 오늘날의 사회와 그 속에서의 생활은 국가의 존재를 전제로 해서만 그 유지가 가능하다. 그러나 사회와 사회생활의 유지 발전을 위해 만들어진 국가는 그 자체가 권력을 보유하고 있음으로 해서 항상 권력을 남용할 수 있는 지위에 있게 된다. 따라서 그 권력이 어떤 식으로 만들어지고 어떤 기관에게 부여되며 또 그 권력의 행사가 어떤 방법과 절차를 따라 이루어져야 하는지가 명확해지지 않으면 사회와 사회생활은 항상 위협받게 된다. 헌법은 이러한 국가권력의 남용으로부터 사회를 보호하기 위해 그 존립근거와 발동형태 및 한계를 규정하고 있는 수권(授權)규범이다. 따라서 헌법에 의해 권한을 부여받지 않은 기관이 권력을 행사한다거나 헌법이 정한 한계를 넘어서 행사되는 국가권력은 그 자체가 헌법 위반이다. 그러나 권력이란 한없는 집중과 남용의 속성을 지니고 있어 헌법이 규정해 놓는다고 해서 남용되지 않는 것은 아니며 우리는 매일 매일의 생활 속에서 권력 남용을 어떤 형태로든 경험하고 있다. 헌법에 위반되는 국가권력의 행사, 그것을 막는 일 역시 이 나라의 주인인 국민의 몫이다.

[2] 헌법은 기본권 보장규범이다

우리 일상생활과 관련해서 헌법이 가지는 가장 큰 의미는 헌법이 바로 국민의 기본권을 보장하는 규범이라는 데 있다. 헌법은 정치, 경제, 사회, 문화의 모든 영역에서 국민들에게 기본적으로 보장되어야 할 자유와 권리를 선언하고 있고, 그것을 흔히 기본권(基本權)이라고 부른다. 기본권은 인간이 나면서부터 본래적으로 가지고 있는 자유와 권리로부터 시작해 근대 이후의 오랜 과정을 통해 점차 그 내용을 확충시켜 왔다. 프랑스 혁명의 구호였던 자유, 평등, 박애로 요약되는 기본권은 현대사회에 들어오면서 노동, 환경, 주거 등의 영역으로 확장되어 왔다. 그리고 헌법은 바로 이와 같이 비롯되고 역사적으로 확장되어 온 기본권을 현재의 시점에서 선언하고 있는 것이다. 또한 기본권이 이처럼 지속적으로 확장되어 왔다는 사실은 앞으로도 기본권은 양과 질 모든 측면에서 더욱 확대 심화해 나갈 것이라는 점과 당대를 살아가는 사람들에게 그러한 책무가 부과되고 있음을 시사한다. 이 점을 우리 헌법 전문에서는 "우리들과 우리들의 자손의 안전과 자유와 행복을 영원히 확보할 것을 다짐하면서"라는 표현으로 분명하게 선언하고 있다.

그러나 기본권에 대한 헌법의 선언은 현실에서 그대로 지켜지지는 않으며 우리의 기본권은 국가, 거대한 사회집단에 의해 항상 위협받아 왔고 현재도 위협받고 있으며, 국민 각 개인의 기본권들이 상호간에 충돌하는 일도 다반사로 일어난다. 기본권은 인간이 인간답게 살아가기 위해서 필수적으로 보장되어야 할 자유와 권리를 의미하는데, 우리 헌법은 '인간으로서의 존엄과 가치'의 보장이라는 말로 이를 선언하고 있다.

따라서 헌법에서 선언한 우리의 기본권이 국가에 의해서건, 개인에 의해서건 부단히 침해되고 있는 한, 우리는 결코 인간으로서의 존엄과 가치를 유지하지 못하고 있는 것이며 존엄과 가치를 유지하지 못하는 국민들이 올바로 나라의 주인 행세를 할 수는 없다. 앞에서 말한 국민주권의 원리와 관련해서 말한다면 기본권이란 바로 국민이 진정한 주권자이기 위해서 필수적으로 보장받아야 할 자유와 권리를 말한다. 그리하여 진정으로 국민들이 나라의 주인이라면 우리는 기본권을 침해하여 인간으로서의 존엄과 가치를 압살하려는 국가와 집단과 개인에 분연히 맞서야 한다. 그것이 바로 주인된 국민의 도리일 것이다.

헌법은 이처럼 형식적으로는 대한민국의 최고법규범이면서, 내용적으로는 국가의 권력구조(權力構造)를 정하고 국민의 기본권을 보장하는 법규범이다.

제 2 절 헌법에서 무엇을 배워야 할 것인가

헌법은 사실 민법이나 형법처럼 일상생활에서 그것이 적용된다는 것을 체감하기도 어렵고, 그것이 과연 현실성 있는 법인지도 확실히 와 닿지 않는 법이다. 오히려 현실에서 나타나는 여러 가지 법적 모순들을 그럴듯한 문구로 치장하거나 정당화해 주는 법이 아닌가 하는 생각을 갖게 하는 경우가 더 많다. 그렇다면 법과 생활을 말하는 여기에서 왜 헌법을 공부해야 하는가, 그리고 무엇을 배워야 하는가?

그것은 바로 앞에서 언급한 헌법의 이념적 가치들, 국민주권주의라든가 인간의 존엄과 가치라든가, 기본권의 최대한 보장이라든가 하는 헌법이 추구하고 있고 또 올바른 헌법이라면 당연히 추구해야 할 가치들이다. 그러한 가치들이 구체적 현실에서 어떻게 실현될 수 있는가 하는 세부적인 법제도를 살펴보는 것도 중요하지만 그 이전에 그런 가치들 자체의 소중함을 배워야 한다. 뒤에서 언급하는 권력기관의 구성과 권한, 기본권의 세부적 내용이나 헌법재판절차에 관해서는 사실 아무 것도 몰라도 좋지만 이들 가치에 대해서만은 그 소중함과 의미를 알아야 한다. 우리 실정법이 어떤 기본권을 어떤 방식으로 또 어느 정도까지 보장하고 있는지도 중요하지만, 이들 가치에 대한 공감이 없이 그런 공부를 해봤자 그것은 무의미한 지식일 뿐이다.

그러한 가치의 소중함을 인식하게 되면 우리는 주변에서 일상적으로 일어나는 숱한 일들이 헌법적으로 어떤 의미를 가지는지를 알고 또 더 나아가 평가할 수 있게 될 것이다. 단순한 헌법지식은 현재의 헌법제도를 알게 하는 데 그치지만, 헌법의 근본에 자리잡은 이들 가치와 원리에 대한 인식은 바람직한 헌법을 향해 끊임없이 달려가게 만든다. 올바른 방향으로 끊임없이 다가서지 않는 법학공부, 특히 헌법공부는 할 필요가 없다.

여기에서는 우리 헌법이 추구하는 이러한 가치들 중 국민주권주의와 권력분립, 그리고 법치주의에 대해서만 간단히 살펴본다.

[1] 국민주권주의

오늘날 민주주의를 표방하지 않는 나라는 없다. 그러나 상식적으로 생각할 때, 즉 민주주의란 곧 다수 인민에 의한 (직접)지배를 의미한다고 보는 한, 온전한 민주주의를 실현하고 있는 국가 역시 존재하지 않는다. 그것은 불가능하기 때문인가, 아니면 어떤 힘에 의하여 의도적으로 배제되고 있기 때문인가? 근대 사회의 태동과 함께 등장한 헌법과 헌법이론들은 이를 주권이론으로 설명하고 있다. 통상 주권은 국가의 의사를 전반적으로 그리고 최종적으로 결정하는 힘으로 정의되며, 대외적으로는 독립된 권력이며 대내적으로는 최고의 권력이라는 본질적 속성을 갖는다.

국민주권이론은 기본적으로 근대시민혁명의 주역들이 자신의 혁명을 정당화하기 위하여 정립한 정치적 성격을 갖는 이론이다. 즉 시민혁명이 일어나기 전까지 주권은 군주에게 속한다고 보았다(군주주권이론). 그런데 이른바 구체제(앙시엥 레짐)를 전복하고 새로운 정치체제를 수립한 시민혁명이란 사실 군주로부터의 주권 탈취를 의미하는 것이므로, 최고의 권력을 의미하는 주권이 군주에게 귀속되는 군주주권론이 유효하다면 이러한 혁명은 당연히 불법이 된다. 즉 시민혁명의 정당성은 확보되지 않는 것이다. 바로 이러한 논리적 결함을 극복하고 시민혁명의 정당성을 뒷받침하기 위하여 등장한 주권이론이 국민주권론이다. 즉 주권이 처음부터 군주가 아닌 국민에게 있다고 하는 이론을 정립함으로써 시민혁명을 결국 원래의 주권자인 국민이 그 주권을 회복하는 것이라고 함으로써 혁명을 정당화할 수 있게 되는 것이다. 요컨대, 국민주권이론은 군주주권론으로부터 혁명의 정당성을 방어하기 위하여 만들어진 정치적 이론이라고 할 수 있다.

그러나 다른 한편으로 국민주권론은, 하층계급과 함께 시민혁명을 통하여 절대왕정을 무너뜨렸던 부르주아계급이 주창한 주권이론이기도 하다. 억압과 수탈로부터의 근원적 해방을 꿈꾸며 정치적으로는 직접지배의 이상을, 경제적으로는 사유재산제로부터의 해방을 시현코자 했던 하층계급과는 달리 자신들이 보유하고 있던 경제적 부를 안정적으로 확대재생산할 수 있는 경제체제와 이를 뒷받침할 정치체제를 골간으로 하는 국가를 그리고 있었던 부르주아계급은 국민주권론을 통하여 이를 실현코자 하였다. 따라서 부르주아계급은 자신의 계급적 이해관계를 반영하여 부르주아계급의 대표자들이 국가권력을 행사하고 부르주아계급의 구성원이 아닌 계급이 국가권력 행사를 담당하거나 그 행사에 참여하는 것을 원하지 않았다. 바로 그런 이해관계를 정확히 반영할 수 있는 주권이론이 국민주권이론이었으며, 국민주권론은 적어도 역사적으로는 부르주아주권론이라 할 수 있다. 그것은 하나의 완결된 논리구조를 갖고 있는데, 간단히 보자면 다음과 같다.

- 주권은 국민이 보유한다. 이 때 국민이란 이념적으로 통일된, 그리고 오로지 전체로서만 존재하는 — 따라서 현실에서는 존재하지 않고 오로지 관념으로만 존재하는 — 국민이다.
- 국민은 관념적 존재일 뿐이므로 주권 보유자로 상정은 할 수 있으나 주권을 직접 행사할 수는 없다. 따라서 주권 보유자인 국민을 대신하여(국민) 대표가 주권을 행사한다.
- 대표는 선거에 의하여 선출하지만, 선거가 반드시 보통선거일 필요는 없다. 어차피 유권자는 전체 국민의 일부분에 지나지 않기 때문이다.
- 주권행사자인 대표는 오로지 주권자인 전체 국민에게만 구속되며 따라서 주권자의 일부에 불과한 유권자의 의사에 구속되지 않는다.

물론 200년도 더 된 과거에 생성된 이론이 오늘날에도 한 치도 변하지 않은 채 유지되고 있다고 할 수는 없다. 즉 오늘날 대표를 선출하는 선거는 당연히 보통선거일 것을 예정하고 있고, 대표가 아닌 유권자들이 직접 국가의사를 결정하기도 한다(국민투표). 그러나 적어도 자본주의 국가의 헌법들에서 채택되고 있는 국가권력구조의 기본적 틀은 여전히 시민혁명기에 등장했던 국민주권론의 틀을 벗어나지 못하고 있는 것 또한 사실이다. 그것은 국민주권론의 생명력이 그만큼 길고 강인하다는 것을 보여준다.

하지만 이처럼 완결된 구조를 갖고 있고 수백 년의 세월을 헤치고 나온 국민주권론에도 피할 수 없는 이론적 실천적 결함이 있었고, 그러한 결함은 현재에도 엄연히 존재한다. 그것은 주권(보유)자인 '국민'과 주권행사자인 '대표' 사이의 의사불일치를 사전에 막거나 사후에 차단 또는 극복할 수 있는 방법이 없다는 것이다. 즉 국민주권론 하에서는 필연적으로 주권자의 의사와 주권행사자의 의사가 분리되게 된다. 달리 말하자면 대표가 전체 국민 또는 유권자의 의사를 배반할 경우에 대표를 통제할 수 있는 방법이 없다는 것이다.

그러므로 오늘날에도 국민주권론의 기본적 이론틀을 유지하고 있는 자본주의 국가들의 헌법이 직면해 있는 가장 중요한 과제 중의 하나가 국민주권론이 갖고 있는 이러한 결함을 어떤 방법으로 극복할 것인가 하는 것이다. 이러한 모순의 시정 내지 극복을 위하여 요청된 또 하나의 원리가 권력분립이론이다.

[2] 권력분립

국민주권론을 기반으로 하는 자본주의 국가 헌법상 권력구조의 핵심적 구성원리로서 언급되는 것이 권력분립원리이다. 권력분립이란 국민의 자유와 권리를 보장하기 위하여 국가권력을 입법권·집행권·사법권으로 분할하고(권력의 분할) 이들 권력을 각각 분리·독립된 별개의 국가기관들에 분산시킴으로써(권력의 분산) 특정의 개인이나 집단에게 국가권력이 집중되지 않도록 함은 물론 권력상호간에 권력적 균형관계가 유지되도록 하는(견제와 균형) 권력구조의 구성원리를 말한다.

이는 개인의 자유와 권리의 보장을 궁극적 목적으로 한다는 점에서 자유주의적 원리의 일종이며, 기본적으로 (국가)권력에 대한 불신을 기초로 하는 원리이다. 이 원리에 대해서 생각할 때 아이로니컬한 것은, 권력에 대한 불신에 기초를 두고 있으면서도 권력분립에 의하여 권력남용을 막을 수 있다는 낙관적 전망을 내용으로 하고 있다는 점이다. 또한 권력분립원리는 소극적 원리라고도 이야기하는데, 이는 권력의 집중남용의 방지라는 소극적 목적을 위한 것이지, 적극적으로 국가적 차원에서 효율성을 극대화시키기 위한 원리가 아니기 때문이다.

그러나 이와 같은 권력분립원리는 현대국가에서 여러 가지 이유로 위기를 맞게 된다. 무엇보다도 2차대전 이후 성립한 냉전체제에 따라 군대나 정보기관 등 방위기구의 확대 강화를 가져왔고, 사회국가이념의 실현이나 과학기술 발전에 따른 전문입법의 필요성 때문에 행정부의 권한이 강화되는 현상이 일반화됨으로써 권력분립의 균형이 무너지게 되었다. 뿐만 아니라 정당정치의 발달로 인하여 정당을 통한 권력통합, 특히 입법권과 집행권의 통합현상이 나타남으로써 형식적 권력분립원리의 의미가 퇴색되는 경우가 많아졌다. 그밖에도 제3세계 국가에서 경제개발을 내세워 국가권력을 집행권에 집중시키는 개발독재가 출현하거나 국민에 의하여 선출되지 않는 사법권력에 의한 위헌법률심사의 확대는 사법국가화라는, 권력분립원리에 대한 또 다른 도전을 가져왔다.

그러므로 현대국가에서는 단순히 전통적 권력분립원리의 확인을 넘어서서 이러한 새로운 도전 앞에서 어떻게 국가권력을 효과적으로 통제함으로써 그 남용으로 인한 국민의 자유와 권리 침해를 막을 것인가가 핵심적 관심으로 부상하고 있다.

그러나 권력분립의 원리를 전혀 다른 관점에서 비판적으로 바라볼 필요도 있다. 즉 권력분립의 원리가 철저히 구현된 권력구조, 다시 말해 가장 공정하고 민주적인 절차에 의해 구성된 의회가 입법권을 행사하고, 입법부나 집행부로부터 완전히 독립된 법원이 사법권을 행사하며, 정당을 통한 통합 등이 없이 세 개의 권력이 상호 견제를 통해 균형을 유지하고 있는 상황에서도 부정적인 현상이 나타날 수 있고 또 나타난다는 것이다. 법률이건, 행정처분이건 그로 인한 인권의 침해는 분명히 발생했는데도 권력분립의 이름을 빌어 이에 대한 견제나 통제를 사실상 회피하는 현상이 그것이다.

간단하게 말한다면, 국가권력은 집중되어 있지 않지만, 국가권력은 여전히 남용되고 이로 인해 인권은 부단히 침해당한다. 권력분립의 원리는 권력집중으로부터 인권의 보호를 위하여 마련된 장치이지만 그것이 오히려 인권침해를 사후 정당화하는 현상이 발생한다는 것이다. 즉 분립된 권력 내부에서 일어나는 인권침해에 대해서는 어떤 통제도 사실상 이루어지지 않는다. 예컨대, 다음과 같은 가상의 사례를 통해서 이 문제를 생각해 보자.

사 례 ≫ 국회는 2006년 4월 19일 임시국회에서 방송법개정법률안을 찬성 190표, 반대 75표로 가결, 통과시켰다. 이 개정법률안에는 공중파로 방송되는 모든 프로그램은 방송되기 전에 방송위원회의 사전심의를 받아야 하며, 사전심의를 받지 않고 방송하거나 사전심의결과 방송불가 판정을 받은 프로그램을 방송한 방송사업자와 편성책임자는 3년 이하의 징역 또는 5000만원 이하의 벌금에 처하도록 하는 것을 골자로 하고 있다(이와 관련하여 이와 같은 사전심의는 헌법 제21조 제2항에서 규정하고 있는 검열에 해당한다고 전제한다).

국회는 이 개정법률안을 정부로 이송하였고, 대통령은 이에 대하여 거부권을 행사하지 않은 채 2006년 5월 1일 공포하였고, 개정법률안 부칙 규정에 따라 이 개정방송법은 공포와 동시에 시행되었다.

이 법률이 시행된지 2개월여가 지난 2006년 7월 5일, 한국방송공사 사장인 A와 동공사 TV편성책임자인 B는 방송위원회의 심의를 거치지 않은 채 "한미FTA의 숨겨진 진실"이라는 60분짜리 프로그램을 방송하였다. 이에 대해 방송위원회는 이 프로그램이 위원회의 사전심의를 거치지 않았다는 이유로 A와 B를 위 방송법 조항 위반으로 검찰에 고발하였고, 검찰은 이 두 사람을 방송법 위반으로 불구속 기소하였다.

이 사건은 대전지방법원 형사3부에 배정되었는데, 법원의 재판 도중에 위 A와 B는 이 사건에 적용될 방송법 조항이 헌법 제21조에 위반하여 검열을 제도화하고, 이를 통하여 자신들의 언론의 자유와 방송의 자유를 침해했다고 주장하면서 이 법률조항에 대한 위헌법률심판제청신청을 하였다. 법원은 2006년 9월 3일, 방송의 특성상 방송위원회의 사전심의가 검열에 해당하지 않는다고 하면서 이 신청을 기각하였고, A와 B는 2006년 9월 10일 이 법률조항에 대하여 헌법재판소에 헌법소원심판을 청구하였다.

헌법재판소는 이에 대하여 법원과 마찬가지로 방송의 특성을 존중하여야 하므로 설사 사전심의를 통하여 A와 B의 언론의 자유가 다소 제한된다고 하더라도 이를 위헌이라고 할 수는 없다고 하여 위 법률에 대하여 합헌결정을 선고하였다.

해설 위의 사례에서 1차적인 문제는 입법기관인 국회가 헌법에 위반되는 법률을 제정했다는 것이다. 이는 그 자체가 헌법이 국회에 부여한 권력행사의 한계를 넘어선 것으로 허용될 수 없는 권력남용이다. 권력분립원리에 따르면 이와 같은 권력남용이 발생할 경우 이는 다른 권력인 집행권과 사법권에 의하여 적절하게 견제되어야 한다. 이와 같은 국회의 입법권 남용을 억제하기 위하여 헌법이 1차적으로 마련하고 있는 수단은 대통령의 법률안거부권이다. 그러나 대통령은 다수의 횡포에 의한 입법부의 권력남용을 억제하기 위한 목적을 갖는 거부권을 행사하지 않은 채 법률을 공포함으로써 시행되게 하였다. 즉 권력분립원리가 1차적으로 예정하고 있는 집행부에 의한 견제기능은 작동하지 않은 것이다.

이리하여 시행된 법률을 검찰이 적용하여 기소한 것은 법률의 공포시에 이미 예정되어 있는 것이므로, 이제 이 위헌적 법률의 통제는 사법권을 가진 법원에 의해 통제되어야 한다. 그러나 법원은 A와 B의 위헌법률심판 제청 신청이 있었음에도 불구하고 이 위헌적 법률에 대한 위헌심판제청을 거부하였다. 이로써 사법권을 통한 위헌법률의 2차적 통제 역시 작동하지 않았다. 이제 현행 제도 하에서 마지막으로 위헌법률을 통제할 수 있는 수단은 헌법소원심판밖에 남지 않는다. 위헌법률심판 제청신청을 법원이 기각할 경우에 선택할 수 있는 유일한 수단인 헌법소원심판이 청구되었지만, 헌법재판소마저 합헌결정으로 위헌법률에 면죄부를 부여하고 만다. 이로써 헌법이 예정하고 있는 권력남용에 대한 모든 수단은 소진된다.

법원과 헌법재판소를 포함하는 넓은 의미의 사법권에 의한 위헌법률 통제가 적절하게 작동하지 않는 것, 즉 위헌심판을 제청하거나 위헌결정을 선고하지 않는 것은, 긍정적으로 보면 입법기관인 국회가 가지는 강력한 민주적 정당성 때문에 상대적으로 민주적 정당성이 약한 사법기관이 국회의 결정(=입법)을 함부로 뒤집을 수 없다는 생각에 근거를 둔 것이라고 할 수 있다. 그러나 명백한 위헌법률의 제정이라는, 국회가 저지른 권력남용은 이미 민주적 정당성을 넘어선 것이므로 이에 대한 법원과 헌법재판소의 소극적 판단은 그 자체가 권력분립 원리의 포기와 다름없다고 볼 수 있다. 어떻게 보면 법원과 헌법재판소는 권력분립을 내세워 권력분립을 부정하는 모습을 연출하고 있는 셈이다.

이제 이 법률을 폐지하거나 헌법에 합치하는 형태로 개정하지 않는 한 헌법이 금지하는 검열의 횡행을 막을 수단은 사라진다. 이처럼 헌법상 입법권·집행권·사법권이 엄격하게 분할·분산되어 있고 상호간의 견제장치가 확보되어 있음에도 불구하고 이러한 장치들이 전혀 또는 거의 작동하지 않는 사례는 결코 드물지 않다. 이런 상황은 상호 견제를 통해 권력남용을 억제함으로써 권력간 균형을 확보하고 이를 통해 국민의 자유와 권리를 보장한다는 권력분립 원리가 현실적으로는 전혀 다른 방식으로 작동됨을 보여준다고 할 수 있다. 이러한 현상은 가히 '권력 간의 자율적 상호방임'이라고 할 만하다.

결국 이러한 사례는 권력남용을 막기 위한 목적으로 도입된 권력분립 원리의 긍정적 측면에도 불구하고 이러한 원리가 원래의 취지대로 작동하도록 하는 일은 국가가 아니라 국민에게 맡겨질 수밖에 없음을 보여준다. 즉 권력에 대한 국민들의 끊임없는 감시와 비판, 헌법의 수호를 위한 강력한 의지가 표출되지 않는다면 권력분립 원리를 비롯하여 어떤 긍정적 제도도 그 의미를 살릴 수 없다는 교훈을 찾아낼 수 있다.

나아가 보다 현실적으로 인권의 관점에서 본다면 사실상 국가권력은 하나라고 보아야 할 것이다. 어느 나라건, 어떤 정부형태를 취하는 나라이건 정당이라는 매개물을 통해서 사실상 입법부와 집행부는 통합되어 있다. 의회 다수당의 당수가 집행부(내각)의 수반이 되는 의원내각제를 취하는 나라는 그 전형이다. 그렇다고 대통령제를 취한다고 해서 문제가 달라지는 것 같지는 않다. 그리고 대개 최고법원의 구성원은 집행부 수반이 임명하거나 의회에서 지명하는 방식을 취하는데 어느 방식을 취하건 사법부 역시 입법부나 집행부로부터 완전히 자유로울 수는 없다. 결국 국가권력은 하나로 통합되어 가고 있는 것이 일반적이라 할 수 있다. 즉 집행부가 정책을 결정하면 입법부가 법률을 제정하여 이를 뒷받침해 주고, 그 집행과정에서 인권침해가 발생하면 법원이나 헌법재판소가 최종적으로 그것을 정당화해준다. 그리고 그것이 권력분립이라는 헌법원리의 이름으로 미화된다.

이와 같은 현상에 비추어볼 때 권력분립 원리에 대해서 완전히 새로운 각도에서 접근해야 함을 알게 된다. 즉 국민의 입장에서는 입법권과 집행권과 사법권이 따로따로 존재하는 것이 아니라 다같은 국가권력일 뿐이라는 것이다. 그렇다면 권력분립의 원리란 국가기관 사이의 기능 분할이란 차원에서가 아니라, 국가권력과 국민권력=주권 사이의 분립이란 차원에서 이해되어야 한다. 물론 국가권력은 그 자체가 모두 국민으로부터 나오는 것이므로 결국 이는 국가권력에 대한 국민의 통제와 권력행사 과정에 대한 국민의 참여 문제이다. 단순히 몇 년 만에 한 번씩 돌아오는 선거라는 절차를 통해서뿐만 아니라 국가권력을 실질적으로 통제하고 그것에 참여할 수 있는 장치의 확보가 권력구조 개편론의 핵심이 되어야 하지 않을까?

요컨대, 권력분립 원리는 매우 중요한 원리이나, 그것은 원리의 선언만으로 실현되는 것은 아니며 매우 정교한 권력통제 장치와 국민의 참여 장치의 정비를 통해서만 본래의 기능을 다 할 수 있다.

[3] 법치주의

법치주의는 국가가 국민의 자유와 권리를 제한하거나 의무를 부과하려 할 때에는 반드시 의회가 제정한 법률에 의하거나 그에 근거하여야 한다는 원리를 말한다. 법치주의는 '인(人)의 지배'가 아닌 '법의 지배'를 의미한다는 점에서 특히 의회제 민주주의에서 국가권력 행사의 방법과 한계에 관하여 준수되어야 할 기본원리이다.

법치주의가 법의 지배를 의미한다고 할 때 법은 두 가지 기능을 수행한다. ① 적극적으로는 국가권력발동의 근거 내지 수단으로서의 기능이고, ② 소극적으로는 국가권력을 제한하고 통제하는 기능이다. 그런데 ①의 기능은 전제군주국가나 전체주의국가를 포함한 모든 국가에서 볼 수 있으나, ②의 기능은 자유주의국가에서만 볼 수 있다. 이것이 법치주의가 자유민주주의를 불가결의 전제로 하는 이유이다.

법치주의 원리의 이해와 관련하여 한 가지 유의할 점은 이것이 이른바 '준법주의'와 혼동되어서는 안 된다는 점이다. 법치주의는 국가권력의 조직과 행사를 통제하는 원리이지 국민들에게 법의 준수를 강요하는 원리, 즉 준법주의가 아니라는 것이다. 그런데 흔히 정부가 집회·시위 등 국민의 기본권 행사를 통제하는 수단으로 법치주의를 내세우면서 '떼법' 등의 용어를 동원하여 준법주의가 법치주의인 양 호도하는 경향이 지속되어 왔다. 민간인 사찰 등의 권력남용을 자행하여 법치주의를 유린하면서도, 다른 한편으로는 '법과 질서'를 내세워 촛불집회와 같은 국민의 정당한 주장을 떼법, 무법으로 몰아갔던 사례는 법치주의와 준법주의의 혼동이 얼마나 위험한 일인지를 잘 보여주었다. 또 하나 주의할 점은 법치주의란 기왕에 국민대표기관인 국회가 제정해 놓은 법률에 따른 국가권력 행사를 의미하는 것이지 법률에 위배되는 권력 행사를 정당화하기 위하여 법률을 개정하거나 법률의 적용을 피하기 위하여 대통령령과 같은 행정입법으로 법률을 대체하는 것을 허용하는 원리가 아니라는 것이다. 역대 정부에서 이러한 현상이 나타난 경우가 없었는지 생각해 보자.

제3절 우리 헌법상의 권력구조

헌법교과서를 비롯한 여러 법학교과서들에서는 '통치기구' 또는 '통치구조'라는 말을 즐겨 사용한다. 그러나 이 말은 앞서 언급한 국민주권주의의 입장에서 본다면 매우 혼란스럽다. 통치라는 말은 어디까지나 국민을 지배의 대상으로 삼고 있기 때문이다. 즉 이 말 속에는 주권자로서의 국민은 간 곳이 없고 오로지 다스리고 통제해야 할 대상으로서의 피치자이자 신민(臣民)만 남아 있기 때문이다. 언어가 사고를 지배한다는 것을 인정한다면 우리는 개념을 정하는 용어의 사용에서 매우 신중해야 한다. 그런 의미에서 여기에서는 통치구조나 통치기구라는 말 대신 '권력구조'라는 말을 사용하기로 한다.

[1] 기본권 보장과 권력구조의 관계

헌법이 국가의 권력구조를 정하고 국민의 기본권을 보장하는 법이라고 할 때, 이 둘의 관계는 어떤 것이어야 하는지가 문제된다. 우리나라에서는 지금까지 도합 10차례에 걸친 헌법의 제정, 개정이 있어 왔다. 1948년 7월 17일 최초의 헌법이 제정, 공포된 이래 9차례에 걸쳐 진행된 한국 헌법의 개정사를 보면 이 양자의 관계에서 단연코 우위를 점하고 있는 것은 권력구조이다. 9차례에 걸친 헌법 개정은 대통령중심제를 취할 것인가 아니면 의원내각제를 택할 것인가, 대통령제를 취하면 대통령은 직선으로 선출할 것인가 아니면 간접선거에 의해 선출할 것인가, 대통령과 국회와 법원에는 각각 어느 정도의 권력을 부여하고 그 중 어느 것의 권한을 더 강화할 것인가 하는 권력구조에 초점을 맞추고 이루어져 왔기 때문이다. 국민들에게 어떤 기본권을 어느 정도로 확실하게 보장할 것인가는 언제나 권력구조 논의에 밀려났고, 현행 헌법 역시 예외라고 말할 수는 없다.

그러나 국가라는 것이, 또 국가권력이라는 것이 결국은 사회 자체와 사회 구성원들, 즉 국민들의 생활을 유지 발전시키기 위해 만들어지는 것이라고 한다면 우리 헌정사에서 나타난 이와 같은 현상은 주객이 엄연히 전도된 것이다. 결론부터 말하자면 헌법을 둘러싼 논의의 핵심은 기본권을 가장 충실하고 확실하게 보장하기 위해서는 어떤 권력구조를 택해야 하는가 하는 것이어야 한다. 즉 기본권의 보장이 목적이라면 권력구조 여하는 수단에 불과하다는 것이다.

따라서 우리는 헌법을 공부할 때, 나아가 모든 법을 공부할 때 언제나 그 법이, 또 그 법과 관련된 국가기구나 제도가 과연 기본권 보장에 얼마나 기여하는가를 염두에 두어야 한다. 기본권의 보장에 기여하지 못하는, 나아가 오히려 기본권을 억압하고 제약하는 그런 국가권력과 제도가 있다면 단호하게 이를 거부하고 나아가 그러한 권력과 제도를 철폐하는 것이 주권자인 국민의 권리이자 의무이다. "국가는 개인이 가지는 불가침의 기본적 인권을 확인하고 이를 보장할 의무를 지닌다"는 헌법 제10조 후문의 규정은 이를 분명히 선언하고 있다. 특히 이는 헌법의 제정이나 개정에만 관련되는 문제가 아니라, 어떤 법률이나 제도를 새로 만들거나 바꾸려고 할 때에도 그것이 기본권의 보장에 얼마나 기여하는지가 일차적으로 고려되어야 함을 말해 준다. 또한 기본권의 보장이 헌법을 비롯한 전체 법질서를 이끌어가는 지도적 가치로 자리매김되어야 함을 의미한다.

이처럼 기본권의 보장이 전체 법질서를 이끌어 갈 핵심적인 지도적 가치라고 한다면 우리나라의 권력구조는 과연 이런 이념에 얼마나 부합하는지 점검해 보아야 한다. 이 책은 법과 생활을 다루는 것이므로 주로 기본권을 중심으로 서술되지만, 기본권의 보장은 국가권력이 어떤 식으로 설정되고 어떤 절차를 거쳐서 그것이 행사되는지에 따라서 크게 좌우되기 때문에, 매일 신문과 방송을 통해서 접하는 국회, 대통령, 정부, 법원, 헌법재판소 등 국가기관들의 활동이 이런 기준에 얼마나 합당한지 곰곰이 생각해 볼 일이다. 그러나 여기에서는 전술한 권력분립의 구체적 실현형태로서 정부형태의 의미, 그리고 구체적인 국가권력을 행사하는 국가권력기관의 지위와 권한에 관한 기본적인 사항에 대하여 언급하는 정도에 그친다.

[2] 정부형태

국가권력구조에 있어서 권력분립의 구조적 실현형태를 가리키는 개념으로서 정부형태라는 용어가 사용된다. 또한 정부형태는 좁은 의미로는 입법부와 집행부의 관계를, 가장 좁은 의미로는 집행부의 구조형태를 의미한다.

앞서 보았듯이 한국 헌정사를 지배해 온 논의는 정부형태에 관한 것이었다. 그러나 역대 헌정사에서 정부형태를 둘러싸고 일어났던 논의들은 거의 언제나 선의가 아닌 악의에 의해 왜곡되어 왔으며, 대부분의 논의들이 정부형태의 중요성 보다는 지배체제의 연장이나 강화의 도구임을 전제하고 이루어져 왔다고 할 수 있을 것이다. 따라서 정부형태를 중심으로 한 헌법개정 논의는 과거에도 그랬고 지금도 그 정치적 동기의 불순성 때문에 많은 비판을 받고 있는 것이 현실이다.

그럼에도 불구하고 헌법학적으로 볼 때 정부형태는 민주주의 원리의 가장 직접적인 구현형태라는 점에서 매우 중요한 의미를 가지고 있다. 즉 특정한 정부형태하에서 민주주의 원리가 가장 잘 구현될 수 있다고 한다면 그런 정부형태를 향한 노력이야말로 헌법개정 논의의 핵심이 될 수밖에 없는 것이다. 또한 민주주의 원리와 인권보장의 원리가 상호 견인하고 보완하는 관계에 있음을 감안한다면 민주주의 원리의 실현형태인 정부형태는 인권보장과 관련해서도 매우 중요한 의미를 가짐을 부정할 수 없다.

정부형태를 자본주의국가의 그것에 한정하지 않고 넓은 의미에서 바라볼 때 역사적으로 존재해 왔던 정부형태는 대체로 그것이 국민주권론과 대의제(간접민주제)를 기반으로 하고 있는지, 아니면 인민주권론과 직접민주제를 기반으로 하고 있는지에 따라서 대별할 수 있다. 자본주의 국가형태하의 정부형태는 대체로 전자의 유형에 속한다고 볼 수 있는바, 전형적인 정부형태로서 의원내각제와 대통령제가 거론될 수 있다. 이와 달리 사회주의 국가형태는 대체로 직접민주제적 성격이 강하고, 그 정부형태로서는 인민회의제, 평의회정부제 등을 들 수 있다.

우리는 정부형태를 논의할 때 그 틀을 미리부터 자본주의 국가형태의 그것으로 국한할 필요는 없으며 민주주의 원리가 가장 잘 구현되고 인권이 가장 잘 실현될 수 있는 정부형태를 모색해야 한다. 냉전체제가 무너진 후 이른바 '제3의 길'이 강조되었던 데서도 볼 수 있듯이 기존의 틀에 얽매임없이 가장 바람직한 정부형태를 모색한다는 자세가 필요하고 그런 시각에서 한국 헌법상의 정부형태를 바라보는 것이 요구된다. 이 책에서는 자본주의국가의 대표적 정부형태인 대통령제와 의원내각제의 개념과 핵심적인 특징을 살펴보는데 그친다.

1. 의원내각제

의원내각제는 영국에서 입헌군주제가 확립되면서 등장하여 19세기 선거개혁을 통하여 확립된 정부형태이다. 의원내각제는 집행부를 대통령(또는 군주)과 내각의 두 기구로 구성하여 대통령(군주)은 명목상의 국가원수로 설정하고 실질적 집행권은 내각에 귀속시키는 정부형태로 정의할 수 있다.

의원내각제하에서는 실질적 집행권의 주체인 내각의 성립과 존속이 의회에 의존하는 특징을 가진다. 즉 내각의 수반이 의회에 의해 선출될 뿐만 아니라 내각이 의회에 대하여 연대하여 정치적 책임을 진다. 내각의 의회에 대한 책임은 의회의 내각불신임의 형태로 구체화된다. 즉 의회가 내각을 불신임하는 경우, 내각은 의회의 일방적 독주를 막기 위하여 의회해산권을 행사하여 총선거를 통한 의회의 재구성을 할 수 있고, 바로 이를 통하여 입법부와 집행부간에 권력적 균형을 유지한다.

의원내각제하에서는 입법부와 집행부가 법적으로 분리·독립되어 있지만 정치적으로는 밀접한 공화·협조관계를 유지한다. 이를 뒷받침하는 것이 각료와 의원의 겸직, 집행부의 법률안제출권, 각료의 의회출석·발언권 등이다.

의원내각제의 장점으로는 민주주의적 요청을 가장 잘 충족시킬 수 있다는 점, 책임정치의 구현이 가능하다는 점, 입법부와 집행부간 정치적 대립이 있을 때 내각불신임과 의회해산을 통하여 신속하게 해결할 수 있다는 점, 의회의 신임 획득을 위한 인재 등용이 가능하다는 점을 들 수 있다. 반면 빈번한 내각불신임과 의회해산과 총선거로 인한 정국불안의 가능성, 내각의 의회 의존으로 인하여 강력한 정책 추진이 어렵다는 점, 의회 다수당의 횡포 가능성이 존재한다는 점 등은 의원내각제의 단점으로 흔히 거론되는 것들이다.

2. 대통령제

한편 대통령제는 미국 독립후 제정된 미국연방헌법에 의하여 탄생한 정부형태이다. 이는 일원적 구조의 집행부가 입법부 및 사법부와 엄격하게 분리·독립됨으로써 국가기관 상호간에 권력적 균형이 유지되고 국민에 의하여 선출되는 대통령의 집행부가 안정을 유지할 수 있는 정부형태이다.

대통령제의 특징은 무엇보다도 집행부가 일원적 구조를 가지고 있다는 점, 즉 대통령이 국가원수와 집행부 수반의 지위를 겸한다는 점이다. 또한 대통령이 국민에 의하여 선출되고 그 임기동안 재직할 뿐 아니라 정치적 책임을 지지 않는 것을 본질적 요소로 하며, 대통령을 수반으로 하는 집행부의 성립과 존속이 의회로부터 완전히 독립되어 있다는 점 역시 대통령제의 또 다른 특징이다. 즉 대통령은 임기동안 의회에 대하여 정치적 책임을 지지 않으며 의회를 해산할 권한도 없다. 또한 의회의원과 집행부구성원의 겸직이 인정되지 않고 정부의 법률안제출권이나 집행부구성원의 의회출석·발언권도 인정되지 않는다. 반면 입법부와 집행부는 상호억제를 통하여 권력의 균형을 취하며, 이를 위한 대표적 장치가 대통령의 법률안거부권과 고위공무원임명에 대한 의회(상원)의 동의권이다.

대통령제는 집행부가 안정되고 강력한 정책을 추진할 수 있으며 의회다수파의 횡포를 법률안거부권 등으로 방지할 수 있다는 장점이 있다. 반면 의회와 집행부의 대립시 국정중단의 위험성이 크다는 점이 단점으로 거론된다. 그러나 무엇보다도 큰 대통령제의 문제점은 대통령의 강력한 권한으로 인하여 독재의 위험이 상존한다는 점이다. 실제 대통령제는 그 장점 때문에 2차대전 후 세계 각국에 널리 보급되었으나 대통령 권력의 통제에 실패할 경우 독재체제로 흐를 수 있음도 아울러 보여주었다. 사실 전 세계에서 대통령제를 성공적으로 유지시켜 온 나라는 미국이 유일하다는 평가가 있는 것도 바로 이러한 위험성 때문이다. 요컨대, 대통령제의 성패는 대통령의 강력한 추진력을 잘 살리면서도 그 권력을 어떻게 적절히 통제하는가에 달려 있다고 해도 과언이 아니다.

3. 정부형태 논의에서 배워야 할 교훈

여기서 우리는 대통령제든 의원내각제든 서로 대체할 수 없는 나름의 장단점이 있으며 또한 영국이나 미국은 각 정부형태가 가지는 단점을 보완하기 위한 나름의 해결책을 가지고 있다는 점에 주목할 필요가 있다.

역사적으로 영국이나 미국에서 의원내각제나 대통령제를 성공적으로 정착시킨 요인으로 안정된 복수정당제, 언론의 자유와 여론의 존중, 지방자치제의 정착, 정치인의 투철한 공직의식, 권력분산적 연방제도, 국민의 반독재의식과 민주정치적 소양, 각종 선거의 공정한 실시, 법원의 권위 유지 등이 거론된다. 즉 이들 나라에서는 각 정부형태에 내재한 불안요소를 제어할 수 있는 제도적, 제도외적 장치를 통하여 그 장점을 최대한 부각시키면서 훌륭하게 국정을 운용해 오고 있는 것이다.

달리 말하자면, 이러한 조건을 갖추지 못한 곳에서는 의원내각제나 대통령제를 도입한다고 하더라도 그 성공적 정착이 어려워진다는 말이다. 우리가 새로운 정부형태를 도모할 때 항상 명심해야 할 대목이다. 흔히 정부형태만 바꾸면 모든 것이 좋아질 것처럼 생각하는 경향도 존재하지만, 이런 조건들이 없는 상태에서는 아무리 좋은 정부형태라도 모래 위에 세워진 누각일 따름이다.

우리나라의 경우 역대 어떤 정권에서도 고유한 의원내각제나 미국식 대통령제를 채택한 적은 없다는 점에 유의할 필요가 있다. 하나의 원칙적 정부형태를 고수하면서 그 단점을 보완할 고유한 장치를 마련하기보다는 서로 상반된 정부형태를 섣부르게 절충함으로써 문제를 해결하려 했다는 의심을 지울 길이 없고 그것은 현행 헌법상의 정부형태에도 그대로 해당하는 말이다. 아울러 특정한 정부형태를 채택하는 것보다는 그러한 정부형태를 성공적으로 정착시킬 수 있는 정치문화적 조건들을 갖추는 것이 선결적이라는 사실을 명심하는 것이 정부형태 논의에서 배워야 할 핵심적 내용이다.

또한 새로운, 바람직한 정부형태의 모색에서 무엇보다도 관심을 두어야 할 부분은 국가권력에 대한 실질적인 통제가 가능하도록 해야 한다는 점이다. 물론 이 때 권력통제의 주체는 주권자인 국민이다. 따라서 어떤 형태의 정부형태를 취하건 간에, 주권자인 국민이 대표를 적절한 방식으로 통제할 수 있는 방안, 국가적 의사결정과정에 주권자인 국민이 다양한 방식으로 참여할 수 있는 방안, 국민의 목소리가 모든 정치과정에 반영될 수 있도록 하는 방안, 이러한 국민의 목소리를 확고하게 보장하는 방안이 확보되지 않으면 안된다. 향후 있을지 모르는 헌법개정에서는 적어도 정부형태와 관련해서는 이 점이 모든 논의의 전제가 되어야 할 것이다.

[3] 입법권 · 집행권 · 사법권

권력분립원리에 따르면 국가권력은 다시 입법권, 집행권과 사법권으로 나누어진다. 여기에서는 이들 권력의 개념과 본질, 그 범위와 한계 등을 간단하게 살펴보기로 한다.

1. 입 법 권

입헌주의 국가에서 입법권은 원칙적으로 의회가 담당한다는 의회입법의 원칙을 채택하고 있다. 의회입법의 원칙에 따라 입법기관은 의회이며, 입법권은 의회가 행사하는 본질적이고 고유한 권한이다. 우리 헌법 제40조도 "입법권은 국회에 속한다"고 하여 입법권이 의회(국회)의 권한임을 명시하고 있다.

입법은 실질적으로는 입법을 행하는 기관과 관계없이 일반적 · 추상적인 성문법규범을 정립하는 작용을 말하며, 형식적으로는 국회가 형식적 의미의 법률을 제정하는 작용을 말한다. 우리 헌법 제40조의 입법권은 실질적 의미, 즉 일반적이고 추상적인 성문법규범을 정립하는 권한으로 이해된다.

입법 가운데 특히 중요한 것이 형식적 의미의 법률이다. 민주국가에서 법률제정은 헌법이 직접 규정하지 않으면서 헌법이 규범화할 것을 요구하는 국가생활의 기본문제를 민주적 질서에 따라 형성하는 작용이다. 따라서 법률제정은 민주적 정당성을 가져야 하고 민주적 절차에 따라 이루어져야 한다. 또한 법률제정은 명확성, 예측가능성(안정성), 합리성, 실질적 평등성이 보장되도록 법치주의 원리에 합치해야 한다. 마지막으로 법률제정은 사회국가원리를 담아내야 한다. 즉 개인의 생존을 배려하기 위하여 필요한 경우에는 개별적이고 구체적인 내용을 담아내야 한다.

헌법상 법률안의 제출은 정부와 국회의원이 할 수 있다. 제안된 법률안은 본회의에 보고한 이후 상임위원회의 심의를 거쳐서 본회의 의결을 얻어야 한다. 국회 본회의에서 의결한 법률안에 대해서는 대통령이 거부권을 행사할 수 있으며, 거부권을 행사한 경우에는 국회가 가중된 의결정족수로 법률안을 확정하지 못하면 동법률안은 폐기된다. 대통령은 법률이 정부에 이송된 날부터 15일 이내에 공포하여야 하며, 법률에 특별한 규정이 없는 한 법률은 공포한 날부터 20일을 경과함으로써 그 효력을 발생한다.

2. 집 행 권

입법은 일반적이고 추상적인 성문의 법규범을 정립하는 국가작용인 데 대하여, 행정(집행)은 입법의 하위개념으로 법을 구체화하고 개별적인 경우에 집행함으로써 현실적으로 국가목적을 실현하는 국가작용이다. 행정과 사법은 법 아래에서 행해지는 법집행작용이라는 점에서는 공통성을 가지고 있지만, 사법은 당사자의 신청에 따라 법을 판단하고 선언함으로써 법질서를 유지하려는 소극적 국가작용인 데 대하여, 행정은 능동적이고 계속적인 형성적 국가작용이라는 점에서 서로 구별된다.

집행권에는 단순한 법률의 집행 이외에 고도의 정치적 성격을 띤 국가의 정치적 지도와 결단에 관한 권한이 포함되어 있다. 이를 '통치행위'라 부른다. 협의의 행정은 법규범의 구속을 받으면서 구체적으로 개별적으로 국가과제를 실현하는 활동으로서 사법적 심사의 대상이 되는 집행작용이다. 이에 대하여 통치행위는 고도의 정치성 때문에 사법적 심사의 대상이 되기에는 부적합한 집행작용을 말하는 용어로 사용된다. 협의의 행정은 법률에 근거하며 법률에 기속되는 작용인 데 대하여 통치행위는 직접 헌법에 근거하고 협의의 행정만큼 법률의 기속을 받지 않는 작용이다.

집행권은 법치주의의 원칙에 따라 법률의 근거가 있는 경우에 법률에 규정된 절차에 따라서 행사되어야 한다. 이것이 '법률에 의한 행정' 또는 '행정의 합법률성'의 원칙이다. 특히 협의의 행정은 사법적 심사를 통하여 그 효력이 부인된다.

3. 사 법 권

사법이란 구체적인 법적 분쟁이 발생한 경우에 당사자로부터 쟁송의 제기를 기다려 독립적 지위를 가진 기관이 제3자적 입장에서 무엇이 법인가를 판단하고 선언함으로써 법질서를 유지하기 위한 작용으로 이해된다. 특히 사법은 독립적 지위를 가진 기관이 제3자적 입장에서 하는 작용이며, 정확성, 공정성, 독립성이 생명이다. 이에 따라 사법권의 독립이 요청된다.

헌법 제101조 제1항의 사법권의 의미는 실질적 의미의 사법으로 이해하여야 하지만, 헌법이 실질적 의미의 사법독점권을 법원에 부여한 것은 아니며, 대통령의 사면권, 정부의 행정심판권, 국회의 의원징계권이나 헌법재판소의 권한 등 다른 기관에도 일부 사법권을 부여하고 있다. 법원이 행사하는 사법권은 민사재판권, 형사재판권, 행정재판권, 헌법재판권 등이다.

그러나 법원이 행사하는 사법권에도 일정한 한계가 존재한다. 첫째, 국회의 권한으로 되어 있는 국회의원의 자격심사 · 징계 · 제명 등이나 대법원의 심판권이 제한되는 비상계엄하의 군사재판 등 일정한 실정법상의 한계가 있다. 둘째, 국제법상의 한계로서, 외교사절과 그 가족 및 수행원, 국제기구 직원, 군함의 승무원, 책임있는 지휘관을 가진 군대 등 국제법상 외교특권을 누리는 자에 대해서는 사법권이 미치지 않는다. 셋째, 권력분립상의 한계로서 국회나 집행부의 행위 중 법원의 재판권이 미치지 않는 경우가 있다. 집행부의 경우에는 통치행위가 문제된다. 통치행위의 경우 헌법해석론으로서는 통치행위부정설이 타당하지만, 헌법정책적으로는 통치행위긍정설이 합목적적이라고 하는 것이 다수설이자 판례의 입장이다. 한편 입법부의 경우 국회의사의 유효한 성립 여부, 의결정족수의 충족 여부, 의장 등 선거의 유효 여부 등은 모두 국회가 그 자율권에 따라 판단할 문제이며, 법원의 재판권이 미치지 않는다. 마지막으로 구체적 사건성, 당사자적격, 소의 이익, 사건의 성숙성 등 사법본질에서 오는 한계도 있다.

[4] 국가권력기관의 구성과 권한: 국회 · 대통령 · 법원 · 헌법재판소

헌법이 정한 국가권력기관, 즉 헌법기관으로는 국회, 대통령과 정부(국무총리, 국무회의, 행정각부, 감사원), 법원, 헌법재판소, 중앙선거관리위원회 등이 있으나, 여기에서는 대표적인 권력기관으로서 국회와 대통령 및 법원과 헌법재판소에 대해서만 살펴본다.

1. 국 회

국회는 헌법상 국민대표기관으로서의 지위, 입법기관으로서의 지위 및 국정통제기관으로서의 지위를 가진다. 정당정치의 발달에 따라서 국민대표기관으로서의 지위가 희석되고 집행부 강화 현상에 따라 입법기관으로서의 지위도 약화되고 있는 반면에, 국정통제, 특히 집행부 통제기관으로서의 지위는 상대적으로 그 중요성이 커지고 있다.

헌법과 국회법은 국회의사절차의 기본원칙을 정하고 있는데, 국회의 본회의는 물론 위원회의 회의과정이 일반 국민에게 공개되어야 한다는 의사공개의 원칙, 한 회기에 의결되지 못한 안건이라도 다음 회기에 계속해서 심의할 수 있다는 회기계속의 원칙, 그리고 부결된 안건은 같은 회기 중에 다시 발의 또는 제출하지 못한다는 일사부재의(一事不再議)의 원칙이 그것이다.

국회의 권한은 입법에 관한 권한, 재정에 관한 권한, 헌법기관구성에 관한 권한 그리고 국정통제에 관한 권한 등으로 나누어진다. 입법에 관한 권한으로서 국회는 법률안의 제출권과 심의·의결권을 가짐은 물론 헌법개정안의 제안권과 의결권, 주요 조약의 체결·비준동의권을 가진다.

재정에 관한 권한으로서는 예산심의·확정권이 핵심이다. 예산이란 1회계연도에 있어서 국가의 세입·세출의 예정계획을 내용으로 하고, 국회의 의결로써 성립하는 법규범의 일종으로서, 예산안은 회계연도 개시 90일 전까지 정부가 제출해야 하며 국회는 회계연도 개시 30일 전까지 이를 의결하여야 한다.

또한 국회는 헌법기관의 구성에 관해서 다른 기관과 함께 또는 독자적으로 일정한 권한을 행사한다. 즉 국회는 헌법재판관 및 중앙선거관리위원회 위원 3인 선출권을 가지는 한편 국무총리, 대법원장 및 대법관, 헌법재판소장, 감사원장 등의 임명에 대한 동의권을 가진다.

현대 국가에서 특히 국회의 중요한 기능으로 자리매김되는 것이 국정통제권이다. 그 대표적인 예로 우리 헌법이 인정하고 있는 것은 탄핵소추권, 국정감사·조사권, 국무위원해임건의권 등이다. 탄핵소추는 일반사법절차로 소추하거나 징계절차로 징계하기가 곤란한 고위직 행정공무원이나 법관, 헌법재판관 등 신분이 보장된 공무원의 직무상 비위에 대하여 국회가 소추하도록 하는 제도로서 우리 헌법은 탄핵소추권은 국회에, 탄핵심판권은 헌법재판소에 부여하고 있다. 탄핵소추가 의결되면 헌법재판소의 탄핵심판이 있을 때까지 해당 공무원의 권한행사가 정지되며, 탄핵결정이 내려질 경우 그 효과는 공직으로부터 파면함에 그친다.

한편 국회는 특정한 사안에 대한 조사권과 국정전반에 대한 감사권을 가진다. 국정조사권과 국정감사권은 입법이나 예산심의 등 국회의 기능 수행을 위한 자료 수집, 집행부에 대한 감시와 비판, 국민의 알 권리를 충족시키는 기능을 하게 된다. 국정감사와 국정조사는 그 본질에 있어서는 동일하지만, 국정감사가 국정 전반을 대상으로 하는데 비하여 국정조사는 특정한 사안을 대상으로 하는 점, 국정감사는 매년 정기국회에서 정해진 기간 동안 행해지는데 반하여 국정조사는 국회의 의결에 따라 이루어진다는 점 등에서 차이가 난다.

한편 우리 헌법은 대통령제하에서는 이례적인 제도로서 국무총리·국무위원해임건의권을 도입하고 있다. 이는 집행부의 독선을 방지함은 물론 그 정치적 책임을 추궁하기 위한 것이며, 역사적으로 볼 때 과거 집행부의 독주에 의한 민주주의 원리 침해에 대한 반성적 차원에서 도입된 것이다.

국회를 구성하는 국회의원에게는 면책특권과 불체포특권이 보장된다. 이는 국회의원, 특히 야당소속 의원들에 대한 집행부의 부당한 탄압을 배제하여 국회의 국민대표기관성과 활동을 보호하기 위한, 국회의원에만 전속되는 신분상의 특권이다. 면책특권은 국회의원이 국회에서 직무상 행한 발언과 표결에 대해서는 국회 외에서 책임을 지지 않는다는 것이며, 이 책임은 재직중은 물론 퇴임후에도 보장되는 것이다. 다만 이 특권은 국회 외에서의 법적 책임의 면제만을 의미하는 것이므로 국회내의 징계처분이나 정당에서 이루어지는 정치적 성격의 징계처분은 허용된다. 불체포특권은 국회의원의 자유로운 직무수행권 보장을 위한 신분상 특권으로, 회기중 국회의 동의없는 체포·구금을 원칙적으로 금지하고 회기전 체포·구금시에도 국회의 요구가 있으면 석방해야 한다는 것을 내용으로 하고 있다. 그러나 이 특권이 국회의원의 형사책임 면제를 의미하는 것은 아니며, 현행범이나 국회의 동의가 있는 경우, 회기전에 체포되었으나 국회의 석방요구가 없는 경우에는 이 특권은 인정되지 않는다.

2. 대 통 령

현행헌법에 있어서 대통령은 국가원수로서의 지위와 행정부 수반으로서의 지위를 겸하고 있다. 국가원수로서의 지위는 대외적으로 국가를 대표하는 지위, 국가와 헌법의 수호자로서의 지위, 국정의 통합·조정자로서의 지위, 다른 헌법기관 구성자로서의 지위로 세분된다. 행정부 수반으로서의 지위는 행정의 최고지휘권자·최고책임자로서의 지위, 행정부 조직권자로서의 지위, 국무회의의 의장으로서의 지위로 세분된다.

대통령제 국가에서 대통령은 국민의 직접선거를 발판으로 강력한 권한을 행사한다. 현행 헌법이 채택되기 전까지 우리 헌법은 강력한 권한을 대통령에게 부여하면서도 대통령 직선을 배제하는 모순적 태도를 보여 왔으나 현행 헌법은 이러한 모순을 시정하여 직선제를 도입하였다. 그러나 직선제를 실시하면서도 결선투표제도는 도입하지 않음으로써 대통령의 득표율이 낮을 경우 국민적 지지를 바탕으로 강력한 정책집행을 하기 어렵게 하는 요인으로 작용하고 있다.

대통령의 임기는 5년으로 중임할 수 없다. 대통령령의 임기연장이나 중임변경을 위한 헌법개정은 그 헌법개정을 제안한 당시의 대통령에 대해서는 효력이 없다. 이러한 임기제한 및 임기연장개헌의 효력 제한은 모두 과거에 있었던 위헌적인 개헌을 통한 장기집권 기도에 대한 반성적 차원에서 제도화된 것들로서, 암울했던 과거 우리의 헌정사를 반영하고 있다(많은 정치인들이 주장해 온 4년 중임제 개헌 주장은 흔히 국정운영의 효율성 등을 근거로 삼고 있지만, 이런 관점에서도 그 타당 여부가 검증될 필요가 있다).

한편 헌법은 대통령은 내란 또는 외환(外患)의 죄를 범한 경우를 제외하고는 재직 중 형사상의 소추를 받지 아니한다고 하여 그 형사상의 특권을 인정하고 있다. 따라서 내란 또는 외환의 죄가 아닌 범죄에 대해서는 대통령의 재직 중 공소시효의 진행이 중단된다는 것이 헌법재판소의 입장이다.

현행헌법상 대통령이 행사하는 권한은 그 실질적인 성질에 따라 비상권한, 다른 헌법기관을 구성할 권한, 행정에 관한 권한, 국회와 입법에 관한 권한, 사법에 관한 권한 등으로 분류할 수 있다. 비상권한으로는 긴급처분·명령권, 계엄선포권, 국민투표부의권 등을 들 수 있다. 행정에 관한 권한으로는 행정에 관한 최고의 결정권과 지휘권, 법률집행권, 국가의 대표 및 외교에 관한 권한, 정부구성권, 공무원임면권, 국군통수권, 재정에 관한 권한, 영전수여권 등을 들 수 있다. 국회와 입법에 관한 권한으로는 국회임시회의 집회요구권, 국회출석발언권, 헌법개정에 관한 권한, 법률안 제출권과 그 거부권 및 공포권, 명령제정권 등을 들 수 있다. 사법에 관한 권한으로는 위헌정당해산제소권, 사면·감형·복권에 관한 권한 등을 들 수 있다.

이처럼 대통령의 권한은 매우 강력하므로, 헌법은 특별히 대통령의 권한행사 방식을 정함은 물론 그 권한행사에 대한 다양한 통제장치를 설정해 두고 있다. 우선 대통령의 모든 국법상 행위는 문서에 의하여야 하고, 대통령의 모든 국법상 행위에는 국무총리와 관계국무위원의 부서(副署)가 있어야 하며, 국무회의의 심의를 거쳐야 한다. 이는 대통령의 권한행사의 내용을 분명히 하고 보좌진의 책임소재를 분명히 하는 한편 보다 신중한 결정을 확보하기 위한 것이라고 할 수 있다.

3. 법　원

법원은 헌법상 사법기관으로서의 지위, 중립적 권력으로서의 지위, 기본권 보장기관으로서의 지위를 가진다. 사법기관으로서의 법원의 지위에서는 독립된 기관이 제3자적 지위에서 법이 무엇인가를 판단한다는 사법의 개념상 특히 사법권의 독립성이 강하게 요청된다.

사법권 독립은 곧 재판(심판)독립의 원칙 내지 판결의 자유를 목표로 하는 것이다. 이와 같은 재판독립의 원칙 내지 판결의 자유는 입법부나 행정부로부터의 법원의 독립과 그 자율성, 그리고 재판에 있어서 어떠한 내외적 간섭도 받지 아니하는 법관의 직무상 독립과 신분상의 독립에 의하여 실현된다.

재판독립의 원칙을 내용으로 하는 사법권의 독립은 원래 전제군주에 의한 자의적인 재판이나 행정부 내의 기관에 의한 행정사건의 재판을 배제함으로써, 시민의 자유와 권리를 보장하여 줄 수 있는 민주사법을 지향하는 것이라야 한다. 그러므로 사법권의 독립은 행정부의 지배력이 미치는 특별법원이나 행정기관이 최종심을 담당하는 재판을 배격하고, 그 대신 입법권과 행정권으로부터 독립한 법원이 법과 양심에 따라서 하는 공정하고 정당한 재판을 확보하려는 데 그 제도적 의의가 있다.

바꾸어 말하면 사법권의 독립은 권력분립의 원리를 실현하기 위한 것일 뿐 아니라, 민주적 법치국가에 있어서 법질서의 안정적 유지와 국민의 자유 및 권리의 보장을 완벽한 것이 되게 하기 위하여 공정한 재판을 확보하기 위한 제도이다. 공정한 재판의 확보는 사법권의 독립이 보장되지 아니하고는 달성될 수 없다. 이러한 의미에서 사법권의 독립은 그 자체가 목적이 아니라 공정한 재판에 의한 인권의 보장, 특히 소수자보호와 헌법보장이라는 임무를 완수하기 위한 불가결의 헌법원리의 하나이다.

물론 사법권의 독립이라 할지라도 그 구체적인 성격이나 내용은 헌법에 따라 반드시 동일하지는 아니하다. 한국 헌법에 있어서 사법권의 독립은 법원의 자치를 위한 법원의 독립과 또한 재판의 독립을 위한 법관의 독립을 그 내용으로 한다.

현행 헌법은 "사법권은 법관으로 구성된 법원에 속한다"고 하여, 입법부와 행정부로부터 법원을 독립시키고 있다. 그 뿐 아니라 법원의 조직을 법률로 정하고 대법원이 법률에 저촉되지 아니하는 범위 안에서 소송에 관한 절차, 법원의 내부규율과 사무처리에 관한 규칙을 제정할 수 있도록 자율권을 보장함으로써 법원의 독립을 뒷받침하고 있다.

헌법은 이와 같은 법원의 독립을 보장할 뿐만 아니라 구체적 사건을 재판함에 있어서 법관의 직무상의 독립을 규정하였다. 특히 독립한 심판을 보장하기 위하여 법관은 외부의 국가작용으로부터 독립되어야 하고 소송당사자로부터도 독립되어야 하며, 법원 내부작용, 즉 상급법원의 판단으로부터도 독립성이 보장되어야 한다. 아울러 법관의 임기제·정년제, 법관 자격 법정주의와 법관의 신분보장을 각각 규정하여 법관의 직무상의 독립을 뒷받침하기 위한 신분상의 독립을 보장하고 있다.

그러나 현행 헌법 제정 이후에도 법원이 과거 권위주의 정권 아래서 보여주었던 정치권력에 대한 종속성을 얼마나 탈피했는지, 법원 스스로 그 독립성 확보를 위한 노력을 얼마나 기울여 왔는지, 또한 그나마 헌법에 의하여 확보된 독립성을 얼마나 스스로 고취했는지는 여전히 의문의 대상이다. 검찰개혁은 여전히 사법개혁의 중요한 주제이지만, 그에 못지않게 법원의 관료화 경향이 비판되고 있다는 점은 사법권 독립의 현실을 잘 보여주는 사례가 아닐까 싶다. 현행 헌법하에서도 법관 인사제도의 공정성, 사실상의 법관승진제, 법관전보제도 등은 법관의 신분상 독립을 해치고, 더 나아가 재판상 독립에도 부정적 영향을 미치는 것으로 비판되고 있다. 즉 이런 영향으로 인하여 법관이 구체적 재판에서 헌법과 법률보다는 상급법원의 판례를 더욱 중시하는 듯한 모습을 보이는 예가 많아서, "법관은 헌법과 법률에 의하여 그 양심에 따라 독립하여 심판한다"고 규정한 헌법 규정을 무색케 함은 물론 법원에 대한 국민의 신뢰를 스스로 떨어뜨리고 있음은 매우 심각한 문제가 아닐 수 없다.

4. 헌법재판소

헌법재판소는 사법기관이고, 헌법수호기관이며, 기본권수호기관이자 권력통제기관이라고 설명된다. 그러나 우리가 헌법재판소의 이러한 기능이나 헌법상의 지위나 기능을 제대로 이해하기 위해서는 왜 현행 헌법이 이 제도를 도입하게 되었는지에 대한 이해는 필수적이다.

유신헌법 이후 현행 헌법 이전까지 헌법재판의 대표격인 위헌법률심사는 거의 기능을 하지 못했다. 말하자면 이 시기는 우리나라에서 헌법재판의 완전한 암흑기였다. 적어도 미국이나 독일이 아닌 우리나라에서 헌법재판의 의미를 이야기하려면 이러한 헌정사적 배경에 대한 올바른 인식이 바탕이 되지 않으면 안된다. 즉 현행 헌법하의 헌법재판소는 과거에 거의 기능을 하지 못했던 헌법재판기능을 복원하는 한편 기본권의 극심한 침해에도 불구하고 아무런 구제를 받지 못했던 암울한 사법현실에 대한 반성적 차원에서 도입된 것이라는 점이, 구체적인 제도의 이해에 앞서서 이해해야 할 무엇보다도 중요한 점이다.

헌법재판소는 9인의 재판관으로 구성되며, 이 중 3인은 국회에서 선출하고, 3인은 대법원장이 지명하며, 나머지 3명은 대통령이 임명한다. 이는 국가의 3권이 각각 동수의 재판관을 선임하도록 한다는 점에서 형식적으로는 특정 권력이 헌법재판소를 지배할 수 없도록 하는 황금분할인 것처럼 보이지만, 대통령의 영향력이 크다는 점이나 아무런 민주적 정당성을 가지지 않는 대법원장이 3명을 지명하도록 하는 점 등은 매우 큰 문제점으로 비판되고 있다.

헌법재판소는 위헌법률심판과 헌법소원심판, 탄핵심판, 정당해산심판 및 권한쟁의심판을 수행한다. 탄핵심판은 고위공무원이나 신분보장이 된 공무원의 헌법 또는 법률 위반에 대하여 국회가 탄핵소추를 의결하면 헌법재판소가 심판하여 당해 공무원을 공직에서 파면하도록 하는 제도이다. 정당해산심판은 정당의 목적이나 활동이 헌법상의 민주적 기본질서에 위배되는 경우에 정부의 제소로 헌법재판소의 심판을 통하여 해산하는 제도이다. 한편 권한쟁의심판은 국가기관 상호간, 국가기관과 지방자치단체간, 그리고 지방자치단체간의 권한에 관한 분쟁이 있을 경우 누구의 권한인지를 가리는 심판이다. 위헌법률심판과 헌법소원심판에 대해서는 뒤에 상세히 설명한다.

헌법재판소가 위헌결정을 하는 경우 즉 법률에 대한 위헌결정, 탄핵결정, 정당해산결정, 헌법소원 인용결정을 하기 위해서는 재판관 6인 이상의 찬성이 있어야 한다. 이는 긍정적으로는 사회적 파급효과가 매우 큰 위헌결정에 신중을 기하기 위한 것으로 볼 수 있으나, 부정적으로는 위헌결정 자체를 매우 어렵게 하는 요인이 되고 있고, 실제로 위헌의견이 더 많음에도 위헌결정을 선고하지 못하는 사례도 자주 등장하고 있다.

또한 최근 들어서는 헌법재판소가 지나치게 과도한 권한을 행사하고 있다는 비판도 적지 않게 제기된다. 헌법의 명문규정이나 기본원리에 명백히 위반되거나 국민의 기본권을 심각하게 침해하는 권력행사를 헌법을 기준으로 통제하는 것은 반드시 필요한 일이고, 헌법재판소의 존재의의도 거기에 있다. 그러나 국민에 의하여 선출되는 대통령과 국회가 하는 국가의 주요한 정책결정들에 대해서 국민의 민주주의적 심판으로부터 벗어나 있는 헌법재판소가－특히 설득력이 별로 없는 논리에 의하여－무효화하는 사례가 늘어나고 있음은 민주주의적 관점에서 보면 우려스러운 일이다.

[5] 권력구조와 관련하여 생각해 볼 그 밖의 문제들

아울러 권력구조와 관련하여 함께 생각해 보고 토론을 해 볼 필요가 있는 몇 가지 문제를 제시하는 것으로 권력구조 논의를 마무리하고자 한다.

(1) 기본권의 보장은 가장 일차적으로는 법률에 의해서 이루어지는데, 국회에서 법률이 만들어지는 과정을 듣고 보노라면 과연 법안을 내놓는 의원이나 정부, 토론과 표결을 하는 국회의원들이 기본권 보장을 생각이나 하는지 의심스러울 경우가 많다. 이른바 '날치기'통과는 단적인 예이다. 왜 이런 일이 생겨나는가?

(2) 헌법 제37조 제2항에도 규정되어 있듯이 기본권의 제한은 법률로써 해야 한다. 이것은 법률이 국민대표기관인 국회가 만드는 것이라는데 근본적인 기반을 두고 있는 것이다. 그런데 국회가 국민의 의견을 대표한다고 생각하는 국민은 많지 않을 것이다. 어디서 문제가 생기고 어떻게 해결해야 할까?

(3) 우리나라는 권력구조의 기본원리로서 권력분립의 원리를 채택하고 있다고 한다. 그런데 현실적으로 보면 권력분립이라고 하기에는 대통령의 권한이

지나치게 강하지 않은가? 오히려 행정부는 물론, 국회나 법원이나 헌법재판소나 할 것 없이 모두 대통령 휘하의 보조기관이라고 보는 것이 더 합당하지 않은가? 그리고 대통령에 대한 이 같은 권력집중은 기본권에 대한 위협이 되지 않는가?

(4) 우리나라는 국민주권주의를 헌법의 지도원리로 선언하고 있는데, 실제로 국민들에게는 어떤 권력도 없고 대통령이나 국회의원들, 판사나 검사들이 모든 권력을 휘두르는 것 같다. 이와 같은 국가권력 행사를 국민들이 통제하거나 권력행사과정에 국민들이 참여할 수 있는 길이 열려 있지 않다면 국민주권이란 공염불에 그치게 될텐데, 과연 국민통제나 국민참여를 위한 장치는 제대로 마련되어 있는가? 그런 장치가 없다면 기본권이 국가권력에 의해서 침해되더라도 사실 속수무책 아닌가?

제 4 절 헌법은 어떤 기본권을 보장하며 또 어느 정도로 보장하는가

헌법은 제10조에서 제37조에 이르는 규정들에서 각종의 기본권을 보장하고 있다. 과거에는 이들 기본권을 자유권(自由權), 수익권(受益權), 참정권(參政權)의 형식으로 분류했으나 오늘날에는 현실 생활영역과 연관시켜 더욱 세련된 분류를 하고 있다. 그러나 국민들이 일상생활에서 그 같은 분류를 알 필요는 없다. 국민들은 그 모두가 기본권임을 알고 있으면 되고 그것이 침해되지 않도록 보호를 받으면 그만이다.

사실 어떻게 보면 기본권은 헌법의 수많은 규정들에도 불구하고 하나라고 말할 수도 있다. 우리 헌법의 지도이념을 '인간의 존엄과 가치의 보장'이라고 할 때, 모든 기본권은 인간의 존엄과 가치를 보장하고 실현하기 위해서 보장되어야 할 여러 영역의 권리라고 이해할 수 있기 때문이다. 그리고 역사적으로 볼 때도 근대 시민혁명 이후부터 현재에 이르기까지 기본권의 유형과 그 보장의 폭은 지속적으로 확장되어 왔는데, 그것은 사회 발전에 따라서 인간의 존엄과 가치를 보장하기 위한 권리의 내용도 더욱 다양화되어 왔다는 것을 보여주는 것이다. 근대시민혁명 직후에는 '생명 · 자유 · 재산'이라는 말로 집약되는 이른바 '자유권'만으로도 인간의 존엄과 가치가 실현될 수 있었을지 모르지만, 그 후 인간의 존엄과 가치를 보장하기 위해서는 참정권이며 각종의 청구권, 그리고 교육을 받을 권리와 노동 3권 등의 사회권과 환경권에 이르는 수다한 권리들이 보장되지 않으면 안 된다는 인식이 확산되어 왔고 현재도 확산되고 있다.

그러므로 우리는 헌법을 배우고 기본권을 배울 때, 어떤 기본권은 다른 기본권에 비해 더 중요하다든가 효력이 약하다든가 하는 생각을 가지기보다는 그 중의 어느 하나라도 제대로 보장받지 못하면 인간의 존엄과 가치는 실현될 수 없다는 인식을 가질 필요가 있다. 혹시라도 어떤 기본권이 제대로 보장받지 못하고 있다면 인간의 존엄과 가치를 실현하기 위해서 어떤 방법으로 그 보장을 확보할 수 있을 것인가를 생각하는 것, 그것이 기본권을 배우는 이유가 되어야 한다. 따라서 여기서 우리는 기본권에 대한 별도의 분류를 하지는 않으며 헌법 규정의 순서대로 살펴보기로 한다.

한편 헌법이 각종의 기본권들을 선언하고 있지만, 그런 기본권들을 무제한적으로 보장하는 것은 아니다. 헌법 제37조 제2항은 "국민의 모든 자유와 권리는 국가안전보장·질서유지 또는 공공복리를 위하여 필요한 경우에 한하여 법률로써 제한할 수 있으며, 제한하는 경우에도 자유와 권리의 본질적인 내용을 침해할 수 없다"고 규정해서 이 점을 밝히고 있다. 즉 헌법상 보장되는 기본권들도 국가안전보장·질서유지·공공복리를 위해 제한할 수 있다는 것이다. 이러한 제한이 기본권의 본질적 내용을 침해해서는 안된다는 한계를 동시에 설정하고 있기는 하지만, 이 규정에 의거해 국가가 법률을 통해 기본권을 제한할 수 있는 길은 폭넓게 열려 있다고 말할 수 있다.

이렇게 본다면 구체적 현실에서 기본권의 보장과 침해가 문제되는 것은 결국 어떤 기본권 제한이 이루어졌을 때 그것이 과연 국가안전보장·질서유지·공공복리를 위해 필요한 것이냐, 필요하다 하더라도 그 제한이 권리의 본질적 내용을 침해한 것은 아니냐 하는 점을 둘러싼 것이다. 그런데, 국가안전보장 등의 개념은 극히 불명확한 불확정개념이므로 어떤 경우가 여기에 해당하는가는 반드시 해석을 필요로 하게 되고, 이 해석 여하에 따라 기본권의 보장 정도가 좌우될 수 있으므로 이런 개념들은 극히 한정적으로 해석하지 않으면 안된다. 그러나 이런 개념들의 해석이 반드시 법률적 엄밀성을 가지고 이루어지고 있지는 않고 정치, 경제적 상황이 중대한 영향을 미치는 사례도 어렵지 않게 발견할 수 있다.

결국 어느 정도의 기본권을 보장받는가 하는 것은 기본권 침해를 극히 한정적으로만 인정하는 해석을 가능하게 하는 분위기와 이를 강제하는 여론의 힘에 좌우된다고 말할 수 있다. 이하에서는 우리 헌법의 조문 순서에 따라 각종 기본권의 내용을 살펴보되, 일상생활과 밀접한 관련이 있는 기본권만 다루기로 한다. 각 기본권에 대해서는 실제로 일어났거나 일어날 수 있는 사례와 그 해설 또는 생각해 볼 문제점을 제시한다.

[1] 평 등 권

헌법 제11조는 "모든 국민은 법앞에 평등하다. 누구든지 성별·종교 또는 사회적 신분에 의하여 정치적·경제적·사회적·문화적 생활의 모든 영역에 있어서 차별을 받지 아니한다"고 규정해서 평등의 원칙과 개인의 평등권을 선언하고 있다. 법앞에 평등하다는 것은 단순히 법이 모든 국민에게 평등하게 적용되어야 하는 것을 의미할 뿐만 아니라 법이 규정하고 있는 내용 역시 불평등한 것을 담고 있어서는 안된다는 것을 의미한다. 따라서 평등의 원칙은 행정권과 사법권뿐만 아니라 입법권까지도 구속한다. 즉 법원과 행정기관은 법을 적용함에 있어서 차별을 해서는 안될 의무를 지며, 국회 역시 차별을 내용으로 하는 법률을 제정해서는 안된다.

그러나 헌법이 규정하고 있는 평등은 '절대적 평등'을 의미하지는 않으며, 사실상 평등한 것을 법적으로도 평등하게, 그리고 사실상 불평등한 것을 법적으로도 불평등하게 취급하는 것이야말로 헌법이 지향하는 평등의 내용이다. 이는 결국 '합리적 차별'은 헌법상 허용된다는 것을 의미한다. 그러나 합리적 차별의 기준을 명확히 한다는 것은 쉬운 일이 아니며, 결국 어떤 차별이 합리적이냐 그렇지 않느냐 하는 문제는 구체적인 사안에 따라 개별적으로 판단될 수밖에 없다. 그러나 그 기준이 명확하지 않으면 불합리한 차별이 합리적 차별로 둔갑해 평등의 원칙이 유명무실하게 될 위험이 크므로, 합리성을 인정하는 데에 매우 신중해야 함은 말할 필요도 없다.

사 례 ≫ (갑)은 대학을 막 졸업한 여성으로서 1998년 9월 7급 행정직 국가공무원 시험에 응시했다. (갑)은 시험을 매우 잘 치렀다고 생각하고 합격을 확신했으나 합격자 발표 결과 불합격되었음을 알게 되었다. 나중에 확인해보니 합격자수는 473명이고, 커트라인은 평균 85.00점이었으며 자신의 시험점수는 평균 84점이었다. 그런데 병역의무를 마친 남성의 경우 「제대군인 지원에 관한 법률」 제8조의 규정에 따라서 가점(加點)이 부여되고, 2년 이상 복무를 한 경우에는 총점의 5%, 2년 미만 복무한 경우 총점의 3%가 가점으로 부여된다는 것을 알게 되었다. 따라서 2년 이상 복무를 하고 제대한 남성의 경우 평균 80점 이상만 되어도 가점으로 평균 5점을 부여받는 결과 85점 이상이 되어 합격되었고, 자신은 시험에서는 이보다 더 높은 점수를 받고도 불합격되었다는 사실도 알게 되었다. (갑)은 이러한 법규정이 성별에 따른 차별을 금지하고 있는 헌법 제11조에 위반된다고 생각해 법적으로 대응하기로 마음먹었다. (갑)의 생각대로 가점부여제도는 헌법상 허용되지 않는 차별이어서 위헌인가?

이와 관련하여 공무원임용시험 등에서 국가유공자의 가족에게 10%의 가산점을 부여하는 경우는 위헌인지, 국가유공자 자신에게만 10% 가산점을 부여하는 것도 위헌인지도 아울러 생각해 보자(2001. 2. 22. 선고 2000헌마25; 2006. 2. 23. 2004헌마675등 결정 참조).

해설 헌법 제39조 제2항은 "누구든지 병역의무의 이행으로 인하여 불이익한 처우를 받지 아니한다"고 규정하고 있다. 또한 헌법 제32조 제5항은 국가유공자는 우선적으로 근로의 기회를 부여받는다고 하고 있다. 따라서 이 사안의 핵심은 바로 제대군인에게 공무원시험에서 가점을 부여하지 않는 것이 병역의무의 이행으로 인한 불이익한 처우인가 하는 점과, 제대군인을 국가유공자로 볼 수 있는가 하는 점이다. 즉 가점을 부여하지 않는 것이 불이익처우이고 국가유공자 우선취업권에 반하는 것이라고 한다면, 가점부여 자체는 그것이 설사 성차별이라 하더라도 합리성을 인정하지 않을 수 없게 된다.

가점부여제도를 지지하는 입장에서는 군복무기간중 공무원시험준비를 할 수 없으므로 만약 가점을 부여하지 않는다면 그 기간 동안 준비를 하는 여성에 비해 공무원시험에서 상대적으로 불리할 수밖에 없고, 결국 병역의무 이행으로 인한 불이익처우를 당하게 된다고 주장할 것이다. 그리고 국토방위와 국민의 생명과 재산을 보호하는 의무의 이행으로 이를 이행한자가 국가유공자에 포함되는 것은 당연하다고 주장할 것이다.

그러나 병역의무의 이행으로 인한 불이익은 취업시의 군복무기간의 경력기간 산입 및 호봉 산정 등의 조치로써 보상받고 있는데, 여기에다가 시험에서 가점까지 부여하는 것은 여성을 비롯한 군미필자에 대한 명백한 차별로서 합리적 근거가 인정되기 힘들다. 병역의무의 이행자가 국가유공자라고 한다면 그들이 군대에 있는 동안 근로활동 등 성실한 사회생활을 통해 기여한 사람들 역시 국가유공자로 보지 못할 까닭도 없다. 또한 이와 같은 차별은 비단 여성들에 대해서뿐만 아니라 신체적 조건때문에 병역의무가 면제된 남성들에게도 마찬가지로 적용될 수 있다는 점에서 성별에 따른 차별의 문제가 아니라 사회적 신분에 따른 차별문제라는 점에도 유의해야 한다.

제대군인에 대한 가점부여제도에 대한 헌법재판소의 위헌결정(1999. 12. 23. 98헌마363) 이후에도 가점의 범위를 다소 축소하는 내용의 법률안이 국회에 제출되는 등 논란은 여전히 계속되고 있다. 헌법상 평등의 원칙과 관련하여 새로 제기되고 있는 가점부여제도의 위헌 여부도 고민해 보자.

[2] 신체의 자유

헌법 제12조와 제13조는 신체의 자유를 보장하고 있다. 신체의 자유란 신체의 안전성이 외부로부터의 물리적인 힘이나 정신적인 위협으로부터 침해당하지 않을 자유(신체의 완전성)와 신체활동을 임의적이고 자율적으로 할 수 있는 자유(신체활동의 임의성)를 의미한다. 헌법은 신체의 자유를 실체적으로 보장하기 위해 국가권력을 기속하는 신체의 자유보장에 관한 원리를 천명함과 아울러 여러 가지 권리를 사법절차적 기본권으로 보장하고 있다.

우선 헌법 제12조는 적법절차(適法節次)의 원리를 선언해 체포·구속·압수·수색·처벌·보안처분·강제노역은 정당한 절차에 의해 제정되고 내용적으로도 정당한 법률에 근거해서만 이루어질 수 있고 그 법집행의 절차 역시 정당해야 할 것을 요구하고 있다. 또한 죄형법정주의(罪刑法定主義)의 원리를 선언하여, 행위시의 법률에 의해서 범죄가 되지 않는 행위를 사후적으로 처벌하거나 형량을 강화하는 소급입법을 금지하는 한편, 한번 형사판결이 확정된 사건에 대해서는 다시 심판할 수 없다는 이른바 '이중처벌의 금지원칙'을 선언하고 있다(제13조).

그러나 이와 같은 원리들이 선언되고 있다 해도 구체적인 법집행절차에서 지켜지지 않는다면 유명무실한 것이므로, 헌법은 이 원리의 실현을 위해 형사사법절차상의 기본권을 상세하게 규정하고 있다. 체포·구속·압수·수색을 할 때에는 영장을 제시하도록 하고 있고 체포 또는 구속을 당한 때에는 즉시 변호인의 조력을 받을 권리를 보장하고 있으며, 수사절차에서 고문을 받지 않을 권리와 자기에게 불리한 진술을 강요당하지 않을 권리를 보장하고 있다. 체포 또는 구속을 할 때에는 본인에게는 그 이유와 변호인의 조력을 받을 권리가 있음을 고지해야 하고, 그 가족과 법률이 정하는 자에게도 이유와 일시·장소를 통지해야 한다. 체포·구속을 당한 때에는 그 적부(適否)의 심사를 법원에 청구할 권리를 가지며, 피고인의 자백이 자의로 진술된 것이 아니라고 인정될 때 또는 정식재판에 있어서 피고인의 자백이 그에게 불리한 유일한 증거일 때에는 이를 유죄의 증거로 삼거나 이를 이유로 처벌할 수 없다고 하고 있다.

또한 모든 국민은 헌법과 법률이 정한 법관에 의해 법률에 의한 재판을 받을 권리를 가지고, 형사피의자와 피고인은 유죄의 판결이 확정될 때까지는 무죄로 추정된다(제27조). 무죄추정의 원칙은 비단 형사재판절차에서 뿐만 아니라, 수사절차에서도 반드시 지켜져야 할 원칙이다. 또한 형사피의자 또는 형사피고인으로서 구금되었던 자가 법률이 정하는 불기소처분을 받거나 무죄판결을 받은 때에는 법률이 정하는 바에 의해 국가에 정당한 보상을 청구할 수 있다(형사보상청구권)(제28조).

헌법이 보장하고 있는 신체의 자유는 형사사법절차의 전 과정에서 보장되어야 하는 것이므로, 체포·구속에서부터 법원의 확정판결에 이르는 전 과정에서 국민들은 헌법에 근거해 자신의 권리를 주장할 수 있다.

사 례≫ 아래 사례를 읽고, 단계별로 어떤 문제가 있고 어떻게 대응할 수 있는지 알아보자.

(1) (갑)은 P대학교 C학과의 학생회장이다. 최근 학교당국에서 구조조정의 일환으로 C학과를 폐지하기로 결정하자, (갑)은 이에 대한 항의로서 2011년 6월 1일부터 "C학과 폐지를 철회하라!"고 적힌 피켓을 들고 매일 P대학교 총장실이 있는 건물 앞에서 1인 시위를 벌이고 있다. 2011년 6월 13일, 이 날도 (갑)은 피켓시위를 하기 위하여 오전에 등교하고 있었는데, 학교 앞에서 경찰관으로부터 경찰서로 동행하자는 요구를 받게 되었다. (갑)은 이유를 물어 보았으나 경찰관이 이유는 말하지 않고 동행만 요구하므로, 동행할 수 없다고 거절했다. 그러자 갑자기 주변에서 경찰관 5-6명이 한꺼번에 몰려들어 위협하여 어쩔 수 없이 경찰서로 끌려가게 되었다.

(2) 경찰서에서는 외부와의 연락이 완전히 차단된 채 이틀동안 경찰이 반국가단체로 지목하고 있는 ** 연합과의 관련 여부를 집중적으로 심문받았다. 경찰은 (갑)이 자신에게 불리한 진술을 거부할 수 있다는 것도 알려주지 않았고 때로는 위협을 하고 잠도 거의 재우지 않았으며, 가족에게 연락도 취하지 못하게 하였다. 결국 견디

다 못한 (갑)은 마침내 범죄혐의를 모두 인정한다는 취지의 자백을 했다. (갑)이 경찰서에서 심문을 받고 있는 동안, (갑)의 자취집에 들이닥친 경찰은 주인 (을)의 만류에도 불구하고, (갑)의 자취방을 수색하였고, (갑)의 방에서 서적 5권(칼 마르크스의 〈공산당선언〉, 레닌의 〈제국주의론〉 등)을 가져갔다. 그리고 (갑)이 연행된지 48시간만인 6월 15일에 국가보안법 제7조의 반국가단체 찬양· 고무 및 이적표현물 소지 등 혐의로 구속영장이 발부되었다.

(3) 한편 (갑)이 이틀째 집에 들어오지 않자 실종신고를 하는 등 초조하게 기다리던 (갑)의 아버지는 구속영장이 발부된 직후에야 비로소 (갑)이 국가보안법 위반 혐의로 구속되어 현재 대전 서부경찰서 유치장에 구금되어 있다는 사실을 통지받았다. 연락을 받은 즉시 (갑)의 아버지는 변호인을 선임했고 변호인은 (갑)이 수감되어 있던 서부경찰서에 가서 (갑)과의 접견을 요구했으나 거절당했고, (갑)은 검찰로 송치된 이후에야 비로소 대전교도소 미결구금방에서 변호인을 접견할 수 있었다. 그러나 (갑)과 변호인이 접견하는 중 교도관이 옆에 앉아 대화내용을 듣고 이를 기록하는 등 제대로 접견을 할 수 없었고, 검찰수사과정에서도 강압적 수사가 계속된 끝에 (갑)은 검찰에서도 같은 취지의 자백을 하고 말았다. 이에 검찰은 국가보안법 제7조 위반혐의로 (갑)을 기소하면서 (갑)의 자백이 포함된 경찰 및 검사가 작성한 피의자신문조서와 (갑)의 자취방에서 압수한 서적 5권을 법원에 증거물로 제시했다.

(4) (갑)은 법원의 재판과정에서 경찰은 물론 검찰에서의 자백은 고문과 가혹행위에 의한 것으로서 이를 인정할 수 없다는 취지의 진술을 계속했으나 법원은 (갑)의 진술을 받아들이지 않았다. 또한 법원의 재판과정에서 재판장은 (갑)에게 "피고인은 빨갱이 아니냐"는 등의 표현을 사용하면서 반말을 하기도 하였고, 검찰이 증거물로 제출한 위 서적 5권과 경찰 및 검찰에서 한 (갑)의 자백의 증거능력을 인정하고 이를 근거로 (갑)에 대해 국가보안법 위반혐의에 대해서 징역 3년을 선고했다. 이후 (갑)은 항소했으나 고등법원은 항소를 기각했다. 이에 (갑)은 대법원에 상고했고 대법원은 고등법원의 증거조사 및 사실인정에 법률위반이 있다고 해 원심을 파기하고 고등법원에 사건을 돌려 보냈으며 고등법원은 대법원의 판결 취지에 따라 (갑)에게 무죄를 선고했고 이 판결은 확정되었다.

(1) 경찰서에 연행되어 구속영장이 발부되기 전까지
(2) 구속영장이 발부된 후 기소되기 전까지
(3) 기소된 후 법원의 확정판결 전까지
(4) 확정판결 이후

해설 위의 사례는 과거 군사독재 치하에서 빈번하게 일어났던 일이지만 소위 문민정부 이후 20년 이상 세월이 지난 지금까지도 우리 일상사에서 드물지 않게 일어나고 있는 일이다. 대학생들이(최근에는 고등학생들마저도) 시위를 하다가 잡히거나 이런저런 주장을 하다가 잡히게 되면 대개 위와 같은 과정들을 경험하게 되는데, 폭력시위가 비판받아 마땅하다고 해서, 또 그들이 정부나 우리 체제에 다소 비판적인 주장을 했다고 해서, 그들에게는 헌법이 보장한 적법절차와 신체의 자유가 무시되어도 좋은 것인지 다 함께 생각해 볼 일이다.

(1) 경찰서에 연행되어 구속영장이 발부되기 전까지

우선 (갑)이 경찰서에 연행된 것은 경찰관직무집행법상의 '임의동행'의 형식을 취하고 있으나 사실은 경찰관들의 위력 행사에 의한 강제연행이며, 영장이 발부되지 않은 상태에서 한 불법체포 및 구금에 해당한다. (갑)은 경찰서에 구금되어 있는 상태이므로 사실상 별다른 조치를 취하기는 어려우나 후에라도 불법연행을 자행한 해당 경찰관과 그 감독자인 경찰관서장을 불법체포의 죄(형법 제124조)로 고소할 수 있고, 민사상 불법행위로 인한 손해배상을 청구할 수도 있다. 설사 불법체포가 아닌 임의동행이었다 하더라도 그 시간은 6시간을 초과할 수 없으므로 무려 48시간이나 (갑)을 구금한 행위는 불법감금에 해당한다. 또한 경찰 심문과정에서 자행된 폭행이나 잠 안 재우기 등도 형법 제125조 위반이다.

한편 이와 같은 임의동행 형식을 빈 불법체포 · 연행에 대응하기 위해 폭력을 사용했다 하더라도 이를 공무집행방해죄로 처벌할 수는 없으므로, 이에 대해서는 강력하게 대응해 가급적이면 경찰서에 가지 않는 것이 좋다. 그러나 어쩔 수 없이 경찰서로 연행될 경우에는 변호인의 조력을 받을 권리를 주장하면서 변호인과 접견할 때까지 진술을 거부해야 한다. 특히 수사기관에서 수사를 받을 때 수사개시 후 수일 내에 중요한 범죄사실에 대한 수사가 종료되므로, 체포 후 수사가 시작되는 초기의 대응은 매우 중요하다.

한편 경찰이 (갑)의 방을 압수수색한 것은 영장없이 한 것이므로 (갑)의 체포구금이 긴급체포(헌법 제12조 제3항 단서)에 해당하지 않는 한 위법한 것이다. 따라서 (을)은 영장없이 (갑)의 방을 수색, 책을 압수해 간 경찰의 행위에 대해 주거침입 및 절도 등의 죄로 고발할 수 있다.

(2) 구속영장이 청구된 후 기소되기 전까지

일단 구속영장이 청구되면 피의자와 그 변호인, 법정대리인, 배우자, 직계친족, 형제자매, 호주, 가족이나 동거인 또는 고용주는 법원에 영장실질심사를 신청할 수 있다. 피의자나 위에 열거된 사람들이 법원에 심문을 신청하면, 법관이 직접 피의자를 심문해 구속 사유가 충족되었는지의 여부를 판단한 뒤 피의자를 구속할 필요가 있다고 인정되면 구금을 위한 구속영장을 발부하게 된다. 구속영장이 발부된 후에는 (갑)과 그 배우자, 변호인, 직계친족 등은 관할법원에 구속적부심사를 청구할 수 있다(개정 형사소송법은 체포영장제도를 도입함으로써 적부심도 체포·구속적부심으로 확대되었다).

구속적부심사는 잘못된 구속으로부터 수일내에 빠져나올 수 있는 거의 유일한 방법이다. 구속적부심사에 대한 석방결정문이 경찰서에 도달하는 즉시 경찰관서장은 구속되었던 자를 석방해야 하나 결정문 도달 후에도 석방절차를 지연시키는 사례가 있는데, 이런 경우에는 불법감금죄로 형사고소를 하거나 민사상 손해배상청구를 할 수 있다.

(3) 기소된 후 법원의 확정판결 전까지

(갑)은 자신의 자백이 고문 등에 의해 이루어졌고 진술거부권을 고지하지 않은 상태에서 한 것이라고 주장하고 있으므로, 고문 등에 의해 얻은 자백은 헌법 제12조 제7항에 의해 유죄의 증거로 인정할 수 없다. 설사 자백 자체에 임의성은 인정되는 경우라도 진술거부권을 고지하지 않은 경우에는 '위법수집증거 배제의 법칙'에 의해 그 자백의 증거능력은 부정된다. 그러나 현실적으로 검찰에서 한 자백은 법원이 거의 임의성을 인정하고 있기 때문에, 재판절차에서 자백의 임의성을 부정하는 것보다는 변호인의 도움을 받을 수 있을 때까지 무조건 진술을 거부하는 것이 보다 현명한 방법이다. 한편 검찰이 증거물로 제시한 5권의 서적 역시 영장없이 한 위법한 압수수색에 의해 취득된 것이므로 이를 유죄의 증거로 삼아서는 안된다.

또한 (갑)은 형사피고인으로서 유죄의 판결이 확정될 때까지 무죄로 추정되어야 하므로 제1심 법원 재판장과 같이 유죄의 예단을 가지고 피고인을 대하는 것은 헌법에 반한다. 또한 유죄의 증거로 할 수 없는 자백을 증거로 삼아 유죄 판결을 내린 제1심과 항소심 판결 역시 헌법에 위반되는 것이다. 그러나 법원의 재판은 원칙적으로 헌법소원의 대상이 되지 않으므로 상급법원에 상소하는 길 이외에는 별다른 구제책이 없다. 즉 위 사례에서 대법원 역시 상고를 기각했다면 극히 예외적인 경우(재심)를 제외하고는 구제방법이 사실상 없다. 여기서 공정한 재판과 그 담당자인 법관의 불편부당함이 얼마나 중요한지를 실감할 수 있게 된다.

(4) 확정판결 이후

(갑)은 구속된 상태에서 수사와 재판을 받았으나 최종적으로 무죄판결을 받고 이 판결이 확정되었으므로 이후 헌법 제28조를 근거로 국가에 대하여 형사보상을 청구할 수 있다.

사 례≫ (갑)은 국가보안법 위반 혐의로 국가정보원에 의해 구속되었다. 며칠 후 (갑)은 국가정보원 면회실에서 자신의 변호인인 (을)을 접견하게 되었는데, 접견할 때 국가정보원 소속 수사관이 참여해 (갑)과 (을) 사이의 대화내용을 듣고 때로는 그것을 기록하기도 했다. 이에 대해서 (갑)은 접견시 수사관의 참여나 기록이 헌법 제12조 제4항이 보장한 변호인의 조력을 받을 권리를 침해한 것으로서 위헌이라는 취지의 결정을 구하는 헌법소원심판을 청구했다. (갑)의 청구는 받아들여질 수 있는가?

해설 누구든지 체포·구속을 당한 때에는 즉시 변호인의 조력을 받을 권리를 가진다. 그런데 신체구속을 당한 사람에 대해 변호인의 충분한 도움을 받게 하기 위해서는 무엇보다도 먼저 신체구속을 당한 사람이 변호인과 충분히 상담을 할 수 있도록 해 주어야 한다. 따라서 변호인의 조력을 받을 권리의 필수적 내용은 신체구속을 당한 사람과 변호인과의 접견교통(接見交通)이다.

변호인은 접견을 통해 구속된 피의자, 피고인의 상태를 파악해 적절한 대응책을 강구하고, 피의사실이나 공소사실의 의미를 설명해 주고 그에 관한 피의자·피고인의 의견을 듣고 대책을 논의한다. 진술의 방법·정도·시기·내용 등에 관해 변호인으로서 의견을 말하고 지도도 하며, 진술거부권이나 각종 조서에 서명날인을 거부하는 권리가 얼마나 중요한지를 가르치는 것도 접견을 통해서 가능해진다.

그런데 변호인과 피의자·피고인 사이에서 이루어지는 이런 일들은 구속된 자와 변호인의 대화내용에 대한 비밀이 완전히 보장되고 어떤 제한이나 영향력, 압력이나 부당한 간섭이 없이 자유롭게 대화할 수 있을 때에만 가능하다. 그런데 이 사례와 같이 접견을 할 때 수사관이 가까이서 감시하면서 대화내용을 듣거나 녹취하거나 사진을 찍는 등 불안한 분위기를 조성한다면 변호인의 활동은 방해될 수밖에 없고 이는 변호인의 조력을 받을 권리나 진술거부권을 보장한 헌법정신에 반하는 일이다.

따라서 변호인과의 자유로운 접견은 신체구속을 당한 사람에게 보장된 변호인의 조력을 받을 권리의 가장 중요한 내용이어서 국가안전보장·질서유지·공공복리 등 어떤 명분으로도 제한될 수 있는 성질의 것이 아니다. 따라서 (갑)의 주장은 정당하며, 접견시 수사관의 참여나 기록 등의 행위는 헌법 제12조 제4항의 변호인의 조력을 받을 (갑)의 권리를 명백히 침해한 것이다. 이는 비단 수사기관에서 뿐만 아니라 교도소나 구치소에서 교도관 등 관계공무원이 접견에 입회해서 대화를 듣거나 기록하는 경우에도 마찬가지로 적용된다.

[3] 거주 · 이전의 자유

거주·이전의 자유란 원하는 곳에 거주하고 원하는 곳으로 이전하는 자유이다(헌법 제14조). 외국에 이주하고 외국에서 돌아오는 자유도 포함한다. 또 국적이탈의 자유도 인정된다. 그러나 국적이탈의 자유는 국적변경의 자유를 의미할 뿐 무국적의 자유까지 포함하는 것은 아니다.

국내에서의 거주·이전의 자유는 대한민국의 영토내에서 체류지와 거주지를 자유롭게 정할 수 있는 좁은 의미의 거주·이전의 자유이다. 그런데 헌법 제3조는 대한민국의 영토는 한반도와 그 부속도서라고 하고 있으므로 북한도 당연히 대한민국의 영토에 포함되고, 따라서 북한 방문 역시 거주·이전의 자유에 포함되느냐가 문제된다. 그러나 현실적으로는 대한민국의 통치권은 군사분계선 이남에만 미칠 뿐이므로 국내 거주·이전의 자유가 북한 지역으로의 이전까지를 그 내용으로 할 수는 없다고 보고 있다. 하루 빨리 통일이 되어야만 국내적인 차원에서라도 거주·이전의 자유가 온전하게 될 것이다.

한편 거주·이전의 자유에는 국외이주의 자유가 포함되어 있지만 국외이주는 해외이주법에 의한 허가를 받은 경우에만 가능하다. 그러나 이는 헌법 제37조 제2항에 의한 제한으로서 헌법위반은 아니라고 본다. 또한 거주·이전의 자유에 출입국의 자유가 포함된다고 보는 견해가 다수이다. 해외여행의 자유에 대한 제한입법으로 여권법과 출입국관리법이 있는데, 출입국관리법 제3조는 누구든지 여권을 소지하지 않고는 출국할 수 없다고 규정하고 있으므로 여권의 발급은 사실상 출국허가와 다름이 없다. 그런 의미에서 여권발급의 제한은 간접적으로 해외여행의 자유를 제한하는 것이 된다.

사 례 ≫ (갑)은 민간 인권단체의 대표자인데, 미국에 있는 국제인권단체의 초청을 받아 1997년 5월 1일 미국으로 출국할 예정으로 외무부에 여권 발급을 신청했다. 그러나 외무부는 (갑)이 과거에 국가보안법 위반으로 실형을 선고받아 복역한 전력이 있다는 점을 문제삼아 구 여권법 제8조 제1항 제5호를 근거로, 즉 "대한민국의 이익이나 공공의 안전을 해할 상당한 이유가 있다고 인정되는 자"라는 이유로 여권발급을 해 주지 않았다. 이에 (갑)은 구 여권법 제8조 제1항 제5호의 규정이 헌법상 보장된 거주·이전의 자유를 침해하는 위헌적인 법률이라고 주장하면서 외무부의 여권발급거부처분의 취소를 구하는 소송을 제기했다. (갑)의 주장은 정당한가?

해설 구 여권법 제8조 제1항 제5호가 여권발급거부 기준으로 정하고 있는 사유는 극히 막연하고 불명확하다. 이에 따르면 사실상 정부의 자유로운 재량에 의해서 여권발급 여부가 결정된다. 이처럼 불명확한 기준으로 정부에 과도한 재량권을 부여해서 헌법이 보장하는 해외여행의 자유를 금지하는 규정은 헌법에 위반된다고 보아야 한다.

특히 이 사례와 같이 단지 과거 국가보안법 위반 전력이 있다는 이유로 곧바로 대한민국의 이익이나 공공의 안전을 해한다고 볼 수 있다면 다른 어떤 사유도 이에 해당하지 않으란 법이 없다. (갑)의 주장은 정당하고 나아가 구 여권법 제8조 제1항 제5호와 같은 불명확한 법규정은 조속히 개정되어야 한다.

다행스럽게도 전부개정된 여권법(2008. 3. 28. 법률 제8990호)에서는 구 여권법 제8조 제1항 제5호와 같은 규정을 두지 않았지만, 제12조에서는 "외국에서의 위법한 행위 등으로 국위(國威)를 크게 손상시킨 사실이 재외공관 또는 관계 행정기관으로부터 통보된 사람"에 대한 여권발급제한을 규정함으로써 문제의 재발 소지는 여전히 남아 있다.

[4] 사생활의 비밀 보장과 통신의 비밀 보장

1. 사생활의 비밀 보장

헌법 제17조는 "모든 국민은 사생활의 비밀과 자유를 침해받지 아니한다"고 규정하고 있다. 정보화사회라고 하는 현대사회에서는 개인에 관한 정보가 수집·정리·보관 및 전파의 대상이 되고 이런 과정에서 개인의 사적 영역에 관한 정보도 부득이 공개되거나 타인에 의해 수집·관리되는 경우가 생긴다.

이와 같은 사회의 정보화가 급속히 진행되면서 개인의 사생활이 공간적으로나 내용적으로 위기를 맞게 됨에 따라 헌법의 차원에서 사생활을 보호하기에 이른 것이다.

여기에는 사생활의 비밀의 불가침과 사생활의 자유의 불가침, 그리고 자신에 관한 정보를 통제할 수 있는 권리가 포함된다. '사생활의 비밀의 불가침'은 개인이 비밀로 하고자 하는 난처한 사적 사항이나 명예 · 신용, 그리고 성명 · 초상 · 경력 · 이미지 등 개인의 인격적 징표의 불가침을 의미한다. '사생활의 자유'는 사생활의 자유로운 형성과 전개 그리고 사생활의 평온을 방해받지 않을 권리를 뜻한다. 또한 '자기정보통제권'은 자신과 자신의 보호하에 있는 사람에 관한 정보가 타인에 의해 자의(恣意)로 수집 · 처리당하지 않을 자유와 자신 등에 관한 정보가 오류 또는 허위일 경우에 그 정정 · 보완을 요구할 수 있는 권리를 그 내용으로 한다. 사생활의 비밀이 보다 소극적 · 수동적 성격의 것이라면, 사생활의 자유와 자기정보통제권은 보다 적극적 · 능동적 성격의 것이다.

이 권리와 관련해서 현행 주민등록제도에 대해서 생각해 보자. 주민등록제도는 최소한 두 가지의 문제를 가지고 있다. 일단 전 국민에게 출생과 동시에 일련번호를 부여하여 숫자에 의하여 개인의 신분을 확인할 수 있도록 하고 있다는 점이다. 현재 주민등록번호에는 생년월일은 물론 성별, 출생지역, 오류점검번호 등의 정보가 수록되어 있다. 이는 상품과 마찬가지로 우리 국민 모두가 누군가(국가)의 관리 · 통제 대상으로 취급되고 있음을 의미한다. 그렇다면 슈퍼마켓에 진열된 상품에 매겨져 있는 바코드와 우리 국민 누구나 가지고 있는 주민등록번호의 차이는 무엇일까?

게다가 주민등록증 발급시에는 전 국민에 대하여 지문(열손가락 지문) 날인을 의무화하여 전 국민을 범죄인 취급하는 듯한 느낌마저 준다. 과거 일본 정부가 재일교포에 대하여 지문날인을 강제한 것(1991년에 폐지됨)에 대하여 우리 정부 관리가 재일교포를 범죄인 취급한다며 난리를 치던 적이 있었다. 그런데 지금까지도 자국 국민 전체에게 지문날인을 강요하는 나라가 과연 그런 항의를 할 자격이나 있었던 것인지 의문이 든다. 특히 이와 같은 지문날인에 대하여는 그 법률상 근거가 없고 개인의 자기정보통제권을 침해하는 것이라는 이유로 헌법소원이 제기되기도 하였으나 유감스럽게도 헌법재판소는 헌법위반이 아니라고 판단하였다(2005. 5. 26. 99헌마513 · 2004헌마190). 이 결정과 반대의견을 읽고 주민등록제도와 지문날인제도의 문제점에 대하여 토론해 보자.

2. 통신의 비밀 보장

모든 국민은 통신의 비밀을 침해받지 않는다(제18조). '통신'이라 함은 신서(信書), 전화, 전신 및 그 밖의 우편물과 같이 체신기관에 의해 다루어지는 격지자(隔地者)간의 의사의 전달은 물론, 물품의 수수까지 의미한다. 또한 '침해받지 않는다'는 것은 봉한 서신에 관해서는 통신사무에 종사하는 공무원이 그것을 개파하거나 그 내용을 인지하는 것을 금지한다는 뜻이며, 봉하지 않은 통신에 관해서는 그 문면뿐만 아니라 발신인·수신인의 성명·거소·발신회수 등을 직무상 알게 된 공무원이 제3자에게 누설하는 것을 금지한다는 뜻이다. 또한 관계공무원 이외의 자가 이 통신의 비밀을 탐지하기 위해 통신에 관계하는 직원을 강제하거나 그 지위를 대행하는 것도 금지된다.

사 례 ≫ (갑)은 섬유회사인 A주식회사의 노동조합 위원장이며, 상급단체인 섬유노동조합연맹의 부위원장으로 노동조합에 상근하는 노동조합 전임자(專任者)이다. 그런데 언제부턴가 사무실은 물론 집에서 사용하는 전화기의 감이 떨어져 불편을 겪게 되었다. 처음에는 전화기가 고장인가 해서 수리를 맡겨 보았지만 전화기 점검을 한 후에도 상태가 좋아지지 않았다. 그래서 (갑)은 전화국에 연락해 집과 사무실의 전화선을 점검해 달라고 요청했고 전화국에서 직원이 나와 전화회선을 점검하게 되었다. 그런데 점검을 마치고 전화국 직원이 하는 말이 누군가 (갑)의 집과 사무실의 전화에 대해 도청장치를 설치해 놓고 도청을 해왔다는 것이며 전화기의 감이 떨어진 것도 도청 때문이었다고 말했다. 과연 도청장치를 제거하고 나니까 전화기의 감이 예전처럼 좋아진 것을 확인할 수 있었다. 이에 격분한 (갑)은 전화국의 고위 관계자에 항의했고, 최근에 인근 경찰서에서 도청장치를 설치하겠다는 협조의뢰 공문이 왔고 이에 응해 설치한 것이라는 해명을 들을 수 있었다. (갑)은 어떤 법적 대응책을 강구할 수 있을까?

해설 통신비밀보호법 제3조는 이 법과 형사소송법 또는 군사법원법의 규정에 의하지 않고는 전기통신의 감청을 하거나 공개되지 않은 타인간의 대화를 녹음 또는 청취하지 못하게 하고 있다. 그러나 특정 범죄를 계획 또는 실행하고 있거나 실행했다고 의심할 만한 충분한 이유가 있고 다른 방법으로는 그 범죄의 실행을 저지하거나 범인의 체포 또는 증거의 수집이 어려운 경우에 한하여(제5조), 검사가 법원에 청구하고 이에 관해 법원으로부터 허가서를 발부받아서 예외적으로 감청 등 통신제한조치를 할 수 있다(제6조). 이와 같은 요건을 갖추지 못한 감청은 위법한 도청이 되고, 위법한 도청으로 얻은 정보는 재판 또는 징계절차에서 증거능력이 부정된다(제4조).

(갑)은 근로조건의 개선과 향상을 목적으로 결성한 노동조합의 위원장으로서 활동하고 있으므로, 법률이 규정한 범죄를 계획하거나 실행하고 있다고 믿을 만한 사유가 없다. 게다가 (갑)의 전화에 대한 도청은 단순히 경찰서의 협조의뢰 공문에 전화국 관계자가 응함으로써 이루어졌을 뿐 검사의 청구에 의해 법원의 허가를 받아서 이루어진 것도 아니다.

그러므로 (갑)의 전화에 대한 도청은 통신비밀보호법이 정한 요건에 해당하지 않는 위법한 도청에 해당하고, 이로 인해 (갑)은 자신의 노동조합 활동과 관련된 사항은 물론 사적인 통화 내용까지도 경찰 당국에 의해 청취당해 왔으므로 사생활의 비밀과 자유가 심각하게 침해된 것이다. 따라서 (갑)은 법 제16조에 따라서, 도청을 자행한 경찰관서장과, 아무런 법적인 근거도 없이 이에 협조해 도청을 도운 전화국 관계자를 형사고소해서 처벌할 수 있다. 한편 (갑)은 도청이라는 불법행위에 의해 사생활의 비밀이 침해되는 등 심각한 정신적 피해를 입었으므로, 민법과 국가배상법에 의거해서 정신적 피해의 배상을 청구할 수 있다.

한 가지 덧붙일 것은 불행하게도 위의 사례가 학습을 위해서 억지로 만든 것이 아니라 우리 현실 생활에서 드물지 않게 일어나는 일이라는 점이다. 더구나 합법적인 감청의 범위를 더욱 확대하는 내용의 법률 개정 움직임이 있는데, 이는 참으로 우려스러운 일이다. 어느 날 여러분의 집이나 다니는 직장의 전화기 감이 떨어진다면 혹시 도청당하고 있지는 않은지 점검해 볼 필요가 있다. 우리의 일상적인 대화를, 때로는 숨기고 싶은 일들을 누군가 낱낱이 듣고 또 기록하고 있다면 당신은 어떻게 할 것인가?

[5] 양심의 자유

헌법 제19조는 "모든 국민은 양심의 자유를 가진다"고 규정하고 있다. 양심의 자유의 내용으로는 자신의 논리적 판단에 따라 사물의 옳고 그름을 판단하는 양심형성 · 결정의 자유, 자신이 형성한 양심 · 사상을 발표하도록 강제받지 않을 침묵의 자유, 내부에 형성된 양심을 행동을 통해 표현하도록 강제받지 않을 권리인 양심추지(推知)의 금지, 양심에 반하는 행동을 강제당하지 않을 자유 등을 의미하며, 학자에 따라서는 양심상의 결정을 외부에 표현하거나 그에 따라 행동할 자유까지 보장한다고 보는 사람도 있다. 특히 양심의 형성과 결정의 자유는 어떤 경우에도 제한될 수 없는 절대적 기본권에 속한다.

따라서 양심결정과정에 국가권력이나 타인이 관여하거나 방해하거나 또는 일정한 양심결정을 하도록 강제해서는 안된다. 그것은 생명권이 인간으로서의 존엄과 가치를 유지하기 위한 물리적인 대전제라면, 양심결정의 자유는 인간으로서의 존엄과 가치를 유지하기 위한 정신적 대전제가 되는 것이기 때문이다.

이와는 달리 양심실현의 자유가 헌법 제19조의 보호범위내에 있는지에 대해서는 의견이 일치하지 않는다. 즉 양심상의 결정을 외부에 실현하는 행위는 이미 내심에 머물러 있지 않으므로 이는 헌법의 일반원리에 따른 제한의 대상이 된다고 보는 견해가 있는 반면에, 양심실현의 자유가 외부에 표현되었다는 이유만으로 제약을 받을 수 있다고 한다면 사실상 양심에 반하는 상태를 강요하는 결과를 낳게 되므로 이 역시 제한될 수 없다고 보아야 한다는 견해가 대립하고 있다.

아래의 사례는 이른바 '양심적 병역거부'와 관련하여 헌법재판소에서 실제 다루어진 사례이다(2004. 8. 26. 2002헌가1). 이 사례에서 제시된 다수의견과 반대의견을 비교해보고 양심실현의 자유의 인정 여부를 논의해 보자.

사 례 ≫ (갑)은 현역입영대상자로서 현역병으로 입영하라는 병무청장의 현역입영통지서를 받고도 입영일로부터 5일이 지나도록 이에 응하지 아니하여 병역법 제88조 제1항 제1호 위반으로 서울지방법원 남부지원에 공소제기되어 재판계속 중이다.

(갑)은 위 공소사실에 적용된 병역법 제88조 제1항 제1호가 종교적 양심에 따른 입영거부자들의 양심의 자유 등을 침해한다고 주장하면서 위 법원에 위헌제청신청을 하였다. 그런데 법원이 (갑)의 위헌제청신청을 기각하자 (갑)은 위 병역법 규정에 대하여 헌법재판소에 헌법소원심판을 청구하였다. (갑)의 청구는 받아들여질 수 있는가?

해설 헌법재판소는 다수의견에서 다음과 같이 판단하였다.

"양심의 자유는 단지 국가에 대하여 가능하면 개인의 양심을 고려하고 보호할 것을 요구하는 권리일 뿐, 양심상의 이유로 법적 의무의 이행을 거부하거나 법적 의무를 대신하는 대체의무의 제공을 요구할 수 있는 권리가 아니다. 따라서 양심의 자유로부터 대체복무를 요구할 권리도 도출되지 않는다. …… 양심상의 이유로 병역의무의 이행을 거부할 권리는 단지 헌법 스스로 이에 관하여 명문으로 규정하는 경우에 한하여 인정될 수 있다.

이 사건 법률조항을 통하여 달성하고자 하는 공익은 국가의 존립과 모든 자유의 전제조건인 '국가안보'라는 대단히 중요한 공익으로서, …… 대체복무제를 도입하더라도 국가안보라는 중대한 헌법적 법익에 손상이 없으리라고 단정할 수 없는 것이 현재의 상황이라 할 것인바, …… 현 단계에서 대체복무제를 도입하기는 어렵다고 본 입법자의 판단이 현저히 불합리하다거나 명백히 잘못되었다고 볼 수 없다."

반면 이러한 다수의견에 대하여는 다음과 같은 반대의견이 제시되기도 하였다.

"양심적 병역거부가 인류의 평화적 공존에 대한 간절한 희망과 결단을 기반으로 하고 있음을 부인할 수는 없으며, 평화에 대한 이상은 인류가 오랫동안 추구하고 존중해온 것이다. …… 양심적 병역거부자들이 현역집총병역에 종사하는지 여부가 국방력에 미치는 영향은 전투력의 감소를 논할 정도라고 볼 수 없고, 이들이 반세기 동안 형사처벌 및 유·무형의 막대한 불이익을 겪으면서도 꾸준히 입영이나 집총을 거부하여 온 점에 의하면 형사처벌이 이들 또는 잠재적인 양심적 병역거부자들의 의무이행을 확보하기 위해 필요한 수단이라고 보기는 어렵다. …… 양심적 병역거부자들에게 현역복무의 기간과 부담 등을 고려하여 이와 유사하거나 보다 높은 정도의 의무를 부과한다면 국방의무이행의 형평성회복이 가능하다. 또한 많은 다른 나라들의 경험에서 보듯이 엄격한 사전심사절차와 사후관리를 통하여 진정한 양심적 병역거부자와 그렇지 않은 자를 가려내는 것이 가능하며, 현역복무와 이를 대체하는 복무의 등가성을 확보하여 현역복무를 회피할 요인을 제거한다면 병역기피 문제도 효과적으로 해결할 수 있다."

[6] 언론 · 출판 · 집회 · 결사의 자유와 학문 · 자유

1. 언론 · 출판의 자유

언론·출판의 자유란 자기의 사상이나 지식을 언어나 문자 등으로 외부에 표현하는 자유를 의미한다. 그러나 언론·출판의 자유는 단순히 개인이 사상을 표현하는 자유뿐만 아니라 의사형성을 위해 필요한 정보에 접근·수집·처리할 수 있는 권리, 즉 알 권리를 포함하며, 더욱 적극적으로는 언론매체에 대한 접근이용권(access권)까지를 포함할 수도 있다. 한편 언론·출판의 자유에는 언론기관이 향유하는 보도의 자유나 언론기관 설립의 자유 등이 포함된다.

언론·출판의 자유는 개인의 자유로운 인격발전을 이룩하고 인간의 존엄을 유지하는 데 필수불가결한 권리이며, 민주정치의 근간이 되는 여론 형성에 필수불가결한 권리로서 특히 그 정치적 중요성이 강조되어야 한다. 그리하여 언론·출판에 대한 허가제나 검열제는 헌법이 명문으로 금지하고 있다. 자유로운 언론이 없이는 어떤 자유도, 어떤 민주주의도 있을 수 없는 까닭이다. 또한 이와 같은 사전제한의 금지에 그치지 않고 언론·출판의 자유를 사후적으로 제한하는 경우에도 '명백하고 현존하는 위험의 원칙' 등 엄격한 기준에 의해 그 제한입법의 위헌여부를 판단해야 한다.

그러나 현대사회에서는 언론기관, 즉 대중매체의 힘이 워낙 커져서 그것이 하나의 권력처럼 비대하게 됨으로써 오히려 언론기관의 보도에 의해 개인의 자유와 권리가 침해되는 일 또한 빈번하게 일어난다. 따라서 언론·출판의 자유에는 사회 및 타인과의 관계에서 일정한 제약이 따르게 되며, 언론보도로 인해 자유와 권리가 침해될 경우에는 일정한 구제책이 마련되지 않으면 안된다. 이를 위해 마련된 제도로서 명예훼손 등을 이유로 한 손해배상청구나 형사처벌, 「언론중재 및 피해구제 등에 관한 법률」 소정의 반론보도청구권 제도가 있다.

사 례≫ (갑)은 범민족단체연합 광주지역 중앙상임집행위원으로서 1996. 5. 10. 전남 광주에서 범민족대회를 개최하고 대회 장소에서 범민련의 주장을 담은 유인물을 참가자들에게 배포했다. 이 유인물에는 연방제 통일, 주한미군의 철수, 국가보안법 철폐 등의 주장이 담겨 있었다. 이에 검찰은 이들 표현이 국가보안법 제7조에 위반되는 이적표현물에 해당한다고 하면서 (갑)을 찬양·고무 및 이적표현물 제작·반포죄로 구속기소했다. 이에 (갑)은 유인물에 담긴 범민련의 주장은 헌법이 보장한 언론·출판의 자유의 행사로 보아야 하고 이를 국가보안법상의 이적표현물이라 해서 처벌하는 것은 헌법에 위반된다고 주장했다. (갑)의 주장은 타당한가?

해설 국가보안법 제7조 제1항은 "국가의 존립·안전이나 자유민주적 기본질서를 위태롭게 한다는 정을 알면서 반국가단체나 그 구성원 또는 그 지령을 받은 자의 활동을 찬양·고무·선전 또는 이에 동조하거나 국가변란을 선전·선동한 자는 7년 이하의 징역에 처한다"고 규정하고, 제5항은 "제1항·제3항 또는 제4항의 행위를 할 목적으로 문서·도화·기타의 표현물을 제작·수입·복사·소지·운반·반포·판매 또는 취득한 자는 그 각 항에 정한 형에 처한다"고 규정하고 있다. 그런데 이들 각 조항에서 정한 행위유형은 모두가 언론·출판활동에 해당하므로 이를 처벌하기 위해서는 법률상 금지된 해악을 초래할 위험성, 즉 국가의 존립이나 자유민주적 기본질서에 대한 명백하고 현존하는 위험이 입증될 수 있어야 한다.

(갑)이 주장하고 있는 연방제 통일방안은 평화통일이라는 대원칙하에서 통일 후의 국가형태 등에 관해서 상정할 수 있는 다양한 방안들 중의 하나이다. 민족 최대의 과제인 통일을 논의함에 있어서 제시되는 방안은 여러 가지가 있을 수 있고 그 중에는 연방제 통일방안 역시 포함될 수 있다. 그런데 그 주장 자체는 국가의 존립 등에 어떤 명백한 위험을 초래하는 것이라고 보기 힘들고, 따라서 그것이 단순히 북한의 주장과 명칭이나 내용에 있어서 동일·유사하다는 이유만으로 처벌할 수는 없다.

다음으로 미군 철수의 경우는 북한의 남침에 결정적인 동기를 부여할 수 있는 사안인 만큼 대한민국의 안전에 위협을 줄 만한 사안이다. 그러나 대한민국의 안전에 위협을 주는 것은 미군의 '철수'이지 미군 철수 '주장'(표현)은 아니라는 사실을 분명히 인식할 필요가 있다. 즉 미군 철수 주장이 실제로 미군 철수를 현실화시킬 행동을 직접적으로 유발할 정도의 선동적 내용을 포함하고 있지 않는 한 이 주장 자체를 이유로 국가보안법을 적용하는 것은 언론·출판의 자유에 대한 위헌적인 침해가 된다.

마지막으로 국가보안법을 철폐하자는 주장이 있다. 물론 이러한 주장은 북한이 줄기차게 주장해 온 것임은 분명하다. 그러나 일반적으로 법령의 개정이나 폐지의 주장은 누구나 할 수 있는 것인데, 국가보안법이라는 특정한 법률에 한해서 그 폐지를 주장하는 것이 위법이라고 한다는 것은 상식 밖의 일이다.

결국 어떤 측면에서 보더라도 (갑)의 위 주장에 대해서 국가보안법 제7조를 적용해서 처벌하는 것은 헌법적으로 정당화되기 어렵다. 나아가 이와 같은 표현들을 처벌하는 국가보안법 자체가 헌법 위반이라고 할 수도 있지만, 이미 헌법재판소는 이들 규정의 합헌성을 인정하였다(1996. 10. 4. 95헌가2 등). 그러나 다분히 위헌적 요소를 내포하고 있는 국가보안법의 적용이 매우 신중하게 이루어져야 한다는 것만은 분명하다. 특히 국가보안법의 적용은 '북한=반국가단체'라는 논리에 바탕을 두고 있는 것인데, 냉전 이데올로기의 붕괴라는 국제정치적 변화나 통일 열망이 고조되고 있는 국내적 현실과 관련해서 볼 때 이러한 논리 자체가 많은 문제점을 가지고 있는 이상 국가보안법은 극히 엄격한 해석 아래 적용되어야 한다.

2. 집회 · 결사의 자유

헌법은 집회와 결사의 자유를 보장하고 있는데, 집회와 결사는 모두 공동목적을 가진 다수인의 집단을 말한다. 양자의 차이는 집회가 일시적 회합인 데 비해 결사는 계속적 조직이라는 점에 있다. 이 자유는 언론 · 출판의 자유의 연장 선상에 있는 자유이며, 집단적 형태로 자신의 사상과 견해를 표명하는 극히 중요한 권리이다.

집회의 자유에는 시위나 행진의 자유도 포함되며 이는 대중매체에 자유로이 접근해서 이용할 기회를 박탈당한 현대사회의 대중들이 자신의 의견을 타인에게 효과적으로 전달할 수 있는 거의 유일한 수단이라는 점에서 그 의미는 매우 크다. 하지만 이런 중요성을 가지는 집회의 자유는 집회에 대한 허가를 금지하는 헌법 규정(제21조 제2항)에도 불구하고 「집회 및 시위에 관한 법률」(집시법)에 의하여 심각하게 규제를 받고 있다.

특히 옥외집회에 대해서는 집시법에서 많은 규제장치를 두고 있는데 우선 옥외집회를 주최하고자 하는 자는 집회 720시간 전부터 48시간 전에 관할 경찰서장에게 신고서를 제출해야 한다(사전신고제). 그리고 관할 경찰서장은 신고서 접수 후 48시간 내에 집회 또는 시위의 금지를 주최자에게 통고할 수 있다(금지통고). 이와 같은 금지통고에 대해서는 72시간 내에 당해 경찰관서의 바로 위의 상급경찰관서의 장에게 이의를 신청할 수 있다. 그 밖에 옥외집회에 대해서는 집회의 시간 · 장소 · 방법 등에 대한 규제가 이루어지고 있다(자정 이후 야간 시위의 금지, 공공기관 주변이나 주요도시 주요도로에서의 집회 금지, 학교 · 군사시설 · 거주지역에서의 관리자 요청에 따른 집회 금지, 소음 규제 등). 또한 신고를 하지 않고 옥외집회를 개최하거나 금지통고에도 불구하고 옥외집회나 시위를 개최한 경우에는 관할경찰서장은 집회의 해산을 명할 수 있고 이에 불응할 경우에는 처벌된다(해산명령 및 처벌).

이처럼 옥외집회나 시위를 규제하는 것은 그 특성상 타인의 권리나 공공의 이익과 충돌할 가능성이 높다는 점을 고려한 것으로 볼 수 있지만, 위와 같은 규제대상에 해당된다고 하더라도 집회나 시위의 목적이나 신고사항 등에 비추어 현실적으로 타인의 권리나 공공의 이익에 대한 침해 발생의 우려가 없는 경우에는 이를 금지하거나 제한해서는 안 된다고 보아야 한다. 그렇지 않으면 위의 법조항들을 빌미로 특정 단체가 주최하는 집회나 시위를 선별적으로 금지하거나 외형상 위 법규정에 의거하면서도 실질적으로는 집회의 내용이나 목적을 문제삼아 금지 — 이러한 금지는 사실상 집회에 대한 허가제에 해당한다 — 하는 폐해가 발생하게 될 것이기 때문이다. 집회의 자유에 대한 규제를 평가할 때에는 집회의 자유 역시 사상과 의견을 표현하기 위한 것이라는 본질을 잊어서는 안 된다.

이런 점을 고려하면서 아래 사례를 통하여 집회 장소 규제와 관련된 헌법재판소의 결정들을 비교 평가해 보자.

사 례≫ 경찰관이 범인을 검거하는 과정에서 총기사용수칙을 위반하여 총기를 발사함으로써 범인을 사망케 한 사건이 발생하였는데 창원지방법원 진주지원은 이 경찰관에 대하여 벌금 1,000만원을 선고하였다. (갑)은 이러한 법원의 판결에 항의함과 아울러 검찰로 하여금 항소제기를 촉구한다는 명목으로, 창원지방법원 진주지원 정문 앞에서 열린 집회에 참석하여 연설하는 등 집회금지장소에서의 미신고 집회에 참석하여 집회 및 시위에 관한 법률 제11조 제1호 및 제20조 제3호(처벌규정)를 위반하였다는 혐의로 기소되어 재판이 계속중이다. (갑)은 이 재판이 계속중인 상태에서 집회 및 시위에 관한 법률 제11조 제1호 중 '각급법원' 부분이 위헌이라고 주장하면서 위헌법률심판제청신청을 하였고, 위 지원이 이를 받아들여 이 사건 위헌법률심판제청을 하였다. 이 법률조항이 위헌이라는 (갑)의 주장은 정당한가?

참고조문: 집시법 제11조 (옥외집회 및 시위의 금지장소) 누구든지 다음 각호에 규정된 청사 또는 저택의 경계지점으로부터 1백미터 이내의 장소에서는 옥외집회 또는 시위를 하여서는 아니된다.
1. 국회의사당, 각급법원, 헌법재판소

해설 이 사건이 있기 2년 전에 헌법재판소는 외교기관 주변에서 개최된 집회와 관련하여 외교기관 또는 외교사절 숙소 경계로부터 100미터 이내에서의 집회 개최를 전면금지하고 있던 집회 및 시위에 관한 법률 제11조의 관련 규정들에 대하여 위헌결정을 선고하였다. 그 이유는 다음과 같다(2003. 10. 30. 2000헌바67).

"특정 장소가 그 기능수행의 중요성 때문에 특별히 보호되어야 하고 중요한 기관에 대한 효과적인 보호가 그 장소에서의 집회를 원칙적으로 금지함으로써 이루어질 수 있다고 입법자가 판단하였다면, 이러한 입법자의 판단이 현저하게 잘못되었다고 할 수 없다. …… 특정장소에서의 집회가 이 사건 법률조항에 의하여 보호되는 법익에 대한 직접적인 위협을 초래한다는 일반적 추정이 구체적인 상황에 의하여 부인될 수 있다면, 입법자는 '최소침해의 원칙'의 관점에서 금지에 대한 예외적인 허가를 할 수 있도록 규정해야 한다. …… 구체적으로 다음과 같은 경우가 이에 해당할 수 있다.

첫째, 외교기관에 대한 집회가 아니라 우연히 금지장소 내에 위치한 다른 항의 대상에 대한 집회의 경우, 이 사건 법률조항에 의하여 전제된 법익충돌의 위험성이 작다고 판단된다. 둘째, 소규모 집회의 경우, 일반적으로 이 사건 법률조항의 보호법익이 침해될 위험성이 작다. 셋째, 예정된 집회가 외교기관의 업무가 없는 휴일에 행해지는 경우, 외교기관에의 자유로운 출입 및 원활한 업무의 보장 등 보호법익에 대한 침해의 위험이 일반적으로 작다고 할 수 있다. ……

그럼에도 불구하고 이 사건 법률조항은 전제된 위험상황이 구체적으로 존재하지 않는 경우에도 이를 함께 예외없이 금지하고 있는데, 이는 …… 최소침해의 원칙에 위반되어 집회의 자유를 과도하게 침해하는 위헌적인 규정이다."

이 결정에 따라 집시법 제11조 제1항은 개정되어 외교기관 등과 관련된 제4호가 다음과 같이 신설되었다(2004. 1. 29).

4. 국내주재 외국의 외교기관이나 외교사절의 숙소. 다만, 다음 각목의 1에 해당하는 경우로서 외교기관이나 외교사절의 숙소의 기능이나 안녕을 침해할 우려가 없다고 인정되는 때에는 그러하지 아니하다.
   가. 당해 외교기관이나 외교사절의 숙소를 대상으로 하지 아니하는 경우
   나. 대규모 집회 또는 시위로 확산될 우려가 없는 경우
   다. 외교기관의 업무가 없는 휴일에 개최되는 경우

그런데 법원 앞에서 개최된 집회와 국회의사당 앞에서 개최된 집회와 관련해서는 다음과 같은 이유로 상반된 결정들, 즉 합헌결정이 선고되었다. 앞의 결정과 비교하여 아래 결정들의 타당성을 논의해 보자.

"각급법원 인근에서의 옥외집회나 시위를 금지한 이 사건 법률조항은 법원의 기능보호와 법원의 안녕보호를 그 입법목적으로 하는데, 다만 법원의 안녕보호는 법원의 기능보호에 기여하는 한도에서 입법목적으로 평가된다. ……

법원의 기능은 사법작용의 공정성과 독립성이 확보될 때에만 제대로 유지될 수 있는데, 사법작용의 공정성과 독립성은 헌법적 요청이므로, 법원의 기능보호를 핵심으로 하는 이 사건 법률조항의 입법목적은 헌법이 적극적으로 요청하는 바로서 정당성이 인정되고, 이에 따라 법원에 대한 특별한 보호에 정당성을 부여한다. ……

위와 같이 법원의 기능에 대한 보호는 헌법적으로 요청되는 특수성이 있기 때문에 각급법원 인근에서의 옥외집회나 시위를 예외없이 절대적으로 금지하더라도 이는 추상적 위험의 발생을 근거로 금지하는 불가피한 수단이므로 침해의 최소성을 갖추었다. ……

이 사건 법률조항에 의하여 집회·시위의 자유가 제한되더라도 집회·시위로 달성하려는 효과가 감소되는 것일 뿐 그 자유에 대한 중대한 제한이라고 하기 어렵고, 독립된 건물을 가지고 그 주변의 일반건물과 어느 정도 이격거리를 두고 있는 경우가 많은 우리나라 법원의 일반적 구조상 제한되는 집회·시위의 범위는 상대적으로 작은 반면 사법기능의 보호라는 이 사건 법률조항이 추구하는 공익은 매우 커서, 법익의 균형성도 갖추었다."(헌법재판소 2005. 11. 24. 2004헌가17)

국회의사당 주변 집회 금지에 대한 결정은 다음과 같다.

"이 사건 법률조항이 국회의사당 인근에서의 집회를 전면적으로 금지한 것은 헌법기관인 국회의 위와 같은 기능을 보장하기 위한 것으로서, 구체적으로는 국회의 구성원인 국회의원과 국회에서 근무하는 일반 직원, 그리고 국회에 출석하여 진술하고자 하는 일반인이나 관료 등이 어떠한 압력이나 위력에 구애됨이 없이 자유롭게 국회의사당에 출입하여 업무를 수행하며, 국회의사당과 국회 시설의 안전이 보장될 수 있도록 하기 위한 것이라고 할 수 있다. ……

국회의사당 인근에서 집회를 금지하는 이 사건 법률조항은 국회의원에게 직접적인 비난을 가하거나 위세를 보여 심리적 압박감을 줄 위험이 있거나 국회의원 등의 국회 출입을 어렵게 할 수 있는 집회·시위를 절대적으로 금지함으로써 위와 같은 입법목적의 달성에 기여한다. ……

국회 인근에서의 옥외집회나 시위는 이해관계나 이념이 대립되는 여러 당사자들 사이의 갈등이 극단으로 치닫거나, 입법자에 대한 압력 행사를 통하여 일정한 이익을 확보하려는 목적으로 이루어지는 경우가 많고, 물리적 충돌로 발전할 개연성 또한 높아, 사후적 규제만으로는 국회의 기능을 보호하기 위한 효과적인 수단이 된다고 보기 어려우므로, 위와 같은 집회나 시위를 사전에 차단할 필요성이 인정된다.

한편 구 집시법은 …… 집회나 시위에 대하여 일반적인 규제수단을 두고 있으나, 이들 제한조치만으로 앞서 본 국회의 기능 보호의 특별한 요청에 비추어 입법목적이 충분히 달성될 수 있다고 보기 어렵다.

나아가 형사법상 주거침입, 업무방해, 폭행, 상해 등에 대한 처벌은 일정한 예방적 효과에도 불구하고, 근본적으로 사후규제로서의 성질을 가지고 있기 때문에 국회의 기능에 대한 사전적 보호조치로서 기능하기에 충분하다고 보기 어렵다.

결국 이 사건 법률조항의 입법목적을 달성하기 위하여 일반적인 규율과 다르게 입법자가 집회금지 장소를 설정한 것은 입법목적 달성을 위하여 필요한 것으로서,

달리 덜 제약적인 수단이 명백히 존재한다고 할 수 없다.

…… 또한 이 사건 법률조항이 집회가 금지되는 장소적 범위를 보다 좁게 규정하거나, 일정한 예외를 두지 않은 것 역시 같은 취지에서 침해의 최소성에 반한다고 볼 수 없다. ……

나아가 구 집시법 제11조 제4호가 외교기관이나 외교사절 숙소 인근에서의 옥외집회·시위에 대하여 일정한 경우 예외적 허용을 규정하고 있는 것과 달리 이 사건 법률조항은 어떠한 예외도 두지 않고 있으나, 이는 국회의 기능이나 역할에 비추어 그러한 예외를 두는 것이 적당하지 않기 때문이다. ……

이 사건 법률조항으로 인한 사익의 제한은 국회 인근에서의 집회의 제한이라는 좁은 범위의 장소적 제한에 불과하고, 이 사건 법률조항으로 인하여 국회에 대한 집회 자체가 불가능해졌다고 보기 어려우며, 국회는 그 주변의 일반 건물과 상당한 거리를 두고 있어 국회를 대상으로 하지 않는 옥외집회나 시위의 제한범위도 상대적으로 적다.

그런데 앞서 본 바와 같이 국회의 기능보호는 대의민주주의 제도 아래에서 절대적인 중요성을 지닌다고 할 것이므로 이 사건 법률조항으로 인한 집회·시위 효과의 감소 및 이에 관련된 자유의 제한은 감수할 만한 정도의 것으로 보이므로, 법익균형성원칙에 위배된다고 인정하기 어렵다."(2009. 12. 29. 2006헌바20등)

3. 학문·예술의 자유

헌법 제22조는 학문과 예술의 자유를 보장하고 있는데, 이는 학문과 예술이라는 특수한 영역에서 이루어지는 표현에 대한 보호를 의미하는 것으로 언론·출판의 자유에 대한 특별법적 성격을 가지고 있다. 학문의 자유에는 연구의 자유, 연구결과 발표의 자유 및 교수의 자유가 포함되고, 예술의 자유에는 예술창작의 자유, 예술표현의 자유 등이 그 내용이 된다.

이와 관련해서 영화에 대한 사전심의를 규정한 영화법 제12조 등 일련의 법률들에 대해 헌법재판소가 위헌결정을 내렸으며 음반에 대한 사전심의에 대해서도 역시 위헌결정이 선고되었다. 그러나 여전히 학문과 예술의 자유에 대한 침해 소지를 담고 있는 법률이 남아 있고, 예술의 자유에 대한 과도한 제한이 문제되는 일들이 많이 일어나고 있다. 다음과 같은 문제들을 함께 이야기해 보자.

(1) 최근 정부는 한국사 교과서를 검인정에서 국정으로 전환하기로 결정하였다. 이에 대하여 역사학자들은 물론 일반 시민들도 광범위하게 반대의견을

표출하였고 역사학 관련 학회에서는 정부의 한국사교과서 국정화 방침에 항의하여 독자적으로 대안교과서 집필에 들어가기도 하였다. 그러나 이런 거센 반대에도 불구하고 정부는 국정화 방침을 꺾지 않고 집필진마저 공개하지 않은 채 국정교과서 집필을 강행하고 있다. 한국사 교과서를 국정으로 발행하기로 한 정부의 결정은 학문의 자유에 대한 위헌적 침해가 아닌가?

(2) 과거 연세대학교 마광수 교수가 『즐거운 사라』를 펴냈다는 이유로 형사처벌을 받았다. 그리고 소설가 장정일씨 역시 소설 『내게 거짓말을 해 봐』가 음란물이라고 해서 처벌받았다. 이처럼 문학작품의 음란성 또는 외설성을 이유로 한 형사처벌은 예술창작의 자유에 대한 위헌적인 침해가 아닌가?

[7] 선 거 권

모든 국민은 만 19세가 되면 법률이 정하는 바에 의해 선거권을 가진다. 선거권이란 공무원을 선임하는 권리를 말한다. 헌법상 선거권에는 대통령선거권, 국회의원선거권, 지방의회의원선거권, 지방자치단체의 장 선거권이 있으며, 이에 관해서는 「공직선거법」이 규율하고 있다.

선거권의 행사에는 자유・보통・평등・직접・비밀선거의 원칙이 적용된다. 특히 선거에서 자주 문제가 되는 것은 평등선거의 원칙이다.

사 례 ≫ 제19대 총선을 앞두고 국회의 국회의원선거구획정위원회는 선거구를 획정했는데 경기도 용인시 갑 선거구는 인구가 304,730명으로 전국 선거구의 평균인구수보다 47.7%가 많았다. 이에 대해 용인시 갑 선거구의 유권자인 (갑)은 자신의 한 표의 가치가 최소선거구 유권자의 한 표의 가치에 비해 1/2.82에 불과하다고 하면서 이러한 국회의 선거구 획정은 평등선거의 원리, 법앞의 평등의 원칙에 위배되는 위헌적인 것이라고 해서 헌법소원을 제기했다. (갑)의 주장은 정당한가?

해설 평등선거는 1인 1표를 원칙으로 하고 모든 선거인의 투표가치를 평등한 것이 되게 하라는 원리이다. 이와 관련해서 특히 문제로 되는 것이 선거구를 어떻게 정하느냐 하는 것이다. 즉 선거구를 어떻게 정하느냐에 따라서 표면상으로는 평등하지만 실질적으로 어떤 지역의 1표는 다른 지역의 1표의 몇 분의 1의 가치밖에 되지 않아 실질적인 불평등이 나타날 수도 있기 때문이다.

문제는 어느 정도의 불평등이 존재할 때 선거구 획정이 위헌으로 판단될 수 있는가 하는 점이다. 왜냐하면 선거구라는 것이 완전히 인구비례만을 기준으로 해서 정해질 수만은 없는 것이고 행정구역이나 생활권을 아울러 고려하지 않으면 안되는 것이기 때문이다. 세계 여러 나라의 사례를 보더라도 그 판단이 반드시 일치하는 것은 아니다. 3 : 1의 인구편차를 합헌이라고 한 경우가 있는가 하면 33%의 인구편차를 위헌이라고 한 경우도 있다. 우리 헌법재판소의 다수의견은 15대 국회의원 선거구 사건에서는 인구편차가 4 : 1을 넘어서면 위헌이라고 하였다가(1995. 12. 27. 95헌마224등) 16대 선거구 사건에서는 3 : 1로 그 기준을 더욱 엄격히 한 바 있다(2001. 10. 25. 2000헌마92등). 그러나 왜 그와 같은 기준이 제시되었는지에 대한 합리적인 설명이 결여되어 있어 많은 논란을 불러일으켰다.

그러다가 다시 10여년이 지난 후인 19대 선거구 사건에서 헌법재판소는 마침내 2 : 1로 그 기준을 한층 엄격히 정하여 평등선거의 원칙에 근접하였다. 즉 헌법재판소는 "현재의 시점에서 헌법이 허용하는 인구편차의 기준을 인구편차 상하33⅓%, 인구비례 2:1을 넘어서지 않는 것으로 변경하는 것이 타당하다"고 한 것이다(2014. 10. 30. 2012헌마192등).

이처럼 평등선거의 원칙이 준수되고 있다고 하기 위해서는 적어도 같은 수의 의원을 선출하는 선거구간의 인구편차가 2 : 1 이상이어서는 안 된다고 보는 것이 옳을 것이다. 왜냐 하면 2 : 1 이상이 될 경우 인구가 적은 지역의 1표는 인구가 많은 지역의 2표 이상의 가치를 갖게 되므로 이는 1인 1표의 원칙에 위반된다고 말할 수밖에 없기 때문이다(그런 점에서 헌법재판소가 '2:1 이상'이라고 하지 않고 '2:1을 넘어서지 않는 것'이라고 한 것은 2:1은 허용된다는 뜻을 가지므로 평등선거원칙을 잘못 이해한 것으로 보인다). 따라서 위 사례에서 (갑)의 주장은 정당하다고 보아야 한다.

[8] 재판을 받을 권리

오늘날의 헌법은 예외없이 국민의 기본적인 자유와 권리를 보장하고 있다. 그러나 그것만으로는 기본권이 현실적으로 보장되지 않으며, 그 실효를 거두기 위해서는 절차적 보장이 완비되어야 한다. 재판을 받을 권리는 실체적인 기본권에 대한 절차적인 기본권을 의미한다.

재판을 받을 권리는 헌법과 법률에 정한 법관에 의한 재판, 법률에 의한 재판, 신속한 공개재판을 받을 권리를 의미하며, 여기서 말하는 재판에는 민사재판, 형사재판, 행정재판, 헌법재판 등이 모두 포함된다. 아울러 우리 헌법은 형사피해자가 당해 사건의 재판절차에서 진술할 수 있는 권리를 재판을 받을 권리의 내용에 포함시키고 있다.

사 례 ≫ (갑)은 자신이 관리해 달라고 맡긴 3억원 상당의 재산을 횡령했다는 이유로 (을)을 대전지방검찰청에 고소했다. 한편 (갑)의 처인 (병)은 (갑)이 고소를 하기 전에 이미 (을)을 같은 혐의로 고발한 바 있다. (갑)과 (병)의 고소, 고발을 받은 검찰은 수사를 했고, 그 결과 대전지방검찰청 검사는 (을)에 대해서 "혐의 없음"의 불기소처분을 했다. (갑)과 (병)은 검사의 불기소처분에 대해 어떤 법적 절차를 취할 수 있는가?

해설 검사가 범죄사실에 대한 고소, 고발을 받으면 수사에 착수하고 수사의 결과에 따라 공소를 제기하든지 아니면 불기소처분을 하게 된다. 불기소처분에는 혐의 없음, 죄가 안됨, 공소권 없음 등 협의의 불기소처분과 기소중지, 기소유예 등의 처분이 포함된다.

이와 같은 검사의 불기소처분에 불복하는 고소인 또는 고발인은 그 검사가 속하는 지방검찰청 또는 지청을 거쳐 서면으로 관할 고등검찰청의 장에게 항고를 할 수 있다(검찰청법 제10조 제1항). 또한 항고를 기각하는 처분에 대해서는 검찰총장에게 재항고할 수 있다(제10조 제3항). 항고와 재항고는 각각 불기소처분의 통지를 받은 날과 항고기각결정통지를 받은 날로부터 30일 이내에 제기해야 한다(제10조 제4항 및 제5항). 항고나 재항고가 이유 있는 것으로 인정되면 검사는 불기소처분을 경정해야 한다.

한편 불기소처분에 대해서는 고소인 또는 고발인(형법 제123조부터 제126조의 죄에 한함)은 그 검사 소속의 고등검찰청에 대응하는 고등법원에 그 당부에 관한 재정을 신청할 수 있다(裁定申請, 형사소송법 제260조). 재정신청은 법률이 정하는 예외에 해당하지 않는 한 검철청법 제10조에서 정한 항고를 거친 후에만 가능하고, 재정신청의 방식은 검찰항고가 기각된 후 10일 이내에 지방검찰청검사장 또는 지청장에게 재정신청서를 제출하는 방식으로 하며, 재정신청서를 제출받은 지방검찰청검사장 또는 지청장은 재정신청서를 제출받은 날부터 7일 이내에 재정신청서 · 의견서 · 수사 관계 서류 및 증거물을 관할 고등검찰청을 경유하여 관할 고등법원에 송부하여야 한다(제261조). 재정신청을 수리한 고등법원이 신청이 이유 있다는 결정을 한 때에는 즉시 그 정본을 재정신청인·피의자와 관할 지방검찰청검사장 또는 지청장에게 송부하여야 하며, 재정결정서를 송부받은 관할 지방검찰청 검사장 또는 지청장은 지체 없이 담당 검사를 지정하고 지정받은 검사는 공소를 제기하여야 한다(제262조).

과거에는 재정신청의 대상이 되는 범죄가 형법 제123조부터 제125조까지의 3개 범죄에 국한되어 있었고, 검찰항고가 받아들여지는 경우도 거의 없어 불기소처분에 대한 효과적인 통제가 이루어지기 어려웠다. 이에 따라 헌법재판소는 검찰항고나 재정신청이 기각된 경우에 헌법소원심판을 청구할 수 있다고 보았고 이런 헌법소원 사건이 전체의 50%를 넘었으며, 일부 인용결정을 선고하기도 하였다. 그러나 2008년 개정 형사소송법의 시행으로 재정신청 대상이 모든 범죄로 확대되어 법원에 의한 구제가 가능해졌기 때문에 불기소처분에 대한 헌법소원은 예외적으로만 허용되는 것으로 헌법재판소의 입장이 변경되었다. 현재 불기소처분에 대하여 헌법소원이 허용되는 경우는 범죄피해자인 고소인이 고소를 했지만 진정사건으로 처리되는 등의 이유로 재정신청이 허용되지 않는 경우, 고소를 하지 않은 범죄피해자의 경우, 피의자가 기소유예나 기소중지처분에 대하여 청구하는 경우 등에 국한되고 있다.

위 사례의 경우 (갑)과 (병)은 불기소처분에 대해 30일 이내에 검사 소속의 고등검찰청장에게 검찰청법에 따른 항고를 제기하고, 항고가 기각된 때에는 다시 30일 이내에 검찰총장에게 재항고를 할 수 있다.

한편 범죄피해자인 고소인 (갑)은 재항고가 기각되면 재항고를 하지 않고 10일 이내에 재정신청을 할 수도 있다. (갑)은 재정신청이 기각되면 대법원에 즉시항고를 할 수 있을 뿐(제262조 제4항) 헌법소원은 제기할 수 없다. 이처럼 (갑)이 재정신청을 할 수 있는데 반하여 고발인인 (병)의 경우에는 재정신청은 허용되지 않는다. 왜냐하면 위 사례의 경우 범죄사실이 횡령 또는 업무상 횡령이기 때문이다. 또한 (병)은 검찰항고가 기각되더라도 범죄피해자인 고소인이 아니기 때문에 헌법소원심판은 청구할 수 없다.

[9] 노동 3권

노동 3권이란 근로자의 근로조건 향상을 위해서 인정된 자주적인 단결권·

단체교섭권 · 단체행동권을 말한다. 단결권은 자주적인 단체를 결성할 수 있는 권리를 말하고 단체교섭권은 일시적 또는 계속적인 결합체를 통해 사용자 또는 사용자단체와 자주적으로 교섭하는 권리를 말하며, 단체행동권은 쟁의행위를 할 수 있는 권리를 말한다. 이에 관한 법률로는 노동조합 및 노동관계조정법 등이 있다.

노동 3권은 자본주의 사회에서 생산수단을 소유하지 못한 경제적 약자인 근로자들이 인간다운 생활을 확보하기 위한 현실적인 방법이다. 오로지 노동을 통해서 임금을 받음으로써만 생존할 수 있는 근로자들로서는 완전고용이 실현되지 않는 한 늘 해고의 위협에 직면해 있기 때문에 열악한 근로조건에 시달리더라도 이를 감수할 수밖에 없다. 따라서 근로조건의 향상은 오로지 근로자들이 자주적 조직체를 만들어 집단적 힘으로 사용자에 대항하고 그 조직체의 이름으로 교섭을 하며, 교섭이 원만하게 이루어지지 않을 때 단체행동을 함으로써 목적을 관철할 수 있을 때, 그리고 그것이 권리로 보장될 때에만 가능한 것이다.

그러나 자본주의 발달의 초창기인 근대사회에서는 사용자와 근로자의 관계도 계약자유의 원칙의 적용하에서 실질적으로야 어찌 되었든 형식적으로는 대등한 지위를 가진 것으로 간주되었고, 이에 따라 근로자들이 자주적 조직체를 만들어 교섭을 한다는 것 자체가 계약자유에 대한 침해로 범죄시 되었다. 그러나 이와 같은 계약의 자유는 임금으로만 살아가는 근로자들에게는 굶어죽을 자유, 실업의 자유를 의미할 뿐이었다. 이같은 상황을 극복하기 위하여 근로자들이 오랜 세월동안의 싸움을 통해 쟁취한 권리가 바로 노동3권인 것이다.

노동3권의 보장과 관련해서 많은 문제가 거론될 수 있지만 아래 문제들에 대해서만 생각해 보도록 하자.

① 공무원과 교원의 단체행동권 부정

② 절차 위반의 파업에 대한 형사처벌

③ 비정규직 노동자의 노동3권

④ 외국인 노동자의 노동3권

[10] 환 경 권

환경권은 깨끗한 환경에서 건강하고 쾌적한 생활을 누릴 수 있는 권리를 말한다. 이러한 의미의 환경권은 나쁜 환경의 배제라는 소극적인 성격뿐만 아니라 적극적으로 깨끗한 환경을 보전하고 조성해 줄 것을 요구할 수 있는 권리를 말한다. 나아가 헌법 제35조 제3항은 "국가는 주택개발정책 등을 통해 모든 국민이 쾌적한 주거생활을 할 수 있도록 노력하여야 한다"고 규정하고 있으므로, 국민은 쾌적한 주거를 개발하고 공급할 주택정책의 수립, 주거생활에 필수적인 환경조성 등을 국가에 요구할 권리를 가진다.

이와 같은 환경권을 헌법상의 기본권으로 보장하는 것은 그만큼 환경훼손의 정도가 심해져서 인류의 생존 자체가 위협받고 있기 때문이다. 우리나라에서도 최근 환경오염이 커다란 사회문제가 되고 있다. 특히 본격적인 지방자치가 실시되면서 지역개발이 가속화되고 그 과정에서 수질오염, 산림파괴 등 환경훼손이 급속히 늘어나고 있다. 환경보전의 문제는 비단 우리나라만의 문제가 아니라 전지구적인 관심사가 되고 있다. 특히 환경파괴는 경제개발의 과정에서 대대적으로 이루어지게 되는데, 이로 인해 국제회의의 주된 관심사도 이 양자의 관계를 어떻게 조화시킬 것이냐 하는 데 집중되고 있다. 그래서 현재까지 대체적으로 모아진 견해가 이른바 '지속가능한 개발'이란 개념이다. 이는 경제개발이 필요하다 하더라도 그 과정에서 환경을 파괴하는 일이 계속되면 결국에 가서는 경제개발 자체도 불가능하게 된다는 인식에서, 환경의 자정능력(自淨能力)을 침범하지 않는 범위 내에서 경제개발이 이루어져야 한다는 것으로 설명되는 개념이다. 이와 같은 입장에 서서 국민의 환경권, 환경보전과 관련해서 생각해 볼 사안은 매우 많지만 현재 우리나라에서 반드시 생각해 보아야 할 문제로 다음과 같은 것들이 있다.

① 밀양의 고압송전탑 건설
② 고준위 핵폐기물 매립장 건설
③ 제주도 강정마을 해군기지 설치
④ 원전 증설 및 원전 가동연한 연장

제 5 절 기본권 실현을 위한 절차: 헌법재판

이처럼 헌법은 많은 기본권을 보장한다고 선언하고 있지만, 현실의 법과 제도는 기본권 보장에 기여한다기보다는 오히려 그 억압에 앞장서고 있다고 보는 것이 훨씬 솔직할 것이다. 특히 국가권력의 남용과 그로 인한 기본권의 침해를 직간접적으로 경험하고 있는 국민들의 입장에서 보면 이러한 기본권 침해의 현실은 그 자체가 우리의 일상이 되어가고 있다. 그러나 헌법은 기본권의 보장이 이루어지지 않으면 그 자체의 존립가치가 상실되므로 국가권력을 비롯한 사회제세력으로부터 기본권을 지켜내기 위한 장치 또한 가지고 있는데, 그 중의 핵심이 헌법재판제도이다.

현행 헌법상 헌법재판은 헌법재판소에서 관장하도록 되어 있는데 헌법 제111조는 헌법재판소의 관장사항으로 위헌법률심판, 정당해산심판, 탄핵심판, 권한쟁의심판 그리고 헌법소원심판을 규정하고 있다. 그리고 이 중 국민의 기본권과 직접 관련되는 것은 위헌법률심판과 헌법소원심판이며(나머지 세 종류의 심판은 본질상 국가기관 상호간의 분쟁이나 권력 통제 문제와 관련된 것이며, 그 청구주체 역시 국가기관에 국한되어 있다), 현실적으로 제기되고 있는 헌법재판 사건의 대부분이 이 두 가지 범주에 속한다. 특히 헌법소원제도는 국민들이 직접 국가권력을 상대로 소송을 제기하는 것이라는 점에서 가장 근본적이면서도 효과적인 장치라 말할 수 있다.

[1] 위헌법률심판의 절차

위헌법률심판이란 구체적인 쟁송사건이 법원에 제기된 경우에 그 사건에 적용될 법률이 헌법에 위반되는지의 여부가 재판의 전제가 된 경우에, 법원이 그 법률 또는 법률조항의 위헌 여부의 심판을 헌법재판소에 제청하고 헌법재판소의 심판에 의해 재판을 하는 것을 말한다.

예를 들어 (갑)은 살인죄를 저질러서 재판을 받은 결과 제1심에서 사형선고를 받게 되었다고 하자. 그런데 (갑)이 생각하기에는 사형이라는 것은 살인을 하지 말라고 법으로 정해 놓은 국가 스스로가 형벌이라는 이름으로 생명을 박탈하는 것이므로, 헌법이 보장한 인간의 존엄과 가치를 전면적으로 침해하는 위헌적 형벌이라고 생각하고 있다. 만약 사형이 위헌이라고 한다면 법원은 (갑)에 대해서 적어도 사형선고는 할 수 없게 되지만 반대로 합헌이라고 하게 되면 사형선고를 할 수 있게 된다. 즉 사형의 위헌 여부에 대한 판단이 (갑)의 살인죄에 대한 형사재판을 하는데 전제가 되는 것이다.

이와 같은 경우 (갑)은 살인에 관한 형법 제250조 중 사형 부분에 대한 위헌 여부 심판을 헌법재판소에 제청(提請)해 줄 것을 법원에 신청할 수 있고 법원이 이를 받아들여 제청을 하게 되면 헌법재판소의 결정이 내려질 때까지 법원의 재판은 정지된다. 반면 법원이 (갑)의 신청을 받아들이지 않고 기각하는 경우에는 (갑)은 헌법재판소법 제68조 제2항에 따라 헌법소원을 청구할 수 있지만, 이 경우는 법원의 재판은 정지되지 않는다. 위헌법률심판의 절차를 도표로 표시하면 [그림 1]과 같다.

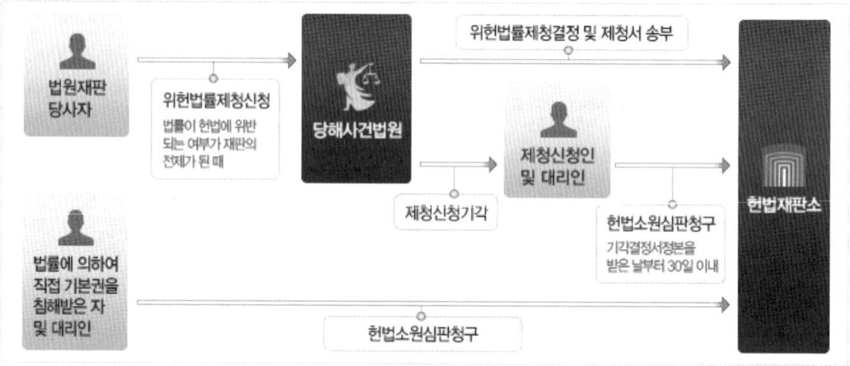

[그림 1] 위헌법률심판절차 개관

[2] 헌법소원제도의 의의와 절차

한편, 공권력의 행사 또는 불행사로 인해 헌법상 보장된 기본권을 침해받은 자는 헌법재판소에 헌법소원심판을 청구할 수 있다(헌법재판소법 제68조 제1항). 원래 헌법소원제도는 공권력(입법, 행정, 사법권)의 남용·오용으로부터 헌법상 보장된 국민의 자유와 권리를 보호하려는 헌법재판제도의 일종으로서, 국가권력을 기본권에 복종시키는 가장 실효성 있는 제도라고 말할 수 있다. 그러나 우리 헌법은 구체적인 사항을 헌법재판소법에 위임해 놓고 있는데, 헌법재판소법에서는 법원의 재판을 헌법소원의 대상에서 제외하고 있어 적어도 사법권의 행사로 인한 기본권의 침해에 대해서는 원칙적으로 구제의 길이 없다고 할 수 있다. 그러나 이런 한계에도 불구하고 헌법소원제도는 입법권과 행정권의 남용으로부터 기본권 침해를 막는 가장 효과적인 제도임을 부인할 수는 없다. 이 제도가 오랜 세월에 걸친 억압에 대한 국민들의 항쟁으로 쟁취된 것이라는 사실은 이 점을 뒷받침해 주고 있다.

그러나 이 제도가 항쟁으로 쟁취한 것임을 무색하게 할 만큼 국민들이 이것을 이용하는 데에는 많은 난관들이 도사리고 있다. 이 점은 헌법소원제도의 가치를 평가절하하기에 충분할 정도로 중대한 문제이지만, 그 어떤 현실의 제도나 장치도 헌법소원제도를 능가할 만한 것은 적어도 우리나라에는 없다고 할 수 있으므로 이 제도를 완전히 무시할 수는 없다. 자신의 권리가 침해당할 때 지푸라기라도 붙잡고 싶은 것이 국민들의 심정이라는 점을 감안한다면, 이것을 이용할 가치는 충분하다.

헌법재판소가 청구인의 청구를 인용하는 경우, 즉 문제되는 공권력의 행사 또는 불행사가 헌법에 위반된다고 하는 경우 그 결정은 모든 국가기관과 지방자치단체를 기속하게 된다. 결정은 사건접수일로부터 180일 이내에 선고하도록 되어 있으나 잘 지켜지지는 않는다. 이상의 절차를 도식화해 보면 [그림 2]와 같다.

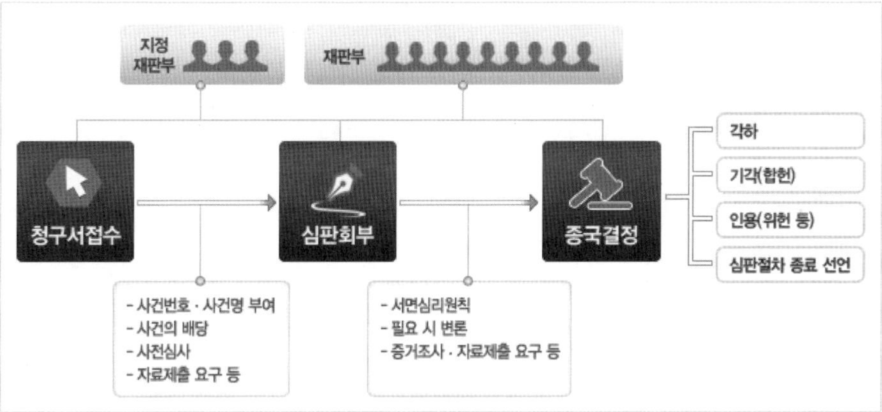

[헌법소원 심판절차 흐름도]

[그림 2] 헌법소원심판절차 개관

제 3 장 민사법과 사회생활

제 1 절 민법의 개관

[1] 민법(民法)이란?

민법은 형식적 의미에서는 민법전(1958. 2. 22. 법률 제471호)을 말하나 실제적 의미에서는「사법(私法) 중의 일반법(一般法)」을 총칭하고, 일반적으로 민법은 후자를 말한다.

민법은 사람이기만 하면 누구에게나 적용되는 민사의 일반법이다. 만일 당사자가 상인이라는 직업을 가지고 상거래를 하였다면, 이는 시민 누구에게나 해당되는 일반적인 법생활이 아니라 상업을 직업으로 하는 상인으로서의 거래행위를 한 것이므로, 이에 대하여는 일반법으로서 민법이 적용되기 보다는 상거래에 보다 전문화되고 특성화된 상법이 적용된다. 왜냐하면 특별법의 우선적용을 통해서 보다 합리적으로 당사자들 사이의 관계를 규율할 수 있기 때문이다. 이를「특별법우선적용의 원칙」이라 한다. 그러므로 민법은 사인 사이의 법생활을 일반적으로 규율하므로 사법 중에서도「일반법」의 특징을 갖는다.

[2] 우리나라 민법의 체계

사법의 일반법으로서의 민법은 그 규율대상을 사인의 생활관계 전반으로

삼고 있다. 그런데 사람(사인)이면 누구나 다른 사람과 결혼하여 자식을 낳고 가정을 이룬 다음, 가족을 부양하기 위하여는 제3자와 거래를 하여 수익을 추구하고 그 수익을 다시 가정으로 가져와 가족들을 부양한다. 이처럼 사인의 법생활은 크게 가족생활과 경제활동으로 나뉘게 된다. 그런데 사람의 가족생활은 혈연을 기초로 하기 때문에 그 가족구성원들 사이에는 「자기의 희생 속에 타인(예컨대 부모, 형제, 자식 등)의 이익내지는 행복의 부여」가 그 내용으로 되는 데 반하여, 전혀 혈연의 기초가 없는 타인(임의의 제3자)과의 거래에서는 「타인의 희생 속에 자신의 이익을 확보」하려는 것이 그 생활관계의 내용으로 되는 것이다. 그러므로 사람의 생활관계를 구성하는 '이타주의를 원리로 하는 가족생활'과 '이기주의를 원리로 하는 경제활동'은 동일한 법리에 의하여 획일적으로 규율할 수 없으므로, 민법은 가족생활과 재산적 경제활동을 구분하고, 이에 따라 가족편과 재산편을 서로 다른 원리에 의하여 규율하고 있다. 그러나 사인의 생활관계 전반을 통일적으로 규율해야 하는 민법은 이 서로 다른 기초원리 위에 구성되어 있는 두 가지의 생활관계를 총괄하여 단일한 법제로 규율할 필요가 있다. 이를 위해서 민법의 일반칙으로서 민법총칙(民法總則)이 민법의 상위에 편재되고, 그 하부에 각칙으로서 재산편과 가족편으로 나눌 수 있고, 다시 재산편에는 물권(物權)과 채권(債權)이 그리고 가족편에는 친족(親族)과 상속(相續)이 그 내용을 구성하고 있다. 이는 민법이 사인의 일반적 생활영역을 그 특징에 따라 총칙과 각칙의 체계적 입법형식을 통하여 규율하고 있는 것이다.

[3] 민사관계의 일반적 구성

민법의 일반칙으로서 민법총칙은 가족생활과 경제활동 모두를 총괄할 수 있어야 한다. 그런데 우리의 가족생활과 경제활동에서 공통적으로 행하여지는 법률관계는 '누가, 무엇을, 어떻게'의 세 요소로 구성되어 있다. 여기서 '누가'의 부분을 우리는 주체(主體)라고 하고, '무엇을'이라는 부분을 객체(客體)라고 한다. 그리고 '어떻게'는 주체가 객체에 대한 권리의무의 변동을 가져오는 방법을 말하는데, 이러한 권리의무의 변동에는 당사자인 사인들의 자치적인 결정이 핵심적 효력발생의 근거가 된다(사적자치의 원칙). 이러한 사인들이 자치적으로 결정하여 법률관계를 구성하는 행위를 법률행위(法律行爲)라고 한다. 예들 들어, 자신 소유의 아파트를 팔려는 사람과 이를 사려는 사람들은 그들이 스스로 결정한 내용에 따라 가격 등을 자유로이 결정하여 거래(계약인 법률행위)를 할 수 있다. 그런데 사람들이 거래한 내용이 그대로 효과가 발생되기 위해서는, 그들이 자치적으로 한 법률행위가 그대로 효력을 발생하여도 어떤 법적으로 문제될 점은 없는지를 살펴보아야 한다. 이에 관하여는 '주체, 객체 그리고 법률행위'의 관점에서 살펴보게 되는데, 만일 이들에 관하여 법적인 문제가 있다면 그 법률행위는 그대로 효력을 발생할 수 없어야 할 것이다. 왜냐하면 문제가 있는 상태로 행하여진 법률행위가 그대로 효력을 발생하는 것은 우리의 법감정에 맞지 않기 때문이다. 이에 관해서 민법은 법률행위의 무효와 취소의 문제로 다룬다. 그리하여 사인들 사이에 행하여진 법률행위에 법적인 문제가 내재되어 있는지를 검토한 다음, 그러한 문제로 될 수 있는 흠이 없는 완전한 법률행위로서 인정되는 경우에 한하여 우리의 법은 당사자가 행한 법률행위의 내용에 따라 그대로 효과가 발생할 수 있도록 하여 주고 있다. 그러므로 사인들 사이의 법률관계에 관하여 이를 구성하는 요소인 주체, 객체 그리고 법률행위에 관하여 그대로 효력이 발생하여도 어떤 문제는 없는지를 검토해 보아야 한다.

제 2 절 민법의 일반

[1] 사 람

1. 권리능력

(1) 권리능력이란?

권리능력은 '권리와 의무의 주인이 될 수 있는 자격'을 말한다. 이러한 권리·의무의 주체가 될 수 있는 자격을 가진 것은 「사람」이다. 따라서 사람만이 권리와 의무의 주체가 될 수 있으므로 권리능력(權利能力)을 갖는다. 그런데 법률상 사람에는 자연인뿐만 아니라 법이 특별히 법인격을 인정해 주는 「법인」(法人)이 있다. 그러므로 자연인과 법인이 권리·의무의 주체로서 권리능력을 갖는다. 참고로, 권리능력이란 용어와 관련하여, 주체는 권리와 동시에 의무를 향유하는 것이므로 주체로서의 자격에 대하여 권리의무능력이라고 하여야만 정확히 표현하는 것이다. 그렇지만 권리와 의무는 소위 동전의 앞뒤면과 같이 서로 대칭을 이루고 있으므로 이 양자를 함께 부르는 것은 번거러울 수 있다.

우리 민법은 권리와 의무 중 권리의 관점에서 양자를 함께 파악하므로 일반적으로 권리능력이라 부르고 있다.

사 례≫ 4촌 이내의 친족이 전혀 없는 맹인인 갑은 결혼도 하지 않고 오로지 자신의 눈이 되어준 진돗개 진돌이랑 둘이서 살아왔다. 갑이 최근 건강검진 결과 암에 걸린 것으로 밝혀져 그 동안 자신이 모은 재산을 달리 상속받을 사람도 없고 하여, 자신이 죽고 나면 그의 눈이 되어준 진돌이에게 모든 재산을 남기겠다는 유언을 하였다. 이러한 유언은 유효한가?

해설 갑의 이러한 유언은 무효이다. 왜냐하면 개는 아무리 사람과 가까이 친하여 친자식보다 더 긴밀하게 같이 생활하였다 할지라도 사람이 아니며, 다만 살아있는 생물로서의 '물건'인 것이다. 그러므로 개는 권리를 가질 수 있는 자격이 없어 유언에 따른 권리를 취득할 수 없다. 이러한 권리를 가질 수 있는 자격(권리능력)은 오로지 사람(자연인, 법인)만이 가지게 된다. 위 경우에 굳이 자신의 재산을 '진돌이'를 위하여 사용하고 싶다면, 신탁제도를 활용할 수 있다.

(2) 권리능력의 발생 시기

민법은 "사람은 생존한 동안 권리와 의무의 주체가 된다"(민법 제3조)고 규정하고 있으므로 자연인은 출생하였을 때로부터 권리・의무의 주체가 된다. 즉 자연인은 출생시부터 권리능력을 취득하게 된다. 그런데 출생시를 확정짓기 위해서는 출생의 전과정(진통→일부노출→전부노출→독립호흡) 중에 언제 출생하였는가가 문제이나. 민법에서는 사람으로 하여금 권리능력의 주체로 인정되는 시점을 파악하기 위한 것이므로 누구라도 인정할 수 있는 객관적인 시점이 사람의 출생시로 된다(이 점은 형법과 다르다). 객관적인 관점에서 태아가 모체에서 분리되어 전부노출되었을 때 비로소 사람으로서의 권리능력을 취득하게 되는 것으로 본다.

(3) 태아의 권리능력

(가) 문제의 제기

태아는 어머니 배 속에 생존하고 있는 상태로서 아직 출생하지 않고 있다.

그렇기 때문에 태아에게는 권리능력이 개시되고 있지 않아 권리의무의 주체가 될 수가 없다(민법 제3조). 그러면 태아가 어머니 배 속에 있는 상태에서 타인의 불법행위로 손해를 입었을 경우(예: 어머니가 복용한 약물의 부작용에 의하여 태아에게의 기형이 발생하는 경우 등)에는 아직 권리를 가질 수 있는 능력이 없는 상태에서 입은 손해이므로 손해배상청구권이라는 권리를 가질 수가 없게 된다. 또한 태아시절에 부의 사망으로 상속이 개시되었더라도 태아는 부의 유산에 대한 상속권도 가질 수 없게 된다. 그렇지만 태아는 얼마 후에 사람으로 태어나서 우리와 똑같이 권리와 의무를 향유하게 될 것이 예상됨에도 불구하고 출생의 시기가 조금 늦다는 우연한 사정 때문에 태아가 권리 취득을 못하는 것은 인정하기 어려운 불공평한 결과인 것이다. 그래서 많은 나라의 민법에서는 태아에게 아직 모체 안에 있는 상태에서 권리능력을 인정하고 있다. 이에 대한 입법으로는 모든 법률관계에서 전반적으로 태아에게 권리능력을 인정하는 방식이 있는가 하면(일반적 보호주의), 태아가 누려야 할 권리취득이 문제되는 특별한 경우에 한하여 개별적으로 태아에게 권리능력을 인정하여 주는 방식도 있다(개별적 보호주의).

(나) 태아 보호에 관한 입법방식

우리나라는 개별적 보호주의의 방법을 채택하고 있다. 이로써 태아가 취득하여야 할 권리에 대해서 권리능력을 뒷받침하기 위하여 법률에서 규정을 두고 있다. 민법은 불법행위에서 태아의 가해자에 대한 손해배상청구권(불법행위로 인한 손해배상청구권: 민법 제762조)과 상속이 개시된 경우 상속을 받는 것(상속(相續: 민법 제1000조 제3항), 대습상속(代襲相續: 민법 제1001조), 유류분권(遺留分權: 민법 제1112조)), 타인으로부터 유증을 받는 것(遺贈: 민법 제1064조) 그리고 태아가 혼인 외의 자(子)일 경우에 실부(實父)로부터 자식으로 인지를 받을 수 있는 피인지권(被認知權: 민법 제858조)이 인정된다.

(다) 태아의 법적 지위

태아에게 개별적으로 필요한 경우 권리능력을 인정한다고 하더라도 태아는 구체적으로 자신의 권리를 행사할 수는 없으므로, 태아인 동안 그 권리를 어떻게 행사할 수 있는가에 대하여는 두 가지의 법적 구성이 가능하다.

1) 법정해제조건설

불법행위나 상속 등의 문제가 발생한 바로 그 시점에 태아에게 권리능력을 인정해 주는 견해이다. 그러나 태아가 사산(死産)된 경우에는 태아에게 권리능력을 인정할 필요가 없으므로 처음부터 문제의 시점까지 소급해서 권리능력이 소멸한다는 것이다.

2) 법정정지조건설

문제의 시점에는 태아가 권리를 행사할 수 없고 살아서 출생하였을 때 비로소 권리를 행사할 수 있는데, 다만 이 경우에 태아의 권리능력은 문제의 시점까지 소급하여 발생한다는 것이다. 이 학설에 의하면, 사산한 경우 당연히 태아에게는 권리능력이 인정된 바가 없다.

3) 법리 검토

태아의 권리능력에 관한 법적 구성과 관련하여, 우선 문제 발생시에 태아에게 권리능력을 인정해 주는 법정해제조건설이 태아를 충실히 보호해 주는 법리이기는 하다. 그러나 태아에게 권리능력을 인정하여 권리를 취득시켜 준다 할지라도, 태아가 취득한 권리를 관리해 줄 법정대리인의 선임에 관한 규정이 우리 민법에는 입법되어 있지 않아 이에 대한 보완이 필요하다. 참고로, 태아를 포태한 생모는 상속 등에 있어 태아와 이해상반의 관계에 있으므로 태아의 법정대리인(재산관리인)으로서 적합하지 않다. 이러한 점에서 법정정지조건설의 입장에 따르는 것이 타당하다. 판례도 법정정지조건설을 취하고 있다.

사 례≫ 갑은 부인 을과 그리고 아버지 병을 모시고 살고 있다. 그러던 중 갑은 교통사고를 입어 사망하였고, 사망할 당시에 을은 정을 포태하고 있는 상태이다. 갑의 재산을 태아인 정은 상속받을 수 있는가?

해설 우리 민법은 상속의 순위에 있어서 사망한 사람(피상속인)의 자식(직계비속)을 제1순위의 상속인으로 규정하고 있다(민법 제1000조 제1항). 그런데 태아는 이미 출생한 것으로 간주되므로 피상속인의 직계비속으로 취급하게 된다(민법 제1000조 제3항). 따라서 을이 포태하고 있는 정은 갑의 사망으로 인하여 1순위의 상속인이 된다. 이 때 갑의 부친인 병은 피상속인 갑의 직계존속으로서 상속순위에 있어서 2순위이기 때문에 1순위의 직계비속에 밀려 상속을 받지 못한다. 한편 피상속인(갑)의 배우자(을)는 상속1순위(직계비속), 상속2순위(직계존속)와 공동상속하도록 되어 있으므로 본 사안에서는 태아 정과 공동상속하고(민법 제1003조 제1항), 다만 상속분에 있어서는 자신의 상속분의 5할을 가산토록 하고 있다(민법 제1009조). 이에 따라 을과 정은 갑이 사망당시에 가지고 있던 재산과 갑이 교통사고의 가해자에 대하여 가지는 손해배상청구권을 1.5:1의 비율로 공동 상속한다. 그리고 직계존속(병), 직계비속(정) 및 배우자(을)는 갑의 사망에 따른 정신적 고통에 대한 위자료청구권을 그 가해자에 대하여 행사할 수 있다(민법 제752조).

2. 의사능력

(1) 의사능력이란?

이 세상 사람들은 모두 권리능력에 있어서는 평등하다. 따라서 권리를 가질 자격은 모두에게 있다. 그리고 개인 스스로는 자신이 가지고 있는 권리를 마음대로 행사할 수 있고, 그리고 법은 개인의 권리와 관련된 법률행위를 함에 있어서 개인의 자유에 맡기고 있다(사적 자치). 그런데 이 사적 자치의 원칙은 당사자인 개인은 자신의 권리행사에서 이성적인 합리적 판단능력을 가지고 있다는 점을 전제로 하고 있다. 즉 자신들의 권리관계를 스스로 형성할 수 있는 자유는 그들에게 정상적인 정신능력이 뒷받침되고 있을 때 비로소 인정될 수 있다. 이와 같이 자신의 행위에 대한 결과를 예견하고 이에 따른 적절한 판단을 할 수 있는 능력을 의사능력(意思能力)이라 한다. 그런데 실제로 이 세상 사람들은 정신능력에 있어서 천차만별의 차이를 가지고 있다. 또한 정상적인 판단능력이 있는 사람이라도 수면 · 마취 중이나 생명의 위협을 받는 절박한 상태에서의 행위에 대하여는 적절한 변별력을 가지지 못하고 행위하는 수도 있다. 이처럼 당사자가 적절하게 판단할 수 있는 능력인 의사능력을 갖추고 있지 못한 상태에서 한 행위는 그 행위자에 대하여 그 효력을 인정하여 줄 수 없어 무효로 된다. 이로써 의사능력없는 행위자는 자신이 의사무능력상태에서 한 행위로부터 발생되는 권리와 의무에 구속되지 않게 된다. 민법은 무효를 통하여 의사무능력자를 보호하고 있다.

(2) 의사능력의 판단기준

의사능력이 인정되기 위한 정신능력의 정도는 법률행위의 종류에 따라 구체적으로 달라진다. 예를 들면, 과자나 옷을 살 때 필요한 판단능력의 정도와 부동산을 매수할 때 필요한 변별능력의 정도가 각각 다르다. 따라서 7살짜리 아이가 아이스크림을 사는 계약에서는 그 거래를 하는 데 필요한 주의를 기울일 수 있는 적절한 능력을 갖추었다고 본다. 그러나 7살짜리 아이가 상속받은 부동산을 판다고 하면, 이러한 부동산거래에 대해서는 7살의 아이는 이로부터 발생할 법적 효과가 어떤 것인지에 대하여 잘 이해할 수도 없고 따라서 적절한 판단을 할 수가 없으므로 의사능력은 없다고 본다. 그러므로 당사자의 의사능력의 유무는 행하여지는 법률행위의 종류에 따른 난이도를 우선 살펴야 하고, 나아가 구체적으로 그 당사자에게 그와 같은 행위를 하는 데에 정상적으로 판단할 수 있는 능력이 있는가를 살펴서 결정되어야 한다. 판례도 의사능력과 관련하여 그 일상적인 의미만을 이해하여서는 알기 어려운 복잡한 법률행위의 경우 그 복잡한 법률적 의미나 효과에 대하여도 이해할 수 있을 것을 요구하고 있다.

사 례 ≫ 1. 갑은 술에 만취하여 자신이 무슨 소리를 하는지도 모르는 상태에 있었다. 그 상태에서 갑은 자신의 국보급의 고려자기를 술친구에게 공짜로 주기로 그 친구와 약속하였다.
2. 7세의 어린아이가 부모로부터 받은 용돈을 가지고 과자를 사 먹었다.
3. 지능지수가 58로서 정신지체 수준에 해당하는 38세의 정신지체 3급의 장애인이 타인의 채무에 대하여 연대보증계약을 체결하였다.

해설 우리 민법은 선량한 풍속 기타 사회상규에 어긋나지 않는 한, 개인의 법률관계를 자유로이 형성할 수 있다는 원칙을 기본원리로 삼고 있다. 이를 사적 자치의 원칙이라 한다. 이러한 사적 자치의 원칙은 당사자의 자유스러운 의사(意思)에 기초하여 법률관계가 이루어지는 것을 허용하고 그 실현을 도와주고 있다. 그런데 당사자가 자기가 한 의사표시에 대한 법적 의미를 이해하지도 못하는 상태에서 의사표시를 하였다면, 이에 기초하여 법적 효력이 발생되는 것은 타당하지 않다. 따라서 이러한 변별능력을 '의사능력'이라 하고 이에 기초하지 않은 외형상의 어떠한 의사표시에 대하여도 그 효력이 발생될 수 없다.

1)의 경우에서는 술이 만취한 상태(니취상태)이므로 자기가 한 행위에 대한 변별력을 상실한 상태이고 따라서 의사능력이 없는 상태인 것이다. 따라서 국보급 고려자기에 대한 증여계약은 무효이다. 따라서 증여의 약속을 한 자는 증여계약의 특칙으로 '서면으로 하지 않은 증여계약'의 자유로운 해제권(제555조)에 의존할 필요도 없이 의사무능력을 이유로 무효를 주장할 수 있다.

2)의 경우는 7세의 어린아이지만 과자류를 사는 정도의 거래에 대하여는 적절한 판단능력이 있는 것으로 인정될 수 있다. 따라서 7세의 어린아이가 과자

를 사는 데에 있어서는 의사능력이 있는 것으로 보아야 하고, 다만 유효한 법률행위가 되기 위해서는 미성년자로서 법정대리인의 동의가 있어야 한다(민법 제5조 제1항 본문). 이미 부모로부터 처분의 허락을 받은 용돈으로 샀으므로 완전히 유효한 과자구입행위를 하였다.

그러나 3)의 경우처럼 연대보증계약을 체결하면, 연대보증인은 타인(주채무자)과 연대하여 채무를 부담하는 것으로서 연대보증인이 되면 주채무자의 채무에 대하여 무조건(최고 및 검색의 항변권 행사 불가) 주채무 전액에 대하여 채권자에게 지급하여야 한다. 이는 대단히 복잡한 법률관계로서 정신지체 3급의 장애인이 독자적으로 이해할 수 있는 법률관계가 아니다. 그러므로 정신지체 3급의 장애인으로서는 연대보증계약을 체결하기에는 적절한 판단능력을 갖추고 있지 못하므로 이에 대한 의사능력이 없고 따라서 연대보증계약은 무효이다. 이로써 채권자는 장애인인 연대보증인에 대하여 채무의 이행을 청구할 수 없다.

3. 행위능력

(1) 행위능력이란?

행위능력은 「독자적으로 유효한 법률 행위를 할 수 있는 능력」을 말한다. 이러한 행위능력은 객관적인 기준에 의하여 정하여진다. 즉 「연령과 심판」에 의해서 사람의 행위능력은 제한된다.

(2) 행위무능력에서 행위제한능력으로 - 민법 일부개정법률안(의안번호 7209, 2009.12.29)

행위능력과 관련하여 현행 민법이 개정되기 전에는 한정치산과 금치산의 제도가 있었다. 이는 행위무능력를 전제로 주로 재산권에 집중된 것으로서 일괄적으로 취소할 수 있게 함에 따라 요보호자 개인의 능력이 개별적으로 인정되지 못하고 또 요보호자의 신상 보호에 대해서는 무력하였다. 이에 대하여 현행 민법은 행위무능력자제도를 제한능력자제도로 개선하여, 제한능력자라도 본인의 의사를 최대한 존중하며 피후견인의 잔존능력을 최대한 활용할 수 있도록 규정하였다(제9조, 제12조, 제14조의 2, 제959조의 14).

현행 민법은 2013년 7월 1일부터 시행하고(부칙 〈제10429호, 2011.3.7.〉 제1조), 5년의 경과규정을 둠으로써(부칙 제2조 제2항) 2018년 6월 30일까지 기존에 내려졌던 금치산 및 한정치산의 제도가 유지된다. 이 기간 내에 금치산자 및 한정치산자에게 그 보호의 필요성이 있다면 성년후견, 한정후견, 특정후견, 임의후견의 제도를 신청하여 활용할 수 있다.

(3) 미성년자

(가) 의 의

1) 성년기

사람은 만 19세로 성년이 되며, 만 19세에 달하지 않은 자를 미성년자라고 한다(제4조). 연령은 출생일을 산입하여 역(曆)에 따라 계산한다. 이처럼 사람의 연령을 산정함에는 출생일을 산입하게 되므로, 예컨대 1980년 5월 10일 오후 11시 59분에 출생한 자는 1999년 5월 9일 오후 12시에 성년이 된다.

참고로, 현행민법은 청소년의 신체적·정신적 성숙의 빠름과 사회진출 시기가 앞당겨지는 현실을 감안하여 성년의 연령을 기존의 20세에서 19세로 낮추었다. 이러한 민법의 성년기의 조정으로 인하여 「공직선거법」, 「청소년보호법」, 「소년법」 등 여러 법령에서 요구되는 연령 기준인 만 19세와 동일하게 하였다.

2) 혼인에 의한 성년의제: '혼인이 성년을 만든다'

우리 민법은 혼인적령을 만 18세로 정함에 따라(제807조), 혼인할 수 있는 나이와 성년이 되는 나이(만 19세)에는 차이가 있게 된다. 그런데 혼인적령에 달한 미성년자가 혼인하는 경우에 성년으로 의제하지 않으면, 이들 미성년의 부부는 혼인생활에 대하여도 이들의 법정대리인의 친권 또는 후견에 복종하여야만 한다. 이는 혼인의 자주성·독립성을 침해하는 결과를 야기한다. 그러므로 미성년자도 혼인하면 부부로서 자주적인 혼인생활을 영위할 수 있게 하기 위하여, 민법은 혼인한 미성년자에게는 행위능력을 가지는 것으로 의제하여 주고 있다. 이를 「성년의제」라고 하고, 이에 따라 혼인한 미성년자는 성년자와 같은 능력을 가지게 된다(제826조의2). 성년의제에 따라 혼인을 한 미성년자에게는 친권은 소멸하고 후견도 종료하게 된다(제923조 제1항, 제957조). 이러한 성년의제는 사법상(私法上)의 권리관계에 한정되어 적용되고, 공법영역에서는 그 적용이 없다. 예를 들어, 「공직선거법」은 대통령과 국회의원의 선거권을 19세 이상으로 규정하고 있으므로 18세의 혼인한 미성년자라도 선거권을 취득할 수는 없다(공직선거법 제15조 제1항).

(나) 미성년자의 행위능력

1) 원 칙

① 미성년자 행위능력의 내용 　미성년자는 법률행위를 할 때에 사전에 법정대리인의 동의를 얻어야 한다. 법정대리인의 동의를 얻지 아니한 행위에 대

하여는 미성년자 본인 또는 법정대리인이 이를 취소할 수 있다(제5조 제2항, 제140조).

여기에서 「취소」(제5조 제2항)의 의미는 취소권자(미성년자 또는 그 법정대리인)의 취소권의 행사에 의하여 미성년자가 한 법률행위를 소급하여 처음부터 무효로 할 수 있다는 것을 의미한다(제141조). 그러므로 미성년자가 법정대리인의 동의없이 한 계약체결 등의 행위는 일단 유효하며, 취소권자가 이에 대하여 취소권을 행사하면 처음부터 그 법률행위는 무효로 된다.

민법상 취소는 무효와 다르다. 취소의 전제가 되는 취소권은 권리이고 의무는 아니므로 취소권자는 반드시 취소권을 행사하여야 하는 것은 아니며 경우에 따라서는 취소권을 포기할 수도 있다. 그러나 무효인 법률행위는 처음부터 아무런 효력이 발생하지 않고, 누구든지 무효임을 주장할 이익만 있으면 이를 주장할 수 있다. 그리고 취소권은 취소권의 행사기간(제척기간) 내에 행사하지 않으면 더 이상 취소할 수 없게 된다. 따라서 취소권자가 권리로서의 취소권을 포기하거나(추인) 또는 취소권의 행사기간의 경과로 그 법률행위를 더 이상 취소할 수 없게 된 경우에는 그 법률행위는 유효로 확정될 수 있다. 그러나 무효의 경우, 장기간 무효주장을 하지 않는 것을 이유로 유효로 전환되지 않는다. 결국 취소할 수 있는 행위는 유효로 확정될 가능성이 있으나, 무효의 행위는 치유가 불가능하여 유효로 될 가능성이 없다. 다만 당사자들이 추인하는 경우 새로운 법률행위를 한 것으로 볼 수는 있다.

② 동의의 취소　미성년자가 「법률행위를 하기 전」까지 법정대리인은 자신이 한 동의(제5조)를 취소할 수 있다(제7조). 이는 법정대리인이 미성년자에게 법률행위에 대한 동의를 주었으나 미성년자가 정당하게 법률행위를 하지 못할 우려가 있는 경우에 미성년자를 보호하기 위하여 주었던 동의를 다기 회수하는 것이다. 그런데 이처럼 미성년자에게 주었던 동의를 취소하는 것은 소급효가 없이 주었던 동의의 효력을 장래에 향하여 소멸시키므로, 그 법적 성질은 「철회(撤回)」로 보아야 한다. 이 철회의 효력을 갖는 취소는 「미성년자 또는 그 상대방」에 대하여 하여야 한다.

2) 예 외

미성년자의 보호가 문제로 되지 않는 다음의 법률행위에 대해서는 미성년자는 법정대리인의 동의 없이 단독으로 유효하게 법률행위를 할 수 있다.

① 단순히 권리만을 얻거나 또는 의무만을 면하는 행위

미성년자가 누구로부터 오로지 권리만을 얻거나 오로지 의무만을 면한다면,

이는 미성년자에게 법적으로 아무런 불이익도 없고 일방적으로 유리한 행위이다. 따라서 이러한 행위에 대하여는 미성년자의 보호가 필요하지 않으므로 미성년자라도 단독으로 유효하게 할 수 있다(제5조 제1항 단서). 예컨대 미성년자가 타인으로부터 아무런 부담없이 증여를 받는다든지, 또는 어떤 사람에게 빚을 지고 있었는데 이 채권자로부터 단순히 채무의 면제를 받는 것은 미성년자에게 일방적으로 유리한 것이므로 단독으로 할 수 있다. 그러나 부담부 증여계약의 체결, 상속을 승인하는 행위, 임대된 상태의 건물을 증여받는 행위 등은 단순히 법률적으로 권리만을 얻는 것이 아니라, 부담 · 상속채무의 승계 · 임차인에 대한 보증금반환채무라는 의무도 함께 부담하게 되므로 미성년자가 단독으로 하지 못하고 법정대리인의 동의를 얻어야 한다.

② 처분이 허락된 재산의 처분

(i) "범위를 정하여"의 의미 법정대리인이 범위를 정하여 처분을 허락한 재산은 미성년자가 임의로 처분할 수 있다(제6조). 이에 대표적인 예가 미성년자에게 주는 용돈이다. 이때 법정대리인은 처분할 수 있는 「재산의 범위」를 정하여 동의하여야 하고 "네 재산 전부를 마음대로 처분해라!"는 방식의 포괄적인 동의는 할 수 없다. 또한 법정대리인이 재산처분의 사용목적을 정하는 방법으로 범위를 한정하는 것(예: 법정대리인이 일정액의 금전을 미성년자에게 주면서 반드시 "학습교재를 사는데 사용하라"라고 범위를 정하는 경우)은 허용되지 않는다. 왜냐하면 재산의 사용목적이란 법정대리인과 미성년자 사이에만 존재하는 지극히 주관적인 것이어서 이들 이외의 제3자로서는 이를 알 수도 없는데, 나중에 미성년자 측에서 미성년자가 한 재산의 처분행위를 사용목적의 위반을 들어 취소하게 되면 미성년자와 거래한 상대방으로서는 불측의 손해를 입게 되어 거래의 안전을 크게 해치게 되기 때문이다.

(ii) 허락의 취소 미성년자에게 재산의 처분을 허락하였으나, 적절치 못한 사용이 예상되는 경우에는 법정대리인이 주었던 허락(제6조)을 다시 취소할 수 있다(제7조). 이 취소 역시 본질은 철회이다.

③ 영업이 허락된 미성년자의 그 영업에 관한 행위

(i) 「영업」의 의미 「영업」은 널리 '영리를 목적으로 하는 독립적 · 계속적 사업'을 말한다. 영업은 「독립적」이어야 하므로, 미성년자가 이익추구의 주체가 아니고 사업주에 고용되어 종속적으로 노동을 제공하는 근로자로서 임금 등의 수익을 얻는 것은 이에 포함되지 않는다.

(ii) 영업 허락의 방법　법정대리인은 '영업의 종류를 특정하여' 허락하여야 한다. 이때의 특정은 영업의 종류에 해당하는 단위를 정하는 것을 말한다. 예컨대, 문구점이나 옷가게 등으로 영업단위를 결정할 수 있어야 한다. 그러므로 하나의 단위가 되는 영업의 일부만을 한정하는 허락은 허용되지 않는다.

(iii) 성년자와 동일한 행위능력의 취득　영업의 허락을 받은 미성년자는 "그 영업에 관하여는 성년자와 동일한 행위능력이 있다"(제8조 제1항). 여기에서 미성년자가 '성년자와 동일한 행위능력'을 취득하는 것이므로 법정대리인으로부터 허락을 얻은 영업의 범위 내에서는 독자적으로 유효한 법률행위를 할 수 있다. 일반적으로 법정대리인은 미성년자에게 동의를 해준 경우에도 미성년자를 위하여 그 행위에 대해서 대리행위를 할 수 있지만, 영업을 허락한 경우에는 미성년자에게 성년자와 동일한 행위능력이 부여되므로 더 이상 법정대리인으로서는 대리행위도 할 수 없게 된다. 또한 영업에 관하여는 성년자와 동일한 행위능력이 인정되므로, 미성년자는 영업에 관련된 소송행위에 대하여도 독자적인 소송능력을 가진다(「민사소송법」 제55조 제1항).

(iv) 영업 허락의 취소와 제한　법정대리인이 미성년자에게 영업을 허락하였는데, 미성년자가 그 영업을 감당하기 어려운 사정이 있을 때에는 법정대리인이 다시 그 주었던 허락을 취소하거나 허락된 일부의 영업을 제한할 수 있다(제8조 제2항). 여기서 취소는 장래에 향하여 허락이 없었던 것으로 하는 철회의 의미이다. 그리고 영업허락의 취소나 제한은 선의의 제3자에게 대항하지 못한다(제8조 제2항 단서).

④ 대리행위

타인을 위해 법률행위를 대리하는 대리인은 행위능력자임을 요하지 않으므로(제117조), 미성년자가 타인의 대리인으로서 법률행위를 하는 데에는 법정대리인의 동의를 받지 않아도 된다. 즉 대리행위는 이로부터 발생되는 법률효과가 대리인에게 발생하는 것이 아니라 대리권을 준 본인에게 발생하므로 타인을 위하여 대리행위를 한 미성년자에게는 대리행위를 통하여 발생된 권리를 얻거나 의무를 부담하지 않는다. 이러한 대리행위의 특징을 고려할 때, 대리행위에 관하여는 미성년자에 대한 보호의 필요성이 요구되지 않는다. 그러므로 미성년자는 대리인으로서 타인을 위해서 하는 대리행위를 언제나 단독으로 유효하게 할 수 있다.

⑤ 유언행위

유언능력은 만 17세를 기준으로 한다(제1061조). 따라서 미성년자라도 만 17세에 달한 자는 독자적으로 유언행위를 할 수 있다.

⑥ 근로계약의 체결 · 임금의 청구

(i) 근로계약의 체결　　비록 미성년자라 하더라도 실제로 근로를 할 것인지의 여부는 스스로가 결정하여야 한다. 따라서 근로계약을 체결할 것인지의 여부를 결정할 당사자는 미성년자이고, 법정대리인은 미성년자의 근로계약을 대리하여 체결해 줄 수 없다. 그렇지만 미성년자가 근로계약 체결에 관하여 단독으로 결정할 수는 없고, 이에 관하여 법정대리인으로부터 사전에 동의를 얻어야만 한다(예: 미성년자가 아르바이트를 하기 위해서는 법정대리인인 부모로부터 허락을 얻어야 한다). 다만 근로계약 체결의 여부는 미성년자 스스로가 체결하고, 이에 따라 근로계약의 당사자는 미성년자이다.

(ii) 임금의 청구　　임금의 청구는 언제나 미성년자가 단독으로 할 수 있다(「근로기준법」 제68조). 「근로기준법」은 임금청구에 관하여 근로계약의 체결에서와는 달리(같은 법 제67조 제1항), 미성년자는 "독자적으로" 임금의 청구를 할 수 있음을 명시하고 있다(같은 법 제68조). 따라서 법정대리인은 미성년자의 임금청구에 대하여는 대리하지 못한다. 이에 따라 사용자는 임금을 통화로 근로자인 미성년자에게 직접 전액 지급하여야 한다(같은 법 제43조 제1항 본문).

(다) 법정대리인

미성년자의 법정대리인은 제1차로는 「친권자」이고, 제2차로는 「후견인」이다.

1) 친권자

부모는 미성년자인 자의 친권자가 된다. 그리고 친권을 행사하는 부모는 미성년자인 자의 법정대리인이 된다(제909조, 제911조).

① 부모가 혼인 중인 경우

(i) 원칙: 친권의 부모 공동행사

친권은 부모가 혼인 중인 때에는 부모가 공동으로 행사하므로(제909조 제2항), 부모는 쌍방이 공동으로 미성년자의 법률행위에 대하여 동의 · 허락하고 또는 이를 대리한다. 미성년자가 입양되어 양자인 경우에는 양부모가 친부모에 앞서 친권자가 된다(제909조 제1항).

(ii) 친권의 행사에 있어서 부모의 의견이 일치하지 아니하는 경우 당사자의 청구에 의하여, 가정법원이 당해 불일치 사항에 한하여 친권을 행사할 자를 정

한다(제909조 제2항 단서).

(iii) 부모의 일방이 행방불명 등으로 친권을 행사할 수 없는 때에는 다른 일방이 이를 행사한다(같은 조 제3항).

② 부모의 혼인관계가 없는 경우 부모에게 혼인관계가 없는 경우는 '혼인 외의 자가 인지된 경우'와 '부모가 이혼한 경우'를 말한다.

우선 부모가 이혼하는 경우에 협의이혼인 경우에는 부모의 협의로 친권을 행사할 자를 정하고, 협의할 수 없거나 협의가 이루어지지 않는 경우에는 가정법원은 직권으로 또는 당사자의 청구에 의하여 친권자를 정한다(같은 조 제4항). 다만, 부모의 협의가 자(子)의 복리에 반하는 경우에는 가정법원은 보정을 명하거나 직권으로 친권자를 정한다(같은 조 제4항).

그리고 부모의 혼인이 취소되거나 재판상 이혼의 경우에는 가정법원이 직권으로 친권자를 정한다(같은 조 제5항). 또한 가정법원은 자의 복리를 위하여 필요하다고 인정되는 경우에는 자의 4촌 이내의 친족의 청구에 의하여 정하여진 친권자를 다른 일방으로 변경할 수 있다(같은 조 제6항).

③ 친권자의 지정 위와 같은 절차에 따라 단독 친권자로 지정받은 자가 사망 등으로 친권을 행사할 수 없게 되었거나 미성년자의 복리를 위하여 적절하지 않게 된 경우에 당연히 생존하고 있는 친생 부 또는 모에게 친권이 자동으로 회복되지 않는다(친권의 자동부활제도 폐지). 이처럼 생존친이 당연히 친권자로 되지 않고 가정법원이 친권행사의 적정성에 관한 심사절차를 거쳐 친권자로서 지정을 받아야 비로소 친권자로 될 수 있다. 이는 미성년자의 복리를 최우선으로 고려하는 취지이다. 만일 가정법원이 생존친이 법정대리인으로 적절하지 않다고 판단하는 경우에는 직권으로 미성년후견인을 선임할 수 있다(제909조 의 2).

한편 친권을 상실한 친권자가 친권행사를 할 수 있을 정도로 회복된 경우에는 가정법원은 일정한 청구권자의 청구에 따라 친권자를 새로 지정할 수 있다(제927조 의 2).

2) 후견인

친권자가 없거나 또는 친권자가 子의 대리권과 재산관리권을 행사할 수 없을 때에는 후견인이 법정대리인이 된다. 미성년후견인은 1명으로 하고, 법인은 될 수 없다(제930조 제1항). 이는 후술하는 성년후견인 등의 자격과 차이가 나는 점이다.

① 지정후견인 지정후견인은 미성년자에 대하여 친권을 행사하는 부모

가 유언으로 지정한 자로서 미성년자의 후견인이 된다(제931조 제1항). 이에 따라 미성년후견인이 지정된 경우라도 가정법원은 미성년자의 복리를 위하여 필요하면 생존하는 부 또는 모, 미성년자의 청구에 의하여 후견을 종료하고 생존하는 부 또는 모를 친권자로 지정할 수 있다(같은 조 제2항).

② 선임후견인 유언에 의한 지정후견인이 없는 때에는 가정법원은 직권으로 또는 '미성년자, 친족(제777조), 이해관계인, 검사, 지방자치단체의 장'의 청구에 의하여 미성년후견인을 선임한다(제932조 제1항). 미성년후견인이 없게 된 경우에도 이와 같다. 친권의 행사가 부적절하여 친권자에게 친권상실의 선고나 대리권 및 재산관리권 상실의 선고가 내려진 경우 이에 따라 미성년후견인을 선임할 필요가 있는 경우에는 가정법원은 직권으로 미성년후견인을 선임한다(같은 조 제2항).

(라) 법정대리인의 권한

친권자 또는 후견인은 미성년자의 법률행위에 관하여는 미성년자 능력의 불완전함을 보충한다는 지위에서 법정대리인으로서 동의권·대리권·취소권을 갖는다.

1) 동의권

미성년자는 법정대리인의 동의·허락을 얻어서 단독으로 유효한 법률행위를 할 수 있으므로 법정대리인은 「동의권」을 갖는다. 동의는 미성년자의 법률행위가 있기 전이나 동시에 하는 것이 원칙이나, 사후에도 동의를 할 수 있으며 이러한 사후적 동의를 「추인」이라고 한다.

2) 대리권

법정대리인은 미성년자의 재산상의 법률행위를 대리할 수 있다(제920조, 제949조 참조). 법정대리인이 미성년자의 법률행위에 대하여 동의를 하였다 하더라도 미성년자를 위해서 대리할 수 있는 권한을 상실하는 것은 아니다. 즉 대리권은 동의권과 병존하므로 동의를 준 행위라도 법정대리인이 그 법률행위를 대리할 수 있다. 다만, 영업허락이 있는 경우에는 미성년자를 성년자와 동일한 능력이 있는 것으로 보므로(제8조 제1항), 허락한 영업과 관련된 행위에 대해서는 법정대리인의 동의권과 대리권은 소멸한다.

3) 취소권

법정대리인은 미성년자가 단독으로 할 수 있는 법률행위가 아닌 한, 동의 없이 한 법률행위를 취소할 수 있다(제5조 제2항, 제140조 이하).

4) 법정대리인의 권한의 제한

① 친권의 제한 친권자가 미성년자를 위한 친권의 행사를 적절하게 하지 못하는 경우에는 가정법원은 친권자의 대리권과 재산관리권을 일부 제한하거나 상실의 선고를 내릴 수 있다(민법 제924조, 제925조).

② 미성년자의 동의 법정대리인이 미성년자의 행위를 목적으로 하는 채무를 부담하는 내용의 법률행위를 대리하는 경우에는 미성년자 본인의 동의를 얻어야 한다(제920조 단서, 제949조 제2항). 이는 미성년자가 노동을 제공하는 경우로서 사업장에 상시근로자가 5인 미만의 경우처럼 근로기준법이 적용되지 않는 경우에 해당된다(근로기준법 제11조 제1항 참조).

③ 이익상반행위 친권자와 미성년자의 이익이 상반되는 행위에 관하여서는 법정대리인의 대리권이 제한된다. 따라서 이익상반행위에 관해서는 가정법원이 선임한 특별대리인이 미성년자를 대리하여야 한다(제921조). 미성년후견감독인이 선임되어 있는 경우에는 미성년후견인과 미성년자의 이익이 상반되는 행위에 관하여는 특별대리인을 선임하지 않고 미성년후견감독인으로 하여금 미성년자를 대리하게 한다(제940조의6 제3항).

④ 후견감독인의 동의 미성년자에게 친권자가 없어 후견인이 법정대리인이 된 경우에는 친권자와는 달리 그 권한에 제한을 받는다. 즉 후견인이 '㉠ 영업에 관한 행위, ㉡ 금전을 빌리는 행위, ㉢ 의무만을 부담하는 행위, ㉣ 부동산 또는 중요한 재산에 관한 권리의 득실변경을 목적으로 하는 행위, ㉤ 소송행위, ㉥ 상속의 승인, 한정승인 또는 포기 및 상속재산의 분할에 관한 협의'에 대하여 동의하거나 대리를 함에는 후견감독인의 동의가 있어야 한다(제950조 제1항). 후견인이 이를 위반한 때에는 미성년자(피후견인) 또는 후견감독인이 이를 취소할 수 있다(같은 조 제2항).

(마) 미성년후견감독인

1) 선 임

민법 개정전 미성년자의 법정대리인을 감독하는 기관으로서 친족회가 있었다. 그러나 친족회가 그 역할을 제대로 하지 못함에 따라 민법은 후견감독인 제도를 도입하였다.

① 지정후견감독인 미성년후견인을 지정할 수 있는 사람은 유언으로 미성년후견감독인을 지정할 수 있다(제940조의 2).

② 선임후견감독인 유언에 의한 미성년후견감독인의 선임이 없는 경우

에는 가정법원은 직권으로 또는 미성년자, 친족, 미성년후견인, 검사, 지방자치단체의 장의 청구에 의하여 미성년후견감독인을 선임할 수 있다(제940조의 3). 이 경우 가정법원은 필요하다고 인정되는 경우에 한하여 미성년후견감독인을 선임할 수 있으므로, 미성년후견감독인은 임의기관이다.

2) 직 무

후견감독인은 후견사무를 감독하며, 미성년후견인이 없는 경우 지체없이 가정법원에 미성년후견인의 선임을 청구하여야 한다(제940조의 6 제1항). 후견감독인은 미성년자(피후견인)의 신상이나 재산에 대하여 급박한 사정이 있는 경우 그의 보호를 위하여 필요한 행위 또는 처분을 할 수 있다(같은 조 제2항).

후견감독인은 언제든지 후견인에게 그의 임무 수행에 관한 보고와 재산목록의 제출을 요구할 수 있고 피후견인의 재산상황을 조사할 수 있으므로(제953조), 미성년후견감독인은 미성년후견인에 대하여도 동일한 내용의 권한을 행사할 수 있다.

사 례≫ 1. 18세의 갑은 하교길에 영어어학테이프를 구입하였다. 이 행위의 효력은 어떠한가?
2. 16세의 갑에게 할아버지 을이 그의 주택을 증여하였다. 이 행위의 효력은 어떠한가?

해설 1)의 경우에는 18세의 갑은 아직 19세가 되지 않은 미성년자이고 또한 영어어학테이프의 구입행위는 단독으로 유효한 법률행위를 할 수 있는 경우에 해당되지 않는다. 따라서 구입행위를 한 미성년자 갑 또는 그의 법정대리인인 부모는 갑이 한 영어테이프구입계약을 취소할 수 있다. 이에 따라 부모의 취소행위가 있으면, 갑이 한 계약은 처음부터 무효이므로 대금을 지급할 필요가 없다.

참고로 갑이 어학테이프를 월부로 구입한 경우에는 「할부거래에 관한 법률」 제5조 제1항에 따라 계약서를 교부받은 경우에는 받은 날로부터 7일 이내에, 그리고 계약서를 교부받지 않은 경우에는 목적물(영어어학테이프)을 인도받은 날로부터 7일 이내에 할부계약에 관한 청약을 철회할 수 있다. 그러므로 7일 이내에 영어어학테이프에 관한 계약의 효력을 소멸시키는 의사를 그 회사에 서면으로(보통은 내용증명을 이용할 것임) 통지하고 그 어학테이프를 반환하면 대금지불을 하지 않아도 된다.

2)의 경우 갑은 미성년자이고 갑과 을이 체결한 주택에 대한 증여는 계약이다. 따라서 그 증여계약이 완전 유효하려면, 갑에게는 행위능력이 있어야 하나, 갑은 제한능력자이므로 문제이다. 그러나 갑이 비록 제한능력자라고 할지라도, 갑은 할아버지 을로부터 재산을 얻는 것이므로 갑에게 아무런 의무를 부담케 하는 것이 아니라 일방적으로 갑에게 법적으로 유리한 권리만을 얻는 계약이므로 단독으로 유효한 의사표시를 할 수 있다(민법 제5조 제1항). 따라서 갑과 을 사이의 증여계약은 유효하다.

그런데 위의 예에서 갑의 조부 을이 증여한 주택에 타인이 아무런 권리를 갖고 있지 않은 경우에는 확정적으로 유효하지만, 예컨대 주택임차권을 가진 제3자가 있는 경우에는 주택임대차보호법 제3조에 의하면 주택의 양수인은 임대인의 지위를 승계하게 되어 있으므로, 갑은 양도인인 할아버지의 채무도 승계하게 된다. 따라서 이러한 행위는 단순히 권리만을 얻는 행위라고 볼 수 없고 채무(보증금반환채무)도 부담하게 될 것이므로, 법정대리인의 동의를 요하게 된다. 이러한 경우에는 법정대리인이 미성년자가 한 행위를 취소할 수도 있다.

(4) 성년후견제도

(가) 성년후견의 의의

성년후견은 「질병, 장애, 노령, 그 밖의 사유로 인한 정신적 제약으로 사무를 처리할 능력이 지속적으로 결여된 사람」에 대하여 가정법원의 심판으로 성년후견인을 선임하여 그의 재산관리 및 신상보호에 관한 사무를 처리하도록 하는 제도이다(제9조).

(나) 성년후견 개시 심판의 요건 및 절차

1) 실질적 요건

성년후견은 질병 등의 정신적 제약으로 사무를 처리할 능력이 지속적으로 결여된 사람을 위해서 개시된다(제9조 제1항). 즉 정신적 제약으로 항시적으로 자신의 사무를 스스로 처리할 수 없는 상태이어야 하며, 이는 정신적 능력만을 고려하고 신체적 장애는 고려되지 않는다.

2) 형식적 요건

① 청구권자의 청구　　성년후견의 개시를 위해서는 「본인, 배우자, 4촌 이내의 친족, 미성년후견인, 미성년후견감독인, 한정후견인, 한정후견감독인, 특

정후견인, 특정후견감독인, 검사 또는 지방자치단체의 장」의 청구가 있어야 한다. 이로써 가정법원이 직권으로 절차를 개시하지는 못한다.

청구권자들 중에서 '검사'는 공익의 대표자로서 그리고 지방자치단체의 장은 요보호자에 대하여 실질적으로 전문성을 가지고 보호를 베풀어 줄 수 있는 지위에 있어 청구권자로 된다. 그리고 한정후견인, 한정후견감독인, 특정후견인, 특정후견감독인은 피후견인의 능력의 범위를 그 정신적 능력에 맞게 하향 조정하여 보호의 범위를 넓히기 위하여 또는 그 보호가 지속적으로 이루어지게 하기 위하여 성년후견의 심판을 청구할 수 있다. 그리고 성년을 앞 둔 미성년자에게 실질적으로 지속적인 사무처리능력이 결여되어 있는 경우 미리 성년후견의 심판을 받게 함으로써 성년으로 된 후 성년후견의 개시에 관한 심판이 내려질 때까지 보호의 공백상태를 메울 수 있다. 이를 위하여 미성년후견인, 미성년후견감독인도 청구할 수 있다. 한편 후견계약에서 임의후견인이나 임의후견감독인도 본인의 이익을 위하여 특별히 필요한 경우에는 성년후견의 심판을 청구할 수 있다(민법 제959조의20 제1항).

② 본인의 의사존중 가정법원은 성년후견 개시의 심판을 함에 있어 본인의 의사를 고려하여야 한다(제9조 제2항).

(다) 피성년후견인의 행위능력

1) 원 칙

피성년후견인의 법률행위는 취소할 수 있다(제10조 제1항). 취소권자는 피성년후견인과 성년후견인이다(제140조).

2) 예 외

① 가정법원에 의한 취소할 수 없는 법률행위의 결정 가정법원은 피성년후견인이 독자적으로 법률행위를 할 수 있는 범위를 정할 수 있고 또 청구권자의 청구에 의하여 변경할 수 있다(제10조 제2항, 제3항). 피성년후견인이 이 범위를 넘는 법률행위를 한 경우에는 취소할 수 있다(같은 조 제1항).

② 일상생활에 필요한 거래 피성년후견인이 일용품의 구입 등 일상생활에 필요하고 그 대가가 과도하지 아니한 법률행위를 독자적으로 할 수 있다(같은 조 제4항). 이러한 법률행위는 성년후견인이 취소할 수 없다.

(라) 성년후견인

1) 성년후견인의 선임

① 법정대리인 가정법원이 성년후견개시심판을 하는 경우에는 그 심판

을 받은 사람의 성년후견인을 선임하여야 한다(제929조). 이러한 점에서 성년후견인은 법정대리인으로서의 성질을 갖는다(제938조 제1항). 가정법원은 직권으로 선임하고, 성년후견인을 선임할 때에 피성년후견인의 의사를 존중하여야 하며, 그 밖에 피성년후견인의 건강, 생활관계, 재산상황, 성년후견인이 될 사람의 직업과 경험, 피성년후견인과의 이해관계의 유무 등의 사정도 고려하여야 한다(제936조 제4항).

② 수와 자격　　성년후견인은 피성년후견인의 신상과 재산에 관한 모든 사정을 고려하여 다수로 선임될 수 있다(제930조 제2항). 또한 법인도 성년후견인이 될 수 있다(제930조 제3항). 이미 성년후견인이 선임되어 있는 경우에도 필요하다고 인정되는 경우에는 가정법원이 직권으로 또는 피성년후견인 본인이나 청구권자의 청구에 의하여 추가로 성년후견인을 선임할 수 있다(제936조 제3항). 가정법원이 다수의 성년후견인을 선임하는 경우에는 직권으로 그들의 공동으로 혹은 사무를 분장하여 그 권한을 행사하도록 정할 수 있고 또 변경할 수 있다(제949조의 2).

그리고 자격과 관련하여, ㉠ 미성년자 ㉡ 미성년후견인, 피한정후견인, 피특정후견인, 피임의후견인 ㉢ 회생절차개시결정 또는 파산선고를 받은 자 ㉣ 자격정지 이상의 형의 선고를 받고 그 형기 중에 있는 사람 ㉤ 법원에서 해임된 법정대리인 ㉥ 법원에서 해임된 성년후견인, 한정후견인, 특정후견인, 임의후견인과 그 감독인 ㉦ 행방이 불분명한 사람 ㉧ 피후견인을 상대로 소송을 하였거나 하고 있는 자 또는 그 배우자와 직계혈족은 성년후견인이될 수 없다(제937조).

2) 성년후견인의 임무

성년후견인은 임무의 수행과 관련하여 피성년후견인의 복리를 우선으로 하고 그의 의사를 존중하여야 한다(제947조).

3) 성년후견인의 권한

① 재산관리권　　성년후견인은 기본적으로 포괄적인 재산관리권을 가진다(제949조 제1항). 성년후견이 개시되면 성년후견인은 지체 없이 피성년후견인의 재산을 조사하여 2개월 내에 그 목록을 작성하여야 한다. 후견감독인이 선임되어 있는 경우 재산조사와 목록작성에 있어 후견감독인의 참여가 없으면 효력이 없다(같은 조 제2항).

② 법정대리권

(i) 의　의　　성년후견인은 피성년후견인의 법정대리인으로서(제938조 제1항), 피성년후견인의 신상과 재산에 관한 제반사정을 고려하여 가정법원이 정하여 준 범위 내에서 대리권을 갖는다(같은 조 제2항). 기타 이해관계인의 청구에 의하여 가정

법원이 후견인을 선임한다(제936조).

(ii) 제 한 피성년후견인의 행위를 목적으로 하는 채무를 부담하는 법률행위, 이해상반행위, 중요한 법률행위 등에 관한 성년후견인의 대리권 제한은 미성년자에서와 같다.

③ 피성년후견인의 신상보호 피성년후견인의 신상에 관한 거주와 이전, 면접교섭, 의학적 치료 등에 관한 것은 피성년후견인의 일신전속적 결정에 속한 것이므로 우선 피성년후견인이 단독으로 결정한다(제947조의 2). 그러나 피성년후견인이 자신의 신상에 관하여 스스로 결정할 수 없는 경우에는 성년후견인이 보충적으로 대신 결정할 수 있다. 이에 대한 내용은 다음과 같다.

(i) 피성년후견인의 격리행위 성년후견인이 피성년후견인을 치료 등의 목적으로 정신병원이나 그 밖의 다른 장소에 격리하려는 경우에는 가정법원의 허가를 받아야 한다(제947조의 2 제2항). 반드시 사전에 가정법원의 허가를 받아야 한다.

(ii) 피성년후견인의 의학적 침습 피성년후견인이 스스로 결정할 수 없는 경우에 그의 일반적인 의료행위에 대해서는 성년후견인이 대신 동의할 수 있다(제938조 제3항, 제947조의 2 제3항). 그러나 피성년후견인이 '의료행위의 직접적인 결과로 사망하거나 상당한 장애를 입을 위험이 있을 때'에는 가정법원의 허가를 받아야 한다(같은 조 제4항 본문). 다만 생명에 위험을 초래하는 등의 긴급을 요하는 경우에는 성년후견인은 사후에 가정법원의 허가를 받아야 한다(동조항 단서).

(iii) 피성년후견인의 거주와 관련하여 성년후견인이 피성년후견인이 거주하고 있는 건물 또는 대지에 대하여 매도, 임대, 전세권 설정, 저당권 설정, 임대차의 해지, 전세권의 소멸 그 밖에 이에 준하는 행위를 대리하는 경우에는 이에 대해서 사전에 가정법원의 허가를 얻어야 한다(제947조의 2 제5항).

(마) 성년후견감독인

1) 성년후견감독인의 선임

가정법원은 필요하다고 인정하면 직권으로 또는 피성년후견인, 친족, 성년후견인의 청구에 의하여 성년후견감독인을 선임할 수 있다(제940조의 4 제1항). 여기서 성년후견감독인의 결격사유로는 후견인의 결격사유 외에(제940조의 7, 제937조) 성년후견인의 가족(제779조)도 포함되는데, 성년후견인과 가족관계에 있는 사람은 가족관계의 정의 때문에 적정한 감독의 수행을 할 수 없을 것이기 때문이다(제940조의 5).

2) 성년후견감독인의 수

성년후견감독인은 다수로 선임될 수 있고, 법인도 될 수 있다(제940조의 7).

3) 성년후견감독인의 직무

성년후견감독인은 성년후견인의 사무를 감독하며, 성년후견인이 없는 경우 지체없이 가정법원에 성년후견인의 선임을 청구하여야 한다(제940조의6 제1항). 성년후견감독인은 피후견인의 신상이나 재산에 대하여 급박한 사정이 있는 경우 그의 보호를 위하여 필요한 행위 또는 처분을 할 수 있다(동조 제2항). 또한 성년후견인과 피성년후견인 사이에 이해가 상반되는 행위에 관하여는 성년후견감독인이 피성년후견인을 대리한다(동조 제3항).

성년후견인이 피성년후견인의 재산조사와 목록작성할 때에 후견감독인이 참여하여야 하며(제941조 제2항), 성년후견인이 피성년후견인의 영업행위 등 중대한 법률행위를 대리할 때에 후견감독인은 동의권을 갖고 이를 위반하였을 경우 취소할 수 있다(제951조).

(바) 성년후견종료

성년후견개시의 원인이 소멸한 경우에 가정법원은 본인, 배우자, 4촌이내의 친족, 성년후견인, 성년후견감독인 또는 검사의 청구에 의하여 성년후견종료의 심판을 함으로써 성년후견은 종료된다(제11조).

(5) 한정후견제도

(가) 한정후견의 의의

한정후견은 질병 등의 사유로 인한 정신적 제약으로 사무를 처리할 능력이 부족한 사람에 대하여 가정법원의 심판으로 한정후견인을 선임하여 그의 재산관리 및 신상보호에 관한 사무를 처리하도록 하는 제도이다(제12조).

(나) 한정후견 개시 심판의 요건 및 절차

1) 실질적 요건

한정후견은 질병 등의 정신적 제약으로 사무를 처리할 능력이 부족한 사람을 위해서 개시된다(제12조 제1항). 즉 한정후견이 개시되기 위해서는 정상적인 사무처리를 할 정신능력이 부족하여야 한다.

2) 형식적 요건

① **청구권자의 청구** 성년후견의 개시를 위해서는 본인 등의 청구권자의 청구가 있어야 한다. 이로써 가정법원이 직권으로 절차를 개시하지는 못한다.

또한 후견계약에서의 임의후견인 또는 임의후견감독인도 한정후견 개시의 심판을 청구할 수 있다(제959조의 20 제1항).

② 본인의 의사존중　　가정법원은 성년후견 개시의 심판을 함에 있어 본인의 의사를 고려하여야 한다(제9조 제2항).

(다) 피한정후견인의 행위능력

1) 원　칙

피한정후견인은 원칙적으로 행위능력을 제한받지 않는다(제13조).

2) 예　외

① 가정법원에 의한 동의 유보 대상의 법률행위의 범위 결정　　가정법원은 피한정후견인이 한정후견인의 동의를 받아야 하는 법률행위의 범위를 정할 수 있고 또 청구권자의 청구에 의하여 변경할 수 있다(제13조 제1항·제2항, 제3항). 피한정후견인이 이 범위를 넘는 법률행위를 한 경우에는 취소할 수 있다(같은 조 제1항).

② 일상생활에 필요한 거래　　피성년후견인이 일용품의 구입 등 일상생활에 필요하고 그 대가가 과도하지 아니한 법률행위를 독자적으로 할 수 있다(같은 조 제4항).

(라) 한정후견인

1) 한정후견인의 선임

① 법정대리인　　가정법원은 한정후견개시의 심판을 할 때에는 직권으로 한정후견인을 선임한다(제959조의 3 제1항). 한정후견인은 법정대리인으로서의 성질을 갖는다(제959조의 3 제2항· 제938조 제1항). 가정법원이 한정후견인을 선임할 때에 고려사항에 관하여는 성년후견인의 선임절차에서와 같다(제959조의 3 제2항· 제936조 제4항).

② 수와 자격　　한정후견인은 다수로 선임될 수 있고(제959조의 3 제2항· 제936조 제2항), 법인도 성년후견인이 될 수 있으며(제959조의 3 제2항· 제930조 제3항), 추가로 한정후견인을 선임하는 것(제959조의 3 제2항· 제936조 제3항), 다수의 한정후견인을 선임하는 경우에 사무의 분장(제959조의 6 제2항· 제949조의 2) 등에 관해서는 성년후견에서와 같다.

2) 한정후견인의 임무

한정후견인은 임무의 수행과 관련하여 피성년후견인의 복리배려의무와 의사존중의무를 지켜야 한다(제947조).

3) 한정후견인의 권한

① 동의권　　한정후견인은 가정법원의 동의유보 심판에 의하여 동의권을 부여받은 범위 내에서 피한정후견인의 법률행위에 동의권을 행사함으로써 피

한정후견인의 재산관리에 조력할 수 있다(제949조 제1항). 즉 피한정후견인은 동의유보 심판의 대상이 되는 법률행위에 대하여 한정후견인의 동의를 받아야 유효한 법률행위를 할 수 있다.

② **취소권** 한정후견인의 동의가 필요한 법률행위를 피한정후견인이 한정후견인의 동의를 받지 않고 하였을 경우에는 그 법률행위를 취소할 수 있다(제13조 제4항). 다만, 일용품의 구입 등 일상생활에 필요하고 그 대가가 과도하지 아니한 법률행위에 대해서는 피한정후견인은 한정후견인의 동의 없이 유효하게 할 수 있다(제13조 제4항 후문).

③ **대리권**

(i) 원 칙 가정법원은 한정후견인에게 대리권을 수여하는 심판을 할 수 있다(제959조의 4 제1항). 이로 인하여 피한정후견인의 동의권과 대리권은 그 범위에서 일치하지 않을 수 있는데, 이는 가정법원의 판단에 의하여 각기 결정되기 때문이다. 이는 피한정후견인의 정신능력에 따라 한정후견인이 동의를 하는 것으로도 충분히 보호를 할 수 있는 것인지 아니면 대리를 해 주어야 충분한 보호가 될 수 있는지가 달리 판단되기 때문이다. 즉 전자는 '판단의 조력'이고, 후자는 '실행의 조력'인 것이다.

(ii) 대리권의 제한 성년후견인의 대리권에 관한 제한은 대부분 한정후견인의 대리권에 그대로 적용된다(제959조의 6).

④ **피한정후견인의 신상보호** 성년후견인이 피성년후견인의 신상에 관하여 결정할 수 있는 권한의 범위를 결정할 수 있는 규정(제938조 제3항)을 한정후견인에게도 준용한다(제959조의 4 제2항). 이러한 점에서 피한정후견인의 신상에 관한 거주와 이전, 의학적 치료 등에 관한 한정후견인의 권한은 성년후견에서와 같다(제959조의 6에 의해 제947조의 2 준용).

(마) 한정후견감독인

한정후견감독인의 선임(제959조의 5 제1항), 한정후견감독인의 결격사유(제940조의 7, 제937조) 등에 대해서는 성년후견감독인에 대한 내용과 원칙적으로 같다.

(바) 한정후견종료

한정후견개시의 원인이 소멸한 경우에 가정법원은 청구권자의 청구에 의하여 한정후견종료의 심판을 함으로써 한정후견은 종료된다(제14조).

(6) 특정후견제도

(가) 특정후견의 의의

특정후견은 질병 등의 사유로 인한 정신적 제약으로 일시적 후원 또는 특정한 사무에 관한 후원이 필요한 사람에 대하여 가정법원의 심판으로 필요한 특정처분을 명하거나 특정후견인을 선임함으로써 후원을 하는 제도이다(제14조의2 제1항). 이 특정후견은 일시적 후원 또는 특정한 사무에 관한 후원을 목적으로 한다. 다만 후견개시요건을 달리 하지는 않으므로, 성년후견이나 한정후견의 사유를 가진 요보호인도 특정후견을 청구하여 일시적이고 특정한 사무와 관련하여 후견을 받을 수 있다.

(나) 특정후견 심판의 요건 및 절차

1) 실질적 요건

특정후견은 요보호자에게 질병 등의 정신적 제약으로 일시적 후원 또는 특정한 사무에 관한 후원을 필요로 하는 경우이어야 한다(제14조의2 제1항).

2) 형식적 요건

① 청구권자의 청구　　특정후견의 심판은(본인 등의 청구권자)의 청구가 있어야 한다(제14조의2 제1항). 그리고 임의후견인과 임의후견감독인도 특정후견의 심판을 청구할 수 있다(제959조의20 제1항).

② 본인의 의사존중　　특정후견은 본인의사에 반하여 할 수 없다(제14조 제2항).

3) 특정후견의 기간 확정과 특정후견사무의 명시

가정법원은 특정후견의 심판을 할 때에는 특정후견의 기간 또는 사무의 범위를 정하여야 한다(제14조의2 제3항).

(다) 피특정후견인의 행위능력

특정후견은 피특정후견인에 대한 후원만을 내용으로 하므로, 피특정후견인의 행위능력을 제한하지 않는다(제13조). 그러므로 특정후견이 개시되어도 피특정후견인은 완전한 행위능력을 보유하므로 특정후견의 대상으로 된 법률행위를 직접하거나 법원에서 선임해 준 특정후견인의 대리를 통해서 할 수 있다.

(라) 특정후견에 따른 보호조치

가정법원은 피특정후견인의 후원을 위하여 필요한 처분을 명할 수 있다(제959조의8). 가정법원은 피특정후견인의 사무를 처리하기 위하여 관계인에게 특정행위를 명하거나 부작위를 명하는 등의 방법으로 사무처리에 필요한 처분을 할 수 있다. 또한 이러한 사무처리를 위해서 특정후견인을 선임해 줄 수도 있다.

2) 특정후견인의 선임

① **특정후견인** 　　가정법원은 특정후견에 따른 처분으로 피특정후견인을 후원하거나 대리하기 위한 특정후견인을 선임할 수 있다(제959조의 9 제1항). 특정후견인은 복수로 선임될 수 있고 또 법인이 선임될 수도 있다(제959조의 9 제1항에서 제930조 제2항, 제3항 준용).

② **특정후견인의 임무** 　　특정후견인은 피특정후견인을 보좌하고 후원하는 임무를 수행하며, 그의 복리를 배려하고 의사를 존중할 의무가 있다(제959조의 12, 제947조).

③ **대리권 수여**

(i) 의 의 　　가정법원은 피특정후견인의 후원을 위하여 필요하다고 인정하는 경우 기간이나 범위를 정하여 특정후견인에게 대리권을 수여하는 심판을 할 수 있다(제959조의 11 제1항).

(ii) 대리권의 범위 　　가정법원이 기간 또는 범위를 정하여 특정후견인에게 대리권을 부여한 경우, 특정후견인은 그 한도에서 피특정후견인의 법정대리인이 된다. 이 법정대리권은 피특정후견인의 재산상 법률행위를 포함하여 신상에 관한 결정 권한도 포함될 수 있다.

(iii) 대리권의 제한 　　가정법원은 특정후견인의 대리권 행사에 가정법원 또는 특정후견감독인의 동의를 얻도록 명할 수 있다(제959조의 11 제2항). 그리고 특정후견인이 피특정후견인의 행위를 목적으로 하는 채무를 부담하는 법률행위를 대리하는 때에는 본인의 동의를 얻어야 한다(제959조의 12, 제920조).

(마) **특정후견감독인**

특정후견인이 선임된 경우, 가정법원은 필요하다고 인정하는 때에는 직권으로 또는 피특정후견인, 친족, 특정후견인의 청구에 의하여 특정후견감독인을 선임할 수 있다(제959조의 10 제1항). 그의 선임과 권한은 성년후견감독인에 준한다(제959조의 10 제2항).

(바) **특정후견종료**

특정후견은 특별히 종료의 심판을 필요로 하지 않는다. 가정법원은 특정후견의 심판을 할 때에 후견업무를 특정하여 또는 기간을 정하여 필요한 처분을 명하거나 특정후견인을 선임하는 것이므로, 그 사무처리의 종결이나 기간의 경과로 자동 종료한다.

(7) 후견등기

후견의 개시와 더불어 행위능력이 제한되는 결과가 발생함에 따라 거래의 상대방으로서는 불측의 손해를 입을 염려가 있다. 따라서 가정법원이 성년후견, 한정후견, 특정후견 개시의 심판을 확정하면 지체없이 후견등기부에 등기하여 이를 공시하여야 한다(후견등기에 관한 법률 제25조 참조). 후견이 종료한 경우에도 그 종료사유와 연원일을 기재하여 등기하여야 한다.

(8) 후견계약

(가) 후견계약의 의의

후견계약은 질병 등의 사유로 인한 정신적 제약으로 사무를 처리할 능력이 부족한 상황에 있거나 부족하게 될 상황에 대비하기 위하여 자신의 재산관리 및 신상보호에 관한 사무의 전부 또는 일부를 타인에게 위탁하고 이를 위한 대리권 수여를 내용으로 하는 계약을 말한다(제959조의14 제1항). 이 후견계약은 사적 자치에 기초한 것으로서 원칙적으로 법이 개입할 여지가 없으나, 그 후견계약의 내용이 피후견인의 재산과 신상에 관한 것이라는 점에서 그 계약내용을 완전히 계약자유에만 맡겨 둘 수만은 없어 법은 일정한 한도에서 후견사무의 개입 및 감독을 한다. 후견계약은 사무처리의 내용이 후견이라는 것일 뿐 민법상의 위임계약의 성질을 갖는다.

(나) 후견계약의 성립

1) 요식행위

후견계약은 반드시 공정증서에 의하여 체결해야 하는 일종의 요식행위이다(제959조의14 제2항). 이는 본인과 임의후견인에게 임의계약 체결에서 심사숙고할 기회를 주고 계약의 내용을 명확하게 하기 위함이다. 후견계약은 후견등기부에 기록하여야 한다(후견등기에 관한 법률 제26조 참조).

2) 후견계약의 유효

① 의사능력 　본인은 후견계약체결 당시에 후견계약이 가지는 의미와 결과에 대하여 이해할 수 있는 정신적 능력을 가지고 있어야 한다. 만일 이러한 의사능력이 없는 경우에는 체결된 후견계약은 무효이다.

② 효력발생 　후견계약은 당사자가 약정한 시기에 효력을 발생하는 것이지만, 이에 가정법원이 임의후견감독인을 선임한 때에 비로소 그 효력을 발생하는 것으로 한다(제959조의14 제2항). 이는 후견계약에 관하여 피특정후견인의 복리를 고려한 가정법원의 감독으로 작용한다. 그리하여 후견계약을 체결한 임의후견인이 결격자이거나 그 임무에 적절하지 않은 경우에 가정법원은 임의후견감독인을 선임하지 않음으로써 그 후견계약의 효력발생을 저지할 수 있다. 또한 가

정법원은 위의 사유가 발생한 경우에 임의후견인을 해임할 수 있다(제959조의 17 제2항).

③ 후견계약의 철회 후견계약이 효력을 발생하기 전에 당사자들은 체결한 후견계약을 철회할 수 있다. 즉 임의후견감독인의 선임 전에 본인 또는 임의후견인은 공증인의 인증을 받은 서면으로 후견계약을 종료할 수 있다(제959조의 18 제1항).

3) 후견계약의 우선성

후견계약이 등기되어 있는 경우에는 원칙적으로 법정후견은 개시하지 않는다(법정후견의 보충성). 다만 본인의 이익을 위하여 특별히 필요할 때에만 가정법원은 임의후견인 또는 임의후견감독인의 청구에 의하여 성년후견, 한정후견 또는 특정후견의 심판을 할 수 있다(제920조의 20 제1항 제1문). 이때 후견계약은 본인이 성년후견 또는 한정후견 개시의 심판을 받은 때 종료된다(같은 조항 제2문).

또한 법정후견과 임의후견은 병존하여 있을 필요는 없으므로, 본인이 피성년후견인, 피한정후견인 또는 피특정후견인인 경우에 임의후견이 개시되기 위해서 가정법원은 종전의 성년후견, 한정후견 또는 특정후견의 종료 심판을 하여야 한다(같은 조 제2항 본문). 다만 가정법원이 요보호자를 위하여 성년후견 또는 한정후견의 지속이 필요하다고 인정하면 가정법원은 임의후견감독인을 선임하지 아니할 수 있고(같은 조 제2항 단서), 이로써 임의후견은 개시되지 않는다.

(다) 임의후견인의 자격

임의후견인은 일반적인 후견인의 결격사유(제937조)가 없어야 하고, 그 밖에 현저한 비행을 하거나 후견계약에서 정한 임무에 적합한 사람이어야 한다. 만일 선임될 후견인이 이에 적합하지 아니한 경우에는 가정법원은 임의후견감독인을 선임하지 않을 수 있다(제959조의 17 제1항, 제959조의 14 제3항). 이로써 가정법원은 후견감독인의 선임권을 통하여 임의후견인 선임을 감독할 수 있는 것이다.

(라) 임의후견의 내용

임의후견은 계약관계이므로, 이로써 본인의 행위능력이 제한되지 않는다. 또한 임의후견의 내용은 당사자들이 정한 바에 의한다. 그리하여 임의후견인은 본인이 수여한 대리권 등에 기초하여 후견사무를 처리한다. 후견사무는 본인의 재산관리와 신상보호에 관한 것이다. 특히 본인은 신상에 관한 사항 중 특정영역을 정하여 자신이 이에 관한 결정을 할 수 없을 때를 대비하여 임의후견인이 자신을 갈음하여 결정할 수 있다는 취지의 수권을 할 수도 있다. 임의후견인은 위임계약상 선량한 관리자의 주의의무를 부담하며, 위임사무처리에 있어 본인의 의사를 최대한 존중하여야 한다(제959조의 14 제4항).

(마) 임의후견감독인

1) 선 임

가정법원은 후견계약이 등기되어 있고, 본인이 사무를 처리할 능력이 부족한 상황에 있다고 인정할 때에는 본인, 배우자, 4촌 이내의 친족, 임의후견인, 검사 또는 지방자치단체의 장의 청구에 의하여 임의후견감독인을 선임한다(제959조의15 제1항).

2) 임 무

임의후견감독인은 임의후견인의 사무를 감독하며 그 사무에 관하여 가정법원에 정기적으로 보고하여야 한다(제959조의16 제1항). 가정법원은 필요하다고 인정하면 임의후견감독인에게 감독사무에 관한 보고를 요구할 수 있고 임의후견인의 사무 또는 본인의 재산상황에 대한 조사를 명하거나 그 밖에 임의후견감독인의 직무에 관하여 필요한 처분을 명할수 있다(같은 조 제2항).

(바) 임의후견의 종료

1) 정당한 사유로 인한 해지

임의후견감독인의 선임 이후에는 본인 또는 임의후견인은 정당한 사유가 있는 때에만 가정법원의 허가를 받아 후견계약을 종료할 수 있다(제959조의18 제2항).

2) 임의후견인의 비행 등을 이유로 하는 해지

임의후견감독인을 선임한 이후 임의후견인이 현저한 비행을 하거나 그 밖에 그 임무에 적합하지 아니한 사유가 있게 된 경우에는 가정법원은 임의후견감독인, 본인, 친족, 검사 또는 지방자치단체의 장의 청구에 의하여 임의후견인을 해임할 수 있다(제959조의17 제2항).

3) 해지의 효과

후견계약이 해지되면 본인과 임의후견인의 권리의무는 장래를 향하여 소멸한다. 따라서 후견계약에 기초하여 본인이 임의후견임에게 수여한 대리권도 소멸한다. 그러나 임의후견인의 대리권 소멸은 등기하지 않으면 선의의 제3자에게 대항할 수 없다(제959조의19).

(5) 제한능력자의 상대방의 보호

제한능력자가 단독으로 한 행위는 일단 유효이지만, 법정대리인의 동의나 대리에 의해서 할 수 있는 법률행위인 경우에 제한능력자는 그 행위가 자기에게 유리하다고 판단한 때에는 그 행위의 효과를 주장하고 불리하다고 생각한 때에는 이를 취소하여 무효로 할 수 있어 상대방으로서는 언제 취소될는지 모르기 때문에 불안한 상태에 놓이게 된다. 더구나 이 취소권은 추인(追認)할 수 있는 날로부터 3년, 법률행위를 한 날로부터 10년 이내에는 행사할 수 있으므로 이 기간 동안 상대방으로서는 불안한 지위에 놓이게 된다(민법 제146조). 이처럼 제한능력자와 거래한 상대방은 오로지 제한능력자와 거래하였다는 사실만으로 장기간 불안정한 지위에 놓이게 된다. 그리하여 민법은 한편으로는 제한능력자에게 취소권을 주어 보호해 주지만, 상대방에게도 일정 범위 취소권행사와 관련하여 보호를 받을 수 있도록 함으로써 그 보호의 형평을 맞추고 있다. 이에 따라 상대방은 제한능력자 측에 대하여 최고권(민법 제15조), 철회권 및 거절권(민법 제16조)을 행사할 수 있고, 민법은 사술(詐術)을 쓴 제한능력자에게는 취소권을 인정하지 않도록 하였다(민법 제17조).

(가) 확답을 촉구할 권리: 최고권(催告權)

최고권은 제한능력자와 거래한 상대방이 제한능력자 측에게 취소하겠느냐의 여부에 관한 확답을 촉구하는 권리를 말한다. 즉 제한능력자의 상대방은 제한능력자에 대하여 1월 이상의 유예기간을 주고 취소할 행위를 제시하여 이를 추인할 것인가의 여부를 확답하도록 촉구할 수 있다.

이때의 최고의 상대방은 ① 제한능력자가 능력자가 된 후에는 행위당사자인 본인이다(민법 제15조 제1항). ② 그렇지 않은 때에는 그 법정대리인에 대하여 확답을 촉구할 수 있다(동조 제2항).

일단 최고에 대하여 제한능력자 측에서 유예기간 내에 확답을 한 때에는 확답한 대로 법률관계가 확정된다. 그러나 확답이 없는 경우에는 다음의 경우로 나누어 볼 수 있다. ① 최고를 받은 자가 단독으로 추인할 수 있는 경우로서, 예컨대 제한능력자가 능력자로 된 후에 최고를 본인에 대하여 하거나 친권자인 법정대리인에게 최고를 한 경우에는 그 행위는 추인(취소권의 포기)한 것으로 본다(민법 제15조 제1항, 제2항). ② 그러나 법정대리인이 후견인인 경우에 그가 단독으로 추인할 수 없는 행위로서 특별한 절차를 요하는 때(예컨대 미성년후견인이 제950조에 의하여 친족회의 동의를 요하는 경우)에는 그 행위를 취소한 것으로 본다(동조 제3항).

(나) 철회권 · 거절권

제한능력자의 상대방은 '계약' 당시에 제한능력자임을 알지 못하였을 때에는 제한능력자 측에서 추인이 있을 때까지 그 의사표시를 철회할 수 있다(민법 제16조 제1항).

제한능력자의 '단독행위'(예컨대 채무면제)에 대하여는 제한능력자 편에서 추인하기 전에 이를 거절할 수 있다(동조 제2항). 이때 상대방이 제한능력자와 체결한 계약을 철회하는 경우에는 계약 당시에 제한능력자임을 알지 못하였을 것, 즉 선의이어야만 한다. 왜냐하면 계약이 철회되면 제한능력자가 취득한 재산도 반환하여야 하기 때문이다. 그러나 상대방이 제한능력자의 단독행위를 거절하는 경우에는 선의 악의를 묻지 않는다. 왜냐하면 단독행위의 거절은 제한능력자에게 불이익하지 않기 때문이다(예: 제한능력자로부터 받은 채무면제를 상대방이 거절하여도 채권자인 제한능력자에게는 불리할 것이 없다). 이러한 상대방의 철회나 거절의 의사표시는 법정대리인은 물론 제한능력자 자신에 대하여도 할 수 있다(동조 제3항).

(다) 속임수와 취소권의 부인

제한능력자가 능력자인 것처럼 보이기 위하여 상대방을 속인 경우에는 이미 이러한 제한능력자를 보호할 필요가 없으므로, 그 행위는 취소할 수 없는 것이 된다(민법 제17조). 제한능력자의 취소권이 부인되기 위해서는 다음과 같은 요건이 갖추어져야 한다.

① 제한능력자가 상대방으로 하여금 능력자로 믿게 했거나, 미성년자나 피한정후견인이 법정대리인의 동의가 있는 것으로 믿게 하였어야 한다. 전자의 경우에는 제한능력자 모두가 해당되나, 후자의 경우에는 피성년후견인은 제외되는데, 왜냐하면 피성년후견인의 법률행위는 비록 법정대리인의 동의를 얻었다 할지라도 취소할 수 있기 때문이다.

② 제한능력자가 속임수를 사용하여야 한다. 이러한 속임수의 인정과 관련하여 견해의 차이가 있다. 왜냐하면 속임수에는 사술과도 같은 적극행위가 수단이 되는 경우도 있고, 소극적인 행위 즉 단순한 진술이라든가 묵비와 같은 부작위도 속임수에 해당될 수 있기 때문이다. 이에 대하여 판례는 취소권의 박탈이라는 효과와 균형을 맞추기 위하여 적극적인 수단을 사용한 경우에 취소권이 배제된다고 본다. 이로써 판례에 의하면 주민등록증이나 인감증명을 위조하는 등의 적극적인 사술이 사용된 경우에 한하여 속임수로서 인정된다.

위의 요건이 충족되면 제한능력자 본인은 물론이고, 그의 법정대리인이나 기타의 취소권자도 제한능력을 이유로 그 행위를 취소하지 못한다.

사 례 ≫ 17세의 갑은 자신이 상속받은 집을 을에게 매각하였다. 이때 갑은 자신이 이미 군대에 갔다 왔다고 을에게 자신을 소개하였다. 이를 믿고 을은 갑으로부터 가옥을 매수하였는데, 그 후에 부동산의 가격이 등귀하자 미성년자인 갑은 가옥의 매각행위를 취소하려 한다. 이에 대하여 을은 갑이 자신을 속이고 성년자라고 하였으므로 취소권을 행사하지 못한다고 주장한다. 갑은 취소할 수 있는가?

해설 미성년자가 속임수를 써서 능력자로 믿게 하였거나, 법정대리인의 동의가 있는 것으로 믿게 한 때에는 그 행위를 취소하지 못한다. 위 사례의 경우에 있어서 쟁점이 되는 것은 미성년자 갑이 군대에 갔다 왔다고 한 진술이 속임수로서 인정될 수 있는가의 여부이다. 판례는 단순히 자신이 능력자라고 말한 것만으로는 속임수를 쓴 것으로 인정하지 않는다. 따라서 위 경우에 있어서는 속임수를 쓴 것으로 인정되지 아니하므로 갑은 취소할 수 있다.

[2] 법률행위

사람의 생활관계 중에서 법률의 규율을 받는 것이 법률관계이며, 중요한 법률관계는 권리・의무의 관계로 나타나는 것이 보통이다. 사람의 생활관계는 언제나 변동하며, 이 변동이 법의 세계에서는 법률관계의 발생・변경・소멸로 나타난다. 이러한 법률관계의 변동의 원인이 되는 것을 '법률요건'이라고 하며, 그 요건에 따라 발생되는 결과를 '법률효과'라 한다. 그리고 이 법률요건을 이루는 개개의 사실을 '법률사실'이라고 한다. 예컨대 갑은 자신의 컴퓨터를 100만원에 팔려고 하고 을은 이를 100만원에 사려고 한다면, 갑은 자신의 컴퓨터를 100만원에 판다고 의사표시를 하고(청약), 이에 대하여 을은 그 컴퓨터를 100만원에 산다고 의사표시(승낙)를 하게 된다. 이를 통하여 갑과 을은 갑의 컴퓨터에 대하여 100만원의 가격으로 매매계약을 체결하였다. 여기에서 갑이 을에 대하여 한 청약의 의사표시와 을이 갑에 대하여 한 승낙의 의사표시는 매매계약을 구성하는 '법률사실'인 것이다. 이러한 청약과 승낙이라는 법률사실이 서로 합치되어 '법률요건'인 매매계약(법률행위)을 구성하게 되면, 이 법률요건의 충족에 따른 법적 효과로서 갑은 을에 대하여 매매대금지불청구권을, 을은 갑에 대하여 매매목적물인 컴퓨터에 대한 소유권이전청구권을 취득하게 되는 '법률효과'가 발생하게 된다.

1. 법률행위란?

법률행위란 위의 예에서 살펴본 바와 같이, 하나 또는 여러 개의 의사표시라고 하는 법률사실을 불가결의 요소로 하는 법률요건이며, 이 법률요건인 법률행위에 따라 법률효과가 발생된다. 그리고 법률행위는 이를 구성하고 있는 의사표시의 내용에 좇아 그 내용이 형성되므로, 당사자가 의도한 내용이 법률행위를 통하여 그대로 사법상의 효과로서 나타나게 된다. 이처럼 사법상의 법률관계의 형성은 당사자로서 각 개인이 의욕한 내용대로 효과가 발생하여야 한다는 것인데, 이를 사적 자치의 원칙이라고 한다.

2. 법률행위의 종류

(1) 단독행위 · 계약

법률행위를 구성하고 있는 요소인 의사표시의 수와 방향에 의한 구별이다.

단독행위란 한 개의 의사표시로 법률행위가 성립하는 것을 말한다. 이러한 단독행위는 동의 · 취소 · 채무면제 등과 같이 '상대방 있는 단독행위'와 권리의 포기, 재단법인의 설립행위, 유언 등과 같이 '상대방 없는 단독행위'로 나뉜다. 단독행위는 일반적으로 행위자의 의사표시만으로 효력이 생기므로, 이러한 단독행위에 관해서는 민법 등의 법률에 의하여 허용되는 경우에 한하여 인정된다(단독행위의 법정주의).

계약이란 대립하는 두 개의 의사표시의 합치에 의하여 성립하는 법률행위를 말한다. 민법은 채권편에 매매 등 15개의 전형계약에 관하여 규정하고 있으나, 선량한 풍속 기타 사회질서에 반하지 않는 한, 당사자는 이에 구애받지 않고 자유로이 계약의 내용을 결정하여 체결할 수 있다(계약자유의 원칙).

(2) 채권행위 · 물권행위 · 준물권행위

채권행위는 채권의 발생을 목적으로 하는 행위(예: 증여 · 매매 · 대차 등)로서 후에 목적물에 대한 물권 변동이라는 이행의 문제를 남긴다. 물권행위란 물권의 변동을 직접목적으로 하는 행위(예: 소유권이전의 합의, 지상권 · 저당권의 설정에 관한 합의 등)로서 이행이라는 문제를 남기지 않는 점에서 채권행위와 다르다. 그리고 준물권행위란 물권 이외의 권리의 변동을 목적으로 하는 것으로서 직접 권리의 변동을 생기게 하는 행위이다(예컨대 채권의 양도 · 채무의 면제 등). 물권행위와 준물권행위를 합하여 「처분행위」라고도 한다.

3. 법률행위의 요건

법률행위가 그 본래의 법률효과를 완전히 생기게 하기 위해서는 여러 가지 요건을 갖추어야 한다. 각종의 법률행위에 통하는 일반적인 요건에 대하여 설명하면, 그것은 크게 법률행위의 성립을 위한 요건(성립요건)과 법률행위가 유효하기 위한 요건(유효요건 또는 효력요건)으로 나누어진다.

(1) 법률행위의 성립요건

(가) 일반성립요건

법률행위는 법률행위의 주체가 일정한 법적 효과를 가져오기 위한 목적을 갖고 이를 나타내는 의사표시를 함으로써 성립한다. 따라서 계약의 경우에는 양당사자의 의사표시(예: 청약과 승낙)가 합치함으로써, 즉 합의에 도달함으로써 비로소 성립한다.

(나) 특별성립요건

법률행위의 성립을 위하여 특별히 요구되는 요건은 법규에 의하여 정하여진다. 특히 이는 요식성과 요물성(要物性)의 특징을 갖는다. 예를 들어, 법인설립행위(제33조), 유언(제1060조 이하), 어음행위(어음법 제1조) 등은 일정한 형식을 필요로 하며, 동산질권설정행위나 대물변제에서는 물건의 인도를 필요로 한다(제330조, 제466조).

(2) 법률행위의 유효요건

법률행위의 내용에 따른 효과를 발생시키기 위한 요건을 유효요건 또는 효력요건이라고 한다. 효력요건과 관련된 내용은 다음과 같다. ① 당사자가 권리능력·의사능력·행위능력을 가질 것, ② 법률행위의 내용이 확정 가능하고, 불능한 것을 목적으로 하지 않을 것, ③ 법률행위의 내용이 선량한 풍속 기타 사회질서와 강행법규에 반하지 않을 것, ④ 법률행위의 내용이 공정할 것, ⑤ 법률행위를 구성하고 있는 의사표시에 하자가 없을 것(제107조~제110조 참조) 등이다. 이러한 유효요건은 발생된 법률행위의 효력을 무효·취소에 의하여 제한하므로 소극적 요건이라고도 한다.

4. 법률행위의 목적

(1) 목적(내용)의 확정성

법률행위의 목적이 확정될 수 없는 경우에 그 법률행위는 법률효과를 당사자들에게 발생시키는 데 부적당하며, 이로써 무효로 된다. 이를 판단하는 시점은 법률행위의 성립시가 아니라 이행기이다. 법률행위의 내용은 성립할 때부터 전부가 확정되어 있을 필요는 없고, 당사자가 정한 표준 내지 해석에 의하여 이행기까지 확정할 수 있는 것이면 된다(예: 새차를 구입하는 경우 계약체결시에는 차종과 수량만을 결정하고, 일정한 절차에 따라 출고 차량 중에서 구체적으로 특정하여 이행된다). 다만 요식행위에서는 원칙적으로 처음부터 확정될 것이 요구된다(예컨대, 어음행위에는 어음법 제1조·제2조에 따라 처음부터 확정되게 된다).

(2) 목적(내용)의 실현가능성

내용이 실현불가능한 법률행위는 법적 효과를 귀속시키더라도 무의미하므로 무효로 된다.

불능인가의 여부는 거래의 관념에 의하여 결정된다. 즉 법률행위의 목적이 자연과학적으로 불능한 경우뿐만 아니라, 사회관념상 당사자에게 기대될 수 있는 모든 노력을 기울이더라도 도달할 수 없다고 인정되는 경우에도 불능이라고 보아야 한다. 예컨대 한강에 빠뜨린 보석을 찾아내는 계약을 체결하였다면, 현재의 과학기술상 보석을 찾는 것이 가능하다 할지라도, 이를 실현하기 위한 비용이 더 많이 들게 되면 이는 가치적인 관점에서 볼 때 실현불가능한 것으로 보아야 한다.

법률행위의 목적이 가능한가의 여부는 법률행위의 성립당시를 기준으로 판단한다. 즉 법률행위를 할 때에 이미 불능인 것이 '원시적 불능'이라고 하고, 행위 후에 발생한 불능이 '후발적 불능'이라고 한다. 이 중 법률행위가 무효가 되는 불능은 원시적 불능에 한한다. 후발적 불능의 경우에는 법률행위가 무효로 되는 것이 아니라, 귀책사유의 존재 여부에 따라 이행불능의 문제(민법 제390조 단서), 위험부담(민법 제537조·제538조)의 문제가 생길 뿐이다. 한편, 원시적 불능의 경우에는 '계약체결상의 과실'문제가 발생하여 불능의 사실을 알 수 있었던 당사자는 상대방에게 그 유효를 믿었음으로 인하여 생긴 손해를 배상하여야 한다(신뢰이익의 배상: 민법 제535조).

(3) 목적(내용)의 적법성

어떤 법률행위의 목적이 강행법규에 반하는 경우에는 무효이다. 강행법규란 선량한 풍속 기타 사회질서와 관계있는 사항을 정한 규정으로서 그 효력이 개인의 의사에 의하여 좌우되지 않는다. 즉 강행법규란 당사자가 그 규정에 반하는 법률행위에 의하여 달성하려고 하는 효과의 실현에 관하여 국가가 조력을 거부하는 규정을 말한다. 강행법규의 구체적인 예로는 ① 기본적인 사회질서에 관한 규정(친족법과 상속법이 해당되지만, 물권법에도 그러한 요소가 있다), ② 사적자치의 전제에 관한 규정(법인격, 행위능력, 의사표시 법률행위의 효력에 관한 규정), ③ 제3자의 신뢰 내지 거래의 안전을 보호하는 규정, ④ 경제적 약자의 이익을 지키기 위한 규정(민법제104조 · 제289조 · 제608조 · 제652조 등) 등을 들수 있다.

(4) 목적(내용)의 사회적 타당성

선량한 풍속 기타 사회질서에 반하는 사항을 목적으로 하는 법률행위는 무효이다(제103조). '선량한 풍속'이란 사회의 일반도덕관념을 말하며, '사회질서'란 국가사회의 일반적 이익을 말하는 것이라고 해석된다.

첩계약(妾契約)과 같은 인륜과 신분질서를 문란케 하는 행위, 성도덕을 문란시키는 것을 목적으로 하는 행위 등은 선량한 풍속에 위반하여 무효이고, 또 경매 또는 입찰에 있어서 부정한 합의를 하는 이른바 담합행위와 같은 부정 · 불법의 범죄행위를 조성하는 것을 목적으로 하는 행위, 공무원의 뇌물수수 행위, 도박계약, 과도한 영업제한에 관한 계약 등은 사회질서에 위반하여 무효이다.

선량한 풍속 기타 사회질서에 반하는 사항을 내용으로 하는 법률행위는 무효이고(민법 제103조), 임의로 이행한 후에는 원칙적으로 불법원인급여가 되어 이를 내용으로 급여한 자는 이를 수령한 자에 대하여 반환청구를 하는 등의 구제를 청구할 수 없다(민법 제746조). 이처럼 부당이득반환청구권의 행사가 배제되는 이유는 그 재산을 출연한 손실자(예: 도박에서 돈을 잃은 사람 등)에게 불법한 원인행위를 하였다는 비난의 의미에서 그 손실자가 불법원인에 의해서 이전한 재산을 다시 되찾아 오는 것이 허용되어서는 안되기 때문이다. 그렇지만 불법원인행위를 수령자만이 한 경우나 불법의 원인이 손실자보다 수령자에게 보다 중하게 있는 경우에는 불법으로 이행된 재산의 반환청구가 허용된다(동조 단서). 이로써 출연재산이 원래 귀속되어야 할 정당한 제3자에게 귀속되는 경우에도 반환이 허용되게 된다.

사 례≫ 갑은 자신의 부동산을 을에게 매도하기로 약속하였다. 그러나 그 부동산이 아직 을에게 이전등기가 되어 있지 않은 것을 기화로 그 부동산에 대하여 개발정보를 알고 있는 병이 갑에게 적극 교사하여 그 부동산을 매수하고 자신의 명의로 이전등기를 경료하였다. 을은 당해 부동산의 소유권의 취득을 할 수 있을까?

해설 우리 민법은 2중매매를 유효한 것으로 인정하고 있다. 이는 개인에게 주어진 경제활동을 통한 이윤극대화를 할 수 있는 자유의 한 내용이기 때문이다. 그런데 이러한 자유에 맡겨진 행위라도 어느 일방이 배임 등의 정의관념에 반하는 행위를 하고 이에 대하여 상대방이 적극 가담하였다면 그 행위는 사회질서에 반하는 행위로서 무효가 된다(민법 제103조). 본 사안의 경우에 갑은 목적 부동산의 매도인으로서 그 부동산의 소유권을 을에게 이전해 주어야 할 의무를 부담하고 있는 자인데, 이에 반하여 을 이외의 타인에게 소유권을 이전하는 것은 배임행위에 해당되는 것이다. 그리고 갑으로 하여금 이러한 배임행위를 하도록 병은 적극적 행위로써 이에 가담하였으므로 갑과 병과의 이중매매는 사회상규에 반하는 행위로서 무효가 된다(민법 제103조).

갑과 병의 제2의 매매가 사회질서위반으로 무효로 되면, 부당이득반환의 법리에 의하여 갑은 병으로부터 부동산의 소유권반환을 청구하여야 한다. 그런데 민법은 불법원인행위를 한 자에게는 이에 기초하여 급여한 재산을 되찾아 오는 것을 금지하고 있다(민법 제746조 본문). 그런데 위 경우에서는 불법원인급여자 갑이 종국적으로 그 부동산의 소유권을 취득하게 되는 것이 아니라, 그 부동산이 원래의 권리자 을에게 귀속되는 경우로서 이러한 경우에는 다시 민법 제746조의 적용이 제한되어야 한다. 따라서 반환청구를 할 수 있게 된다. 그러므로 제1의 매수인 을은 매도인의 채권자로서 갑을 대위하여(민법 제404조) 제2의 매수인 병명의의 소유권이전등기의 말소를 청구할 수 있음과 동시에(대판 1980. 5. 27, 80다565) 이로써 당해 부동산의 소유권이 매도인 갑에게 회복된 후, 을은 갑에 대하여 제1매매에 기초하여 목적 부동산의 소유권이전등기청구권을 행사할 수 있다.

(5) 불공정한 법률행위(폭리행위)

(가) 의 의

당사자의 궁박(窮迫) · 경솔(輕率) 또는 무경험(無經驗)으로 인하여 현저하게 공정을 잃은 법률행위는 무효로 한다(민법 제104조).

이러한 불공정행위가 성립하려면 객관적 요건과 주관적 요건이 구비되어야 한다.

① 객관적 요건

(i) 급부와 반대급부 사이의 현저한 불균형이 있을 것

폭리가 되려면 외부에서 인식할 수 있을 정도로 급부와 반대급부 사이에 뚜렷한 불균형이 있어야 한다. 어느 정도의 차이가 있어야 뚜렷한 불균형이 있다고 보느냐에 대하여는 일정한 표준이 있을 수 없으며, 구체적인 경우에 법관이 재량으로 결정하여야 할 문제이지만, 이에 관하여는 제103조의 '선량한 풍속 기타 사회질서'가 추상적인 표준이 될 것이다.

(ii) 당사자의 궁박 · 경솔 또는 무경험에 기인하여야 한다.

'궁박'이란 급박한 곤궁을 의미하는데 그것은 반드시 경제적인 것을 요하지 않는다(대판 1974. 2. 26. 73다637). 그러므로 구속된 남편을 석방시키기 위하여 불공정한 법률행위를 한 경우에는 정신적 궁박에 해당된다. '경솔'은 의사를 결정할 때에 그 행위의 결과나 장래에 대하여 보통인이 베푸는 고려를 하지 않는 심적 상태를 말한다. '무경험'은 일반적인 생활경험이 불충분함을 의미한다.

② 주관적 요건 폭리자가 상대방에게 궁박 · 경솔 · 무경험 중의 어느 사정이 있음을 알고서 그것을 이용하려는 의사가 있어야 한다.

(나) 효 과

불공정한 법률행위는 무효이다(민법 제104조). 따라서 폭리행위와 그 상대방은 모두 불공정한 법률행위로부터 발생되는 채무의 이행을 청구할 수 없다.

그러나 이미 이행된 경우에는 문제가 있다. 이 경우에는 이행한 급부에 대하여 반환할 의무가 발생하는데, 불법원인급여의 반환 문제가 발생한다. 그런데 불공정한 법률행위가 행하여진 불법원인은 폭리자에게만 있으므로 피해자인 상대방은 자신이 급부한 것을 폭리자에게 반환청구할 수 있으나(민법 제746조 단서), 폭리자는 불법원인자로서 상대방에 대하여 급부한 것의 반환을 청구할 수 없다(동조 본문).

사 례 ≫ 건물철거를 당하여 생계가 위험하게 된 갑이 시가 1억원짜리의 건물을 가지고 있다. 이러한 사정을 잘 알고 있는 을은 궁박상태하에 있는 갑에게 접근하여 2천5백만원에 그 건물을 매수하였다. 그 후에 부동산값이 등귀하여 을에게 그 건물을 3억원에 팔라고 하는 사람이 많이 있다.

갑은 너무 억울하여 그 건물을 도로 찾으려고 한다.

해설 1억원짜리의 건물이 그 싯가의 4분의 1인 2천5백만원에 팔렸다면 현저한 불균형이 있고 따라서 을은 폭리를 취하고 있다. 이러한 거래는 갑이 생계의 위험을 받고 있는 상태에서 이루어진 것이므로 갑의 궁박상태도 인정될 수 있다. 또한 을은 이러한 갑의 궁박상태를 고의로 이용하여 헐값으로 목적건물의 소유권을 취득하였으므로 궁박상태의 이용에 대한 인식이 있다고 볼 수 있다.

따라서 갑과 을 사이에 벌어진 목적건물에 대한 매매계약은 불공정한 것으로서 무효이다(민법 제104조). 이에 따라 갑과 을은 부당이득의 법리에 따라 이행한 것의 반환을 청구할 수 있게 된다(민법 제741조). 그런데 이 경우 불법원인급여에 관한 민법 제746조가 적용된다. 이 경우 을은 폭리를 취한 자로서 불법원인은 오로지 을에게만 있다. 따라서 갑은 을에게 건물의 반환을 청구할 수 있고(민법 제746조 단서), 폭리자인 을은 갑에게 2천5백만원의 대금을 반환청구할 수 없다(동조 본문).

5. 법률행위의 의사표시

(1) 의 의

의사표시란 자기가 원하는 바의 법률효과를 외부로 드러내는 것을 말한다. 법률행위는 의사표시를 주된 요소로 하는 사법상의 법률요건이므로 그 속에 반드시 의사표시를 포함하고 있지 않으면 안된다. 사람이 일정한 법적 효과를 가져오기 위하여 의사표시를 하는 과정을 보면, 우선 개인이 일정한 효과를 의욕하는 의사(내심적 효과의사)를 결정하고, 이를 외부에 표시하려고 하는 의사(표시의사)를 가지고, 이를 외부로 표현하는 표시행위를 함으로써 의사표시는 성립한다.

의사의 표시는 표시라는 외부적 요소와 의사인 주관적 요소로 구성된다. 의사표시의 외부적 요소는 표시행위 자체를 말하며, 주관적 요소로는 표의자의 행위의사(자기의 외형적 거동을 지배하는 의식), 표시의사(내심의 의사를 외부로 표시한다는 의사), 내심적 효과의사(구체적이고 개별적으로 정해진 법률효과를 원하는 의사)의 의사적 요소를 말한다.

법률행위가 완전히 유효하기 위해서는 자신의 내심의 의사와 이를 표시하는 표시가 완전히 일치하여야 하나, 경우에 따라서는 이의 불일치가 발생한다.

이러한 의사와 표시의 불일치에 관하여 우리 민법은 다음의 4가지의 모습으로 나누어서 그 효과를 정하고 있다.

(2) 비정상적인 의사표시

(가) 진의(眞意)아닌 의사표시

진의 아닌 의사표시(비진의표시)란 표의자가 진정으로는 일정한 법률효과가 발생하는 것을 원하지 않음에도 불구하고 마치 원하고 있는 것처럼 표시했고 그 불일치를 표의자가 의도적으로 발생시킨 경우를 말한다. 이러한 의사표시에는 표의자에게 심리유보(心裡留保)가 내재되어 있다.

그러나 표의자의 심리유보보다는 상대방의 신뢰가 보호되어야 한다. 그러므로 진의 아닌 의사표시는 원칙적으로 표시된 대로 효력이 발생한다(민법 제107조). 그러나 상대방이 표의자의 진의 아님을 알았거나 알 수 있었을 때에는 상대방의 신뢰보호가 문제되지 않으므로 진의 아닌 의사표시는 무효이며, 이 경우의 무효는 선의의 제3자에게는 대항하지 못한다(동조 제2항).

사 례 ≫ 1. 갑은 어떤 부동산을 매각할 의사가 없으면서, 부동산매각의 의사를 을에게 표시하였다. 이러한 경우의 갑의 매각의 의사표시의 효과는?
2. 이때 을이 갑에게 매각의 의사가 없음을 안 경우에는 어떻게 되는가?
3. 을이 갑의 진의를 알았으나 이를 제3자 병에게 처분한 경우에는 어떻게 되는가?

해설 1)의 경우에 갑은 비록 진실로 을에게 부동산을 매각할 내심적 의사가 없었다 하더라도 갑의 매각의 의사표시는 유효하다(민법 제107조 제1항 본문). 그러나 상대방 을이 표의자 갑의 의사표시가 진의 아님을 알았거나 알 수 있었을 경우에는 무효이다(민법 제107조 제1항 단서). 따라서 2)의 경우에 갑은 자신의 매각의 의사가 진의 아님을 을에게 주장할 수 있고, 매매계약의 불성립에 따른 부동산의 소유권이전을 거부할 수 있다. 그렇지만 3)의 경우에서처럼 다시 부동산을 선의의 제3자인 병에게 양도되었다면, 갑의 비진의인 의사표시의 무효를 선의의 제3자에게 대항하지 못하므로 갑은 병에게 부동산의 반환을 청구할 수 없다(민법 제107조 제2항). 이 때 제3자는 선의이기만 하면 되므로, 선의인데 과실이 있는가 여부를 불문한다.

(나) 통정한 허위의 의사표시

통정한 허위의 의사표시란 표의자가 상대방과 서로 사전에 통정하여서 하는 진의아닌 의사표시를 말한다. 甲이 자신의 A부동산을 乙에게 대가도 받지 않고 증여할 의사가 있음에도 불구하고, 甲과 乙이 허위로 대가를 주고 받는 매매계약을 체결하는 경우를 말한다. 이러한 통정한 허위의 의사표시를 하는 배경에는 세금을 면탈할 목적이라든지 강제집행을 당할 것이 두려워 미리 재산을 타인의 명의로 이전하는 경우 등이 있다. 이 경우 통정한 당사자 사이에 이루어진 법률행위(가장행위)를 무효로 하고(민법 제108조 제1항), 그들이 진정으로 원했던 법률행위(은닉행위)는 요건을 갖추는 한 유효하다. 가장행위의 무효는 선의의 제3자에 대하여는 대항할 수 없다(동조 제2항).

여기서 제3자란 당사자와 그 포괄승계인(상속인, 인수한 회사) 이외의 자로서 ① 허위표시로 무효가 될 법률행위를 전제로 하여 ② 새로운 원인에 의하여 ③ 독립된 법률상의 이해관계를 갖게 된 자를 의미한다. 이 때 제3자가 선의이어야 하는 시점은 법률행위시이다. 그러므로 법률행위를 할 당시에 제3자가 몰랐다면 그 후에 알았다 하더라도 무효로써 그에게 대항하지 못한다.

사 례≫ 갑은 채무를 많이 지고 있는 자로서 그의 채권자로부터 강제집행을 면하기 위하여 그 소유 부동산을 을과 합의하에 허위로 매매계약서를 꾸며 소유권이전등기를 하였다. 이러한 경우 갑·을 간의 행위의 효력은?

해설 위의 사례에서 갑과 을은 진정으로 매매를 하고자 하는 의사의 합치없이 허위의 매매계약을 체결하고 소유권이전을 하였으므로 이는 당사자 사이에 거짓으로 행하여진 매매는 무효이다(민법 제108조 제1항). 그러나 표의자와 상대방이 통정하는 것은 비밀스럽게 이루어지므로, 일반적으로 통정하여 허위표시가 행하여졌음을 제3자가 입증하기란 대단히 곤란하다. 그리하여 판례는 경험칙에 비추어 정당한 거래가 이루어 질 수 없는 당사자들 사이의 관계(예: 부자지간, 부부지간, 처형과 매부지간 등)에 대하여는 그들 사이에 행하여진 거래는 가장행위로 추정한다.

한편 이 경우 갑의 채권자들을 보호하기 위해서 민법은 채권자들이 갑·을 간의 법률행위를 취소할 수 있는 길을 열어주고 있다. 이를 채권자취소권이라 한다(민법 제406조). 이에 의하면, 갑의 채권자들은 채무자 갑과 수익자 을이 목적 부동산에 관한 매매계약을 체결할 당시에 갑의 채권자들을 해한다는 사실을 알면서(악의) 행하였다는 사실만 입증하면, 사해행위로써 행하여진 매매계약은 무효로 되고 을에게 이전된 목적 부동산은 갑의 재산으로 반환되어 강제집행할 재산에 포함됨으로써 채권자들의 채권의 실현을 확보할 수 있게 된다. 이러한 주장은 재판을 통해서만 실현될 수 있다.

(다) 착오로 인한 의사표시

① 의 의　　착오로 인한 의사표시는 의사와 표시가 불일치하는 것으로서 표의자가 이러한 불일치를 인식하지 못하는 경우이다. 이러한 착오에는 표시상의 착오·내용상의 착오·동기의 착오의 세 가지가 있다.

② 착오의 종류

(i) 내용의 착오　　표시행위가 갖는 의미를 잘못 이해 내지 인식한 것을 말한다. 예컨대 홍콩사람이 100 홍콩달러를 "100＄"로 표시하여 미국 딜러상에게 계약서를 넘겨 주었는데, 이때 상대방이 미국사람이므로 홍콩달러를 미국달러로 표시하는 줄로 잘못 안 경우이다. 이 경우 표의자로서는 자기가 표시하고자 했던 표시를 그대로 했으나 그 의미를 상대방과의 관계 속에서 잘못 인식되는 경우이다.

(ii) 표시상의 착오　　예컨대 100만원이라고 써야 할 것을 100,000원이라고 잘못 표시한 경우와 같은 것이다.

(iii) 동기의 착오　　동기의 착오란 내심의 효과의사를 결정하게 된 동기사실에 관한 착오를 말한다. 그런데 표의자가 의사결정을 하는 데에 갖게 되는 동기유발사유는 매우 개인적이고 다양하며 외부에서는 알 수도 없다. 그럼에도 표의자가 내심의 효과의사를 결정하는데 영향을 미치는 동기에 대한 착오를 이유로 취소할 수 있다면 거래의 안전을 매우 해치게 된다. 그리하여 동기의 착오를 의사표시의 착오에 포함시킴으로써 취소할 수 있는 착오의 한 유형으로 볼 것인가에 대하여는 견해의 대립이 있다. 다수설은 동기의 착오에는 의사와 표시가 일치하여 원칙적으로 의사표시의 착오는 아니지만, 이 동기가 의사표시를 하면서 외부로 표시된 경우에 한하여는 취소할 수 있는 착오로 인정한

다. 이에 반해서 소수설은 착오의 대부분은 동기의 착오라고 하면서 착오에 의한 의사표시에 관한 민법 규정(민법 제109조)의 실효성을 인정하기 위해서는 동기의 착오도 취소할 수 있어야 한다고 한다. 다만 소수설은 법률행위 내용의 중요부분에 해당되는 동기의 착오만 취소할 수 있다고 본다.

③ 법률행위의 중요부분의 착오일 것 어떤 경우에 중요부분의 착오라고 할 수 있을 것인가에 대하여는 ㉠ 주관적으로 표의자가 그러한 착오가 있었다는 것을 알았더라면 그 의사표시를 하지 않았으리라고 인정되어야 하고 ㉡ 객관적으로 보통 일반인이 표의자라 하더라도 그러한 의사표시를 하지 않았을 것으로 인정되어야 한다. 판례는 상해로 인한 손해배상의 합의에서 상해의 정도, 치료기간 등을 잘못 알고 한 경우에는 착오로 취소할 수 있다고 본다(대판 1981.4.14., 80다2452). 그러나 토지거래에서 지적(地積)의 부족(대판 1969.5.13., 69다196), 매매목적물의 시가(대판 1999.2.23., 98다47924)는 중요부분에 관한 착오로 보지 않는다.

④ 착오의 효과

(i) 원 칙 그 착오가 법률행위의 중요부분에 관한 착오이면 취소할 수 있다.

(ii) 예 외 착오를 이유로 취소할 수 있기 위해서는 표의자에게 중과실이 없어야 한다. 중과실은 요구되는 주의를 약간이라도 기울이지 않아 현저하게 게을리 한 것으로 볼 수 있을 정도의 과실로서, 중과실의 표의자에게는 취소권을 인정하여 보호할 필요가 없기 때문이다.

한편, 취소의 요건이 갖추어지더라도, 착오로 인하여 표의자에게 손해가 가지 않는 경우 표의자의 진의대로 하겠다고 상대방이 동의한 경우, 특약으로 취소권을 배제한 경우 등의 사실이 있을 때에는 착오를 이유로 취소할 수 없다.

(iii) 거래안전의 보호 선의의 제3자에게는 취소의 효과로서 대항하지 못한다.

사 례≫ 갑은 을에게 비디오에 관한 통신판매를 하였다. 이 때 갑은 실수로 1,000,000원으로 적어야 할 가격을 100,000원으로 잘못 표시하였다. 그런데 을은 동봉된 지로 용지로 100,000원을 갑에게 은행을 통하여 입금시키고, 계약의 유효를 주장한다. 어떻게 하여야 하는가?

해설 갑은 그의 착오로 인하여 100만원으로 표시하여야 할 것을 10만원으로 잘못 표시한 것이므로 표시상의 착오를 한 것이다. 따라서 갑은 그 가격 표시의 잘못이 계약의 중요부분에 관한 것이며, 자신에게 중과실이 없음을 입증하여 그 매매계약을 취소할 수 있다. 다만, 상대방인 을이 100만원으로 동의할 때에는 그 계약은 완전유효하다.

한편, 「전자상거래 등에서의 소비자보호에 관한 법률」 제7조에 의하면, 사업자는 소비자의 조작 실수 등으로 인한 의사표시의 착오 등으로 발생하는 피해를 예방할 수 있도록 거래 대금이 부과되는 시점이나 청약 전에 그 내용을 확인하거나 바로 잡는 데에 필요한 절차를 마련하여야 한다. 만일 을이 통신판매업자라면 갑의 오타 등의 실수를 바로 잡을 수 있도록 조치를 취했어야만 한다.

(라) 사기 · 강박에 의한 의사표시

① 의 의 표의자가 자신의 진의에 상당하는 표시를 하였지만, 진의의 결정 자체가 타인의 사기나 강박에 의하여 이루어짐으로써 의사표시가 자유롭지 못하였던 경우를 사기 · 강박에 의한 의사표시(하자있는 의사표시)라 한다. 이러한 경우에는 표의자에게는 취소권이 주어진다(민법 제110조 제1항).

사기에 의한 의사표시를 이유로 취소할 수 있기 위해서는 표의자로 하여금 그릇된 인식을 갖거나 강화시키는 기망행위가 있어야 하며, 사기자에게 기망행위를 한다는 고의와 표의자가 착오에 빠져 의사표시를 하게 한다는 고의가 있어야 한다. 강박에 의한 의사표시를 이유로 취소하기 위해서는 표의자에게 해악을 고지하여 두려움을 갖도록 하는 강박행위가 있어야 하며, 강박자에게 강박행위를 한다는 고의와 이로써 표의자가 공포심에 빠져 의사표시를 하게 한다는 고의가 있어야 한다. 그런데 이러한 기망행위와 강박행위는 위법성을 띠어야 한다. 따라서 기망행위와 강박행위가 위법하기 위해서는 신의칙에 비추어 허용되지 않는 정도의 것이어야 한다. 그리고 이러한 기망행위와 강박행위는 제3자에 의하여 표의자에게 행하여 질 수도 있는데, 이 때에는 표의자의 상대방이 제3자가 기망 내지 강박행위를 한다는 사실을 알았거나 알 수 있었을 경우에만 취소가 가능하다(민법 제110조 제2항). 이러한 취소의 효과는 선의의 제3자에게 대항하지 못한다(동조 제3항).

사 례≫ 동네에서 유명한 깡패인 갑이 을에게 와서 말하길, 을의 집을 갑에게 팔지 않으면, 갑은 을의 외동딸을 가만두지 않겠다고 협박하므로, 어쩔 수 없이 을은 갑에게 자신의 집을 매각하였지만, 억울한 생각에 집을 되찾으려 한다. 어떻게 하면 되는가?

해설 갑이 을에게 을의 딸에게 해악을 끼치겠다고 고지하여 어쩔 수 없이 을이 집을 매각한 것이므로, 이는 강박에 의하여 의사표시를 한 경우에 해당한다. 따라서 을은 강박으로부터 벗어난 날로부터 3년 내에 매매계약을 취소할 수 있다. 이 경우, 을에 대한 강박의 정도가 을의 의사결정의 자유를 완전히 제압할 정도로 강한 경우에는, 의사능력이 없는 상태로 되어 그 의사표시 자체가 무효이다.

(3) 의사표시의 효력발생

의사표시는 상대방이 있는 경우도 있고, 없는 경우도 있으므로, 상대방이 없는 의사표시는 의사가 밖으로 표시되면 즉시 효력이 발생하나, 상대방이 있는 의사표시의 경우에는 상대방에게 도달했을 때 의사표시의 효력이 생기는 것이 원칙이다(민법 제111조). 도달이란 의사표시가 상대방이 요지(了知)할 수 있는 객관적 상태에 놓이는 것, 즉 상대방의 지배내에 들어가는 것을 말한다. 예컨대 편지가 우편함에 투입되거나 다른 동거인 등에 교부되었을 때에는 상대방이 어떤 사정으로 이것을 요지하지 않더라도 도달한 것으로서 효력이 생긴다. 다만 예외적으로 의사표시의 효력발생시기에 관해 발신주의를 취하는 경우도 있다. 예컨대 격지자간 계약에서 청약에 대한 승낙의 의사표시는 발송으로 그 효력이 발생한다(민법 제531조).

의사표시의 도달주의와 관련하여 발신한 의사표시가 불도착 · 연착한 경우 그 불이익은 표의자가 부담하며, 의사표시가 도달하여 효력을 발생하기 전에는 자유롭게 철회할 수 있다.

6. 법률행위의 대리

(1) 의 의

대리란 타인의 이름으로 법률행위를 함으로써 그 효과를 직접 타인에게 귀속시키는 제도를 말한다. 대리제도의 기능은 사적 자치의 확장 및 보충이다.

대리제도는 법률행위를 위해서 고안된 제도이다. 따라서 사실행위 및 불법행위에는 대리를 인정하지 않는다. 즉 불법행위는 자기책임의 원칙 때문에 대리를 인정하지 않고 있으며, 사실행위에 대하여는 의사표시가 요구되지 않으므로 대리를 인정하지 않는다.

(2) 대리권의 발생과 수권행위(授權行爲)

대리인에게 대리권이 발생하는 것은 법정대리의 경우에는 법률의 규정에 의하여, 임의대리의 경우에는 본인의 수권행위에 의한다. 수권행위를 본인과 대리인 사이에 체결되는 계약으로 보는 견해도 없지 않으나, 민법은 대리인에게 행위능력을 요하지 않고(민법 제117조) 또 본인의 일방적인 단독행위로 보더라도 대리인에게는 불리할 것이 없으므로, 본인의 일방적인 수권의 의사표시만으로 이루어진다고 보는 것이 통설이다.

수권행위는 위임, 고용, 조합 등의 기초적 내부관계와 함께 이루어지는 것이 보통이나, 그와 같은 기초적 내부관계와 수권행위와는 엄격히 준별되어지며, 기초적 내부관계가 어떤 사유로 무효나 취소가 되어 효력이 소멸되었을 때, 수권행위도 무효로 되느냐가 문제로 된다. 이에 대하여 수권행위의 효력은 거래안전을 위하여 기초적 내부관계와는 별도로 그 유효성을 인정하는 것이 일반적이다.

대리행위는 형식을 요할 수 있어도, 수권행위에는 특별한 방식을 요하지 않는다.

(3) 대리권의 범위와 그 제한

(가) 대리권의 범위

대리권의 범위는 법정대리의 경우에는 법률의 규정에 의해 정해지나, 임의대리의 경우에는 수권행위에 의해 대리권의 범위가 결정된다. 이러한 수권행위에 의해 대리권의 범위가 정해지지 않으면 수권행위를 구성하는 의사표시를 해석함으로써 결정할 수 있다. 이로써도 대리권의 범위가 불분명한 경우에는 대리권의 범위를 규정하고 있는 민법 제118조에 의하여 결정된다. 이에 의하면, 대리인은 대리의 목적으로 된 물건이나 권리에 관하여 현상태를 유지하는 보존행위는 제한없이 할 수 있고, 또한 이용이나 개량하는 행위는 그 물건이나 권리의 성질이 변하지 않는 범위 내에서 할 수 있다. 그러나 이를 처분하는 행위를 위해서는 본인으로부터 이를 위한 수권을 받아서 하여야만 한다.

(나) 대리권의 제한

① 공동대리 원래 본인이 수인의 대리인을 선임한 경우에 이들은 각자 본인을 대리할 수 있다(각자 대리의 원칙, 민법 제119조 본문). 그런데 다수의 대리인으로 하여금 공동으로 본인을 대리하게 하는 것은 이에 대한 제한인 것이다.

법정대리에서는 법률의 규정에 의하여 각자 대리의 원칙을 제한할 수 있다. 예를 들어, 미성년자의 친권자인 부모는 공동으로 친권을 행사하여야 한다(민법 제909조 제2항 본문). 임의대리에서는 본인이 수권행위에서 공동으로만 대리를 하도록 함으로써 각자 대리의 원칙을 제한할 수 있다. 이 경우에는 대리권 행사에 신중을 기하도록 수인의 대리인은 공동으로 의사결정을 하여 본인을 대리하여야 한다. 이러한 경우에 공동대리인 중 1인이 단독으로 대리행위를 하면 무권대리로 된다. 다만 거래의 상대방으로부터 의사표시를 수령하는 수동대리에서는 공동대리의 제한을 받지 않는다. 이 경우 상대방이 대리인 1인에 대해서 의사표시를 하면 이로써 그 의사표시의 효력은 본인에 대해서 발생한다.

② 자기계약 · 쌍방대리의 금지 자기계약이란 대리인이 한편으로는 일방 당사자를 대리하고 다른 한편으로는 대리인 자신이 상대방이 되어 거래를 하는 것을 말한다. 예컨대 본인으로부터 매수의 수권을 받은 대리인이 혼자서 '매수인 갑의 대리인 을, 매도인 을'이라고 계약 체결하는 것을 말한다. 그러므로 자기계약에서는 상대방의 지위와 대리인의 지위가 대리인 1인에게 집중되어 있으므로 필연적으로 본인에게 불리한 거래가 행하여질 위험이 매우 높다. 따라서 민법은 자기계약을 금지한다.

쌍방대리의 경우에는 형식적으로는 3면 관계가 유지되나 한 사람에게 쌍방의 대리권이 집중됨으로써 두 사람의 본인 중 한 사람에게 불리해질 수 있다. 예컨대 '매수인 갑의 대리인 을, 매도인 병의 대리인 을'의 형식으로 거래가 이루어지는 것이 쌍방대리이다. 이러한 대리에 의하여 거래가 이루어진다면 대리인의 일방적인 의도에 따라 당사자 일방에게 불리한 내용으로 계약이 체결될 위험이 있으므로 민법은 쌍방대리도 금지하고 있다.

그러나 이러한 자기계약 · 쌍방대리의 금지는 본인을 위한 것이므로, 예외적으로 본인이 이를 하도록 대리인에게 허락을 한 경우에는 자기계약이나 쌍방대리를 할 수 있다. 그리고 채무의 변제처럼, 당사자들 사이에 이해관계의 충돌이 없는 때에는 자기계약이나 쌍방대리는 가능하다.

(4) 대리권의 소멸

대리권은 법정대리 · 임의대리의 공통된 소멸사유로는 「본인의 사망, 대리인의 사망 · 성년후견의 개시 · 파산」을 들 수 있다(민법 제127조). 이러한 소멸사유 이외에도 법정대리의 경우에는 개별적으로 법에서 그 소멸사유를 명시적으로 정하고 있다(민법 제22조, 제23조, 제924조, 제925조, 제927조, 제937조 등). 그리고 임의대리의 경우에는 본인이 수권행위를 철회하거나, 대리권 수여의 원인된 내부관계가 종료되는 경우에 임의대리권은 소멸된다.

(5) 대리행위

(가) 현명주의(顯名主義)

대리인이 행한 법률행위가 본인에게 효력이 귀속하기 위해서는 대리인이 본인을 위한 것임을 표시하여야 한다. 예를 들면 갑이 을에게 부동산의 매수에 대한 대리권을 수여한 경우에 "매수인 갑의 대리인 을"이라고 표시하여야 한다. 이로써 법률행위의 효과귀속의 주체가 행위자 을이 아니라 본인인 갑임을 밝혀야 한다. 이를 현명(顯名)이라고 한다. 이러한 현명은 대리인이 법률효과의 관점에서 자신이 하는 법률행위가 본인을 위해서 하는 것을 나타내는 것으로서 이를 통해서 거래의 상대방도 대리인과 체결한 법률행위의 당사자가 본인임을 인식할 수 있게 된다. 만일 대리인이 이러한 현명을 하지 않고 법률행위를 하였다면 그 행위는 대리인 자신을 위한 것으로 간주된다(민법 제115조).

(나) 대리행위의 하자

대리는 행위의 당사자와 규율의 당사자가 대리인과 본인으로 분리된다. 따라서 대리행위의 당사자는 대리인이고, 이에 대한 하자는 대리인을 기준으로 판단한다(민법 제116조 제1항). 이를테면, 상대방이 대리인에 대하여 사기나 강박을 한 경우에 착오나 공포심에 빠져 의사표시를 한 당사자는 대리인이지만, 규율의 당사자는 본인이므로 본인이 그 하자있는 대리인의 의사표시를 취소할 수 있다. 한편 본인이 특정한 행위를 대리인에게 위임하여 대리인이 본인의 지시에 좇아 그 행위를 한 때에는 설사 어떤 사정을 대리인이 알지 못하였다 하더라도 본인이 이를 알고 있거나 또는 과실로 알지 못한 사정에 관하여 대리인의 부지(不知), 즉 선의를 주장하지 못한다(제116조 제2항).

(다) 대리인의 능력

대리인은 행위능력자임을 요하지 않는다(민법 제117조). 왜냐하면 대리인은 법률행위를 대리하는 자이지만 그 대리한 법률행위의 효과는 본인에게 귀속되므로 대리인 보호의 문제가 발생하지 않기 때문이다. 그렇지만 제한능력자인 대리인도 최소한 의사능력은 가지고 있어야 한다.

사 례≫ 1. 갑은 을을 제한능력자임을 알고 그의 대리인으로 선임하였다. 이러한 경우에 갑의 수권행위는 완전 유효한가?
2. 갑은 을을 능력자인줄로 알고 대리인으로 선임하였으나, 나중에 알고 보니 을은 피한정후견자이었다. 갑은 어떻게 하여야 하는가?
3. 갑은 능력자 을에게 대리권을 수여하였다. 그 후에 을은 피성년후견의 심판을 받았다.

해설 위의 1)의 예에서 갑은 을을 제한능력자인 줄 알고 대리인으로 선임하였으므로, 그 수권행위는 완전 유효한 행위이다.

위의 2)의 예에서는 일단 갑이 을에게 대리권을 부여한 행위는 완전 유효하다. 다만 갑은 을을 능력자인 줄 알고 대리인으로 선임하였으므로, 수권행위에 대한 착오를 이유로 취소할 수 있다. 다만 이 경우 을이 갑의 대리인으로서 이미 행한 대리행위의 효력은 소멸하지 않는다. 한편 갑은 을에 대한 수권행위를 철회할 수 있는 것은 물론이다.

3)의 경우에는 대리인이 능력자임을 요하지 않는 것은 수권행위 당시이다. 그러나 대리인이 된 후 피성년후견인이 되었다면, 이는 수권행위 당시의 본인과 대리인이 가졌던 인적 신뢰관계가 그대로 유지되고 있다고 볼 수 없다. 따라서 대리권은 소멸된다(민법 제127조 2호).

(라) 대리행위의 효과

대리인이 본인을 위한 것임을 표시하여 한 의사표시의 효과는 직접 본인에게 발생한다(민법 제114조). 즉 본인과 거래의 상대방과의 사이에는 마치 그들 자신이 직접 법률행위를 한 때와 같은 권리·의무관계가 발생한다.

(마) 복대리(復代理)

복대리란 대리인이 자신의 권한 범위 안에서 타인에게 본인을 위한 대리인으로서 대리행위를 하도록 하는 것을 말한다. 복대리인은 대리인이 자신의 이름으로 선임하므로, 이러한 대리인의 복임행위는 대리행위가 아니다. 그러나 대리인의 복임행위에 의하여 선임된 복대리인은 대리인의 대리인이 아니라 본인의 대리인이 되며, 복대리인도 본인을 위하여 대리하고 그 효과도 본인에게 직접 발생한다.

복대리인을 선임할 수 있는 권한은 임의대리인에게는 원칙적으로 없다. 왜냐하면 임의대리인은 본인과 자신과의 사이에 존재하는 신뢰관계를 기초로 본인으로부터 직접 대리권을 수여 받았기 때문에, 본인은 다른 사람이 아닌 임의대리인 스스로가 자기를 위하여 법률행위를 대리해 줄 것을 기대하기 때문이다. 그러나 임의대리인이 복대리인 선임에 관하여 본인의 승낙을 얻었거나, 더 이상 대리인으로 행위하기에 어려운 부득이한 사유가 있는 경우에 한해서 복대리인을 선임할 수 있다.

이와는 달리 법정대리인의 경우에는 임의대리에서와 달리 언제든지 복대리인을 선임할 수 있다. 그 이유는 법정대리인은 자신의 의사와 관계없이 법률 등에 근거하여 대리인으로 선임된 자이며, 그 대리권의 범위도 매우 넓지만 사임도 자유롭지 않다는 점에 있다.

임의대리인이 복대리인을 선임한 때에는 대리인은 본인에 대하여 복대리인의 선임과 감독에 관하여 책임을 진다(민법 제121조 제1항). 더 나아가 대리인이 본인의 지명에 의하여 복대리인을 선임한 경우에는 복대리인의 부적임 또는 불성실함을 알고 본인에게 통지나 그 해임을 게을리한 때에만 책임을 진다(민법 제121조 제2항). 그렇지만 법정대리인은 복대리인의 선임이 자유롭기 때문에 복대리인의 선임과 관련하여 중한 책임을 진다. 즉 법정대리인은 복대리인의 선임 감독에 관하여 과실 여부와 관계없이 본인에 대하여 책임을 진다(민법 제122조 본문). 다만 부득이한 사유로 인한 때에는 임의대리인이 복대리인을 선임한 경우와 같다(민법 제122조 단서).

(6) 무권대리

(가) 무권대리의 의의

대리인이 대리행위를 하기 위해서는 대리권이 존재하여야 한다. 그런데, 대리인이 본인을 위한 행위임을 표시하고 행위를 하였으나, 대리권을 보유하고 있지 않은 경우에는 무권대리행위를 한 것이다.

민법은 무권대리행위에 대하여 곧 바로 무효로 확정짓지 않고, 본인의 입장에서 무권대리행위가 자신에게 유리한 경우 이를 유효로 할 수도 있도록 하여 주고 있다. 즉 무권대리행위에 대하여 본인이 추인하면 유효로 되어 그 대리행위의 효과가 본인에게 발생한다. 이렇게 규율하더라도 본인에게 하등 불리할 것이 없다.

=유동적 무효=

무권대리행위는 무효이지만 나중에 본인이 이에 대하여 추인하게 되면 소급해서 유효로 된다. 이처럼 법률관계가 일시적으로 부동적인 상태로 존재하는데, 이를 유동적 무효라 한다. 유동적 무효는 무효의 본질을 가지므로 이를 근거로 이행청구권의 행사는 인정되지 않는다. 다만 후에 추인을 얻게 되면 그 법률행위는 소급해서 유효가 되므로 새로이 법률행위를 다시 할 필요가 없다. 만일 추인이 거절되게 되면 확정적으로 무효로 된다.

(나) 표현대리(表見代理)

① 의 의

표현대리란 사실상 대리인에게 대리권이 없으나 상대방의 입장에서는 대리권이 존재한다고 믿을 만한 상황이 있었고 그러한 상황이 발생된 데 본인의 책임 내지 기여가 있었을 때, 상대방의 보호를 위해 대리권의 부존재를 이유로 본인으로 하여금 대리행위의 효과가 귀속되는 것을 부인할 수 없도록 하고 본인이 책임지도록 하는 제도를 말한다. 즉 표현대리가 성립하면, 본인은 대리행위에 따른 이행에 대하여 책임을 진다. 한편 표현대리가 성립하더라도 표현대리는 무권대리의 본질을 가지므로 본인은 추인권이나 추인거절권을 갖고, 상대방은 최고권 및 철회권을 갖는다.

② 표현대리의 종류

(i) 대리권수여의 표시에 의한 표현대리(민법 제125조)

대리권수여의 표시에 의한 표현대리란 표현대리인에게 대리권을 수여했음을 상대방에게 통지하였으나 사실은 대리인에게 대리권을 부여하지 않은 상태에서 표현대리인이 대리행위를 한 경우를 말한다.

표현대리가 성립하기 위한 요건으로는 다음과 같다.

① 제3자에게 대리권수여의 표시를 하여야 한다. 그 표시는 특정인이나 불특정인 에 대하여도 할 수 있다.

② 표현대리인은 표시된 대리권의 범위 내에서 행한 행위이어야 한다. 이를 위반하면 권한을 넘은 표현대리가 된다.

③ 상대방은 선의·무과실이어야 한다.

④ 표현대리인은 본인의 이름으로 대리행위를 하여야 한다.

사 례≫ 갑은 을에게 자신의 대리인으로 병을 선임한다고 하였으나, 아직 대리권을 부여하고 있지 않던 중, 을은 병과 갑의 부동산을 매매하는 계약을 체결하였다. 이러한 경우의 을은 갑에게 그 효과의 귀속을 주장할 수 있는가?

해설 갑은 을에 대하여 병을 자신의 대리인으로 한다는 표시를 하였으므로 을은 그 표시를 신뢰하여 병과 매매계약을 체결하였다. 비록 갑은 아직 병에게 내부적으로 대리권을 수여하고 있지 않더라도 만일 병의 대리행위가 대리권 범위 내에 있다면 갑은 병의 대리행위에 대하여 책임을 지게 된다. 사례에서 병의 행위는 갑이 표시한 대리권 범위 내에서 행하여진 것이므로 을은 갑에게 이행청구 등을 할 수 있다.

(ii) 권한을 넘은 표현대리(민법 제126조)

권한을 넘은 표현대리란, 기본적인 대리권이 있는 자가 그 대리권의 범위를 넘어서서 대리행위를 한 경우, 상대방이 대리인이 대리권의 범위 내에서 대리행위를 한 것으로 믿은데 '정당한 이유'가 있는 때에는 본인은 그 대리행위에 대하여 책임을 진다. 권한을 넘은 표현대리가 성립하기 위해서는 다음의 요건을 갖추어야 한다.

① 대리인에게 기본대리권이 있어야 한다.

② 대리인이 기본대리권의 범위를 넘어서서 대리행위를 하여야 한다.

③ 상대방이 표현대리인에게 대리권이 있다고 믿은데 정당한 사유가 있어야 한다.

사 례≫ 1. 갑은 을에게 자신의 부동산을 담보로 제공하고 은행으로부터 금전을 대출해 줄 것을 부탁하면서 등기에 필요로 한 서류를 넘겨주었다. 부동산등기에 필요로 한 서류를 넘겨받은 을은 그 부동산을 병에게 처분하였다. 이 행위의 효력은 어떠한가?

2. 갑의 처 을은 남편 몰래 남편의 부동산을 병에게 처분하였다. 이 행위의 효력은 어떠한가?

3. 갑의 처 을은 남편이 거의 식물인간으로 병원에 입원해 있는 사이, 갑의 인장을 사용하여 갑의 부동산을 매각 처분하여 그 돈으로 병원비와 가족의 생계를 유지하는 데 사용하였다.

해설 권한을 넘는 표현대리가 성립하기 위하여는 대리인에게 기본대리권이 있어야 한다. 1)의 예에서는 저당권을 설정할 대리권 등 최소한의 기초적 대리권이 존재한다. 한편 2, 3)의 경우에서는 부부지간에는 의식주와 같은 일상가사의 업무에 관하여는 서로 대리할 수 있는 법정대리권이 인정된다. 이를 일상가사대리권이라고 한다. 이러한 일상가사대리권도 기본대리권이 될 수 있느냐에 대하여 긍정하는 것이 다수의 견해이다.

1)의 사례는 저당권설정에 대한 대리권이 있는데, 이를 넘어 부동산에 대한 매각이 이루어진 경우이다. 즉 저당권설정이라는 기본대리권이 존재하는데 이를 넘어서 부동산매각이 행하여졌으므로 권한을 넘은 표현대리가 성립한다. 이에는 상대방이 대리인이 권한을 넘어 대리행위를 하는 것에 대하여 대리권이 있다고 믿을 만한 정당한 이유가 있느냐가 관건이 된다. 대리인이 본인의 인장을 지참한 경우에는 대체로 상대방이 대리인의 행위에 대하여 대리권이 있다고 믿을 만한 정당한 이유가 있다고 인정한다. 따라서 부동산매각에 대하여는 권한을 넘은 표현대리를 인정하여 본인이 책임을 져야 한다.

2)의 경우에서는 부부사이에 당연히 성립하고 있는 일상가사대리권이 문제로 된다. 그러나 처가 남편의 부동산을 처분하는 것은 일상가사에 해당되지 않는다. 일상가사의 관점에서 처는 남편의 부동산 매각에 대한 대리권이 없다. 그러므로 '권한을 넘은 표현대리'가 인정되기 위해서는 상대방에게 처가 남편의 부동산을 매각할 수 있는 권한이 있다고 믿을 만한 정당한 이유가 있어야 한다(민법 제126조). 그러나 처가 남편의 동의없이 남편 명의의 부동산을 처분하는 것은 이례적인 일에 속하므로, 처와 거래한 상대방으로서는 처의 대리권에 대하여 의심해 보았어야 한다. 이 경우 처와 거래한 상대방에게는 이를 유권대리로 믿을 만한 정당한 이유가 있다고 인정할 수 없고 이에 따라 권한을 넘은 표현대리가 성립되지 않는다. 따라서 처가 남편 명의의 부동산을 처분한 것은 무권대리가

된다. 아무리 부부 사이라고 할지라도 일상가사의 범위를 벗어나는 대리행위를 할 때에는 당연히 대리권을 받아서 대리행위를 하여야 하며, 그렇지 않으면 무권대리가 된다.

3)의 경우는 일상가사대리권을 기본대리권을 전제로 한 권한을 넘은 표현대리를 한 경우이다. 2)의 경우와는 달리, 처가 그 부동산을 매각하게 된 동기나 그 후의 매매대금의 사용처 그리고 그 사용목적 등을 고려해 볼 때, 처는 식물인간상태의 남편의 병원비와 가족의 생계를 해결하기 위하여 남편을 대신하여 남편 명의의 부동산을 처분하였으므로, 이에 관하여는 누구라도 정당한 권한이 있다고 믿을 만하다(소위, 비상가사대리권). 따라서 상대방에게는 대리권이 있다고 믿을 만한 정당한 이유가 있다고 인정되므로, 권한을 넘은 표현대리가 성립하여 그 부동산의 매각은 유효하게 된다.

(iii) 대리권소멸후의 표현대리(민법 제129조)

대리권 소멸 후의 표현대리란 위에서 언급한 대리권의 소멸원인 중 어느 하나에 해당하여 대리행위 당시에는 이미 대리권이 소멸하였음에도 대리인이 아닌 자가 계속해서 대리행위를 한 경우이다. 이에 대한 요건으로는 다음과 같다.

① 대리인에게 과거에는 대리권이 존재하였어야 한다.

② 그 후에 대리권이 소멸하여 대리행위를 할 당시에는 대리권이 소멸된 상태이어야 한다.

③ 표현대리인과 법률행위를 한 상대방은 선의 무과실이어야 한다. 즉 상대방은 대리인의 대리권이 소멸하였다는 사실을 알지 못하고, 알지 못한데 과실이 없어야 한다.

사 례≫ 갑은 을에게 자신의 부동산에 대하여 저당을 잡혀 차금(借金)을 하여 줄 것을 부탁하는 위임장을 교부하였다. 그런데 그 후 갑은 마음이 바뀌어 을에게 그 대리권을 철회한다는 의사를 전화로 통지하였으나, 위임장을 회수하고 있지 않던 중, 을은 갑의 부동산을 매각해 버렸다. 이러한 경우 갑·을·병의 관계는?

해설 본 사례에서는 본인인 갑이 을에게 대리권을 부여하였다가 이를 철회하였으므로, '대리권 소멸 후의 표현대리'(민법 제129조)의 성립이 가능한 것으로 보인다. 또 갑이 을에게 위임장을 교부하였다가 수권을 철회하였으므로 대리권

수여의 표시에 의한 표현대리도 성립 가능하다. 한편 갑이 을에게 대리권을 수여한 것은 저당권 설정을 위한 대리권이었으나, 을이 행한 행위는 이를 넘어 목적물을 매각하였다. 이는 대리권의 범위를 넘어서 대리행위를 한 것으로서, 이 경우 다시 권한을 넘은 대리가 문제로 된다. 그러나 권한을 넘은 표현대리(민법 제126조)가 성립하기 위해서는 대리인에게 기본대리권이 있어야 하는데, 을에게 갑은 수권행위를 전화로 철회하였으므로, 을에게는 대리권이 없다.

판례는 대리권수여의 표시에 의한 표현대리와 대리권 소멸 후의 표현대리가 권한을 넘는 표현대리를 함께 성립시키는 경우 상대방이 그러한 대리권을 믿는 데 정당한 이유가 있으면, 권한을 넘은 표현대리(제126조)를 인정함으로써 이 경합의 문제를 해결하고 있다. 따라서 위의 사례에서 상대방인 병이 을(대리인)에게 대리권이 있다고 믿은 데 정당한 사유가 있는 경우에는 권한을 넘은 표현대리(제126조)가 성립되어 병은 본인에게 이행책임을 물을 수 있다.

(다) 무권대리의 효과

무권대리의 효과에 대하여는 우리 법은 계약의 형태의 것과 단독행위를 나누어 규정하고 있다. 우선 계약의 무권대리의 효과를 본인 측의 권리와 상대방 측의 권리로 나누어 볼 수 있다.

1) 계약에서의 무권대리

① 무권대리에 대한 본인의 권리

(i) 추인권

본인은 추인권을 행사할 수 있다. 본인의 추인권이란 본인이 무권대리인의 행위의 효과를 귀속받겠다는 의사표시를 말하며, 이로써 무권대리행위는 본인에게 그 효과가 발생한다. 이 때 추인은 상대방에 대해서 해도 좋고 무권대리인에게 대하여 해도 좋다.

(ii) 추인거절권

본인은 추인거절권을 가진다. 물론 무권대리의 본인은 굳이 추인을 거절하지 않더라도 본인에게 효력이 발생하지는 않으나 추인거절권을 행사함으로써 조속히 무권대리행위의 효력을 확정하는 의미가 있다.

② 무권대리에 대한 상대방의 권리

(i) 최고권

무권대리의 상대방은 본인에 대하여 무권대리인의 행위를 추인할지 여부의 확답을 최고할 수 있다. 이를 상대방의 최고권이라고 한다. 이때 본인의 확답이 없으면 추인을 거절한 것으로 본다.

(ii) 철회권

상대방은 무권대리인과 한 법률행위를 철회할 수 있다. 다만 상대방이 철회하기 위해서는 본인이 추인하거나 거절하지 않은 상태이어야 하며, 또 상대방은 선의이어야 한다.

(iii) 손해배상청구권 또는 계약의 이행청구권

상대방은 무권대리인에 대하여 손해배상 혹은 계약의 이행청구를 할 수 있다. 이러한 청구를 하기 위한 요건으로는 무권대리인이 법률행위를 하여야 하고, 본인이 추인하지 않았어야 하며, 상대방은 선의·무과실이어야 하며, 더 나아가 무권대리인이 제한능력자가 아니어야 한다. 그리고 무권대리인에게 책임을 묻기 위해서는 표현대리가 인정되지 않아야 한다(다수설의 견해). 표현대리가 성립하면 본인이 책임을 지게 되므로, 이로써 상대방은 충분한 보호를 받기 때문이다.

2) 단독행위에서의 무권대리

단독행위의 무권대리는 원칙적으로 무효이다. 다만 무권대리인이 단독행위의 능동대리를 한 경우 상대방이 무권대리인의 행위에 동의하거나 지체없이 이의를 제기하지 아니한 때, 또 무권대리인이 단독행위의 수동대리를 한 경우에는 상대방이 무권대리인의 동의를 얻어 단독행위를 한 때에 한하여, 계약의 무권대리의 규정을 적용하도록 하고 있다(민법 제136조). 따라서 위의 요건이 갖추어진 경우에 한해 본인의 추인권, 상대방의 최고권, 본인의 추인거절권이 인정되며, 상대방의 철회권은 계약에만 해당되어 그 성질상 허용되어지지 않고, 무권대리인의 책임은 인정되는 경우가 거의 없다.

7. 법률행위의 무효와 취소

(1) 의 의

법률행위의 무효란 법률행위가 존재하나 처음부터 효력을 가지지 못하는 것을 말한다. 따라서 무효인 법률행위는 누구의 주장을 기다리지 않고도 특별한 절차에 의하지 않고 처음부터 효력이 없는 것이다. 이에 반해서 취소란 법률행위가 흠은 가지고 있으나 일단 효력은 발생한다. 그러나 특정인(취소권자)이 의사표시에 존재하는 흠을 이유로 취소하면 당해 법률행위는 소급적으로 무효로 된다.

무효는 추인이 불가능하다. 다만 무효인 법률행위를 추인하면 새로운 법률행위를 한 것으로 된다. 그러나 취소할 수 있는 법률행위는 사후 추인이 있으면 더 이상 의사표시의 흠을 주장하지 못하고 확정적으로 유효가 된다. 무효는 시간이 아무리 경과하더라도 여전히 무효인데 반하여, 취소는 추인할 수 있는 날로부터 3년, 법률행위를 한 날로부터 10년이 경과하면 취소권을 더 이상 행사할 수 없어 그 의사표시를 취소할 수 없게 된다(민법 제146조). 이로써 유효로 확정된다.

(2) 무효의 원인

① 당사자의 의욕에 따라 법률행위가 무효로 된다: 비진의의사표시에 있어서 상대방이 표의자의 진의아님을 알았거나 알 수 있었을 경우(민법 제107조 제1항 단서), 표의자와 상대방이 통정하여 허위로 가장행위를 한 경우(민법 제108조 제1항)

② 법률행위를 할 수 있는 권한을 갖지 못한 경우에 무효로 된다: 대리권없는 자의 대리행위(제130조 이하)

③ 법률행위의 내용과 관련하여 무효로 되는 경우: 선량한 풍속 기타 사회질서에 반하는 법률행위(민법 제103조), 불공정한 법률행위(민법 제104조)

④ 판단력이 없는 자가 법률행위를 하였으므로 이에 대하여 법률효과를 부여하면 개인의 존엄과 가치에 반하게 되는 경우: 의사무능력자가 한 법률 행위

⑤ 목적이 불능이어서 법질서가 이를 실현시킬 수 없는 경우: 원시적 불능을 목적으로 하는 법률행위(민법 제535조)

⑥ 법률상 요구되는 형식을 갖추지 못하여 법률행위가 무효로 되는 경우: 유언행위(민법 제1060조), 국토이용관리법상 허가를 받아야 하는 경우에 허가를 취득하지 못하고 있는 경우 등

(3) 취소의 원인

① 행위제한능력자(미성년자·피성년후견인·피한정후견인)가 법정대리인의 동의를 받지 않고 한 법률행위(민법 제5조 제2항, 제10조, 제13조)

② 표의자가 법률행위의 중요부분에 착오에 빠져서 한 의사표시(민법 제109조)

③ 사기·강박에 의한 의사표시를 한 경우(민법 제110조)

(4) 일부무효

일부무효는 법률행위의 일부분이 무효인 것을 말한다. 일부라도 법률행위에 무효사유가 있으면, 그 법률행위는 전체로서 무효가 된다(민법 제137조 본문). 그러나 당사자들이 그 무효부분이 없었더라도 법률행위를 하였으리라고 인정될 때에는 나머지 부분은 유효하다(민법 제137조 단서).

(5) 무효행위의 전환

무효행위의 전환은 법률행위가 본래 당사자들이 의욕한 대로 법률효과가 발생하지는 못하는 무효이지만, 그 무효행위가 다른 법률행위로서의 요건을 갖추고 있을 경우에, 당사자들이 그러한 다른 법률행위를 의욕하였으리라고 인정될 때에는 다른 법률행위로서 효력이 발생되는 것을 말한다(민법 제138조).

사 례 ≫ 갑과 을은 자식이 없어 고아원에서 생후 1개월된 병을 데려다가 친생자로 출생신고를 하여 자식으로 가족관계등록부에 등재하여 20년간 길러 왔다. 그러던 중 갑과 을이 사망하자 갑의 동생 정이 병의 친생자출생신고는 무효임을 주장하고, 이에 따라 갑과 병 사이에는 친생자관계가 아니므로 병은 갑의 상속인이 될수 없다고 주장하였다. 따라서 갑의 직계존속도 없으므로 갑의 재산은 정이 상속하여야 한다고 주장한다.

해설 물론 병은 갑과 을 사이에 낳은 자식이 아니므로 친생자로 출생신고한 것은 무효이다. 그러나 이러한 무효행위에 대하여 갑과 을은 자신들의 친생자는 아니지만 병을 자기 자식으로 키우려고 하였다. 그러므로 갑과 을이 한 친생자 신고는 무효라 하더라도 타인의 자식인 병을 자신의 자식으로 기르려고 하였으므로, 당사자들은 친생자로 가족등록부에 기재가 안되면 입양이라도 하기를 원하고 있음을 인정할 수 있다. 따라서 미성년자의 입양의 절차를 적법하게 밟았다면 입양의 효력은 인정할 수 있다. 그러므로 친생자의 신고는 무효이지만 입양의 법률행위로서는 효력을 발생한다. 즉 무효인 친생자신고가 유효의 입양으로 전환된 것이다. 따라서 병은 갑의 재산을 상속할 수 있다.

8. 조건과 기한

법률행위의 효과의 발생 또는 소멸을 제한하기 위하여 부가한 약관을 법률행위의 부관(附款)이라고 하며, 이에는 조건과 기한이 있다.

(1) 조 건

조건이란 법률행위의 효력의 발생 또는 소멸을 장래의 불확실한 사실의 성부에 의존케 하는 법률행위의 부관이다. 조건에는 정지조건과 해제조건이 있다.

① 정지조건이란 조건이 성취되면 법률행위가 비로소 효력을 갖게 되는 것을 말한다. 예컨대 네가 대학에 합격하면 승용차를 사주겠다고 하는 경우 증여계약의 효력발생은 대학합격을 정지조건으로 하는 것이다.

② 해제조건이란 조건이 성취되면 이미 발생된 법률행위의 효력이 소멸하는 것을 말한다. 예컨대 대학을 입학할 때 장학금지급의 계약을 체결하면서 앞으로 학점이 3.5 이하로 떨어지면 장학금 지급을 중단한다고 할 때, 장학금수여계약은 이미 효력을 발하고 있으나 '학점 3.5 이하'가 되었을 경우 해제조건이 성취되어 그 계약의 효력은 상실된다.

(2) 기 한

기한이란 법률행위의 효력의 발생·소멸 또는 채무의 이행을 장래에 발생하는 것이 확실한 사실에 의존케 하는 부관이다. 기한은 장래의 사실의 발생이 확실하다는 점에서 발생이 불확실한 조건과는 다르다. 기한에는 기한이 도래했을 때 법률행위의 효력이 발생하는 시기(始期)와 기한이 도래했을 때 법률행위의 효력이 소멸하는 종기(終期)가 있다. 그리고 기한에는 다시 어떤 사건이 일어나는 시점이 특정되어 있는 확정기한과 그렇지 않는 불확정기한이 있다. 예컨대 "우리 집 개가 죽으면, 개집을 너에게 주겠다"라고 한 증여의 의사표시는 개가 죽는다는 사실에 그 효력발생이 맡겨져 있다. 모든 살아있는 개는 일단 언젠가는 죽게 마련인 것이므로 그 사실의 발생은 확실한 것으로서 기한이고, 기한의 도래로 법률행위의 효력발생이 문제로 되는 것이므로 시기에 의존한 의사표시이다. 그러나 개가 언제 죽을지는 알 수 없는 것이므로, 이 기한은 불확정적이다. 따라서 이 증여의 의사표시는 불확정적 시기부 의사표시이다.

사 례≫ 갑은 을에게 학점이 3.5 이상이면 장학금을 주겠고 약속하였다. 그런데 평소에 공부는 하기 싫으면서 장학금은 타고 싶었던 을은 시험시간에 부정행위를 하여 학점을 3.5 이상 받았다. 이러한 경우 을은 갑에게 장학금을 달라고 요구할 수 있는가?

해설 을이 학점을 3.5 이상 받을 수 있는지는 확정지을 수 없다. 따라서 3.5 이상의 학점을 받는다는 부관은 장래 발생할 것이 불확실한 사실이므로 이는 조건이다. 또한 장학금지급이라는 효력이 발생하는 것을 내용으로 하므로 정지조건인 것이다.

그런데 을은 그 조건의 성취를 위하여 신의칙에 반하는 행위를 하였다. 그런데 민법에는 조건의 성취에 관하여 부정한 행위를 한 때에는 조건이 불성취로 의제하는 규정을 두고 있다(민법 제150조). 따라서 을은 3.5 이상의 학점을 받지 못한 것으로 되고, 갑은 조건의 불성취를 주장하여 장학금지급을 거부할 수 있다.

문제는 신의칙에 반하는 방법으로 조건의 성취·불성취에 대한 방해나 조장을 한 경우에 조건의 불성취·성취로 의제하는 규정이 기한에는 입법되어 있지 않다. 그러나 기한의 경우에도 조건에 관한 규정인 민법 제150조를 유추적용하여야 할 것이다. 예컨대 개가 죽으면 개집을 주기로 약속한 경우(불확정 시기부 기한)에 만일 개집을 받을 자가 개를 독살한 경우에는 신의칙에 반하는 방법으로 기한을 성취시켰으므로 기한이 도달되지 않은 것으로 보아 갑은 을에게 개집을 주지 않아도 된다.

9. 기 간

기간은 어떤 시점에서 다른 시점까지 계속하는 때(時)의 구분을 말한다. 시의 경과는 예컨대 성년·최고기간·실종기간·기한·시효 등 다른 법률사실과 합하여 중요한 법률효과가 생기는 일이 있다. 기간은 시간적 계속의 관념을 필요로 하는 점에서 일정한 시점 또는 시기를 의미하는 기일과 다르다. 다만 기일은 반드시 순간을 의미하는 것은 아니다.

기간은 여러 가지 법률관계에 있어서 중요한 작용을 하므로, 민법은 기간의 계산방법에 관하여 일반적 규정을 두고 있고, 만일 법령, 재판상의 처분 또는 법률행위에 다른 정한 바가 없으면 널리 이 민법규정이 널리 적용된다(제155조). 이 민법규정은 사법상의 기간뿐만 아니라 공법상의 기간에도 적용된다.

기간의 계산방법에는 자연적 계산방법과 역법적 계산방법의 두 가지가 있다.

즉 기간을 시, 분, 초로 정한 때에는 즉시로부터 기산한다(민법 제156조). 3월 1일 오전 10시로부터 15시간이라고 하는 경우에는 기산점은 1일 오전 10시이고, 만료점은 2일 오전 1시가 종료한 때이다.

그리고 기간의 기산점을 주, 월, 년으로 정한 때에는 영시로부터 시작하는 경우 이외에는 역(曆)에 의하여 계산한다(민법 제157조). 이때 일반적으로 익일부터 산입하여 기간 말일의 종료로 기간은 계산되나, 연령의 경우에는 출생일을 산입한다(민법 제158조). 예를 들어, 2월 28일 오후 2시로부터 1개월이라고 하는 경우의 말일은 3월 31일이다. 그리고 1960년 1월 1일 오후 6시에 출생한 사람은 1980년 1월 1일 오전 영시로부터 성년이 된다.

민법상 사원총회는 1주일 전에 통지하여야 하므로(제71조 참조), 총회일이 2월 20일이라면 그 전일인 19일을 기산일로 하여 역산해서 13일이 말일이 되어 그 날의 오전 영시로 기간이 만료하므로 늦어도 2월 12일 자정까지는 통지가 발신되어야 한다.

[3] 소멸시효

시효는 일정한 사실상태가 일정한 기간 계속되는 경우에 이 사실상태가 진실한 권리관계와 일치하느냐의 여부를 묻지 않고, 그대로 그것을 존중하여 권리관계로 인정하려는 제도이다.

시효제도를 인정하는 것은 일정한 사실상태가 계속되는 경우 그것을 정당한 것으로 신뢰하여 이를 바탕으로 이루어지는 각종의 법률관계를 무효화하는 데에서 오는 사회질서의 혼란을 방지하고, 진실한 권리관계인지 아닌지를 판별할 수 있는 입증이 어려우며, 또한 권리 위에 잠자는 자는 보호할 필요가 없다는 등의 이유 때문이다.

시효에는 취득시효와 소멸시효가 있다. 전자는 타인의 물건을 일정기간 점유함으로써 그 물건에 대한 권리를 취득하는 시효이고, 후자는 자기의 권리를 일정기간 행사하지 않음으로써 권리를 상실하는 시효이다.

1. 소멸시효

시효로 권리가 소멸하려면 다음의 세 가지 요건이 갖추어져야 한다. ① 권리가 소멸시효의 목적이 될 수 있어야 하고, ② 권리의 불행사가 있어야 하며, ③ 그 권리불행사의 상태가 일정기간 계속되어야 한다.

(1) 소멸시효에 걸리지 않는 권리

항구적 권리로서 소유권, 소유권에 기한 물권적 청구권, 사실상 지배상태로부터 인정되는 점유권, 피담보채권과 운명을 같이 하는 담보물권 그리고 제척기간에 걸리는 형성권 등이 있다. 또한 신분적 권리도 소멸시효에 걸리지 않는다.

(2) 10년의 소멸시효(민법 제162조 제1항)

일반적인 채권의 소멸시효기간은 10년이다. 판결 등으로 확정된 채권도 10년의 소멸시효에 걸린다. 그러므로 단기소멸시효에 걸리는 채권이라도 판결을 받은 경우에는 10년의 소멸시효에 걸린다. 또한 다만 상행위로 생긴 채권은 5년의 소멸시효에 걸린다.

(3) 3년의 소멸시효

① 이자・부양료・급료・사용료 기타 1년 이내의 기간으로 정한 금전 또는 물건의 지급을 목적으로 한 채권(1호)
② 의사・조산사・간호사 및 약사의 치료・근로 및 조제에 관한 채권(2호)
③ 도급받은 자・기사 기타 공사의 설계 또는 감독에 종사하는 자의 공사에 관한 채권(3호)
④ 변호사・변리사・공증인・공인회계사 및 법무사에 대한 직무상 보관한 서류의 반환을 청구하는 채권(4호)
⑤ 변호사・변리사・공증인・공인회계사 및 법무상의 직무에 관한 채권(5호)
⑥ 생산자 및 상인이 판매한 생산물 및 상품의 대가(6호)
⑦ 수공업자 및 제조자의 업무에 관한 채권(7호)

(4) 1년의 소멸시효(민법 제164조)

① 여관・음식점・대석(貸席)・오락장의 숙박료・음식료・임석료(賃席料)・입장료 소비물의 대가 및 체당금(替當金)의 채권(1호)
② 의복・침구・장구(葬具) 기타 동산의 사용료의 채권(2호)
③ 노역인・연예인의 임금 및 그에 공급한 물건의 대금채권(3호)
④ 학생 및 수업자(修業者)의 교육・의식 및 유숙에 관한 교주(校主)・숙주(塾主)・교사의 채권(4호)

(5) 20년의 소멸시효(민법 제162조 제2항)

채권 및 소유권 이외의 재산권은 20년으로 시효소멸한다.

사 례 ≫ 갑은 을로부터 부동산을 매수하는 계약을 체결하고 매매대금을 전부 지급한 후, 등기에 필요한 서류 일체를 을로부터 넘겨 받았다. 그리고 목적부동산도 인도받아 현재 그 부동산 위에 거주하고 있다. 그런데 갑은 을로부터 목적물의 소유권의 이전을 위한 등기를 차일피일 미루다 매수한 지 15년이 경과하여 버렸다. 그런데 을은 등기가 아직 자신에게 남아있음을 이유로 그 부동산을 자신의 것으로 주장한다.

을의 주장은 정당한가?

해설 우리 법에 의하면 부동산의 소유권은 등기를 하여야만 이전된다(민법 제186조). 그런데 갑이 아직 등기를 하지 않았다면, 갑은 아무리 매매대금을 전부 지급하였다고 하더라도 소유권자는 아니다. 이 때 갑이 을에게 주장할 수 있는 권리는 소유권을 이전해 달라고 청구할 수 있는 청구권뿐이다. 이를 위하여 행사되어야 하는 권리는 등기청구권이다. 그런데 등기청구권은 채권적 청구권의 성질을 가지므로, 10년의 소멸시효에 걸리게 된다(민법 제162조 제1항).

그런데 판례는 부동산을 매수하여 등기하고 있지 않은 매수인이 그 부동산을 점유하여 사용하고 있는 경우와 점유하고 있지 않은 경우를 구분하여 달리 취급하고 있다. 이에 따라 판례는 매수인이 실질적으로 부동산을 점유하여 사용하고 있는 경우에는 시효제도의 존재이유에 비추어 다른 채권과는 달리 등기청구권은 소멸시효에 걸리지 않는다고 판시하고 있다. 즉 실질적으로 점유하여 사용하고 있는 상태를 등기청구권을 행사하고 있는 것으로 평가하여 소멸시효에 걸리지 않는 것으로 한다(대판(전원합의부) 1976. 11. 6, 76다148). 그러므로 매수인이 점용하지 않는 경우에는 등기청구권은 채권으로서 10년의 소멸시효에 걸리게 된다.

위의 사례에서 갑은 부동산을 점유하여 사용하고 있는 자이므로 그의 등기청구권은 시효로 소멸되지 않았다. 그리하여 갑은 을에게 등기청구권을 행사하여 그 부동산의 소유권 이전을 받을 수 있다.

2. 취득시효

취득시효에 의하여 취득될 수 있는 권리는 소유권(민법 제245조·제246조)과 그 밖의 재산권(민법 제248조)이다.

(1) 부동산소유권의 취득시효

부동산소유권의 취득시효에는 점유만으로 소유권을 취득하는 「점유취득시효」와 부동산의 소유자가 아닌 자가 소유자로 등기되어 있는 경우에 소유권을 취득하는 「등기부취득시효」의 두 가지가 있다.

(가) 점유취득시효

부동산을 20년간 소유의 의사로 평온·공연하게 부동산을 점유하는 자는 등기함으로써 그 소유권을 취득한다(민법 제245조 제1항). 이 때 점유는 소유의 의사를 갖는 자주점유를 하고 20년간 점유를 계속한 후, 등기를 하면 점유를 개시한 때에 소급하여 부동산소유권을 원시적으로 취득된다(민법 제247조 제1항).

(나) 등기부취득시효

부동산의 소유자로 등기한 자가 10년간 소유의 의사로 평온·공연하게 선의이며 과실없이 그 부동산을 점유한 때에는 소유권을 취득한다(민법 제245조 제2항).

이 때 10년의 등기기간은 전주(前主)의 등기기간의 승계를 인정한다.

사 례 ≫ 갑이 을 소유의 부동산을 20년간 소유의 의사로 평온·공연하게 점유하여 취득시효기간이 만료되었다. 갑이 취득시효를 이유로 등기를 하고 있지 않은 동안, 이러한 사실을 안 을은 자신의 부동산이 갑에게 넘어 갈 것을 피하기 위하여 제3자인 병에게 매각하여 병 명의로 소유권이전등기를 경료하여 주었다.

갑은 병에 대하여 취득시효로 인한 소유권의 취득을 주장할 수 있는가?

해설 부동산의 점유로 인한 시효취득은 등기를 하여야만 비로소 소유권을 취득할 수 있다. 이때의 등기는 원칙적으로 원시취득에 의한 등기를 하여야 하나, 실무상으로는 소유권이전의 등기를 택하고 있다. 등기를 하기 전에는 점유취득시효자는 소유자에 대하여 시효취득으로 인한 소유권이전등기청구권만을 갖는다. 즉 갑은 채권자에 불과하다. 따라서 갑이 등기를 하기 전에 소유자 을로부터 소유권이전의 등기를 경료한 병은 유효하게 소유권을 취득하므로, 갑은 더 이상 병에게 다툴 수 없다. 다만 이 경우 을이 갑의 취득시효의 완성을 알고 부동산을 병에게 처분하였다면, 을은 갑에게 그의 채권을 침해한 불법행위를 하였다. 이로써 갑은 을에 대하여 손해배상을 청구할 수 있다.

(2) 동산소유권의 취득시효

소유의 의사로 평온·공연하게 타인의 동산을 10년간 점유하면 그 소유권을 취득하나, 그 점유가 선의·무과실로 개시된 때에는 시효기간은 5년으로 단축된다(민법 제246조).

제 3 절 물권의 변동

[1] 일반적인 거래의 진행모습

우리가 경제활동을 하는 이유는 자기가 가지고 있지 않은 어떤 것을 갖고자 하는 데에 있다. 농부는 쌀을 생산하고 사냥꾼은 모피를 생산하지만 서로가 가지고 있는 것에서 바꾸는 거래행위가 이루어지지 않는다면, 겨울철에 농부는 배불리 먹을 수는 있으나 얼어 죽을 것이고 사냥꾼은 모피에 둘러 싸여 따뜻하게 굶어 죽게 된다. 그러면 농부와 사냥꾼이 서로 살아 남기 위해서는, 농부는 자신이 가지고 있는 쌀의 일부를 그리고 사냥꾼은 자기의 모피의 일부를 서로 교환한다면, 서로 따뜻하게 또 배불리 먹으면서 겨울을 지낼 수 있는 것이다. 그리하여 사인(私人)간에 경제활동이 이루어지는 원인은 자기가 갖고 있지 않은 어떤 물건의 지배권을 취득하고자 하는 욕구로부터 비롯되게 되며, 이로부터 자기가 보유하고 있지 않은 잉여의 재산을 양도·처분하는 대가로 자기가 갖고 있지 않은 타인의 물건에 대한 지배상태를 새로이 취득하는 데 거래의 궁극적 목적이 있다고 할 수 있다.

민법상 거래의 대상으로 될 수 있는 것은 재화, 권리, 용역 그리고 기타의 정신적 산출물 등이 있을 수 있으나, 민법이 예상하고 있는 가장 전형적인 거래의 대상은 재화인 것이다. 즉 물건을 대상으로 하는 거래가 가장 전형적이다. 그리하여 우리 민법은 거래 대상에 대하여 물건을 중심으로 규정하고 있다. 그런데 거래의 당사자들이 물건에 대한 새로운 지배상태를 형성함으로써 경제적 목적을 달성하기까지 두 가지의 서로 다른 법률행위를 한다. 이를 거래의 진행과정에 따라 살펴볼 때, 우선 당사자들은 상대방이 가지고 있는 "물건을 넘겨달라"고 요구할 수 있는 권리를 발생시키고, 의무자는 이러한 요구할 수 있는 권리에 복종하여 그 의무를 이행하는 것으로서 물건의 지배를 상대방에게 넘겨주게 된다. 즉 계약의 체결로부터는 거래의 상대방에게 약속한 급부의 이행을 요구할 수 있는 권리, 즉 청구권을 주된 내용으로 하는 「채권」만을 취득할 뿐이고, 이 채권에 대하여 상대방은 계약에서 지키기로 합의한 것을 이행하여야 할 의무인 「채무」를 부담하는 것이다. 이렇듯 당사자들은 일단 계약을 통해서 서로가 채권의 행사와 이에 대한 채무의 의무를 부담하는 관계로 대립된다. 이를 「채권행위」라고 한다. 그런데 채무의 이행은 채무자가 스스로 자발적으로 행하여야 하므로, 채권의 실현은 채무자의 임의적 이행에 의존하게 된다. 이로써 채권자의 청구에 따라 채무자는 자신의 임의적 이행을 하게 되는데, 이를 위해서 당사자들은 서로 이행을 위한 합의를 하게 된다. 채권의 목적이 물건인 경우에 이행기가 도달하면 매도인이 "이 물건의 지배권을 당신에게 넘겨준다"는 양도의 의사표시와 매수인이 "이 물건의 지배권을 넘겨받는다"는 양수의 의사표시를 함으로써 당사자의 자유를 바탕으로 평화적으로 목적을 달성하는 것이다. 이러한 물권의 변동을 목적으로 하는 법률행위를 「물권적 합의」라 하고 그 성질은 「처분행위」인 것이다. 그리고 물건에 대한 지배권을 새로이 취득하기 위해서는 그 물건이 "나의 지배에 속한 것임"을 외부로 표시해 주어야 하는데, 이를 「공시」라 한다. 목적물이 동산인 경우에는 물건에 대한 사실상의 지배상태(점유)가 이전되어야 하고(인도), 부동산인 경우에는 「등기」의 이전이 있어야 한다. 우리 민법은 물권변동에 형식주의를 취하고 있으므로 공시절차가 완료되었을 때 비로소 새로운 권리자는 물권을 취득하게 된다. 이를 「물권의 변동」이라 한다.

1. 물권이란?

물권은 「특정 독립된 물건을 직접 배타적으로 지배하여 이익을 얻는 것을 내용으로 하는 권리」이다. ① 물권을 취득한 사람은 내 물건에 대하여 마음대로 쓰든지 버리든지 또는 남에게 빌려 주든지 할 수 있다. 이처럼 물권자가 자신의 물건에 대하여 영향력을 행사하여물건에 대한 지배(사용·수익·처분)를 할 수 있는 권리이다(지배권). ② 물권은 물건의 지배와 관련하여 다른 사람에게 허락을 얻거나 또는 다른 사람의 행위가 필요한 것이 아니다. 이는 채무자가 급부를 이행해 주어야만 그 목적을 달성할 수 있는 채권(간접권)과는 구별되는 특징이다. 이처럼 물권은 채권과는 달리 물건에 대하여 다른 사람의 도움이나 개입없이 직접 행사할 수 있다는 의미에서 직접적인 권리인 것이다(직접

권). ③ 물권이 지배권으로서 기능을 다 하기 위해서는, 내가 내 물건이라는 것에 기하여 권리를 행사함에 있어 특정된 상대방이라는 것이 없고, 누구한테나 다 주장할 수 있어야 한다. 채권은 채권자가 자기와 거래한 특정 채무자에게만 주장할 수 있는 권리인데 반하여(상대권), 물권은 일반인을 의무자로 하여 모든 자에게 주장할 수 있는 권리인 것이다. 물권은 대세적으로 절대권의 특징을 갖는다.

2. 물권변동의 의의

물권의 변동이란 물권의 발생·변경·소멸을 말하며, 이를 물권의 주체 면에서 살펴보면 물권의 변동은 물권의 득실변경(제186조), 즉 물권의 취득, 변경 및 상실을 말한다.

(1) 물권의 발생

물권의 발생에는 절대적 발생과 상대적 발생이 있다.

① 절대적 발생　전에 없던 물권이 이 사회에 새로 발생하는 것을 말한다. 시효취득, 무주물선점, 선의취득, 유실물습득, 매장물발견 등이 이에 속한다.

② 상대적 발생　타인이 가지고 있었던 기존의 물권이 승계되어서 다른 사람에게 권리가 생기는 것을 말한다. 이러한 상대적 발생은 이전적 승계(매매, 상속)와 설정적 승계(소유자로부터 지상권·저당권을 설정받는 것)로 구분된다.

(2) 물권의 소멸

물권의 소멸에도 역시 절대적 소멸과 상대적 소멸이 있다.

① 절대적 소멸　이 사회에서 기존의 물권이 완전히 없어지는 것이다. 목적물의 멸실, 물권의 포기 등이 이에 속한다.

② 상대적 소멸　물권 그 자체는 존속하지만 물권이 타인에게 이전되어 종래의 주체가 물권을 잃는 것, 즉 물권을 상실하는 것을 말한다. 이에 대한 예로서는 매매 등에 의한 전권리자의 소유권 상실을 들 수 있다.

(3) 물권의 변경

물권의 변경이란 물권의 동일성을 유지하면서 물권의 주체, 내용 그리고 작용이 변경되는 것을 말한다.

3. 물권변동의 원인

물권변동이 일어나는 원인으로는 크게 법률행위와 법률행위 이외의 법률요건으로 나누어 볼 수 있다.

(1) 법률행위

가장 일반적으로 물권변동이 일어나는 법률요건 가운데서 가장 중요한 것은 법률행위에 의한 물권의 변동이다. 매매, 증여 등의 방법에 의한 물권의 변동이 이에 속한다.

(2) 법률행위 이외의 법률요건

물권행위 이외의 물권변동의 원인으로서는 민법이 규정하고 있는 취득시효, 소멸시효, 혼동, 무주물선점, 유실물습득, 매장물발견, 첨부, 상속 등을 예로 들 수 있다. 그리고 민법 이외의 법률이 규정하는 것으로서 공용징수, 몰수(형법 제48조), 경매 등이 있고, 또한 형성판결에 의해서도 물권변동이 있게 된다(민법 제187조). 이 경우 물권변동의 효과가 발생하기 위해서 등기를 요하지 않는다. 다만 처분하기 위해서는 등기하여야 한다(민법 제187조 단서).

[2] 물권변동과 공시제도

1. 물권행위의 의의

물권행위란 직접 물권의 변동을 목적으로 하는 의사표시를 요소로 하는 법률행위를 말한다.

이러한 물권행위는 구체적으로 물권적 단독행위, 물권적 계약, 물권적 합동행위로 나누어 볼 수 있는데, 가장 중요한 물권적 계약이다. 이 물권적 계약은 채권계약과 구분하기 위해서 물권적 합의라고 한다.

2. 물권행위와 공시방법

물권행위는 직접 물권의 변동을 목적으로 하는 법률행위이다. 그러나 공시는 물권변동의 성립요건으로 보기 때문에(형식주의), 물권변동은 그것을 목적으로 하는 당사자의 의사표시의 합치, 즉 물권행위 만에 의해서 일어나지 않고,

공시절차를 경료하여야만 한다. 즉 부동산물권변동에서는 「등기」를 그리고 동산물권변동에서는 점유의 이전인 「인도」를 하여야만 물권변동이 일어난다.

그러므로 등기(登記) 또는 인도(引渡)라는 공시방법을 갖추어야만 당사자 사이에서는 물론 제3자에 대한 관계에 있어서도 물권변동의 효과가 발생한다. 이러한 물권변동의 체제를 「성립요건주의」라고 한다. 이 성립요건주의는 법률관계가 분열하지 않고 일원화되어 법률관계가 명확하고 거래의 안전을 이룩할 수 있다는 장점을 가지고 있다. 즉 누구에게나 그 효력을 주장할 수 있는 배타적 지배가 인정되는 물권은 물권의 내용과 변동을 어떠한 외부적 표상에 의하여 인식할 수 있게끔 하지 않으면 일반 제3자에 대하여 불측의 손해를 주게 될 염려가 있고, 그것은 결국 거래의 안전을 해치게 된다. 이러한 문제를 방지하고, 또 재산권의 기초가 되는 물권의 변동을 일반 제3자가 용이하게 인식할 수 있도록 하기 위하여 공시제도가 운용된다. 참고로, 성립요건주의와 대칭되는 제도가 대항요건주의이다. 대항요건주의 하에서는 물권변동은 물권적 합의에 의해서 일어나고, 공시방법은 제3자에게 대항할 수 있는 요건이다.

[3] 공시의 원칙과 공신의 원칙

1. 공시의 원칙

공시의 원칙이란 물권의 변동을 언제나 외부에서 인식할 수 있는 표상을 갖추도록 하는 원칙이다. 우리 민법은 공시의 원칙과 관련하여 성립요건주의를 채택하고 있다. 즉 공시방법을 갖추지 않으면 물권변동의 효과가 생기지 않도록 하고 있다.

2. 공신의 원칙

공신의 원칙이란 물권의 존재를 추측케 하는 표상, 즉 공시방법이 갖추어지면 그 표상이 진실한 실체적 권리관계와 일치하지 않더라도 그 표상을 믿고 거래한 제3자의 신뢰를 보호하여야 한다는 원칙이다. 이를 공신주의라고도 하며, 이와 같이 외부적 표상이 그것을 신뢰하고 거래한 자에 대하여 그가 신뢰한 대로 효력을 관철시키는 힘을 공신력이라고 한다.

3. 공시제도에 대한 우리 민법의 태도

공신의 원칙은 물권의 거래에 대한 안전과 신속을 확보하기 위하여 인정되는 제도이다. 그런데 동산물권변동에서는 동산의 선의취득(민법 제249조)에 관한 규정이 있으므로 동산거래에서는 공신의 원칙이 관철되고 있다. 예를 들어 어떤 사람이 타인의 동산을 빌려서 점유하고 있는 사람으로부터 매매 등의 정당한 거래를 통해서 그 동산의 소유권이전의 합의와 인도를 받았다면, 비록 그 양도인이 소유자가 아니더라도 그 양수인이 선의·무과실인 경우에 그 동산의 소유권을 유효하게 취득할 수 있다. 그러나 부동산의 경우에는 선의취득이 인정되지 않는다. 즉 부동산은 진정한 권리자의 생계와 직접 관련있는 재산이고 동산과는 달리 빈번한 거래의 대상으로 되고 있지 않으므로, 거래의 안전보다 진정한 권리자가 더 보호를 받아야 한다. 이로써 진정한 권리관계를 나타내고 있지 않은 등기가 있는 경우 그 등기된 내용만을 믿고 그 부동산을 거래한 자는 비록 그가 선의라 하더라도 보호받지 못하고 따라서 진정한 물권자(소유자)는 자신의 물권을 잃지 않는다.

이러한 의미에서, 동산물권에 대한 공시는 점유라는 아주 불완전한 공시제도를 갖고 있으나 그 공시에 대한 공신의 원칙은 지켜진다. 그러나 부동산물권에 대하여는 등기라는 장부화되어 있는 완전한 공시제도를 가지고 있으나 이에 대한 공신의 원칙은 지켜지지 않는다.

[4] 부동산의 물권변동

1. 물권적 합의

집이나 토지에 대한 물권이 변동하기 위해서는 우선 물권적 합의가 이루어져야 한다. 그리고 이러한 물권적 합의는 일반적으로 채권행위인 목적부동산에 대한 계약을 그 원인으로 하고 있다. 물권적 합의를 하는 방식에 관하여는 우리나라에서는 원칙적으로는 일정한 방식을 요구하지 않고 서면이나 구두로 자유로이 할 수 있다.

물권행위는 일정한 방식을 요구하지 않는 것이 원칙이나 토지정책상의 필요에 의해서 국가로부터 허가, 인가, 신고 또는 증명을 받을 것이 요구되는 경우가 있다. 국토의 계획 및 이용에 관한 법률에 따른 규제구역 내의 일정 면적

이상의 토지거래는 시장·군수 또는 구청장의 허가를 받도록 하고, 허가를 받지 아니하고 체결한 토지거래계약은 그 효력이 발생하지 아니한다(동법 제118조).

2. 부동산 공시방법으로서의 등기의 이전

등기란 국가기관인 등기공무원이 법정의 절차에 따라서 부동산에 관한 권리관계 또는 사실관계를 「등기부」라고 하는 공적 장부에 기재하는 것 또는 그러한 기재 자체를 말한다. 그리고 일반적으로 등기라 하면 부동산등기를 말한다.

3. 등기의 종류

(1) 사실의 등기와 권리의 등기

사실의 등기는 등기용지 중 표제부에 하는 등기로서 부동산의 위치, 면적, 사용목적, 건물의 구조 등 부동산의 표시에 관한 등기로서 표제부의 등기라고도 한다. 한편 권리의 등기는 등기용지 중 갑구란과 을구란에 하는 등기로서 부동산의 권리관계에 관한 등기로서 갑구·을구의 등기라고도 한다.

(2) 보존등기와 권리변동의 등기

보존등기란 미등기의 부동산에 관하여 그 소유자의 신청에 의하여 처음으로 이루어지는 소유권의 등기를 말한다. 이를 소유권보존등기라 한다. 우리 민법은 1부동산1등기기록의 원칙을 취하여 1개의 부동산에는 1개의 등기기록만이 있는 것을 원칙으로 한다(물적 편성주의). 그리하여 절차상의 문제로 2개의 소유권보존등기가 된 경우에 원칙적으로 나중에 행하여진 소유권보존등기는 무효이다. 권리변동의 등기란 소유권보존등기를 기초로 하여 그 후에 이루어지는 당해 부동산에 관한 권리변동(소유권의 이전, 저당권의 설정 등)의 등기이다.

(3) 등기의 종류

등기를 효력에 의하여 분류하면 종국등기, 예비등기로 나눌 수 있다.

① 종국등기 등기 본래의 효력, 즉 물권변동의 효력을 발생케 하는 등기이며, 보통의 등기가 이에 속한다.

② 말소등기 기존의 등기 전부를 말소하는 등기를 말소등기라고 한다. 타인이 권원도 없이 자신의 명의로 소유권이전등기를 하였다든지, (피담보)채무를 지거나 또는 갚아서 저당권이 소멸되었음에도 불구하고 저당권등기가 계

속되어 있는 경우에는 소유권이전등기나 저당권등기 전부를 말소하여야 한다. 이를 위한 등기가 말소등기이다. 말소등기는 등기 전부를 말소시킨다는 의미에서 일부의 내용 변경을 위한 변경등기나 경정등기와는 다르다.

③ 예비등기　등기 본래의 효력인 물권의 변동과는 직접 관계가 없고, 간접적으로 이에 대비해서 행하여지는 등기이다. 예비등기에는 가등기가 있다. 가등기는 부동산물권변동이 성립할 때까지 부동산물권변동을 목적으로 하는 청구권을 일시적, 잠정적으로 보호하기 위하여 행하여지는 등기를 말한다. 이러한 가등기에는 소유권이전청구권을 보전하기 위한 가등기와 채권 담보를 목적으로 하는 가등기가 있다. 후자의 담보가등기에 대해서는 「가등기담보 등에 관한 법률」이라는 특별법이 적용된다.

사 례 ≫ 갑은 을에게 그의 부동산을 매도하는 계약을 체결하였으나, 매매대금의 전부를 받지 못하자, 소유권이전등기는 매매대금을 전부 받을 때, 이전해 주기로 하고 우선은 을에게 가등기를 해 주었다. 그런데 돈이 궁했던 갑은 그 목적물을 다시 병에게 처분하여 소유권이전등기를 해버렸다. 그런데 그 후, 을이 갑에게 잔대금을 지급하고 갑의 부동산은 자신의 것이라고 주장한다. 과연 갑의 부동산은 누구의 소유로 귀속될까?

해설 가등기는 본등기(소유권이전등기)가 아니고 장차 본등기를 하기 위한 예비등기에 불과하므로 가등기를 하여 준 소유자는 소유권을 잃는 것이 아니며 따라서 자신의 부동산에 대하여 가등기 이후에도 계속 처분할 수 있다. 그러나 가등기가 되어 있는 부동산은 가등기에 기하여서 후에 본등기가 행하여지면, 「본등기의 순위는 가등기의 순위에 의하게 된다」(부동산등기법 제91조). 이로써 가등기는 본등기의 순위를 보전하는 효력이 있다. 이 때 주의할 것은 가등기에 기한 본등기가 행하여진 경우에 물권의 변동은 본등기를 한 때에 발생하고 다만 그 순위가 가등기를 한 때를 기준으로 하여 결정된다는 것이다. 그러므로 가등기가 행하여지기 전까지 병이 빌딩의 주인이지만, 가등기에 기한 본등기가 행하여지면 을의 소유권취득이 순위에서 병의 소유권취득을 앞서게 되므로 을이 그 빌딩의 소유권을 우선하여 취득하게 된다. 이 때 병 명의의 소유권등기는 병존할 수 없는 내용의 등기로서 직권으로 말소된다.

4. 등 기 부

부동산에 관한 권리관계와 객체인 부동산에 관한 상황을 기재하는 공적 장부가 등기부이다. 구체적으로 등기부는 토지등기부와 건물등기부가 있다.

그리고 특별법에 의하여 건물과 토지 이외의 부동산으로 다루어지는 것을 등기하기 위한 입목등기부, 공장재단등기부, 광업재단등기부가 있다. 그리고 선박, 자동차, 항공기, 건설기계에 관해서는 동산이지만 선박등기부, 자동차등록원부, 항공기등록원부, 건설기계등록원부가 비치되어 있다.

우리 부동산등기법은 「1부동산 1등기기록의 원칙」을 취하고 있으나 구분건물에 관하여는 예외를 인정하고 있다. 원래 등기기록은 부동산의 표시에 관한 사항을 기록하는 표제부와 소유권에 관한 사항을 기록하는 갑구 그리고 소유권 이외의 권리에 관한 사항을 기록하는 을구로 구성되어 있다. 표제부에는 등기번호란과 표제부가 함께 1장으로 구성되어 있고, 갑구, 을구가 각각 1장으로 이루어져 있다. 그런데 구분건물의 등기기록에는 1동의 건물에 관한 표제부와 전유부분에 관한 표제부가 각기 있으므로 1부동산 1등기기록의 원칙의 예외가 되고 있다. 이는 구분건물의 대지권과 전유부분의 소유권의 일치를 이루기 위한 조치인 것이다.

5. 등기사항

부동산등기법이 규정하고 있는 절차법상의 등기사항을 살펴보면 다음과 같다.

(1) 등기의 대상이 되는 물건

토지, 건물, 입목에 관한 법률에 의한 입목 등이 등기의 대상이다.

(2) 등기의 대상이 되는 권리

원칙적으로는 부동산물권, 그러나 점유권, 유치권 그리고 특수지역권(민법 제302조)은 그 성질상 등기할 필요가 없다. 그리고 특별법상의 권리로서 등기의 대상이 되는 권리가 있다(선박의 소유권·저당권·임차권, 입목의 소유권 및 저당권, 각종의 재단저당의 객체인 재단의 저당권 등).

(3) 등기의 대상이 되는 권리변동

등기의 대상이 되는 권리의 설정・보존・이전・변경・처분의 제한 또는 소멸이다.

6. 등기의 절차

(1) 공동신청주의

등기의 신청은 원칙적으로 등기권리자와 등기의무자가 공동으로 하여야 한다. 등기권리자란 신청된 등기가 행하여짐으로써 권리의 취득 등의 이익을 받는 자이고, 등기의무자는 그 반대로 등기가 행하여짐으로 불이익을 받는 자이다. 이들이 공동으로 등기를 신청하여야만 등기는 실체관계에 합치되게 된다.

그러나 공동신청에 의하지 않더라도 등기의 진정을 보장할 수 있는 사정이 있거나 또는 등기의 성질상 등기의무자가 있을 수 없는 경우에는 등기권리자 또는 등기명의인에 의한 단독신청이 인정된다.

(2) 등기신청의 방법

등기신청은 방문신청과 전자신청의 두 가지가 있다. 방문신청은 신청인(또는 그 대리인)이 등기소에 출석하여 신청정보 및 첨부정보를 적은 서면을 제출하는 방법이다(부동산등기법 제24조 제1항 제1호). 전자신청은 대법원규칙으로 정하는 바에 따라 전산정보처리조직을 이용하여 신청정보 및 첨부정보를 보내는 방법이다(동조항 제2호).

등기신청인이 등기신청을 위하여 제공하여야 하는 정보는 신청정보와 첨부정보이다(부동산등기법 제24조 제2항). 방문신청이나 전자신청이나 제공하는 정보의 내용에는 차이가 없으나, 다만 정보제공의 방식만이 차이가 있다. 신청정보는 목적부동산의 표시에 관한 것과 등기신청인의 신상정보 등이다(부동산등기규칙 제43조 등 참조). 그리고 첨부정보에는 등기원인을 증명하는 정보, 등기의무자의 권리에 관한 등기필정보, 등기원인에 요구되는 제3자의 동의・허가 또는 승낙을 증명하는 정보, 대리권한을 증명하는 서면, 인감증명(방문신청의 경우) 등이 있다(부동산등기규칙 제46조 참조).

(3) 등기신청에 대한 심사

등기신청에 대한 심사에는 실질적 심사주의와 형식적 심사주의가 있다. 형식적 심사주의는 오로지 등기절차상의 적법성 여부만을 심사하는 입법주의로서 우리의 부동산등기법은 등기관의 심사권한에 관하여 원칙적으로 형식적 심사주의를 취하고 있다.

등기관은 형식적 심사권을 가지나 등기신청이 법률상 허용될 수 없음이 명백한 경우에는 등기신청을 각하할 수 있다. 예를 들어, 사건이 그 등기소의 관할이 아닌 경우나 사건이 등기할 것이 아닌 경우(부동산등기법 제29조 제1호, 제2호)에는 등기관은 등기신청을 각하하여야 한다.

(4) 등기의 실행

등기관은 등기신청을 심사한 결과, 그 신청이 적법하다고 인정되는 경우에는 접수번호의 순서에 따라 등기사무를 처리하여야 한다(부동산등기법 제11조 제3항). 등기관은 등기사무를 전산정보처리조직을 이용하여 등기부에 등기사항을 기록하는 방식으로 처리하여야 한다(동조 제2항). 그리고 등기를 완료했을 때에는 등기정보를 작성하여 등기권리자에게 통지하여야 한다(동법 제50조 제1항).

(5) 등기관의 처분에 대한 이의

등기관의 부당한 처분 또는 결정에 대해서는 관할 지방법원에 이의신청을 할 수 있다(부동산등기법 제100조). 한편, 등기관의 고의나 과실에 의한 부당한 처분으로 인하여 손해를 입은 경우에는 국가배상법에 의한 배상청구를 하는 것이 가능할 수 있다.

7. 법률행위에 의한 부동산물권의 변동

민법 제186조는 「부동산에 관한 법률행위로 인한 물권의 득실변경은 등기하여야 그 효력이 생긴다」고 규정함으로써 법률행위에 의한 부동산물권변동에 관하여 성립요건주의(형식주의)의 원칙을 규정하고 있다.

따라서 부동산물권의 변동은 물권행위와 등기의 두 요건을 구비하여야 한다. 그런데 예를 들어 갑이 을에게 자기 소유의 부동산을 매각하고 을 명의로의 이전등기를 하지 않은 채 을이 다시 병과의 매매계약에 의해 병에게로 그 부동산을 매각한 후 등기는 갑에게서 직접 병에게로 이전등기를 하는 경우가 있다. 이러한 등기를 중간생략등기라고 한다. 이 중간생략등기는 그 목적이 등록세, 취득세 등의 세금면탈과 중간자의 양도소득세의 포탈을 목적으로 해서 이루어지는 경우가 많고, 그 밖에 각종의 공법적 규제를 회피하기 위한 수단으로 이용되고 있다.

이러한 중간생략등기를 한 것에 대한 처벌은 별도로 하고, 중간생략등기 자체의 유효여부에 관하여 판례는 이미 경료된 중간생략등기가 현재의 실체관계에 합치되는 경우에는 유효하다고 하고 있으며, 매도인, 매수인 그리고 최종매수인 전원의 합의가 있는 경우에는 중간생략등기의 합의에 따른 효력을 인정해 주고 있다. 갑을 병이 중간생략등기를 하기로 합의한 경우에는 최종매수인 병의 중간생략등기청구권은 인정된다.

한편 이러한 중간생략등기를 방지하기 위하여 「부동산등기특별조치법」에 의하여 탈세, 탈법, 투기목적의 중간생략등기를 한 경우에는 3년 이하의 징역 또는 1억원 이하의 벌금에 처하도록 하여 엄중한 형벌의 제재를 가하고 있다(동법 第8條).

8. 법률행위에 의하지 않는 부동산물권의 변동

민법 제187조 본문은 「상속, 공용징수, 판결, 경매 기타 법률의 규정에 의한 부동산에 관한 물권의 취득은 등기를 요하지 아니한다. 그러나 등기를 하지 아니하면 이를 처분하지 못한다」라고 규정하여, 제186조의 등기강제주의에도 불구하고 법률행위에 의하지 않는 물권변동에 있어서는 등기없이도 그 효력이 발생하는 것으로 규정하고 있다.

따라서 이에 해당하는 경우에는 등기를 하지 않아도 물권이 이전된다(민법 第187條). 그러나 제187조에 의하여 취득된 물권을 처분하려면 물권의 취득을 등기하고, 그 후에 처분에 따르는 등기를 하여야 한다(동조 단서).

사 례 ≫ 갑은 대전시 도마동에 약 200평의 땅을 가지고 있었다. 그런데 갑은 그 땅에 대하여 적절한 가격으로 을과 매매계약을 체결하였다. 그런데 갑자기 도마동의 땅값이 치솟기 시작하자 을은 갑에 대하여 매매대금의 지급과 상환적으로 이전등기를 하여 달라고 요구하고 갑은 이를 미루어 오다가, 갑은 교통사고로 갑자기 사망하였다. 갑의 슬하에는 어린 아들 A만이 남아 있다.

해설 위의 사례에서 을은 도마동 소재의 땅에 대하여 매매계약만 체결하였을 뿐, 아직 이전등기를 하고 있지 않으므로 을은 갑에 대하여 목적부동산인 상기의 땅을 자기에게 이전해 달라고 요구할 수 있는 채권자에 불과하다. 따라서 상기의 땅에 대한 물권인 소유권은 아직 갑에게 있고 이 물권은 갑의 사망에 의하여 그의 아들(상속 1순위의 직계비속, 제1000조 1호)에게 이전되는데, 이 때의 물권변동은 매매계약 등의 물권행위에 의한 것이 아니므로 등기하지 아니하고 A에게 귀속된다(민법 제187조). 다만 A는 상속을 통하여 갑의 채무도 승계하게 되므로, 생전에 갑이 을에게 부담하고 있는 채무로서 을에게의 목적부동산의 이전등기에 협력할 의무는 A가 상속하여 이를 부담하게 된다.

9. 등기의 효력

등기는 다음과 같은 효력을 갖는다.

(1) 권리변동적 효력

물권행위와 부합하는 등기가 있으면 부동산물권변동의 효력이 생긴다. 따라서 등기는 권리변동적 효력이 있고, 이것이 등기의 효력 중 가장 중요한 효력이다.

(2) 대항적 효력

지상권, 지역권, 전세권, 저당권에 관한 일정사항, 예컨대 이들 물권의 존속기간, 지료, 이자, 지료 또는 이자의 지급시기 등을 등기할 수 있는데, 이들은 등기된 때에 제3자에 대한 대항력이 발생한다.

(3) 순위확정적 효력

동일한 부동산에 관하여 설정된 수개의 권리의 순위는 법률에 다른 규정이 없으면 등기의 전후에 의하여 정하여진다. 이것을 순위확정적 효력이라 한다.

(4) 등기의 추정적 효력

등기가 되어 있으면 그에 대응하는 실체적 권리관계가 존재하는 것으로 추정된다. 즉 등기에는 등기부상의 법률관계가 실체법상으로도 존재하는 것으로 추측케 하는 효력이 인정되는데 이를 등기의 추정력이라 한다.

[5] 동산물권의 변동

민법 제188조 제1항은 「동산에 관한 물권의 양도는 그 동산을 인도하여야 효력이 생긴다」고 규정하고 있다. 즉 부동산과 마찬가지로 동산물권변동에 있어서도 형식주의(성립요건주의)의 원칙을 채용하여 '물권행위'와 '인도'를 요건으로 하고 있다.

인도란 점유의 이전을 말하는데, 다시 말하면 물건에 대한 사실상의 지배를 이전하는 것을 말한다.

인도를 하는 방법에는 원칙적으로 물건을 교부하는 것과 같이 동산을 현실적으로 인도하는 현실의 인도임이 원칙이나 간이인도, 점유개정, 목적물반환청구권의 양도와 같은 의사표시만에 의한 방법도 있다.

[6] 선의취득

부동산등기에는 공신력을 인정하고 있지 않지만 동산의 공시방법인 인도(점유)에 대하여는 공신력이 인정된다. 따라서 동산물권은 권리가 없는 자로부터도 취득할 수 있다. 예를 들면 을 소유의 동산을 임차하여 점유하고 있는 갑을 소유자로 믿고서 병이 갑으로부터 그 동산을 매수한 때에는 병은 완전한 소유권을 취득하게 된다. 즉 갑은 무권리자이므로 병은 갑으로부터 소유권을 취득할 수 없는 것이지만 갑의 점유, 즉 권리외관을 신뢰하였다면 병은 확실하게 소유권을 취득하게 된다. 이것이 바로 선의취득이다(민법 제249조).

이러한 선의취득이 성립하려면 다음과 같은 요건이 필요하다. ① 전주(前主)의 점유를 신뢰해서 거래를 한 선의취득자가 전주와 동산물권취득에 관한 유효한 거래행위를 하였을 것, ② 선의취득자는 평온, 공연, 선의, 무과실일 것, ③ 선의취득자가 점유를 취득하였을 것이다. 이러한 요건이 갖추어지면 선의취득자는 즉시로 그 동산에 대한 물권을 취득한다.

다만 선의취득의 요건을 갖춘 경우에도 선의취득한 동산이 도품이나 유실물인 때에는 피해자 또는 유실자는 도난 또는 유실한 날로부터 2년 내에 그 물건의 반환을 청구할 수 있다. 그러나 도품이나 유실물이 금전인 때에는 그 반환을 청구하지 못한다(민법 제250조).

그런데 유실물의 경우에는 습득자가 유실물법에 의하여 경찰서에 유실물을 제출한 때에는 공고 후 1년 내에 그 소유자가 권리를 주장하지 아니하면 습득자가 그 유실물의 소유권을 취득한다(민법 제253조).

그리고 소유자는 그 반환을 무상으로 청구할 수 있다. 그러나 예외적으로 취득자가 도품 또는 유실물을 「경매나 공개시장에서 또는 동종류의 물건을 판매하는 상인에게서 선의로 매수한 때」에는 피해자 또는 유실자는 「지급한 대가를 변상」하지 않으면 그 물건의 반환을 청구할 수 없다.

사 례≫ 갑은 을이 소장하고 있는 값비싼 고려청자를 훔쳐 내어 병에게 팔았다. 이를 모르는 병은 자기가 새로이 구입한 고려청자를 동호인들에게 자랑하다가 을이 도난당한 고려청자임이 밝혀졌다. 을은 병으로부터 자기가 잃어버린 고려청자를 되찾아 올 수 있는가?

해설 병은 갑이 그 고려청자(동산)에 대하여 진정한 권리자라고 믿고 이에 대하여 아무런 과실이 없이 그 물건을 구입하였다면, 그 물건에 대하여 비록 진정한 소유자로부터 구입하지 못했다 하더라도 소유권을 취득한다(선의취득: 민법제249조). 그러나 이러한 선의취득에 대하여는 예외가 있는데, 선의취득을 위하여는 그 목적동산이 점유이탈물(도난품이나 유실물)이 아니어야 한다. 본 사례에서는 고려청자가 도난품이므로 병이 선의·무과실이라 하더라도 2년 이내에는 이를 을에게 반환하여야 한다(민법 제250조).

[7] 「부동산실권리자명의등기에 관한 법률」에 대하여

1. 입법이유

부동산의 등기제도를 악용하여 부동산의 투기, 탈세, 탈법행위 등 반사회적 행위를 방지하고 부동산거래의 정상화와 부동산가격의 안정을 도모하여 국민경제의 건전한 발전에 이바지함을 목적으로 본법은 만들어졌다. 본법은 1995년 7월 1일부터 시행되고 있다.

2. 명의신탁의 금지

명의신탁은 「신탁자가 소유권을 보류하여 이를 관리 수익하면서, 공부상의 소유명의만을 수탁자로 하여 두는 것」(대판 1965. 5. 18. 65다312)으로서, 대외적으로는 수탁자가 소유자이나 진정한 소유자는 신탁자인 것이다. 따라서 명의신탁을 이용하면 신탁자에게 취득이 금지된 부동산을 수탁자의 명의로 신탁자가 실질적으로 취득할 수 있으며, 중간생략등기를 이용하여 부동산을 전매하게 되면 부동산양도에 대한 과세를 면탈할 수도 있다. 이를 방지하기 위하여 1995년 7월 1일 이후 부동산을 남의 이름으로 등기하는 경우 처벌을 받을 뿐만 아니라 명의신탁제도에 의하여 직전등기명의자와 명의수탁자 사이에 행하여진 등기에 의해서는 부동산에 관한 물권변동의 효력이 발생하지 아니하도록 규정하고 있다(동법 제4조 제2항 본문). 또한 명의신탁약정 자체도 무효가 된다(동법 제4조 제1항).

3. 예　　외

명의신탁이 조세포탈, 강제집행의 면탈 또는 법령상 제한의 회피 등 위법을 목적으로 하지 아니하는 경우에 한하여 다음의 경우에는 명의신탁의 등기를 유효한 것으로 하고, 과징금부과 및 처벌을 하지 아니한다(동법 제8조).

① 양도담보라는 사실을 등기한 양도담보(동법 제3조 제2항, 제14조 제)

② 신탁법에 따른 신탁등기(동법 제2조 1호 단서 다)

③ 상호명의신탁(지분등기, 동법 제2조 1호 단서 나)

④ 탈세 위법의 목적이 없는 종중재산, 부부간의 명의신탁(동법 제8조)

제 4 절　금전소비대차와 담보제도

[1] 금전소비대차

소비대차는 당사자의 일방(貸主)이 금전 기타 대체물의 소유권을 상대방(借主)에게 이전할 것을 약정하고 상대방은 동종 · 동질 · 동량의 물건을 반환할 것을 약정함으로써 성립하는 계약이다. 그 중에서도 특히 소비대차의 목적물이 금전인 경우가 금전소비대차이고, 현실적으로 소비신용을 위해 빈번하게 일어나는 것이 금전소비대차이다. 또 이러한 금전소비대차는 인적 · 물적 담보제도와 밀접하게 결합되어 있다. 즉 일상적으로 우리는 돈을 빌려 줄 때 빌려가는 사람이 그 돈을 꼭 갚는다는 약속만을 받는 것으로는 불충분하다고 생각한다. 그리하여 빌려가는 사람이 담보를 제공하여 그 돈을 갚지 않는 경우에는 그 담보를 실행하여 강제로 그 빌려준 돈을 받아낼 수 있는 법적 수단을 갖추어야 안심이 된다. 이러한 물적 담보에는 유치권, 질권, 저당권 등이 있다. 인적 담보제도로는 연대채무, 부진정연대채무, 보증채무, 연대보증채무 등이 있다.

그리고 금전소비대차는 현실적으로 대부분 이자를 지급하는 이자부 소비대차의 형태로 이루어진다. 즉 금전소비대차계약을 하면서 이자에 관한 특약의 합의를 하면, 차주는 금전을 빌려 쓴 대가로 이자를 지급하여야 한다. 그 이율은 당사자 간에서 자유롭게 결정할 수 있다. 이자는 지급하기로 하였으나 이율에 대하여 약정한 바가 없으면, 그 이율은 법정이율인 연 5%(민법 제379조)에 의하게 된다. 이 이자도 담보의 범위에 포함된다.

[2] 인적 담보제도

금전소비대차계약, 매매계약 등을 이유로 한 금전채권의 담보를 위하여 물적 담보(예: 저당권, 질권 등) 외에도 보증채무, 연대채무 등 인적 담보제도가 빈번하게 이용되고 있다. 인적 담보는 계약으로써 성립되므로 비용의 절감과 간편하다는 특징을 가진다.

1. 보증채무

(1) 의 의

보증채무는 채권자와 보증인의 보증계약에 의하여 주채무자가 채무를 이행하지 아니할 경우 보증인이 이를 이행할 것을 내용으로 하는 채무이다(민법 제428조 제1항). 따라서 주채무자가 그의 채무를 이행하지 아니할 때에는 보증인이 이를 이행할 채무를 짐으로써 주채무에 대한 채권을 담보하는 전형적인 인적 담보제도이다. 그러나 보증채무는 주채무에 종된 채무이기 때문에 주채무가 무효이거나 소멸되면 보증채무도 소멸하며, 보증채무의 내용이 주채무보다 무거울 수 없으며(민법 제430조), 또한 주채무에 대한 채권이 양도되면 원칙적으로 보증채무권도 이전한다.

(2) 보증계약

보증채무는 보증계약에 의하여 성립한다. 보증계약은 보증인을 보호하기 위하여 방식에 의하여 체결되어져야만 한다. 즉 보증은 그 의사가 보증인의 기명날인 또는 서면이 있는 서면으로 표시되어야 효력이 발생한다. 반드시 서면에 의해서 보증계약은 체결되어야 하고 보증의 의사가 전자적 형태로 표시된 경우에는 효력이 없다(민법 제428조의2 제1항). 이러한 보증의 방식은 보증채무를 보증인에게 불리하게 변경하는 경우에도 동일하게 적용된다(동조 제2항). 이러한 방식을 갖추지 못한 보증계약은 무효이다. 그러나 보증인이 보증채무를 이행한 경우에는 그 한도에서 방식의 하자를 이유로 보증의 무효를 주장할 수 없다(동조 제3항).

(3) 채권자의 보증인에 대한 정보제공의무와 통지의무

(가) 채권자의 정보제공의무

채권자는 보증계약을 체결할 때 보증계약의 체결 여부 또는 그 내용에 영향을 미칠 수 있는 주채무자의 채무 관련 신용정보를 보유하고 있거나 알고 있는 경우에는 보증인에게 그 정보를 알려야 한다(민법 제436조의2 제1항 전문). 이는 보증계약을 갱신할 때에도 같다(동조항 후문).

또한 채권자는 보증인의 청구가 있으면 주채무의 내용 및 그 이행 여부를 알려야 한다(동조 제3항).

(나) 채권자의 통지의무

채권자는 보증계약을 체결한 후에 다음 각 호의 어느 하나에 해당하는 사유가 있는 경우에는 지체없이 보증인에게 그 사실을 알려야 한다.

1. 주채무자가 원본, 이자, 위약금, 손해배상 또는 그 밖에 주채무에 종속한 채무를 3개월 이상 이행하지 아니하는 경우

2. 주채무자가 이행기에 이행할 수 없음을 미리 안 경우

3. 주채무자의 채무 관련 신용정보에 중대한 변화가 생겼음을 알게 된 경우

(다) 채권자의 의무위반에 대한 효과

채권자가 위의 정보제공의무나 통지의무를 위반한 경우 이로써 보증인이 손해를 입었다면 법원은 보증인의 책임을 감경할 수도 있고 경우에 따라서는 면제도 할 수 있다(동조 제4항).

(라) 보증채무의 보충성

채무의 이행을 청구하는 채권자에 대하여 보증인은 최고 및 검색의 항변권을 행사할 수 있다. 「최고의 항변권」은 채권자가 주채무자에 대하여 이행의 청구를 하지 않고 보증인에 대하여 이행의 청구를 하면 보증인은 채권자에게 먼저 이행을 최고할 것을 항변할 수 있는 권리이며, 「검색의 항변권」은 보증인이 채권자에게 먼저 주채무자의 재산에 대하여 집행할 것을 요구할 수 있는 권리이다. 보증인이 이들 항변권을 행사하기 위해서는 주채무자가 변제자력이 있고, 그 집행이 용이함을 증명하여야 한다.

2. 연대채무

연대채무는 수인의 채무자가 동일한 내용의 급부에 관하여 각각 독립하여 전부의 이행을 하여야 할 채무를 부담하고 그 중 어느 한 채무자가 전부의 급부를 하면 모든 채무자의 채무가 소멸하는 다수당사자의 채무이다(민법 제413조).

3. 특수한 인적 담보제도

현실에서 빈번하게 쓰이는 인적 담보제도는 이러한 단순한 보증채무나 연대채무가 아니라 연대보증, 공동보증, 근보증 등의 특수보증제도이다.

(1) 연대보증

연대보증은 보증인이 주채무자와 연대하여 채무를 이행할 것은 내용으로 하는 보증채무이다. 따라서 보증채무와 같은 최고・검색의 항변권이 인정되지 않고 보증인에 대하여 채무자보다 먼저 채무를 이행할 것을 청구하는 것도 가능하다. 이로써 채권의 담보력이 훨씬 강하다.

(2) 신원보증

인적 담보제도 중 주로 고용계약 내지 근로계약에 부수하여 체결되는 신원보증계약이 이용된다. 판례에 따르면, 신원보증계약은 피보증인인 피용자 내지 근로자가 고용계약 또는 근로계약상의 채무불이행 또는 직무상의 불법행위로 인한 손해담보의무를 부담하는 경우에 신원보증인이 손해배상의무를 이행할 것을 내용으로 하는 부종적 보증계약이다(대판 1982. 3. 23, 80다230).

그리고 신원보증인의 책임을 완화하기 위해 신원보증법이 제정되어 시행되고 있다. 신원보증법에 따르면, 신원보증계약이라 함은 인수, 보증 기타 명칭 여하를 불문하고 피용자의 행위로 사용자가 받은 손해를 배상하는 것을 약정하는 계약이다(동법 제2조). 신원보증계약의 존속기간은 원칙적으로 2년이다. 또한 신원보증인을 보호하기 위해, 피용자가 업무상 적임자가 아니거나 불성실한 행적이 있어 이로 말미암아 신원보증인의 책임을 발생케 할 염려가 있음을 안 때와 피용자의 임무 또는 임지(任地)를 변경함으로써 신원보증인의 책임을 가중하거나 또는 감독이 곤란하게 된 때는 이를 신원보증인에게 지체없이 그 사실을 통지하도록 하고 있다(동법 제4조). 사용자가 이러한 통지를 고의 또는 중과실로 게을리하여, 신원보증인이 계약해지권을 행사하지 못한 경우에는 신원보증인은 그로 인하여 발생된 손해의 한도에서 의무를 면한다(동법 제4조 제2항).

[3] 물적 담보

1. 의 의

물적 담보란 채무자의 책임재산을 이루고 있는 재화 중 어느 특정 재화를 가지고 담보에 충당하는 제도이다. 예컨대 1억원의 재산을 가지고 있는 A에게 순차적으로 갑은 8천만원, 을은 7천만원, 병은 5천만원 그리고 정도 5천만원을 빌려 주었다고 했을 때, 채권은 배타성이 없는 권리로서 그 성립에 있어서 순위나 시간적 우선성에 따른 우월성을 인정하여 주지 않는다. 따라서 채무자 A가 변제능력을 잃게 되었을 때, 모든 채권자들은 평등하게 채권의 실행을 할 수 있을 뿐이므로 A의 1억원책임재산에 대하여 갑은 25분의 8(3천2백만원), 을은 25분의 7(2천8백만원), 병은 25분의 5(2천만원) 그리고 정도 25분의 5(2천만원)의 변제에 만족할 수밖에 없다. 이러한 위험을 방지하기 위하여 채무자나 그의 채무를 자신의 재산으로 책임을 지겠다는 제3자(물상보증인)의 재화에 담보권을 설정하게 되면 그 채권자는 채권자평등의 원칙을 깨고 그 물적 담보로부터 자신의 채권을 우선 변제받게 된다. 즉 물적 담보제도는 채무자 또는 제3자(물상보증인) 소유의 물건에 대하여 교환가치의 파악을 목적으로 하는 물권의 설정을 통하여 권리순위에 따라 배타적으로 채권의 만족을 얻도록 하는 제도이다. 인적 담보는 실제적으로 보증인 등의 재산상태에 의존하여 채권의 실현이 확보되는가의 여부가 불확실한 반면에, 물적 담보제도는 피담보목적물의 가격이 급격히 떨어지지 않는 한 가장 확실한 채권담보제도인 것이다. 그러나 물적 담보는 담보물권의 설정에 의하여 성립되므로 그 절차가 계약의 체결로써 성립되는 인적 담보에 비하여 복잡하다는 단점이 있다.

2. 담보물권의 효력

(1) 우선변제적 효력

채권의 변제를 받지 못한 때에 채권자가 목적물을 환가해서 다른 채권자보다 우선하여 변제를 받을 수 있는 효력이다. 질권, 저당권에 인정되는 효력이다.

(2) 유치적 효력

채권담보를 위해서 목적물을 유치하여 채무변제를 간접적으로 강제하는 효력으로서, 유치권, 질권에 인정되는 효력이다. 그러나 저당권의 경우에는 목적물의 점유를 요소로 하지 않으므로 유치적 효력은 없다.

3. 담보물권의 순위

동일물 위에 두 개 이상의 담보물권이 존재하는 경우에는 그 담보물권 상호간의 순위가 문제되는데, 우리 민법과 같이 담보물권을 주로 채권담보의 목적을 위하여 사용하는 입법례에서는 순위의 문제는 동일물 위의 각 담보물권의 상대적 우열의 문제에 지나지 않는 것으로 본다. 따라서 선순위의 담보물권이 소멸하면 후순위의 담보물권의 순위는 승진하게 된다(순위승진의 원칙).

4. 물적 담보의 유형

(1) 제한물권의 법리에 의하는 것

완전물권인 소유권은 그 물건에 대한 완전한 지배의 내용으로서 이용가치와 시장가치를 지배로 구성되어 있다. 이 중에서 전자의 가치를 지배하는 물권을 용익물권이라 하고, 후자의 가치를 지배하는 물권을 담보물권이라 한다. 이러한 의미에서 담보물권은 제한물권의 법리에 기초한 권리인 것이다. 다시 담보물권은 법정담보물권과 약정담보물권으로 나누어진다.

(가) 약정담보물권

일반적인 담보물권으로서 당사자 사이의 약정에 의하여 성립하는 담보물권이다.

① 질 권 　질권이란 채권자가 그 채권의 담보로 채무자 또는 제3자가 제공한 동산 또는 재산권을 점유하고, 그 동산 또는 재산권에 대하여 다른 채권자보다 우선하여 자기 채권의 변제를 받는 담보물권이다(민법 제329조). 예컨대 바람직한 예는 아니지만, 갑은 술을 마시고 계산하려 할 때 자신이 지갑을 집에 두고 온 것을 알았다. 갑이 "내일 와서 갚겠다"라고 하고 술집을 빠져 나올 수 있으면 좋지만, 외상술값에 멍든 술집주인은 갑이 가지고 있는 가치있는 물건을 맡기기를 요구하고 갑은 이에 응하여 자신의 시계, 반지를 맡긴 경우에 갑과 술집주인과는 질권이 설정된 것이다. 술집 주인은 이를 보관하고 있다가 술값을 갚을 때까지 그 반환을 거부하고 그래도 갚지 않으면 그 시계와 반지에 대

한 담보권의 실행(경매나 간이변제충당)을 통하여 자신의 채권의 만족을 기할 수 있다. 질권은 부동산이 아닌 동산이나 권리에 설정되며, 「유치적 효력」과 「우선변제적 효력」을 가진다.

② **저당권** 저당권은 채무자 또는 제3자가 점유를 이전하지 아니하고 채무의 담보로 제공한 부동산에 대하여 저당권자가 다른 채권자보다 우선변제를 받는 담보물권이다(민법 제356조). 저당권에 있어서는 설정자(채무자나 제3자)가 부동산을 채권자에게 점유를 이전하여 주는 것이 아니라 계속해서 보유하므로 공적 장부(등기부)에 의한 공시방법이 저당권설정에서 반드시 요구된다. 따라서 등기부 등의 공적 장부에 의하여 권리관계를 공시할 수 있는 목적물만이 저당권의 객체로 된다. 대표적으로 부동산에 대한 저당권을 설정하기 위해서는 저당권설정계약과 저당권설정등기를 경료하여야만 한다. 이 점에서 저당권은 유치적 효력은 없고, 오로지 목적물의 교환가치만을 파악하는 채권변제의 우선적 효력을 확보하는 것이 그 주된 권리내용으로 된다. 다시 말해서 저당권은 목적물의 교환가치에 대한 배타적 지배를 내용으로 하는 전형적인 가치권인 것이다.

사 례 ≫ 자력이 별로 없는 갑은 을에게 5천만원을 사업자금으로 빌리면서 싯가 1억원 상당의 갑의 아버지 병의 빌딩에 저당권을 설정하였다. 그런데 병소유의 빌딩에는 이미 정이 병에 대한 채권 8천만원에 대하여 저당권이 설정되어 있다. 갑이 사업에 실패하여 을에게 빌린 사업자금을 갚지 못한다면 어떻게 될 것인가?

해설 일반적으로 저당권의 설정은 채무자와 채권자 사이에서 이루어지는 것이지만, 제3자가 자신의 부동산에 대하여 저당권을 설정하여 주는 것도 괜찮다. 이렇듯 자기의 재산으로 타인(채무자)의 채무를 보증하여 주는 사람을 「물상보증인」이라 한다. 본 사례에서는 저당권의 설정이 채권자인 을과 채무자의 아버지 병 사이에 병의 빌딩에 대하여 이루어졌다. 만일 갑이 채무를 이행하지 못한다면, 채권자 을은 병의 빌딩에 저당권을 실행하여 자기채권의 만족을 기할 수 있다. 그런데 병의 빌딩에는 을에 앞서서 정의 선순위 저당권이 설정되어 있으므로, 만일 병의 빌딩이 싯가대로 경매되었다 하더라도 그 경매대금 1억원에 대하여 우선 정의 8천만원의 채권이 만족을 얻게 되고, 나머지 2천만원에 대하여 을은 우선 변제를 받을 수 있을 뿐이다(여기에서 이자, 위약금, 저당권의 실행비용 등에 대하여는 고려하지 않았음). 그리고 자기 재산으로써 타인의 채무를 변제토록 한 물상보증인은 채무자에 대하여 구상권을 행사할 수 있다.

③ **전세권** 전세권은 전세금을 지급하고 타인의 부동산을 점유하여 그 부동산의 용도에 좇아 사용·수익하며, 그 부동산 전부에 대하여 후순위권리자 기타 채권자보다 전세금에 관한 우선변제권이 인정되는 물권이다(민법 제303조 제1항). 전세권은 목적물을 사용·수익한다는 점에서 용익물권적 특질과 전세금에 대하여는 다른 후순위권리자에 우선하여 변제받는다는 담보물권적 특질을 함께 가지고 있는 물권이다. 전세권은 물권으로서 전세권설정계약 및 전세권설정등기를 경료하여야 성립된다. 따라서 일반 사회에서 흔히 등기도 하지 않고 방이나 집을 빌어쓰는 "전세"는 물권인 전세권이 아니라 채권으로서 일종의 임차권으로 이해된다.

(나) **법정담보물권**

법률의 규정에 의하여 당연히 성립하는 담보물권이다.

① **유치권** 유치권은 타인의 물건 또는 유가증권을 점유한 자가 그 물건이나 유가증권에 관하여 생긴 채권을 가지는 경우에 그 채권의 변제를 받을 때까지 그 물건이나 유가증권을 유치할 수 있는 권리이다(민법 제320조 제1항). 유치권은 목적물을 반환하지 않고 유치함으로써 채권자에게 심리적 압박을 가하여 변제를 하도록 하는 담보물권이다. 따라서 유치권은 약정담보물권이 아니라, 법률의 규정에 의하여 성립되는 법정담보물권인 것이다. 예컨대 시계점에 시계의 수리를 맡긴 사람이 수선비를 지급하지 아니하고 시계의 반환을 청구하면(시계소유권에 기한 반환청구권을 행사하면), 시계점 주인은 시계수선비를 받을 때까지 시계의 인도(점유의 이전)를 거부하고 시계의 유치(점유의 계속)를 할 수 있으므로 수선을 부탁한 자는 수선비를 지급하지 않고는 그 보다 훨씬 더 비싼 시계를 찾아 올 수 없게 된다. 그리하여 시계의 반환을 받기 위해서는 수선비의 지급(채무의 이행)을 하여야 하고 이를 통하여 그 물건을 점유한 자(유치권자)의 채권은 담보되는 것이다. 유치권은 우선변제적 효력은 민법의 명문으로 인정되고 있지 않으나, 유치할 수 있다는 권한에 의하여 사실적으로 채권의 우선변제를 받게 된다.

② **법정질권** 민법은 「부동산임대인의 임대차에 대한 채권」에 관하여 예외적으로 법정질권이 성립하는 경우를 규정한다. 다음의 경우에는 법률에 의

하여 질권과 동일한 효력이 발생한다.

(i) 토지임대인이 임대차에 관한 채권에 의하여 임차지에 부속 또는 그 사용의 편익에 공용한 임차인 소유의 동산 및 그 토지의 과실을 압류한 때(민법 제648조)

(ii) 건물 기타 공작물의 임대인이 임대차에 관한 채권에 의하여 그 건물 기타 공작물에 부속한 임차인 소유의 동산을 압류한 때(민법 제650조)

③ **법정저당권** 민법은 토지임대인이 변제기를 경과한 최후 2년의 임대채권에 의하여 그 지상에 있는 임차인소유의 건물을 압류한 때에 성립한다(민법 제649조).

④ **우선특권** 목적물을 유치하지 않더라도 우선변제권이 인정되는 권리이다. 근로자의 임금채권우선변제권(근로기준법 제38조), 주택임차인의 보증금우선변제권(주택임대차보호법 제3조의 2) 등이 이에 속한다.

(2) 소유권이전의 법리에 의한 담보물권

(가) 양도담보

소유권이전의 담보물권으로서는 양도담보를 들 수 있다. 이는 담보설정자가 담보목적물의 소유권을 채권자에게 이전하되, 그 소유권에 기한 권리행사는 담보목적의 범위 내에서만 하기로 약정하는 담보권의 설정을 말한다. 이 경우 채무자가 채무를 변제하면 소유권은 복귀하게 되지만, 채무를 변제하지 못하면 채권자의 소유권취득이 확정되거나 또는 목적물을 환가하여 정산하는 방법을 취해야 한다.

① **양도담보의 형식** 양도담보는 목적물의 소유권을 이전하는 형식으로 채권을 담보하는 제도이다. 이에는 계약체결과 동시에 목적물의 소유권을 채권자에게 이전하는 형식을 취하는 것(매도담보)과 채무불이행이 있을 시에 목적물의 소유권이 채권자에게 이전하는 형식을 취하는 것(대물변제예약에 의한 양도담보)이 있다. 그런데 후술하는 가등기담보법에 의해 모든 양도담보에 있어서 청산절차를 밟도록 함으로써 매도담보는 그 의미를 잃게 되었다.

② **대물변제와 대물변제의 예약** 대물변제란 채권자의 승낙을 얻어 채무자가 부담하고 있는 본래의 급부에 갈음하여 다른 급부를 현실적으로 이행함으로써 채권을 만족시키는 것을 말한다(민법 제466조). 그런데 이러한 대물변제에 관하여 이행기 이전의 계약으로 이러한 내용을 미리 약정하여 두는 수가 있다. 예컨대 어떤 사람이 사채업자로부터 5천만원을 빌리면서 이 채무를 갚지 못하는

경우에는 1억원 상당의 자신 소유의 대지로 대신 갚는 것을 약정하는 것을 말한다. 이러한 대물변제를 내용으로 하는 예약을 대물변제의 예약이라고 한다. 예를 들어 채무자가 빌린 5천만원을 사채업자에게 갚지 못하는 경우에는 1억원 상당의 집의 소유권이 사채업자에게 이전된다. 이러한 결과 대물변제의 예약은 일종의 채권의 담보로서 작용하게 된다. 그렇지만 다른 한편으로는 사채업자에게 폭리를 취하는 결과를 가져오기도 한다. 이러한 문제를 해결하기 위하여 「당사자의 약정으로서 차주에게 불리한 것은 어떠한 명목이라도 그 효력이 없다」고 민법은 규정하고 있다(민법 제608조). 이 규정의 의미는 청산을 전제로 한 양도담보의 설정을 한 것으로 보아, 사채업자는 원금과 이자를 제한 나머지를 채무자에게 반환해 주어야 한다.

(나) 가등기담보

① 의 의　　가등기는 순위확보적 효력이 있으므로, 채권을 담보할 목적으로 가등기가 이용된다. 이러한 가등기의 기능은 담보로서의 역할도 하게 된다. 채권자와 채무자(또는 제3자) 사이에서 채무자(또는 제3자) 소유의 부동산을 목적물로 하는 대물변제예약 또는 매매예약 등을 하고, 이와 동시에 채무자의 채무불이행이 있는 경우에 채권자가 그의 예약완결권을 행사함으로써 발생하게 될 장래의 소유권이전등기청구권을 보전하기 위한 가등기를 하는 경우를 말한다.

② 「가등기담보 등에 관한 법률」의 규정내용　　부동산에 관한 양도담보의 폐해(담보권자의 폭리)를 해결하기 위하여 동법은 1984년 1월 1일부로 시행되고 있다. 본법의 가장 중요한 내용은 채권자가 청산을 하지 않으면, 담보목적물의 소유권을 취득할 수 없도록 하고 있다(청산은 귀속청산을 원칙으로 하고 있다). 그리하여 채권자는 더 이상 부동산에 대하여는 차액 및 이자를 제외한 어떠한 부당한 이득도 취할 수 없게 되었다. 또한 본법은 등기할 수 있는 목적물을 그 대상으로 하고 있고, 이를 “가등기담보 등”이란 표현을 통하여 가등기담보만을 규율하는 것이 아니라 등기 또는 등록할 수 있는 권리의 취득을 목적으로 하는 담보계약에도 준용된다(동법 제18조). 그러므로 등기나 등록을 할 수 있는 목적물에 대한 담보를 내용으로 하는 담보계약은 모두 본법에 의하여 규율된다. 다만 등기나 등록을 할 수 없는 권리나 동산의 양도담보에 대하여는 양도담보의 법리에 의하여 해결할 수밖에 없다.

제 5 절 주택의 임대차

[1] 주택임대차보호법의 필요성

산업이 급격히 발달하고 근대화가 진행됨에 따라 인구의 도시집중 현상이 심화되고, 주거용 건물의 부족으로 인해 주택문제가 날로 심각하게 되었다.이러한 주택의 수요와 공급의 현격한 차이로 인해 무주택자가 급증하게 되었고, 이들은 타인의 주택을 용익(用益)할 수밖에 없게 되었는데, 우월한 지위에 있는 주택소유자들은 자신에게 유리한 「임대차」나 「채권적 전세」를 주로 이용하여 왔다. 그런데 이 제도들은 임차인이나 전세입주자에게 채권자로서의 지위만을 부여하기 때문에 임대주택의 소유권의 양수인 등의 물권자에게 대항하지 못하는 문제로 인하여 이들의 보호가 큰 사회문제로 대두되게 되었다.

이를 해결하기 위해 임차권의 대항력을 중심으로 한 법적인 보호방법을 강구한 주택임대차보호법이 1981년 3월 5일 법률 제3379호로 처음 제정되었다.

[2] 주택임대차보호법의 적용범위

주택임대차보호법은 주거용 건물의 임대차를 적용대상으로 한다.

(1) 동법은 주거용 건물의 전부 또는 일부의 임대차에도 적용되며(동법 제2조 본문), 그 임차 주택의 일부가 주거 외의 목적으로 사용되는 경우에도 적용된다(동법 제2조 단서). 이 때에는 임대목적물의 주된 사용 목적이 주거용이어야 한다. 그러므로 예컨대 점포가 딸린 주택 등 주거용 건물의 일부가 사무실, 가게, 창고, 공장 등 비주거용으로 사용되는 경우에도 임대목적물의 주된 용도가 주거용인 경우에는 본조가 적용된다.

(2) 우리의 전통적 전세제도로서 주택에 대해 등기하지 아니한 전세계약에 관하여도 동법은 적용된다(동법 제12조). 이 경우에 '전세금'은 '임대차의 보증금'으로 보게 된다.

(3) 또한 주거용 건물이 임대차일지라도 일시사용을 위한 임대차인 경우에는 동법이 적용되지 않는다(동법 제11조).

[3] 주택임차권의 대항력

1. 의 의

주택임차권의 대항력이란 주택의 용익권자로서 임차인이 임차권에 관해 등기를 하지 않은 경우라도 타인의 주택을 사용 수익하며, 보증금에 대한 권리관계를 계약당사자인 임대인뿐만 아니라, 타인에 대하여도 주장할 수 있는 힘을 말한다.

2. 요 건

주택임대차보호법 제3조는 "임대차는 그 등기가 없는 경우에도 임차인이 주택의 인도와 주민등록을 마친 때에는 그 익일부터 제3자에 대하여 그 효력이 있다"라고 규정하여, 민법이 요구하는 등기보다 그 요건을 완화시켜 주고 있다. 원래 부동산임차인은 당사자간에 반대 약정이 없으면, 임차인에 대하여 임대차 등기절차에 협력할 것을 청구할 수 있다(민법 제621조 제1항). 그러나 실제 임대인이 동의하는 경우가 드물기 때문에 등기가 행해지는 경우가 많지 않았다.

이를 시정하기 위해, 등기에 비해 간편한 방법인 '주택의 인도'와 '주민등록'을 대항요건으로 채택하게 되었다. 임차인이 주민등록(전입신고)을 마치면 그 다음날로부터 제3자에게 대항할 수 있는 대항력을 취득하게 된다. 또한 임차인이 보증금 전액에 대한 우선변제권을 취득하기 위해서는 또 하나의 요건으로 '확정일자'를 갖추어야 한다.

(1) 주택의 인도(引渡)

주택의 인도는 임차인이 현실적으로 주택에의 입주하는 것을 말하며, 현실의 인도뿐만 아니라 간이인도, 또는 목적물반환청구권의 양도에 의한 인도도 가능하다. 점유개정(占有改定)에 의한 인도에 대해서는 반대의견도 있으나 인정하는 것이 타당할 것이다.

(2) 주민등록

주민등록이란 주민의 거주관계를 파악하기 위한 행정적인 목적으로 마련된 제도로서 주택임대차에서는 이를 공시요건의 하나로 이용하고 있다.

주민등록의 절차는 전입신고 · 주민등록표의 이송 · 주민등록표의 정리 · 작성의 순서로 진행된다. 이 때 새로 전입한 사람이 전입신고를 하더라도 주민등록이 되기까지는 시간적인 차이가 있게 되는데, 이러한 시간적 간격의 보호를 위하여 주택임대차보호법은 '전입신고를 한 때'에 주민등록을 한 것으로 보고 있다(동법 제3조 제1항 후단).

① 주민등록은 대항력취득시에만 구비하면 족한 것이 아니고, 그 대항력을 유지하기 위해서는 계속 존속하고 있어야만 한다. 그러나 임차인이 가족과 함께 살면서 그 가족의 주민등록은 남겨둔 채 임차인 본인만 잠시 다른 곳으로 주민등록을 이전했다고 하더라도, 공동생활을 하는 가족의 주민등록이 되어 있고 임차인이 함께 생활하면 임대차보호법상의 대항요건을 구비하고 있는 것으로 인정된다.

② 주민등록은 임차인 본인뿐만 아니라 실제 공동생활을 하고 있는 가족, 즉 임차인의 배우자, 직계존비속, 형제들의 주민등록이 되어 있는 경우도 포함한다.

③ 또한 주민등록은 실제 거주하고 있는 주택을 정확히 나타내야 한다. 만일 착오로 인하여 주민등록을 실제 살고 있는 주택의 지번과 다른 지번으로 등록하게 되는 경우에는, 나중에 올바른 지번으로 고치게 된 날짜에 비로소 대항력을 취득하게 된다. 따라서 임대차계약시 이사가는 집의 지번을 정확히 알아서 피해를 미연에 방지하는 것이 바람직하다. 예컨대 다세대주택의 건물의 신축중 임대차계약이 '3동 203호'로 이루어졌는데, 준공검사 후에는 그 아파트가 '3동 205호'로 등재된 경우에 입주자가 입주당시에는 3동 203호로 주민등록을 하였다면 대항력이 없고, 다만 이의신청을 통하여 주민등록을 '3동 205호'로 정정한 때로부터 대항력이 발생한다.

(3) 확정일자

확정일자는 그 날짜에 임대차계약서가 존재한다는 사실을 증명하기 위하여 계약서에 공신력있는 기관(법원, 공증인, 동사무소 등)에서 확인인을 찍어 주고 확정일자부의 번호를 계약서상에 기재하는 것을 말한다. 보증금 전액에 대하여 대항요건을 갖추기 위해서는 계약서상에 확정일자도 받아야 한다.

3. 대항력의 발생시기

주택임대차의 경우에 주택의 인도와 주민등록이 공시방법으로서는 매우 불완전하기 때문에, 대항력은 인도와 주민등록을 한 날의 그 다음 날로부터 효력이 발생하게 된다(동법 제3조 1항). 또한 전액보증금에 대한 우선변제권을 갖기 위한 요건으로 확정일자가 요구되는 경우에는, 후순위권리자나 기타의 채권자보다 확정일자인을 받은 임차인이 우선순위에 있게 된다.

4. 대항력의 내용

(1) 의 의

임차인이 대항력의 발생요건을 갖추면 그 때부터 제3자에게 임차권을 주장할 수 있다. 여기서 제3자란 임차주택의 양수인, 담보물권취득자, 압류채권자, 가등기권자 등이 될 것이다.

또한 주택임차인이 임대인의 동의를 얻어 적법하게 임차권을 양도하거나 전대하고, 임차인이 퇴거하기 전에 전차인이 주민등록을 마치고 임차인으로부터 주택을 인도받아 살고 있다면, 원래의 임차인이 갖는 임차권의 대항력은 존속된다. 따라서 전차인은 이 대항력에 근거하여 원래의 임차인이 보증금을 반환받을 때까지 임차주택에 적법하게 살 수 있다.

(2) 주택의 양수인

주택임대차보호법은 명문으로 임차주택의 양수인은 임대인의 지위를 승계한 것으로 본다고 규정하고 있다(동법 제3조 제2항). 지위의 승계란 양도인이 임대인으로서 가지는 권리·의무를 물려받는 것을 말하는데, 순수한 임대차관계 즉 임차물을 사용·수익할 권리 및 차임의 지급의무 등의 법률관계뿐만 아니라, 보증금에 관한 권리·의무도 포함하는 것이다. 그러므로 임차주택의 소유권이 매매·증여·상속 등의 사유로 이전된 경우에, 양수인에 대한 관계에서도 임차인은 종전 그대로 임차권을 주장할 수 있다. 보증금반환채무도 양수인에게 이전된다.

(3) 저당권자와의 관계

주택임차권자가 대항요건을 갖춘 시기와 저당권 취득시기의 선후에 따라 그 우열이 결정된다.

그런데 주택임차권자가 취득하는 우선특권은 우선변제권은 있으나 그것을 실행할 경매청구권이 인정되지 아니하는 불완전 담보물권이므로, 저당권이 실행되는 경우에 그 우선순위가 문제된다. 예컨대 임차주택에 권리관계가 A(1번 저당권), B(대항요건을 구비한 임차권), C(2번 저당권)의 순서로 되어있는 경우에, C의 2번 저당권의 실행으로 인하여 임차주택이 경매될 경우에는, A의 1번 저당권과 함께 B의 임차권도 함께 소멸하게 된다(소멸주의). 즉 저당권의 경우는 경매인의 권리보다 먼저 등기한 것도 소멸하는 것이므로 후순위저당권의 실행으로 목적부동산이 경락되어 그 선순위저당권이 함께 소멸한 경우라면, 비록 후순위저당권자에게는 대항할 수 있는 임차권이더라도 소멸된 선순위저당권보다 뒤에 등기되었거나 대항력을 갖춘 임차권은 함께 소멸한다. 이와 같은 경우의 경락인은 주택임대차보호법 제3조에서 말하는 임차주택의 양수인 중에 포함되지 않는다 할 것이므로, 경락인에 대하여 그 임차권의 효력을 주장할 수 없다고 할 것이다(대판 1987. 2. 24. 86다카1936). 이때 B는 소액임차보증금의 우선변제권으로 경매배당에 참가하는 것 외에는 경락인에게 대항할 수 없다.

그러나 이 경우에도 B가 일정한 대항요건과 임대차 계약서상에 확정일자인을 갖추면 2순위 저당권자인 C보다 우선하여 보증금을 변제받을 수 있다(동법 제3조의 2제2항). 즉 C의 저당권 실행으로 인하여 경매가 진행된 경우에, 1번 저당권자인 A가 경락대금에서 우선 배당받은 후에 B가 C에 앞서 배당받게 된다.

반면에 A(대항요건을 구비한 임차권), B(1번 저당권), C(2번 저당권)의 순서로 되어 있는 경우에는, C의 2번 저당권의 실행으로 경매가 실시된다 하더라도, A는 임차보증금 전액을 가지고 배당에 참가하거나 저당권실행으로 인한 경락인에게 대항할 수 있게 된다.

[4] 보증금의 보장

1. 서 론

주택임대차보호법에는 두 가지의 보증금 우선특권을 규정하고 있다. 그 첫째는 동법이 제정(1981. 3. 5. 법률 제3379호)되었을 때부터 인정되어 그 내용이 변천되어온 보증금 중 일정액의 최우선특권(동법 제8조)이고, 둘째는 1989년 12월 30일 법률 제4188호로 동법을 개정하면서 신설된 보증금 전액에 대한 순위에 의한 우선특권이다(동법 제3조의 2). 각각의 요건과 내용은 다르다.

2. 주택임대차보호법상의 우선특권

주택임대차보호법상의 우선특권은 특별우선특권이며, 경매청구권이 인정되지 아니하는 불완전담보물권이다. 또한 주택임대차보호법상의 두 가지의 우선특권의 내용과 요건은 각각 상이하다.

(1) 소액보증금 일부의 최우선변제

(가) 먼저 보증금 중 일정액의 우선특권은 임차주택에 대한 최우선특권으로서, 보증금 중 일정액에 대해서는 임차주택에 대한 다른 어떠한 담보물권자보다 우선하여 변제받을 수 있는 우선특권이다(동법 제8조 제1항).

이 주택임차인의 최우선특권은, 그 임차주택에 대한 경매신청의 등기 전에 임차인이 그 '임차주택의 인도'와 '주민등록의 전입신고'를 마치게 되면, 법률의 규정에 의하여 당연히 발생하는 법정담보물권이다. 그 요건으로서는, ① 적법한 임대차 계약을 체결하였을 것, ② 주택의 인도와 주민등록을 마쳤을 것, ③ 임대차계약 및 주택의 인도와 주민등록이 경매되기 이전에 이루어진 것일 것, ④ 낙찰허가 결정 이전에 배당요구를 신청한 것일 것 등이다.

(나) 소액보증금의 범위와 우선변제를 받을 수 있는 한도액은, 주택가액의 2분의 1의 범위내에서 대통령령으로 정하고 있다. 즉 하나의 주택에 임차인이 2인 이상이고, 각자 소액보증금의 합산액이 주택가액의 2분의 1을 초과하는 경우에는, 그 소액보증금의 합산액에 대한 임차인의 소액보증금의 비율로 그 주택가액의 2분의 1에 해당하는 금액에 대해서만 우선변제받을 수 있다(동령 제3조 제3항).

(다) 보호받을 수 있는 한도액은 주택임대차보호법 시행령에서 자세히 규정하고 있다. 본 시행령은 소액보증금의 한도액수와 그 소액보증금 중 최우선변제를 받을 수 있는 액수를 특별시, 수도권, 광역시, 지방 등으로 구분하여 달리 정하고 있다. 또한 소액보증금의 범위는 자주 바뀌므로 그때 그때 문제발생시마다 위의 시행령을 찾아 보아야 한다.

(2) 보증금 전액의 우선변제

(가) 보증금 전액에 대한 순위에 의한 우선특권은, 주택의 임차인이 임차주택을 인도받고 주민등록 전입신고를 하는 것만으로는 성립하지 아니하고, 임대차계약서상에 확정일자인을 부여받아야만 성립된다(동법 제3조 2 제2항). 확정일자 부여의 신청은 임차인 단독으로 할 수 있으며, 양 당사자가 공동으로 신청할 수도 있다. 확정일자는 보증금의 회수에 대한 우선변제권을 주기 위한 것이다.

(나) 이렇게 임차인이 주택의 인도와 주민등록을 마치는 대항요건을 구비하고 임대차계약서상에 확정일자를 갖춘 경우에는, 임대인의 채권자에 의한 강제집행이나 담보권의 실행, 더 나아가 공경매 또는 공매되는 경우에 임차주택의 환가대금에서 후순위권리자, 기타 채권자보다 우선하여 보증금을 변제받을 권리가 있다.

(3) 보증금의 수령조건

임차주택이 경매나 공매에 의하여 팔리게 되었을 때 그 팔린 대금에서 보증금을 변제받는 경우는, 소액보증금 일부의 최우선변제권에 의한 우선변제와 확정일자부 임차인의 순위에 따른 배당의 두 경우가 있게 된다.

이 때 환가대금에서 보증금을 변제받기 위해서는, 집을 비웠다는 낙찰자가 발급한 명도확인서와 낙찰자의 인감증명을 법원에 제출하도록 하고 있다.

[5] 임차권의 존속 보장

1. 최소기간 보장

주택임대차계약은 최소한 2년의 존속을 보장한다. 예컨대 동법 제4조 1항에서는 "기간의 정함이 없거나 기간을 2년 미만으로 정한 임대차는 그 기간을 2년으로 본다"고 규정하여, 임대차 기간을 최소한 2년 이상으로 하고 있다.

따라서 임대차 기간은 2년 이상으로 약정한 때에만 유효하고 당사자를 구속하게 되나, 그 이하의 기간을 약정하거나 기간의 약정이 없는 때에는 2년의 존속기간을 약정한 것으로 법률상 의제된다.

그러나 임차인에게 유리한 경우에는, 즉 임차인이 2년 이하의 기간으로 계약할 이익이 있는 경우에는 2년 이하로 약정한 경우에도 유효하다.

2. 목적물 반환의무와 보증금 반환의무의 동시이행관계 발생

동법 제4조 2항에서는 "임대차가 종료한 경우에도 임차인이 보증금을 반환받을 때까지는 임대차관계는 존속하는 것으로 본다"고 규정하고 있다.

임대차가 종료하면, 임대인에게는 목적물반환의무가 발생하고 임차인에게는 보증금 반환의무가 발생되며, 이들 두 의무는 동시이행의 관계에 있게 된다. 만약 임대차의 종료로 임차인이 곧 임차물을 반환하여야 한다면, 보증금의 반환채권이 보장되지 않으므로, 임차인의 보증금 반환채권을 보장해 주기 위하여 두 채권이 상환으로 이행될 때까지 임차권은 존속하는 것으로 규정하고 있는 것이다.

3. 묵시의 갱신

동법은 임대차 내지 전세의 갱신에 관하여, 「묵시의 갱신」에 관한 특별규정을 두고 있다. 즉 임대인이 임대차기간이 만료하기 전 6개월전부터 1개월전까지, 임차인에 대하여 갱신거절의 통지나 또는 조건을 변경하지 아니하면 갱신하지 아니한다는 뜻의 통지를 하지 아니한 경우에는, 그 기간이 만료된 때에 전임대차와 동일한 조건으로 다시 임대차한 것으로 본다. 또한 임차인이 임대차기간 만료 전 1月까지 통지하지 아니한 때에도 묵시적 갱신이 있는 것으로 본다(동법 제6조 제1항). 그러나 존속기간은 전임대차와 동일한 것으로 되지 않으며, 기간의 약정이 없는 것으로 본다.

이러한 계약갱신이 인정되는 것은 임차인의 그의 의무를 성실히 수행하고 있는 경우에 적용되며, 그렇지 않은 경우에는 예컨대 임차인이 2기의 차임액에 달하도록 차임을 연체하거나, 기타 임차인의 의무를 현저히 위반하고 있는 때에는 위의 법정갱신이 적용되지 않는다.

4. 차임 등의 증액청구권 제한

동법 제7조는 당사자가 증액을 청구하는 경우에, 그 액수가 대통령령으로 정하는 기준에 따르는 비율을 넘지 못한다고 함으로써, 증액범위를 제한하고 있다. 즉 차임이나 보증금 또는 전세금의 증액청구는 약정한 차임 등의 20분의 1의 금액을 초과하지 못하며, 증액청구는 임대차계약 또는 차임 등의 증액이 있은 후 1년 이내에는 하지 못한다고 동법 시행령 제2조에서 규정하고 있다.

5. 주택임차권의 승계

임차인이 상속권자 없이 사망한 경우에 그 주택에서 가정공동생활을 하던 사실상의 혼인관계에 있는 자는 임차권을 승계한다(동법 제9조 제1항). 더 나아가 임차인이 사망한 경우에 사망 당시 상속권자가 그 주택에서 가정공동생활을 하고 있지 아니한 때에는, 그 주택에서 가정공동생활을 하던 사실상의 혼인관계에 있던 자와 2촌 이내의 친족은 공동으로 임차권을 승계하게 된다(동조 제2항).

[6] 임대차계약의 종료에 따른 보증금의 회수

1. 문 제 점

주택임대차의 많은 경우에 있어서 임대인은 임차인으로부터 받은 보증금을 수중에 보유하고 있기보다는, 다른 곳으로 활용하여 이자를 얻고 이를 통하여 차임에 대신한다. 일반적으로 임대인은 임대차기간이 만료되면, 새로운 임차인과 임대차계약을 체결하고 그로부터 받은 보증금으로 계약이 완료된 임차인에게 변제하려고 하나, 후속임대차가 잘 이루어지지 않는 경우에 임차인은 대단한 어려움을 겪게 된다. 이사를 가려고 해도 임차주택을 비워 둘 수 없다. 왜냐하면 주택의 점유가 대항력의 요건이기 때문이다(본법 제3조 제1항). 임차인은 임대차종료에 맞추어 새집을 장만하거나 새로운 아파트에 이사하려 하여도 임대인이 전세보증금을 돌려주지 않는 한 이사하지 못하는 불편을 겪어야만 했다.

이러한 문제를 해결하기 위하여 1998년 본법의 개정을 통하여 임대차계약 종료시 보증금회수와 관련하여 임차인 구제제도가 신설되었다. 이는 보증금회수를 위한 경매개시요건의 완화와 임차권등기명령제도이다.

2. 신설내용

(1) 보증금회수와 경매개시요건의 완화

임대차가 종료된 후 임대인이 보증금을 돌려주지 않으면, 임차인으로서는 보증금반환청구소송을 법원에 제기하여야만 한다. 그리고 이에 따라 보증금반환청구소송의 확정판결을 받게 되면, 이를 근거로 하여 강제집행절차인 경매를 신청하게 된다. 그런데 보증금반환과 임대주택의 반환은 서로 상환적 관계로서 동시이행의 관계에 있다. 이러한 경우에 민사집행법은 채권자(임차인)의 "반대의무의 이행 또는 이행의 제공"이 있었음을 증명한 때에 한하여 경매를 개시할 수 있음을 명시하고 있다(민사집행법 제41조). 이에 따라 임차인은 실제로 임차주택을 미리 비워 주어야 하나, 임차주택을 비워 주면 주택의 인도하는 요건을 상실하여 대항력을 잃게 되어 우선변제권을 잃게 됨에 따라 경매배당의 우선순위를 보유할 수 없게 된다.

이러한 문제를 해결하기 위하여 대법원은 이행의 제공은 「구두제공」으로도 가능하다는 점을 결정으로 밝히고 있고, 실무에서는 임차인이 "경매에서 전세금을 돌려 받으면 즉각 집을 비워주겠다"는 내용의 내용증명을 법원에 제출하는 것으로 이행의 제공이 있는 것으로 보아 경매개시결정을 내리고 있다.

이러한 판례의 해법에 따라 본법은 하나의 규정을 신설하였다. "임차인이 임차주택에 대하여 보증금반환청구소송의 확정판결 기타 이에 준하는 채무명의에 기한 경매를 신청하는 경우에는 민사집행법 제41조의 규정에 불구하고, 반대의무의 이행 또는 이행의 제공을 집행개시의 요건으로 하지 않는다"(본법 제3조의 2 제1항). 본 규정에 의거하여, 임차인은 임차주택에 계속 거주하면서 경매를 신청할 수 있고, 그 경락대금으로부터 보증금의 반환을 받을 수 있다.

(2) 임차권등기명령제도

임차인이 임대차가 종료된 후 보증금을 반환받지 못한 경우에는, 본법은 임차인에게 임차주택의 소재지를 관할하는 지방법원 · 지방법원지원 또는 시 · 군법원에 임차권등기명령을 신청할 수 있도록 하고 있다(동법 제3조의 3 제1항).

임대차기간이 종료되었음에도 불구하고 보증금을 받지 못한 임차인은 법원에 임차권등기명령을 신청하여 임차권등기가 경료되면 등기와 동시에 대항력 및 우선변제권을 취득할 수 있다. 이 때 임차권등기를 한 임차인이 이미 대항력과 우선변제권을 취득한 자인 경우에는 종전의 대항력과 우선변제권을 유지하며 임차권등기 이후에는 주택의 점유와 주민등록의 요건을 갖추지 아니하더라도 임차인이 종전에 가지고 있던 대항력과 우선변제권이 유지되도록 하였다. 이를 통하여 임차권등기의 효력을 강화하고 임차인이 자유롭게 주거를 이전할 수 있도록 임차인에게 거주이전의 자유를 보장하게 되었다(동법 제3조의 3 제1항).

(3) 임대차기간중 보증금 회수

종래까지는 임차주택의 소유자가 임대차계약기간 중에 바뀌게 되면, 대항력이 있는 임차인은 보증금반환청구를 임대차기간의 종료시까지 기다려야만 한다. 이때의 임차인은 대항력을 갖춘 임차인을 의미한다. 왜냐하면 임차인이 대항력을 가지고 있지 않다면, 임차인은 당해주택의 양수인에게 보증금반환의 문제를 가지고 대항할 수 없기 때문이다. 그런데 또한 임대차관계란 임대인과 임차인의 내적 신뢰관계가 계약의 기본바탕으로 되는 것인데, 임차주택의 소유자가 바뀜에 따라 임차인으로서는 임대차계약당시에 예상도 하지 않았던 자와 계약관계를 유지하게 된다. 특히 임대차계약기간 중에 경매가 개시되는 경우에는 대항력있는 임차인은 임대차기간의 만료를 기다려야 하므로 경매에서 보증금의 우선변제를 청구할 수 없다. 이러한 문제를 해결하기 위하여 "임차인이 당해 주택의 양수인에게 대항할 수 있는 경우에는 임대차가 종료된 후가 아니면 보증금의 우선변제를 청구하지 못한다"는 동법의 제3조의 2 제2항(기존의 제3조의 2 제1항)의 단서를 삭제하였다. 따라서 대항력있는 임차인은 임대차관계의 종료전에도 보증금에 대한 우선변제권을 행사할 수 있게 되었다.

제 6 절 불법행위

[1] 불법행위법의 기본사상

우리 인간은 혼자서는 살지 못하며 남과 더불어 살게 되어 있다. 즉 개인은 남과 더불어 하나의 공동체를 이루어 살며, 우리 모두는 자신이 속해 있는 공동체유지를 위하여 요구되는 최소한의 행위의무(예컨대, 남을 죽이지 말라, 남을 해치지 말라, 남의 재물을 훔치지 말라 등등)를 지켜야만 하고 이러한 공동의 질서유지를 파괴하는 자는 국가의 형벌권에 복종하여 형법상의 벌을 받도록 되어 있다. 따라서 공동체질서유지의 파괴행위에 대한 일차적인 대응조치는 형법의 적용범위에 속한다. 그런데 피해자의 개인적 입장에서 보면 자신에게 손해를 가한 자가 형벌을 받아 고통받는 것을 보면 자신의 복수심에 대한 만족은 받을 수 있겠지만 자신이 입은 손해는 여전히 그대로 남게 된다. 이러한 모순을 사법은 방관하지 않으며 따라서 민법은 이러한 위법행위에 대하여 그 피해에 대한 재산적인 회복을 손해배상이라는 절차를 통하여 실현시켜 줌으로써 사법도 정의의 실현에 일조하고 있다.

1. 유책주의

민법상 위법행위에 대하여 손해배상의 법적 효과를 발생시키는 불법행위법은 법익의 보호와 행위의 자유 사이의 긴장관계에 서 있다. 왜냐하면 피해자의 입장에서 바람직한 것은 타인에게 손해를 입힌 가해자가 피해자에게 완벽한 손해의 배상행위를 하는 것이다. 물론 피해자에게 완전히 손해를 복구할 수 있도록 하는 것이 피해자 개인에게는 바람직할지 모르나, 이러한 민사책임의 극대화는 필연적으로 이에 상응하는 정도로 가해자의 인격적 그리고 활동의 자유를 제한하게 된다. 완벽한 손해배상주의는 곧 인간의 행위의 자유의 제한으로 나타나게 되고, 이에 따라 우리의 경제적 내지는 창의발휘의 자유는 제한될 수밖에 없게 된다. 그러므로 불법행위법은 책임질 영역을 미리 가시적으로 확정지워 줌으로써, 개인이 이러한 책임질 영역을 침범하지 않는 한 자신의 개인적 자유를 마음껏 전개할 수 있고 이를 통하여 이익의 극대화를 추구할 수 있는 자유를 확보시켜 주고 있다. 이를 위하여 민법은 '유책주의'를 책임의 기본원칙으로 삼고 있다.

(1) 유책주의의 기능

책임과 관련하여 「우리는 무엇에 대하여 책임을 져야 하는가」의 질문에 직면하게 된다. 이에 대해서 비난가능한 경우에만 책임을 성립시키게 된다. 이 비난가능성을 구체화하여 책임의 요소로 삼게 된다.

(2) 책임의 요소

(가) 책임성

1) 고 의

책임형태로서의 고의는 "어떤 행위의 실행 또는 어떤 결과의 실현에 향하여진 의지적 결정"을 말한다. 고의는 행위자가 객관적인 구성요건을 안다는 것과 의욕한다는 것이다. 그러나 반드시 결과발생까지를 행위자가 알고 있거나 의욕할 필요는 없는데, 왜냐하면 행위의 결과란 구성요건과 귀책사유의 관련성의 문제 이외에도 책임 자체를 물을 수 있는가의 여부에 대한 객관적 조건이기 때문이다.

따라서 고의에 요구되는 「알고서」라는 것은 행위자가 구성요건의 실현을 자신의 행위의 결과로 가능하리라고 수인하는 것으로 족하다.

2) 과 실

과실은 요구되는 주의(注意)를 해태한 것을 말한다. 과실의 비난의 근거는 주의의무를 위반 한 데에 있다. 즉 침해방지를 위해서 요구되는 주의를 적절히 기울이지 않아서 손해가 발생하였다면 그 부주의한 것에 대하여 책임을 지게 된다.

(나) 위법성

민법상 책임을 뒷받침하는 비난가능성은 객관적으로 「남을 해치지 말라」는 금지가 명령으로 성립하고 있음에도 이를 위반하여 타인에게 가해행위를 하는 것이다. 그러므로 법은 일정한 행위명령의 전제 하에서 이를 위반한 행위에 대하여 책임을 물어 가해자에게 손해배상의 의무를 부담지우는 것이다. 이처럼 법에 의해서 정하여진 명령을 위반하여 타인에게 손해를 입게 하였다면 객관적 책임비난으로서 행위의 '위법성'이 심사된다.

우리는 위법하지 않은 행위에 대해서는 비록 그 행위가 손해를 발생시켰다 하더라도 그 행위자에게 책임을 지울 수 없다. 이처럼 책임을 면할 수 있는 정당한 행위가 되기 위해서는 이러한 위법성을 깨는 정당한 사유가 존재하여야 한다. 이를 위법성 조각사유라 한다. 민법은 개별적으로는 제761조에서 정당방위·긴급피난을 규정하고 있으나 일반적인 위법성을 조각하는 사유에 대한 규정을 가지고 있지 않다. 그리하여 형법상의 위법성조각사유를 민사법의 책임요소로서 받아 들이고 있다. 그리하여 형법 제20조부터 제24조까지의 「정당행위, 정당방위, 긴급피난, 자구행위 그리고 피해자 승낙에 의한 행위」는 민법상의 불법행위에 의한 책임을 성립을 심사함에 있어서도 행위의 위법성을 조각시키는 사유로서 인정된다.

(다) 손해와 행위와의 인과관계

손해는 있어야 할 상태와 행위의 개입으로 변화된 있는 상태의 불이익적 차이를 말한다. 예컨대 타인의 운전행위로 나의 자동차가 손상되었다면, 이때의 손해는 자동차의 손상인데, 기존의 상태로 보전되어 있어야 할 자동차의 상태가 타인의 운전행위의 개입으로 망가져 있게 되었다면 이러한 손상이 배상받아야 할 손해인 것이다. 이 때의 손해는 반드시 재산적 손해에 한하지 않으며 정신적 손해 등도 이에 포함된다. 그리고 손해배상청구권의 대상으로서의 손해는 행위와 상당한 인과적 관련성을 가지는 것이어야 한다. 일반적으로 행위와 손해는 상당한 정도의 인과관계가 있으면 손해발생의 원인으로서의 행위를 인정한다.

2. 우리 민법의 불법행위법

(1) 우리 민법의 불법행위법의 개관

우리 민법은 「고의 또는 과실로 인한 위법행위로 타인에게 손해를 가한 자는 그 손해를 배상할 책임이 있다」(제750조)고 규정하여, 불법행위로 인한 책임의 요소를 타인에게 손해를 가한 행위, 그 행위의 위법성 그리고 행위자의 고의·과실인 책임성을 불법행위의 구성요건으로 포섭하고 있다. 이 규정은 가해자의 특징을 고려하지 않고 누구에게나 일반적으로 적용되므로 본조를 불법행위법의 일반적 규정이라 한다. 이외에도 가해자의 주관적 특징에 따라서 책임무능력자(미성년자나 심신상실자)의 책임(제753조, 제754조), 이러한 책임무능력자를 감독할 지위에 있는 감독자의 책임(제755조), 사용자의 배상책임(제756조), 도급인의 책임(제757조), 공작물 등의 점유자·소유자의 책임(제758조), 동물의 점유자의 책임(제759조) 그리고 다수가 함께 불법행위를 한 경우로서 공동불법행위자의 책임(제760조)이 규정되어 있다. 이 외에도 민법에 명문으로 규정되어 있지는 않지만, 현대사회의 문제로 되고 있는 공해에 대한 책임, 제조물에 대한 책임, 의료과오에 대한 의사책임 등이 있다.

(2) 우리 민법의 불법행위법의 체계

우리 민법의 불법행위법의 체계는 일반조항으로서의 일반불법행위의 규정(제750조)과 기타 가해자가 미성년자나 심신상실자인가, 감독자인가, 또는 사용자인가 등의 주관적 특징을 고려하여 이에 보다 전문적인 책임을 구성하여야 할 책임형태들을 각론적으로 규정하고 있다. 그러므로 일단 손해가 발생하면 그 책임의 근거가 되는 불법행위법의 적용에 있어서 일반 불법행위규정인 제750조보다 가해자의 직업이나 기타의 주관적 특징에 적절한 책임내용을 구성하고 있는 각론적 조항이 상대적으로 특별법의 위치에 있어 그 적용에 있어 우선권을 갖는다.

4. 불법행위법의 주요한 모습

(1) 책임무능력자의 행위에 대한 감독자의 책임

(가) 의 의

미성년자가 책임변식능력이 없는 상태에서 가해행위를 하였을 때(민법 제753조) 또는 심신상실자가 가해행위를 하였을 때(민법 제754조)에는 이들에게는 책임능력이 없으므로 미성년자나 심신상실자에게 책임을 묻지 않는다. 이러한 경우에 이러한 자를 감독할 법적 의무가 있는 자(친권자 · 후견인)와 감독의무자에 갈음하여 이들 책임무능력자를 감독하는 대리감독자(학교나 유치원의 교사 · 정신병원의 의사 등)가 책임무능력자에 의하여 발생된 손해에 대한 배상책임을 지게 하는 것이 타당한 것이다(민법 제755조). 이는 감독자가 책임무능력자에 대한 감독의무를 다하지 못하였다고 하는 점에서 감독자의 책임근거가 성립하는 것이다. 그런데 불법행위법에서는 책임성립에 대한 입증책임은 피해자가 부담하는 것이 원칙인데, 감독자의 책임을 구성함에 있어서는 감독자가 감독의무를 게을리 하지 않았음을 입증하여야 하는 것이므로 이러한 의미에서 중간책임으로 보고 있다.

(나) 민법 제755조의 문제점

민법 제755조 제1항은 미성년자 · 심신상실자에게 책임이 없는 경우에 감독자가 책임을 지도록 규정하고 있다. 따라서 감독자의 책임은 가해행위를 한 미성년자 · 심신상실자가 책임무능력자로서 면책되는 경우에 비로소 지게 되는 보충적인 책임인가의 여부가 문제로 된다. 이에 의하면, 특히 미성년자와 관련하여 미성년자가 스스로 그 행위의 위법성을 변식할 수 있을 정도로 정신능력이 발달하였으면 미성년자 본인에게 책임이 부과되고, 정신능력의 발달정도가 책임을 변식할 정도에 이르지 못한 경우에만 감독자가 책임을 지는지가 문제이다. 그런데 미성년자는 일반적으로 책임을 배상할 자력을 가지고 있지 않은 것이 보통이다. 그러면 미성년자의 불법행위로 손해를 입은 피해자는 미성년자의 정신적 성숙도에 따라 현실적 배상을 받을지 여부가 결정되거나 또는 미성년자도 느낄 수 있는 엄청난 위법행위에 대하여는 자력도 없는 미성년자에게 손해의 배상을 구하여야 하고, 이는 실제로 손해배상을 받을 수 없게 되는 불합리가 발생하게 된다.

학설과 판례는 이러한 불합리를 시정하기 위하여 피감독자가 책임능력이 있어서 배상책임을 지는 경우에도 이와 병행하여 감독자에게 배상책임을 지우는 해석을 하고 있다(대판 1975. 1. 14. 74다1975).

(2) 사용자의 배상책임

(가) 사용자책임의 법적 구성

업무를 수행하기 위하여 타인을 사용하는 자는 피용자가 그 업무집행에 관하여 제3자에게 가한 손해를 배상할 책임을 지는 것이 사용자배상책임의 규율내용이다. 민법 제756조 제1항은 본문에서 피용자가 제3자에게 가한 손해의 사용자배상책임을 인정하면서, 단서에서 사용자가 주의의무를 다하였거나 주의의무를 다하였다고 하여도 손해가 발생하였을 경우에는 사용자는 책임을 지지 않는다. 이 점에서 자신이 고용한 자에 대한 책임을 지는 것으로서 채무자가 자신의 이행보조자에 대하여 무조건 책임을 지는 점과 차이가 난다(민법 제391조).

(나) 사용자의 면책주장의 문제

사용자가 피용자의 선임·감독에 관하여 상당한 주의를 한 때 또는 상당한 주의를 하여도 손해가 발생한 경우에는 사용자로서의 배상책임을 면한다(민법 제756조 제1항 단서). 즉 사용자로서는 자신의 두 가지 귀책사유 중 그 어느 하나를 입증하게 되면 책임을 면하게 되는데, 이는 피해자에게 부당한 결과를 야기한다. 일반적으로 가해자가 어느 누구에 고용되어 있다는 사실은 외부에서 알 수도 없는 것인데, 만일 가해자가 일반 다른 사람이 아니고 어느 누구에게 고용되어 있는 피용자라는 이유만으로 사용자로서는 자신의 주의의무를 다했음을 내세워 책임을 지지 않게 되어 피해자는 부당한 피해를 입게 되는 것이다. 이러한 피해자에게 부당한 결과를 부담지우지 않게 하기 위하여 판례는 '상당한 주의'에 따른 사용자의 면책을 사실상 인정하지 않는다(대판 1964. 2. 2. 63다804; 대판 1964. 10. 28. 64다693 등). 즉 선임·감독에 있어서 상당한 주의를 하였는가의 여부에 관한 주장책임, 증명책임은 사용자에게 있지만, 판례는 이에 관한 사용자의 주장을 거의 인정하고 있지 않다.

(3) 의료과오에 대한 책임

(가) 의료과오의 의의

의료과오책임이란 의료행위 중에 의사 기타 의료인의 과실로 인하여 발생한 사고에 대하여 손해배상책임을 지는 것을 말한다.

의료과오로 인한 책임에는 의료계약을 근거로 하는 채무불이행의 책임이 있을 수 있고, 일반적인 신체나 생명의 침해란 결과에 중점을 두어 불법행위 책임구성이 가능하다. 그런데 이 중 어떠한 의사의 책임을 묻건 간에 의료분쟁은 일반적으로 입증의 곤란 때문에 발생하게 된다. 왜냐하면 의학적 지식이 전혀 없는 환자가 고도의 전문적 영역인 의료행위의 내용과 관련하여 의료인의 고의나 과실을 입증하여야 한다는 것은 거의 불가능하기 때문이다. 따라서 오늘날 의료소송에 있어서는 의료과오에 대한 입증을 환자에게 요구하기보다는, 의료사고가 발생하였다는 사실로부터 의사의 과실을 추정한다든지 또는 손해발생 방지에 필요로 하는 모든 조치를 취했는지에 관한 입증책임을 의사 측에 부담시킴으로써 환자의 입증곤란을 덜어 주고 있다.

(나) 의사의 과실

의료사고로 인한 책임을 구성하기 위하여는 의사의 과실로 인한 것이어야 하고, 의사의 불가항력적 사고에 대하여도 의사가 책임을 지는 것은 아니다. 의사의 과실의 인정은 의료행위 당시의 의료수준과 전문직으로서의 선량한 관리자의 주의를 결여하고 있는가의 여부를 기준으로 판단할 것이다. 우리나라의 판례도 의사가 환자에게 어떠한 의료조치를 취하여야 할 것인가는 "환자의 상태 기타 이에 터잡은 자기의 전문적 지식 경험에 따라 결정하여야 할 것이고, 생각할 수 있는 몇 가지의 조치가 의사로서 취할 조치로서 합리적인 것인 한 그 어떤 것을 선택할 것이냐는 당해 의사의 재량의 범위내에 속하고 반드시 그 중 어느 하나만이 정당하고 이와 다른 조치를 위한 것은 모두 과실이 있는 것이라고 할 수는 없다"고 판시하고 있다(대판 1984. 6. 12, 93도3199).

(다) 의사의 사용자로서의 책임

의료행위는 의사의 책임하에 행하여지는데, 의료행위를 함에 있어 의사를 보조하는 간호사 등의 보조원에 의한 과실에 대하여 사용자로서의 책임을 진다(제756조 제1항). 이와 마찬가지로 병원에 근무하는 근무의사의 과실에 대하여도 사용자로서 병원이 책임을 지게 된다.

(라) 의사의 설명의무와 환자의 승낙문제

의사는 환자나 그 보호자에게 질병의 종류와 내용 및 치료방법과 그에 따른 위험 등 치료와 관계되는 중요한 사항을 설명해 주어야 할 의무가 있다. 환자는 의사로부터 이러한 설명을 들어야 의료행위에 대하여 승낙을 할 수 있게 된다. 특히 치료가 위험을 수반하는 경우에는 그 치료를 받을 것인지의 여부에 대하여 환자에게 결정권을 주는 것이 타당하다. 그러므로 단순히 수술후의 후

유증이 있다는 설명만 가지고는 완전한 설명의무를 이행하였다고 볼 수 없고 환자의 의료시술행위에 대하여 적절한 자기결정을 내릴 수 있을 정도의 충분한 설명을 하여야 한다. 그리하여 연두종양 수술에 있어서 환자의 목이 쉴 수도 있다는 말을 한 정도만 가지고는 의사의 설명의무를 다하였다고 볼 수 없다는 것이 판례의 입장이다(대판 1979. 8. 14, 78다488). 그리고 환자의 승낙이 있다고 하더라도 당해 의료행위의 과오를 면책시켜 주지는 않는다.

5. 위태화책임

(1) 위태화책임의 의의

위태화책임은 기존의 과실책임원칙의 예외적인 책임이다. 현대 산업발달로 말미암아 허용된 행위 속에서 타인에게 손해가 발생하였을 경우에 과실의 유무에 관계없이 책임을 져야 하는 책임이다. 우리의 문명사회를 위하여 산업의 발달과 이에 필수불가피하게 발생되는 여러 위험들을 기존의 비난가능성의 근거 위에 책임을 구성하는 것이 아니라, 사고에 따른 위험을 우리 사회가 어떻게 분배하고 분산시킬 것인가가 위태화책임구성의 정당성인 것이다.

(2) 위태화책임의 유형

(가) 공해에 대한 책임

환경정책기본법은 국가 및 지방자치단체는 환경오염 또는 환경훼손으로 인한 피해구제를 원활히 할 시책을 마련하도록 하는 한편 환경오염 또는 환경훼손으로 인한 피해는 그 원인자가 무과실책임을 지도록 하고 있다(동법 제43조). 광업법 제75조에서 무과실의 손해배상제도를 규정하고 있다. 원자로의 운전 등으로 인한 원자력손해에 대해서 원자력손해배상법 제3조는 불가항력(천재지변, 전쟁 등)에 의한 경우 외에는 원자력사업자에게 무과실책임을 지우며, 그 밖의 자에게는 책임이 없다고 한다.

공해로 인한 불법행위의 구성에서는 그 공해와 피해자의 인과관계의 입증이 대단히 곤란하다. 그리하여 피해자의 구제라는 견지에서, 공해에서는 어느 정도의 「개연성」이 밝혀지고 상식적으로 보아서 인과관계가 있다고 판단되는 정도로서 충분하다고 하는 것이 판례의 입장이다(대판 1974. 12. 10, 72다1774). 이것은 인과관계의 사실상의 추정으로서 입증책임의 사실상의 전환을 의미한다. 즉 원고(피해자)는 인과관계의 존재의 개연성을 증명하면 충분하고, 피고는 반증으로써 인과관계가 존재하지 않음을 증명하는 경우에만 책임을 면하는 것이다.

최근에는 더 나아가 공해책임의 인과관계를 ① 피해발생의 매카니즘과 원인물질, ② 원인물질이 피해자에게 도달한 경로, ③ 가해공장에서의 원인물질의 생성 및 배출이라는 세 가지 유형의 사실 중 어느 두 가지 사실만 증명할 경우에는 가해자가 다른 간접사실을 증명하여 인과관계가 존재불명으로 되지 않는 한, 법원은 인과관계의 존재를 인정하고 있다(신개연성설: 대판 1984. 4. 12, 81다558).

(나) 자동차사고에 대한 책임

자동차손해배상보장법에서는 자동차운행자에게 그 운행으로 말미암아 타인에게 입힌 인체손해에 대하여 사실상의 무과실책임을 부과한다(자동차손해배상보장법 제3조). 그러나 자동차 운전자의 책임은 일반불법행위로서 과실책임이다.

(다) 국가의 배상책임

국가배상법에서도 일정한 재산손해나 인체손해에 대하여 국가나 지방자치단체의 무과실책임을 인정한다.

(라) 산업재해에 관한 책임

근로기준법 제78조 내지 제92조에서는 재해보상제도를 규정하고 있는데, 이에 의하면 업무상 재해가 생긴 경우 사용자는 그의 과실 유무에 관계없이 일정한 보상의무를 지도록 하고 있다.

제 7 절 친 족 법

[1] 약혼제도

약혼이란 장차 혼인을 하려는 당사자 사이의 계약이다. 약혼이 성립하기 위해서는 양 당사자의 합의가 있어야 한다. 따라서 본인 이외의 부모들이 정한 약혼(정혼)은 무효이다. 남녀 모두 만 18세에 달하여야 약혼할 수 있다(민법 제801조). 미성년자가 약혼할 때에는 부모의 동의를 얻어야 한다. 피성년후견인은 부모 또는 후견인의 동의를 얻어 약혼할 수 있다.

배우자가 있는 사람(유부남 또는 유부녀)의 약혼은 당연히 무효이다(민법 제810조). 다만 배우자 있는 자와의 약혼이 무효라고 하더라도 유부남이 배우자 있는 사실을 숨기고 독신이라고 속이거나 또는 본처와는 이혼하였다고 속인 경우에,

이를 모르고 진실이라고 믿었던 상대방의 보호를 위해서 불법행위로 인한 위자료 청구는 인정하고 있다.

혼인은 양 당사자의 자유로운 의사에 의한 육체적·정신적 결합을 의미한다. 따라서 약혼을 하였다고 하더라도, 혼인으로 강제이행을 청구할 수는 없다. 다만 약혼한 당사자간에 일방이 정당한 이유없이 혼인을 거절하거나 지연할 때에는 상대방은 약혼을 해제, 즉 파혼할 수 있을 뿐이다. 약혼을 해제하는 방법은 상대방에게 그 의사표시를 하기만 하면 된다.

민법이 약혼을 해제할 수 있는 정당한 사유로 규정한 것은 다음과 같다(민법 제804조).

① 약혼 후 자격정지 이상의 형의 선고받은 경우
② 약혼 후 성년후견개시나 한정후견개시의 심판을 받은 경우
③ 성병, 불치의 정신병 기타 불치의 병질이 있는 경우
④ 약혼 후 타인과 약혼 또는 혼인한 때
⑤ 약혼 후 타인과 간음한 경우
⑥ 약혼 후 1년 이상 그 생사가 불명한 경우
⑦ 정당한 이유없이 혼인을 거절하거나 그 시기를 늦추는 경우
⑧ 그 밖에 중대한 사유가 있는 때

약혼해제의 효과는 당사자의 일방이 과실있는 상대방에 대하여 이로 인해 발생한 손해배상을 청구할 수 있다. 손해배상의 범위는 재산상 정신상의 손해 양 쪽을 포함한다. 즉 혼인준비에 쓴 비용, 혼인 때문에 포기한 이익(예컨대 혼인 때문에 사직한 경우) 등의 이른바 신뢰이익의 전부와 위자료를 포함하는 것으로 본다.

[2] 혼인제도

1. 혼인의 성립요건

혼인이란 부부가 된다는 것이고, 부부가 되기 위해서는 법이 정한 일정한 적령기(만 18세)에 이른 남녀가 자유롭고 진지한 의사결정에 따라서 신뢰에 기초하여 정신적, 육체적으로 결합하여 부부 공동체, 혼인 공동체를 성립시키기 위한 당사자의 의사의 합치와 혼인신고에 의해 성립된다.

혼인이 성립하기 위해서는 실질적 요건과 형식적 요건을 갖추어야 한다.

(1) 실질적 요건

실질적 요건이란 여러 가지가 있다. 그 중에서 가장 중요한 것은 당사자끼리 혼인 의사의 합치이다. 따라서 당사자의 합의가 없는 부모끼리의 정혼, 혼인하더라도 육체적 결합은 갖지 않는다는 부동거결혼, 부부공동체 형성의 목적이 아닌 다른 목적을 위한 가장혼인(예컨대 혼인 외의 자를 혼인 중의 자로 하기 위한 혼인 등), 당사자 일방에게만 혼인 의사가 있는 일방적 혼인신고, 어떤 조건부 또는 기한부 혼인 등은 모두 무효이다. 혼인의 요건을 좀더 세부적으로 살펴보면, ① 당사자가 혼인적령에 도달하였어야 한다. 민법상 혼인할 수 있는 최저의 연령을 '혼인적령'이라고 하는데, 만 18세 이상이어야 한다. 또 혼인적령에 달하였다고 하더라도 성년인 만 19세에 달하지 않은 사람이 혼인하기 위해서는 반드시 부모 등의 동의가 있어야 한다.

② 근친혼이 아니어야 한다. 종래에는 촌수와 관계없이 동성동본 간에는 혼인을 하지 못했으나, 현재는 8촌 이내의 혈족(양부모계혈족은 6촌), 6촌(혈족의 배우자, 배우자의 혈족) 또는 4촌(배우자의 혈족의 배우자, 양부모계의 인척) 이내의 인척 사이에는 혼인하지 못한다.

③ 중혼이 아니어야 한다. 우리 민법은 일부일처제를 채택하고 있다. 따라서 기혼자는 현재의 혼인 관계가 해소되지 않은 상태에서 중복해서 혼인할 수 없다(민법 제810조).

(2) 형식적 요건

혼인성립의 요건인 형식적 요건은 혼인신고를 말한다. 혼인은 원칙적으로 가족관계등록법이 정하는 바에 따라 신고를 하여야 한다. 따라서 혼인신고를 하지 않고 부부관계를 수십년간 계속해도 법률상 혼인으로 인정되지 않는다.

혼인신고를 하기 위해서는 당사자쌍방과 성년자인 증인 2인이 연서하고 가족관계등록법 제71조에 따른 기재사항을 기재한 혼인신고서를 본인(당사자)의 본적지 또는 주소지나 현재지에서 신고하여야 한다. 이와 같은 신고만 있으면 족하고 결혼식이라든가 하는 의식은 필요가 없다.

사 례≫ (1) 중국 조선족 갑은 한국국적을 취득하기 위하여 을과 혼인신고를 하였으나, 갑과 을은 부부로 생활을 하지는 않았다. 이러한 경우 갑과 을의 혼인의 효과는?

(2) 갑과 을은 혼례식을 거행하고 10년간 동거하였으나 아직 혼인신고는 하지 않던 중 갑이 사망하였다. 이러한 경우 을은 갑의 상속권을 가질 수 있는가?

해설 위 (1)의 사례에서 갑과 을은 진정으로 부부관계를 형성할 의사를 갖고 혼인신고를 한 것이 아니라, 갑이 국적을 취득하기 위한 방편으로 혼인신고를 한 것이므로 그 혼인은 무효이다.

또 (2)의 사례에서는 갑·을은 혼인신고를 하지 않았으므로, 갑과 을이 아무리 오랫 동안 동거생활을 계속하였다고 하더라도 이는 법률상 혼인이 아니며, 따라서 혼인의 효과인 상속권이 서로 발생하지 않는다.

2. 혼인의 무효

혼인의 무효란 성립한 혼인이 어떠한 사유로 처음부터 효력이 발생하지 않는 경우를 말한다. 혼인의 무효가 되는 경우로는 다음과 같은 사유가 있는 경우이다.

① 당사자 사이에 혼인의 합의가 없는 때, ② 혼인이 제809조 제1항의 규정을 위반한 때, 즉 당사자가 8촌 이내의 혈족이거나, ③ 당사자 간에 직계인척관계(直系姻戚關係)가 있거나 있었던 때, ④ 당사자 간에 양부모계의 직계혈족관계가 있었던 때이다(민법 제815조).

혼인이 무효가 되면 무효혼으로부터는 아무런 효과가 생기지 않는다. 따라서 무효인 혼인에 기하여 발생된 상속 기타 권리의 변동은 무효가 되고, 그들 사이에 출생한 자녀도 혼인 외의 출생자가 된다.

다만 혼인이 무효가 된 경우에 당사자의 일방은 과실있는 상대방에 대하여 이로 인한 손해배상을 청구할 수 있으며, 그것은 재산상의 손해와 정신상의 손해인 위자료를 포함한다.

사 례≫ 갑은 혼인을 하려고 가족관계등록부를 떼어보니 이웃의 을이라는 청년과 이미 혼인한 것으로 가족관계등록부에 기재되어 있다. 그 기재의 효력은 어떠한가?

해설 혼인이 성립하기 위해서는 양당사자의 혼인의사의 합치가 있어야 한다. 따라서 혼인의 합의가 없는 일방적인 혼인신고로 무효가 된다. 이를 바로 잡는 방법이 '혼인무효확인소송'이다. 사례에서 갑은 을을 피고로 하여(가사소송법 제242조 제1항) 소송을 제기하여 그 판결이 확정되면 판결이 확정된 날로부터 1개월 이내에 판결의 등본과 확정 증명서를 첨부하여 가족관계등록부의 정정 신청을 시, 읍, 면 사무소에 하면 된다.

사 례 ≫ 갑과 을은 혼인신고를 하였으나, 을이 혼인을 차일피일 미루므로 갑이 단독으로 혼인신고를 하였다. 그 혼인신고의 효력은 어떠한가?

해설 한편 혼인신고가 완전 유효하게 효력을 발하려고 하면, 혼인의 양 당사자에게 혼인의사가 있어야 한다. 이는 혼인신고서를 제출할 때에도 물론 있어야 한다. 따라서 혼인신고서를 일방 당사자가 일방적으로 제출하거나 혹은 제3자 특히 부모들이 일방적으로 혼인신고를 한 경우 이는 무효이다. 다만 당사자가 사실상 혼인의사를 가지고 있음에도 불구하고 단순히 신고만을 게을리하고 있는 경우에는 다른 사람이 신고를 하더라도 이는 유효한 혼인신고가 된다. 따라서 사례에서 갑이 단독으로 한 혼인신고는 원칙적으로 무효이나, 상대방인 을도 이 혼인신고에 이의를 제기하지 않았거나, 혼인의사가 있는 경우에는 그 혼인신고는 완전 유효하다.

3. 혼인의 취소

혼인의 취소란 일단 유효하게 성립한 혼인을 나중에 취소함으로써 그 혼인의 효력을 소멸시키는 것을 말한다. 혼인의 취소를 하기 위하여는 법정의 일정한 사유가 있어야 한다. 그러한 사유에는 ① 혼인적령에 달하지 않은 자의 혼인, ② 혼인함에 있어서 동의를 요하는 미성년자나 피성년후견인이 부모나 후견인의 동의를 받지 않고 한 혼인, ③ 근친혼 중, 양부모계의 6촌 이내의 혈족 사이의 혼인이나 6촌(혈족의 배우자, 배우자의 혈족) 또는 4촌(배우자의 혈족의 배우자, 양부모계의 인척) 이내의 인척 사이의 혼인인 경우 ④ 중혼, ⑤ 혼인당사자 일방에 악질 등 기타 중대한 사유가 있는 혼인, ⑥ 사기 강박에 의한 혼인 등이다.

혼인 취소 소송은 가사소송법에 의하여 먼저 조정을 신청하여야 한다. 조정절차는 법원이 선정한 조정위원들의 권고와 중재에 의하여 가사분쟁을 합리적으로 해결하려는 특별절차이다. 혼인이 판결에 의하여 취소되면 혼인관계는 그 때부터 해소된다(민법 제787조). 다만 혼인취소의 효과는 소급하지 않으므로(민법 제824조), 그 간에 부부로서 발생한 모든 법률관계의 효과는 그대로 유지된다.

사 례≫ 갑과 을은 중매로 혼인하였으나, 을은 갑이 대학을 나오고 대기업에 다니는 줄 알았으나, 알고 봤더니 초등학교만 나왔으며 직업도 없었다. 이러한 경우 을은 그 혼인을 취소할 수 있을 것인가?

해설 사례는 속아서 혼인을 한 경우이다. 이러한 속아서 한 혼인에 대하여는 민법에 두 가지로 나누어서 규정하고 있다고 볼 수 있다. 즉 민법 제816조 제2호가 규정하고 있는 혼인당시 당사자 일방에 부부생활을 계속할 수 없는 악질(나쁜 병) 기타 중대한 사유있음을 알지 못한 때와 제3호가 규정하고 있는 사기 또는 강박으로 인하여 혼인의 의사표시를 한 때이다.

혼인의사를 결정함에 있어서 속아서 한 혼인, 즉 사기에 의한 혼인이나 혼인을 하지 않으면 해악을 끼치겠다고 위협하여 한 혼인은 취소할 수 있다(민법 제816조 제3호). 문제는 어느 정도로 상대방을 속인 경우라야 사기를 이유로 혼인을 취소할 것인가이다. 이 문제는 결국 법원의 판례를 통해서 그 구체적 기준이 정해질 수밖에 없지만, 학자들은 '사기의 정도가 사회 통념에 비추어 무거운 것, 다시 말하면 그 사실을 알았다면 혼인하지 않았을 것이라고 생각되는 경우'를 그 기준으로 제시하고 있다. 예를 들면 i) 재혼이면서도 초혼이라고 속이는 경우, ii) 여자가 사생아를 낳은 사실을 숨긴 경우나 iii) 사람의 연령, 건강, 재산 또는 신분, 학력 등에 관한 것이라도 중대한 것이면 취소할 수 있을 것이다. 그런데 단순히 처녀인줄 알았다든가 혼인 전 이성관계가 좀 복잡했다는 사유만으로는 사기를 이유로 취소할 수는 없다. 사기에 의한 혼인은 그 사실을 안 날로부터 3개월 이내에 법원에 취소를 청구하여야 한다는 제약이 있다(제816조 제3호, 제823조).

4. 혼인의 효과

(1) 혼인의 신분적 효과

부부가 혼인을 하게 되면 서로 '배우자'라는 신분을 갖게 되며 서로 '친족'이 된다(민법 제777조 제3호). 또 상대방의 4촌 이내의 혈족과 배우자의 4촌 이내의 혈족의 배우자와도 친족이 된다(민법 제777조 제1·2호).

부부 사이에는 동거의무가 있다. 즉 거소를 같이 하여야 한다. 그러나 직업상의 필요나 정신상 육체상의 일시적 장애, 자녀의 교육상 필요, 그 밖의 사유 등 정당한 이유로 일시적으로 동거하지 않는 경우에는 서로 인용하여야 한다(민법 제826조 제1항 단서). 동거장소는 부부의 협의에 의하여 정한다(민법 제826조 제2항). 그러나 협의가 이루어지지 않을 경우에는 당사자의 청구에 의하여 가정법원이 정하게 된다(민법 제826조 제2항 단서). 나아가 부부는 서로 부양하고 협조할 의무가 있으며, 나아가 정조의 무도 있다.

(2) 혼인의 재산적 효과

부부관계도 기본적으로 경제생활을 기초로 하고 있으므로 부부간의 재산관계를 명백히 규율하고 있어야 하는데, 이를 부부재산제라고 한다. 우리 민법상의 부부재산제는 부부재산계약제도와 이러한 계약이 없는 경우에 적용되는 법정재산제의 2원적 규정을 두고 있다.

(가) 부부재산계약

부부는 혼인을 하면서 그 재산관계에 관하여 자유로이 부부재산계약을 체결할 수 있다(민법 제829조 제1항). 부부재산계약의 체결 당사자는 장차 혼인을 하려는 자이며, 이러한 계약을 하는 데 필요한 능력은 혼인을 하는 데 필요한 능력 즉 의사능력이 있으면 족하다고 보며, 행위능력까지 요하는 것은 아니라고 본다. 부부재산제는 당사자가 임의로 정할 수 있지만, 법정재산제와는 다른 내용으로 하여야 한다.

민법은 부부재산계약의 방식에 관하여는 아무런 규정을 두고 있지 않으나, 부부재산계약의 존재를 부부의 승계인 및 제3자에게 대항하기 위해서는 혼인신고시까지 그 등기를 하여야 한다(민법 제829조 제4항).

(나) 법정재산제

부부재산제에 대하여는 비교법적으로 여러 형태의 제도가 있다. 즉 부부별산제, 부부공유제, 관리공동제 등이 그 대표적인 것이다. 우리 구민법은 관리공동제를 취하고 있었다. 이는 일단 부부 각자의 재산을 인정하면서도, 남편이 처의 재산에 대하여 점유권, 관리권, 수익권 및 경우에 따라서는 처분권까지도 가지는 제도이었다. 이는 남편에 의한 처에 대한 착취가 가능한 제도로 불합리하여 우리 민법은 「부부별산제」를 원칙으로 하고 있다. 즉 부부라 할지라도 각자의 재산은 스스로가 관리하고 처분한다는 것이다. 혼인을 한 부부 사이에는 공동체적 요소와 서로 독자적인 요소가 아울러 존재한다. 즉 부부로서 혼인공동생활을 영위하는 데 필요한 범위 내에서는 공동체적인 요소가 강조되어야 하지만, 한편 부부라 할지라도 각자 별개 독자적인 인격체이므로 어느 정도 독립된 생활영역을 보호해주어야만 한다. 이러한 관점에서 우리 민법은 특히 부부간의 재산관계에 대하여 양자의 요소를 적절히 조화시키고 있다고 할 것이다.

즉 공동체적인 요소를 보면, 혼인한 부부는 서로 협조, 동거하며 부양할 의무를 부담한다. 여기서 부양이란 미성숙의 자녀를 포함하여 가족공동체의 공동생활을 유지하는 데 필요한 비용을 서로 부담하는 것을 말한다. 특히 이 점을 명백히 하기 위해 민법은 부부간에는 서로 일상가사대리권 즉 부부공동생활에 통상 필요로 하는 의식주와 관련된 행위를 서로 대리할 수 있으며(민법 제827조), 그에 기해 발생된 채무는 서로 연대하여 책임을 진다고 규정하고 있다(민법 제832조).

사 례≫ 갑의 처인 을은 중병이 들자 병 의료원에 상당기간 입원치료를 받았으나 병 의료원은 진료비를 아직 변제받지 못하고 있던 중 갑과 을은 협의이혼을 하였다고 한다. 그런데, 을에게는 현재 아무런 재산이 없어, 병으로서는 을에게서 치료비를 받을 수 없자, 갑에게 치료비를 지급하라고 청구한다. 갑은 치료비를 지급하여야 하는가?

해설 사례에서 의료비는 당연히 의식주의 범위에 속하므로, 일상가사업무에 속하는 것은 물론 부양, 협조의무의 범위내이다. 따라서, 이로 인해 발생된 채무에 대하여는 부부가 연대하여 책임을 져야 한다. 또한 이미 갑과 을이 이혼을 하였다고 하더라도, 그 채무의 발생이 혼인 당시에 이루어진 것이므로, 부부는 서로 연대책임을 져야 한다.

사 례≫ 갑이 외국에 취업을 나간 사이에, 갑의 처 을이 갑의 집을 담보로 병 은행으로부터 1억원의 대출을 받아 모두 소비하여 버렸다. 병은 갑의 집에 대하여 담보권을 실행할 수 있을 것인가?

해설 아무리 부부라 할지라도 우리 민법은 부부는 각각 별도로 재산을 취득하고 관리하도록 하고 있다. 그래서 부부의 일방이 타방의 재산을 처분하는 경우에는 이는 일상가사대리의 범위를 벗어난 행위이므로 다른 일방으로부터 대리권을 수여받지 않는 한 그 행위의 효력은 부부의 다른 일방에게 미치지 않는다. 즉 대리권 없이 대리행위를 한 것으로 보아 이를 무효로 보고, 오로지 대리권 없이 대리행위를 한 자에 대해서만 책임을 물을 수 있는 것이 원칙이다. 그와 같이 되는 것은 저당권을 설정한 경우에도 마찬가지이다. 그러므로 부부의 일방이 타방의 재산을 양도하거나 저당권을 설정하거나 하는 경우에는 반드시 다른 일방으로부터 대리권을 수여받았는지 위임장을 보여달라고 요구하여야 한다.

[3] 이혼제도

이혼이란 혼인을 해소하는 한 방법이다. 혼인을 해소하는 방법에는 당사자 일방의 사망으로 인하여 혼인이 해소되는 경우와 이혼에 의해 해소되는 두 가지가 있다.

1. 협의이혼

(1) 협의이혼의 요건

협의에 의한 이혼이란 당사자의 이혼합의에 의한 이혼을 의미한다. 따라서 협의이혼의 요건을 분설하면, 첫째 실질적 요건으로 당사자 사이에 이혼의사의 합치가 있어야 한다. 한편 피성년후견인은 의사능력이 있는 한 이혼합의를 할 수 있는데, 이 때에는 부모 또는 성년후견인의 동의를 얻어야 된다. 둘째, 미성년인 자녀가 있는 경우 협의이혼을 하려는 경우에는 부모는 반드시 친권자를 정하여야 하고(민법 제909조 제4항), 협의된 취지와 그 내용을 이혼신고서에 기재하여야 한다(가족관계등록법 제74조). 셋째, 협의이혼을 하려는 사람은 가정법원이 제공하는 이혼에 관한 안내를 받아야 하고, 필요한 경우 가정법원은 전문상담인에게 상담을 받을 것을 권고할 수 있다(민법 제836조의 2 제1항). 넷째, 이혼하려고 하는 부부는 등록기준지 혹은 주소지를 관할하는 가정법원에 출석하여 이혼의사를 확인받아야 한다. 이혼의사 확인은 가정법원으로부터 이혼에 관한 안내를 받은 날로부터 일정기간(양육할 자녀가 있는 경우 3개월, 그렇지 않은 경우 1개월, 가정폭력등 급박한 사정이 있는 경우에는 단축 또는 면제가능)이 경과하여야 가능하다. 이혼의사 확인서의 유효기간은 3개월이다. 즉 이혼의사확인서를 발급받은 날로부터 3개월 내에 이혼신고를 하지 않으면 확인의 효력은 소멸한다. 다섯째, 협의이혼신고를 하여야 이혼이 성립한다. 협의이혼의 신고시에 양육할 자녀가 있는 경우에는 양육협의서 및 친권자결정에 관한 협의서 또는 그 심판정본을 제출하여야 한다.

(2) 협의이혼의 무효

이혼신고가 수리되었으나, 당사자 사이에 이혼합의가 없는 경우에는 그 협의이혼은 무효이다. 예컨대 ① 어떠한 방편을 위하여, 주로 채권자의 강제집행을 면하거나(판례는 가장이혼이라고 인정하려면 객관적인 증거가 있어야 한다고 한다(대판 1975. 8. 19, 75도1712)) 또는 혼인외의 출생자를 혼인중의 출생자로 하기 위하여(대판 1961. 4. 27. 4293민상536) 가장이혼을 합의하여 신고한 경우, ② 당사자 일방 또는 쌍방이 모르는 사이에 제3자가 이혼신고를 한 경우(대판 1956. 8. 4. 4289민상235), ③ 유효하게 이혼신고서를 작성한 후 그 수리 이전에 상대방에게 또는 가족관계등록부 담당공무원에게 이혼의사를 철회하였을 경우, ④ 심신상실자가 이혼신고시에 의사능력이 없었을 경우에는 이혼은 원칙적으로 무효이다.

사 례 ≫ 2년 전 갑은 사업을 실패하여 파산의 위기에 처하자 그의 처 을과 자녀들에게 그래도 집 한 채는 있어야지 가족들이 살지 않겠느냐며 처에게 문제가 해결될 때까지 가족관계등록부상만으로 이혼하자고 하며 위자료조로 집 한 채를 처와 아이들 명의로 이전하고 협의이혼하였다. 그 후 갑은 사업차 알던 병과 혼인을 하고 말았다. 이러한 경우 갑과 을의 이혼의 효과는?

해설 협의이혼이란 당사자가 이혼을 하자는 합의를 하고 이혼신고서를 제출함으로써 성립되는 이혼이다. 협의상 이혼을 하기 위해서는 반드시 당사자의 이혼하자는 의사의 합치를 요한다. 그리고 그와 같은 이혼의 의사란 단순히 이혼신고서를 제출하자는 합의가 아니라 형식적으로 혼인관계를 해소함은 물론 사실상·실질적인 혼인관계를 종료한다는 의사의 합치, 즉 확실히 '그만 살자'는 의사표시의 합치를 요한다. 그래서 어떤 방편을 위한 이혼의사의 합치, 예컨대 사례처럼 강제집행을 면하기 위해 재산도피의 목적으로 이혼하는 경우나, 혼인외의 자를 혼인중의 자녀로 가족관계등록부에 기재하기 위해 일시적으로 이혼하는 경우 등은 진정한 이혼의사의 합치가 없는 것으로 보아 설혹 이혼신고서를 제출하여 가족관계등록부상 이혼한 것으로 하더라도 그러한 이혼은 무효가 되는 것이다. 따라서 갑·을의 이혼은 무효가 되는데, 이 때 무효란 언제부터 무효가 되느냐에 대하여 약간의 문제가 있다. 학설은 협의이혼의 무효는 혼인의 무효와 같이 당연무효라고 하는 것이 일반적인 견해이고, 종래 우리 대법원은 가장이혼은 원칙적으로 무효라고 판시하던 것이 일관된 판례의 입장이었다. 다만 일단 이혼신고서를 제출한 경우 무효인 이혼이라고 하더라도 이혼의 효과를 인정하여야 한다는 대법원의 판결도 있다.

> 대법원 1993. 6. 11. 선고 93므171 사건은 "일시적으로나마 이혼신고를 하기로 하는 합의하에 협의이혼신고를 한 사실이 인정되는 이상, 그 이혼신고를 함에 있어 사실상의 부부관계까지 해소할 의사는 없었고 위 이성국이 그 장인, 장모를 상대로 노임청구를 하기 위한 목적이 있었다 하더라도 이혼의사가 결여되어 무효라고는 할 수 없는것이다."라는 판시나, "부부가 해외이주의 필요상 일시적으로 이혼하기로 하고 이혼신고서를 제출한 경우 일단 이혼은 유효하다"고 판시(대판 1976. 9. 14. 선고76도107)하고 있다.

어쨌든 위 예에서 갑과 을의 이혼이 무효가 된다고 하더라도, 갑과 병의 혼인이 당연히 무효가 되는 것은 아니므로, 갑과 을의 혼인도 유효하고 갑과 병의 혼인도 유효한 중혼관계가 성립된다. 이러한 중혼의 경우에는 갑과 을의 혼인에는 이혼사유가 발생하고 갑과 병과의 혼인은 취소사유가 생기게 된다.

(3) 협의이혼의 취소

사기 또는 강박으로 인하여 이혼의 의사표시를 한 자는 그 취소를 가정법원에 청구할 수 있다(민법 제838조, 가사소송법 제2조 제1항 나류사건 3호). 취소를 하려면 먼저 조정을 신청하여야 하며, 조정이 성립되지 않으면 제소신청을 할 수 있다(가사소송법 제49조, 민사조정법 제36조). 이러한 취소청구권은 당사자가 사기를 안 날 또는 강박을 면한 날로부터 3월을 경과한 때에는 소멸한다(민법 제839조·제823조). 취소의 효과는 혼인취소의 경우와 달라서 이혼이 없었던 상태로 회복시켜야 하므로 그 소급효가 인정된다.

2. 재판상 이혼

재판상 이혼은 법률상 정하여진 이혼원인에 입각하여 부부의 일방이 청구하는 이혼이다. 당사자 사이에 이혼의 합의가 이루어지면 협의이혼을 하면 되므로, 재판상 이혼은 당사자 일방이 이혼에 불응하는 경우에 이루어지게 된다.

(1) 유책배우자의 이혼청구

우리 민법상 재판상 이혼은 이혼사유가 있는 경우에만 인정한다. 다만 민법이 규정한 재판상 이혼사유가 있는 경우라고 하더라도 혼인을 회복할 수 없을 정도로 파탄시킨 데 대하여 전적으로 또는 주로 책임이 있는 배우자의 이혼청구는 받아들이고 있지 않는다. 이를 이혼에 있어서 유책주의라고 한다.

외국의 경우에는 혼인이 파탄이 되었으면 누구의 잘못을 따지지 않고 이혼을 인정하는 나라도 있다. 이를 「파탄주의 이혼법」이라고 한다. 우리 이혼법상 아직은 파탄주의를 전면적으로 수용하고 있지 않다고 평가하는 것이 타당하다. 그 이유는 만약 그렇게 하면 아직까지는 사회적 지위가 열악한 여성으로서는 사실상의 축출이혼을 당하는 사례가 많아지게 되기 때문이다.

사 례≫ (1) 갑남과 을녀는 혼인을 하였으나 부부관계가 원만하지 못하던 중, 갑이 병녀와 부정한 행위를 하여 을녀로부터 이혼소송과 아울러 간통죄로 고소당하여, 징역 6월의 형벌을 받고 복역하였다. 한편 을녀가 제출한 이혼소송은 을녀의 주소 불명으로 재판에 을녀가 불출석함으로써 소송이 의제취하 당하여 이혼이 이루어지지 않았다. 그후 복역을 마친 갑남이 을녀에 대하여 이혼할 것을 주장하자 이에 을녀가 불응하므로, 갑남이 법원에 이혼소송을 제기하였다. 법원은 이 소송을 받아들일 것인가?

(2) 한편 위의 사례에서 을녀가 제출한 이혼소송이 을녀의 주소불명에 의한 불출석으로 인하여 의제취하된 것이 아니라, 을녀가 적극적으로 이혼소송을 취하한 경우에, 갑남이 이혼소송을 법원에 제기한 경우, 법원은 이 소송을 받아들일 것인가?

해설 현재 우리나라의 법에서도 유책배우자의 이혼청구라 할지라도 이를 예외적으로 허용하는 경우가 있다.

그 첫째는 유책배우자로부터 이혼청구를 받은 배우자도 이혼할 의사가 있고 그 의사를 소송중에 표시한 경우나, 속으로 이혼의사는 있지만 단지 이혼청구를 받은 배우자가 오로지 오기나 보복적 감정에 사로잡혀 표면적으로만 이혼을 거부하고 있을 뿐, 실제로는 혼인을 계속할 의사가 없는 행동을 하는 등, 이혼의사가 객관적으로 명백한 경우에는 유책배우자가 청구한 이혼청구라 할지라도 이혼을 허용하고 받아들이고 있다. 그래서 우리 대법원은 1987. 12. 8, 87므44 사건에서 다음과 같이 판시하고 있다.

「갑남과 을녀간의 혼인의 파탄원인이 갑남과 그 부모의 을녀에 대한 냉대와 갑남이 을녀에게 제대로 생활비도 주지 아니하면서 부부싸움 끝에 을녀를 구타하는 등의 부당한 대우를 하는 데에서 비롯되어 을녀의 가출과 을녀가 갑남의 직장에 찾아가 피운 소란 등도 그 원인으로 경합되는 한편 갑남과 을녀가 본심·.반심청구로써 각 이혼심판을 청구하고 있다면 두 사람 모두 혼인을 계속할 의사가 없음이 명백하다고 할 것이므로 비록 을녀에게도 가출 등의 잘못이 있다 하더라도 이미 파탄된 혼인의 해소를 바라는 을녀의 이혼청구(반심)는 이를 인용함이 마땅하다」.

둘째는 부부관계는 서로 상호적인 것이므로 혼인파탄의 책임도 많든 적든 부부 모두에게 있는 것이 일반적이다. 그래서 부부 쌍방에게 같은 정도의 파탄의 책임이 있는 경우나 이혼을 청구하는 사람이 이혼을 청구받는 사람보다 파탄의 책임이 가벼운 때에는 이혼청구를 당하는 사람에게 이혼의사가 없더라도 이혼을 인정하고 있다.

즉 위의 사례 (1)에서는 유책배우자의 이혼청구라 할지라도 우리 법원은 이를 받아들이고 있다. 이는 어디까지나 상대 배우자에게도 사실상 이혼의사가 있기 때문이다. 그러나 사례 (2)에서처럼 상대 배우자가 명시적으로 그 이혼의사를 철회한 경우에는 유책배우자의 이혼청구를 받아들이고 있지 않다.

(2) 이혼원인

재판상 이혼을 하려면, 즉 이혼을 청구한 쪽이 승소하기 위해서는 법률이 정한 이혼사유(재판상 이혼사유)가 있어야 하고, 또 이것을 충분히 증명하여야 한다.

우리 민법 제840조가 규정한 재판상 이혼사유는 다음과 같다.

1. 배우자에게 부정한 행위가 있을 때
2. 배우자가 악의로 다른 일방을 유기한 때
3. 배우자 또는 그 직계존속으로부터 심히 부당한 대우를 받았을 때
4. 자기의 직계존속이 배우자로부터 심히 부당한 대우를 받았을 때
5. 배우자의 생사가 3년 이상 분명하지 아니한 때
6. 기타 혼인을 계속하기 어려운 중대한 사유가 있을 때

(가) 배우자의 부정행위

재판상 이혼사유로서 '배우자의 부정한 행위'에 대하여 살펴보면 예전에는 처의 간통만이 형법에서도 처벌되고 이혼원인이 되었지만, 현행법은 부부 모두

에게 순결을 유지하고 정조를 지킬 의무를 부과하고 있다. 구체적으로는 부부가 자기 남편 또는 아내 이외의 사람과 성관계를 맺거나 성적 비행을 저질러서는 안되는 의무이다.

부정한 행위란 '간통'이 전형적인 실례라고 할 수 있으나, 반드시 간통에 국한된다고 할 수는 없다. 이것은 간통이라는 개념보다는 넓은 것이고, 비록 간통에 이르지는 않았으나 그 행동이 순결의무, 정조의무에 충실하지 못한 것으로 볼 수 있다면 부정한 행위가 된다.

부정한 행위는 그 행위가 자유로운 의사에 의한 경우만을 말한다. 그래서 제삼자에 의하여 성폭행(강간)을 당한 경우는 부정한 행위를 저지른 것으로 볼 수 없다.

간통과 같은 부정한 행위는 은밀히 이루어지는 것이기 때문에 이를 '증명'하기가 무척 어렵다. 그래서 부정한 행위는 '추정'에 의하는 경우가 많다. 예를 들어 이성과 한 방에서 밤을 지낸 경우, 숙박업소에 함께 투숙한 경우, 아내가 출산하였는데 남편의 자식이 아님이 증명된 경우, 배우자 이외의 사람으로부터 성병에 감염된 경우에는 부정한 행위가 있었다고 추정할 수 있다.

부정한 행위에 해당되기 위해서는 반드시 계속적이어야 하는 것은 아니다. 따라서 단 1회의 외도나 실수도 부정한 행위가 된다. 부정한 행위에 대하여 다른 배우자가 사전에 '동의'하거나 사후에 '용서'한 때에는 배우자의 부정한 행위를 이유로 이혼을 청구할 수 없다(민법 제841조). 동의나 용서는, 명시적인 의사표시는 물론 묵시적인 방법으로도 할 수 있다. 첩을 얻어서라도 아들을 낳으라고 하는 의사표시는 명시적인 사전동의라고 할 수 있고, 배우자의 부정한 행위를 알고서도 아무 말 없이 부부생활을 계속하는 것은 사후의 묵시적인 용서라고 본다.

부정한 행위를 이유로 이혼을 청구하기 위해서는 시간상의 제약이 있다. 즉 이를 안 날로부터 6월, 그 사유가 있는 날로부터 2년 내에 소송을 제기하여야만 하고, 그 이후에는 이혼청구가 허용되지 않는다.

사 례≫ 갑은 회사의 업무의 성격상 자주 외국의 바이어들과의 접대 자리를 갖게 되고 어쩔 수 없이 술집 종업원 등과의 부정행위를 하게 된다. 이러한 갑의 행위도 이혼사유로 부정행위가 되는가?

해설 사례에서 갑은 특별히 부정한 행위를 하고자 하는 의도를 갖고 행위를 하지 않고 어쩔 수 없이 부정행위를 한 경우인데, 이러한 경우에도 배우자의 부정한 행위가 되는가가 문제이다. 우리 판례에 의하면 술집종업원이나 매춘부와의 관계도 부정한 행위에 속한다고 하고 있다. 그와 같은 갑의 행위가 업무상 어쩔 수 없는 행위라고 하더라도 이는 참작될 수 없다. 다만 이혼시 위자료청구에 있어서는 위자료액수를 결정할 때 참작사유가 될 수 있을 뿐일 것이다.

사 례 ≫ 갑남은 을녀가 정숙한 것으로 보여 혼인하였으나, 을녀가 혼전에 남녀관계가 매우 복잡한 것은 물론 처녀도 아니었다. 갑남은 을녀의 혼전의 행위를 문제삼아 이혼하고자 한다. 가능한가?

해설 부부 사이에 요구되는 정조의무란 혼인한 후부터 발생하는 것이지, 혼인 전까지 소급하여 요청되는 것이 아니기 때문에 혼인 전의 사유를 혼인 후의 재판상 이혼원인으로 허용한다면 혼인제도 그 자체는 성립 또는 유지가 될 수 없다.

그래서 우리 판례도 "민법 제840조 제1호 소정의 재판상 이혼사유인 '배우자에게 부정한 행위'가 있었을 때라 함은 혼인한 부부간의 일방이 부정한 행위를 한 때를 말하는 것이므로 혼인 전 약혼단계에서 부정한 행위를 한 때에는 위 제1호의 이혼사유에 해당한다고 할 수는 없다"고 하고 있다(대판 1991. 9. 13, 91므85).

(나) 악의의 유기

배우자의 일방이 정당한 이유없이 동거 부양 협조의무(민법 제826조 제1항)를 포기하면 이는 악의의 유기가 되어 이혼원인이 된다(대판 1986. 5. 27, 86므26). '악의'란 단순히 어떤 사실을 알고 있다는 것보다는 좀더 적극적인 의미로서 사회적으로 비난받을 만한 윤리적 요소를 포함하고 있다. '유기'란 상대방을 내쫓거나 또는 두고 나가 버리든가, 그렇지 않으면 상대방으로 하여금 나가지 않을 수 없게 만든 다음 돌아오지 못하게 함으로써 계속하여 동거에 응하지 않는 경우와 같은 것이 포함된다.

(다) 배우자 또는 그 직계존속에 의한 심히 부당한 대우 및 자기의 직계존속에 대한 배우자의 심히 부당한 대우

배우자 일방의 타방에 대한 심히 부당한 대우는 이혼사유가 된다. 부당한

대우란 신체·정신에 대한 학대 또는 명예에 대한 모욕을 의미한다. 한편 그것이 심하다는 것은 배우자의 일방이 부부의 동거생활의 계속에 대하여 고통을 느낄 정도를 말한다고 보는 것이 일반적이다. 그러나 무엇이 심히 부당한 대우이냐는 순전히 사회적 통념에 따라 결정된다. 즉 일반인들이 보았을 때, 그 정도면 도저히 혼인생활을 계속할 수 없는 사정이 되는 경우이다.

한편 이와 같은 배우자로부터 심히 부당한 대우뿐만 아니라 배우자의 직계존속으로부터 심히 부당한 대우를 받은 경우에도 이혼사유가 된다. 원래 혼인생활은 물론이요 이혼도 부부간의 문제이다. 따라서 원칙적으로는 부부 이외의 제3자와 관련된 문제로 이혼을 허용하지는 않는 것이 타당하다. 그러나 우리나라는 조선시대부터 유지되어 오던 봉건적 가족제도와 유교적 인습이 가족생활에 뿌리 깊게 자리잡고 있어서 민법은 배우자의 직계존속(시부모·장인장모)에 대한 심히 부당한 대우와, 배우자의 직계존속에 의한 심히 부당한 대우를 이혼사유로 규정하고 있다.

구체적으로 이에 해당하는 것으로는 배우자의 직계존속으로부터의 구타나 폭행, 심히 모욕적인 욕설 등이 된다. 그리고 서울가정법원의 판결을 보면 혼인신고를 마치고 난 뒤 시어머니가 최고급 냉장고, 가구 및 아파트 전세금 등 과다한 혼수를 요구하여 양가 사이에 잦은 불화를 일으키는 등 욕설과 행패를 부리자 이는 민법상 배우자 또는 직계존속으로부터 심히 부당한 대우에 해당한다고 하여 이혼을 인정한 사례가 있다(중앙일보 1995년 9월 7일자 기사).

그리고 자기의 직계존속에 대한 배우자의 심히 부당한 대우, 즉 며느리가 시부모에 대한 심히 부당한 대우 및 사위가 장인 장모에 대하여 심히 부당한 대우를 한 경우에도 마찬가지로 이혼사유가 된다.

(3) 배우자의 3년 이상 생사불명

어느 나라든 기간의 차이는 있지만 부부의 일방이 생사불명인 경우 이를 이혼원인으로 하고 있다. 그래서 우리 법도 배우자의 일방이 3년 이상 생사불명인 경우 이를 이혼사유로 하고 있다. '생사불명'이란 문자 그대로 생존도 사망도 확인하거나 증명할 수 없는 경우를 말한다. 이 기간은 계속될 것을 요한다. 즉 과거에도 생사불명이었지만, 현재도 생사불명일 것을 요한다.

이 이혼소송은 공시송달과 결석판결이라는 절차를 밟아서 행하여진다. 일단 이 소송에 의해 이혼이 확정되면 배우자가 생존해서 돌아오더라도 이혼의 효력이 소멸하지 않는다.

(4) 기타 혼인을 계속할 수 없는 중대한 사유

재판상 이혼원인에는 '기타 혼인을 계속하기 어려운 중대한 사유가 있는 경우'라고 하는 상대적 이혼원인이 있다. 무엇이 이에 해당할 것인가에 대하여는 구체적인 경우에 법원이 판단하게 될 것이지만, 혼인관계가 심각하게 파탄되어 다시는 혼인에 적합한 생활공동체관계를 회복할 수 없을 정도에 이른 사실이 있고, 이러한 경우에 혼인생활을 강요하는 것이 일방 배우자에게 참을 수 없는 고통이 되어야 할 것이다.

기타 혼인을 계속하기 어려운 사례로 보는 경우를 보면, 육체적인 파탄원인으로 부당한 피임, 성병의 감염, 이유없는 성교거부, 성적 불능 등이, 윤리적·정신적 파탄원인으로서는 불치의 정신병, 부부간의 애정상실, 또는 성격의 불일치, 수년간 계속된 사실상의 별거, 어린이에 대한 정신적이거나 육체적인 모욕 또는 가해, 신앙의 차이, 또는 광신, 알콜중독 또는 마약중독 등이, 끝으로 경제적 파탄원인으로 부의 방탕, 가계를 돌보지 않는 처의 난맥행위나 낭비 또는 지나친 사치 등이 구체적인 경우에 따라 혼인을 계속하기 어려운 중대한 사유가 될 수 있을 것이다. 그러나 사소한 불화나 감정의 대립, 한 때 이혼하기로 합의한 후 위자료까지 준 사실이나, 성적 기능이 다소 원활하지 못하다는 사실, 임신불능이라는 사실 등은 그 자체로서는 혼인을 계속하기 어려운 중대한 사유라고 볼 수 없을 것이다.

사 례≫ 갑과 을은 서로 사랑하여 혼인을 하였으나 결혼 후 급격히 애정이 식어 갑은 이혼을 하고자 하나 을은 이에 불응한다. 이러한 경우 재판상 이혼이 가능한가?

해설 사례에서 부부간의 애정이 없다는 것은 때로는 기타 혼인을 계속할 수 없는 중대한 사유에 해당할 수는 있다(서울가정법원 1965. 11. 16. 65드639). 그러나 분명 애정이 없는데도 한쪽은 이혼에 반대할 경우, 이를 허용한다면 때론 당사자 일방에 의한 타방 배우자의 축출이혼을 허용하는 것과 같은 결론이 발생할 수도 있다. 따라서 부부간에 애정이 없다, 애정이 식었다는 것 자체만으로는 재판상 이혼사유가 된다고 볼 수 없고, 위에서 언급한 바와 같이 혼인관계의 심각한 파탄이 전제되어야 이혼이 가능하다고 볼 수 있다.

사 례≫ 갑은 3대 독자인데, 을과 혼인을 하였으나 을이 임신불능이어서, 갑의 부모는 이혼을 강요하고 있다. 그런데 을이 이혼에 불응하는 경우 재판상 이혼이 가능한가?

해설 사례에서는 임신불능이 이혼사유로 될 수 있을 것인가가 문제이다. 혼인은 부부 모두가 사망할 때까지 평생토록 공동생활을 하는 것을 목적으로 하는 남녀간의 결합이다. 자손번식은 단지 혼인의 결과일뿐이라고 보아야 한다. 그런데 혼인이 반드시 자손번식의 결과를 가져와야 하고 따라서 자녀를 출생치 못할 때 이혼을 허용한다면 이는 매우 많은 사회문제를 발생시키게 된다.

그래서 임신불능은 이혼사유로 볼 수 없다. 따라서 우리 법원도 "처가 전자궁적출술의 수술 결과 임신불능이 되자, 남편이 종가의 종손임을 이유로 이혼을 주장하여 혼인관계가 파탄에 이르렀다면, 그와 같이 된 데에는 출산불능이 법률상의 이혼사유로 되지 아니하는 이상 남편측에게 보다 더 큰 책임이 있다(대판 1991.2. 26. 89므365 · 367)"고 하여 남편의 이혼심판청구를 기각하고 처가 주장한 반심판(反審判) 이혼청구를 받아들여 남편은 처에게 위자료를 지급하라고 한 사례도 있다.

3. 이혼의 효과

부부가 이혼을 하면 혼인이 해소되어 배우자라는 관계가 없어진다. 한편 혼인해소시 중요한 효과는 이혼시 재산문제와 그 자녀에 대한 효과이다.

(1) 이혼의 재산적 효과

부부가 혼인을 하면 가족공동체를 형성함과 아울러 경제공동체도 이룩한다. 우리 민법상 부부재산제는 당사자 사이에 부부재산계약이 없는 한, 별산제가 원칙이다. 따라서 각자의 명의로 된 재산은 그 명의자의 것이다. 따라서 혼인중에는 누구의 기여에 의해 그 재산을 취득하였나를 불문하고 일단 그 명의자의 재산인 것으로 추정한다. 그런데 이혼을 하는 경우에는 부부공동체는 종료하고, 청산의 단계에 들어간다.

부부가 이혼하는 경우는 당사자 사이에 직접적으로 발생하는 재산문제는 두 가지이다. 즉 첫째는 위자료 문제이며, 둘째는 부부가 혼인중 공동의 협력으로 이룩한 재산의 분할문제이다.

(가) 위자료 청구

위자료는 그 성격이 불법행위에 대한 손해배상으로 특히 정신상의 손해에 대한 배상이다. 이러한 불법행위가 성립하기 위해서는 가해행위, 그것도 위법한 가해행위가 있어야 하고, 나아가 그러한 가해행위를 하게 된 것이 행위자의 고의나 과실에 의하여야 한다. 즉 이혼의 경우에 배우자의 일방이 부정한 행위나 심히 부당한 대우를 하였다거나 하는 경우이어야 한다. 그러나 이혼원인이 예컨대 배우자 일방에게 불치의 정신병이 있어서 도저히 그 혼인을 계속할 수 없어서 이혼을 하는 경우에는 비록 혼인파탄의 원인을 배우자 일방이 제공하였지만, 정신병이 그의 고의나 과실에 의해서 발생한 것이 아니므로 위자료 문제는 발생하지 않는다.

사 례 ≫ 남편 갑은 처 을이 병남과 불륜으로 인하여 가정을 돌보지 않자 이혼을 하기로 하였다. 그 동안 혼인생활 동안 마련한 재산은 모두 갑의 명의로 되어 있는바, 처 을은 갑에 대하여 위자료를 요구하고 있다. 처 을의 주장은 정당한가?

해설 위자료란 정신상 고통에 대한 손해배상인데, 남편 갑에게는 혼인파탄의 책임이 없으므로 위자료를 지불할 필요가 없으며, 오히려 남편 갑이 처 을에게 혼인파탄의 책임을 물어 위자료를 청구할 수 있다. 나아가 갑은 혼인파탄에 가담한 제3자, 즉 병에게 혼인파탄에 대한 고의가 있었던 경우에는 그에 대해서도 위자료 청구를 할 수 있다.

(나) 재산분할청구

부부가 이혼을 하게 되면 부부의 경제공동체는 해체되고 그 청산이 필요하다.

부부재산을 청산하는 제도로서의 재산분할청구권이란 부부가 혼인중 공동협력으로 이룩한 재산에 대하여 이혼시에 그 재산의 명의에 불구하고, 청산을 청구하는 권리를 말한다. 재산분할청구권이 포섭하는 권리내용의 범위 내지 성질이 어디까지인가 하는 점에 관하여 견해의 대립이 있다. 재산분할은 부부가 혼인 중 공동협력으로 이룩한 재산의 청산만을 인정할 뿐이라는 견해와 그와 같은 재산의 청산 이외에 이혼 후의 부양료까지 포괄한다는 견해의 대립이 있다. 다수설과 판례는 후자의 입장이다.

재산분할청구는 협의이혼의 경우는 물론 재판을 통해 이혼하는 경우 모두 인정된다. 그 분할을 하는 방법은 첫째, 협의이혼하는 당사자는 재산분할을 할 것인가, 한다면 그 액수와 방법은 어떻게 할 것인가를 당사자가 협의하여 결정한다(민법 제839조의 2 제1항). 둘째, 만일 협의되지 않거나 협의할 수 없을 때에는 법원에 재산분할을 청구할 수 있다(민법 제2항). 재산분할청구는 재판상이혼청구와 동시에 할 수도 있고, 이혼은 협의이혼의 방식으로 하고, 재산분할청구는 소송의 형식으로 따로 할 수도 있다. 법원이 재산분할을 결정함에 있어서는 혼인중의 당사자 쌍방의 협력으로 이룩한 재산의 액수, 그 밖에 사정을 모두 참작하여 분할의 액수와 방법을 정한다.

재산분할청구권의 행사는 이혼한 날로부터 2년 이내에 하지 않으면 권리의 행사기간이 경과하여 할 수 없다(민법 제839조의 2 제3항). 이는 협의에 의한 이혼이든 재판에 의한 이혼이든 마찬가지이다.

재산분할의 대상인 재산은 당사자 쌍방의 협력으로 이룩한 재산이다. 쌍방의 협력이란 부부가 맞벌이를 하여 같이 수익을 얻고 있는 때나 재산취득의 자금제공에 직접 공헌한 경우에는 그 비율에 의한 공유지분의 산정도 가능하지만, 전업주부의 가사노동 등도 협력이 된다. 한편 경우에 따라서는 배우자 일방의 특유재산도 분할의 대상이 된다. 즉 우리 판례에 의하면 "재산분할의 대상이 된 남편 소유의 부동산 중 대지가 시아버지 소유의 주택을 매각한 대금을 기초로 구입한 것이라고 하더라도, 이러한 사정만으로는 그 대지가 '부부 쌍방의 협력으로 이룩한 재산'임을 인정함에 아무런 장애가 될 수 없고, 설사 그것을 남편의 특유재산으로 본다고 하더라도 결혼 이후 남편이 이를 취득하고 유지함에 있어서 처가 적극적이고 헌신적인 가사노동과 가사비용의 조달로 직접, 간접으로 기여하여 특유재산의 감소를 방지한 이상 재산분할의 대상이 된다"(대판 1994. 12. 13. 94므598)고 하고 있다.

사 례≫ 갑남과 을녀는 혼인을 하여 30년간 생활해 왔는데, 그 동안 을녀는 자녀들 때문에 폭군과 같은 남편의 말에 순종하며 살아왔으나, 자녀들을 모두 출가시겼으므로 이혼 및 재산분할을 청구하고자 한다. 갑에게는 별다른 재산이 현재 없으나, 갑은 대기업의 30년 이상 재직하여 3년후 퇴직하면 상당한 퇴직금을 수령할 예정이다. 갑남이 장차 수령할 퇴직금에 대하여 을녀는 분할을 청구를 할 수 있는가?

해설 사례에서 문제는 퇴직금이 재산분할의 대상이 되는가 여부이다. 종래에는 퇴직금이 재산 분할의 대상이 되는지 여부에 관하여 이혼시 이미 퇴직금이 확정되어 있고 그 수령도 확정되어 있는 경우에는 분할의 대상이 되나, 이혼 당시 아직 퇴직하지 아니한 채 직장에 근무하고 있는 경우에는 분할의 대상이 아니라고 하였다. 그러나, 최근의 대법원 판례를 비록 이혼 당시 부부 일방이 아직 재직 중이어서 실제 퇴직급여를 수령하지 않았더라도 이혼소송의 사실심 변론종결 시에 이미 잠재적으로 존재하여 경제적 가치의 현실적 평가가 가능한 재산인 퇴직급여채권은 재산분할의 대상에 포함시킬 수 있으며. 구체적으로는 이혼소송의 사실심 변론종결 시를 기준으로 그 시점에서 퇴직할 경우 수령할 수 있을 것으로 예상되는 퇴직급여 상당액의 채권이 그 대상이 된다(대법원 2014.7.16. 선고, 2013므2250, 전원합의체)고 하고 있다. 따라서 을의 장래의 퇴직금분할청구는 정당하다.

사 례 ≫ 개인 사업을 하는 갑남과 을녀는 혼인한 지 10년이 되었는데, 협의이혼하기로 하였다. 이때 을녀가 갑남에 대하여 재산분할청구를 하자, 갑남은 자신은 사업상 채무가 10억원이 있으며, 재산은 5억원밖에 없으므로 재산분할을 해 줄 수 없으며, 만약 을녀가 계속해서 재산분할청구를 한다면 갑의 재산은 모두 혼인후 형성한 것이므로 오히려 을녀가 채무 2억 5천만원에 대하여 부담을 지라고 주장한다. 갑남의 주장은 정당한가?

해설 사례는 이혼시 재산분할을 함에 있어서 기준이 되어야 할 재산이란 오로지 적극 재산만을 기준으로 할 것이냐, 소극적인 재산도 포함하여 청산할 것인지에 관한 문제이다. 이에 대하여 종래 우리 대법원은 판례는 "부부 일방이 혼인중 제3자에게 채무를 부담한 경우에 그 채무 중에서 공동재산의 형성에 수반하여 부담하게 된 채무만 청산의 대상이 되는 것(대판 1994. 12. 2, 94므1072)이라고 하여 채무는 원칙적으로 분할 대상 채무가 아니라고 하였다. 그러나, 최근에는 "이혼 당사자 각자가 보유한 적극재산에서 소극재산을 공제하는 등으로 재산상태를 따져 본 결과 재산분할 청구의 상대방이 그에게 귀속되어야 할 몫보다 더 많은 적극재산을 보유하고 있거나 소극재산의 부담이 더 적은 경우에는 적극재산을 분배하거나 소극재산을 분담하도록 하는 재산분할은 어느 것이나 가능하다고 보아야 하고, 후자의 경우라고 하여 당연히 재산분할 청구가 배척되어야 한다고 할 것은 아니다. 그러므로 소극재산의 총액이 적극재산의 총액을 초과하여 재산분할을 한 결과가 결국 채무의 분담을 정하는 것이 되는 경우에도 법원은 채무의 성질, 채권자와의 관계, 물적 담보의 존부 등 일체의 사정을 참작하여 이를 분담하게 하는 것이 적합하다고 인정되면 구체적인 분담의 방법 등을 정하여 재산분할 청구를 받아들일 수 있다 할 것이다."(대판 2013.6.20. 선고, 2010므4071,4088. 전원합의체)고 함으로써 채무초과의 경우에도 재산분할이 가능하다고 하고 있다.

(2) 자녀의 친권자 및 양육자지정

미성년인 자녀는 그 부모의 친권에 복종하도록 하고 있다. 친권이란 미성년인 자녀의 재산관리 및 신상에 대한 권리의무를 부모가 행사하는 것을 말한다. 친권은 부모가 혼인중인 때에는 공동으로 행사하게 되어 있으나(민법 제909조 제2항), 부모가 이혼하게 되면 부모 일방을 친권자로 정하여야 한다. 부모의 협의로 친권을 행사할 자를 정하고, 부모의 협의가 되지 않거나 협의를 할 수 없는 경우에는(예컨대 일방이 행방불명이라든가 의식불명인 경우) 가정법원은 직권 또는 당사자의 청구에 따라 친권자를 지정하여야 한다(민법 제909조 제4항). 재판상 이혼의 경우에는 법원이 직권으로 친권자를 정한다(민법 제909조 제5항). 이혼하는 경우 자녀의 양육자 및 양육에 관한 사항은 부모의 협의로 정한다(민법 제837조 제1항). 이 협의에는 양육자의 결정, 양육비용의 부담, 면접교섭권의 행사 여부 및 그 방법 등에 관한 사항이 포함되어야 한다(민법 제837조 제2항). 만약 부모 사이에 양육에 관한 사항의 협의가 이루어지지 아니하거나 협의할 수 없는 때에는 가정법원은 직권으로 또는 당사자의 청구에 따라 이에 관하여 자의 의사, 연령과 부모의 재산상황 등을 고려하여 결정한다(민법 제837조 제4항).

사 례≫ 갑남과 을녀는 이혼을 하기로 하였는데, 그들 사이의 자녀인 병에 대하여는 서로 자신이 키우겠다고 주장한다. 어떻게 하여야 하는가?

해설 이혼에는 협의이혼과 재판상 이혼이 있으므로 협의이혼시에는 이혼신고서에 친권행사자를 정해서 기재하도록 하고 있고(가족관계등록법 제79조 제1항), 재판상 이혼의 경우에는 가정법원이 직권으로 친권자를 정한다(민법 제909조 제5항). 협의이혼의 경우에 누가 친권을 행사할지, 누가 양육을 할지를 당사자가 협의로 정하지 못하는 경우 가정법원은 직권 또는 당사자의 청구에 따라 친권자를 정한다.

한편 일방이 친권자로 정해졌더라도 친권자가 당연히 아이를 양육하는 것은 아니다. 양육에 관한 사항은 친권에 관한 사항과는 달리 합의할 수 있다. 즉 친권은 부가 양육은 모가 하되 비용부담은 균분한다고 하는 식으로 결정할 수도 있다. 다만 이 경우에도 자녀의 최선의 복리가 우선적으로 고려되어야만 한다.

(3) 면접교섭권

면접교섭권이란 이혼 후 그 자녀를 직접 양육하지 아니하는 어버이의 일방이 이혼 후 그 자녀와 직접 면접·서신교환 또는 접촉하는 권리로서 방문권이라고도 한다. 그런데 2007년 민법 개정으로 자는 부모를 상대로 면접교섭을 청구할 수 있다(민법 제837조의 2 제1항).

자녀의 면접교섭의 방법, 시기 등에 관하여는 부모가 협의하면 그대로 효력이 발생하고, 그러한 협의가 되지 않거나 협의할 수 없을 때에는 가정법원은 당사자의 청구 또는 직권에 의하여 면접교섭권의 행사방법과 범위를 결정한다(민법 제837조의 2). 다만 면접교섭을 인정한 결과 자에게 좋지 않은 상태가 발생하였을 경우에는 당사자의 청구 또는 직권에 의하여 가정법원은 자의 복리를 위하여 면접교섭을 제한하거나 배제할 수 있다.

[4] 부모와 자

1. 부모자관계의 확정

자에게는 부나 모가 있어야 하고, 그 역할은 그 자를 낳은 생물학적 부모가 맡아야 한다. 친자관계는 그 사회를 형성하는 핵심적 요소의 하나이다. 인간은 출생시부터 일정 기간 동안은 누군가의 재정적 지원은 물론 교육적 관심을 가지고 양육하고 돌보아야 한다. 그런데 이러한 관계는 부모자관계를 형성하지 않고는 충족되기 어렵다.

사람이 혼인을 하게 되면 보통은 그 결과로 자녀를 출산하게 된다. 그런데 모자관계는 출산이라는 사실 자체로부터 확인할 수 있는 것이므로 사실상 큰 문제가 발생치는 않으나, 부자관계는 그렇지 않다. 즉 어떤 여자가 낳은 자녀의 아버지가 누구인가 하는 문제는 그리 간단히 결정될 수 있는 것은 아니기 때문이다.

혼인한 여자가 자녀를 출산한 경우도 있고, 혼인을 하지 않고 자녀를 출산할 수도 있다. 또 경우에 따라서는 미혼인 여자뿐만 아니라 혼인한 여자라 할지라도, 여자의 사생활이 복잡할 경우에는 모 자신도 자의 부가 누구인지 정확히 알 수 없는 경우도 있다. 그렇다고 하여 세상 모든 여자들이 낳은 자녀의 부가 누구인지를 항상 재판을 통해서 일일이 확정할 수는 없다.

그래서 법은 부자관계를 확정할 수 있는 기준을 정해 놓고 있다.

첫째, 혼인한 여자가 혼인중 포태하여 혼인성립의 날로부터 200일 후, 혼인관계의 종료일로부터 300일 이내(다만 민법 제844조 제2항의 혼인관계 종료일로부터 300일 이내의 출생한 자녀 부분은 헌재 2015.4.30. 2013헌마623으로 헌법불합치결정을 받았으나, 이 부분은 입법자가 개정을 할 때까지 계속 적용된다)에 출생한 자녀는 그의 법률상의 배우자인 남편의 자녀인 것으로 일단 추정한다. 이를 친생추정을 받는 혼인중의 자라고 한다. 혼인성립의 날이란 원칙적으로 혼인신고를 한 날을 의미지만, 사실혼이 선행된 경우에는 이를 기준으로 한다(민법 제844조). 위와 같은 요건을 갖추면 그 자는 혼인중의 출생자이며, 아버지(남편)의 친자식으로 추정된다. 이에 대하여 그렇지 않다고 다투려면 다투는 측이 친생자가 아니라는 증거를 제시해야 하며, 그 방법도 '친생부인의 소송'을 통해야만 한다.

둘째는 혼인한 여자가 자녀를 출산하였으나 그것이 혼인이 성립한 날로부터 200일이 되기 전에 출생한 경우이다. 이러한 경우에는 부(夫)의 친생자로 추정을 받지 못한다. 이를 친생추정을 받지 못하는 혼인중의 자라고 한다. 친생추정을 못받는 혼인 중의 자에 대하여 그 부가 자신의 자가 아니라고 친자관계를 부인하려면(혼인한 사람이 자녀를 출생한 경우 일단 이를 부 또는 모가 출생신고를 하여야 한다: 가족관계등록법 제46조, 따라서 일단 가족관계등록부상 부가 아버지가 된다.), 친생자관계부존재확인의 소를 통해서 할 수 있다. 이는 친생부인의 소송과는 달리 소송을 제기할 수 있는 기간의 제한이 없다.

셋째는 여자가 혼인을 하지 않고 자녀를 출산한 경우이다. 이를 혼인외의 자라고 한다. 이때 부자관계는 인지절차를 통해서 결정된다. 즉 혼인외의 자녀인 경우에는 인지를 하기 전에는 법률상 부가 없다.

(2) 친생부인의 소

친생부인의 소란 혼인중의 자로서 친생자로 추정을 받는 자가 실질적으로는 그 부부 사이의 자가 아닌 경우에 이를 바로잡는 소송을 말한다.

이 소송은 원칙적으로 부 또는 처만이 제기할 수 있다(민법 제846조). 다만 예외적으로 부 또는 처가 피성년후견인인 경우에는 그의 성년후견인이 성년후견감독인의 동의를 받아, 유언에 의한 친생부인의 경우에는 유언집행자가, 부 또는 처를 대신하여 소를 제기할 수 있다. 친생부인의 소는 부 또는 처가 다른 일방 또는 자를 상대로 하여 그 사유가 있음을 안 날로부터 2년 내에 제기하여야 한다. 종래에는 부가 자의 출생을 안 날로부터 1년 내에 소를 제기하여야 하던 것을 자가 부의 자녀가 아님을 안 날로부터 2년 내에 소를 제기하여야 하는 것으로 2005년에 민법을 개정하였다.

사 례 ≫ 갑남은 5년 전에 을녀와 결혼하였다. 그 동안 아이가 없다가 1년전 을이 병을 출산하였다. 그런데 사실은 갑이 불임이었다. 그런데 갑은 그동안 이러한 사실을 덮어두었으나, 가정불화가 깊어져 이혼을 하고자 한다. 이러한 경우 갑과 병 사이의 친자관계는 해소할 수 있는가?

해설 혼인한 여자가 포태하여, 혼인성립의 날로부터 200일 이후에 낳은 자녀 및 혼인 관계가 종료된 뒤 300일 이내에 낳은 자녀는 일단 친생자추정을 받는 혼인중의 출생자의 신분을 취득하며, 그 모의 법률상의 남편의 친생자로 추정된다. 이때 혼인성립의 날이란 원칙적으로 혼인신고의 날을 기준으로 한다. 따라서 사례에서 을녀가 혼인을 한 후 200일 이후에 출산을 하였으므로, 일단 그 자녀는 갑남의 친생자로 추정을 받는다. 친생추정을 받는 자에 대하여 친생부인을 하기 위해서는 갑 또는 을이 병이 갑의 자녀가 아님을 안 날로부터 2년 내에 친생부인의 소를 제기하여야 한다. 사안에서 갑이 불임이므로 병의 출생을 안 날로부터 병은 갑의 친자가 아님을 알았다고 보아야 할 것이다. 친생부인을 하기 위해서는 우선 가정법원에 조정을 신청하여야 한다. 이와 같은 조정이 성립되지 않으면 재판에 의하여야 한다. 친생부인이 되지 않는 한, 친생추정을 받는 자에 대하여는 설혹 그의 친생부(親生父)라 할지라도 인지하지 못한다.

(3) 인 지

부모가 혼인을 하지 않고 낳은 자녀를 혼인 외의 출생자라고 하는데, 혼인 외의 출생자의 경우에 그 부모자관계를 확정하는 절차가 바로 '인지'이다.

인지에는 인지신고만으로 성립하는 임의인지와 소송에 의해서 부모자관계를 확정하는 강제인지가 있다. 인지할 수 있는 사람은 생부(또는 생모)이다. 인지가 될 수 있는 사람은 혼인 외의 출생자이어야 한다. 사실상 혼인 외의 출생자라 할지라도 이미 다른 사람의 자로 가족관계등록부에 등재되어 그 사람의 친생자로 추정되는 경우(즉 예컨대 갑남과 을녀가 혼인한지 200일이 경과하였는데, 을녀가 외간남자와 관계를 맺고 자녀를 출산하였고 그 자녀가 갑남과 을녀의 친생자로 가족관계등록부에 등재되어 있는 경우)에는 그 사람으로부터 친생부인된 후에만 인지할 수 있다. 또 다른 사람의 친생자의 추정을 받지는 않으나 혼인 중의 출생자인 경우에는 우선 친생자관계부존재확인의 소를 제기하여 가족관계등록부상의 아버지가 생부가 아니라는 것이 확정된 후가 아니면 인지신고가 수리되지 않는다(즉 예컨대 갑남에게 시집온 을녀가 시집온 지 200일 전에 출생한 자녀로 사실은 갑남의 자녀가 아니고 제3자의 자녀인데, 일단 갑남의 자녀로 가족관계등록부에 신고된 경우). 다른 사람이 이미 인지하고 있는 경우에는 인지에 대한 이의의 소를 제기하여 확정판결이 난 다음에 인지신고를 하여야 할 것이다.

한편 혼인외의 자녀란 성년, 미성년을 묻지 않으며, 대상자가 이미 사망한 경우에는 인지할 수 없다. 다만 그 후손(직계비속: 손자)이 있는 때에는 인지할 수 있다(제857조).

(가) 임의인지

임의인지를 하는 절차는 시, 읍, 면사무소에 '인지신고'를 하는 것이다(민법 제859조 제1항). 따라서 인지신고가 없이 단순히 누구를 자기 자식이라고 공언하는 것은 인지가 아니고 효력도 발생하지 않는다.인지는 유언으로도 할 수 있는데, 이 경우에는 유언집행자가 취임한 날로부터 1개월 이내에 인지에 관한 '유언장' 등을 첨부하여 인지신고를 하여야 한다(민법 제859조 제2항).

인지신고를 하면 인지된 자녀는 인지를 한 사람의 자녀가 되는데, 그 효력은 출생한 때로부터 부모자관계가 있었던 것으로 된다. 인지된 자녀는 (원칙적으로) 부의 성과 본을 따르나, 모의 성본을 계속 사용할 수 있다. 다만 부모가 협의할 수 없거나 협의가 되지 않는 경우에는 법원의 허가를 받아 종전의 성과 본을 사용할 수 있다(민법 제781조 제4항). 또 부모자관계가 발생하는 이상, 서로 상호간에 부양의 권리의무가 발생하고 상속권도 생긴다. 또 생부의 인지를 받기 전에는 자녀는 생모의 친권에 복종하게 되지만(민법 제909조 제1항), 인지를 받은 후에는 부모의 협의로 누가 친권을 행사할지를 정하고, 협의를 할 수 없거나 협의가 이루어지지 않을 경우에는 당사자는 가정법원은 직권 또는 당사자의 청구로 친권자를 지정한다(민법 제909조 제4항).

(나) 강제인지

강제인지란 인지를 해야 할 사람이 스스로 인지를 하려고 하지 않을 때나, 혹은 인지를 해야 할 사람이 이미 사망한 경우에 법원에 청구하여 강제로 인지하게 하는 절차를 말한다(민법 제863조).

인지를 재판상 청구할 수 있는 사람, 즉 소송을 제기할 수 있는 사람은 혼인외의 출생자, 그 직계비속인 자녀 또는 그 혼외자나 그 혼외자의 직계비속의 법정대리인이다(민법 제863조). 인지청구소송의 상대방은 생부나 생모이며, 어느 일방이 사망한 때에는 검사를 상대로 할 수 있다(민법 제864조).

인지청구소송은 언제까지 제기하여야 한다는 제한은 없다. 혼인 외의 출생자는 언제라도 이 소송을 제기할 수 있는 셈이지만, 상대방이 되는 생부나 생모가 사망한 경우에는 그 사망을 안 날로부터 2년 내에 검사를 상대로 소송을 제기하여야 한다(민법 제864조). 이와 같이 인지를 청구할 상대방이 사망한 경우에 한해서 2년이라는 권리를 행사할 수 있는 기간을 정하고 있는 이유는 시기가 너무 경과하면 사실관계가 불명하게 되어 폐해가 생긴다는 이유 때문이다. 그래서 생부 또는 생모의 사망을 알고 2년이 지난 후에는 인지청구의 소를 제기할 수 없다.

인지청구소송은 먼저 법원에서 조정절차를 거치게 된다. 법원은 관계 당사자를 출석시켜 조정을 시도하게 되며, 조정이 이루어지면 이 조정 조서를 첨부하여 인지신고를 할 수 있게 되며(가족관계등록법 제58조), 조정이 성립되지 않으면 재판을 한다.법원의 판결로 인지청구가 받아들여지면, 즉 판결에 의해서 친생자관계가 있다고 확인이 되는 경우에는 인지청구소송을 제기한 사람은 그 재판이 확정된 날로부터 1개월 이내에 판결문과 확정증명서를 첨부하여 시, 읍, 면사무소에 신고하여야 한다.

(4) 친생자관계존부확인청구

우리는 어떤 사람이 남의 자식이 되어 있는 경우를 자주 보게 된다. 예컨대 여동생이 혼인전에 아이를 낳자 오빠가 그 자녀를 자신의 가족관계등록부에 기재하는 경우, 혹은 부모를 알 수 없는 고아나 기아를 자기 자녀로 가족관계등록부에 기재하는 경우 등 참으로 다양한 사례들이 벌어진다. 어쨌든 이러한 경우에는 그 가족관계등록부상 부모와 자녀 사이에 실제 혈연관계가 없다. 바로 이런 경우에 누구와 누구 사이에 친생자관계가 없다거나 또는 있다는 것을 확인해달라는 내용의 소송으로 그 부모자관계를 바로잡는데 이를 친생자관계 존부확인의 소라고 한다.

이 소송은 친생부인의 소나, 인지청구의 소의 대상이 되지 않는 사안에 한해서 부모자관계를 확정하는 것을 내용으로 하는 소송이다. 그래서 이 소송은 부자관계를 확인 또는 부인해 달라는 내용의 소송이지만, 예컨대 갑과 을이 가족관계등록부상 부자관계로 되어 있는데, 그렇지 않다는 것을 확인해달라는 소송이더라도 그것이 친생부인의 소의 대상인 때에는 반드시 친생부인의 소송으로 먼저 부자관계를 해소해야만 이 소송을 제기할 수 있다.

친생자관계존부확인의 소송은 가족관계등록부상 부모 쌍방 모두가 부모가 아니라는 주장도 가능하고 부모중 일방만의 관계를 없애는 경우도 가능하다. 또 그 자녀가 가족관계등록부상 부모의 자녀가 아니고 다른 사람들의 자녀라고 주장하는 것도 가능하다.

이 소송을 제기할 수 있는 사람은 부모와 자녀, 그리고 가족관계등록부상 부모 등이 제기할 수 있으며 기타 제3자도 이해관계가 있으면 제기할 수 있다. 기타 이해관계인이란 부자관계의 확정에 관한 법률상의 이해관계, 예컨대 상속권자 등이 아니라도 널리 신분관계를 확정할 필요가 있는 친족이기만 하면 모두 제기할 수 있다.

한편 이 소송은 이를 제기할 수 있는 기간의 제한은 원칙적으로 없다. 다만 당사자의 일방이 사망한 때에는 그 사망을 안 날로부터 2년 내에 검사를 상대로 하여야 한다.

이 재판이 확정되면 확정된 날로부터 1개월 이내에 판결문과 확정 증명서를 첨부하여 가족관계등록부 정정의 신청을 하면 된다.

사 례≫ 갑남과 을녀 사이에는 혼인한 지 10년이 되도록 자녀가 없었다. 그런데 어느 날 집앞에 버려진 업동이 병을 갑남과 을녀는 그들 사이에 출생한 자녀로 친생자 출생신고를 하여 키웠다. 그런데, 병의 생모인 정녀가 그 아이를 찾고 싶어 한다. 어떻게 할 것인가?

해설 병은 갑남과 을녀 사이에 비록 혼인중 출생자로 가족관계등록부에 기재되어 있더라도 친생자가 아님에 틀림없다. 이러한 경우 우선 정은 병이 갑남과 을녀 사이에 친생자가 아님을 확인해 달라는 친생자관계부존재확인청구의 소를 제기할 수 있다. 이렇게 친생자관계가 없음이 확인되면 정녀는 병에 대하여 임의인지 신고를 하면 된다.

[5] 양자제도

1. 입양제도

(1) 입양의 방법

양자제도는 어느 사회, 어느 국가에서도 인정되는 인류의 공통적인 제도이다. 그런데 종래 우리나라의 전통적인 양자제도는 제사제도를 통한 조상숭배와 밀접한 관련을 갖고 있어서 양자를 하려면 '기혼남자로서 가계를 계승할 남자아이를 갖고 있는 못한 경우에 한해서 오직 한 사람만 그것도 자신과 동성동본인 혈족만 입양할 수 있다'라는 아주 독특한 입양제도를 갖고 있었다. 이와 같은 양자제도는 결국 입양을 해서 아이를 키운다는 것이 아니라 철두철미하게 가(家)의 계승의 목적만을 위해서 두고 있었던 것이다. 그러나 현재는 그와 같은 가(家)를 위한 양자제도는 지양하고 정말 자녀를 위한 양자제도로 서서히 변화되기 시작하였다.

1990년의 민법 개정으로 많은 부분에 있어서 과거의 불합리한 양자제도는 정비되었고, 2005년 민법 개정으로 양자를 친생자처럼 보이게 하는 친양자 제도가 도입됨으로써 양자제도는 보통양자와 친양자 제도로 이원화되게 되었다.

(2) 입양의 요건

현행법상 입양을 하기 위한 요건을 보면, ① 우선 양부모와 양자간에 입양의 합의가 있어야 한다(민법 제883조). 이러한 입양의사의 합치는 자유롭게 결정되어야 하며 조건부 또는 기한부 입양이어서는 안된다. ② 양부모는 성년자이어야만 한다(민법 제866조). 양부모가 성년자이기만 하면 반드시 기혼자일 필요는 없으며 남녀, 자식의 유무를 묻지 않고 양부모가 될 자격이 있다. ③ 미성년자를 입양하려는 사람은 가정법원의 허가를 받아야 한다(민법 제867조). ④ 양자로 될 아이가 13세 미만인 경우에는 법정대리인이 대신하여 입양의 승낙을 하여야 한다(민법 제869조 제2항). ⑤ 양자가 될 자가 13세 이상 19세 미만인 때에는 미성년자는 법정대리인의 동의를 받아 미성년자가 직접 입양승낙을 한다(민법 제869조 제1항). ⑥ 미성년자가 양자가 될 때에는 부모의 동의를 받아야 한다(민법 제870조). ⑦ 양자가 될 사람이 성년인 경우에는 부모의 동의를 받아야 한다. 다만, 부모가 법정대리인으로 이미 입양 동의나 승낙을 한 경우, 부모가 친권상실 선고 등을 받은 경우, 부모의 소재를 알 수 없는 경우에는 그러하지 아니하다. 가정법원은 부모가 정당한 이유 없이 동의를 거부하는 경우에 양부모가 될 사람이나 양자가 될 사람의 청구에 따라 부모의 동의를 갈음하는 심판을 할 수 있다. 이 경우 가정법원은 부모를 심문하여야 한다(민법 제871조). ⑧ 피성년후견인은 성년후견인의 동의를 받아 입양을 할 수 있고 양자가 될 수 있다. 이 경우 가정법원의 허가를 받아야 한다(민법 제873조). ⑨ 기혼자가 입양을 할 때에는 부부가 공동으로 입양을 하여야 하고, 반대로 기혼자가 다른 사람의 양자가 될 때에는 다른 배우자의 동의를 얻어야 한다(민법 제874조). ⑩ 양자는 양친의 존속 또는 연장자가 아니어야 한다. ⑪ 가족관계등록법이 정하는 바에 따라 입양 신고를 하여야 한다.

한편 친양자는 보통 양자와 달리 당사자의 합의만으로 성립하는 것이 아니라 법원의 허가를 요한다. 즉 일종의 선고형 양자에 해당한다. 친양부모가 되려는 자가 가정법원의 허가를 얻어 친양자신고를 함으로써 친양자관계는 성립한다. 친양자입양청구의 요건(민법 제908조의2)을 살펴 보면, ① 양친은 3년 이상 혼인 중인 부부이어야 하며, 이들이 양자를 공동으로 입양하여야 한다. 다만, 1년 이상 혼인 중인 부부의 일방이 그 배우자의 친생자를 친양자로 하는 경우에는 그러하지 아니하다. ② 친양자로 될 자는 미성년자이어야 한다. ③ 친양자로 될 자의 친생부모가 친양자 입양에 동의하여야 한다. 다만, 부모의 친권이 상실되거나 사망 그 밖의 사유로 동의할 수 없는 경우에는 그러하지 아니하다. ④ 친양자가 될 사람이 13세 이상인 경우에는 법정대리인의 동의를 받아 입양을 승낙하여야 한다. ⑤ 친양자가 될 사람이 13세 미만인 경우에는 법정대리인이 그를 갈음하여 입양을 승낙하여야 한다. ⑥ 법정대리인이 정당한 이유없이 동의 또는 승낙을 거부하거나, 친생부모가 자신에게 책임이 있는 사유로 3년 이상 자녀에 대한 부양의무를 이행하지 아니하고 면접교섭을 하지 아니한 경우, 친생부모가 자녀를 학대 또는 유기하거나 그 밖에 자녀의 복리를 현저히 해친 경우에는 친생부모의 동의나 법정대리인의 동의 또는 승낙이 없어도 법원은 친양자 입양허가를 할 수 있다(민법 제908조의2).

사 례 ≫ 갑남과 을녀는 이혼을 하였는데, 그들 사이에는 친생자로 5세된 병이 있었다. 갑을이 이혼하면서 병에 대한 친권 및 양육은 갑이 맡기로 하였는데, 들리는 소문에 의하면 갑이 병을 다른 집에 양자로 보내려고 한다고 한다. 이러한 소식을 들은 을은 그의 자녀는 절대 양자로 보낼 수 없으며, 자신이 키우겠다고 주당한다. 을의 주장은 정당한가?

해설 사례에서 양자로 될 사람은 5세이므로 입양에 대한 합의는 그 법정대리인이 대신해서 승낙하면 된다. 여기서 법정대리인은 병의 아버지인 갑이므로, 갑이 대락을 하여 입양을 승낙하여야 한다. 이 경우 을녀는 병의 부모 자격으로 동의권을 가진다(민법 제870조 제1항). 다만 을녀가 친권상실선고를 받았거나, 그 소재를 알 수 없어 동의를 받을 수 없는 경우에는 그렇지 않다. 또 을녀가 동의를 거부하더라도 3년 이상 자녀에 대한 부양의무를 이행하지 아니한 경우나 자녀를 학대 또는 유기(遺棄)하거나 그 밖에 자녀의 복리를 현저히 해친 경우에는 가정법원은 을녀의 동의없이 입양허가를 할 수 있다.

사 례 ≫ 甲의 부모 乙, 丙이 얼마전 교통사고로 함께 사망하였다. 그런데 甲은 그 동안 乙, 丙이 친생부모인줄로만 알고 있었는데, 부모님들이 사망하자 삼촌들이 말하길 사실은 15년 전에 집 앞에 버려져 있는 것을 당시 자녀가 없던 乙, 丙이 거두어 그들의 자녀로 가족관계등록법에 친생자출생신고를 하였다는 것이다. 따라서 甲은 乙, 丙의 상속권자가 될 수 없다고 주장하며 甲의 삼촌들이 법원에 친생자관계부존재확인의 소송이라는 것을 제기하였다. 어떻게 되는가?

해설 우리 사회만큼 핏줄에 대한 관념이 강한 사회도 그리 흔하지 않을 것이다. 그래서 될 수 있는 한, 입양을 하는 경우에도 그것이 드러나지 않도록 숨기려고 하는 것이 아마도 우리나라 사람들의 보편적인 생각인 것 같다. 그래서 아이를 갖지 못한 부부가 남의 아이를 양자로 하겠다고 데려가 기르면서 신고시에는 입양신고를 하는 것이 아니라, 아예 친생자로 출생신고를 하는 사례가 종종 있다.

이런 경우 친생자출생신고는 허위이며 따라서 무효이다. 그렇다고 해서 그들 사이에 아무런 관계가 발생하지 않는다고 하는 것은 자녀를 위해서 지나치게 가혹한 것이다. 이 점에 관하여 우리 대법원의 판례는 「신분행위의 신고라는 형식을 요구하는 실질적 이유는 당사자 사이에 신고에 대응하는 의사표시가 있었음을 확실히 하고, 또 이를 외부에 공시하기 위함이라 할 것이다. 입양신고 역시 당사자의 입양에 관한 합의의 존재와 그 내용을 명백히 하여 실질적 요건을 갖추지 아니한 입양을 미리 막아 보자는 것이 그 기본이라고 본다면, 당사자 사이에 양친자관계를 창설하려는 명백한 의사가 있고 나아가 기타 입양의 성립요건이 모두 구비된 경우에 입양신고 대신 친생자출생신고가 있다면, 형식에 다소 잘못이 있더라도 입양의 효력이 있다고 해석함이 타당하다 할 것이다」(대판 1977. 7. 26, 77다492)라고 하여 허위친생자출생신고라 하더라도 입양의 의사가 있었다고 보여지는 경우에는 이를 입양신고로 유효하게 보고 있다.

(3) 입양의 효과

입양 신고 절차까지 마치게 되면 그 때부터 양자와 양부모 사이에는 법정부모자관계가 성립한다. 이에 따라 다양한 법적 효과가 발생하게 된다.

양자로 입양되었다고 해서 친생부모와의 부모자녀관계가 해소되는 것은 아니다. 즉 양자는 양부모와 그 친족과 친족관계가 발생하는 것은 물론이고, 친생부모 및 원래의 친가쪽 친족과의 관계도 그대로 유지한다. 그러나 2008년부터 시행되는 친양자의 경우에는 친양자는 부부의 혼인 중의 자로 보므로(민법 제908조의 3) 양자는 양부모의 성과 본을 따르고 친생부모와 그 친족 간의 관계는 단절된다. 양자와 양부모는 서로 부양할 의무가 생기고, 또 양부모가 사망하면 상속도 받게 되는 것은 물론 보통 양자의 경우 친생부모와의 사이에도 상속권 및 부양의 권리의무관계는 여전히 유지된다. 또 양자가 미성년자일 경우 친생부모의 친권은 소멸하고 양부모만이 친권자가 된다. 나아가 이후에 양부모가 모두 사망하더라도 친생부모의 친권이 부활하는 것이 아니라, 양가에서 후견이 개시된다.

2. 양부모자관계의 해소

입양을 하였으나 입양이 후회스런 경우가 있을 수 있다. 입양의 후회는 입양을 한 양부모가 할 수도 있고, 입양된 양자가 혹은 양자로 보낸 친부모가 할 수도 있을 것이다. 이런 경우 양부모자관계를 해소하는 방법이 바로 파양이다. 양부모자관계는 오로지 파양에 의해서만 해소될 수 있다. 그런데 실제 사회의 입양의 실태를 보면, 양자를 들인 양부모가 아이가 마음에 들지 않는 경우 파양을 하지 않고 곧 바로 타가에 또 다시 양자로 보내는 경우가 종종 있다. 그렇게 하면 원래 양부모와 양자 사이의 양부모자관계는 해소되지 않고 그대로 존속된다.

민법상 파양의 방법은 협의상 파양과 재판상 파양으로 나누어진다.

(1) 협의파양

'협의파양'이란 양부모와 양자가 협의해서 입양 관계를 종료시키는 것을 말한다. 협의파양의 요건들을 살펴보면 다음과 같다. 첫째, 당사자 사이에 파양의사의 합치가 있어야 한다. 이 파양의사는 무조건·무기한의 것이어야 한다. 그런데 '파양의사의 합치'라고 할 때, '의사'는 완전한 의사이어야 한다. 그래서 사기나 강박에 의한 의사이어서는 안된다. 종래에는 미성년자 및 금치산자에 대하여도 협의파양이 가능하였으나 2012년 민법개정으로 미성년자에 대하여는 재판상 파양만 인정하고 협의파양은 더 이상 인정하지 않는다. 또, 양자가 피성년후견인인 때에는 협의파양을 할 수 없다. 다만, 피성년후견인이 양부모인 경우에는 성년후견인의 동의를 받아 협의파양을 할 수 있다. 둘째, 협의파양은 가족관계등록법이 정하는 바에 따라 신고하여야 한다. 파양이 되면 양부모자관계는 해소된다. 아울러 양자와 양가의 친족 간의 친족관계도 소멸된다. 따라서 상속권, 부양의 권리의무는 소멸하게 되지만 양자와 양가의 친족간의 혼인장애사유는 그대로 남게 된다. 친양자의 협의파양은 허용되지 않는다.

(2) 재판상 파양

'재판상 파양'은 파양의 합의가 이루어지지 않은 경우 파양을 원하는 측에서 파양을 거부하는 측을 상대로 재판을 해서 양친자관계를 종료시키는 것을 말한다. 재판상 파양은 재판상 이혼에서와 마찬가지로 법이 정해 놓은 파양원인이 있는 경우에만 인정한다. 민법이 정해 놓은 파양원인(제905조)을 보면 다음과 같다.

1. 양부모가 양자를 학대 또는 유기하거나 그 밖에 양자의 복리를 현저히 해친 경우
2. 양부모가 양자로부터 심히 부당한 대우를 받은 경우
3. 양부모나 양자의 생사가 3년 이상 분명하지 아니한 경우
4. 그 밖에 양친자관계를 계속하기 어려운 중대한 사유가 있는 경우

위의 네 가지의 어느 사유 중 하나에 해당한다면 파양을 법원에 청구하여 파양할 수 있다. 한편, 친양자 파양은 재판상 파양만 허용하는데, ① 양친이 친양자를 학대 또는 유기(遺棄)하거나 그 밖에 친양자의 복리를 현저히 해하는 때, ② 친양자의 양친에 대한 패륜(悖倫)행위로 인하여 친양자관계를 유지시킬 수 없게 된 때 양부모, 친양자, 친생부모 및 검사는 친양자의 파양을 청구할 수 있다(민법 제908조의 5 제1항).

사 례≫ 갑에게는 3대 독자 을이 있었는데, 병과 혼인하여 5년이 지나도록 자녀가 없자 갑은 을과 병을 종용하여 정을 입양토록 하였다. 그런데 정은 어릴 때에는 말도 잘 듣고 착실하더니 요즘은 도무지 말을 듣지 않고, 행패를 일삼는다. 그런데 얼마전 갑의 아들 을과 며느리인 병이 교통사고가 나서 함께 사망하였는데, 그 후에는 걸핏하면 정은 할아버지인 갑을 구타하고 행패를 부리는데, 그 패륜을 더 이상 참을 수 없어 갑은 정에 대하여 파양을 하고자 한다. 가능한가?

해설 입양으로 발생한 양부모자관계를 해소하는 것을 파양이라고 하는데, 이러한 파양청구권은 어디까지나 그 양부모나 양자가 가지는 것이다. 따라서 갑과 같은 양부모의 직계존속은 파양청구를 할 수 없으며 이는 양부모가 사망한 이후에도 마찬가지이다. 위의 정의 행태를 살펴보면 직계존속에 대하여 심히 부당한 행위를 한 것에 해당하므로 파양사유는 충분하나, 갑에게는 파양청구적격이 없다. 따라서 갑과 정 사이의 양조손관계(養祖孫關係)는 유지될 수밖에 없다.

[6] 친권과 후견 및 부양

1. 친　권

(1) 의　의

친권은 부모가 미성년자녀를 보호·교양할 권리·의무를 말하며(민법 제913조), 상속, 부양 등과 더불어 친자관계의 가장 중요한 효과의 하나이다. 친권은 누구에게도 방해당하지 않고 이를 행사할 수 있다는 의미에서 일종의 권리라고 볼 수도 있지만, 미성년자녀를 사회화하기 위하여 신체적 정신적으로 보호 교양하는 사회적 의무로서의 성질이 더 강하다.

미성년자녀는 부모의 친권에 복종한다(민법 제909조 제1항). 부모가 혼인중인 때에는 친권을 공동으로 행사하고, 부모의 의견이 일치하지 않는 경우에는 당사자의 청구에 의하여 가정법원이 이를 정한다(민법 제909조 제2항). 부모가 공동으로 친권을 행사한다는 것은 부모공동의 의사에 의하여 한다는 것을 의미하며 행위 자체가 부모 쌍방의 공동명의로 되어야 한다는 것은 아니다. 그러나 공동 친권자인 부모 중 일방이 타방의 동의없이 단독으로 친권을 행사한 때에는 친권자의 대리 또는 동의의 효과는 생기지 않으며 원칙적으로 무권대리가 된다. 다만 이 경우 친권자 일방이 친권자 쌍방의 명의로 대리나 동의권을 행사하고 상대방이 선의이면 그 행위는 유효하다(민법 제920조의 2).

한편 혼인 외의 출생자의 친권은 일단 생모가 행사하며, 그 부(父)가 인지를 하거나 부모가 협의이혼하면, 부모가 협의해서 누가 친권을 행사할지를 정하고, 협의할 수 없거나 협의가 되지 않는 경우에는 가정법원은 직권 또는 당사자의 청구로 친권자를 지정한다(민법 제909조 제4항). 그리고 재판상 이혼, 혼인의 취소, 인지청구의 소의 경우에는 가정법원이 직권으로 친권자를 정한다(민법 제909조 제5항). 한편 입양한 양자에 대한 친권은 그 양부모가 행사한다.

친권자는 자를 보호하고 교양할 권리의무가 있다(민법 제913조). 친권자는 필요한 범위에서 자에 대한 징계권을 가지고, 미성년자의 영업에 대한 허락 및 그 취소권, 미성년자의 근로계약에 대한 동의권·해지권, 자녀의 신분상 행위에 대한 대리권과 동의권 등을 가지며, 자가 자기명의로 취득한 특유재산을 관리한다. 이러한 친권은 남용해서는 안된다.

(2) 친권상실, 일시정지 및 일부제한

친권자가 자의 복리에 위배되는 친권행사를 하거나 친권행사자로서 부적당한 경우에 친권자의 의사와 관계없이 강제적으로 친권을 박탈 또는 일시 정지시키는 제도가 친권상실, 일시정지 및 일부제한 제도이다.

2015년 10월 이전에는 부모의 자녀에 대한 학대나 개인적 신념 등으로 자녀의 생명·신체 등에 위해가 발생하는 경우에도 자녀의 보호를 위하여 친권의 상실 선고 외에는 활용할 수 있는 제도가 없으나, 친권을 일정한 기간 동안 제한하거나 친권의 일부만을 제한하는 제도 등을 마련함으로써 앞으로는 구체적인 사안별로 자녀의 생명 등을 보호하기 위하여 필요 최소한도의 친권 제한 조치가 가능하도록 하기 위하여 친권의 일시 정지 및 일부제한 제도를 도입하였다.

친권의 남용이란 친권의 내용인 권리를 과도하게 불법적으로 행사하거나 또는 그 적당한 행사를 게을리하거나, 친권자에게 친권을 행사시킬 수 없는 현저한 비행이 있는 경우에 선고하는 것이다. 판례도 "친권자인 아버지가 그 아들의 양육비, 학비 등을 대어 주지 아니할 뿐만 아니라 그 생활조차 돌보지 아니하는 등 친권자로서 보호와 교양할 의무를 포기하고 있어서 그 아버지의 부정행위를 들어 이혼한 바 있는 생모와 외조부가 양육하고 그 생활을 돌보고 있던 중 그 아버지가 그 아들 소유의 대지를 매각처분하려 한다면 이는 친권자로서 현저한 비행 또는 친권을 행사시킬 수 없는 중대한 사유가 있는 때에 해당한다"(대판 1968. 9. 17, 68므27)고 하고 있다.

친권의 일시정지란, 부모가 친권을 남용하여 자녀의 복리를 현저히 해치거나 해칠 우려가 있는 경우로써, 친권 제한 사유가 단기간 내에 소멸할 개연성이 있는 경우에 자녀 또는 검사 등의 청구에 의하여 친권의 일시 정지를 선고할 수 있도록 하고 있다(민법 제924조 제1항 참조). 가정법원은 친권의 일시 정지를 선고할 때에는 자녀의 상태, 양육상황, 그 밖의 사정을 고려하여 그 기간을 정하여야 한다. 이 경우 그 기간은 2년을 넘을 수 없다(민법 제924조 제2항).

한편 친권의 일부제한 제도란 친권자의 미성년자녀의 거소 지정이나 징계, 그 밖의 신상에 관한 결정 등 특정한 사항에 관하여 친권자가 친권을 행사하는 것이 곤란하거나 부적당한 사유가 있어 자녀의 복리를 해치거나 해칠 우려가 있는 경우에는 자녀, 자녀의 친족, 검사 또는 지방자치단체의 장의 청구에 의하여 구체적인 범위를 정하여 친권자가 가지는 친권의 내용중 일부의 행사를 제한하는 것을 말하는데, 이는 가정법원의 선고에 의한다(민법 제924조의2). 이는 친권을 전부 상실시킬 필요가 없는 경우에 자녀의 생명 등을 보호하기 위한 필요 최소한도의 조치이다.

사 례≫ 甲의 며느리는 아들이 살아있을 때 춤바람이 나서 방탕한 생활을 일삼아서, 아들이 며느리의 행실을 고쳐보겠다고 애쓰다가 그만 울화병으로 죽고 말았다. 그런데 아들이 죽자 며느리는 이제 한 술 더 떠, 가정과 아이들을 돌보지 않는 것은 물론, 외간남자를 집에까지 끌어들이는 등 도저히 손자들의 교육을 위해서도 며느리의 행패를 더 두고 볼 수 없는 실정이 이르렀다. 며느리를 집에서 내보내는 것은 별문제가 없을 것 같으나, 법적으로 며느리가 아이들의 친권자가 되어 있어서 문제가 될 것 같다. 이 경우 甲의 며느리의 친권을 박탈할 수는 없을까?

해설 친권자인 모가 부정한 행위를 저질렀다고 하더라도 곧 친권상실을 인정하는 것은 아니다. 왜냐하면 가능한 한 자녀는 그 어머니 밑에서 자라는 것이 자녀의 복리를 위해서 적당하기 때문이다. 즉 요컨대 자녀문제는 무엇이 자녀의 최선의 복리, 최대의 이익을 위하는 것인가의 표준에 따라 판단하여야 하며, 그것이 곧 우리 법원의 입장이다. 다만 위의 사례에서 친권자인 모의 부정행위가 현재에도 이어지고 있고 또 그 자녀들을 돌보고 있지 않은 등 어머니로서 행해야 할 최소한의 소임을 다 하고 있지 못한 사정이 있고, 나아가 자녀의 재산을 임의로 처분할 가능성이 있다면, 가정법원에 청구하면 친권상실의 선고가 내려질 가능성은 비교적 높다고 할 수 있다. 다만 2015년 이후에는 친권의 전면적 제한제도인 친권 상실 이외에 친권의 일시정지 또는 일부제한제도가 새롭게 신설되었다.

(2) 친권자의 동의에 갈음하는 재판

의사능력있는 미성년자가 직접 법률행위를 하고자 하나, 친권자가 이에 동의하지 않아, 미성년자가 직접 법률행위를 하지 못할 수 있다. 친권자의 동의가 필요한 행위에는 재산상 행위, 혼인동의(민법 제808조), 입양동의(민법 제869조, 제870조) 등이 있다.

이와 같이 친권자의 동의가 필요한 행위에 대하여 친권자가 정당한 이유 없이 동의하지 아니함으로써 자녀의 생명, 신체 또는 재산에 중대한 손해가 발생할 위험이 있는 경우에는 자녀, 자녀의 친족, 검사 또는 지방자치단체의 장의 청구에 의하여 가정법원은 친권자의 동의를 갈음하는 재판을 할 수 있다(민법 제922조의2 2014년 민법개정으로 신설).

2. 후 견

후견제도는 제한능력자에 대하여 그 능력을 보충해 주는 제도로써, 친권자가 없는 미성년자에 대하여는 그를 보호·교양할 미성년후견인을 두며, 성년자로서 능력이 부족한 자에 대하여 성년 종래 금치산자·한정치산자 제도가 있었으나 이는 거의 이용되지 않았고, 또 개인의 잔존 능력과는 상관없이 획일적으로 제한하는 것으로 문제가 있어서 2011년 민법개정으로 금치산자·한정치산자 제도는 폐지하는 대신 법정후견제도와 임의후견제도를 도입하였다.

민법은 만 19세 미만의 자를 미성년자라고 하여 법이 특별히 보호하여 주고 있다. 미성년자는 보통은 부모가 1차적으로 친권자로서 법정대리인이 되는 것이지만, 그러한 친권자가 없는 경우에는 미성년후견인을 정하여 두고 미성년후견인으로 하여금 미성년자의 법률행위에 대하여 조력, 즉 다시 말해 법률행위에 대한 동의나 대리를 하도록 하고 있다. 미성년후견인은 1인이다(민법 제930조). 이는 사무의 지체나 책임의 분산을 예방한다는 이유이기는 하지만, 입법론으로서는 피후견인의 재산이 분산되어 있는 경우나 신상 후견과 재산상 후견을 분리하는 경우에는 복수로 하는 것이 타당하다고 생각된다. 미성년자 후견인의 종류에는 2가지가 있다. 미성년자의 후견인은 제1순위가 지정후견인, 제2순위가 선임후견인이다. 지정후견인은 최후로 친권을 행사하는 자, 즉 친권자가 사망하기 전에 미리 유언으로 자신의 사후에 누가 후견인이 될 지를 지정해 놓았다면 그 사람이 후견인이 된다. 선임후견인은 지정된 후견인이 없는 경우, 미성년후견인이 없게 된 경우, 친권상실의 선고나 대리권 및 재산관리권 상실의 선고에 따라 미성년후견인을 선임할 필요가 있는 경우, 친권자가 대리권 및 재산관리권을 사퇴한 경우 가정법원이 선임하는 후견인을 말한다(제932조).

사 례 ≫ 갑남과 을녀는 이혼을 하면서 그들의 출생자녀 병에 대한 친권은 갑이 행사하도록 하였다. 그런데 그 후, 갑이 갑자기 교통사고로 사망하자 갑의 재산을 병이 상속을 받았으며, 병은 할아버지인 정과 함께 생활을 하고 있다. 이러한 경우의 병의 법정대리인은 누가 되는가?

해설 단독 친권자로 정하여진 부모의 일방이 사망한 경우 생존하는 부 또는 모, 미성년자, 미성년자의 친족은 그 사실을 안 날부터 1개월, 사망한 날부터 6개월 내에 가정법원에 생존하는 부 또는 모를 친권자로 지정할 것을 청구할 수 있다(민법 제909조의 2 제1항). 6개월의 기간 내에 친권자 지정의 청구가 없을 때에는 가정법원은 직권으로 또는 미성년자, 미성년자의 친족, 이해관계인, 검사, 지방자치단체의 장의 청구에 의하여 미성년후견인을 선임할 수 있다. 이 경우 생존하는 부 또는 모, 친생부모 일방 또는 쌍방의 소재를 모르거나 그가 정당한 사유 없이 소환에 응하지 아니하는 경우를 제외하고 그에게 의견을 진술할 기회를 주어야 한다(민법 제909조의 2 제3항). 가정법원은 친권자 지정 청구나 후견인 선임 청구가 생존하는 부 또는 모, 친생부모 일방 또는 쌍방의 양육의사 및 양육능력, 청구동기, 미성년자의 의사, 그 밖의 사정을 고려하여 미성년자의 복리를 위하여 적절하지 아니하다고 인정하면 청구를 기각할 수 있다. 이 경우 가정법원은 직권으로 미성년후견인을 선임하거나 생존하는 부 또는 모, 친생부모 일방 또는 쌍방을 친권자로 지정하여야 한다.

3. 부 양

우리 사회에서는 자기 스스로 노동을 하여 그 대가로 독립해서 생계를 유지할 수 없는 사람이 얼마든지 있다. 그러한 사람들의 생존권을 보장해주는 문제는 크게는 국가사회가 책임을 져야 하는 문제이지만 개인의 생활보장에 대한 국가의 책임이라는 사회보장제도가 아직도 우리나라에서는 완비되어 있지 않은 실정이다. 하지만 국민의 생존권보장의 문제를 전적으로 국가의 책임만으로 돌릴 수는 없는 것이며, 가족내에서도 해결되어야 한다.

그래서 우리 민법에서도 가족 간의 부양문제에 관한 규정을 두고 있다.

부양의 권리의무에 관해서는 민법에서는 부부간의 부양의무와 부모와 자녀간의 부양의무 및 친족간의 부양으로 나누어서 규정하고 있다.

미성년인 자녀에 대해서는 부모가 전적으로 부양의무가 있는 것이지만 부모와 성년인 자녀나, 부부 사이, 직계혈족 및 그 배우자 사이, 혹은 기타 생계를 같이 하는 친족간의 부양의무는 상호적인 부양의무이다.

그러나 실제 어느 정도로 부양을 하여야 할 것인가에 관하여 법에 명문으로 정하여 두고 있는 것은 없다. 따라서 당사자의 신분이나 자력에 따라 적절히 정하여야 할 것이다. 또 부양방법에 관해서도 법이 명확히 정하고 있지는 않다. 다만 민법이 제시하는 최소한의 기준으로는 첫째, 부양의 수준과 방법은 부양당사자들이 협의해서 정하라는 것이고 둘째, 협의가 이루어지지 않으면 당사자의 청구에 의하여 법원이 결정한다는 것이다.

결국 법원이 부양의 정도나 방법을 결정함에 있어서는 부양의무자의 능력, 생활수준, 수입, 신분과 지위는 물론 부양받을 자의 생활 정도 등 모든 사정을 참작해서 결정하게 된다.

사 례 ≫ 미혼인 갑은 을남과 동거중 병을 출산하였다. 이 경우 갑은 병을 계속 양육하길 원한다. 이 경우 갑은 을에게 병의 양육비를 청구할 수 있나?

해설 부모는 각기 그 자녀들을 부양할 의무가 있다. 이러한 부모와 자식간의 부양 의무는 도덕적 요청이기도 하지만 동시에 법률상의 의무이다. 부양의무자가 이행하게 되는 부양의 정도와 방법은 부양권리자의 생활정도와 의무자의 자력 기타 제반사정을 참작하여 결정한다. 부양료의 지급방식은 매월 정기적으로 지급되는 것이 원칙이지만, 반년에 얼마, 일년에 얼마 하는 식으로도 정하는 것이 가능하고 경우에 따라서는 일시불로 얼마로 정할 수도 있다. 사례에서는 우선 아이의 아버지에게 아이에 관한 부양의 협의를 하고 그것이 되지 않을 경우에 법원에 청구하면 된다. 이 때에는 아이가 성년자인 19세가 되기까지 필요한 부양비를 결정하여 달라고 청구하면 된다. 또 한번 부양에 관한 사항이 결정되었다고 해서 그것을 변경할 수 없는 것이 아니다. 즉 물가나 생활수준의 변경, 당사자의 수입의 변경 등이 있는 경우 다시 협정·조정·심판을 청구할 수 있다.

한편 종래 우리 법원의 입장은 과거의 부양료 즉 그 동안 아이의 부양을 위해 지출한 비용의 상환청구는 할 수 없다고 판시하고 있었으나, 1994년 대법원은 종래의 판결의 태도를 번복하여 과거의 양육비상환청구도 가능하다고 판시하였다. 즉 「어떠한 사정으로 인하여 부모 중 어느 한쪽만이 자녀를 양육하게 된 경우에, 그와 같은 일방에 의한 양육이 그 양육자의 일방적이고 이기적인 목적이나 동기에서 비롯된 것이라거나 자녀의 이익을 위하여 도움이 되지 아니하거나 그 양육비를 상대방에게 부담시키는 것이 오히려 형평에 어긋나게 되는 등 특별한 사정이 있는 경우를 제외하고는, 양육하는 일방은 상대방에 대하여 현재 및 장래에 있어서의 양육비 중 적정금액의 분담을 청구할 수 있음은 물론이고 부모의 자녀양육의무는 특별한 사정이 없는 한 자녀의 출생과 동시에 발생하는 것이므로 과거의 양육비에 대하여도 상대방이 분담함이 상당하다」고 판시(대결 1994. 5. 13, 92스21)하고 있다.

제 8 절 상속제도

[1] 상속에 관한 기본적 지식

1. 상속의 개시시기

상속은 사람이 '사망'한 때로부터 개시된다(민법 제997조). 사망이라는 시점은 언제부터인가에 관하여 법률에는 특별한 규정이 없다. 지금까지 학자들의 견해와 법원의 입장은 '심장의 박동이 정지되어 호흡이 정지된 것'을 사망, 즉 사람의 죽음이라고 보고 있다. 이에 대하여 최근에는 뇌기능의 완전한 정지를 사망으로 보자는 견해가 의료계를 통해서 강력히 주장되고 있다. 여기서 소위 뇌사라고 하는 것은 독자적으로 호흡은 가능한 식물인간 상태와는 다른 것으로 뇌사상태에 빠지면 반드시라고 해도 좋을 만큼 1, 2주 후에는 심장사로 이어진다고 한다. 뇌사설은 장기 이식의 필요성 때문에 죽음의 시기를 심장사설보다 1, 2주 앞당기자는 것이다.

이렇게 사람이 사망한 때로 보는 날로부터 상속은 개시되는 것이고, 그 사람이 죽었는지 살았는지를 실제로 아는 것이 상속이 개시되는 날이 아님을 주의하여야 한다.

2. 상속회복청구권

상속회복청구권이란 진정한 상속인이 그 상속권의 내용의 실현을 방해하고 있는 사람에 대하여 상속권을 주장함으로써 그 방해를 배제하고, 상속재산을 회복하는 것을 목적으로 하는 청구권이다. 상속회복청구권자는 진정한 상속권자이며 그 상대방은 사실상 상속재산을 점유하여 상속권을 침해하고 있는 자이다. 즉 상속권자도 아니면서 상속인이 되거나, 자신의 상속분보다 많은 재산을 차지한 사람이나 자기가 점유하는 재산이 상속의 대상이 아니라고 주장하는 자도 일단은 정당한 상속권자의 지위를 침해·위협하는 것이므로 당연히 상대방이 될 수 있다. 또 상속인이 그 재산을 이미 제3자에게 처분했다고 하더라도 지금 그 재산을 갖고 있는 사람을 상대로 상속회복청구를 할 수 있다. 만일 이 경우에 상속회복청구권의 행사를 불허한다면 상속권을 침해한 자는 누구나 상속재산을 재빨리 처분하고 말 것이기 때문이다.

상속회복청구권은 그 침해를 안 날부터 3년, 상속권의 침해행위가 있은 날로부터 10년을 경과하면 소멸된다(민법 제999조 제2항). 상속권의 침해를 안 날이란 상속권의 침해를 사실상 안 날을 말한다.

[2] 상속권자

1. 상속순위

사유재산제도를 인정하는 국가에서는 재산처분의 자유를 인정하는데, 이는 생전뿐만 아니라 사후에도 유언을 통해 인정된다. 따라서 망자가 생전에 자신의 의사를 명백히 밝히는 유언을 법이 정한 방식대로 해 두었다면 최대한 망자의 최종적인 의사를 존중하여 그 의사대로 상속재산이 귀속하게 된다. 사람이 사망하고 나면 많은 법적 문제가 발생한다. 사망한 사람이 생전에 모든 채권, 채무관계를 깨끗이 정리하고 떠나는 경우는 별로 없다. 그래서 법은 유언이 없는 경우에 상속을 받을 자격이 있는 사람을 법으로 정하여 두고 있다.

상속의 자격을 가진 자가 한 사람밖에 없을 경우에는 별문제가 없지만, 2인 이상인 경우에는 그 순위를 법률이 정해 놓을 필요가 생긴다. 법률이 정한 상속인의 순위는 다음과 같다.

제1순위 - 피상속인의 직계비속
제2순위 - 피상속인의 직계존속
제3순위 - 피상속인의 형제자매
제4순위 - 피상속인의 4촌이내의 방계혈족

이렇게 4순위까지 정해 놓은 다음 배우자의 상속순위에 관하여는 다음과 같이 규정하고 있다. 배우자의 상속순위는, 첫째 피상속인에게 직계비속이 있는 경우에는 직계존속과 같은 순위가 되고, 둘째 직계비속이 없고 직계존속이 있는 경우에는 직계존속과 같은 순위가 되며, 셋째 직계비속은 물론 직계존속도 없는 경우에는 단독 상속인이 된다.

2. 제1순위 상속인—직계비속

피상속인의 직계비속은 상속에 있어서 제1순위에 있는 상속인이다. 직계비속에는 자녀나 손자들이 포함된다. 자녀들이 2인 이상이면 이들의 순위는 같고, 직계비속으로 자녀들과 손자들이 있으면 자녀들만 상속인이 된다. 상속인이 되는 자녀는 부모가 정상적으로 혼인하여 낳은 자녀이든 사생아든 상관이 없으며 친생자이든 양자이든, 남녀, 기혼·미혼도 묻지 않는다. 또 여자가 혼인하였다고 해도 출가외인이라고 차별을 받지 않는다.

또 아직 태어나지 않은 배속의 태아도 상속 순위에 관하여는 이미 출생한 것으로 본다는 특별 규정이 있어, 아버지가 사망한 경우에 어머니가 임신중이라면, 그 아기도 이미 태어난 형제와 함께 상속인이 된다.

사 례 ≫ 甲女는 유부남 乙男과의 사이에 丙을 출생하였으나 乙은 丙을 인지하고 있지 않던 중 사망하였다. 丙은 乙을 상속받을 수 있는가?

해설 과거에 서자는 아버지를 아버지라고, 형을 형이라고 부를 수 없었던 것이지만, 이러한 조선조의 관습은 현행민법이 제정되면서 상속에 관한 한 적서의 차별은 완전히 해소되어 상속인이 되는 것은 물론 상속분도 평등하게 되었다. 이는 인간존엄이라는 이상에서 당연한 조치일 것이며, 이 점에서는 세계의 다른 어떤 나라보다도 진보적인 가족법을 갖고 있다고 할 수 있다. 혼인외의 자라고 하더라도 망자의 직계비속임을 증명할 수 있는 한 본처의 소생, 즉 혼인중의 출생자와 함께 공동상속인이 된다.

그런데 사례에서 丙은 아직 그 생부로부터 인지를 받고 있지 않는 경우이다. 乙이 사망하면서 혼인외의 자를 인지하라는 유언을 남겼다면 그 유언집행자가 망자를 대신해서 인지절차를 거치므로 문제가 없다. 그런데 그러한 유언도 남기지 않고 사망한 경우에는 혼인외의 자는 그 아버지가 사망한 것을 안 날로부터 2년 내에 검사를 상대로 인지청구의 소를 제기하여 자신과 망자 사이에 부자관계가 있음을 증명해달라는 소송을 가정법원에 제기할 수 있다. 만약 위의 2년 내에 인지청구를 하지 않으면 이후에는 부자관계를 확정할 수 없게 된다.

3. 대습상속

상속은 피상속인(사망자)이 사망 당시 생존해 있는 상속인들에게만 인정된다. 그러나 피상속인의 사망 당시, 상속인이 되어야 하는 직계비속 또는 형제자매가 상속개시 당시에 이미 사망하고 없거나 상속결격이 된 경우에, 그의 자녀인 직계비속이나 배우자가 이미 사망한 자를 대신하여 상속권을 갖게 된다. 이를 '대습상속'이라고 하는데, 대습상속 제도가 인정되는 이유는 그렇게 하는 것이 상속제도의 취지에 비추어 정당하고 또 공평의 이념에 부합되기 때문이다. 직계비속의 개념에 손자는 포함되지만 외손자는 포함되지 않는 것으로 생각하는 사람들이 많은데, 직계비속이란 피의 연결이 위에서 아래로 직접 이어지는 관계를 말하므로 외손자도 당연히 직계비속임을 주의하여야 한다.

4. 제2순위 상속인—직계존속

직계존속이란 피의 연결이 수직으로 연결되는 사람들 중에, 자신보다 항렬이 높은 사람들을 말한다. 즉 사망한 사람의 부모 또는 조부모인데 여기서의 직계존속에는 외조부모도 당연히 포함된다.

직계존속이 2인 이상인 경우에 그들의 촌수가 같으면 같은 순위의 상속인이 되고, 촌수가 다르면 피상속인과 촌수가 가까운 사람이 우선한다. 예를 들어 피상속인에게 부모와 조부모가 있으면 촌수가 가까운 부모가 우선하여 상속인이 되고, 조부모는 피상속인의 부모가 없는 경우에만 상속인이 된다. 순위가 같은 상속인이라도 피상속인의 사망 당시 생존하고 있지 않으면 그 사람은 물론 상속받을 수 없으며 거슬러 올라가 대습상속도 인정되지 않는다. 예를 들어 피상속인의 사망 당시의 어머니가 그전에 사망하고 없다면 아버지가 단독으로 상속인이 되는 것이며, 어머니의 직계존속(즉 피상속인에게는 외조부모)이 대신 상속받는 것이 아니다.

5. 3순위 상속인—형제자매

3순위 상속인인 형제자매가 상속인이 되는 경우란 피상속인에게 직계비속, 직계존속 및 배우자가 없을 때이다. 형제자매에 대해서는 남녀의 성별, 기혼·미혼의 여부, 배다른 형제는 물론 씨가 다른 형제도 상속인에 포함된다.

6. 4순위 상속인—4촌 이내의 방계혈족

피상속인의 3촌부터 4촌 이내의 방계혈족이다(민법 제1000조 제1항 제4호). 1990년의 민법의 일부개정 전에는 8촌 이내의 방계혈족까지 상속권이 인정되었으나, 개정법은 이를 4촌 이내의 방계혈족으로 축소시켰다.

따라서 이에는 삼촌, 외삼촌, 고모, 이모, 사촌, 고종사촌, 외사촌, 이종사촌 등이 포함되는데, 3촌이 4촌보다 우선하여 상속권자가 된다.

7. 상속인부존재

상속인이 될 수 있는 사람은 직계비속, 직계존속, 형제자매, 4촌 이내의 방계혈족, 배우자의 다섯 종류밖에 없다. 따라서 어떤 사람이 많은 재산을 남기고 사망하였는데, 4촌 이내의 혈족도 없는 경우에는 상속인 부존재의 상태가 된다.

즉 '상속인이 존재하지 않는다'는 것인데 정확하게는 상속인이 있는지 없는지가 분명하지 않은 경우를 말한다. 그러나 상속인이 이민 등을 가서 어딘가에 있다는 것은 분명한데 다만 소재가 불분명한 것은 상속의 부존재와 달리 부재자라고 하여 재산관리의 문제가 생길 뿐 상속재산의 귀속문제는 생기지 않으며, 그 행방불명된 자의 소유로 된다.

상속인의 존부가 분명하지 않으면 좀 곤란한 문제가 발생한다. 즉 망자에게 돈을 받을 것이 있다던가, 혹은 그 반대의 경우 등 여러 가지 법률문제가 발생한다. 그래서 법은 상속인이 없는 경우 가정법원이 망자의 친족(5촌 이상이 될 것이다), 이해관계인(예컨대 채권자), 검사의 청구에 의하여 상속재산관리인을 선임하여 이를 공고하고 동시에 관리인으로 하여금 상속재산을 동결 관리하고, 공고일로부터 3개월 내에 2개월 이상의 기간을 정하여 피상속인과 돈을 주고받을 것이 있는 사람들은 이를 신고할 것을 공고하고(민법 제1056조), 신고가 있으면 일정한 조사와 절차를 거쳐 변제를 한다. 아직 상속재산이 남아 있고 위 공고 기간이 끝났는데도 계속 상속인의 존부를 알 수 없으면, 상속인수색공고라고 하여 1년 이상의 기간을 정하여 상속인이 기간 내에 그 권리를 주장할 것을 공고하고, 그 기간이 끝났는데도 상속인이 나타나지 않으면 그 때 상속재산은 국가에 귀속된다(민법 제1058조).

위와 같은 절차에 따라 상속재산이 일단 국가에 귀속되면 그 후에는 상속채권자나 유증을 받은 자도 국가에 대하여 변제를 청구하지 못하게 된다.

그러나 위의 모든 절차를 거친 다음, 국고에 귀속되기 직전에 '특별연고자에 대한 분여제도'라는 것이 있다.

8. 특별연고자에 대한 분여

사망한 자에게 다른 상속인이 없다면 원칙적으로 그 재산은 국가로 귀속하여야 한다. 그러나 이와 같이 하는 것은 망자와 특별한 연고, 즉 같이 살았다던가, 혼인은 하였으나 혼인신고를 하지 않았다던가, 사실상 양자로 들어가 부모처럼 모신 자들에게 아무런 권리를 주지 않는 것으로 매우 가혹한 것이므로, 상속인의 자격은 없으나 피상속인과 연고가 있었던 사람에게 국가에 귀속될 재산을 나누어 줄 수 있는 제도가 1990년 민법의 개정과 함께 도입되었다. 이를 '특별연고자에 대한 분여제도'(민법 제1059조의 2)라고 한다. 여기의 '특별연고자'에 대하여 민법은 '피상속인과 생계를 같이 한 사람', '피상속인의 요양간호를 한 사람', '그 밖에 피상속인과 특별한 연고가 있던 자'라고 표현하고 있다. 기타의 특별연고자로는 사실혼의 배우자, 사실상의 양자, 피상속인과 동거하고 있던 친척, 피상속인이 장기간 도움을 받았던 요양소나 양로원 등을 들 수 있을 것이다.

따라서 상속인수색공고 기간이 끝난 뒤에도 상속인이 나타나지 않는 경우에 2개월 이내에 가정법원에 특별연고자는 상속재산을 나누어 달라고 청구할 수 있다. 특별연고자의 분여청구가 이유가 있으면 상속재산의 일부는 물론, 경우에 따라서는 전부가 돌아갈 수도 있게 된다.

[3] 상 속 분

상속에서 피상속인이 상속분을 유언(포괄적 유증)으로 지정하였다면 그의 의사대로 된다. 그러나 우리 실정에서 대부분 유언을 하지 않기 때문에 민법은 각 공동상속인의 상속분을 법으로 정하여 두고 있는데 원칙적으로 각 공동상속인의 상속분은 똑 같다는 균분상속주의를 취하고 있다.

그런데 상속은 상속이 개시된 시점, 다시 말해서 망자의 사망시점의 법이 적용된다. 따라서 사망일자가 대단히 중요한 의미를 지닌다. 그 이유는 우리나

<table>
<tr><th colspan="2">상속개시일
상속인</th><th>1959년 이전</th><th>1960~1978년</th><th>1979~1990년</th><th>1991년 이후</th></tr>
<tr><td rowspan="2">배우자</td><td rowspan="2">처</td><td rowspan="2"></td><td>직계비속이 있는 경우
비속 남자의 1/2</td><td rowspan="2">직계비속과 상속하면 동일가적내에 있는 자녀의 상속분의 5할 가산, 직계존속과 상속하면 직계존속상속에 5할 가산결국 1.5</td><td rowspan="4">1.5
남녀 불평등하던 것을 평등하게 고침. 남편이 상속하는 경우에도 직계비속이 없으면 처의 부모 즉 장인 장모와 공동상속케 함</td></tr>
<tr><td>직계비속이 없어 존속과 공동상속시 존속남자와 균등</td></tr>
<tr><td rowspan="2"></td><td rowspan="2">남편</td><td rowspan="2"></td><td colspan="2">직계비속이 있는 경우
공동상속</td></tr>
<tr><td colspan="2">직계비속이 없으면 단독상속</td></tr>
<tr><td colspan="2">남자</td><td></td><td colspan="3">1</td></tr>
<tr><td rowspan="2">여자</td><td>동일 가적</td><td></td><td>0.5(남자의 1/2)</td><td>1(남자와 같게)</td><td>1</td></tr>
<tr><td>다른 가적</td><td></td><td colspan="2">0.25(남자의 1/4)</td><td>1</td></tr>
<tr><td colspan="2">호주상속인</td><td>일단모두상속</td><td colspan="2">자기의 고유상속분에 5할 가산</td><td>가산분 없앰</td></tr>
</table>

라 상속법은 다음 도표와 같이 네 시기로 나누어 각각 그 적용을 달리하고 있기 때문이다. 즉 우리 민법제정 이전인 일제시대의 법과 우리 민법이 1958년 제정된 이후의 법과 1977년과 1990년 개정된 것을 전후로 해서 상속법이 달라졌다.

따라서 상속법은 4기로 나눌 수가 있다. 즉 제1기는 조선민사령이 시행된 1918년부터 우리 민법이 1958년 제정된 다음 시행되기 전인 1959년까지이다(물론 이 시기에 상속에 관한 한 원칙적으로 일본법이 적용된 것이 아니라 우리의 전통적인 관습법이 적용되었다). 이 시기에는 호주상속인이 단독으로 모두 상속을 하여, 가족들이 분가할 때, 분재를 하여 주는 방식을 취했다. 그 이후 제2기(1960~1978년), 제3기(1979~1990년)에서는 다음과 같은 독특한 방법으로 계산해야 한다. 첫째, 상속인 중에 망자의 배우자가 있느냐의 여부를 검토해야 한다. 그 배우자도 처이냐 남편이냐에 따라 아래 표에서와 같이 상속분이 달라진다. 둘째, 처가 아닌 여자가 상속인인 경우 그 여자의 상속분을 확정하는 일인데 그 이유는 그 여자가 망자와 같은 호적내에 있었느냐의 여부(1990년까지)에 따라 상속분이 달라지기 때문이다. 세번째 고려해야 할 사항은 상속인 중에 호주상속인이 있느냐 하는 점이다. 즉 망자가 호주였다면 재산상속과 호주상속이 동시에 일어나게 되는데, 이 경우 호주상속인은 자기의 고유의 상속분에 5할을 가산받았다(1990년까지).

그리고 마지막으로 1990년에 민법이 개정된 다음 그 시행일인 1991년 이후에는 상속에 있어서 그 동안의 남녀불평등적인 요소를 모두 제거하였기 때문에, 남녀의 상속분에 있어서 전혀 차이가 없어졌다. 이는 배우자의 경우도 마찬가지로 바뀌었고, 또 여자의 경우 동일가적내 여부를 불문한다. 나아가서 상속법에 있어서 가부장적인 요소를 지니고 있었던 호주상속인에 대하여 자기 상속분보다 5할을 더 주던 제도도 없애 버렸다. 그야말로 상속에 있어서는 완전히 남녀평등을 이루었다고 할 수 있을 것이다.

2. 특별수익자의 상속분

공동상속인 중에 망자로부터 생전에 증여를 받았거나 또는 망자가 특히 어떤 상속인에게 얼마를 준다는 유언을 남긴 경우가 있을 수 있다. 이러한 사람을 '특별수익'을 받은 사람이라고 한다. 이런 특별수익자는 특별수익이 자기의 상속분에 달하지 못한 때에 그 부족한 부분의 한도에서 상속분을 가지는 것으로 하고 있다. 망자로부터 상속을 먼저 받은 것이라고 할 수 있는 증여나 혹은 망자의 사후에 더 받는 유증을 받고 있는 경우에도 이를 도외시하고 상속분을 산정하게 되면 이들 특별이익을 받은 상속인은 이중의 이익을 받는 것이 되어 불공평한 경우가 생기기 때문이다.

그런데 계산을 하여 보니 생전에 받은 재산이 많아서 상속분을 초과하는 경우가 생길 수 있다. 이러한 경우에는 그 초과부분을 반환하여야 한다.

반환대상이 되는 증여의 범위는 특별히 정해 놓은 것이 없지만, 혼인을 위한 것이나 생계의 자금이 된 것 중 상속인들 사이의 형평을 깨뜨릴 만한 특별한 것이 그 전형적인 것이 될 것이며, 그 밖에 고등교육을 받기 위한 학자금 등도 이 범위에 들어간다고 할 것이다. 그런데 문제는 이러한 증여는 피상속인이 사망하기 전, 어느 시점까지 받은 것이어야 하느냐에 관하여도 법에 특별한 규정이 없다. 결국 피상속인으로부터 받은 것이 특별한 것이면 오래전에 받은 것이라도 특별수익으로 보아야 할 것이다.

3. 기여분상속

상속인들 중에 피상속인의 재산형성 및 유지에 특별한 기여를 한 사람이 있을 수도 있고, 또 부모를 오랫동안 봉양해 온 자식도 있을 수 있다. 이러한 사정을 전혀 고려하지 않고 무조건 평등하게 상속을 한다면 사실상 불공평한 처사라는 것은 두말할 필요가 없을 것이다. 그래서 1990년 민법의 개정시에는 법정상속분을 완전히 평등하게 함과 동시에 상속재산에 관하여 특별히 공로 및 기여가 있거나 부모를 부양한 상속인이 있는 경우에는 그 상속인의 기여분을 인정해주어 실제상의 불공평이 없도록 배려하였다. 이를 '기여분'이라고 한다.

기여분권리자란 상당한 기간 동거·간호 그 밖의 방법으로 피상속인을 부양하거나 피상속인의 재산의 유지 또는 증가에 특별히 기여한 자를 말하는데, 이러한 기여가 되는 구체적인 경우를 보면 자녀가 급료를 받지 않고 아버지가 경영하는 점포나 공장에서 일을 했거나, 아버지가 경영하는 사업에 자식이 자본을 대드리거나 아버지의 사업상 빚을 대신 갚아드려 아버지의 재산이 남에게 넘어가지 않게 한 경우, 또는 아내가 남편과 함께 점포를 공동으로 경영하여 높은 이익을 올리게 하거나 남편 명의의 재산을 크게 증가시킨 경우, 장기간 병들어 누우신 부모님을 옆에서 헌신적으로 간호하여 직업적 간호인에게 지출할 비용을 지출하지 않게 된 경우 등이 그것이다. 이러한 기여는 특별한 기여이어야 한다. 부모와 자녀 사이에는 상호간에 부양의 권리의무가 있는데, 이러한 부양의무를 이행한 것에 지나지 않는 정도로는 특별한 기여라고 할 수 없다.

공동상속인 중 누구에게 기여분을 인정할 것인가의 여부와 인정한다면 어느 정도를 인정할 것인가에 관해서는 우선 상속인들끼리 협의해서 정할 수 있다. 협의를 하자는 제안은 반드시 기여를 한 자가 먼저 하여야 하는 것은 아니고, 공동상속인이면 누구나 제안할 수 있고, 그 협의 시기는 피상속인 사망 후 최소한 상속재산을 분할하기 전까지 하면 된다. 공동상속인간에 협의가 되지 않거나 협의할 수 없을 때에는 기여자가 가정법원에 청구하면, 가정법원에서 결정한다. 구체적으로 기여분을 산정함에 있어서는 기여의 시기, 방법, 내용, 상속재산의 가액, 그 밖에 모든 사정이 참작된다.

4. 상속결격

상속을 시킨다고 하는 것은 피상속인과 상속인 사이에 일정한 신분관계가 있고 이들 사이에 윤리적 경제적인 결합관계가 있는 것을 전제로 하고 있다. 그런데 이러한 결합관계를 깨뜨리는 비행이 있는 자에게는 상속권을 인정하지 않는 제도를 상속결격이라고 한다.

이러한 상속결격이 되는 사유로는 ① 상속인이 고의로 직계존속(즉 부모, 조부모, 외조부모), 피상속인, 그 배우자 또는 상속에 있어서 자기보다 앞선 순위자나 같은 순위자를 살해하거나 살해하려 한 경우이다. 여기서 '살해'는 고의에 의한 경우를 말하고 과실로 인한 경우는 제외된다. 고의에 의한 경우이면 살인의 결과가 발생하지 않아도, 즉 살인미수도 역시 상속 자격은 상실된다. 또 많은 논란이 있으나 낙태를 한 경우도 태아는 상속에 있어서 처와 동순위자이므로 역시 처는 남편에 대한 상속 자격이 부정된다는 것이 우리 대법원의 입장이다. ② 고의로 직계존속, 피상속인과 그 배우자에게 상해를 가하여 사망에 이르게 한 때에도 상속결격이 된다. 피해자는 가해자의 직계존속, 피상속인과 그 배우자이어야 하고, 상속의 선순위자나 동순위자는 여기서 제외된다. 상해를 가하여 사망에 이르게 하여야 하므로 단순한 상해를 입힌 경우에는 상속 결격 사유가 된다고 할 수 없다. ③ 유언에 대한 부정행위가 있는 경우이다. 즉 사기 또는 강박으로 피상속인의 상속에 관한 유언 또는 유언의 철회를 방해하거나, 유언을 하게 한 자는 상속자격이 상실된다. ④ 피상속인의 상속에 관한 유언장을 위조, 변조,

파기 또는 은닉한 때에도 상속의 자격은 상실된다.

[4] 상속의 효과

1. 상속의 대상

사유재산제의 발생과 기원을 같이하여 상속은 인정되었다. 상속이 일어나면 상속인이 피상속인에게 속하였던 모든 재산상의 권리와 의무를 포괄적으로 승계한다. 따라서 상속의 대상은 피상속인의 재산상의 권리인 소유권, 점유권, 지상권, 지역권, 전세권, 유치권, 질권, 저당권 등 모든 '물권'은 물론이고 특허권, 상표권, 저작권, 실용신안권, 광업권, 어업권 등도 상속이 되며, 채권도 원칙적으로 상속된다.

이와 같이 피상속인이 갖고 있었던 권리뿐만 아니라 재산상의 의무, 즉 채무도 원칙적으로 상속된다. 즉 피상속인이 재산을 남기지 못하고 빚만 남겼을 경우에도 이 빚이 상속되는 것이다. 나아가 피상속인이 남의 빚보증을 선 경우에 통상적인 보증채무도 상속되므로 상속인들이 갚아줘야 하며, 피상속인이 타인에게 손해배상을 해 줄 채무가 있다면 이도 상속된다.

다만 당사자 간의 신뢰성을 기초로 하는 위임 계약이나 근로 계약과 같은 일신전속적인 지위 및 권리 의무는 상속되지 않는다.

2. 상속포기

상속의 대상에는 채무도 포함되므로 경우에 따라서는 상속재산보다 상속채무가 더 많은 경우가 있다. 이러한 경우에 상속인을 보호하기 위한 제도 중의 하나가 상속포기이다. 즉 상속의 포기는 피상속인의 권리와 의무가 자기에게 승 계·이전되는 것을 부인하는 의사표시이다. 다만 상속포기의 의사표시는 ① 반드시 상속인이 상속개시가 된 것을 알고 그로부터 3개월 이내에 하여야 한다. 이 기간은 가정법원에 청구하여 연장이 가능하다. ② 상속포기는 반드시 가정법원에 대해 신고를 해야만 법률상 유효한 포기가 된다.

이와 같은 상속의 포기는 상속재산 전부에 대하여 하고, 특정한 재산은 상속하고 특정한 재산이나 빚만큼은 포기한다는 식으로는 허용되지 않으며, 포기에 기한이나 조건을 붙일 수도 없다. 그리고 일단 포기를 했다가 이를 취소하는 것도 원칙적으로 허용되지 않는다.

상속을 포기하면 상속개시 당시에 소급해서 즉 피상속인의 사망일에 이미 포기자는 상속인이 아니었던 것으로 되는데, 포기자의 상속분은 다른 상속인들이 자기상속분의 비율대로 인수하게 된다. 그래서 상속재산이 빚보다 많은 경우에 이를 이용해서 공동상속인 1사람에게 상속재산을 모두 몰아 줄 수가 있게 된다.

그런데 상속포기를 함에 있어서 정말 주의를 하여야 할 점은 상속이 채무초과인 경우 1순위 공동상속인이 모두 상속포기를 하였다면, 다음 순위 상속인들에게 상속이 이루어진다고 보아야 한다는 점이다. 즉 채무초과를 이유로 상속을 포기함에 있어서는 1순위자들만 포기를 하여서는 안되고, 모든 순위의 상속인들이 전부 포기를 하여야만 채무를 면할 수 있다. 상속포기신고서 양식은 다음과 같다.

상 속 포 기 신 고

청구인(신고인) ○○○ 20○○년 ○월 ○일생
주소
피상속인 망 ○○○ 20○○년 ○월 ○일생
본적
최후주소

청 구 취 지

청구인은 피상속인 망 ○○○의 상속인인 바 동안에 대한 상속은 이를 포기한다 라는 심판을 구함.

청 구 원 인

1. 청구인은 피상속인의 출가녀인 바, 피상속인 ○년 ○월 ○일 사망하고 신고인은 즉시 상속개시 있음을 알았고 부담없는 상속재산은 별지목록기재부동산에 대한 지분권(○○분의 ○)과 같습니다.
2. 그런데 공동상속인 ○○○에게 귀속시키기 위하여 청구인의 상속분을 포기하고 민법 제1019조의 규정에 의하여 신고합니다.

첨부서류
1. 가족관계등록부
2. 제적등본
3. 주민등록표등본
4. 상속재산목록
5. 인감증명서

6. 납부서

20○○년 ○월 ○일
청구인(신고인)○○○ ○㊞

서울가정법원 귀중

3. 한정승인

상속이 개시되었는데, 피상속인이 남겨 놓은 재산이 많은지, 빚이 많은지 잘 모를 경우가 있다. 이러한 경우 다행히 빚이 많았다면 상속포기를 해도 별로 아까울 것이 없지만, 나중에 알고 봤더니 그래도 남겨 놓은 재산이 많았다고 할 때에는 매우 아까운 일일 것이다. 이러한 경우를 위하여 민법은 상속인에 대하여 또 하나의 구제책을 제시해 놓고 있다. 즉 한정승인이라고 하는 것으로 이는 피상속인의 채무는 상속인이 상속으로 얻은 이익(재산)의 한도내에서만 갚고, 모자라면 자신들의 재산으로는 갚지 않아도 되는 반면, 빚을 갚고 남는 재산이 있으면 상속하겠다고 하는 제도를 말한다.

한정승인도 상속포기와 마찬가지로 상속개시 원인이 있음을 안 날로부터 3개월 이내에 가정법원에 한정승인 신고를 하여야 하며, 이 신고를 함에 있어서는 상속재산의 내용을 명백히 하기 위해 '상속재산목록'을 첨부하도록 하고 있다. 재산목록에서 자기에게 유리한 재산을 일부러 누락시키는 것은 허용되지 않으며 그렇게 하면 한정승인으로서의 효력이 없게 된다.

일단 적법한 한정승인 신고가 이루어지면 상속인은 상속으로 얻은 재산의 한도 내에서만 피상속인의 채무를 변제하면 된다. 예를 들어 상속으로 얻은 이익이 3억원이고 상속된 채무가 5억원이라면, 한정승인을 한 경우에는 3억원의 채무만 갚으면 되는 것이며, 수인의 공동상속인들이 있는 경우에도 이들은 자기들의 법정상속분의 비율대로 한정승인할 수 있다. 물론 채무변제를 하고 남은 재산이 있으면 법정상속분대로 상속인들에게 귀속된다.

상속의 한정승인신고

청구인(신고인) ○○○ 20○○년 ○월 ○일생
주소
피상속인 망 ○○○ 20○○년 ○월 ○일생
본적
최후주소

청 구 취 지

청구인은 별지목록기재의 부동산 상속재산의 한도내에서 피상속인의 채무를 승계한다라는 심판을 구함.

청 구 원 인

1. 청구인은 피상속인의 자로서 상속인인 바, 피상속인 ○년 ○월 ○일 최후주소지에서 사망함으로써 상속이 개시되었습니다.
2. 그런데 피상속인은 사업실패와 장기간 입원으로 부채가 ○○○여만원이나 되는데 상속재산은 별지목록기재 부동산인 시가 ○○○여만원 밖에 되지 않아, 청구인은 이를 전부 변제할 능력이 없으므로 민법 제1019조의 규정에 의하여 신고합니다.

첨부서류
1. 가족관계등록부
2. 제적등본
3. 주민등록표등본
4. 상속재산목록
5. 차용증서
6. 인감증명서
7. 납부서

20○○년 ○월 ○일
청구인(신고인)○○○ ○㊞

서울가정법원 귀중

4. 단순승인

상속의 효과에 관한 우리 민법의 원칙적인 형태는 상속포기나 한정승인이 아니라 단순승인이다. 즉 원칙적으로는 채권, 채무를 모두 상속하는 것이다. '권리의무를 모두 받겠다'고 하는 것을 달리 말하면 '상속을 승인하겠다'라고 하는 것이 될 것이다. 이를 한정승인과 대비해서 '단순승인'이라고 한다.

우리 실생활을 보면 대부분의 경우는 가정법원에 상속을 받지 않겠다고 포기신고를 하거나, 혹은 한정승인 신고를 하지는 않고, 또 상속을 받겠다고 하는 승인의 의사표시를 따로 하지는 않는다. 다시 말해서 포기나 한정승인을 하려면 신고라는 특별한 절차를 거쳐야 하지만 단순승인은 특별한 절차를 거치는 것이 아니라 다음과 같은 사유가 있으면 상속인이 상속을 승인한 것으로 보아 그에게 망자의 모든 권리의무를 귀속시키는 것이다.

① 상속포기나 한정승인을 할 수 있는 기간(3개월)이 경과하였을 때(상속개시 후 3개월이 경과하면 단순승인이 된다고 보는 민법 제1026조 제2호의 규정은 헌법재판소로부터 재산권을 보장한 헌법 제23조 제1항, 사적자치권을 보장한 헌법 제10조 제1항에 위반된다는 것을 이유로 헌법불합치 결정을 받았다(헌결 1999. 8. 27. 96헌가22, 97헌가2·3·9)).

② 상속인이 상속재산을 처분하는 행위를 하였을 때,

③ 상속의 포기 및 한정승인을 한 후에 상속재산을 은닉하거나 부정소비하거나 고의로 재산목록에 기입하지 않은 때이다.

이와 같이 기간이 경과하거나, 처분행위 등을 하면 상속을 승인한 것으로 되는데 이렇게 되면 상속인은 상속채무에 대해서도 자신의 고유재산으로 변제를 하여야 하며 아울러 채권자는 상속인의 고유재산에 대해서도 강제집행을 할 수 있게 된다.

5. 특별한정승인

위에서 본 바와 같이 헌법재판소가 제1026조 제2호의 규정에 대하여 헌법불합치결정을 내림에 따라, 2001년 12월 20일 민법을 개정하여, 상속인이 상속개시 후 고려기간 내에 상속채무가 상속재산을 초과함을 알지 못하고 또 그 채무초과사실을 알지 못함에 중대한 과실이 없이 단순승인을 한 경우에는 그 사실을 안 날로부터 3월 내에 다시 한정승인을 할 수 있는 것으로 하였다(민법 제1019조 제3항). 이를 특별한정승인이라고 한다. 즉 상속인이 특별한정승인을 하려면 채무초과사실을 안 날로부터 3월 내에 상속재산의 목록을 첨부하여 법원에 한정승인의 신고를 하여야 한다(민법 제1030조 제1항). 그리고 만약 상속재산 중 이미 처분한 재산이 있는 때에는 그 목록과 가액을 함께 제출하여야 한다(민법 제1030조 제2항).

[5] 유언제도

1. 유언의 의의 및 내용

사람은 사망하기 전에 누구든지 유언을 할 수 있다.

유언이란 유언을 한 사람이 사망했을 때, 비로소 그의 생전의 의사대로 어떤 법률효과가 일어나도록 하는 것인데, 이는 유언자 본인의 최종의사, 즉 사망하기 전의 의사를 존중하고 그것에 법률효과를 부여하는 것이다. 따라서 유언은 반드시 유언자 본인의 독립된 의사에 기초하여 이루어져야만 한다. 그러므로 대리유언은 허용되지 않으며 정신능력이 약간 모자라는 무능력자의 유언이라 할지라도 법정대리인의 동의는 필요없다.

유언을 할 수 있는 사항은 법으로 정하여져 있다. 따라서 법률에 정하여져 있지 않은 유훈과 같은 것, 예컨대 "어머니에게 효도를 하라"는 등의 유언을 하는 것은 자유이지만, 그것은 법적으로 아무런 효과가 없다.

법이 유언할 수 있도록 하고 있는 사항은 ① 자신의 사후에 장학재단 같은 것을 설립해달라는 것과 같은 재단법인의 설립, ② 혼인중 자신의 부인이 낳은 자녀를 자신의 자식이 아님을 확인해달라는 소송을 유언집행자로 하여금 사후에 제기해 달라는 것을 내용으로 하는 친생부인, ③ 인지, ④ 후견인지정, ⑤ 상속재산 분할방법의 지정 또는 위탁, ⑥ 상속재산의 분할금지, ⑦ 유언집행자의 지정 또는 위탁, ⑧ 유증, ⑨ 신탁 등이다.

2. 유언을 할 수 있는 자격

유언도 다른 계약에 있어서와 마찬가지로 의사표시이기 때문에 의사능력이 없는 사람은 유언을 하더라도 무효이다. 그러나 유언은 사자(死者)의 최종의사를 존중하려는 데에 그 존재의의가 있으므로 행위자 자신을 보호하는 제한능력자 제도의 취지를 완화하여, 이른바 미성년자, 피성년후견인, 피한정후견인 등의 제한능력자를 규정한 민법 제5조, 제10조, 제13조의 규정은 유언에는 적용되지 않는 것으로 하고 있다. 그러므로 제한능력자라 할지라도 의사능력, 즉 자기가 한 유언이 어떤 결과를 가져오는가에 대한 판단능력만 있으면 된다.

다만 미성년자에 대하여는 만 17세를 유언할 수 있는 능력의 표준으로 삼고 그 이하의 연령인 사람의 유언은 무효로 된다. 그러나 17세 이상인 사람이라도 의사능력이 없는 사람이 한 유언은 무효이다.

피성년후견인은 그 의사능력을 회복한 때에 한하여 후견인의 동의없이 유언을 할 수 있다. 다만, 의사(醫師)는 피성년후견인인 유언자가 유언할 당시 심신회복의 상태에 있다는 취지를 유언서에 부기하고 이에 서명날인하여야 한다.

3. 유언의 방식

유언은 유언자가 사망한 후에 그 효력이 발생하기 때문에 과연 그것이 정말 유언자의 뜻인지 아닌지, 또 유언이 있었는지 없었는지 여부를 확인하기가 매우 어렵다. 그래서 유언서를 누가 고치거나, 위조를 하거나, 혹은 없애버려도 유언을 한 사람이 죽고 없기 때문에 무엇이 진실한 것인가를 확정하기가 매우 어렵다. 따라서 법은 유언서의 진정성을 담보하기 위하여 아주 엄격한 방식을 정해 놓고 있는데, 이러한 방식을 따르지 않은 유언은 무효로 한다.

(1) 자필증서에 의한 유언

자필증서에 의한 유언이란 유언자가 유언증서를 직접 육필로 써서 남기는 유언을 말하는데, 이를 위해서는 다음의 요건을 갖추어야 한다. 즉 유언자가 유언의 전문을 직접 쓰고 작성 연월일, 주소(반드시 주소 전체를 자서하여야 하며, "암사동에서"와 같이 간략히 쓰면 안된다. 대판 2014.9.26. 2012다71688), 성명을 기재하고 날인하는 방식이다.

① 이 방식에 의한 유언서는 반드시 유언자가 직접 써야 한다. 왜냐하면 타인이 대필하거나 또는 타인에게 불러주어 타인으로 하여금 쓰게 한 유언을 유효하다고 한다면, 만약 누군가가 유언서를 위조해서 가져온 경우라도 그것이 진짜 죽은 이의 유언서인지 아닌지를 확인할 길이 없기 때문이다.

② 작성 연월일도 반드시 유언자가 직접 적어야 한다. 이는 이 날짜를 기준으로 미성년자의 경우 17세가 넘었는지를 판단하고, 나아가 한 사람의 유언서가 여러 통이 발견되었는데 서로 내용의 모순이 있을 경우 나중에 작성된 유언서의 내용대로 효력을 발생시키기 위해서이다. 연·월만 기재하고 일의 기재가 없는 자필유언증서는 그 작성일을 특정할 수 없으므로 효력이 없다(대판 2009.5.14. 2009다9768).

③ 성명은 유언자가 누구인가를 알 수 있으면 되므로 호나 예명을 쓰더라도 무방하다.

④ 날인은 타인이 대신해도 괜찮고, 손도장도 무방하다.

자필증서에 의한 유언은 간편하고 비밀의 유지가 가능하나, 문자를 모르는 사람은 이 방법을 쓸 수가 없고, 유언서의 유무가 유언자의 사후에 쉽게 판명되지 않는다는 것, 위조나 변조의 위험이 많다는 점이 단점이다.

> 유 언 서
>
> 유언자 ○○○은 다음과 같이 유언한다.
>
> 1. 유언자는 다음 부동산을 서울 ○○구 ○○동 소재 ○○유아원에 증여한다.
>   (1) 서울 ○○구 ○○동 23의 10대 140평
>   (2) 위 지상 가옥 1동
>
> 2. 서울 ○○구 ○○동 30의 10대 60평은 처 ○○○이 상속한다.
> 3. ○○은행에 예치된 예금(계좌번호 012-21-00000)은 장남 ○○○이 상속한다.
> 4. ○○회사의 주식 1000주는 차남 ○○○이 상속한다.
> 5. 유언집행자로 동생 ○○○를 지정한다.
>
> ○○○○년 ○ 월 ○ 일
> 유 언 자 ○○○ ㉣

(2) 녹음에 의한 유언

녹음에 의한 유언은 유언자가 녹음기를 이용하여 하는 유언으로 유언자의 육성을 사후에 남길 수 있다는 것과 녹음기만 있으면 간단히 할 수 있다는 장점이 있다. 즉 유언자가 유언의 취지, 유언자의 성명, 유언의 연월일을 녹음하고, 여기에 참여한 증인이 유언자의 유언임이 틀림없고 정확하다는 내용과 자기 성명을 녹음시키면 된다. 여기서도 앞의 사항 중 하나라도 빠지면 유언은 무효가 된다. 또 녹음에 의한 유언은 증인의 참여가 반드시 필요한데 미성년자, 피성년후견인, 피한정후견인과 그 유언에 의하여 이익을 받게 될 사람이나 유언을 통해 이익을 받을 사람의 배우자와 직계혈족은 증인이 될 자격이 없다. 만일 이러한 자가 녹음에 의한 유언에 증인의 자격으로 참여하게 되면 이 녹음에 의한 유언은 무효가 된다.

(3) 공정증서에 의한 유언

공정증서에 의한 유언은 유언자가 직접 유언장을 작성하지 않고 공증인으로 하여금 유언서를 작성케 하는 것이다. 즉 유언자가 공증인(공증인 법에 의하여 공증사무를 할 수 있도록 임명된 사람)이나, 5인 이상의 변호사가 법무부장관의 설립인가를 받아 개설한 공증합동법률사무소 또는 법무법인에게 유언에 관한 공정증서의 작성을 부탁하여 이루어

지는 유언이다. 원래 공증은 반드시 공증인 사무소에서 하여야 하지만 유언에 관한 공증은 공증인사무소에 출석하지 않아도 되고 공증인이 유언자의 자택이나 병원으로 오게 해서 하는 것도 가능하다.

우선 공증인 사무소에 가서 유언을 하고 싶다고 하면, 우선 공정증서에 의한 유언에 있어서도 증인이 필요한데, 이 증인은 공증인 사무소의 보조인이나 대리인, 촉탁사항에 관하여 이해관계를 가진 사람, 공증촉탁자의 친족(단 유언자의 청구에 의하여 공증촉탁자의 친족이 증인이 된 경우에는 예외이다. 대판 1992.3.10, 91다45509), 등은 증인이 되지 못하므로 우선 증인 두 사람을 확보한다. 증인이 확보되면, 유언자가 공증인 앞에서 유언의 취지를 말해주거나 자기가 정리한 유언의 문서를 보여주면 공증인이 유언자가 말하거나 또는 보여준 문서내용을 다시 필기하여 이를 유언자와 증인 앞에서 낭독하여 틀림없음을 확인시킨다. 그러면 유언자와 증인이 그 정확성을 시인한 후 각자 서명 또는 기명·날인한다.

이 방식에 의한 유언은 공증인이 모든 절차를 알아서 해 줄 것이므로, 방식흠결로 인하여 무효로 되는 경우는 거의 없을 것이지만, 공증비용이 든다는 단점이 있다.

(4) 비밀증서에 의한 유언

비밀증서에 의한 유언이란 유언자가 자신의 유언의 내용을 비밀로 해두고 싶을 때, 이용하는 유언이다. 이 유언서를 작성하기 위해서 유언서 자체를 반드시 유언자가 쓸 필요가 없고 타인이 써도 된다. 그리고 유언자는 작성한 유언서에 자신의 이름을 쓴 후 타인이 함부로 열어볼 수 없도록 봉하고, 봉한 곳에 날인을 한다. 이렇게 밀봉날인한 유언장을 2인 이상의 증인에게 제시하여 자기의 유언장임을 표시하게 한 뒤, 유언장의 겉봉에 유언서의 제출 연월일을 기재하고 유언자와 증인이 각자 서명 또는 날인한다. 그리고 이러한 절차가 완료된 날로부터 5일 이내에 공증인이나 법원에 제출하여 그 봉인된 곳에 '확정일자인'이라는 것을 받으면 비밀증서에 의한 유언이 되는 것이다. 위의 절차 중에 하나라도 결여한 때에는 그 유언증서는 무효가 된다.

(5) 구수증서(口授證書)에 의한 유언

이 방식은 질병이나 그 밖에 급박한 사정 때문에 자필증서나, 비밀증서, 녹음에 의한 유언, 공증인에 의한 유언을 할 수 없는 경우에만 인정되는 유언이다. 우선 유언자는 두 사람 이상의 증인을 참여시켜 유언의 취지를 불러 주고, 그 증인이 이를 필기하여 읽어 준 다음, 유언자와 증인이 유언의 정확성을 확인한 후, 각자 서명 또는 날인한다. 그 후 급박한 사유가 종료된 날로부터 7일 이내에 법원에 검인을 신청하여 검인을 받으면 된다. 다음은 구수증서에 의한 유언증서의 예이다.

유 언 서
유언자 ○○○(20○○년 ○월 ○일생)은 사망의 위험이 있으므로 20○○.○.○유언자의 자택에서 아래 증인 2인 참여하에 다음과 같이 유언을 구수함. 1. 유언자는 다음 부동산을 서울 ○○구 ○○동 소재 ○○유아원에 증여한다. (1) 서울 ○○구 ○○동 23의 10대 140평 (2) 위 지상 가옥 1동 2. 서울 ○○구 ○○동 30의 10대 60평은 처 ○○○이 상속한다. 3. ○○은행에 예치된 예금(계좌번호 012-21-00000)은 장남 ○○○이 상속한다. 4. ○○회사의 주식 1000주는 차남 ○○○이 상속한다. 5. 유언집행자로 동생 ○○○를 지정한다. 위 취지의 유언자 구수를 증인 ○○○이 필기한 후 유언자 및 다른 증인에게 낭독한 바 모두 이 필기가 정확함을 승인한다. ○○○○년 ○ 월 ○ 일 ○시 필기자 증인(유언자 친구) 김돌쇠 ㊞ 증인(유언자 친구) 김갑돌 ㊞

[6] 유 류 분

근대법에 있어서 유언은 누구나 자유로이 어떠한 내용으로도 할 수 있다는 것이 원칙이다. 사유재산 제도를 채택하고 있는 나라에서는 사람은 자기 재산을 생전에는 물론 유언에 의해 사후에도 처분할 수 있는 자유를 인정한다. 즉 '자기 것은 자기 마음대로'라는 것이고 이러한 생각이 사실 자본주의 발전의 원동력이 되었다. 그런데 유언으로 자기 재산을 처분함에 있어서는 유족이 아닌 제3자(개인, 사회, 국가)에게도 처분할 수 있다. 그러나 유언에 의한 재산처분의 자유를 무한정 허용하면 좀 곤란한 문제가 생긴다. 왜냐하면 유족들의 생계가 막연해지는 문제가 생길 수도 있기 때문이다. 또 더 나아가 상속을 인정하는 이유를 고찰해 보면 비록 그 재산의 명의가 사망한 사람의 이름으로 되어 있더라도 그 재산을 형성하는데 있어서 그 유족들의 기여가 있는 경우도 있을 수 있는데, 이러한 것의 청산을 하는 것이 상속의 기능 중의 하나이다.

이러한 이유들로 해서 세계 각국은 방식에는 다소 차이가 있으나 한편으로는 유언에 의한 재산처분의 자유를 인정하면서, 또 다른 한편으로는 유족의 보호를 위해서 그 자유를 일정한 범위까지는 제한한다.

우리나라에서는 민법제정 이후 1977년까지는 유언자유에 제한을 두지 않다가 그 후 '유족을 위해 꼭 남겨 주어야 하는 재산의 몫'을 인정하고 이를 '유류분'이라고 해서 이는 침해하지 못하도록 하고 있다.

다만 우리 민법은 피상속인이 생전에 증여하거나 유언으로 상속재산 전부나 대부분을 상속인 가운데 일부나 제3자에게 주는 것 자체는 제한하지 않고 있으나, 그렇게 함으로써 상속인의 유류분을 침해한 경우에 상속인들에게 자기의 유류분 만큼을 반환해 달라고 하는 유류분반환청구권을 인정하고 있다. 이 반환청구는 증여 또는 유증을 한 사실을 안 날로부터 1년 이내에, 상속이 개시된 날로부터 10년내에 행사하여야 한다.

유류분권리자는 상속권자이다. 상속권자의 유류분의 범위는 '직계비속 및 배우자'가 상속권자인 경우는 자기의 법정 상속분의 2분의 1이며, '직계존속과 형제자매'가 상속권자인 경우는 자기 상속분의 3분의 1이다(민법 제1112조). 따라서 피상속인이 상속재산을 전부 유언으로 처분하더라도 직계존속과 배우자는 자기 법정상속분의 2분의 1을, 직계존속과 형제자매는 3분의 1을 반환청구할 수 있다는 뜻이다.

유류분을 계산하기 위해서도 먼저 피상속인의 상속재산의 가액을 확정하여야 하는데, 이를 위해서는 우선 상속개시 당시, 즉 피상속인이 사망 당시 가진 재산의 가액을 계산하여야 하는데, 이때 채무는 물론 공제하여야 한다. 그러나 유류분 산정시에 하나 염두에 두어야 할 것은 상속개시전 1년 이내에 제3자에게 증여한 재산의 가액은 이를 상속재산으로 보아 더한다는 점이다.

사 례≫ 갑이 사망하였는데, 갑은 상속재산으로 80억원을 남겨 놓았고, 채무가 20억원이 있었으며, 사망한 날로부터 1년 이내에 친구에게 증여한 재산이 30억원이었는데, 갑의 상속인으로는 처인 을과 자녀로 병, 정, 무의 3인이 있었다. 그런데, 유품을 정리하다 보니, 갑은 자신의 모든 재산을 A 유아원에 모두 유증한다는 유언서가 발견되었다. 이러한 경우 상속인인 을, 병, 정, 무는 얼마의 유류분권을 주장할 수 있는가?

해설 우선 확정해야 할 것은 총상속가액이 얼마인가 하는 점이다. 따라서 남겨 놓은 상속재산 80억원에 1년 이내에 친구에게 증여한 재산인 30억원을 합한 것에다 채무 20억원을 공제하면 결국 상속가액은 80+30−20억원 해서 90억원이 된다.

이를 상속인들의 법정상속분에다 유류분을 곱해서 생각해 보면처(을)와 세 자녀의 상속분은 각각 1.5 : 1 : 1 : 1 이므로 을이 9분의 3, 나머지 세 자녀가 9분의 2씩 가지게 되는데, 상속인들이 피상속인의 배우자와 직계비속이므로 유류분은 법정상속분의 2분의 1이 된다. 따라서 을은 18분의 3, 나머지 세 자녀는 각각 18분의 2씩 반환청구를 할 수 있습니다. 따라서 을은 90억원의 18분의 3인 15억원을, 나머지 자녀들은 각각 10억원씩을 반환청구할 수 있다. 물론 이들 네 사람 중 반환받기를 원하지 않는 사람은 유류분반환청구를 하지 않으면 된다. 이 때 유증을 받은 사람에게 즉 유아원으로부터 먼저 반환청구를 하여야 하고, 만약 부족액이 있으면 증여를 받은 자로부터 반환받을 수 있다.

제 9 절 민사소송제도의 의의

인간은 사회생활에서 여러 분쟁을 겪는다. 그 가운데서도 사법상의 권리나 법률관계를 둘러싼 분쟁(예를 들어 금전 대여, 매매대금, 어음 · 수표금 지급, 부동산 소유권이나 임대차, 고용관계, 교통사고에 따른 손해배상)이 민사분쟁이다. 민사소송절차는 이러한 민사분쟁을 법원의 공권적인 판단에 따라 해결하여 당사자의 권리를 보호하는 절차이다.

당사자의 힘으로 이러한 민사분쟁을 해결하는 자력구제를 떠올릴 수 있다. 그러나 자력구제는 힘 센 자에게 유리하기에, 권리자가 반드시 이길 수 없다. 반대로 이겨도 진 사람이나 다른 사람의 보복으로 끊이지 않고 분쟁이 생긴다. 따라서 국가가 형성하면서 개인의 힘에 따른 자력구제 금지를 원칙으로 삼았다. 대신에 국가가 설치·운영하는 법원에 따른 분쟁해결절차를 마련했다. 분쟁당사자가 소를 제기하면, 법원은 당사자 쌍방의 주장을 듣고 그 시비에 대한 판결을 내린다. 그리고 분쟁당사자는 이 판결에 따른다. 이렇게 민사소송제도가 발전해왔다.

제 10 절 민사소송 일반

[1] 소송의 주체

1. 법 원

(1) 법원의 구성

현재 우리나라는 대법원을 최고법원으로 하고 고등법원, 특허법원, 지방법원, 가정법원, 행정법원을 두고 있다. 그리고 지방법원과 가정법원이 담당하는 재판업무의 일부를 처리하기 위하여 그 관할구역 내에 지방법원지원과 가정지원, 시·군법원과 등기소를 둔다. 이들 법원 중에서 민사사건을 처리하는 통상의 민사법원은 대법원, 고등법원, 지방법원과 지원, 시·군법원이다.

시·군법원은 소액의 민사사건·화해·독촉·조정에 관한 사건과 협의상 이혼의 확인사건을 심판하기 때문에, 뒤에 나오는 사례에서 갑이 민사소송을 제기하려면, 민사분쟁을 제1심 사건으로 하는 법원인 지방법원이나 지방법원지원에 제소해야 한다. 대법원을 정점으로 한 각급 법원의 명칭과 조직은 '각급법원의 설치와 관할구역에 관한 법률'(2016. 1. 19. 일부개정, 법률 제13761호)'에 자세히 규정되어 있다.

(2) 법원의 관할

관할은 법원간의 재판권의 분배관계를 말한다. 소송사건은 그 사건을 관할하는 법원에서 재판해야 하므로, 관할은 어떤 법원에 소송을 제기할 것인가의 문제이다.

(가) 토지관할과 사물관할

각종 법원들은 지역별로 설치되어 있고, 각 법원마다 사무집행에는 지역적 한계가 있다. 그 결과 당사자나 사건을 기준으로 '관할법원'이 따로 정해져 있는데 이를 토지관할이라 한다. 토지관할은 일차적으로 피고의 주소지이다

(민소법 제2조). 따라서 소를 제기하고자 하는 사람은 피고의 주소지를 관할하는 지방법원에 제기하면 된다. 이 경우 피고가 소송 수행하는데 유리하다. 그 밖에도 원고의 소송수행 편의나 증거조사 편의를 위해서 정해진 다양한 관할법원이 있다. 예컨대 대전에 주소를 둔 X가 청주에 주소를 둔 Y에게 빌려 준 돈을 반환받으려고 대여금반환청구소송을 제기하는 경우에 X는 자신의 주소지를 관할하는 지방법원인 대전지방법원에 소를 제기할 수 있는데(민소법 제8조, 민법 제467조), 이는 원고에게 유리하다. 또한 교통사고에 따른 손해배상청구소송에서는 사고가 발생한 지역을 관할하는 지방법원에 제소할 수 있는데(민소법 제18조), 이는 교통사고에 관한 증거조사에 편리하다. 한편 지방법원과 지원에는 3인의 법관으로 구성되는 합의부와 1인의 법관으로 구성되는 단독부가 있다. 합의부는 사건을 신중하게 처리할 수 있는 면에서, 단독부는 사건을 신속하게 처리할 수 있는 면에서 장점이 있다. 소송사건을 합의부가 담당할 것인지 아니면 단독부가 담당할 것인지를 정하는 것을 '사물관할'이라 하는데, 일반적으로 사건의 단순 복잡이나 소송물가액(소가: 후술하는 인지첩부 부분 참조)을 기준으로 정한다. 현재는 소송물가액이 2억 원을 넘는 사건은 합의부가 관할하도록 하고 있다(민사 및 가사소송의 사물관할에 관한 규칙 제2조). 다만 어음금 또는 수표금의 청구와 같은 경우는 소송물가액이 2억 원을 넘어도 단독부가 관할하도록 하는데, 이는 어음금·수표금에 관한 사건을 신속하게 처리하기 위해서이다(민사 및 가사소송의 사물관할에 관한 규칙 제2조 제1호~제4호).

사 례 ≫ 대전에 주소를 둔 甲이 회사업무상 청주에 출장 가서 업무를 보던 중, 乙이 운전하던 자동차에 치여 중상을 입었다. 乙의 주소는 서울시 종로구이다. 甲이 乙에게 5,000만원의 손해배상을 청구하고자 하는데 어느 법원에 제소해야 하는가?

해설 위 사례에서 피고 乙의 주소지는 서울시 종로구이므로 보통재판적에 따른다면 甲은 서울중앙지방법원에 손해배상청구소송을 제기해야 할 것이다. 그러나 특별재판적에 따른다면 원고 甲의 주소지인 대전지방법원(민소법 제8조) 또는 교통사고 발생지인 청주지방법원(민소법 제18조)에도 제소할 수 있다. 그리고 위 사례에서 원고 甲이 5,000만원의 손해배상을 요하므로 소가는 5,000만원이고 따라서 지방법원 단독판사의 관할이 된다.

(나) 기 타

관할권이 없는 법원에 원고가 소를 제기한 경우에 피고는 관할법원으로 이

송신청을 해야 한다(만일 응소하지 않으면 자백으로 간주한다). 그럼에도 피고가 그 법원에서 재판받을 태도를 취한 경우(예를 들어, 관할위반이라는 이의를 제기하지 않고 제소된 사건에 관해 진술한 경우)에 그 법원에 관할권이 인정되는 것을 '응소관할'이라 한다. 또한 원고와 피고는 제소에 앞서 관할법원을 합의하여 정할 수 있는데 이를 '합의관할'이라고 한다. 토지관할과 사물관할은 대개 당사자의 소송수행의 편의를 위해 정해진 것이지만, 이것이 오히려 당사자에게 불편한 경우도 있다. 이 때 당사자의 태도 또는 의사로 토지관할이나 사물관할에서 정한 관할법원을 변경하도록 허용하는 것이 합리적이다. 이를 위해 응소관할과 합의관할이 인정된다. 이와 달리 당사자의 의사나 태도에 의해 법률에서 정해진 특정의 관할법원을 변경할 수 없는 것이 있는데, 이를 '전속관할'이라고 한다. 전속관할은 사건이 적정하고 신속하게 해결되어야 할 공익상의 이유 때문에 인정된 것으로 민사소송법은 "…법원에 전속한다."라고 규정한다. 따라서 어떤 사건에 관해 전속관할법원이 법률에 정해져 있는 경우에 당사자는 그 관할법원에서 재판을 진행시켜야 하며, 응소관할이나 합의관할로 다른 법원에서 재판을 진행할 수 없다.

해설 위 사례에서 甲이 법률로 정해진 관할법원(서울 · 대전 · 청주 지방법원) 이외에 예를 들어 수원지방법원에 제소한 경우 乙이 관할위반이라는 항변하지 않고 응소한 경우에 수원지방법원에 관할권이 생긴다(응소관할). 또한 甲과 乙이 관할법원 이외의 다른 법원 예를 들어, 인천지방법원에서 소송할 것을 합의한 경우라면 인천지방법원은 관할권을 갖게 된다(합의관할).

(다) 소송 이송

어떤 법원에서 소송이 진행되는 중에 그 법원의 결정에 따라 다른 법원으로 소송을 옮기는 것이다. 예를 들어 원고가 잘못하여 관할권 없는 법원에 제소한 경우에 응소관할이 발생하지 않는 한, 그 소송을 관할법원으로 이송(관할위반에 따른 이송)하는 것이다. 또한 원고가 관할법원에 소송을 제기했어도 그 법원의 소송진행과 견주어 다른 관할법원의 진행이 편리한 경우에도 소송을 이송(심리편의를 위한 이송)할 수 있다. 그러나 소가 제기된 법원이 전속관할법원인 경우는 심리 편의로 다른 법원으로 소송을 이송할 수 없다.

(3) 법원의 심급제도

민사소송은 3심제이다. 제3심을 관할하는 법원은 대법원이며, 제2심을 관할하는 법원은 제1심사건이 단독사건인지 합의사건인지에 따라 구별한다. 상소심제도의 구조는 다음과 같다.

	제1심		제2심(항소심)		제3심(상고심)
단독사건:	지방법원과 지원의 단독판사 시·군법원 판사	→	지방법원 본원 합의부	→	대법원
합의사건:	지방법원과 지원의 합의부	→	고등법원		

2. 당 사 자

당사자란 법원에 대하여 자기 이름으로 판결을 요구하거나 요구받는 자인데, 당사자의 호칭은 각 절차마다 다르다. 제1심에서는 소를 제기하는 자를 '원고', 상대방을 '피고', 제2심(항소심)에서는 '항소인', '피항소인', 제3심(상고심)에서는 '상고인', '피상고인'이라 한다. 한편, 민사소송의 당사자(원고 · 피고)가 될 수 있는 일반적인 능력을 당사자능력이라고 하는데, 민법상의 권리능력자인 자연인과 법인은 민사소송의 당사자가 될 수 있다. 따라서 이미 사망한 사람은 당사자능력이 없으므로 원고나 피고가 될 수 없다. 다만 권리능력이 없는 사단이나 재단(즉, 비법인 사단 · 재단)이 대표자 또는 관리인을 두고 있는 경우에는, 민사소송법은 소송수행의 편의를 위하여 그 사단이나 재단이 원고나 피고가 될 수 있도록 당사자능력을 인정한다.

사 례 ≫ 이미 乙이 사망한 것을 모르고, 甲은 乙을 상대로 대여금반환청구소송을 제기했다. 이 때 乙의 상속인 丙이 있는 경우에 甲은 어떠한 절차를 취해야 하는가?

해설 위 사례에서 소장에 당사자(피고)로 쓴 乙은 이미 사망했기 때문에 당사자가 될 수 없다. 따라서 甲은 처음 乙에서 상속인 丙으로 소송승계절차를 밟아야 한다. 만일 상속인 丙의 관여 없이 乙 명의로 소송이 진행되어 甲과 乙 명의로 판결이 선고되었어도 그 판결은 사망한 乙에게 효력을 미칠 수 없다. 결국 그러한 판결은 결국 무효가 되므로, 甲으로서는 다시 丙을 피고로 소송을 제기하여야 하는 불이익이 생긴다. 한편 이와 달리 제소할 때 乙이 생존했지만, 소송 중에 乙이 사망했으면 소송절차는 중단되고 甲 또는 丙의 신청이나 법원의 직권으로 丙이 乙의 소송을 승계한다.

3. 대 리 인

(1) 법정대리인

미성년자나 피성년후견인이 소송 당사자(원고, 피고)인 경우에는 원칙적으로 유효하게 소송행위(예를 들어 소 제기, 대리권 수여, 관할 합의, 신청, 진술 등)를 할 수 없다(민소법 제55조). 이 때는 법정대리인이 미성년자나 피성년후견인의 소송행위를 유효하게 대리할 수 있다. 당사자 본인의 의사와 관계없이 법률 규정으로 대리인이 된 자라는 뜻에서 '법정대리인'이라고 한다.

다만 미성년자가 독립하여 법률행위를 할 수 있거나, 피성년후견인이 민법 제10조 제2항에 따라 취소할 수 없는 법률행위를 할 수 있는 때는 미성년자나 피성년후견인이 단독으로 소송행위를 할 수 있다(민소법 제55조 단서).

미성년후견인, 대리권 있는 성년후견인 또는 대리권 있는 한정후견인이 상대방의 소나 상소 제기에 대해서 소송행위를 하는 때에는 그 후견감독인에게서 특별한 권한을 받을 필요가 없다(민소법 제56조 제1항). 그러나 소 취하, 화해, 청구의 포기·인락, 탈퇴의 경우에는 후견인감독인에게서 특별한 권한을 받아야 한다. 후견감독인이 없으면 가정법원에서 특별한 권한을 받아야 한다(민소법 제56조 제2항).

사 례 ≫ 16세인 X는 자전거를 타고 가다 Y가 운전하는 차에 치여 부상을 당했다. X의 부모 A와 B는 Y와 손해배상금에 관해 합의를 했지만, Y가 합의금을 제대로 이행하지 않아 소를 제기하려 한다. 이 경우에 누가 소송을 진행시켜야 하는가?

해설 위 사례에서 X의 부모인 A와 B가 법정대리인으로서 X를 대리하여 소를 제기하고 절차를 진행하는 등 소송을 수행해야 한다. 만일 X가 단독으로 소를 제기하면 이 제소는 원칙적으로 무효이다. 한편, X에게 친권자나 후견인이 없는 경우에는 법원에 특별대리인의 선임을 신청하여 선임된 특별대리인의 대리를 받는다.

(2) 임의대리인(소송대리인)

임의대리인은 당사자 본인의 의사로 대리권이 수여되어 대리인으로 선임된 자이다. 우리나라에서는 당사자 본인이 위에서 말한 미성년자 등이 아니면 소송을 수행할 수 있다(본인소송주의). 그러나 법률지식이 부족하여 당사자 본인이 소송을 수행하기 어려운 경우에는 대리인을 선임하여 소송을 수행할 수 있다. 이 때 소송대리인이 될 수 있는 자는 원칙적으로 변호사이어야 한다(변호사대리의 원칙). 이는 법률전문가가 관여하여야 소송절차가 원활하고 효율적으로 진행되고 승소할 사건이 승소되어 당사자 본인의 이익이 보호될 수 있기 때문이다. 다만 변호사대리 원칙의 예외로 다음 사건에서는 변호사 아닌 자도 소송대리인이 될 수 있다.

(i) 단독판사가 심판하는 사건: 소송가액이 2억 원 이상이 아닐 때 당사자의 배우자와 4촌 안의 친족으로 당사자와 상당한 생활관계가 인정될 때, 당사자와 고용 그 밖의 특별한 관계에 있는 자가 법원의 허가를 받으면 소송을 대리할 수 있다(민사소송규칙 제15조).

(ii) 소액사건: 소송물가액이 2,000만원을 넘지 않는 금전 기타 대체물이나 유가증권의 일정 수량의 지급을 목적으로 하는 제1심 민사사건(즉, 소액사건)에서는 당사자의 배우자, 직계혈족, 형제자매는 법원의 허가 없이도 소송대리인이 될 수 있다(소액사건심판법 제8조).

사 례≫ X가 Y에게 금 1,500만원을 대여했는데, Y가 변제하지 않자 소송을 제기하려 한다. 원금과 이자채권을 합해도 2,000만원을 넘지 않는다. 이 경우 X의 子 A는 변호사가 아닌데, X의 소송을 대리할 수 있는가?

해설 위 사례에서 변호사가 아닌 A는 원칙적으로 X의 소송을 대리할 수 없지만, 이 사건은 소가 2,000만원의 소액사건이므로 법원의 허가없이도 A는 소송을 대리할 수 있다.

4. 공동소송

당사자(원고, 피고)가 여러 명인 경우를 '공동소송'이라 한다. 예를 들어 A가

B에게 돈을 빌려주면서 C를 보증인으로 삼은 경우에, B가 빌린 돈을 갚지 않은 경우 A는 B, C를 공동피고로 소송을 제기할 수 있다. 또 버스 승객들이 버스기사의 과실로 교통사고를 당한 경우 버스 승객들이 공동으로 원고가 되어 소송을 제기할 수 있다. 이처럼 오늘날 사회가 복잡해지고 또 다수인들이 상호 거래활동을 하기 때문에 이에 따른 분쟁도 복잡해지고 이들 분쟁에 여러 명이 관여하는 경우가 많아졌다. 이 때 다수의 분쟁관계자들이 공동으로 소송을 수행할 수 있다면, 단 한 번의 소송으로 관계인들 사이의 분쟁을 해결할 수 있으므로 공동소송이 일반적으로 인정된다.

5. 선정당사자

공동의 이해관계 있는 다수의 사람이 원고·피고가 되어 본인들이 직접 공동소송을 수행하면 절차가 복잡해지고 번거로워진다. 이처럼 공동의 이익을 가지는 자들 가운데 1명을 대표자로 선정하여 소송을 수행하도록 하는 것이 '선정당사자' 제도이다. 이 제도를 활용하면 공동소송인들이 다수일 때 발생하게 될 절차의 지연이나 비용 증가와 같은 단점을 없앨 수 있다.

사 례 ≫ 회사동료인 A, B, C, D, E, F는 휴가 가던 중 관광버스기사 Y의 과실로 교통사고를 당했다. 이 때 모두 공동원고가 되어 손해배상청구의 소를 제기하면 여러 가지 번잡한 일이 생길 것 같다고 여겼다. 이 때 A만이 제소하고 나머지 회사동료들은 판결의 효력을 받을 수 있는 방법이 있는가?

해설 위 사례에서 A가 선정당사자로서 Y를 상대로 제소하면 되는데, 이 때 A에게 다른 회사동료들이 자신들의 소송수행권을 위임했음을 증명하는 서면, 즉 '당사자선정서'를 제출해야 한다. 한편 선정당사자 A가 받은 판결은 B, C, D, E, F에게도 효력이 미친다.

6. 소송참가

일반적으로 소송에서 당사자가 아닌 제3자는 소송에 관여할 수 없다. 그러나 일정한 경우에 제3자가 자신의 법률상 이익을 지키려고 진행 중인 소송에 참가하여 소송을 수행할 수 있는데, 이것이 '소송참가'이다. 예를 들어 채권자가 보증인을 상대로 소송을 제기하여 승소하게 되면, 후에 보증인은 채무자를 상대로 구상청구를 할 것이다. 이 때 채무자는 보증인에게서 후에 제기될 구상청구의 이행을 면하려고, 현재 진행 중인 채권자와 보증인 사이의 소송에서 보증인이 승소하도록 협력하여 소송에 참가할 수 있다(이러한 유형의 참가를 보조참가라 한다).

[2] 소송 객체

1. 의 의

법원이 소송에서 재판 대상으로 삼아야 할 기본단위를 '소송 객체'라 한다. 이는 소송물 또는 소송상의 청구라고도 한다. 예를 들어 "피고는 원고에게 빌린 돈 5,000만 원을 반환하라."는 소송에서 법원이 재판하여야 할 대상, 즉 소송물은 금 5,000만 원의 대여금반환청구이다.

2. 청구 병합

원고와 피고 사이에 하나의 분쟁뿐 아니라 여러 개의 분쟁을 법률이 정하는 바에 따라 하나의 소송절차에서 해결할 수 있다. 이 때 심판 대상이 되는 소송상의 청구(소송물)가 여러 개이므로 이러한 상태를 '청구 병합'이라고 한다. 이는 공동소송과 마찬가지로 당사자 사이의 여러 분쟁을 하나의 소송절차에서 한꺼번에 해결할 수 있는 장점(소송경제)이 있다.

사 례 ≫ 甲은 乙에게 2016년 5월 6일에 금 5,000만 원을 빌려 주었고, 한편 2016년 6월 1일에 자신의 자가용을 금 500만 원에 을에게 판매했다. 그런데, 현재 乙이 대여금 5,000만 원과 매매대금 500만 원을 甲에게 지급하지 않는다. 甲은 乙을 상대로 하나의 소송에서 대여금과 매매대금을 모두 받을 수 있는지?

해설 위 사례에서 甲은 乙을 상대로 하나의 소장에서 대여금반환청구와 매매대금지급 청구를 병합하여 소를 제기할 수 있다.

3. 소 변경

소송진행 중 원고가 심판 대상이 된 청구를 변경하는 것을 '소 변경'이라 한다. 다만 원고가 소를 자유롭게 변경하면 피고의 입장에서는 방어가 곤란할 수 있다. 따라서 청구의 기초가 동일한 한도에서 변론종결시까지(항소심 포함) 변경할 수 있다는 등 법률에 정한 요건(민소법 제262조) 아래 변경할 수 있다.

사 례≫ 임대인 甲이 임차인 乙을 상대로 가옥명도 청구소송을 제기했다. 이때 소송계속 중 乙이 과실로 그 가옥이 파괴됐다. 이 경우에 원고 甲은 소송상 어떠한 절차를 밟는 것이 좋을까?

해설 위 사례에서 심판 대상은 가옥명도청구이다. 그런데 그 가옥이 피고의 과실로 불에 타 없어졌다면 원고 甲이 승소하여도 승소의 의미가 사라진다. 따라서 이 경우에 소를 변경하여 "그 가옥의 시가에 해당하는 금액을 지급하라."는 채무불이행에 따른 손해배상 청구로 바꾸는 것이 낫다.

4. 반 소

원고가 제기한 소송(이를 '본소'라 한다)에 편승하여 피고가 원고에 대한 자신의 청구에 대해 심판해 달라고 제기하는 소를 '반소'라 한다. 본소에서는 적극적으로 공격하는 자가 원고이지만, 반소에서는 이 지위가 반대로 반소를 제기한 자(즉, 피고)가 적극적인 당사자로서 공격한다. 반소는 언제나 허용되는 것이 아니다. 본소와 반소가 일정한 관련성이 있어야 하며, 변론종결시까지(항소심 포함) 가능하다는 등 법률에 정한 요건(민소법 제269조)에서만 반소제기가 가능하다.

사 례≫ 임대인 甲이 임차인 乙을 상대로 가옥명도 청구소송을 제기했다. 아직 임차인 乙의 임대차계약기간은 남아 있다. 그런데도 甲이 일방적으로 乙의 임차권을 부인하고 있으므로, 乙은 자신의 임차권 존재를 甲에게 확인받고 싶다. 이 경우 乙이 할 수 있는 소송 방법은?

해설 위 사례에서 피고 乙은 원고 甲을 상대로 임차권 존재확인의 반소를 제기하면 좋다. 다른 예를 들면 원고가 피고에게서 매입한 매매목적물을 인도하라는 소송(본소)이 진행되는 도중에, 피고가 원고에 대해 그 목적물의 매매대금을 지급하라는 매매대금지급청구 소송의 제기가 반소에 속한다.

[3] 민사소송의 진행과정

1. 소의 종류 선택

민사소송은 청구의 성질이나 내용에 따라 이행의 소, 확인의 소, 형성의 소가 있다. 각 유형의 분쟁해결의 기능이 다르기 때문에 분쟁해결에 적합한 소송을 선택하여 제소해야 한다.

(1) '이행의 소'는 특정인에 대하여 일정한 급부를 청구하는 형태의 소송이다. 즉 금전 지급, 물건 인도, 작위 또는 부작위 등을 청구하는 소송이다. 예를 들어 대여금반환청구, 교통사고에 따른 손해배상청구, 가옥명도청구, 소유권이전등기청구 등이 이에 속한다.

(2) '확인의 소'는 어떤 권리나 법률관계의 존재 및 부존재의 확인을 구하여 당사자 사이의 분쟁을 해결하는 형태의 소송이다. 예를 들어 갑이 소유하는 가옥에 대해 을이 자신의 소유라고 주장하고 있는 경우, 갑이 그 가옥에 대한 소유권이 자신에게 있다는 소유권확인의 소를 을을 피고로 하여 제기하는 것이다. 이처럼 확인의 소는 자신의 권리 또는 법률상의 지위에 관한 현재의 위험을 제거하려는 소송이다.

(3) '형성의 소'는 권리 또는 법률관계의 발생·변경·소멸을 구하는 형태의 소송이다. 예를 들어 친자관계의 발생을 구하는 인지청구의 소나 혼인관계의 소멸을 구하는 이혼의 소가 이에 속한다. 형성의 소를 통한 분쟁해결은 당사자 이외의 제3자에게도 그 효력을 미치게 되므로(즉, 인지나 이혼을 인정한 판결은 제3자도 이 판결을 존중해야 한다), 원칙적으로 법률이 인정하고 있는 경우에만 제기할 수 있다.

2. 소송 제기

민사소송의 일반적인 진행과정을 중요한 절차단계로 구분하면 다음과 같다.

소장 제출과 소장 부본의 송달 → 변론준비절차와 변론 → 증거조사 → 소송 종료

(1) 소장 작성

사 례 ≫ 대전에 주소를 둔 X는 서울에 주소를 둔 친구 Y의 부탁으로 사업자금으로 급히 5,000만 원을 2016년 2월 10일에 빌려주고 2016년 6월 10일에 돌려받기로 했다. 이에 대해 청주에 주소를 둔 Z가 연대보증하였다. 변제기일이 됐는데도 Y가 5,000만 원을 변제하지 않자 X는 Y와 Z에게 여러 번 변제하라고 독촉했지만 둘은 이날저날 미루며 변제하지 않았다. 이 때 X가 빌려준 돈을 반환받으려 소송을 제기하려 한다. 소장을 어떻게 작성하여 어느 법원에 제출해야 하는가?

해설 소장을 작성하고 인지를 붙여서 관할법원에 제출함으로써 민사소송은 개시한다. 각급 법원의 민원실마다 소장 양식을 사건 유형별로 작성하여 비치하고 있으므로 이를 참조하는 것이 좋다. 한편 소장에 반드시 기재해야 할 필요적 기재사항으로는, (i) 당사자인 원고・피고의 성명, 명칭 또는 상호와 주소, (ii) 대리인이 있는 경우 대리인의 성명과 주소, (iii) 청구취지, (iv) 청구원인, (v) 부속서류의 표시, (vi) 작성 연월일, (vii) 법원의 표시 등이 있다.

또한 표지에 '소장' 한 줄 아래 원고를 기재하고 원고의 전화번호를 기재한다. 이는 나중에 소송진행 중 법원이 급히 원고에게 연락할 필요가 있을 때를 생각하여 법원에 접수하는 서류마다 표지에 서류 접수자의 전화번호를 쓰는 것이다.

표지

소 장

원 고 이름
(연락할 수 있는 원고의 전화번호를 씀)
피 고 이름

소 가	금 5,000만 원
첩부할 인지액	금 230,000 원
첩부한 인지액	금 230,000 원
송 달 료	금 111,000 원
비 고	

대전지방법원 귀중

내용

소 장

원 고 이름(주민등록번호 씀)··①
주 소
소송대리인이 있는 경우, 소송대리인 변호사 이름과 주소 추가로 씀

피 고 이름(될 수 있으면 피고의 주민등록번호를 써야함)
주 소

대여금 청구의 소·· ②

청 구 취 지·· ③

1. 피고들은 연대하여 원고에게 금 5,000만 원과 이 사건 소장부본 송달 다음 날부터 다 갚을 때까지 연 15%의 비율에 의한 금원을 지급하라.
2. 소송비용은 피고의 부담으로 한다.
3. 제1항은 가집행할 수 있다.

라는 판결을 구합니다.

청 구 원 인·· ④

1. 원고는 2016. 2. 10. 피고 Y에게 피고 Z를 연대보증인으로 하여 금 5,000만 원을 2016. 6. 10.을 변제기일로 정하여 빌려주었다.
2. 피고 Y는 변제기일이 지났음에도 금 5,000만 원을 변제하지 않고 있다. 원고는 피고 Y 및 연대보증인인 피고 Z에게 여러 차례 위 빌려준 돈의 지급을 독촉했으나 아직까지 갚지 않는다. 따라서 원고는 피고들에 대하여 대여금 금 5,000만 원과 소장 부본 송달 다음날부터 다 갚을 때까지 소송촉진 등에 관한 특례법 소정의 연 15% 비율에 따른 지연손해금을 지급해 줄 것을 청구하고자 이에 대여금 청구에 이른 것입니다.

입 증 방 법·· ⑤

1. 갑 제1호증 무통장입금증
1. 갑 제2호증 차용증서

첨 부 서 류·· ⑥

1. 위 입증방법 각 1통
1. 원, 피고 주민등록표 초본
1. 소송대리인이 있는 경우 위임장 각 1통

2016년 11월 30일································ ⑦

원고 이름 또는 원고의 소송대리인의 이름 날인(간인하여야 함)

대전지방법원 귀중 ··· ⑧

※ 인지 계산은 민사소송 등 인지법 제2조 참조.
※※ 경우에 따라서는 입증서류와 첨부서류를 구분하지 않고, 첨부서류로만 표시할 수 있다.

① **당사자의 표시** 원고・피고의 성명, 주소를 명확히 기재해야 한다. 만일 당사자가 미성년자 등 소송무능력자인 경우에는 법정대리인도 표시해야 한다.

② **사건의 표시** 소장의 필요적 기재사항은 아니지만, 청구취지, 청구원인 등과 함께 소송에 따른 그 사건의 성격을 나타내므로 일반적으로 쓴다. 위 사례처럼 X가 Y에게 빌려 준 돈을 반환받기 위한 것이라면 '대여금청구의 소'라고 쓰면 된다. 통상 소장에 쓰는 사건명은 예를 들어 대여금, 물품대금, 손해배상, 부당이득금, 임금, 임료, 보험금, 약속어음금, 수표금, 약정금, 양수금, 건물명도, 토지인도, 소유권이전등기(말소), 소유권확인 등이 있다.

③ **청구취지** 청구취지는 원고가 어떤 분쟁에 관하여 어떻게 해결해 달라고 간단히 표현하는 소의 결론부분이다. 즉 원고가 판결을 통하여 얻어내려는 결론을 말한다.

청구취지의 기재내용을 소송의 종류에 따라서 예시하면 다음과 같다.

(i) 이행의 소: 피고에게서 이행 받고자 하는 이행의 내용과 대상을 쓴다. 예를 들어 금전청구인 경우에는 "피고는 원고에게 금 5,000만 원을 지급하라.", "피고들은 연대하여 원고에게 금 1,000만 원을 지급하라.", 특정물의 인도청구인 경우에는 "피고는 별지목록기재 물건을 원고에게 인도하라."(※ 별지에는 물건의 종류, 수량 기타 물건을 특정할 수 있는 사항을 씀), 부동산 등기소송의 경우에는 "피고는 원고에게 별지목록 기재 부동산에 관하여 2016년 3월 15일 매매(또는 증여, 시효취득 등)를 원인으로 한 소유권이전등기절차를 이행하라.", "피고는 원고에게 별지목록에 쓴 부동산에 관하여 청주지방법원 청주등기소 2016년 10월 15일 접수 제1234호로 마친 소유권이전등기의 말소등기절차를 이행하라."와 같이 쓴다.

(ii) 확인의 소: 확인을 구하는 권리 또는 법률관계의 대상과 내용을 기재한다. 예를 들어 "피고는 별지목록기재 가옥은 원고의 소유임을 확인한다.",

"피고의 원고에 대한 2013년 4월 15일자 해고는 무효임을 확인한다."와 같이 쓴다.

(iii) 형성의 소: 일정한 권리 또는 법률관계의 형성(즉 발생·변경·소멸)을 구하는 것이므로, 형성의 대상인 권리 또는 법률관계를 쓴다. 예를 들어 이혼소송은 "원고와 피고는 이혼한다.", 공유물분할소송은 "서울 서초동 345의 6 대 200평방 제곱미터 중, 별지도면 표시 '1, 2, 5, 6, 1' 각 점을 순차 연결한 선내의 (가)부분 100평방 제곱미터를 원고의 소유로, 같은 도면 표시 '2, 3, 4, 5, 2' 각 점을 순차 연결한 선내의 (나)부분 100평방 제곱미터를 피고의 소유로 분할한다."와 같이 쓴다.

④ 청구원인 청구원인이란 원고가 판결을 구하게 된 원인, 즉 권리주장의 근거(법적 근거)를 말한다. 위 사례처럼 판결을 구하게 된 원인을 쓰면 된다.

⑤ 증명방법 소장에 첨부하여 제출하는 증거서류를 기재한다. 원고의 주장이 옳다는 것을 법관이 확신하도록 증거를 제시하는 것이다. 이는 소장의 필요적 기재사항은 아니므로 이를 빼도 소장의 기재요건에 어긋나는 것은 아니지만 가능한 한 이를 쓰고 첨부해야 한다. 소송에서 '갑'은 원고, '을'은 피고를 나타내므로 원고가 제시하는 증거는 '갑 제1호증'으로 표시한다.

⑥ 부속서류의 표시 소장에 첨부하여 제출하는 서류의 이름과 그 통 수를 쓴다.

(i) 소장 부본: 소가 제기되면 법원은 소장 부본을 피고에게 송달해야 한다. 따라서 원고는 반드시 피고의 수에 상응하는 소장 부본을 부속서류로서 첨부해야 한다.

(ii) 송달료의 예납과 납부서: 소송서류의 송달을 위한 송달료를 현금으로 미리 납부하는 것이다. 관할법원의 송달료 수납은행에 현금으로 납부하고 그 은행에서 교부받은 송달료납부서를 소장에 첨부해야 한다. 송달료수납은행은 대부분 법원구내의 은행으로 우리은행 등이 수납은행으로 지정되어 있으며, 각 사건의 송달료 계산방식은 다음과 같다.

- 제1심 단독·합의: 당사자수×3,700원(우편료)×15회(당사자수=원·피고 합하여 2명, 원·피고가 추가될 경우 그 추가된 사람 수만큼 우편료를 추가 계산하여 납부해야 함)
- 소액사건: 당사자수×3,700원×10회

- 상고사건: 당사자수×3,700원×8회
- 화해사건: 당사자수×3,700원×4회

송달료는 법원에서 송달료납부서에 납부하는 당사자 이름과 주소 및 납부하는 금액을 기재하여 은행에 송달료 금액을 불입하고 그 납부서를 소장에 첨부하면 된다(재판예규 제1555호 · 송달료규칙의 시행에 따른 업무처리요령(재일 87-4) 참조).

(iii) 소송대리 위임장: 소송대리인이 있을 경우에는 소송위임장을 첨부해야 한다.

(iv) 그 밖에 당사자가 법인인 경우에는 대표자자격을 증명하는 법인등기사항 전부증명서(말소사항 포함), 법정대리인이 있는 때는 법정대리인자격을 증명하는 가족관계증명서 등을 첨부해야 한다.

⑦ 소장의 작성연월일과 작성자를 쓴다.

⑧ 소장을 접수받는 법원을 표시한다. 소송은 관할법원에 제소해야 하므로 그 법원을 표시하여 제출한다. 관할법원의 결정은 앞에서 설명한 토지관할과 사물관할 등에 따라서 정해진다.

(2) 인지의 첩부

(가) 소장에는 소송물가액(소가)에 따라 아래 금액 상당의 인지를 붙이거나 인지액 상당의 현금을 송달료 수납은행에 납부하고, 수납은행의 영수필 확인서와 영수필 통지서를 첨부한다.

인지액은 소가에 따라 달리 정하는데 다음과 같이 계산한다.

- 소가가 1,000만 원 미만인 경우: 소가×10,000분의 50＝인지액
- 소가가 1,000만 원 이상 1억 원 미만인 경우: 소가×10,000분의 45＋5,000원＝인지액
- 소가가 1억 원 이상 10억 원 미만인 경우: 소가×10,000분의 40＋55,000원＝인지액
- 소가가 10억 원 이상인 경우: 소가×10,000분의 35＋555,000원＝인지액

산출된 인지액이 1,000원 미만인 때에는 이를 1,000원으로 하고, 1,000원 이

상인 경우에 100원 미만의 단수가 있는 때에는 그 단수는 계산하지 않는다. 항소장의 인지액은 위 규정액의 1.5배, 상고장에는 2배의 인지를 붙인다.

(나) 소송물가액(소가)이란 원고가 소로서 주장하는 권리나 법률관계에 관하여 가지는 경제적 이익을 객관적으로 평가하여 금액으로 표시한 것을 말한다. 소가는 사물관할을 정하는 표준이 되고 또한 이처럼 소장에 첩부할 인지액을 정하는 기준이 된다.

소가산정 방법은 '민사소송 등 인지규칙'에 상세히 규정되어 있는데, (i) 금전청구인 경우에는 원고가 청구하려는 액면금이 소가로 되며, (ii) 소송 목적이 토지인 경우에는 토지대장 또는 임야대장이나 토지건축물 과세대장에 따른 과세표준액, 건물인 경우에는 토지건축물과세대상에 따른 과세시가표준액에 100분의 30을 곱한 금액이 소가이다. (iii) 유가증권인 때는 상장증권의 가액은 소제기 전일의 최종거래가액에 의하고 시가가 없는 경우 액면액에 따라서, (iv) 그 밖의 물건은 그 물건가격에 따른다. 그리고 소가는 소를 제기할 때를 기준으로 산정한다.

(3) 소장 제출과 접수

소장이 접수되면 접수창구에서 소장의 미비사항과 인지가 첩부되었는가를 검토하여 소장에 접수인을 찍고, 법원은 사건별로 사건번호 사건명을 부여하여(예: 2016가단1234 대여금), 사건을 담당재판부에 배당하게 된다. 재판장은 사건이 접수된 순서에 따라 변론기일을 정하여 원고·피고를 소환하여 변론을 시작한다.

(4) 전자문서로 하는 민사소송

'민사소송 등에서의 전자문서 이용 등에 관한 법률'(2010. 3. 24. 법률 제10183호)이 제정되어, 민사소송에 있어서 '전자문서'와 '전자서명'으로 하는 소송이 가능해졌다. 따라서 당사자가 소장이나 준비서면, 증거서류 등을 전자문서로 제출하고, 법원도 판결문이나 결정문을 전자문서로 송달할 수 있다. 당사자나 대리인이 소송서류를 제출하려고 법원에 갈 필요가 없기 때문에, 시간과 비용을 많이 줄일 수 있다.

3. 소송진행

(1) 소장 부본 송달(법원의 보정명령이 있어야 피고의 주민등록초본을 발급받을 수 있음)

소장이 접수되면 법원은 피고가 방어준비를 할 수 있도록 소장 부본을 피고에게 송달해야 한다. 한편 소장에 기재된 주소지에 송달하였으나 수취인불명, 이사불명과 같은 사유로 반송된 경우에 원고는 새 주소를 정확하게 파악하여 주소보정을 신청하거나 법원의 보정명령에 따라서 정해진 기일 (통상 1주일) 내에 주소를 보정해야 한다.

주소를 보정하지 않으면 재판장은 소장을 각하하므로 원고는 다시 소장을 제출해야 하는 불이익을 입을 수 있다. 만일 행방불명 등으로 피고의 주소, 거소 기타 송달할 장소를 알지 못하는 경우에는 원고는 법원에 '공시송달'을 신청할 수 있다. 공시송달은 법원사무관 등이 송달서류를 보관하고 그 사유를 법원 게시판에 게시하는 등 방법으로 하는 송달방법이다. 최초의 공시송달은 게시한 날로부터 2주일이 경과한 날부터, 그 후의 공시송달은 게시한 다음날부터 당사자에게 송달된 것으로 의제하며, 이후 소송절차를 진행시킨다.

소장을 작성할 때 가급적이면 피고의 주민등록번호를 기재하고, 법원에 접수할 소장 부본을 제시한다. 뒤에 소장 부분이 정상적으로 송달되지 않았을 때, 법원에서는 원고에게 주소보정명령을 한다. 이때 원고는 법원의 주소보정명령을 가지고 시, 구, 동사무소에서 피고의 주민등록표 초본을 발급받아, 주소변동이 있으면, 변동된 주소로 보정을 하고, 만일 주소변동이 없는 경우 피고의 주민등록표 초본을 첨부하여 야간송달을 신청하고, 야간송달도 안되면, 야간에 송달불능사유를 들어 공시송달 신청을 할 수 있다. 그래서 처음 소장을 작성할 때 피고의 주민등록번호를 기재하고 피고의 주민등록표를 첨부해두면 나중에 소송진행에 따른 주소보정 등을 하는데 편리하다.

사 례≫ 원고는 피고의 주소지를 정확히 기재하여 소장을 작성하고 제출해야 한다. 그런데 소장에 기재한 피고의 주소지에 소장 부본을 송달했지만 수취인불명이나 이사불명과 같은 이유로 반송되어 온 경우 또는 제소 당시부터 피고의 주소를 알 수 없는 경우에 어떻게 소송을 진행시킬 수 있는지?

해설 위 사례에서 행방불명 등으로 원고가 피고의 주소지를 알 수 없는 경우에는 공시송달을 신청하여 소송을 진행하게 할 수 있다.

(2) 답변서 제출의무

피고가 원고의 청구를 다투는 경우에는 소장 부본을 송달받은 날부터 30일 이내에 답변서를 제출해야 한다. 다만, 피고가 공시송달의 방법에 따라 소장 부본을 송달받은 경우에는 그렇지 않다(민소법 제256조).

(3) 변론 없이 하는 판결

법원은 피고가 소장 부본을 송달받은 날부터 30일 이내에 답변서를 제출하지 아니한 때에는 청구 원인이 된 사실을 자백한 것으로 보고 변론 없이 판결할 수 있다. 다만, 직권으로 조사할 사항이 있거나 판결이 선고되기까지 피고가 원고의 청구를 다투는 취지의 답변서를 제출한 경우에는 그렇지 않다(민소법 제257조 1항).

피고가 청구 원인이 된 사실을 모두 자백하는 취지의 답변서를 제출하고 따로 항변을 하지 않을 때에는 제1항을 준용한다(민소법 제257조 2항).

(4) 변론준비절차

변론 없이 판결하는 경우 외에는 바로 변론준비절차를 부쳐야 한다. 다만, 변론준비절차를 따로 거칠 필요가 없는 경우에는 그렇지 않다(민소법 제258조).

변론준비절차는 기간을 정하여, 당사자로 하여금 준비서면, 그 밖의 서류를 제출하게 하거나 당사자 사이에 이를 교환하게 하고 주장사실을 증명할 증거를 신청하게 하는 방법으로 진행한다(민소법 제280조). 변론준비절차가 끝난 경우에는 재판장은 바로 변론기일을 정하고 당사자에게 이를 통지해야 한다(민소법 제258조 2항).

실무상으로 피고가 답변서를 제출하면 소액사건을 제외한 모든 사건이 변론준비절차 기일을 몇 차례 지정하여 변론준비기일에 변론에 필요한 모든 증거 등을 제출하도록 판사가 유도한다. 준비절차를 거친 다음 가급적 1회 변론기일에 변론종결을 하려는 것이다. 그래서 1회 변론으로 종결되는 사건이 많다. 이때 소장을 접수하여 5~6개월 정도가 걸린다.

(5) 변론기일

변론준비기일을 마친 뒤의 변론기일에서 변론준비기일의 결과를 진술해야 한다(민소법 제287조). 양쪽 당사자가 변론기일에 출석하지 않았거나 출석했어도 변론하지 않은 때에는 재판장은 다시 변론기일을 정하여 양쪽 당사자에게 통지해야 한다(민소법 제268조 1항). 새 변론기일이나 그 뒤에 열린 변론기일에 양쪽 당사자가 출석하지 않았거나 출석했어도 변론하지 않은 때에는 1월 이내에 기일지정신청을 하지 않으면 소를 취하한 것으로 본다(민소법 제268조 2항).

(6) 변 론

(가) 뜻

변론이란 원고・피고가 각각 자기에게 유리한 주장을 하고 그 주장을 입증하는 것을 말한다. 변론은 보통 당사자가 주장한 사실 중 어느 것이 옳은가에 대해 법관이 심증을 형성하기 위해서 여러 차례 반복된다.

(나) 변론 실시

변론기일은 재판장이 사건과 당사자를 호명함으로써 개시한다. 제1회 변론기일의 절차에서 원고는 어떠한 판결을 구한다는 취지의 진술을 하고(본안의 신청), 이에 대해 피고는 소의 각하 또는 청구기각을 구한다는 취지의 진술(반대신청)을 한다. 이 후 원고의 공격(본안의 신청을 이유 있게 하는 자기에게 유리한 사실의 주장과 증거제출)과 피고의 방어(원고 측의 주장과 반대되는 사실의 주장과 증거제출)가 상호 교차하면서 변론종결시까지(법관이 심증을 형성할 때까지) 진행된다.

(다) 전문심리위원의 참여

2007년 민사소송법의 개정으로 '전문심리위원' 제도(민사소송법 제164조의 2~제164조의 8)가 도입되었다. 법원은 소송관계를 분명히 하거나 소송절차를 원활하게 진행하려고 직권이나 당사자의 신청에 따른 결정으로 전문심리위원을 지정하여 소송절차에 참여하게 할 수 있다. 전문심리위원은 전문적인 지식(예를 들어, 행정, 특허, 금융 분야와 같은)을 필요로 하는 소송절차에서 설명이나 의견을 쓴 서면을 제출하거나 기일에 출석해 설명이나 의견을 진술할 수 있다. 또한 전문심리위원은 기일에 재판장의 허가를 받아 당사자, 증인 또는 감정인 등 소송관계인에게 직접 질문할 수도 있다.

(7) 증거조사

당사자는 자신의 주장을 상대방이 다투면, 그 주장이 진실하다는 것을 법관에게 확신시키기 위해 증거를 제출해야 한다. 만일 증거를 제출하지 못해서 자기의 주장이 진위불명상태(즉, 법관이 진실하다 또는 거짓이라고 확신하지 못하는 상태)에 빠지면 그 주장을 인정받지 못하는 불이익을 받아 패소할 수 있다. 따라서 당사자는 각각 자기에게 유리한 사실을 증명하기 위해서 증거신청을 하여 증거조사를 거쳐야 한다. 증거조사를 하는 때에는 당사자가 증거조사에 참여할 수 있도록 조사기일과 장소를 당사자에게 고지해야 한다.

(가) 각종의 증거조사

증거조사에는 그 대상에 따라 증인신문, 감정, 서증, 검증, 당사자신문 등이 있다.

(i) 증인신문: 증인에게서 증언을 얻어내는 절차이다. 증인은 과거에 경험한 사실을 보고하는 제3자로서, 소송의 당사자와 법정대리인 등은 증인이 될 수 없다.

사 례 ≫ A는 친구 사이인 X · Y 사이에 돈을 빌리는데 입회한 적이 있다. 후에 X가 Y를 상대로 대여금반환청구소송을 제기했는데, 갑자기 법원에서 A를 증인으로 채택했기 때문에 출석하라는 통지를 받았다. A는 X, Y와 친한 사이이다. 따라서 증인을 서기도 그리 편하지 않고, 요사이 회사업무가 바쁘다. A는 꼭 법정에 나가야 하는가?

해설 증인으로 소환된 자는 정해진 일시 장소에 출석할 의무가 있으며 정당한 이유 없이 출석하지 않는 경우 비용부담과 과태료 제재를 받는다. 그리고 경우에 따라 법원은 증인을 구인할 수 있다. 출석한 증인은 특별한 경우를 제외하고는 선서를 할 의무가 있다. 따라서 선서한 증인이 허위의 진술을 하는 경우에는 형사상 위증죄로 형사처벌을 받는다. 위 사례에서 증인 A는 출석의무가 있다. 그렇기 때문에 친구 사이나 회사일로 바쁘다는 것은 정당한 이유가 되지 못한다. 다만, 이러한 경우에 증언에 갈음하는 서면으로 제출할 수도 있다(민소법 제310조).

(ii) 감정: 감정은 법관의 판단능력을 보충하려고 특별한 학식경험이 있는 전문가에게 분쟁사건에 관한 판단을 하고 이것을 법관에게 보고하도록 하는 증거조사절차를 말한다. 또한 그러한 판단을 하는 전문가를 감정인이라고

한다. 예를 들어 교통사고로 말미암은 손해배상청구소송에서 신체감정, 혈액형의 감정, 토지인도나 건물명도소송에서 측량감정, 임료감정, 공사비 감정, 서류상 필적감정과 같은 것이 이에 속한다.

(iii) 서증: 서증은 문서를 열람하여 문서에 기재된 내용인 사상이나 의미를 파악하려는 증거조사절차이다. 이 때 문서는 문자나 기호로 사상을 표현한 유형물을 뜻하는 것으로 예를 들어 대여금계약서, 차용증서 등이 이에 속한다. 당사자가 서증을 신청하면, 먼저 문서가 위조되지 않고 그 작성명의인의 의사에 기하여 작성되었는지, 다음에 문서가 증거로 사용될 수 있을 정도로 그 내용이 진실한가를 판단한다.

(iv) 검증: 검증은 법관이 직접 사물의 성상이나 현상을 조사하는 절차를 말하며, 그 조사대상을 검증물이라고 한다. 예를 들어 교통사고에 따른 손해배상청구소송에서 교통사고현장의 조사나 산업재해사고의 현장검증, 토지의 경계확인을 위한 현장검증이 이와 같다.

(v) 당사자신문: 당사자신문은 당사자본인이 경험한 사실에 관하여 진술을 얻으려는 증거조사절차이다. 당사자는 소송의 승패에 관하여 가장 큰 이해관계를 가진 자이므로 자기에게 유리하게 진술할 가능성이 많다. 이런 면에서 당사자는 '최악의 증인'이다. 따라서 법원이 다른 증거조사로 심증을 형성하지 못하는 예외적인 경우에만 보충적으로 당사자 본인을 증거조사 대상으로 할 수 있다.

(나) 증거보전

'증거보전'은 소송절차 내에서 본래의 증거조사의 시기를 기다리면 그 증거사용이 불가능하거나 곤란하게 될 사정이 있는 경우에 본래의 소송절차와는 별도로 미리 증거조사를 해서 그 결과를 보전하는 절차이다. 예를 들어 증인으로 될 자가 곧 사망할 염려가 있거나 또는 곧 해외에 이주할 예정이거나, 공문서(등기신청서류나 소송기록 등)의 보존기간경과로 폐기할 염려가 있는 경우, 자동차 사고현장 등 증거물의 현상이 멸실이나 변경될 염려가 있을 때에 행해진다. 증거보전은 소제기 전에도 당사자의 신청으로 시행할 수 있으며, 소제기 후에는 당사자의 신청 또는 법원의 직권으로 시행된다. 증거보전의 관할법원은 소제기 전에는 증거의 소재지를 관할하는 지방법원이며, 소제기 후에는 그러한 증거를 사용할 심급의 법원이다.

사 례 ≫ X는 친구 Y가 사업자금으로 5,000만 원을 빌려줄 것을 부탁하자 A의 입회하에 5,000만 원을 빌려주었다. 그런데 변제기일이 지나도 Y가 변제하지 않자 Y에게 빚 독촉을 했다. 그러나 Y는 5,000만 원을 빌린 사실 자체를 부인하기 때문에, X는 대여금반환소송을 준비한다. 한편 A는 그 뒤 간암 말기판정을 받고 현재 병원에서 투병중이다. 이 때 X로서는 제소전이라도 자신의 유일한 증인인 A의 증언을 미리 확보할 수 있는 방법이 있는지?

해설 위 사례에서 X는 A의 주소지를 관할하는 지방법원에 A에 대한 증거보전을 신청하면 A의 증언을 확보할 수 있다. 따라서 후에 소를 제기했을 때 승소할 가능성이 높다.

(8) 소송 종료

(가) 판결에 따른 소송 종료

변론이 진행되어 원고・피고가 주장한 사실관계에 관해 법관이 어느 쪽이 진실하다고 확신한 경우, 즉 심증을 형성한 경우에는 더 이상 변론을 진행시킬 필요가 없다. 따라서 사실심리와 증거조사를 마쳐 변론을 종결하고(이를 '結審'이라고 한다) 판결선고기일을 지정하여 당사자에게 고지한다. 재판장은 선고기일에 공개법정에서 판결을 선고함으로써 소송을 종결한다. 판결이 선고되면 일정한 효력이 생기는데 중요한 것은 다음과 같다.

① 형식적 확정력 판결이 선고되면 당사자에게 판결정본이 송달된 날로부터 2주일 내에 상소(항소・상고)를 할 수 있는데 이 기간(상소기간으로 불변기간이다)을 경과하면 더 이상 상소할 수 없다. 이와 같이 더 이상 상소할 수 없도록 차단하는 힘을 판결의 '형식적 확정력'이라고 하며, 이러한 상태에 이르는 것을 판결이 확정(확정판결)되었다고 한다. 형식적 확정력은 상소 취하나 상소 포기 등이 있는 경우에도 발생한다. 대법원 판결은 상소할 수 없기 때문에 선고와 동시에 확정된다.

② 실질적 확정력(기판력) '기판력'이란 형식적으로 확정된 판결이 갖는 강제적인 통용력을 말한다. 이는 판결이 확정되면 "당사자는 이에 어긋나는 주장으로 다시 소송을 제기할 수 없고, 법원도 확정된 판결 내용과 상반되는 판단을 할 수 없다는 것"을 뜻한다. 기판력은 법원의 판결에 따른 분쟁을 최종적으로 해결하려고 인정한 제도이다. 예를 들어 만일 원고가 대여금청구소송에서

패소하여 판결이 확정된 이후에 그 판결이 잘못되었다고 주장하여 다시 동일한 대여금청구소송을 동일한 피고를 상대로 제기한다는 것을 상상해 보자. 법원이 이러한 주장을 다시 심리한다면, 원고와 피고 사이의 대여금을 둘러싼 분쟁은 소송의 되풀이로 판결에 따른 최종적인 분쟁해결을 이룰 수 없다. 이러한 점에서 기판력이 필요하다.

③ 집행력　'집행력'은 패소자가 판결내용에 따른 의무를 이행하지 않을 때 국가기관이 강제력을 사용하여 판결내용을 실현시킬 수 있는 힘을 말한다. 예를 들어 "피고는 원고에게 금 5,000만 원을 지급하라."는 판결내용을 피고가 이행하지 않을 때, 원고는 집행기관의 도움을 받아 금전을 지급받을 수 있다. 이러한 의미의 집행력은 원칙적으로 이행의 소에 대한 이행판결에서만 인정되고, 확인의 소에서 확인판결과 형성의 소에서 형성판결에는 인정되지 않는다. 집행력은 원칙적으로 판결이 확정되었을 때 발생하지만, 가집행선고가 붙은 판결(즉, 가집행 선고부판결)은 확정 전에도 집행력이 인정되므로 강제집행을 할 수 있다. 예를 들어 금 5,000만 원의 대여금반환청구소송에서 제1심 법원이 원고의 청구를 인용하여 가집행선고를 한 경우에 비록 피고가 항소를 제기하여 그 사건이 항소심에서 진행 중이어서 소송이 종료되지 않았어도, 원고는 피고의 재산을 집행하여 대여금을 회수할 수 있다. 이와 같이 가집행제도를 인정하는 이유는 원고의 권리를 신속하게 구제하기 위해서다.

(나) 당사자의 의사에 따른 소송 종료

법원의 판결이 아닌 당사자의 행위로 소송이 종료될 때, 소송절차를 종료할 것인지는 당사자에게 맡기는 것이 가능하다.

(i) 소 취하:　원고는 소송진행 중 판결이 확정되기 전에 언제든지 자기가 제기한 소의 전부나 일부를 철회하여 처음부터 소 제기가 없었던 상태로 할 수 있다. 이를 '소 취하'라고 한다. 이로 말미암아 소송은 종료한다. 만일 피고가 재판을 받을 태도를 이미 취한 경우에는 피고의 재판받을 권리를 보호하려고 원고는 피고의 동의를 얻어야 소를 취하할 수 있다. 소가 취하되면 분쟁사건은 해결되지 않아서, 원고는 다시 같은 사건을 민사소송으로 제소할 수 있다. 다만 법원에서 사건에 관해 종국판결(청구인용 또는 기각판결)이 선고된 후에 소를 취하한 경우에는 다시 동일한 사건을 제소할 수 없다(재소금지의 원칙). 예를 들어 원고가 대여금청구소송에서 청구기각판결이 선고되었는데 상소기간의 경과 전에 원고가 소를 취하한 경우에는 후에 같은 사건에 대해 제소할 수 없다. 만일

같은 사건을 다시 제소할 수 있으면 종전에 선고되었던 원고패소판결을 농락할 우려가 있기 때문이다.

(ii) 청구포기와 청구 인낙: '청구포기'는 원고가 스스로 자기의 소송상 청구가 이유 없다는 것을 인정하는 법원에 대한 일방적 의사표시이다. 반면에 '청구인낙'은 피고가 자기에 대한 원고의 소송상의 청구가 이유 있다는 것을 인정하는 법원에 대한 일방적 의사표시이다. 소송진행 중 이러한 의사표시가 있으면 소송은 종료되고 청구포기의 경우에는 포기조서, 청구인낙의 경우에는 인낙조서가 작성되며 포기조서는 원고패소의 확정판결, 인낙조서는 원고승소의 확정판결과 같은 효력이 있다. 따라서 이 조서에는 기판력과 집행력이 인정된다. 이와 같이 청구의 포기 · 인낙은 그 조서의 내용대로 당사자 사이의 분쟁이 해결된다는 점에서 소의 취하와 다르다.

(iii) 소송상 화해: '소송상 화해'는 소송진행 중에 당사자 쌍방이 서로 양보하여 소송을 종료시키기로 합의를 하여 그 내용을 법원에 진술하는 것이다. 한편 법원도 직권으로 당사자의 이익, 그 밖의 모든 사정을 고려하여 화해를 권고할 수 있다(민소법 제225조). 화해가 이루어지면 법원은 화해조서를 작성하고 소송을 종료하는데, 화해조서는 확정판결과 동일한 효력을 갖는다(민소법 제220조). 따라서 그 내용에 대해서 강제집행을 할 수 있다.

4. 소송비용

소송비용은 소송당사자가 현실적으로 소송(제1심, 항소심, 상고심)에서 지출한 비용 가운데 법령에 정한 범위의 비용을 뜻한다.

(1) 소송비용의 종류

소송비용은 재판비용과 당사자비용으로 구별된다. 재판비용은 법원의 행위에 필요한 비용으로서, (i) 재판수수료로 소장에 붙이는 인지액, (ii) 송달료 · 공고비용, (iii) 증인 · 감정인 · 통역인 등의 여비, 일당, 숙박료, (iv) 법관 · 사무관 등의 검증여비, 일당, 숙박료 등이다. 재판비용은 당사자에게 예납시킬 수 있으며, 이를 당사자가 예납하지 않으면 법원은 그 행위를 하지 않을 수 있다.

당사자비용은 당사자가 소송수행을 위해 자신이 지출하는 비용이다. 소장 등 소송서류의 작성료 즉 서기료, 당사자나 대리인이 기일에 출석하기 위한 여비, 일당, 숙박료와 변호사에게 지급하거나 지급할 보수 등이다.

(2) 변호사보수의 소송비용산입

당사자가 변호사를 선임한 경우에 지불해야 할 변호사의 보수는 일정액만이 당사자비용으로 소송비용에 산입된다. 즉, 변호사의 보수는 당사자가 실제로 지급한 금액이 모두 소송비용으로 산입되는 것이 아니라, 대법원규칙인 '변호사보수의 소송비용산입에 관한 규칙'으로 정하는 금액의 범위 안에서 소송비용으로 산입된다. 이 규칙에 따르면 당사자가 변호사와 보수계약으로 지급한 또는 지급할 보수액의 범위 내에서 각 심급단위로 소송물가액에 따라 다음 기준에 따라서 산정하도록 한다. 변호사가 여러 명 선임되어 소송을 대리했어도 1인이 한 것으로 보고 계산한다.

소송물 가액 소송비용에 산입되는 비율은 다음과 같다.

변호사보수의 소송비용산입에 관한 규칙 (2013. 11. 27. 일부개정) [별표]

소송목적의 값	소송비용에 산입되는 비율
1,000만 원까지 부분	8%
1,000만 원을 초과하여 2,000만 원까지 부분 [80만원+(소송목적의 값−1,000만 원)×$\frac{7}{100}$]	7%
2,000만 원을 초과하여 3,000만 원까지 부분 [150만 원+(소송목적의 값−2,000만 원)×$\frac{6}{100}$]	6%
3,000만 원을 초과하여 5,000만 원까지 부분 [210만 원+(소송목적의 값−3,000만 원)×$\frac{5}{100}$]	5%
5,000만 원을 초과하여 7,000만 원까지 부분 [310만 원+(소송목적의 값−5,000만 원)×$\frac{4}{100}$]	4%
7,000만 원을 초과하여 1억 원까지 부분 [390만 원+(소송목적의 값−7,000만 원)×$\frac{3}{100}$]	3%
1억 원을 초과하여 2억 원까지 부분 [480만 원+(소송목적의 값−1억 원)×$\frac{2}{100}$]	2%
2억 원을 초과하여 5억 원까지 부분 [680만 원+(소송목적의 값−2억 원)×$\frac{1}{100}$]	1%
5억 원을 초과하는 부분 [980만 원+(소송목적의 값−5억 원)×$\frac{0.5}{100}$]	0.5%

따라서 예를 들어 소송물가액이 5,000만 원이라면 [210만 원+(5,000만 원−3,000만 원)×5/100=310만 원]이 소송비용에 산입되는 변호사보수가 된다. 다만 소송비용에 산입될 변호사보수는 예를 들어 우선 피고의 전부자백 또는 의제자백에 따른 판결이나, 소송의 화해, 청구의 포기 인낙 기타 재판에 따르지 않고 완결된 경우에는 위에서 본 소송물가액에 따라 산정한 액수의 2분의 1을 그 보수액으로 하는 등 예외적으로 감액될 수도 있다.

(2) 소송비용 부담

소송비용은 당사자 중에서 패소한 자가 부담하는 것을 원칙으로 한다(패소자 부담의 원칙, 민소법 제98조). 따라서 만일 피고가 패소했다면 원고가 소송진행 중에 지출했던 원고의 소송비용을 피고가 물어야 한다. 그리고 원고·피고가 각각 일부패소한 경우에는 법원의 의견에 따라 각 당사자가 부담할 소송비용이 정해진다. 다만 패소자부담의 원칙에도 예외가 인정된다. 예를 들어 피고가 이행을 거절하는 등 제소를 유발하지 않았는데도 원고가 불필요한 소송을 제기하여 승소한 경우와 같이 불필요한 행위로 생긴 비용 등에는 승소자인 원고가 소송비용을 부담할 수도 있다.

5. 상소심절차

상소는 재판이 확정되기 전에, 당사자가 재판에 대해 불복하여 상급법원에 그 취소나 변경을 구하는 것을 말한다. 재판이 확정되기 전에 불복하는 점에서, 판결이 확정된 후에 특별한 사유(재심사유, 민소법 제451조)를 들어 재판의 취소나 변경을 구하는 특별한 불복방법인 재심과는 다르다.

상소에는 판결에 대한 불복인 (i) 항소, (ii) 상고와 결정·명령에 대한 불복인 (iii) 항고와 재항고가 있다.

(1) 항 소

항소는 제1심의 판결에 대한 불복신청이다(민소법 제390조). 항소는 판결문을 송달받기 전에도 할 수 있고, 판결을 송달받은 날로부터 2주일 이내에 제기하여야 한다(민소법 제396조 1항). 이 2주일의 기간을 항소기간이라 하며, 항소기간 내에 항소하지 않으면 제1심 판결이 확정된다. 항소는 항소장을 작성하여 제1심 판결법원에 제출함으로써 제기한다. 항소장에 기재하여야 할 사항으로는, 당사자와 법정대리인, 제1심 판결을 표시하고 그 판결에 대해 항소하는 취지를 반드시 기재해야 한다(필요적 기재사항). 제1심 판결의 표시는 보통 제1심 법원명, 사건번호, 사건명, 선고일자, 주문 등을 기재한다. 항소장에는 항소이유를 써도 좋고, 쓰지 않은 경우 나중에 준비서면으로 제출해도 된다. 항소장에는 소장에 붙이는 인지액의 1.5배의 인지를 첨부하고, 피항소인의 수만큼 항소장 부본을 제출해야 한다.

그 밖에 항소권이 없는 피항소인이 항소인의 항소로 개신된 항소심절차에서 항소심의 심판범위를 자기에게 유리하게 확장하는 '부대항소'가 있다(民訴法 第403條). 부대항소의 경우에는 항소기간이 지나거나 자신이 항소권을 포기한 뒤에도 항소심 변론 종결 전까지 할 수 있다. 부대항소는 상대방이 제기한 항소에 덧붙여서 하므로, 항소가 취하되거나 부적법 각하되면 부대항소의 효력도 잃고(民訴法 第404條), 부대항소 방식에도 항소 규정을 적용한다(民訴法 第405條).

(2) 상 고

상고는 제2심인 항소심의 판결에 대한 불복이다(民訴法 第422條). 상고심은 대법원이 담당하는데 원판결이 법령에 위반하였는가에 관해서만 심사한다. 즉 모든 항소심 판결에 대해 상고할 수 있는 것이 아니라, 항소심 판결에 영향을 미친 헌법·법률·명령·규칙 위반이 있을 때 한해 상고할 수 있도록 제한한다(民訴法 第423條). 이러한 제한은 대법원의 재판업무의 부담을 덜어서 좀 더 빠르게 사건을 해결하기 위해서다. '상고심절차에 관한 특례법'(2009년 11월 일부개정, 법률 제9816호)은 상고할 수 있는 사유를 더욱 제한한다. 상고장은 판결이 송달된 날로부터 2주일 이내에 원심법원(항소심법원)에 제출해야 한다(民訴法 第425條, 第396條). 상고장의 기재사항은 항소장 기재사항에 준하여 상고인과 피상고인의 이름·주소, 항소심판결의 표시와 상고취지를 써야 한다. 항소심판결의 표시는 법원명, 사건번호, 사건명, 선고일자, 주문 등을 기재한다. 상고장에 상고이유를 기재하여도 좋으나 이유를 쓰지 않은 경우에는 상고심이 항소심으로부터 소송기록을 송부받았다는 내용의 소송기록접수의 통지를 받은 날로부터 20일 이내에 상고이유서를 제출해야 한다(民訴法 第427條). 상고이유서는 상대방 당사자수에 6을 더한 수의 부본을 첨부하여 제출해야 한다. 기간 내에 상고이유서를 제출하지 않으면 상고는 기각된다. 상고장에 첨부할 인지액은 제1심 소장에 첨부할 인지액의 2배액이다.

(3) 항 고

항고는 판결 이외의 재판인 결정·명령에 대한 상소방법이다(민소법 제439조). 모든 결정·명령에 대하여 항고를 두루 허용되는 것이 아니라 법률이 특히 항고할 수 있다고 인정하는 때에 한하여 할 수 있다. 재항고는 항고심에서 내린 결정 또는 항소심에서 내린 결정·명령에 대해 불복하는 것을 말한다(민소법 제442조).

6. 재심제도

판결이 확정되면 기판력이 발생하여 소송당사자는 더 이상 다툴 수 없다. 그러나 재판은 사람이 하는 일이므로 오류가 있을 수 있는데 잘못된 판결 효력을 그대로 유지시킬 수 없다. 예를 들어 증인 진술을 바탕으로 법원이 판결을 하여 판결이 확정되었는데 후에 그 증인의 진술이 허위였다는 것이 밝혀졌다면, 허위증언을 바탕으로 한 판결은 진실에 맞지 않는다. 따라서 민사소송법은 예외적으로 기판력이 있는 확정판결에 대해 다시 다투어서 이를 취소할 수 있는 재심제도를 마련한다. 재심제도는 예외적인 권리구제제도이므로 재심을 제기할 수 있는 사유와 기간이 제한된다. 즉, 재심은 일정한 사유를 들어서 판결에 오류가 있다고 주장해야 하는데, 이 사유를 재심사유라고 하며 민사소송법 제451조 제1항은 11가지 사유를 규정한다. 그리고 재심을 제기하려면 당사자가 재심사유를 안 날로부터 30일 내에 그리고 판결확정일로부터 5년 내에 소를 제기해야 한다(민소법 제456조).

제 11 절 간편한 민사소송절차

신속하게 사건을 처리하려고 통상의 민사소송절차에 견주어, 민사소송절차를 단순하게 한 특별소송절차를 말한다. 이를 간이소송절차라고도 한다. 통상 민사소송절차는 소 제기, 구술변론, 증거조사, 재판과 같은 진행과정에서 신중하고 엄격한 여러 원칙 때문에 일정한도 이상 빠른 진행을 할 수 없다. 따라서 다양한 민사사건 중에서 사건의 성질이나 분쟁해결의 긴급성 등을 고려하여 통상의 민사소송절차보다 간편하고 신속하게 사건을 처리할 수 있는 제도가 필요하다. 현행 민사소송법은 다음과 같은 간편한 소송절차를 마련한다.

[1] 소액사건심판절차

일상생활 중 소액의 금전이나 금전 이외의 대체물 또는 유가증권의 일정수량의 지급을 청구할 수 있는 채권을 취득하는 경우가 많다. 이러한 채권에 대해 통상의 민사소송을 제기하면 이에 드는 시간과 비용, 특히 변호사 선임료가 너무 많아서 경우에 따라서는 "배보다 배꼽이 더 클" 수 있다. 이러한 상황은 영세한 소액채권자는 소송을 제기하기 어렵게 한다. 따라서 소액 채권을 통상의 민사소송절차를 이용하는 것보다 저렴하고 신속하게 이행 받을 수 있도록 소액사건심판절차를 마련했다. 이 절차는 비교적 단순하고 기일도 1회에 종결하는 것을 원칙으로 한다. 따라서 변호사의 도움 없이 당사자 스스로 수행할 수 있다.

법원은 소가 제기된 경우에 지체 없이 결정으로 소장 부본이나 제소조서등본을 첨부하여 피고에게 청구취지대로 이행할 것을 권고할 수 있다(소액사건심판법 제5조의 3, 제6조).

피고는 이행권고결정상의 등본을 송달받은 날부터 2주일 내에 서면으로 이의신청할 수 있다. 이는 불변기간이다. 피고가 이의신청을 한 때에는 원고가 주장한 사실을 다툰 것으로 보아(소액사건심판법 제5조의 4), 변론기일을 정하여 가급적 1회의 변론기일로 심리를 마치도록 한다(소액사건심판법 제7조). 소송대리에 관한 특칙을 두어 당사자의 배우자, 직계혈족 또는 형제자매는 서면으로 당사자의 신분관계와 수권관계를 증명하여, 법원의 허가 없이도 소송대리인이 될 수 있다(소액사건심판법 제8조).

소액심판은 소가가 2,000만 원 이하인 대여금, 물건대금, 곗돈, 약속어음금, 수표금 등을 청구하는데 이용할 수 있다. 따라서 부동산과 같이 대체성이 없는 특정물에 관한 청구(예를 들어 소유권이전등기청구나 건물명도청구 등)는 소가가 2,000만 원 이하여도 소액심판제도를 이용할 수 없고 통상의 민사소송을 이용해야 한다. 소액심판의 제소방법은 일반 민사소송과 마찬가지로 소장을 작성하여 제기하면 되는데, 특히 법률에 어두운 사람을 위해 법원의 접수창구에 일정한 양식에 따른 정형화된 소장 서식용지를 갖추고 있다. 따라서 이 양식을 교부받아 소장양식의 작성요령에 따라 작성하여 제출하면 된다. 그 밖에 법원의 접수담당 직원에게 구술하여 제소할 수 있다(소액사건심판법 제4조). 또한 양당사자가 법원에 임의로 출석하여 소송에 관하여 변론을 함으로써 제소할 수도 있다(소액사건심판법 제5조).

[2] 독촉절차(지급명령절차)

독촉절차는 금전 기타 대체물 또는 유가증권의 일정수량의 지급을 구하는 채권에 관하여 채무자의 참여 없이 채권자의 일방적인 주장으로 지급명령을 발하여, 채권자가 간이·신속하게 강제집행 할 수 있게 하는 약식소송절차이다. 독촉절차에서는 지급명령을 신청하는 자를 채권자, 그 상대방을 채무자라고 한다. 정식소송과 달리 채무자를 법정에 불러 채무자를 심문하지 않고 채권자의 신청만으로 법원이 판단하여 지급명령을 내린다. 쉽게 강제집행할 수 있기 때문에 채권자에게 매우 편리한 제도이다(민소법 제462조 이하).

지급명령은 일정한 양의 금전 등 대체물이나 유가증권의 지급을 구하는 지급명령신청서를 작성하여 관할법원에 제출함으로써 절차가 개시된다. 각 법원 민원실에 지급명령신청 양식을 갖추고 있다. 신청서에도 소장과 마찬가지로 인지를 붙이는데 인지액은 소장에 붙이는 것의 10분의 1이다(민사소송등인지법 제7조 2항). 주의할 점은 채무자의 주소 등을 알 수 없어서 공시송달을 해야 하는 경우에는 지급명령을 신청할 수 없다는 것이다. 이는 채무자가 지급명령에 대해 이의를 제기할 기회를 상실할 염려가 있기 때문이다.

독촉절차는 소가 2,000만 원 이하로 제한하는 소액사건과는 달리 소가의 제한이 없다. 또한 관할법원은 채무자의 주소지 또는 거소지의 지방법원이나 근무지 혹은 사무소나 영업소 소재지의 지방법원이며, 소가에 관계없이 지방법원 단독판사가 취급한다.

지급명령의 신청이 있으면 법원은 채무자를 심문하지 않고 결정으로 지급명령을 발하며, 이를 채권자와 채무자에게 송달한다. 이처럼 채무자를 심문하지 않고 지급명령을 내리므로 채무자에게는 불리하다. 따라서 채무자를 보호하려고 법원의 지급명령에 대해 채무자가 이의를 제기할 수 있게 한다. 즉, 채무자는 지급명령을 송달받은 후 2주일 내에 지급명령을 한 법원에 서면이나 구술로 이의를 신청할 수 있다. 이의신청이 있으면 법원이 행한 지급명령은 효력을 상실하고 사건이 정식 소송으로 넘어간다. 이 경우 채권자가 지급명령을 신청한 때에 소가 제기된 것으로 보며, 이의를 제기한 소송물가액이 1억 원을 넘는 때에는 합의부에서 사건을 맡는다. 이와 달리 채무자가 기간 내에 이의를 제기하지 않으면 지급명령은 확정되고 만일 채무자가 명령대로 이행하지 않으면 채권자는 강제집행할 수 있다. 기존 '독촉절차에서의 전자문서 이용 등에 관한 법률'은 민사소송 등에서의 전자문서 이용 등에 관한 법률(2014년 5월 20일 일부개정, 법률 제12586호)로 폐지되었다.

제 12 절 소송 이외의 분쟁해결수단

사인 사이의 민사분쟁을 민사소송에 따른 법원의 판결로만 해결하는 것은 반드시 바람직하지 않다. 법원의 판결은 분쟁당사자 사이의 승패를 명확히 하지만, 이러한 해결은 당사자 사이에 쉽게 치유할 수 없는 상처를 주어 분쟁해결 후에도 좋은 관계를 맺지 못하게 한다. 그리고 법원에 따른 해결이 적절하지 않고, 경제적이지 않을 수도 있다. 따라서 소송이 아니어도 당사자가 자의에 기초하여 적극적으로 분쟁을 해결할 수 있는 제도를 마련할 필요가 있다. 이를 소송대체적 분쟁해결수단이라고 하는데, 이에는 중재·화해·조정이 있다. 그러므로 민사사건에 관한 분쟁에 대해서는 관련 분쟁당사자들은 민사소송뿐만 아니라 중재, 화해, 조정으로 그러한 분쟁을 해결할 수도 있다.

[1] 중 재

중재는 사인 사이의 거래관계에 있어서 분쟁을 법관이 아닌 '중재인'에게 판단시키는 제도이다. 분쟁당사자 쌍방의 합의(중재합의)에 따라 분쟁에 관한 판단을 제3자인 사인(중재인)에게 맡기고, 그 판단(중재판정)에 복종함으로써 분쟁을 해결하는 제도이다(중재법 제3조 1호). 중재는 단심제이므로(중재법 제33조) 소송에 견주어 신속하게 해결되고 비용이 저렴하다. 또한 비공개이므로 업무상 비밀유지의 필요성이 있는 사안에 특히 적합한 분쟁해결수단이다. 그리고 사건의 해당분야의 전문가를 중재인으로 선임할 수 있으므로 경우에 따라서는 일반 법관에 따른 해결보다 오히려 적절한 사건해결을 낳을 수 있는 장점이 있다. 중재는 제3자인 중재인이 하는 사적 재판(즉, 중재판정)에 복종하는 것이라는 점에서 당사자가 상호양보하여 분쟁을 해결하는 화해나 조정과는 다르다.

[2] 화 해

분쟁 당사자가 서로 양보하여 분쟁을 해결하는 것으로 민법상 화해와 재판상 화해가 있다. '민법상 화해'는 법원을 통하지 않고 당사자가 서로 양보하여 분쟁을 해결할 것을 약정하는 계약이다(민법 제731조). 교통사고로 말미암은 분쟁에서 일반적으로 합의라는 이름으로 화해계약이 널리 이용된다. 화해계약이 성립되면 분쟁이 해결된다는 점에서 가장 손쉽고 바람직한 분쟁해결수단이다. 다만 민법상 화해는 계약에 지나지 않으므로 화해의 내용대로 상호이행을 하지 않으면 분쟁이 다시 발생한다. 그렇게 되면 소송 등으로 분쟁해야 하는 문제점이 있다.

'재판상 화해'는 화해과정에 법관이 개입하고 화해가 성립하면 법원이 화해조서를 작성하는 점에서 민법상 화해와 다르다. 화해조서는 법원의 확정판결과 동일한 효력을 가지므로 강제집행을 할 수 있다. 즉 화해내용대로 당사자가 상호 이행을 하지 않는 경우에 국가가 강제력을 동원하여 화해 내용을 실현하게 한다. 이러한 재판상의 화해는 소송상의 화해(민소법 제220조)와 제소전 화해(민소법 제385조 이하) 둘로 나뉜다. 소송상 화해는 이미 소송이 제기되어 진행 도중에 당사자가 상호 양보하여 분쟁을 해결하기로 약정하고 이를 법원에 진술함으로써 성립한다.

'제소전 화해'는 소를 제기하기 전에 당사자가 법원에 화해신청을 하고 상호 양보하여 분쟁을 해결하는 것이다. 또한 제소전 화해는 분쟁 발생 전에 미리 당사자 사이에 성립된 계약내용을 제소전 화해조서에 쓰면, 후에 소송을 거치지 않아도 쉽게 강제집행을 할 수 있다는 점에서 이용된다.

[3] 민사조정

민사조정이란 민사분쟁을 법관이나 법원에 설치된 '조정위원회'가 간편한 절차에 따라 분쟁의 당사자에게서 각자 주장과 관계자료를 검토하고 그 밖에 여러 사정을 참작하여 분쟁당사자들이 서로 양보하고 타협하여 합의를 하도록 주선·권고하여 화해에 이르도록 하는 절차이다(민사조정법 제1조). 재판상의 화해에는 법관만이 관여하지만 조정에는 법관 이외에 민간인인 조정위원도 관여하는 것이 원칙이며, 법관이나 조정위원회가 당사자를 중개한 후 조정안을 작성하여 당사자의 수락 여부를 묻는 것이 일반적이다. '민사조정법'이 제정되어 모든 민사사건이 조정의 대상이 되었다(민사조정법 제2조).

민사소송과 견주어 민사조정은 여러 면에서 분쟁당사자에게 편리하게 이용할 수 있고 또한 비용이 적게 든다. 이러한 점에서 앞으로 많이 활용할 수 있는 제도로 평가한다. 즉 소송은 엄격한 절차를 거쳐야 하고 법률에 대한 전문지식과 소송기술이 필요하지만, 조정은 합의에 이르게 하는 제도이므로 절차가 간편하고 신속하게 종결되며 당사자가 직접 참가할 수 있는 장점이 있다. 또한 조정의 수수료도 소송비용의 5분의 1 정도이다(민사조정규칙 제3조 1항). 조정은 일단 성립되면 곧 종결되어 그 기간은 평균 2개월 정도 걸리며, 분쟁당사자들이 서로 타협하는 것이므로 감정대립이나 원한관계가 생기지 않는다는 점에서도 소송에 따른 분쟁해결보다 우수하다.

제 13 절 강제집행과 보전절차

[1] 강제집행

채무자가 판결내용 등에 따른 이행을 하지 않는 경우에 채권자가 국가기관의 도움을 받아 강제로 채권을 이행 받을 수 있는 권리실현절차를 '강제집행' 절차라고 한다. 강제집행을 하려면 그 근거가 되는 문서가 필요한데 이 문서가 집행권원이다. 집행권원이 되는 것으로서 가장 중요한 것은 판결(확정된 종국판결, 가집행선고 있는 판결, 집행판결)이며, 화해조서, 인낙조서, 조정조서, 확정된 지급명령 등도 집행권원이 된다. 또한 공증인이 작성한 집행력 있는 공정증서 역시 집행권원이 된다.

강제집행을 신청하려면 우선 집행권원에 집행문을 부여받고 송달증명, 확정증명 등을 부여받아야 한다. 집행문이란 집행권원에 집행력이 있음과 집행당사자를 집행권원의 말미에 부기한 것으로, 일종의 강제집행할 수 있다는 증명서이다. 집행문이 붙은 집행권원을 집행력 있는 정본 또는 집행정본이라 한다.

집행문을 부여받으려면 (i) 판결은 소송기록이 있는 법원에(항소심에 계류중이면 항소심법원), (ii) 화해조서, 인낙조서, 조정조서는 해당법원에, (iii) 공정증서는 공정증서를 작성한 공증인사무소에 집행권원을 첨부하여 집행문부여신청을 해야 한다. 송달증명은 집행권원이 채무자에게 송달되었음을 증명하는 것이고, 확정증명은 판결 등이 형식적으로 확정되었음을 증명하는 것이다.

집행문, 송달증명원, 확정증명원 등 서류가 구비되면 이제 강제집행의 대상을 선택하여 강제집행을 신청해야 한다. 강제집행의 대상이 부동산이나 채권, 기타 재산권인 경우에는 법원에, 유체동산인 경우에는 집행관에게 신청한다.

집행권원의 내용이 일정액의 금전을 지급하라는 금전채권인 경우에 강제집행은 "채무자의 재산 압류→경매를 통한 환가→채권자에게 지급하는 절차"를 거친다. 집행권원의 내용이 특정물을 인도하라는 것인 때에는 집행관이 그 특정물의 점유를 취득하여 이를 채권자에게 인도하게 된다.

[2] 보전절차

채권자가 채무자를 상대로 소송을 제기하여 확정판결을 받아 강제집행을 밟을 때까지는 많은 시일이 걸린다. 그런데 만일 그 사이에 채무자가 자신의 재산을 전부 타인에게 처분하여, 채권자가 강제집행할 때에 집행할 채무자의 재산이 없다면, 채권자는 채권을 실현할 수 없다. 또한 예를 들어 A가 B의 가옥을 매수하여 잔금까지 치렀는데 B가 가옥을 넘겨주지 않아 가옥명도청구소송을 제기해서 승소했는데, 소송 도중에 B가 다른 사람인 C에게 가옥을 넘겨줬다면 A는 가옥을 넘겨받지 못하는 상황이 발생할 수도 있다. 따라서 이러한 결과를 방지하려고 확정판결 전에 채무자의 일반재산이나 다투고 있는 목적물(예를 들어 위 사례에서 B의 가옥)을 현재 상태대로 이동하지 못하게 임시조치를 해서, 나중에 판결의 강제집행을 쉽게 하려는 수단이 '보전절차'('보전처분'이라고도 함)이다.

보전처분에는 가압류와 가처분 두 종류가 있다. 가압류와 가처분은 소송에서 승패가 날 때까지의 임시적인 조치이므로 앞에 '假'자를 붙인 것이다. 보전처분은 채권자의 신청만으로 법원이 단시일 내에 결정을 내리므로 채무자가 모를 정도로 빠르게 할 수 있다. 그리고 가압류와 가처분은 본안소송을 제기하기 전에 신청할 수 있고, 소송이 진행 중에도 판결이 확정되기 전까지 신청할 수 있다. 그러므로 이행의 소를 제기하고자 하는 사람은 소제기에 앞서 반드시 이러한 조치를 해 두는 것이 유리하다.

'가압류'는 매매대금, 어음금, 대여금 등 금전채권이나 금전으로 환산할 수 있는 채권에 관하여 장래 그 집행을 보전하기 위하여 채무자의 재산을 압류함으로써, 채무자의 일반재산을 현재 상태대로 유지하는 것을 목적으로 하는 보전처분이다(민사집행법 제276조). 가압류를 신청할 법원은 가압류할 물건의 소재지 지방법원이나 본안의 관할법원이다(민사집행법 제278조).

'가처분'은 다시 계쟁물에 관한 가처분과 임시 지위를 정하는 가처분으로 나뉜다(민사집행법 제300조). 계쟁물에 관한 가처분은 매수물건 인도청구권, 소유물 반환청구권 등과 같이 채권자가 계쟁물(특정물)에 관하여 청구권을 가지고 있을 때 계쟁물에 변경이 생기는 것을 방지함으로써 청구권의 집행이 가능하도록 그 계쟁물의 현상을 보전하는 소송사건이다. 계쟁물의 현상변경을 금지시키는 방법은 다양하므로 가처분의 형식도 일정하지 않지만, 일반적으로 처분행위(예를 들어 양도, 저당권의 설정 등)를 금지하는 처분금지가처분과 점유의 이전행위를 금지하는 점유이전금지가처분이 있다.

임시 지위를 정하는 가처분은 당사자 사이에 현재 다툼이 있는 권리나 법률관계에 대해 확정판결이 있을 때까지 현상태를 그대로 두면 권리자가 현저한 손해를 입거나 목적을 달성하기 어려운 경우에 잠정적으로 임시의 지위를 정하기 위하여 필요한 조치를 하는 보전제도이다. 예를 들어 해고가 무효라고 주장하는 근로자에게 임금을 계속 지급하라고 명하는 것과 같이 당사자 사이의 분쟁을 판결확정시까지 기다린다면 현저한 손해를 입게 되는 상황 등이 있을 때 근로자(즉, 권리자)에게 임시의 지위를 주어 손해를 피하게 하기 위한 제도이다. 또한 무효인 주주총회결의에서 선임된 대표이사가 직무를 수행하면 현저한 손해가 생길 염려가 있을 때 그 대표이사의 직무집행을 정지시키고 직무대행자를 선임하는 가처분이 이에 속한다. 이러한 가처분의 재판은 본안의 관할법원이나 다툼의 대상이 있는 곳을 관할하는 지방법원이 관할을 맡는다(민사집행법 제303조).

제 4 장 형사법과 사회생활

제 1 절 형 법

[1] 형법의 기초지식

1. 형법이란 무엇인가

형사제재(형벌 또는 보안처분)를 법효과로 삼는 법률 또는 그러한 법조를 형법이라고 부른다. 법효과의 내용으로서 형벌 또는 보안처분을 정한 법률 또는 법조를 모두 모아 놓은 것이 형법인 것이다.

우리가 보통 '형법'이라고 부르는 형법전(1953. 9. 18. 법률 제293호)만 형법이 아니다. 형법전 이외에도 수많은 형법이 있다. 폭력행위등처벌에관한법률, 국가보안법, 특정범죄가중처벌등에관한법률, 도로교통법, 교통사고처리특례법 등에서 형벌 또는 보안처분을 정하고 있는 법조문은 모두 형법에 해당한다(실질적 형법).

형법(실질적 형법)은 산만하게 흩어져 있다. 이렇게 흩어져 있는 형법의 중심에는 형법전(형식적 형법)이 있다. 아무런 수식어 없이 '형법'이라고 부르는 경우에는 보통 형식적 형법을 의미한다. 예컨대 형법 제333조의 강도죄라고 표현할 때의 '형법'은 바로 이런 의미이다.

2. 형법전의 구성

형법은 총칙과 각칙의 두 부분으로 구성되어 있다. 제1조-제86조가 제1편 총칙이고, 나머지 제87조-제372조가 제2편 각칙이다.

형법총칙에서는 형법의 적용범위, 죄의 성립 및 처벌의 일반원칙, 미수범, 공범, 형벌의 종류와 그 집행방법 등 형법전반에 걸쳐 적용되는 일반적 원칙을 규정하고 있다. 형법 제8조에 따르면 "본법 총칙은 타법령에 정한 죄에 적용한다. 단 그 법령에 특별한 규정이 있는 때에는 예외로 한다"라고 규정하고 있다. 따라서 형법총칙은 해당 법률에 예외규정이 있는 경우를 제외하고는 모든 종류의 형법에 적용된다. 이를테면 형법총칙은 형법전의 총칙에 그치는 것이 아니라 모든 형벌법규의 총칙인 셈이다.

형법각칙은 범죄로 될 행위유형과 그에 대한 형벌을 정하고 있다. 형법각칙의 목차를 살펴보면 같은 유형의 범죄끼리 묶어서 총 42개의 장으로 편성하고 있음을 알 수 있다. 예컨대 제1장은 내란의 죄이고, 제24장은 살인의 죄이다. 그리고 각 법조문에서 묘사하고 있는 범죄유형에는 각기 고유한 명칭이 붙어 있다. 예컨대 형법 제250조 제1항은 살인죄, 같은 조 제2항은 존속살해죄이다.

3. 형벌법조의 두 구성부분

형벌법조는 범죄로 될 행위유형이 무엇이고 이에 대해서는 어떤 형사제재가 가해지는지 규정해 놓고 있다. 이렇게 형벌법조는 두 부분으로 구성된다. 범죄로 될 행위유형을 묘사해 놓은 부분과 그에 대한 법효과(형벌 또는 보안처분)를 묘사해 놓은 부분이다.

예컨대 형법 제329조의 절도죄는 이렇게 묘사되어 있다. "타인의 재물을 절취한 자는 6년 이하의 징역 또는 1천만원 이하의 벌금에 처한다". 절도죄의 행위유형은 "타인의 재물을 절취하는 것"이고, 그에 대한 법효과는 "6년 이하의 징역 또는 1천만원 이하의 벌금"이다.

여기서 "타인의 재물을 절취하는 것"이라는 전제요건을 법적 구성요건이라고 부른다. 법논리적으로 말하자면 "타인의 재물을 절취하는 것"이라는 법적 구성요건이 충족되면 "6년 이하의 징역 또는 1천만원 이하의 벌금"이라는 법효과가 발생한다. 그래서 법관의 형벌선고가 가능한 것이다.

4. 형벌과 보안처분

형법의 법효과는 형벌과 보안처분이다. 이 둘은 본질과 기능이 다르다. 우리 형법상 형사제재로서 서로 다른 두 궤도가 설치되어 있는 셈이다(이원주의).

(1) 형 벌

형벌은 과거의 범죄행위에 대한 국가형벌권의 반작용이다. 형벌은 원칙적으로 과거지향적인 방향성을 갖는다.

형벌의 본질이 무엇인가에 대해서는 논란이 있다. 형벌은 과거의 범죄행위에 대한 응보라고 보는 입장(응보형론)과 범죄예방적 목적을 위한 것이라는 입장(목적형론)이 대립되어 있다. 오늘날에는 형벌의 응보적 성격과 예방적 성격을 모두 인정하는 입장(절충설)이 일반화되었다. 절충설에 따르면 형벌은 다음과 같은 기능을 한다.

첫째, 형벌은 잠재적 범죄자로서의 사회일반인으로 하여금 애당초 범죄행위를 하지 못하도록 적극적으로 교양하거나 소극적으로 겁을 주는 기능을 한다(일반예방적 기능). 둘째, 각 범죄행위자에 대해서는 그 범죄행위에 상응하는 불이익을 부과하는 기능을 한다(응보적 기능). 셋째, 범죄를 이미 저지른 자에 대해서는 형벌집행을 통해서 다시는 범죄를 저지르지 않도록 교화·개선하여 재사회화하는 기능을 한다(특별예방적 기능).

우리 형법상 규정되어 있는 형벌의 종류와 내용은 아래와 같다. 이것 이외에는 새로운 형벌을 창설할 수도 없고, 기존의 형벌내용을 달리 변경할 수도 없다(죄형법정주의).

(가) 사 형

사형은 사람의 생명을 박탈하는 형벌로서 극형 또는 최고형이라고도 부른다. 사형제도를 폐지하거나 아니면 사형제도는 있지만 사실상 사형을 집행하지 아니하는 나라도 많다. 우리나라에서도 사형제도를 폐지하자는 주장이 제기되고 있지만 아직 사형제도는 존치되어 있고, 또 사실상으로도 사형집행을 하고 있다.

사형은 민간인의 경우 교도소 내에서 교수형으로 집행한다. 고등법원 소재지(서울·부산·대구·광주·대전)의 거점 교도소에는 교수형 집행장이 1개소씩 설치되어 있다. 군인의 경우는 총살형으로 집행한다.

(나) 자유형

자유형이란 사람의 신체적 자유를 박탈하는 형벌이다. 자유형의 본질은 사람의 자유를 박탈함으로써 고통을 가하는 데 있는 것이 아니라, 자유박탈을 수단으로 삼아 교화·개선 프로그램을 통해 범죄자를 개과천선시키는 데 있다. 자유형은 현대적 형벌의 기능(특별예방적 목적)에 가장 적합한 형벌수단이다. 자유형에는 징역, 금고, 구류의 세 종류가 있다.

① 징 역 징역은 수형자를 교도소 내에 가두어 두고 일정한 노역에 복무케 하는 것이다. 징역에는 유기징역과 무기징역이 있다. 유기징역은 1개월 이

상 30년 이하 사이에서 정해진다. 형벌을 가중할 경우에는 50년이 그 상한선이 된다. 무기징역은 기간의 정함이 없는 것으로 종신형을 의미한다. 그러나 20년이 경과한 후에는 가석방이 가능하다.

② 금 고　금고도 수형자를 교도소 내에 가두어 두는 것이다. 금고의 종류 및 기간도 징역의 경우와 같다. 다만 의무적인 노역을 부과하지 않는다는 점에서 징역과 다르다. 물론 수형자가 원할 경우에는 노역에 복무케 할 수 있다. 금고는 신체적 자유는 박탈하되 수형자의 명예를 존중하려는 취지에서 마련된 제도이다. 금고는 정치범이나 과실범처럼 그 명예를 존중해 줄 필요가 있는 사람에게 과해진다.

그러나 노역에 복무하지 않는 것이 오히려 더 고통스럽기 때문에 대다수의 금고수형자들은 자원하여 노역에 복무하고 있다. 또 노동을 천시하는 사고방식은 현대산업사회의 가치관에 어울리지 않는다. 그래서 징역과 금고를 구별하지 말고 자유형으로 단일화하자는 주장이 설득력을 얻고 있다(자유형의 단일화론).

③ 구 류　구류도 역시 수형자를 교도소 내에 가두어 두는 것이다. 다만 그 기간이 1일 이상 30일 미만 사이에서 정해진다는 점이 징역 및 금고와 다르다. 구류는 의무적으로 일정한 노역에 복무케 하지 않는다. 물론 수형자가 원하면 노역을 과할 수 있다. 구류는 극히 경미한 형벌이기 때문에 형법상 구류를 과하는 범죄는 극히 적다. 구류는 주로 경범죄처벌법이나 기타 단행법규에 규정되어 있다.

(다) 재산형

재산형은 범죄자로부터 일정한 재산을 박탈하는 형벌이다. 우리 형법은 재산형으로서 벌금, 과료, 몰수의 세 종류를 규정하고 있다.

① 벌 금　벌금은 5만원 이상이며 상한선은 없다. 우리 형법상 벌금형은 보통 2백만원 이상 3천만원 이하의 범위에서 정하고 있다. 벌금은 그 판결이 확정된 날로부터 30일 이내에 완납하여야 한다. 벌금을 완납하지 않으면 그 미납액에 따라 1일 이상 3년 이하의 범위 내에서 정해진 기간 동안 노역장에 유치되어 강제노역을 하여야 한다. 그러므로 법원이 벌금형을 선고할 때에는 그 미납액에 상응하는 노역장 유치기간을 함께 선고하도록 되어 있다.

벌금형은 수형자를 가두어 두지 않고 형벌집행이 이뤄진다. 그렇기 때문에 범죄자라도 사회생활을 계속할 수 있고, 또 국가입장에서는 가두어 두는 비용을 절약할 수 있으며, 재판이 잘못된 경우에도 그 회복이 용이하다는 점에서 아주 우수한 형벌수단이라고 볼 수 있다.

그러나 벌금형은 교육의 기회를 제공하지 못하며, 돈 많은 사람의 경우에는 그 형벌효과가 별로 없고, 빈부격차에 따라 형벌의 고통이 달라져 형평에 어긋난다는 점 등이 문제점으로 지적되고 있다. 그래서 형법학자들은 독일처럼 일수벌금제(日數罰金制)를 도입하자고 주장한다. 일수벌금제란 벌금형을 일수로 정하고 범죄자의 경제여건을 고려하여 하루의 벌금정액을 각기 다르게 정하는 방법이다. 예컨대 "피고인을 30일수의 벌금에 처한다. 하루의 벌금정액은 10만원으로 한다"라고 판결하는 방법이다. 그러면 30일×10만원=300만원이 벌금총액이 될 것이다. 물론 범죄자의 경제사정에 따라 하루의 벌금정액을 달리 정하게 되므로 벌금형으로 인한 형벌의 고통이 공평하게 된다.

② 과 료 과료는 2천원 이상 5만원 미만으로 정해진다. 과료를 완납하지 않는 경우에는 1일 이상 30일 미만 사이에서 그 미납액에 상응하는 기간 동안 노역장에 유치된다. 과료는 벌금에 비하여 그 액수가 극히 적기 때문에 경미범죄, 경범죄처벌법 및 그 밖의 단행법규 등에서 규정하고 있다.

형벌로서의 과료는 우리가 보통 '벌금'이라고 부르는 범칙금 또는 과태료와는 완전히 다른 것이다. 예컨대 자동차 운전 중 신호위반으로 '딱지'(?)를 떼었기 때문에 내는 '벌금'(?)은 과료가 아니라 범칙금이다. 범칙금은 형벌이 아니라 행정법상의 제재이다. 범칙금 또는 과태료는 행정기관(예컨대 관할경찰서장)이 부과하는 것이지만 형벌로서의 과료는 법원의 선고에 의해서만 부과할 수 있다.

③ 몰 수 몰수는 범죄자로부터 범죄행위와 관련된 재산을 박탈하여 범죄의 재발을 막거나 범죄로 인한 이득을 얻지 못하도록 하는 형벌이다. 몰수할 수 있는 것은 범죄행위에 제공하였거나 제공하려고 한 물건(예컨대 범행에 사용한 흉기), 범죄행위로 인하여 생성되었거나 이로 인하여 취득한 물건(예컨대 도박으로 딴 재물), 위와 같은 물건의 대가로 취득한 물건(예컨대 장물을 매각한 대금)이다. 다만 범인이 아닌 제3자의 소유에 속하는 물건은 몰수할 수 없다. 몰수대상인 물건을 몰수하는 것이 불가능한 때에는 그 상당가액을 추징한다.

(라) 자격형(명예형)

자격형이란 사회생활상의 일정한 권리 또는 자격을 박탈하거나 제한하는 형벌이다. 우리 형법상 자격형으로는 자격상실과 자격정지가 있다.

① 자격상실 자격상실은 범죄자에게 일정한 형벌의 선고가 있는 경우

에 그 형의 효력으로서 당연히 일정한 자격을 상실하는 것이다. 사형, 무기징역, 무기금고의 판결이 있는 경우에는 공무원이 되는 자격, 공무원의 선거권과 피선거권, 법률로 요건을 정한 공법상의 업무에 관한 자격, 법인의 이사, 감사 또는 지배인 기타 법인의 업무에 관한 검사역이나 재산관리인이 되는 자격을 당연히 상실한다.

② 자격정지　　자격정지는 일정기간 동안 일정한 자격의 전부 또는 일부를 정지시키는 것이다. 자격정지에는 당연정지와 선고정지가 있다. 당연정지란 유기징역 또는 유기금고의 판결을 받은 사람이 그 형의 집행을 다 마치거나 면제될 때까지 위 자격이 정지된다는 것을 말한다. 선고정지란 판결선고에 의하여 일정기간 동안 위 자격의 전부 또는 일부를 정지시키는 것이다. 선고에 의한 자격정지 기간은 1년 이상 15년 이하에서 정해진다.

(2) 보안처분

보안처분이란 형법상 불법행위를 한 사람에게 형벌이 불가능하거나 행위자의 특별한 위험성 때문에 형벌만으로는 특별예방의 목적을 달성할 수 없는 경우에 형벌을 대체하거나 형벌을 보완하는 형사제재 방법이다.

예컨대 범행당시 만 14세인 소년은 형사미성년자이기 때문에 형벌을 과할 수 없다. 이런 경우에는 보안처분으로서 소년원에 송치할 수 있다(소년법에 의한 보호처분). 필로폰을 투여한 자는 마약류관리에관한법률에 의해서 처벌받게 되는데, 그 형벌만으로는 재범의 위험이 있다고 판단되는 경우에는 보안처분으로서 치료감호시설에 가두어 두고 치료조치를 수행하게 된다(치료감호법에 의한 치료감호처분).

형벌은 과거의 범죄행위에 대한 국가형벌권의 반작용으로서 과거지향적인 방향성을 갖지만, 보안처분은 특별예방의 목적 및 장래의 재범위험성에 대처한다는 점에서 미래지향적인 방향성을 갖는다. 보안처분 제도는 현대 형법학의 산물이다. 우리 형법상 주요한 보안처분제도로서는 다음과 같은 것이 있다.

(가) 소년법상의 보호처분

19세 미만인 소년은 아직 미완의 인격체로서 범죄의 유혹에 빠지기 쉬울 뿐만 아니라 그만큼 교화·개선의 가능성도 크기 때문에 소년법에 따라 환경의 조정과 성행의 교정에 관한 보호처분을 하게 된다.

보호처분의 종류는 다음과 같다. ① 보호자 또는 보호자를 대신하여 소년을 보호할 수 있는 자에게 감호위탁, ② 수강명령, ③ 사회봉사명령, ④ 보호관찰관의 단기보호관찰, ⑤ 보호관찰관의 장기보호관찰, ⑥ 아동복지법에 따른 아동복지시설이나 그 밖의 소년보호시설에 감호위탁, ⑦ 병원, 요양소 또는 보호소년등의처우에관한법률에 따른 소년의료보호시설에 위탁, ⑧ 1개월 이내의 소년원 송치, ⑨ 단기 소년원 송치, ⑩ 장기 소년원 송치가 그것이다(소년법 제32조 제1항).

(나) 보안관찰법상의 보안관찰처분

내란죄, 외환죄, 국가보안법위반죄 등 보안관찰법에 정한 일정한 국가보안범죄를 저지른 사람으로서 재범의 위험성이 있는 사람에 대해서는 일정한 요건하에 보안관찰처분을 하도록 되어 있다.

보안관찰처분을 받은 사람은 관할경찰서장에게 자기의 신상, 주요활동사항, 통신회합사항, 여행사항 등에 관한 보고를 의무적으로 하여야 하고(보안관찰법 제18조), 검사 및 사법경찰관리의 지도 또는 조치에 따라야 한다(같은 법 제19조). 보안관찰처분 기간은 2년이지만, 검사의 청구가 있으면 보안관찰처분심의위원회의 의결을 거쳐 법무부장관이 이를 갱신할 수 있다(같은 법 제5조).

(다) 보호관찰등에관한법률에 의한 보호관찰처분, 사회봉사명령 및 수강명령

보호관찰등에관한법률은 범죄자의 재범방지를 위하여 체계적인 사회내 처우가 필요하다고 인정되는 자에 대한 보호관찰처분, 사회봉사명령 또는 수강명령 등을 규정하고 있다.

보호관찰처분이란 우범자와 교제하거나 어울리지 말 것 등과 같은 준수사항을 지키고, 보호관찰관으로부터 지도·감독, 원호, 응급구호 등을 받게 하는 것이다. 보호관찰처분대상자는 ① 보호관찰을 조건으로 형의 선고유예를 받은 자, ② 보호관찰을 조건으로 형의 집행유예의 선고를 받은 자, ③ 보호관찰을 조건으로 가석방 또는 임시퇴원된 자, ④「소년법」제32조 제1항 제4호 및 제5호의 보호처분을 받은 자, ⑤ 다른 법률에 의하여 보호관찰을 받도록 규정된 자 등이다(같은 법 제3조 제1항). 보호관찰대상자가 준수사항을 위반한 때에는 경고를 받거나, 보호관찰을 조건으로 한 형의 선고유예 또는 집행유예, 가석방 등을 취소하여 그 형을 집행하게 된다.

사회봉사명령이란 500시간의 범위 내에서 그 기간을 정하여 일정한 사회기관에서 봉사하도록 명하는 것이다(예컨대 장애인복지시설 봉사). 수강명령이란 200시간의 범위 내에서 그 기간을 정하여 일정한 강좌를 수강하도록 명하는 것이다(예컨대 교통안전교육). 그 대상자는 ① 사회봉사 또는 수강을 조건으로 형

의 집행유예의 선고를 받은 자, ② 소년법 제32조에 따라 사회봉사명령 또는 수강명령을 받은 자, ③ 다른 법률에 의하여 사회봉사 또는 수강을 받도록 규정된 자 등이다(같은 법 제3조 제2항). 사회봉사명령 및 수강명령의 집행은 보호관찰관이 담당한다(같은 법 제61조). 사회봉사·수강명령대상자는 보호관찰관의 지시에 따르고 일정한 준수사항을 지켜야 한다(같은 법 제62조). 사회봉사·수강명령대상자가 준수사항을 위반한 때에는 경고를 받거나, 사회봉사 또는 수강을 조건으로 한 형의 집행유예, 임시퇴원(소년범의 경우) 등을 취소하여 그 형을 집행하거나 소년원 등에 재입원하게 된다.

(라) 치료감호법에 의한 치료감호처분

치료감호처분이란 범죄를 저지른 정신이상자, 마약중독자 또는 알콜중독자 등을 치료감호시설(공주치료감호소)에 가두어 두고 치료를 위한 조치를 수행하는 것이다. 치료감호대상자는 ① 정신이상자로서 금고 이상의 형에 해당하는 죄를 지은 자, ② 마약·향정신성의약품·대마 그 밖에 남용되거나 해독을 끼칠 우려가 있는 물질이나 알코올을 식음·섭취·흡입·흡연 또는 주입받는 습벽이 있거나 그에 중독된 자로서 금고 이상의 형에 해당하는 죄를 지은 자, ③ 소아성기호증, 성적가학증 등 성적 성벽이 있는 정신성적 장애자로서 금고 이상의 형에 해당하는 성폭력범죄를 지은 자 등이다(치료감호법 제2조).

치료감호기간은 치료가 완료될 때까지를 원칙으로 한다. 다만, 위 ①③의 경우는 15년, ②의 경우는 2년을 초과할 수 없다(같은 법 제12조 제2항). 치료감호심의위원회는 피치료감호자에 대한 치료의 위탁·가종료 및 그 취소와 치료감호 종료 여부에 관한 사항을 심사하여 결정한다(같은 법 제37조 제3항).

(마) 소위 전자장치부착법상의 보호관찰

'특정범죄자에대한보호관찰및전자장치부착등에관한법률'상의 보호관찰에 따르면 검사는 특정범죄를 저지른 사람에 대하여 형의 집행이 종료된 때부터 보호관찰 등에 관한 법률에 따른 보호관찰을 받도록 하는 명령을 법원에 청구할 수 있다(제21조 의2). 이에 대해 법원은 검찰의 청구가 이유있다고 인정하는 때에는 2년 이상 5년 이하의 범위에서 기간을 정하여 보호관찰명령을 선고한다(같은 법 제21조의3). 보호관찰대상자가 정당한 사유없이 준수사항을 위반하거나 의무사항을 위반하는 경우에는 검사의 청구에 의해 1년 범위에서 보호관찰 및 부착기간이 연장되거나 준수사항이 추가 또는 변경될 수도 있다(같은 법 제21조 의7 제1항).

[2] 범죄론 체계

1. 범죄론 체계란 무엇인가

형법학에는 범죄론 체계(일반적 범죄론)라는 아주 독특한 사고방식이 있다. 이것은 200년 가까운 학문적인 논의과정을 통해 발전하여 온 것으로서 오늘날 형법학의 중심에 자리 잡고 있다. 범죄론 체계를 이해하려면 약간의 보충설명이 필요하다.

특정한 행위가 어떤 범죄에 해당하는지를 알아내려면 법조문을 찾아보는 것으로부터 시작할 것이다. 그러나 법조문으로부터 얻을 수 있는 것은 아주 적다. 법조문은 추상적으로 표현되므로 그 조문내용 그대로 구체적인 현실사례에 적용하는 것은 불가능하기 때문이다. 그렇다고 구체적인 현실사례에 따라 법조문을 만든다면 커다란 도서관 하나를 형법전으로 몽땅 채우고도 모자를 것이다. 더구나 "현실은 꿈보다 더 다양하다"는 처칠경의 말처럼 예상하지 못한 현실사례가 계속 생기게 될 것이므로 해마다 방대한 양의 추가적인 형법조문을 만들어야 할 것이다. 이런 방식은 불가능하다. 형법학자들은 이것을 '형법의 파라다이스'라고 부른다. 형법의 이상향인 동시에 현실에서는 불가능한 이상향이다.

그러니까 추상적인 법조문을 구체적인 현실사례에서 살아 움직이도록 해석하는 방법밖에 다른 방법은 없다. 이렇게 개별적인 의문에 해답을 주는 것을 형법도그마틱(형법이론)이라고 부른다. 물론 형법도그마틱만 가지고도 그럭저럭 형법조문을 현실사례에 적용할 수는 있겠지만 여기에 그쳐서는 곤란하다. 왜냐하면 이러한 형법도그마틱을 체계적으로 구조화함으로써 논리적이고도 조직적으로 이를 적용하는 것이 바람직하기 때문이다. 그래야 구체적인 현실사례에 통일적이고도 빠짐없이 형법도그마틱을 적용하는 일이 쉬워지게 된다. 이렇게 형법도그마틱을 체계화하는 틀을 범죄론 체계 또는 일반적 범죄론이라고 부른다.

범죄론 체계는 법조문과 구체적인 현실사례를 연결해 주는 매개틀이다. 추상적인 법조문과 구체적인 현실사례 사이에 중간적인 추상화틀로서 범죄론 체계가 있다. 범죄론 체계는 형법도그마틱을 통제하고 개별적인 형법조문의 적용을 구체적인 현실사례에 매개해 준다.

범죄론 체계는 이렇게 정의된다. '범죄란 구성요건에 해당하고 위법하며 책임성 있는 행위로서 이것은 모든 개별적 범죄의 일반적 요소이다'. 범죄론 체계는 적용되어야 할 형벌규정의 요소들을 체계화하며 형법총칙 규정과의 관계를 정돈시킨다. 그럼으로써 가벌성 심사에 있어서 특정한 절차를 만들어 낸다. 즉, 가벌성을 위해서는 행위자가 구성요건에 해당하는 것만으로는 부족하고 나아가 위법하고 책임성 있게 행위했어야 한다.

2. 범죄론 체계의 구조

3단계 범죄론 체계에 의하면, 범죄란 구성요건에 해당하고 위법하며 책임있는 행위이다. 범죄의 성립요소는 구성요건해당성, 위법성, 책임성이 된다.

그런데 범죄는 '인간의 행위'를 전제로 하며 따라서 행위 아닌 것은 범죄 아니다. 인간의 행위라야만 비로소 구성요건해당성, 위법성, 책임성이 심사된다. 3단계 범죄론 체계의 최정점에는 행위가 놓여지게 된다. 또한 형법은 범죄행위를 예외없이 처벌하는 것은 아니다. 예컨대 아들이 아버지의 재물을 훔친 절도죄의 경우는 처벌하지 아니한다. 범죄의 처벌을 위해서 특별한 가벌성의 요건을 두는 경우가 있다.

그러므로 범죄론 체계구조 및 처벌을 위한 전제조건들은 3단계가 아니라 총 5단계로 이뤄진다. ① 행위, ② 구성요건해당성, ③ 위법성, ④ 책임성, ⑤ 특별한 가벌성의 요건. 어떤 행위가 범죄로 되고 처벌될 수 있는지 알아내기 위해서는 무조건 이런 단계에 따라 심사하여야 한다. 그 순서도 지켜야 한다. 구성요건해당성에 앞서서 위법성을 심사하거나 책임성을 심사하는 것은 중대한 오류가 된다.

(1) 행 위

특정한 범죄에 해당하는지 심사하려면, 최소한 '인간의 행위'가 존재하는지 확인해야 한다. 인간의 행위만이 형법적 평가의 대상이 될 수 있다. 인간행위의 존재란 범죄성립 및 처벌을 위한 최소한의 전제조건이다.

형법적 의미의 행위라고 할 수 있기 위해서는 인간의 의사에 의해서 지배된 외부적 행태가 있어야 한다. 인간의 의사에 터 잡아서 수행되지 않은 외부적인 행태는 범죄성립 및 처벌로부터 애당초 제외된다. 수면중의 동작, 반사운동, 최면상태하의 동작, 절대적 물리력에 의해서 강제된 동작 등은 행위가 아니다.

예컨대 어떤 사람이 지하도의 계단을 내려오다가 군중에게 떠밀려 앞사람쪽으로 균형을 잃고 쓰러짐으로써 그 사람을 계단에서 구르게 하여 목뼈를 골절시켜 사망에 이르게 하였다면, 이것은 인간의 의사에 터 잡은 행위가 아니라 저항할 수 없는 물리력에 의해서 강제된 동작에 해당하기 때문에 범죄성립 및 처벌을 고려할 여지가 없다.

(2) 구성요건해당성

구성요건이란 형법상 처벌대상으로 묘사되어 있는 행위유형을 말한다. 예컨대 살인죄의 구성요건은 "사람을 살해하는 것"(형법 제250조 제1항)이고, 절도죄의 구성요건은 "타인의 재물을 절취하는 것"(형법 제329조)이다. 행위가 이러한 구성요건에 해당하는 것을 구성요건해당성이라고 부른다.

구성요건해당성에서는 행위가 특정한 범죄의 구성요건에 해당하는지 여부를 심사한다. 구성요건해당성이 인정되어야만 비로소 다음의 심사단계(위법성, 책임성, 특별한 가벌성의 요건)로 넘어갈 수 있다. 따라서 구성요건해당성이 없는 행위는 더 이상 심사할 필요없이 범죄성립이 부정되어야 한다.

구성요건이란 범죄행위의 유형이고, 이에 해당하는 경우에만 범죄성립 및 처벌이 가능하다는 것은 당연한 일이다. 이렇게 하지 않는다면 범죄행위와 범죄 아닌 행위가 무엇인지 미리 법률로 규정(죄형법정주의)할 필요도 없고, 따라서 권력자가 마음 내키는 대로 범죄라고 선언하고 처벌하는 것을 막을 수 없기 때문이다. 무원칙한 형벌의 남용을 막기 위해서 인류는 시민혁명을 통해 얼마나 많은 피를 흘렸는지 기억하지 않으면 안된다.

(3) 위법성

어떤 행위가 구성요건에 해당한다는 것은 그 행위의 구체적인 상황을 고려하지 않은 채 내려지는 일반적인 판단에 불과하다. 특정한 구성요건해당적 행위가 실질적으로 위법한지 여부는 다시 심사되어야 한다.

위법성 심사에서는 구성요건해당적 행위가 예외적으로 위법성조각사유(정당화사유)로 인하여 위법성조각(정당화)되는지 여부가 문제 된다. 구성요건해당적 행위는 위법성조각사유가 있으면 정당화되기 때문에 적법한 행위가 된다. 예컨대 군인이 교전중에 적병을 살상하는 행위는 위법성이 조각되기 때문에 살인죄 또는 상해죄의 성립을 부정하게 된다(형법 제20조의 정당행위). 반면에 구성요건해당적 행위가 위법성조각사유에 해당하지 않는다면 위법한 것으로 확정된다.

주요한 위법성조각사유로는 ① 정당행위(형법 제20조), ② 정당방위(형법 제21조), ③ 긴급피난(형법 제22조), ④ 자구행위(형법 제23조), ② 피해자의 승낙(형법 제24조) 등이 있다.

(4) 책임성

위법성 심사단계까지는 어떤 행위가 형법상 부정적으로 평가된다는 것만 말해줄 뿐이다. 범죄의 성립 및 처벌을 위해서는 이것만으로는 부족하다. 행위자에게 그러한 행위로 인하여 책임을 지울 수 있는지까지 확인되어야 한다.

책임성 심사에서는 구성요건에 해당하고 위법한 행위와 관련하여 그 행위자를 형법적으로 비난할 수 있는지 심사한다. 행위자를 비난할 수 없거나 비난의 정도가 약한 경우에는 책임성이 없거나 약화된다. 이런 사유는 책임배제사유와 면책사유(책임조각사유)로 구분된다.

책임배제사유란 입법자가 일정한 기준에 따라 행위자의 행위를 책임비난의 대상에서 완전히 제외하거나 부분적으로만 책임비난을 인정한 경우이다. 예컨대 형사미성년자(형법 제9조), 심신장애자(형법 제10조), 농아자(형법 제11조), 정당한 이유있는 금지착오(형법 제16조) 등이 책임배제사유에 해당한다.

면책사유란 원칙적으로 책임비난이 가능하지만 비정상적인 행위상황으로 말미암아 책임비난이 감소되는 경우로서, 그 정도가 형벌을 요구하지 않는 정도로 감소된 경우는 처벌하지 아니하고(형면제), 형벌을 요하기는 하지만 완전한 형벌은 합당하지 않을 정도로 감소된 경우는 형을 감경한다(형감경). 예컨대 과잉방위(형법 제21조 제2, 3항), 과잉피난(형법 제22조 제3항), 과잉자구행위(형법 제23조 제2항), 강요된 행위(형법 제12조), 적법행위의 기대불가능성 또는 기대가능성의 감소(이론상 인정됨) 등이다.

(5) 특별한 가벌성의 요건

행위, 구성요건해당성, 위법성, 책임성이 인정되면 그 행위 및 행위자에 대한 형법적 평가는 충분히 이루어진 것이다. 이로써 범죄는 성립되었다. 그러나 형법은 성립된 모든 범죄를 다 처벌하는 것은 아니다. 일정한 조건을 붙여서 비로소 처벌하거나 아니면 아예 처벌하지 않는 경우도 있다. 이것을 '가벌성의 요건'이라고 부른다.

첫째, 성립한 범죄임에도 불구하고 일정한 외부적 객관적 조건이 있어야만 처벌할 수 있는 경우가 있다. 이것을 '객관적 처벌조건'이라고 한다. 예컨대 사전수뢰죄(형법 제129조 제2항)는 공무원 또는 중재인이 될 자가 그 담당할 직무에 관하여 청탁을 받고 뇌물을 받거나 요구하거나 약속함으로써 성립하는 범죄이다. 이러한 행위를 하면 사전수뢰죄가 성립하지만 그 행위를 처벌하기 위해서는 '실제로 공무원 또는 중재인이 됨'을 객관적 처벌조건으로 한다.

둘째, 성립한 범죄임에도 불구하고 행위자의 특별한 신분관계나 태도로 말미암아 처벌하지 않는 경우가 있다. 이것을 '인적 처벌조건'이라고 부른다. 예컨대 아들이 아버지의 재물을 훔치면 절도죄는 성립하지만 형벌은 면제된다(형법 제328조 제1항, 친족상도례). 이러한 특별한 인적 사유를 '인적 처벌배제사유'라고 한다.

또 예컨대 죄를 범한 후 수사책임이 있는 관서에 자수한 때에는 그 형벌을 감경 또는 면제할 수 있다(형법 제52조 제1항). 이를 '인적 처벌소멸·감경사유'라고 한다. 성립된 범죄로 말미암아 일단 처벌가능성은 발생하지만 나중에 행위자의 태도로 인하여 그 형벌을 소멸 또는 감경시키기 때문에 이렇게 부르는 것이다.

[3] 행 위

사 례 ≫ A는 여름밤에 자기의 자동차 창문을 열어 놓고 운전하던 중 파리 한 마리가 눈에 날아들었다. 파리를 쫓으려고 하자 자동차는 왼쪽으로 틀어졌고 그래서 중앙선을 넘어 반대차선에서 마주오던 자동차와 충돌하였다. 이 충돌사고 때문에 상대방 운전자는 부상을 입었다. 업무상과실치상죄로 기소된 A는 그것은 행위가 아니라 단순한 반사동작이었다고 항변하고 있다. 이것은 정당한가?

해설 인간의 행위가 아니면 범죄성립의 첫번째 전제조건을 충족시키지 못하기 때문에 구성요건해당성을 검토할 필요도 없이 범죄성립이 부정된다. 형법적 심사의 첫번째 필터에 해당하는 행위개념은 '인간의 의사에 의하여 지배된 외부적 행태'를 말한다.

A가 갑자기 눈에 날아든 파리를 쫓으려다가 자동차의 핸들을 왼쪽으로 틀어지게 한 것은 행위가 아니라 단순한 반사동작에 불과한가. 독일의 어떤 고등법원판결에 따르면 "신경시스템에 대한 자극이 인식작용 없이 감각중추로부터 운동중추로 바로 전달됨으로써 동작으로 나타난 경우"만 단순한 반사동작이라고 정의하였다. 단순한 반사동작이라고 하려면 동작을 만들어 낸 운동신경의 자극이 정신적인 영향하에 일어난 것이 아니라, 행위조종의사없이 직접 육체적·생리적 자극을 통해서 일어난 것이어야 한다는 것이다.

이 견해에 따른다면, 손으로 파리를 쫓는 것은 생리적인 자극이 직접 운동중추를 통해서 반응동작으로 전환된 것으로 보기 어렵다. 행위조종의사 없는 단순한 반사동작이 아니라는 것이다. 파리를 쫓으려는 동작은 의사에 터 잡은 행위조종을 포함하고 있다고 보아야 한다. 왜냐하면 이런 동작은 급박한 사고위험이 예상될 수 있는 상황에서는 하지 않을 수도 있기 때문이다. 파리를 쫓은 것은 결코 행위가 아니었다는 A의 항변은 받아들이기 어렵다.

[4] 부작위범

사 례 ≫ 중학교 교사 A는 자기의 제자 중학생 B를 자신의 아파트로 유인하여 양 손목과 발목을 노끈으로 묶고 입에는 반창고를 두 겹으로 붙인 다음, 양 손목을 묶은 노끈은 창틀에 박힌 시멘트못에, 양 발목을 묶은 노끈은 방문 손잡이에 잡아매고 얼굴에는 모포를 씌워 감금했다. 며칠 후 A가 아파트에 돌아와 보니 B는 이미 탈진상태에 있어 박카스를 먹여보려고 해도 입에서 흘러내릴 뿐 마시지 못하기에 얼굴에 모포를 다시 덮어 씌워 놓고 그대로 아파트를 나와 버렸다. 그 때 A는 B를 그대로 두면 죽을 것 같은 생각이 들어 병원에 옮기고 자수할 것인가, 아니면 그대로 두어 B가 죽으면 시체를 처리하고 B의 부모에게 돈을 요구하는 범행을 계속할 것인가, 아니면 스스로 자살할 것인가 등 두루 고민하다가 결국 B를 병원에 옮기고 자수할 용기가 생기지 않아 그대로 아파트를 나와 버렸다. 그 날 오후에 아파트에 돌아와 보니 B는 이미 죽어 있었다. A를 살인죄로 처벌할 수 있는가?

해설 1980년 연일 신문지상에 오르내렸던 중학교 교사의 제자살해사건이다. 우리 대법원은 A에게 살인죄(특정범죄가중처벌등에관한법률 제5조의 2 제2항 제2호)를 인정하여 사형을 선고하였다(대법원판결 1982. 11. 23, 82도2024). 또 실제로 A는 사형집행되었다.

A에게 살인죄가 성립하기 위해서는 객관적으로는 살해행위가 있고 주관적으로는 살해고의가 있어야 한다. 물론 살해고의는 살해행위 당시에 있어야 한다. A의 변호인은 살인죄가 인정됨으로써 예상되는 사형만은 막아보려고 필사적으로 노력했다. 변호인이 주장한 변론의 요지는 살인행위가 없었고 살해고의가 없었으므로, B의 사망결과가 발생하였다 하더라도 살인죄로 될 수 없고, 단순히 감금치사죄로 될 뿐이라는 것이었다. 변호인의 주장대로 살인행위와 살해고의가 없었던 것일까.

A가 B를 꼼짝 못하게 결박한 상태로 모포를 씌워 아파트에 감금할 때에는

아직 살해고의가 없었을지 모른다. 그러나 감금 후 며칠이 지나 A가 다시 아파트에 돌아와서 B의 상태를 살펴보았을 때 "죽을지도 모른다"고 생각하면서도 B를 병원으로 옮기지 않고 그대로 아파트를 나왔을 때 살해고의가 존재했던 것으로 인정된다. 대법원의 표현대로 "사경에 이른 피해자를 그대로 방치한 소위에는 그로 인하여 피해자가 사망하는 결과가 발생하더라도 용인할 수밖에 없다는 내심의 의사, 즉 살인의 미필적 고의가 있었다"고 해야 한다.

비록 이 시점에서 살해고의가 있었다 하더라도 살인행위 자체는 하지 않았다고 볼 여지가 있다. A는 추가적인 행위를 하지 않은 채 단순히 아파트를 나와 버렸을 뿐이기 때문이다. 과연 이런 방치행위도 살인행위인가.

형법상 행위는 작위뿐만 아니라 부작위로도 이루어질 수 있다. 작위란 금지된 무엇을 행하는 것이고, 부작위란 요구된 무엇을 하지 않는 것이다. A는 자기의 앞선 행위(결박 및 감금행위)로 인하여 B에 대해 생명위험을 초래하였기 때문에 이러한 위험으로부터 야기되는 사망결과를 막아야 할 법적 의무가 있다. 이와 관련하여 형법 제18조는 "위험의 발생을 방지할 의무가 있거나 자기의 행위로 인하여 위험발생의 원인을 야기한 자가 그 위험발생을 방지하지 아니한 때에는 그 발생된 결과에 의하여 처벌한다"라고 규정하고 있다.

A가 이처럼 법적으로 요구된 의무를 다하지 않고 B를 방치한 채 아파트를 나오는 것은 부작위에 의한 살인행위이다. A는 살인행위(부작위행위)를 통해서 B를 사망에 이르게 하였으므로 살인죄의 기수범이 된다. 이 사례에서는 형법 제250조 제1항의 살인죄가 적용되는 것이 아니라, 그 특별법에 해당하는 특정범죄가중처벌법 제5조의2 제2항 제2호(미성년자 약취유인살해죄)의 살인죄가 적용된다.

[5] 인과관련 및 객관적 귀속

사 례≫ A는 자동차를 운전하다가 횡단보도에서 과실로 보행자를 충격하여 다리에 골절상을 입혔다. A는 피해자를 인도 안쪽으로 옮기고 병원에 전화를 걸어 구급차를 불렀다. 구급차를 기다리는 동안 피해자는 인도 위에 누워있었다. 그 무렵 B가 운전하는 화물차가 과속으로 인해 통제력을 잃고 인도로 돌진하는 바람에 누워있던 B를 치어 현장에서 즉사케 하였다. A와 B 가운데 누가 피해자의 사망에 대해 책임을 져야 하는가?

해설 결과범에서 기수범이 되려면 구성요건해당적 행위와 결과발생이 단순히 병렬적으로 존재하는 것만으로는 부족하다. 행위와 결과 사이에 일정한 관련이 있어야 한다. 그래야 발생된 결과를 행위자의 책임으로 돌릴 수 있다. 이것을 "인과관련 및 객관적 귀속"이라고 부른다. 오늘날 형법학자들의 지배적인 견해에 따르면 ① 행위와 결과 사이에 인과관련이 존재하고(인과관련), ② 그 결과가 행위자에게 귀속될 수 있는 것이어야 한다(객관적 귀속).

첫째, 행위와 결과 사이의 인과관련은 조건관계로 판단된다. 그 행위가 있었기 때문에 그 결과가 생겼다는 논리적 조건관계가 있어야 인과관련을 인정한다. 논리적 조건관계가 없다면 결과로 인한 책임은 부정된다.

둘째, 객관적 귀속이 인정되려면, 행위가 법적으로 허용되지 않은 위험을 창출하였고 이 위험이 규범의 보호목적 안에서 결과로 현실화되었어야 한다. 형법학자들의 논리구사 및 용어사용이 생경하게 느껴지겠지만 사례에 적용하여 보면 어렵지 않게 이해할 수 있을 것이다.

우선, 화물차 운전자 B의 경우를 검토해 보자. 운전자 B는 화물차를 과속으로 운행하는 행위를 했다. 이 행위로 인해서 화물차에 대한 통제력을 잃었고, 그래서 인도로 돌진하게 되었고, 그래서 인도에 누워있던 피해자를 깔았고, 또 그로 인해 피해자를 사망에 이르게 하였다. 과속행위로부터 피해자의 사망결과로 이어지는 일련의 과정은 모두 논리적인 조건관계에 있다. 인과관련은 당연히 인정된다.

다음으로, B는 과속행위로 인해서 법적으로 허용되지 않은 위험을 창출했다. 자동차 운행은 자기에게는 편리하지만 다른 사람들에게는 위험을 초래한다. 그렇다고 자동차 운행을 전면적으로 중단시키면 현대문명은 원시시대로 돌아갈 수밖에 없다. 위험한 행위에는 일정한 조건을 붙여서 이 범위 안에서만 허용하게 된다.

B의 과속운행은 허용되지 않는 것이다. B의 과속행위는 법적으로 허용되지 않는 수준의 위험을 창출했다. B가 만들어 낸 허용되지 않은 위험은 피해자의 사망결과로 실현되었다. 또한 자동차의 과속을 금지하는 규범은 그러한 위험이 현실화되는 것을 막기 위해서 설정되었던 것이기 때문에 과속금지규범의 보호목적 범위 안에서 위험이 실현되었다고 인정할 수 있다. 따라서 피해자의 사망결과는 B에게 귀속되어야 한다. B는 업무상과실치사죄의 책임을 면치 못한다.

A의 경우도 위와 마찬가지 방법으로 심사하게 된다. A는 과실행위로 보행

자를 충격하였고, 그래서 피해자에게 골절상을 입혔고, 그래서 피해자는 구급차를 기다리면서 인도에 누워있게 되었고, 그래서 B의 화물차에 깔렸고, 그래서 결국 사망에 이르게 되었다. A의 과실행위로부터 피해자의 사망결과로 이어지는 일련의 사건경과는 순차적으로 논리적 조건관계에 있다. A의 과실행위와 사망결과 사이에 인과관련이 인정된다.

객관적 귀속은 어떨까. A는 과실행위를 통해서 허용되지 않은 위험을 창출했다. 그리고 그 위험은 피해자의 골절상으로 현실화되었다. 그러므로 상해결과까지는 귀속될 수 있다. 그러나 A가 창출한 위험은 사망결과로까지 실현된 것은 아니다. 사망결과로 실현된 위험은 다른 위험(화물차 운전자 B에 의해서 창출된 위험)이었다. 따라서 피해자의 사망결과는 A에게 귀속될 수 없다. A에게는 상해결과까지만 귀속되므로 그 한도에서만 결과책임을 지게 된다(업무상과실치상죄).

[6] 고의와 정황증거

사 례 ≫ A는 B와 싸움을 하다가 부엌에 있는 식칼(길이 32 센치미터, 날 길이 20.5 센치미터)을 들고 나와 "이 새끼 찔러 죽여 버린다"고 소리를 지르면서 B의 뒤를 쫓아가서 B의 좌측 옆구리를 찌르고, 계속하여 피해자의 배를 식칼로 힘껏 1회 찔러서 현장에서 복강내 대정맥파열에 의한 출혈로 사망케 하였다. 살인죄로 기소된 A는 시종일관 B를 죽일 생각은 전혀 없었고, 흥분상태에서 자신도 모르게 저지른 일이라고 주장했다. A에게 살인죄의 고의를 인정할 수 없는 것일까?

해설 대법원이 실제로 다뤘던 사례이다. 우리 대법원은 A에게 살인죄의 고의가 있었음을 인정하고 살인기수죄로 판결하였다. 과연 A에게는 살인죄의 고의가 있었던 것일까.

우리 형법 제13조에 따르면 고의란 "죄의 성립요소인 사실을 인식하는 것"이다. 좀더 정교하게 정의한다면, 고의란 자기행위가 특정한 구성요건에 해당하는 것을 인식하는 것이다. 예컨대 살인죄의 구성요건은 '사람을 살해하는 것'(형법 제250조 제1항)이므로, 살인죄의 고의란 행위자 스스로 자기행위가 '사람을 살해하는 것'에 해당한다는 것을 인식하는 것이다.

그런데 인식이란 순수한 심리적 형상이기 때문에 행위자 스스로 자백하지 않는 이상 정황증거에 의하여 추론할 수밖에 없다. A는 시종일관 살인죄의 고의가 없었다고 주장하고 있으므로, 결국 행위당시의 정황증거(간접증거)에 입각해서 살인죄의 고의를 추측할 수밖에 없다.

물론 정황증거에 의해서 살인죄의 고의를 인정하는 경우라도 막연히 살해고의가 있었을 것이라는 추측만으로는 부족하다. 합리적인 견지에서 추호도 의문의 여지가 없을 정도로 법관의 확신을 얻은 때 비로소 고의의 존재가 입증될 수 있다. A의 행위당시에 존재하였던 객관적 정황증거에 비추어 판단할 때 A가 살해고의를 가졌다는 것은 추호도 합리적인 의심의 여지가 없을 정도로 확신할 만한 것일까.

우리 대법원은 그렇다고 판단했다. "예리한 식칼로 힘껏 찌른 부분이 신체의 중요부분이므로 혹시 죽음의 결과를 가져오리라는 인식이 있었다 할 것이므로 살인의 (미필적) 고의가 있다고 보아야 할 것"(대법원판결 1986. 9. 9, 86도1313)이기 때문이다. 아마도 "이 새끼 찔러 죽여 버린다"는 A의 발언, 사용한 흉기가 길이 32센티미터, 날 길이 20.5센티미터의 예리한 식칼이라는 점, 복강내 대정맥파열로 피해자를 현장에서 사망케 할 정도로 '힘껏' 찔렀다는 점 등이 주요한 정황증거로 고려되었을 것이다.

여기서 우리는 고의가 형사실무상 어떻게 입증되는지 알 수 있다. 형법학자 및 판례에 따르면 다음과 같은 정황증거들이 살인죄의 고의를 인정케 해주는 경우이다. ① 칼처럼 예리한 흉기로 목·가슴·배와 같은 신체의 중요부위를 '힘껏' 찔렀을 경우, ② 쇠파이프·망치·야구배트 등과 같은 둔기로 머리부위를 강타한 경우, ③ 총기로 사람을 향해서 지향사격을 가한 경우, ④ 손·노끈·넥타이·브레지어끈 등으로 목을 '힘껏' 조른 경우, ⑤ 고속으로 주행하는 차량이나 고층빌딩, 절벽 등에서 아래로 추락시킨 경우 등이다.

[7] 미필적 고의

사 례 ≫ A는 동료시위대원 3명과 함께 시내버스를 탈취한 후 그 버스를 운전하여, 그 때 시위대를 진압하기 위해 차도를 차단하고 포진하고 있는 충남경찰청 기동대원들을 향하여 시속 50킬로미터의 속력으로 돌진하였다. A는 같은 속도로 운행하면서 차도에서 인도 쪽으로 피하는 기동대원들을 따라 일부러 핸들을 우측으로 틀면서 돌진하여, 위 버스 전면차체 부위로 피해자를 들이받아 쓰러뜨려 기동대원 중 일경 박○○(남, 20세)를 두개골 골절 등으로 사망케 하였다. 살인죄로 기소된 A는 피해자의 사망을 희망하거나 의도하지는 않았으며 단지 겁을 줄 의도였다고 주장했다. A에게 살인죄의 고의가 인정되어야 할까?

해설 형법상 범죄는 고의범 아니면 과실범이다. 과실범은 극히 예외적으로만 처벌되고 처벌되는 경우라도 그 형량이 고의범에 비하여 아주 가볍다. 그렇기 때문에 행위당시에 고의로 행위했는지 아니면 과실에 불과한지 구별하는 것은 대단히 중요한 문제이다.

그 한계선상에 위치한 것이 미필적 고의와 인식있는 과실이다. 양자의 구분을 둘러싼 논의는 기원전부터 시작되었지만 아직까지 견해일치가 없다고 해도 과언이 아니다. 여러 학설이 주장되고 있다. 크게 나누면 ① 결과발생가능성의 인식만 있으면 고의를 인정할 수 있다는 견해(인식설), ② 결과발생을 의욕 또는 희망하여야만 고의를 인정할 수 있다는 견해(의사설), ③ 고의를 인정하기 위해서는 결과발생가능성의 인식만으로는 부족하지만 그렇다고 결과발생을 의욕 또는 희망할 것까지는 필요 없으며, 결과발생을 감수하거나 인용하면 족하다는 입장(감수설, 인용설) 등이 있다. 위 학설을 A에게 적용해 보기로 하자.

우선 전제할 것은 위 사례 역시 우리 대법원이 다뤘던 사례로서 원심판결(제2심판결)에 따르면 A에게는 결과발생가능성(기동대원의 사망가능성)이 인식되어 있다고 인정되었다는 점이다(대법원판결 1988. 6. 14, 88도692).

인식설에 따르면 A는 결과발생가능성을 인식하고 있었기 때문에 살인죄의 (미필적) 고의를 인정할 수 있다. 그러나 의사설에 따르면 A는 결과발생을 의욕하거나 희망한 것은 아니었다고 주장하고 있으므로 별도의 정황증거가 없는 한 살인죄의 고의를 인정하기는 어려울 것이다. 감수설 또는 인용설에 따르더라도 A가 기동대원의 사망결과를 감수하였다거나 인용하였다는 심리적 형상이 긍인되지 않는 이상 고의를 인정하기는 어려울 것이다.

우리 대법원은 "살인죄에 있어서 고의는 자기의 행위로 인하여 타인의 사망결과를 발생시킬 만한 가능성 또는 위험이 있음을 인식 또는 예견하면 족한 것이고 사망의 결과발생을 희망할 것은 필요치 않으며, 그 인식 또는 예견은 불확정적인 것이라도 소위 미필적 고의가 있다고 보아야 할 것"이기 때문에 A에게 살인죄의 (미필적) 고의를 인정했다. 그 표현만으로 보면 인식설에 입각한 판결인 듯이 보인다.

결과발생의 의욕 또는 희망 아니면 감수, 인용 등과 같이 인간심리를 묘사하는 언어들은 마술사의 주문과 같다. 필요에 따라 불러내서 적용할 수 있기 때문이다. 짧은 시간 동안(어쩌면 0.5초 동안에) 이뤄지는 인간심리의 형성과정으로부터 특징적인 심리적 뉘앙스를 찾아내어 이것을 희망·의욕·감수·인용 등으로 묘사되는 언어틀에 맞춰 고의와 과실을 구분하는 것은 인간심리의 사물논리적 구조를 왜곡한다. 결과발생의 구체적인 가능성을 인식하고 있는 이상 (미필적) 고의를 인정하는 것이 옳다. 위 사례에서 A에게 기동대원의 구체적 사망가능성이 인식되어 있었다면 살인죄의 (미필적) 고의를 부정할 수 없다.

[8] 구성요건적 착오

사 례≫ A는 길에서 만난 낯선 남자 B를 시비 끝에 살해했다. 나중에 밝혀진 바에 따르면 B는 A가 양자로 가기 전에 자기를 낳아주었던 실부(實父)였다. A는 보통살인죄가 되는가 아니면 존속살해죄가 되는가?

해설 존속살해죄는 자기 또는 배우자의 직계존속을 살해하는 범죄이다. 존속살해죄(형법 제250조 제2항)는 보통살인죄(같은 조 제1항)에 비하여 중하게 처벌된다. 직계존속을 살해한 비속의 패륜성으로 말미암아 행위의 불법성이 가중되기 때문이다.

A는 객관적으로 자기의 직계존속을 살해했다. 비록 A가 양자로 갔지만 A, B 사이의 자연적 피붙이 관계는 없어지지 않기 때문이다(자연혈족으로서의 직계존비속관계). 그러나 A는 B가 자기의 직계존속이라는 사실을 알지 못했다. 이렇게 행위자가 구성요건요소에 해당하는 사실을 인식하지 못한 경우를 구성요건적 착오라고 부른다.

구성요건적 착오가 있으면 그 구성요건에 관한 고의는 부정된다. 고의는 객관적 구성요건요소에 해당하는 사실들을 모두 정확히 인식하고 있어야만 성립할 수 있기 때문이다. A는 존속살해죄의 고의없이 행위하였다. 물론 A에게 보통살인죄의 고의는 있다. 상대방이 자신의 부친이든 아니든, 사람이라는 것을 인식하고 살해의도로 행위하였기 때문이다. A는 보통살인죄로 처벌된다.

[9] 과 실 범

사 례 ≫ A는 병원에 온 환자 B를 진찰한 결과 편도선절제수술이 필요하다고 판단했다. B의 갑상선과 심장이 보통사람에 비하여 많이 비대해져 있음을 발견하였지만 편도선절제수술에 별 문제가 없을 것으로 믿고 편도선절제수술을 시행했다. 그러나 A의 예상과 달리 B는 수술을 마친 후 약 40분 후에 심장마비로 사망하고 말았다. 나중에 밝혀진 바에 따르면 B는 갑상선수양암 및 관상동맥경화증 환자였기 때문이다. 의사 A는 업무상과실치사죄로 처벌되어야 할까?

해설 우리의 일상생활은 위험에 둘러싸여 있다. 집안에서는 가스, 전기 등의 위험에 노출되어 있고, 집 밖에서는 주유소, 자동차, 원자력발전소, 화학공장, 건설공사장 등 이루 헤아릴 수 없는 위험에 노출되어 있다. 현대 과학기술문명은 생활의 편리함을 주는 댓가로 위험을 만들어내고 있다.

위험은 적절히 관리되지 않으면 인적·물적 손실을 가져올 수 있다. 또 형법상 과실범으로서 처벌될 수도 있다. 과실범은 이렇게 광범위한 영역에서 문제된다. 과실범에서 핵심문제는 어떤 기준으로 과실을 판단할 것인가이다.

과실의 판단기준이 될 수 있는 경우를 모두 법전에 규정한다면, 지구상의 모든 과학기술자 또는 교통전문가를 총동원하여 수십 년을 작업한다 하더라도 완벽한 규준을 만들기는 어려울 것이다. 과실 여부의 판단은 완전히 예측하기 불가능한 구체적인 상황에 종속되기 때문이다. 자동차 교통사고만 하더라도 과실규준을 정해야 할 경우의 수가 얼마나 많은가. 그래서 입법자는 그런 방식을 포기했다. 단순히 "과실로 인하여 사람을 사망에 이르게 한 자는 이렇게 저렇게 처벌한다"(형법 제267조, 과실치사죄)는 식으로만 규정하고 있다. 과실이 있는지 여부는 대부분 해석론에 의존할 수밖에 없다.

과실의 본질은 '객관적 주의위반'이다. 당해 사회적 역할권에서 행위하는 '통찰력 있고 신중한 평균인'에게 그 상황에서 적용되는 규준이 객관적 주의규준이다. 이 주의규준에 위반한 것이 과실이 된다. 위 사례에서 의사 A가 B를 진찰한 결과 그의 갑상선과 심장이 보통사람에 비하여 많이 비대해져 있음을 발견하고도 그대로 편도선절제수술을 행한 것은 위와 같은 규준에 합당한 것인가.

객관적 주의규준을 알아내는 방법은 이렇다. 의사 A에게 주어진 구체적 상황에서 A를 빼내고 대신 '통찰력 있고 신중한 평균인'으로서의 의사(사회적 역할권에서 행위하는 사람)를 놓는다. 그리고 그런 평균적인 의사가 어떻게 행위할 것인지를 관찰한다. A의 구체적인 상황 속에 A대신 표준인물을 넣어 놓고 시뮬레이션하자는 것이다.

오늘날 일반적으로 긍인되는 의학지식에 의하면, 갑상선비대증이나 심장병 환자에 대하여는 편도선절제수술이 금기사항으로 되어 있다. 그러니까 표준인물인 '통찰력 있고 신중한' 보통의사라면 B의 갑상선과 심장이 많이 비대해져 있음을 발견한 이상 정밀검사를 통해서 그 발병원인을 확인하였을 것이다. 발병원인을 확인함으로써 그 발견된 질환의 정도가 편도선절제수술을 감내할 수 있는지 여부를 확인한 연후에야 비로소 편도선절제수술을 시술할 수 있다. A는 추가적인 정밀검사를 통해서 B의 질환을 밝히지 않은 채 그대로 수술했다. 따라서 A는 객관적 주의규준에 합당하지 않게 행위했다. A에게는 과실이 있다.

위 사례를 다뤘던 우리 대법원 판결은 이렇게 언급했다. "갑상선비대증이나 심장병환자에 대하여는 편도선절제수술이 금기사항으로 되어 있으므로 의사인 피고인으로서는 이 사건 피해자를 진찰한 결과 동 피해자의 갑상선과 심장이 보통사람의 그것에 비하여 많이 비대해져 있음을 발견하였으면 마땅히 정밀검사를 통하여 그 발병원인을 밝혀보고 나아가 그 질환의 정도가 편도선절제수술을 감내할 수 있는지의 여부를 확인한 연후에 편도선절제수술을 시행하였어야 할 터임에도 사전에 이에 대한 정밀검사를 실시하지 아니한 과실로 동 피해자가 갑상선수양암 및 관상동맥경화증 환자임을 알지 못한 채 동 피해자의 편도선절제수술을 감행함으로써 동 피해자로 하여금 수술을 마친 후 약 40분후에 심장마비로 사망에 이르게 한 사실을 넉넉히 인정할 수 있으므로" A에게 과실이 있다는 것이다(대법원판결 1986. 10. 14, 85도1789).

[10] 결과적 가중범

사 례≫ A는 B와 시비가 벌어져 서로 멱살을 잡고 다투다가 B의 앞가슴 부분 상의를 잡아 끌어당기면서 뒤로 미는 등 폭행을 가했다. 그럼으로써 A는 B를 땅바닥에 엉덩방아를 찧으며 넘어지게 하여 관상동맥경화 및 협착에 의한 심부전(심장마비)으로 사망에 이르게 하였다. 검사는 A를 폭행치사죄로 기소했으나 A는 억울함을 호소하고 있다. 왜냐하면 B는 생전에 외관상 건강하여 이러한 질환이 있음을 다른 사람들은 물론이고 B의 처마저도 모르고 있었기 때문이다. 국립과학수사연구소의 감정서에 따르면 B의 직접적 사망원인은 관상동맥경화 및 협착에 의한 심부전으로서, B는 생전에 관상동맥경화 및 협착증세를 가지고 있었으며 한 번 떠밀린 충격에도 심장마비로 사망할 가능성이 충분히 있었던 사실이 인정되었다. A는 폭행치사죄로 처벌되어야 하는가?

해설 위 사례에서 문제되는 폭행치사죄는 결과적 가중범이다. 결과적 가중범이란 그 자체로서 처벌대상이 되는 기본범죄로 인해서 행위자가 예견하지 못한 중한 결과가 발생한 경우에 가중처벌되는 범죄이다. 상해치사죄, 강도치사죄, 강도치상죄, 강간치사죄, 강간치상죄, 인질치사죄, 인질치상죄 등이 이에 해당한다.

결과적 가중범이 성립하기 위해서는 고의의 기본범죄가 있고 중한 결과발생만 있으면 되는 것이 아니다. 중한 결과가 행위자에게 객관적으로 귀속될 수 있는 것이어야 함은 물론이고, 그러한 중한 결과가 행위자에게 예견가능한 것이었어야 한다. 따라서 결과적 가중범이 성립하기 위해서는 ① 고의의 기본범죄가 있을 것, ② 행위자가 예견하지 못한 중한 결과가 발생할 것, ③ 중한 결과가 객관적으로 귀속될 것, ④ 중한 결과발생에 대하여 행위당시 예견가능했을 것 등의 요건이 충족되어야 한다.

위 사례를 살펴보자. ① A는 기본범죄로서 폭행죄를 범했다. A가 B의 멱살을 잡고 뒤로 밀어 B로 하여금 땅바닥에 넘어지게 한 것은 사람의 신체에 대한 유형력의 행사, 즉 폭행에 해당하기 때문이다. ② A가 예견하지 못한 중한 결과로서 B의 사망결과가 발생했다. ③ B의 사망결과는 A에게 객관적으로 귀속될 수 있을까. 국립과학수사연구소의 감정서에 따르면 비록 B가 평소 관상동맥경화 및 협착증세를 갖고 있었을지라도 A의 폭행과 이로 인한 충격으로 발생한 사망결과 사이에는 논리적인 인과관련이 인정되지 않을 수 없다. 객관적 귀속까지 인정될 수 있는가. 그것은 좀 의심스럽다. 비록 A의 폭행이 허용되지 않은 위험을 창출했고 이것이 B의 평소질환과 결합함으로써 사망결과로 실현되었다 하더라도 폭행치사죄 규범의 보호목적이 그처럼 넓은 것인지 의문이기 때문이다. B 자신이 지니고 있던 평소질환으로 인한 생명의 취약상태는 스스로 부담하여야 하는 것이지 우연히 개입한 A에게 그 생명의 취약상태로 인한 부담을 전가해서는 안된다고 생각되기 때문이다. 이렇게 본다면 A에게는 B의 사망결과를 귀속시킬 수 없고 따라서 폭행치사죄를 인정하기 어렵다.

더구나 ④ A에게 B의 사망결과에 대한 예견가능성이 없었다는 점은 명백하다. 외관상 건강하게 보이는 B를 땅바닥에 쓰러뜨려 엉덩방아를 찧게 한 정도의 폭행으로부터 B의 사망결과가 발생하리라는 것은 거의 예견할 수 없는 것이기 때문이다.

이 사안을 다뤘던 우리 대법원 판결은 이렇게 말했다. "피고인의 폭행정도가 서로 시비하다가 피해자를 떠밀어 땅에 엉덩방아를 찧고 주저앉게 한 정도에 지나지 않은 것이었고 또 피해자는 외관상 건강하여 전혀 병약한 흔적이 없던 자인데 사실은 관상동맥경화 및 협착증세를 가진 특수체질자이었기 때문에 위와 같은 정도의 폭행에 의한 충격에도 심장마비를 일으켜 사망하게 된 것이라면, 피고인에게 사망의 결과에 대한 예견가능성이 있었다고는 보기 어려울 것"이다(대법원판결 1985. 4. 3, 85도303). 예견가능성 요건을 충족시키지 않기 때문에 A에게 폭행치사죄를 인정해서는 안된다는 것이다.

[11] 위법성조각사유(정당화사유)

특정한 범죄의 구성요건에 해당하는 행위는 위법성조각사유(정당화사유)가 없는 이상 위법한 것으로 확정된다. 위법성조각사유는 구성요건해당적 행위를 정당화 또는 적법화 한다. 위법성에서는 적극적으로 위법성을 확인하는 것이 아니라, 소극적으로 위법성조각사유에 해당하는지 여부만 문제 삼는다. 왜냐하면 구성요건은 위법행위의 전형이므로 어떤 행위가 일단 구성요건에 해당하면 예외적으로 위법성조각사유에 해당하지 않는 이상 위법한 것으로 확정해도 좋기 때문이다. 우리 형법상 주요한 위법성조각사유는 다음과 같다.

1. 정당방위(형법 제21조)

정당방위란 자기 또는 타인의 법익에 대한 현재의 부당한 침해를 방위하기 위해서 행해진 상당한 행위를 말한다. 예컨대 암살자가 자기를 저격하려는 순간에 이를 방위하기 위해서 선제사격을 가한 경우이다.

정당방위의 요건을 충족시키는 행위는 적법한 행위로서 범죄가 되지 아니한다. 정당방위행위가 그 상당성을 초과한 때에는 과잉방위로서 위법함을 면할 수 없지만, 그 정황에 따라 형벌을 감경 또는 면제할 수 있거나(형법 제21조 제2항), 야간과 같은 불안스러운 상태하에서 공포·경악·흥분·당황으로 인한 때에는 벌하지 않는다(형법 제21조 제3항).

2. 긴급피난(형법 제22조)

긴급피난이란 자기 또는 타인의 법익에 대한 현재의 위난을 피하기 위해서 행해진 상당한 행위를 말한다. 예컨대 맹수의 공격에 직면한 사람이 이를 피하기 위해서 타인의 집 안으로 도망한 경우이다. 그 행위가 비록 주거침입죄의 구성요건에 해당하더라도 긴급피난으로서 위법성이 조각되기 때문에 범죄로 되지 않는다.

상당성을 초과한 과잉피난행위는 위법함을 면치 못한다. 다만 과잉피난행위도 그 정황에 따라 형벌을 감경 또는 면제할 수 있거나, 야간과 같은 불안스러운 상태하에서 공포·경악·흥분·당황으로 인한 때에는 벌하지 않는다(형법 제22조 제3항).

3. 자구행위(형법 제23조)

자구행위란 법정절차에 의하여 청구권을 보존하기 불가능한 경우에 청구권의 실행불능 또는 현저한 실행곤란을 피하기 위해서 행해진 상당한 행위를 말한다. 예컨대 빌려준 돈을 갚지 않고 미국으로 이민가기 위해서 비행기에 탑승하려는 채무자를 공항에서 체포하여 "돈을 갚기 전에는 못간다"고 억류한 경우이다. 그 행위가 비록 폭행죄, 체포감금죄 등의 구성요건에 해당할지라도 자구행위로서 위법성이 조각되어 범죄로 되지 않는다.

상당성을 초과한 과잉자구행위는 위법함을 면치 못한다. 다만 과잉자구행위도 그 정황에 따라 형을 감경 또는 면제할 수 있다(형법 제23조 제2항).

4. 피해자의 승낙(형법 제24조)

피해자의 승낙에 의하여 그 법익을 훼손한 행위로서 상당성이 인정되는 경우도 역시 위법성이 조각되어 범죄로 되지 않는다. 예컨대 피해자의 동의하에 그를 심하지 않은 정도로 폭행해 준 경우에는 비록 폭행죄의 구성요건에 해당할지라도 피해자의 승낙에 의한 행위로서 위법성이 조각되어 범죄로 되지 않는다.

모든 범죄가 피해자의 승낙에 의해서 위법성이 조각될 수 있는 것은 아니다. 피해자에게 처분권이 없는 법익(예컨대 국가·사회질서, 공공의 선량한 풍속 등)은 유효한 승낙의 대상이 될 수 없다. 또한 피해자에게 처분권이 맡겨져 있는 개인적 법익이라도 그 법익침해의 정도와 방법이 사회상규에 비추어 상당하다고 인정되는 범위를 넘으면 위법함을 면할 수 없다. 예컨대 피해자의 승낙에 따라 그를 평생 동안 감금해 주는 경우는 자유권적 기본권의 침해 정도와 방법이 상당성을 인정받을 수 없기 때문에 체포감금죄를 면하기 어렵다.

5. 정당행위(형법 제20조)

정당행위란 법령에 근거있는 행위 또는 업무로 인한 행위 기타 사회상규에 위배되지 않는 행위를 말한다. 예컨대 구속영장의 집행은 형사소송법에 정한 법령에 근거있는 행위이기 때문에 비록 체포감금죄의 구성요건에 해당하더라도 위법성이 조각된다. 또 가톨릭 신부님이 자신에게 행해진 고해성사의 비밀을 지키기 위해서 국가보안사범을 신고하지 않은 경우는 비록 간첩불고지죄(수사기관에 신고하지 아니한 죄)의 구성요건에 해당하더라도 업무로 인한 행위로서 위법성이 조각된다.

여기서 눈여겨 볼 것은 '기타 사회상규에 위배되지 않는 행위'이다. 이것은 다른 위법성조각사유와는 달리 포괄적으로 표현되어 있다(포괄적 위법성조각사유). 그러므로 위법성을 심사함에 있어서는 여타 개별적 위법성조각사유에 해당하는지를 먼저 심사하고 나서, 그래도 위법성조각의 결론을 내릴 수 없을 때 마지막으로 그 행위가 '사회상규에 위배되지 않는 행위'인지 심사하여야 한다. 우리 대법원에 따르면 사회상규에 위배되지 않는 행위 여부는 ① 행위의 동기와 목적의 정당성, ② 행위의 수단과 방법의 상당성, ③ 보호하려는 이익과 침해된 이익 사이의 균형성, ④ 긴급성, ⑤ 다른 수단 또는 방법이 없었을 것이라는 보충성 등을 종합 판단하여 합리적으로 결정하여야 한다(대법원판결 1994. 4. 15, 93도2899).

[12] 싸움과 정당방위

사 례≫ 늦은 밤 어떤 나이트클럽에 20명 가량의 손님일행이 들어왔다. 일행 가운데 일부는 나이트클럽에 오기 전에 이미 상당히 취해 있었는데도 다시 술을 마시고 술값을 외상으로 하여 줄 것을 요구했다. 이로 인해 손님일행은 나이트클럽 사장 Y와 언쟁을 벌이다가 그 중 1명이 사장 Y로부터 뺨을 맞게 되었다. 이것이 발단이 되어 손님일행의 일부는 의자와 탁자 또는 벽돌이나 돌을 함부로 집어 던지고, 일부는 주먹이나 봉걸래 자루로 나이트클럽 종업원들을 구타하여 종업원 A에게 전치 1주일을 요하는 요추염좌상을 입히고 나이트클럽의 전자올갠 등 시가 120만원 상당의 물건을 손괴했다. 화가 치민 종업원 A는 동료 종업원 2명과 합세해서 싸우게 되었다. A는 공사용 삽으로 B의 머리 부분을 1회 구타하고 봉걸레 자루로 C의 허리 부분을 1회 구타함으로써 B에게는 전치 3주일을 요하는 전두부타박상을 입히고, C에게는 전치 2주일을 요하는 요부좌상을 입혔다. A는 특수상해죄로 기소되었다. A는 자신의 생명, 신체 및 사장님의 재물을 방위하기 위한 정당방위에 해당하여 범죄가 되지 않는다고 주장했다. A의 주장대로 정당방위에 해당하는가?

해설 우리 대법원이 다뤘던 실제사안을 약간 각색한 것이다(대법원판결 1993. 8. 24, 92도 1329). 위 사례를 읽다보면 늦은 밤 나이트클럽에서 흔히 벌어질 수 있는 광경을 눈앞에 선명하게 그려낼 수 있다. 그것의 본질은 '패싸움'일 것이다. 이런 사안은 실무상 아주 흔하다.

원심법원(제2심)은 A의 행위가 정당방위에 해당한다고 판결했다. 사건의 발생경위와 그 진행과정, 이 사건에 가담한 나이트클럽 종업원측과 피해자측의 각 인원수 및 상대방에 대한 폭행정도, 나이트클럽의 파손상태 등을 고려하면 A의 행위는 자기 또는 나이트클럽 사장의 법익에 대한 현재의 부당한 침해를 방위하기 위한 정당방위라는 것이다.

그러나 대법원은 A의 정당방위를 인정하지 않았다. 이유는 이렇다. "이 사건은 Y(사장)가 피해자 일행 중 1명의 뺨을 때린 데에서 비롯된 것으로 A의 행위는 피해자 일행의 부당한 공격을 방위하기 위한 것이라기보다는 서로 공격할 의사로 싸우다가 먼저 공격을 받고 이에 대항하여 가해하게 된 것이라고 봄이 상당하고 이와 같은 싸움의 경우 가해행위는 방어행위인 동시에 공격행위의 성격을 가지므로 정당방위 또는 과잉방위행위라고 볼 수 없다"는 것이다.

대법원은 이 사건의 본질을 '싸움'으로 판단하고 싸움의 경우에는 정당방위의 관념을 인정할 수 없다는 입장이다. 대법원은 오랫동안 이러한 입장을 견지해 왔다. 그러므로 쌍방간에 시비가 벌어져 싸움으로 이어졌다면 싸움의 발단이 된 위법행위가 어느 쪽에 먼저 있었든지 상관없이 쌍방 모두 위법한 범죄행위로서 판단됨을 면치 못하게 된다.

형법학자들도 통상적인 '싸움'의 경우에는 정당방위를 인정할 수 없다고 보는 것이 일반적이다. 다만 통상적인 싸움의 수단과 방법을 넘어 어느 한쪽이 권총, 생선회칼 등 생명, 신체에 극히 위험한 흉기를 사용하기 시작한 경우에는 그 상대방에게 정당방위를 인정할 수 있을 것이다.

[13] 사회상규에 위배되지 아니하는 행위

사 례 ≫ 모 방송국 가요담당 프로듀서 A는 직무상 알고 지내던 가수 매니저들로부터 "잘 봐달라"는 부탁을 받고 많게는 100만원 적게는 20만원 정도의 금품을 28회에 걸쳐 받았다. 검사는 A를 배임수재죄로 기소했다. 그러나 A는 가요담당 프로듀서가 평소 알고 지내던 가수 매니저들로부터 소액의 금품이나 선물을 받는 일은 방송계에서 일반화된 의례적인 것이기 때문에 범죄가 되지 않는다고 항변했다. A는 배임수재죄로 처벌되어야 하는가?

해설 배임수재죄(형법 제357조 제1항)란 타인의 사무를 처리하는 사람이 그 임무에 관하여 부정한 청탁을 받고 재물이나 재산상의 이익을 취득하는 범죄이다. 공무원 또는 중재인이 그 직무와 관련하여 재물이나 재산상의 이익을 받으면 수뢰죄(형법 제129조 제1항)가 되지만, 일반인의 경우는 이 범죄가 된다.

배임수재죄가 성립하려면 ① 타인의 사무를 처리하는 사람이, ② 그 임무에 관하여 부정한 청탁을 받고, ③ 이러한 청탁과 관련하여 재물이나 재산상의 이익을 취득하였어야 한다. 방송국에 소속되어 가요 프로그램의 제작, 연출 등의 사무를 처리하는 가요담당 프로듀서 A는, 방송법이 규정하고 있는 방송의 공적 책임수행과 그 내용의 공정성 및 공공성의 요청에 따라 방송국의 내규가 정하는 제한범위 내에서, 방송될 가요를 선곡하는 임무를 방송국으로부터 부여받은 자이기 때문에 '타인(방송국)의 사무를 처리하는 사람'에 해당한다. 그리고 가수매니저들로부터 "잘 봐달라"는 부정한 청탁을 받았고, 그러한 부탁과 관련하여 28회에 걸쳐 돈(재물)을 받았다. 따라서 A의 행위는 배임수재죄의 구성요건에 해당한다.

그러나 A가 주장하는 것처럼 방송국의 가요담당 프로듀서가 가수 매니저들로부터 "잘 봐달라"는 부탁과 함께 금품을 받는 것은 의례적인 것이라면, 형법 제20조의 '사회상규에 위배되지 않는 행위'로서 위법성이 조각되어 범죄로 되지 않을 것이다.

우리 대법원은 단호하게 이를 부정하였다(대법원판결 1991. 6. 11, 91도688). "방송 프로듀서가 직무상 알고 지내던 가수 매니저들로부터 많게는 100만원 적게는 20만원 정도의 금품을 28회에 걸쳐 받은 것을 가리켜 의례적이라거나 사회상규에 위반되지 아니한다고 할 수는 없다"고 잘라 말했다.

앞서 언급한 것처럼 '사회상규에 위배되지 않는 행위' 여부는 행위의 ① 동기와 목적의 정당성, ② 행위의 수단과 방법의 상당성, ③ 보호하려는 이익과 침해된 이익 사이의 균형성, ④ 긴급성, ⑤ 다른 수단 또는 방법이 없었을 것이라는 보충성 등을 종합 판단하여 합리적으로 결정하여야 한다. 위 사례에서 대법원은 행위동기와 목적의 정당성, 행위수단과 방법의 상당성 등의 관점에서 A에게 부정적인 평가를 내렸을 것이다. 이런 판단은 형법이론상 정당하다. 또 대법원으로서는 방송계의 고질적인 구조적 비리에 경종을 울려야 한다는 사회여론 및 형사정책적 고려를 외면하기 어려웠을 것이다.

[14] 책임조각사유와 책임감경사유

1. 형사미성년자(형법 제9조)

14세 되지 않은 사람이 형사미성년자이다. 형사미성년자의 행위는 책임비난이 배제되기 때문에 범죄로 되지 않는다. 다만 10세 이상 14세 미만의 촉법소년은 소년법에 따라 보호처분을 받을 수 있다.

2. 심신장애자(형법 제10조)

심신장애(정신장애)로 말미암아 사물을 변별할 능력이 없거나 의사를 결정할 능력이 없는 사람의 행위는 책임이 배제되기 때문에 범죄로 되지 않는다(심신상실자). 그러한 능력이 미약한 사람의 행위는 책임이 부분적으로 배제되어 형을 감경한다(심신미약자). 이러한 자들이 금고 이상의 형에 해당하는 죄를 범하고 재범의 위험성이 있다고 인정되는 경우에는 치료감호처분을 내릴 수 있다.

3. 농아자(형법 제11조)

농아자란 청각 및 언어발성기능에 모두 장애가 있는 사람을 말한다. 청각장애자(농자) 또는 언어장애자(아자)를 의미하는 것이 아니라, 청각장애자인 동시에 언어장애자인 사람을 지칭한다. 농아자의 행위는 형을 감경한다.

오늘날 청각장애자 및 언어장애자를 위한 조기교육이 일반화되면서 농아자라도 정상인과 마찬가지의 정신능력을 갖고 있는 경우가 많아졌다. 그래서 일부 형법학자들은 단지 농아자라는 이유만으로 형감경의 특혜를 주는 것은 문제가 있다고 지적한다.

4. 정당한 이유 있는 금지착오(형법 제16조)

금지착오란 자기행위의 사실적 측면은 정확하게 인식했지만 행위의 위법성을 모르거나 정당화된다고 믿은 착오를 말한다. 위법성의 착오 또는 법률의 착오라고도 부른다. 예컨대 간통현장에서는 간통남녀를 살해하는 것도 정당방위로서 위법성이 없다고 잘못 믿은 경우가 이에 해당한다.

금지착오의 경우는 자기행위의 불법성을 알지 못하거나 정당한 것으로 오인하고 있기 때문에 범죄로 나아가려는 것을 저지하는 반대동기가 형성되지 않는다. 그렇다고 모든 금지착오를 처벌하지 않을 수는 없다. 그래서 우리 형법은 금지착오에 '정당한 이유가 있는 때'에만 처벌하지 않는다고 규정하고 있다. 여기서 '정당한 이유가 있는 때'란 그 착오가 누구라도 어쩔 수 없었던 경우, 즉 회피불가능한 경우를 말한다. 앞서 언급한 사례, 즉 간통현장에서는 간통남녀를 살해해도 적법하다고 믿은 금지착오는 '정당한 이유'가 인정되지 아니한다.

5. 과잉방위(형법 제21조 제2, 3항), 과잉피난(형법 제22조 제3항), 과잉자구행위(형법 제23조 제2항)

과잉방위 및 과잉피난은 그 정황에 따라 면책됨으로써 형을 감경 또는 면제할 수 있거나, 야간과 같은 불안스러운 상태하에서 공포·경악·흥분·당황으로 인한 때에는 벌하지 않는다. 과잉자구행위도 그 정황에 의하여 형을 감경 또는 면제할 수 있다.

6. 강요된 행위(형법 제12조)

저항할 수 없는 폭력이나 자기 또는 친족의 생명, 신체에 대한 위해를 방어할 방법이 없는 협박에 의하여 강요된 행위는 면책됨으로써 벌하지 아니한다. 이런 비정상적인 상황하에서는 적법행위의 기대가 불가능하기 때문이다. 예컨대 방어할 방법이 전혀 없는 일가족몰살의 협박 때문에 형사재판의 증인으로서 위증을 한 경우이다.

7. 기대불가능성

기대불가능성이란 행위당시의 상황이 비정상적이기 때문에 행위자에게 적법행위를 할 것을 기대할 수 없는 것을 말한다. 형법은 행위자에게 가능한 것만을 요구할 수 있다.

형법전의 어느 곳에서도 '적법행위의 기대불가능성'이라는 표현은 발견할 수 없지만, 형법의 곳곳에서 기대불가능성을 고려하고 있음을 발견할 수 있다. 그러므로 형법에 규정은 없는 경우라도 상황에 따라 이론상 기대불가능성 또는 기대가능성의 감소를 이유로 면책을 인정할 수 있다.

예컨대 어린 아들이 집 앞에서 교통사고를 당했다는 소식을 들은 어머니가 경황중에 취사용 가스렌지를 소화하지 않고 뛰어나감으로써 실화죄(형법 제170조)를 범하게 된 경우는, 적법행위의 기대불가능성을 근거로 면책을 인정할 수 있다.

[15] 미수범(실행의 착수)

사 례 ≫ A는 어느 여름밤 2시 50분경 자기의 사촌여동생 X(18세)를 강간할 목적으로 X의 집에 담을 넘어 침입했다. A는 안방으로 들어가 자고 있던 X의 가슴과 엉덩이를 만지면서 강간하려고 하였으나 X가 "누구야!"하고 고함을 치는 바람에 그 목적을 이루지 못하고 도망치고 말았다. A는 강간미수죄가 되겠는가?

해설 이 사안을 제2심으로 다뤘던 부산고등법원은 A에게 강간미수죄(형법 제25조, 제29조, 제300조, 제297조)를 인정했다. 그러나 대법원은 원심판결을 깨뜨리고 강간미수죄를 인정하지 않았다(대법원판결 1990. 5. 25, 90도607). "강간죄의 실행의 착수가 있었다고 하려면 강간의 수단으로서 폭행이나 협박을 한 사실이 있어야 할 터인데 A가 강간할 목적으로 X의 집에 침입하였다 하더라도 안방에 들어가 누워 자고 있는 X의 가슴과 엉덩이를 만지면서 간음을 기도하였다는 사실만으로는 강간의 수단으로 피해자의 폭행이나 협박을 개시하였다고 하기에는 어렵다"는 것이 그 이유이다.

미수범이란 고의범죄의 실행에 착수했지만 구성요건해당적 결과가 발생하지 않은 경우를 말한다. 예컨대 사람을 살해할 고의로 총을 쏘았지만 빗나가서 그 사람을 명중시키지 못한 경우가 살인미수죄이다. 미수범이 성립하기 위해서는 그 행위가 당해 범죄의 실행의 착수로 인정되어야 한다. 실행의 착수 이전단계에서는 미수범이 될 수 없다. 단지 예비음모죄에 그칠 뿐이다.

형법은 예비음모죄를 극히 예외적으로만 처벌한다. 그러므로 범죄의 실행의 착수가 있었는지 여부는 어떤 행위를 처벌하느냐 마느냐를 결정하기 위한 경계선이 되는 셈이다. 이렇게 중요한 실행의 착수시기를 정하는 문제에 관해서 형법에는 규정이 없다.

실행의 착수시기를 정하는 표준과 관련하여 많은 학설이 있다. 다수 형법학자는 행위자의 표상에 따를 때, 보호되는 법익 또는 보호되는 객체에 대한 공격이 직접적으로 개시되는 시점이 실행의 착수시점이라고 본다. 어떤 시점이 여기에 해당하는가는 각 범죄의 특성 및 구체적인 상황에 따라 달라진다.

위 사례에서 A는 강간죄의 실행의 착수시점에 이르지 못했다고 판단하여야 마땅하다. 강간죄의 보호법익은 성교와 관련된 부녀의 '성적 자기결정의 자유'이다. 즉, 여성이 성행위와 관련해서 자유롭게 결정할 수 있도록 보호하자는 것이 강간죄의 보호법익이며, 이를 침해할 때 강간죄가 되고 법익침해의 직접적 위험이 있을 때 강간미수죄가 된다. A가 안방에 들어가 누워 자고 있는 X의 가슴과 엉덩이를 만지면서 간음을 기도했다는 것만으로는 X의 '성적 자기결정의 자유'에 대한 공격을 직접적으로 개시하였다고 보기 어렵다. 공격이 직접적으로 개시되었다고 하기 위해서는 강간죄의 수단인 폭행, 협박이 시작되었어야 한다. 대법원의 결론처럼, A는 강간죄의 실행의 착수에 이르지 못했으므로 강간미수죄로 처벌할 수 없다.

[16] 정범과 공범 그리고 공동정범

사 례≫ 여름 휴가철에 A, B, C는 미리 물색해 둔 부잣집에 침입하여 절도하기로 계획을 세웠다. 어느날 밤 1시경 A와 B는 집 안에 들어가서 재물을 훔쳐 집 밖으로 나왔다. 그 동안 C는 그 집 앞에서 승용차의 시동을 걸어 놓고 대기한 채 망을 보다가 A, B를 승용차에 태우고 도주하는 데 성공했다. 검사는 A, B, C 세 사람을 모두 야간주거침입절도죄의 공동정범으로 기소했다. 검사의 판단은 올바른 것일까?

해설 범죄구성요건은 한 사람이 실현하도록 예정되어 있다. 그러나 여러 사람이 함께 범죄를 실현하는 경우도 있기 때문에 형법총칙에서는 이에 관한 규정을 두고 있다. 이것이 공범규정이다.

일반 생활경험에 따르면, 여러 사람이 함께 범죄를 실현한 경우 범죄의 중심인물이 있고 주변인물이 있다고 생각할 수 있다. 범죄의 중심인물이 정범이고, 주변인물이 공범이다. 공범이론의 출발점은 정범과 공범을 어떻게 구별할 것인가이다.

정범과 공범의 구별기준에 관해서 형법학자들 사이에 논란이 있지만, 오늘날 유력한 견해에 따르면 '범행지배' 유무로 정범과 공범을 구별한다. 즉, 범행을 지배한 사람이 정범이고, 범행지배 이외의 방법으로 범행에 가담한 사람은 공범(교사범, 종범)이라는 것이다. 범행의 지배자란 범행의 경과를 자기의 손 안에 장악하고 있는 사람이다. 범행경과를 손 안에 장악하고 있다고 하기 위해서는 ① 범행을 할 것인지 말 것인지를 결정할 지위에 있고, ② 범행의 수단 또는 방법의 중요부분을 결정할 지위에 있어야 한다.

이제 사례를 평가할 수 있는 기본지식이 생겼을 것이다. A, B, C 가운데 누가 범행지배자인가. A, B만이 범행지배자인가, 아니면 A, B, C 모두가 공동으로 범행지배자인가. 위 사례의 A, B는 마치 수중발레에서 한 사람이 동작하는 것처럼 야간주거침입절도죄(형법 제330조)를 실현한 것으로 묘사되어 있다. A, B가 야간주거침입절도죄의 범행지배자로서 공동정범이라고 평가함에는 문제가 없다.

C는 어떨까. 만일 C도 범행지배자라고 한다면 A, B, C는 모두 야간주거침입절도죄의 공동정범이 될 것이다. 그렇지 않다면 A, B만 야간주거침입절도죄의 공동정범이 되고 C는 그 종범이 될 것이다. 눈앞에 강도현장을 그리면서 생각해 보자. 사전계획에 따라 C는 A, B가 집 안에 들어가 물건을 훔쳐 나오는 동안 집 밖에서 승용차의 시동을 걸어놓고 망을 보았다. C의 행위는 외부의 방해자(경찰관, 행인)가 있을 때 이를 집 안의 A, B에게 알리거나, 스스로 이를 격퇴함으로써 동료들이 안심하고 범행을 끝낼 수 있도록 하는 임무를 담당하고, 나아가 범행종료 후 현장으로부터 신속히 도주할 수 있는 수단을 확보하려는 것이다. 이는 방조행위를 넘는다. 왜냐하면 C의 승용차 대기와 망보는 행위 없이는 A, B의 절도를 생각할 수 없기 때문이다. A, B, C는 분업의 원리에 따라 각기 맡은 역할분담 부분을 기능적으로 나누어 수행함으로써 공동으로 범행의 여부와 방법을 지배하였다(기능적 범행지배). A, B, C는 모두 범행지배자로서 야간주거침입절도죄의 공동정범이 된다.

[17] 교사범과 종범

교사범은 다른 사람으로 하여금 범죄를 결심하게 만들어 그 범죄를 실행하게 한 사람이다. 형법 제31조 제1항에 따르면 교사범은 정범과 동일한 법정형으로 처벌된다.

종범(방조범)은 정범을 방조한 사람이다. 형법 제32조는 종범의 형을 정범의 형보다 감경한다고 규정하고 있다. 종범이 정범의 범행을 방조하는 방법에는 제한이 없다. 범행도구의 제공, 범행기회의 제공, 범행자금의 지원 등 물질적 방법은 물론이고 조언이나 격려와 같은 정신적 방법도 가능하다.

[18] 선고유예와 집행유예

1. 선고유예

선고유예란 행위자에게 유죄가 인정되지만 일정한 요건하에 형벌선고를 유예하고 2년 동안 아무 일 없이 지낸 때에는 면소된 것으로 보는 제도를 말한다. '면소된 것으로 본다'는 것은 형사재판 자체가 없었던 것으로 본다는 의미이다. 당연히 전과자로도 되지 않는다. 흔히 사람들은 선고유예를 "판사님이 용서해줬다"고 말한다.

법관이 선고유예를 할 수 있는 요건은 ① 범죄가 경미할 것(1년 이하의 징역이나 금고, 자격정지 또는 벌금의 형을 선고할 경우일 것), ② 개전의 정이 뚜렷할 것, ③ 자격정지 이상의 형벌을 받은 전과가 없을 것이다(형법 제59조 제1항).

선고유예기간은 2년이다. 선고유예를 받은 사람이 2년 동안 자격정지 이상의 형벌을 받지 않고 경과한 때에는 면소된 것으로 본다(형법 제60조). 그러나 2년 동안에 자격정지 이상의 형벌이 확정되거나 자격정지 이상의 형벌을 받은 전과가 드러난 때에는 유예했던 형벌을 다시 선고하게 된다(형법 제61조 제1항). 그러므로 선고유예 기간 중에 있는 사람은 모든 일에 각별히 조심하면서 생활해야 한다.

2. 집행유예

집행유예란 형벌을 선고하되 일정기간 동안 그 형벌집행을 유예하고 아무 일 없이 유예기간을 지낸 때에는 형벌선고의 효력을 잃게 하는 제도를 말한다.

집행유예는 형벌의 집행을 유예하는 것이므로 곧바로 사회에 복귀하게 된다. 또 '형벌선고의 효력을 잃는다'는 것은 애당초 형벌선고가 없었던 것으로 되는 것이므로, 형벌집행을 할 수 없음은 물론이고 당연히 전과자로 되지도 않는다는 것을 의미한다.

법관이 집행유예를 선고할 수 있는 요건은 ① 3년 이하의 징역 또는 금고의 형벌을 선고할 경우일 것, ② 정상에 참작할 만한 사유가 있을 것, ③ 금고 이상의 형이 확정된 때부터 그 집행을 종료하거나 면제된 후 3년까지의 기간에 범한 죄가 아닐 것이다(형법 제62조 제1항).

집행유예 기간은 1년 이상 5년 이하의 사이에서 법관이 정한다(형법 제62조 제1항). 판결문에는 "피고인을 징역 1년 6월에 처한다. 단 그 형의 집행을 3년간 유예한다"라는 식으로 표현한다. 집행유예의 선고를 받은 사람이 유예기간 동안 금고 이상의 형벌을 받지 않고 경과한 때에는 형의 선고는 그 효력을 잃는다(형법 제65조). 그러나 집행유예기간 중 고의로 범한 죄로 금고 이상의 형벌을 받게 되면 집행유예의 선고는 효력을 잃게 된다(형법 제63조). 그러면 새로 확정된 형벌을 집행하는 것은 물론이고 유예되었던 형벌까지 집행하게 된다. 집행유예기간 중에 있는 사람은 모든 일에 각별히 조심하면서 생활해야 한다.

[19] 입사시험과 전과기록

사 례 ≫ A는 사소한 시비 끝에 B를 폭행한 죄로 2002년 3월에 벌금 30만원을 선고받고 납부한 적이 있다. 이제 28세의 청년으로 어느 기업체의 입사시험을 앞두고 있는 A는 몹시 불안하다. 사람들이 "호적에 빨간 줄 올라갔다"고 말하듯이 호적에 전과기록이 남아 있고, 또 이것이 신원조회 과정에서 드러나 입사시험에 불합격되지 않을까 두렵기 때문이다. A는 철없던 20대 초반에 한 번 실수한 것이 이렇게 큰 짐이 될 줄은 몰랐다. A의 걱정은 사실일까?

해설 전과기록은 형의실효등에관한법률에 의하여 관리된다. 전과기록이란 수형인명부, 수형인명표 및 범죄경력자료를 총칭하는 것이다.

수형인명부는 자격정지 이상의 형을 받은 수형인을 기재한 명부로서 검찰청 및 군검찰부에서 관리한다. 수형인명표는 자격정지 이상의 형을 받은 수형인을 기재한 명표로서 수형인의 등록기준지 시·구·읍·면사무소에서 관리한다. 범죄경력자료는 수사자료표(수사기관이 피의자의 지문을 채취하고 피의자의 인적사항과 죄명 등을 기재한 표로서 전산입력되어 관리되거나 자기테이프, 마이크로필름 그 밖에 이와 유사한 매체에 기록·저장된다) 가운데 벌금 이상의 형의 선고·면제 및 선고유예, 보호감호·치료감호·보호관찰, 선고유예의 실효, 집행유예의 취소, 벌금 이상의 형과 함께 부과된 몰수·추징·사회봉사명령·수강명령 등의 선고 또는 처분 등에 관한 자료를 말하며 경찰청에서 관리한다(형의실효등에 관한법률 제2조).

전과기록은 호적부와는 관계가 없다. 항간에서 말하듯이 “호적에 빨간 줄 올라가는” 일은 없다. 또 수형인명부와 수형인명표는 자격정지 이상의 형을 선고받은 사람만을 대상으로 하기 때문에 벌금형을 선고받은 사실은 수형인명부와 수형인명표에 기재되지 않는다. 따라서 A가 염려하듯이 호적열람시 벌금형의 전과기록이 발견된다든지 등록기준지 시·구·읍·면 사무소에서 발행하는 신원증명서에 벌금형 전과사실이 기재되는 일은 있을 수 없다. A는 안심해도 좋다.

경찰청에서 관리하는 범죄경력자료에는 A의 지문을 채취하고 필요한 사항을 기재한 기록이 남아 있다. 그러나 범죄경력자료는 경찰청이 범죄수사 및 재판을 위해서 보관·활용하는 문서이기 때문에 일반인에게 공개되지 않는다. 범죄경력조회 및 그 회보는 범죄수사와 재판, 형의 집행 등 법령으로 정한 경우에만 할 수 있으며, 범죄경력자료를 관리하는 사람 또는 범죄경력조회를 하는 사람은 그 내용을 누설하지 못하도록 되어 있고, 법령에 정한 용도 외에는 이를 사용할 수 없도록 규정되어 있을 뿐만 아니라, 이러한 제한에 위반되는 행위를 한 때에는 처벌받도록 규정되어 있다(같은 법 제6조, 제10조).

따라서 A가 염려하듯이 사기업체의 인사담당자가 A의 범죄경력을 알아낼 수는 없을 것이다. A는 안심하고 기업체의 입사시험에 응시하기 바란다. 다만, 범죄경력조회 및 그 회보는 「국가정보원법」 제3조 제2항에 규정에 따른 보안업무에 관한 대통령령에 근거하여 신원조사를 하는 경우, 각군 사관생도의 입학 및 장교의 임용에 필요한 경우, 병역의무의 부과와 관련하여 현역병 및 사회복부요원의 입영에 필요한 경우, 공무원임용, 인가·허가, 서훈, 대통령표창, 국무총리표창 등의 결격사유 또는 공무원연금 지급제한사유 등을 확인하기 위하여 필요한 경우 등에도 허용된다(같은 법 제6조). 차후 A가 원하는 인생의 목표를 차질 없이 이루기 위해서는 이 점을 항상 염두에 두고 매사에 조심해서 생활해야 한다.

[20] 사소한 시비와 폭행죄

사 례 ≫ A는 옆집의 B와 주차시비 끝에 몸싸움을 벌였다. A는 B의 멱살을 잡고 벽에 밀어 붙이기는 했지만 주먹이나 발로 가격한 기억은 없었다. 그런데 며칠 후 관할경찰서에서 폭행죄로 조사할 것이 있으니 출두하라는 통지가 왔다. 알고 보니 B가 폭행죄로 고소한 것이었다. A는 폭행죄에 해당하는가?

해설 폭행죄(형법 제260조 제1항)는 사람의 신체를 폭행하는 범죄이다. 폭행은 사람의 신체에 대한 유형력의 행사이다. 유형력은 사람의 신체에 향한 것이면 족하기 때문에 사람의 신체에 명중하지 않아도 무방하다. 빰을 때리거나 주먹으로 가격하는 것은 물론이고, 의복을 잡아끄는 것 또는 빗나간 돌팔매질도 폭행이다. A는 B의 멱살을 잡고 벽으로 밀어 붙이는 방법으로 B의 신체에 대해서 유형력을 행사한 이상 폭행죄에 해당한다.

폭행죄는 피해자의 명시된 의사에 반해서는 처벌될 수 없는 범죄이다(반의사불벌죄). A가 폭행죄로 인한 처벌을 면하려면 피해자 B와 합의하여 처벌을 원하지 않는다는 서면(합의서)을 수사기관에 제출해야 한다. 합의서가 제출되지 않으면 약식절차(서면심리만으로 벌금, 과료 또는 몰수를 과하는 절차)에 의해서 벌금형이 선고되는 것이 통상적이다.

[21] 강 간 죄

사 례 ≫ 남학생 A는 여학생 B를 간음할 계획을 세웠다. A는 몰래 B의 커피잔에 수면제를 타 먹여 잠들게 한 다음 여관으로 업고 가서 간음했다. A에게 강간죄가 성립하는가?

해설 강간죄(형법 제297조)는 폭행 또는 협박으로 부녀를 강간하는 범죄이다. 강간죄에서의 폭행 또는 협박은 피해자의 반항을 완전히 제압하거나 현저하게 곤란하게 할 정도의 것임을 요한다. A는 이런 정도의 폭행 또는 협박으로 B를 강간한 것일까.

A는 부녀 B가 모르게 수면제를 먹게 함으로써 B의 신체에 대하여 유형력

을 행사했다. 즉, B를 폭행한 것이다. 왜냐하면 수면제의 신체생리적인 작용이 바로 신체에 대한 유형력의 행사(폭행)에 해당하기 때문이다. 그리고 그 폭행은 피해자인 B의 반항을 완전히 제압하거나 현저하게 곤란하게 할 정도의 것이었다. A는 이렇게 항거불능의 상태 속에 있는 B를 간음했다. 따라서 A에게는 강간죄가 성립한다.

[22] 준강간죄

사 례≫ 직장여성 B는 회사의 송년모임에서 다량의 술을 마시고 정신을 잃었다. 다음날 아침 B가 정신을 차려보니 직장상사 A와 나란히 호텔방의 침대에 누워있음을 발견하고 자기가 A와 성관계를 맺은 사실을 알게 되었다. B는 어떻게 자기가 호텔에 왔는지 그 후에 어떤 일이 일어났는지 전혀 기억하지 못했다. A의 말에 따르면, A가 자기를 호텔로 업고 왔으며 성관계를 맺을 때에도 전혀 반항하지 않았다고 했다. B는 억울해서 A를 형사고소하려고 한다. A는 어떤 죄에 해당할까?

해설 준강간죄(형법 제299조)는 심신상실 또는 항거불능의 상태를 이용하여 부녀를 간음하는 범죄이다. 폭행 또는 협박을 가하여 부녀를 심신상실 또는 항거불능 상태로 만들고 이를 이용하여 간음했으면 강간죄가 된다. 그러나 행위자가 폭행 또는 협박하지 않았음에도 불구하고 부녀 스스로 심신상실 또는 항거불능 상태에 빠진 경우에 이 상태를 이용하여 간음했으면 준강간죄가 된다.

준강간죄에서는 폭행 또는 협박이 있음을 요하지 않는다. 예컨대 스스로 만취하여 정신을 잃은 여자, 스스로 수면제를 복용하고 깊은 잠에 빠진 여자, 최면상태에 있는 여자, 다른 사람에 의해서 이미 포박되어 있는 여자 등이 '심신상실 또는 항거불능의 상태에 있는 부녀'에 해당한다.

A는 다량의 술을 마시고 정신을 잃고 있는 B를 간음했다. 따라서 비록 A가 폭행 또는 협박의 수단을 사용하지 않았을지라도 B의 '심신상실 또는 항거불능의 상태'를 이용하여 그녀를 간음한 이상 준강간죄를 면치 못한다.

[23] 13세 미만자 의제강간죄

사 례 ≫ 만화 및 DVD 대여점을 경영하는 A는 가끔 만화를 빌리러 오는 여중학생 B(만 12세)와 친해졌다. A가 노골적인 성적 농담을 던지고 신체적 접촉을 시도하여도 어린 B는 마냥 좋아하는 눈치였다. 결국 A는 B의 동의하에 성관계를 맺고 말았다. 수 개월에 걸쳐 이러한 성관계를 계속하던 중 B의 부모가 이 사실을 알게 되었다. B의 부모는 A를 처벌하고 싶다. A에게 어떤 죄가 성립할까?

해설 13세 미만의 사람을 간음하면 '의제강간죄'가 성립한다(형법 제305조). '의제강간죄'라고 부르는 이유는 비록 13세 미만자의 동의가 있는 경우라도 강간죄의 예에 따라 처벌되기 때문이다.

우리 형법은 13세 미만인 자에게는 성교에 관한 자기결정권을 주지 않았기 때문에, 13세 미만인 자를 간음한 사람에 대해서는 동의 여부를 불문하고 강간죄의 예로서 처벌한다. 13세 미만인 사람은 성적으로 미숙하고 성교와 관련된 자기결정권을 행사할 수 있는 판단능력이 부족하기 때문에 이러한 처벌규정을 두고 있다.

A는 어린 소녀 B(만 12세)의 동의 또는 적극적인 유혹이 있었더라도 13세 미만자에 대한 의제강간죄를 면치 못한다.

[24] 성폭력특별법 위반죄(지하철의 치한)

사 례 ≫ 직장여성 B는 지하철로 출퇴근하는 일이 고역이다. 콩나물시루처럼 빽빽한 승객 틈에서 파김치가 되는 것은 어쩔 수 없다 하더라도, 야비한 치한들의 손길은 정말 참기 어려웠다. 어느날 출근길 지하철 안에서 B녀는 남자 A가 추근거리는 것을 느꼈다. 간신히 몸을 빼내서 옆으로 비켜섰지만 A는 여전히 따라 붙으면서 B녀의 몸을 더듬었다. 마침내 A는 B녀의 스커트 안에까지 손을 넣으려고 하였다. 화가 치민 B녀는 승객들의 도움을 얻어 A를 경찰관에게 넘겼다. A는 어떤 죄에 해당할까?

해설 A는 성폭력범죄의처벌등에관한특례법 위반죄에 해당한다(공중밀집장소 추행죄, 같은 법 제11조). 보통 줄여서 '성폭력특별법'이라고 부른다. 성폭력특별법 제11조에 따르면 대중교통수단, 공연 · 집회장소 그 밖에 공중이 밀집하는 장소에서 사람을 추행한 사람을 1년 이하의 징역 또는 300만원 이하의 벌금에 처하도록 하고 있다.

1980년대 이후 성범죄가 급증하고, 가족면전의 강도강간(소위 가정파괴사범), 여성의 인신매매 등 성폭력사범이 심각한 양상으로 전개되었다. 1990년대에 접어들어서는 어린 시절의 성범죄 가해자를 살해한 김부남 여인 사건, 의붓아버지의 성적 학대를 견디다 못해 살해한 보은이·진관이 사건 등이 성폭력범죄의 심각성을 널리 알릴 수 있는 계기로 작용했다. 민간여성단체들을 중심으로 성폭력특별법의 제정을 위한 연대 움직임이 일었고, 1992년 대통령선거를 앞둔 시점에서 각 정당은 여성표를 의식하여 성폭력특별법의 제정을 선거공약의 하나로 제시하였다. 위 성폭력특별법은 1993. 12. 17. 국회를 통과하고 1994. 4. 1.부터 시행되고 있다. 성폭력특별법에는 친족관계의 강간(강제추행), 장애인에 대한 강간(추행), 13세 미만 부녀에 대한 강간(강제추행), 업무상 위력에 의한 추행, 통신매체이용음란행위 등을 가중 처벌하는 규정을 두고 있다.

[25] 성폭력특별법 위반죄(소위 '몰카')

사 례 ≫ A는 목욕탕의 여자탈의실에 몰래 카메라(소위 '몰카')를 설치하고 B녀를 비롯한 다수 여성의 나체를 동영상으로 촬영하여 그 파일을 인터넷 사이트에 올렸다. B는 자신의 나체가 촬영된 동영상이 인터넷에 떠도는 것을 발견하고 경악했다. B녀는 A를 처벌하고 싶다. A는 어떤 죄에 해당할까?

해설 A에게는 성폭력특별법 위반죄가 성립한다. 성폭력특별법 제14조는 카메라 그 밖에 이와 유사한 기능을 갖춘 기계장치를 이용하여 성적 욕망 또는 수치심을 유발할 수 있는 다른 사람의 신체를 그 의사에 반하여 촬영하거나 그 촬영물을 반포·판매·임대·제공 또는 공연하게 전시·상영한 자는 5년 이하의 징역 또는 1천만원 이하의 벌금에 처하도록 규정하고 있다.

만약 A가 영리목적으로 그 동영상을 정보통신망(인터넷)에 유포시켰다면, 7년 이하의 징역 또는 3천만원 이하의 벌금으로 가중 처벌된다(같은 법 같은 조 제3항).

[26] 경고와 공갈죄

사 례≫ 무속인 A는 B에게 "아들이 자동차를 운전하면 교통사고가 나 크게 다치거나 죽거나 하게 된다. 조상천도를 하면 교통사고를 막을 수 있고 B도 아픈 곳이 낫고 사업도 잘 되고 모든 것이 잘 풀려 나간다. 조상천도비용으로 1천만원을 내라"고 말하고, 만일 B가 조상천도를 하지 아니하면 B와 그의 가족의 생명과 신체에 어떤 위해가 발생할 것처럼 겁을 주었다. 이에 A는 외포된 B로부터 1천만원을 건네받아 이를 갈취하였다. A는 공갈죄에 해당할 것인가?

해설 천재지변이나 길흉화복의 도래를 고지하고, 공포심이 생긴 상대방으로부터 재물을 교부받은 때에도 공갈죄가 성립하는지가 문제된다. 공갈죄(형법 제350조)는 사람을 공갈하여 재물을 교부받거나 재산상의 이익을 취득하는 범죄이다. 공갈죄가 성립하기 위해서는, 재물 또는 재산상의 이익을 얻기 위해서 폭행 또는 협박을 통해 상대방에게 공포심을 일으키고 그로 인해 상대방으로 하여금 처분행위를 하게 함으로써 재물 또는 재산상의 이익을 취했어야 한다. 여기서 폭행이란 사람에 대한 일체의 유형력의 행사를 말한다(광의의 폭행). 그리고 협박은 사람에게 공포심을 생기게 하는 해악의 고지로서 상대방이 현실적으로 공포심을 느낄 수 있는 것이라야 한다(협의의 협박). 고지된 해악은 현재 또는 장래의 사항도 무방하며, 그 내용은 제한이 없다. 상대방이 공포심을 가지고 재물교부 또는 재산처분을 하게 할 수 있으면 협박이 되며, 고지 내용이 반드시 위법한 것임을 요하지 않는다.

공갈죄가 성립하기 위해서는 ① 행위자가 고의로 공갈행위를 하였을 것, ② 그 공갈행위에 의해서 상대방이 공포심을 일으켰을 것, ③ 공갈당한 사람이 그 공포심으로 말미암아 재물 또는 재산상의 이익을 처분했을 것, ④ 처분행위로 인하여 피해자는 손해를 입었고 행위자는 재물 또는 이익을 얻었을 것 등이다. 이러한 요건은 순차적으로 인과관련 속에서 충족되어야 한다. A의 행위에 위와 같은 요건을 적용해 보면 무리 없이 충족시킬 것 같다는 인상을 받게 된다.

다만 A가 조상천도제를 지내지 않으면 좋지 않은 일이 생긴다는 취지의 해악의 고지를 한 것이 공갈죄의 수단으로서 협박으로 평가될 수 있는지는 좀 생각해 볼 문제이다. 왜냐하면 고지한 해악의 도래에 대하여 A가 영향을 미칠 수 없기 때문이다.

위 사례를 우리 대법원은 "공갈죄의 수단으로써의 협박은 객관적으로 사람의 의사결정의 자유를 제한하거나 의사실행의 자유를 방해할 정도로 겁을 먹게 할 만한 해악을 고지하는 것을 말하고, 그 해악에는 인위적인 것뿐만 아니라 천재지변 또는 신력이나 길흉화복에 관한 것도 포함될 수 있으나, 다만 천재지변 또는 신력이나 길흉화복을 해악으로 고지하는 경우에는 상대방으로 하여금 행위자 자신이 그 천재지변 또는 신력이나 길흉화복을 사실상 지배하거나 그에 영향을 미칠 수 있는 것으로 믿게 하는 명시적 또는 묵시적 행위가 있어야 공갈죄가 성립한다"고 하고, "조상천도제를 지내지 아니하면 좋지 않은 일이 생긴다는 취지의 해악의 고지는 길흉화복이나 천재지변의 예고로서 행위자에 의하여 직접, 간접적으로 좌우될 수 없는 것이고 가해자가 현실적으로 특정되어 있지도 않으며 해악의 발생가능성이 합리적으로 예견될 수 있는 것이 아니므로 협박으로 평가될 수 없다"고 하였다(대법원 판결 2002. 2. 8. 2000도3245).

따라서 천재지변이나 길흉화복의 고지가 단순한 경고에 그친 때에는 해악의 고지라 할 수 없다. 사례에서 A는 자신이 고지한 길흉화복의 도래에 대하여 사실상 지배하거나 영향을 미칠 수 없으므로 공갈죄가 성립하지 않는다.

[27] 가전제품 할부구입과 횡령죄

사 례 ≫ A는 가전제품 대리점에서 12개월 할부조건으로 냉장고를 구입했다. 그로부터 며칠 후 호주로 이민을 떠나는 친척으로부터 대형냉장고 1대를 선물받았기 때문에 새로 구입한 냉장고는 쓸모가 없어졌다. A는 할부기간이 끝나기 전에 그 냉장고를 중고품점에 내다 팔았다. 그리고 3개월 분의 할부대금 납입을 연체하였다. 대리점 직원이 A의 집을 방문하여 연체된 할부대금의 납입을 독촉하다가 냉장고를 팔아 버린 것을 알고는 횡령죄로 고소하겠다고 했다. A는 정말 횡령죄를 범한 것일까? 그 대리점 직원의 말에 따르면 A가 할부대금 잔액을 모두 변제하더라도 횡령죄를 면치 못할 것이라고 하는데 이 말이 사실일까?

해설 횡령죄(형법 제355조 제1항)는 타인의 재물을 보관하는 사람이 그 재물을 횡령하거나 반환을 거부함으로써 성립하는 범죄이다. 횡령죄의 대상은 '행위자가 보관하는 타인의 재물'이다. 위 사례에서 냉장고는 행위자 A가 보관하고 있는 재물임에는 의심의 여지가 없다. 문제는 그 냉장고가 타인의 소유에 속하는 재물인가이다. 할부매매된 냉장고는 할부대금의 완납시까지 누구의 소유에 속하는 것일까.

할부매매된 물건의 소유권이 할부대금 완납시까지 누구에게 속하는지는 할부매매약관에 의해서 정해진다. A는 이러한 약관이 붙은 할부매매계약서에 도장을 찍었을 것이다(대부분의 사람들은 깨알같이 인쇄된 약관내용을 꼼꼼하게 읽어보지 않는다). 가전제품의 할부매매약관에는 할부대금의 완납시까지 매도인(대리점 주인)이 소유권을 가지고 있다가 할부대금의 완납과 동시에 그 소유권이 매수인(A)에게 넘어가는 것으로 정하고 있는 것이 보통이다.

부동산 같으면 저당권을 설정해서 담보를 잡아둘 수 있지만 가전제품과 같은 동산은 (등기부가 없기 때문에) 그럴 수가 없고, 그렇다고 냉장고 한 대 팔면서 보증인을 세우라고 하는 것도 고객에게 거부감을 줄 수 있기 때문에, 위와 같은 할부매매약관에 의해서 할부대금의 완납시까지 매도인(대리점 주인)이 소유권을 유보할 필요가 있는 것이다.

그러므로 보통의 경우라면 할부매매약관에 따라 할부대금의 완납시까지는 대리점 주인이 그 냉장고의 소유자이다. A는 할부대금의 완납 전에 '타인의 소유에 속하는 자기가 보관하는 재물'을 처분함으로써 그 매각대금을 영득했다. 따라서 A는 횡령죄를 면치 못한다. 그리고 대리점 직원의 말처럼 이제 A가 할부대금 잔액을 모두 변제하더라도 횡령죄가 성립함에는 영향이 없다. 이미 성립한 범죄는 범죄 후의 사정변화에 따라 범죄성립 자체가 달라질 수 없기 때문이다. 절도범인이 죄를 뉘우치고 절취물을 피해자에게 돌려주었다 하더라도 절도죄의 성립 자체에는 영향이 없는 것과 같은 이치이다.

A는 냉장고를 구입할 때 할부매매약관을 세심하게 읽고 할부대금의 완납시까지는 그 냉장고가 타인의 소유물이라는 것을 안 다음, 이에 유념해서 행위하였어야 했다.

[28] 착오로 송금된 금전의 소비와 횡령죄

사 례 ≫ A는 인터넷 뱅킹을 하다가 자신의 예금통장에 1억원이 입금된 것을 발견했다. 송금인이 전혀 모르는 사람인 것으로 보아 착오로 입금된 돈으로 생각되었다. A는 은행에 전화하여 입금자를 확인하여 되돌려 줄까도 생각했으나, 연체된 신용카드대금의 독촉도 있고 우선 쓰고 보자는 생각에 해당 돈을 인출하여 소비하였다. 이후 A에게 잘못 송금한 B가 은행을 통해 A를 찾아내어 횡령죄로 고소하였다. A는 횡령죄로 처벌되는가?

해설 횡령죄(형법 제355조 제1항)는 타인의 재물을 보관하는 사람이 그 재물을 횡령하거나 반환을 거부함으로써 성립하는 범죄이다. 횡령죄의 보관은 위탁관계에 의한 것임을 요한다. 따라서 타인의 점유를 떠나 우연히 자신의 점유에 귀속하게 된 재물을 영득한 경우에는 점유이탈물횡령죄가 성립한다. 점유이탈물횡령죄(형법 제360조 제1항)는 유실물·표류물·매장물 기타 타인의 점유를 이탈한 재물을 횡령하는 범죄이다. 위탁에 의한 신임관계의 배반을 내용으로 하지 않는다는 점에서 횡령죄와 그 성질을 달리하는 독립된 범죄이다.

횡령죄에서의 위탁관계는 사용대차·임대차·위임·임치·고용 등의 계약이나 사무관리·후견 등의 법률의 규정, 나아가 조리·신의칙에 의해서도 발생할 수 있다(통설, 판례).

위 사례에서 A와 B사이에 아무런 위탁관계가 존재하지 않는다고 보면 점유이탈물횡령죄가 성립할 수 있다. 잘못 입금된 돈을 인출하는 행위는 위탁관계에 의하지 아니하고 자신의 점유에 들어온 재물을 영득하는 경우라 할 수 있다. 사례처럼 원인 없이 자신이 보관하게 된 타인의 재물은 점유이탈물횡령죄에서의 '타인의 점유를 이탈한 재물'에 해당하기 때문이다.

그러나 우리 대법원은 위 사례처럼 잘못 송금된 돈을 임의로 소비한 실제 사안에서 "어떤 예금계좌에 돈이 착오로 잘못 송금되어 입금된 경우에는 그 예금주와 송금인 사이에 신의칙상 보관관계가 성립한다고 할 것이므로, 피고인이 송금 절차의 착오로 인하여 피고인 명의의 은행 계좌에 입금된 돈을 임의로 인출하여 소비한 행위는 횡령죄에 해당하고, 이는 송금인과 피고인 사이에 별다른 거래관계가 없다고 하더라도 마찬가지이다"라고 하였다(대법원판결 2010. 12. 9, 2010도891).

사례에서 자신의 예금통장에 잘못 송금된 1억원을 임의로 인출하여 소비한 A는 민사상 부당이득반환의무를 지는 것은 별론으로 하고 형사상 횡령죄가 성립한다.

[29] 부동산이중매매와 배임죄

사 례 ≫ A는 2006년 3월 1일 자기 소유의 빌딩을 B에게 3억 5천만원에 매각하면서 계약금조로 3천만원을 받았다. 같은 해 3월 15일 A는 B로부터 중도금으로 1억 2천만원을 받았다. 그런데 C가 5억원을 줄터이니 그 건물을 자기에게 매도하라고 청했다. A는 이미 받은 중도금에 계약금의 배액인 6천만원을 합한 금액을 돌려주고 B와의 매매계약을 해약하더라도 C에게 파는 쪽이 유리하다고 판단했다. 그래서 같은 해 3월 30일 A는 C에게 그 건물을 매각하면서 그 매매대금 5억원을 일시불로 받고 소유권이전등기에 필요한 서류를 C에게 넘겨주었다. C는 같은 해 4월 3일 자기 앞으로 소유권이전등기를 마쳤다. B는 이중매매 사실을 알게 되자 A를 배임죄로 고소하여 처벌받게 하겠다고 펄펄 뛰었다. A의 행위는 배임죄에 해당하는 것일까?

해설 배임죄(형법 제355조 제2항)는 타인의 사무를 처리하는 사람이 그 임무에 위배되는 행위로써 재산상의 이익을 취득하는 범죄이다. 배임죄가 성립하기 위해서는 타인의 사무를 처리하는 사람이 그 임무에 위배되는 행위를 하였어야 한다. A는 '타인의 사무를 처리하는 사람'인가.

매도인 A가 매매계약을 체결하고 계약금만 받고 있는 2006년 3월 1일부터 같은 해 3월 14일까지는 언제든지 계약금(해약금)의 배액인 6천만원을 돌려주고 매매계약을 해제할 수 있다. 이런 경우 계약금은 약정해제권을 유보한 해약금이기 때문이다. B는 3천만원을 포기함으로써 매매계약을 해제할 수 있고 A는 그 배액인 6천만원을 돌려줌으로써 매매계약을 해제할 수 있다. 이 단계에서는 A는 '타인(B)의 사무를 처리하는 사람'이 아니다.

그러나 중도금이 오고 간 3월 15일부터는 이미 매매계약의 이행에 들어간 것이기 때문에 A가 일방적으로 매매계약을 해제할 수 없다. A에게는 매매계약의 내용에 좇아 B의 소유권취득에 협력할 신의칙상의 신임관계가 발생한다. 이때부터 A는 B의 소유권취득을 방해하지 않고 협력해야 할 사무, 즉 '타인(B)의 사무를 처리하는 사람'이 된다.

그럼에도 불구하고 3월 30일 A는 C에게 그 건물을 이중매도하여 같은 해 4월 3일 C로 하여금 소유권이전등기를 마치게 함으로써 '그 임무에 위배되는 행위'를 하였고, 그로 인해서 B에게는 그 매매계약에 의한 소유권취득을 불가능하게 만드는 손해를 발생시켰으며 A 자신은 '재산상의 이익'을 얻었다. A는 배임죄를 면치 못한다. A가 B로부터 중도금을 받고도 여전히 B와의 매매계약을 해제할 수 있다고 믿은 것은 중대한 착각이었다.

[30] 동업관계와 무고죄

사 례 ≫ 중장비 대여업자 A와 B는 서로 동업할 것을 약속했다. 동업에 필요한 입출금은 B 명의의 은행구좌를 이용하고 그 입출금 사무는 B가 관리하되, 그 은행구좌에서 인출할 때에는 A, B 두 사람의 합의가 있어야 한다고 약정했다. 그런데 B는 A의 동의를 얻지 않고 단독으로 3차례에 걸쳐 1천 5백만원을 인출해서 개인적인 용도에 사용했다. 이를 알게 된 A는 B를 횡령죄로 고소하였다. 그러나 B는 "A가 3 차례의 인출에 모두 동의하고도 동업이익을 독차지하기 위해서 나를 고소했다"고 주장하면서 A를 무고죄로 맞고소했다. A는 무고죄에 해당할 것인가?

해설 횡령죄(형법 제355조 제1항)란 타인의 재물을 보관하는 사람이 그 재물을 횡령하거나 반환을 거부함으로써 성립하는 범죄이다. B가 보관·관리하고 있는 예금채권은 A, B의 공동소유에 속하는 것이기 때문에 B에게는 자기의 재물이면서 동시에 타인의 재물이기도 하다. 따라서 B가 동업계약에 정한 대로 A의 동의를 얻지 않고 단독으로 예금을 인출하여 개인적인 용도로 사용한 때에는 횡령죄 또는 업무상횡령죄를 면치 못한다.

한편 무고죄(형법 제156조)는 타인으로 하여금 형사처분 또는 징계처분을 받게 할 목적으로 공무소 또는 공무원에 대하여 허위사실을 신고하는 범죄이다. A에게 무고죄가 성립하기 위해서는 A가 고소한 내용이 허위사실, 즉 객관적 진실에 반하는 사실이어야 한다. 만일 B의 횡령사실이 진실한 것이었다면 A에게 무고죄가 성립될 수 없음은 당연하다.

문제는 사적 거래관계에서 일어나는 분쟁의 경우, 무엇이 객관적 진실인지 입증하는 것이 곤란할 때가 많다는 점이다. 사례에서처럼 B의 주장대로 "A가 3차례의 예금인출에 모두 동의하였다"는 객관적 사실의 입증이 곤란할 경우가 많다는 것이다. 그렇기 때문에 고소와 이에 대응한 무고죄의 맞고소가 행해지고 객관적 진실을 둘러싼 이전투구의 양상이 벌어질 가능성이 있다. 검사나 사법경찰관들도 이러한 고소, 고발사건의 수사과정에서 양 당사자의 서로 다른 주장에 휘말려 곤혹스럽게 된다. 어느 한 쪽에게 유리한 수사결론이 나오게 되면 이에 승복하지 않고 수없이 고소, 고발, 진정, 언론기관에의 탄원 등 바람직하지 않은 행위를 계속함으로써 또 다시 새로운 범죄(무고죄)로 처벌되는 사람들도 적지 않다.

그러나 분명한 것은 객관적 진실은 존재하는 것이며 수사 및 형사재판 과정에서 드러날 것임을 의심치 않는 한, 거짓된 쪽은 처벌을 면치 못하게 될 것이라는 점이다. 사회생활상의 거래관계에서는 모든 것을 명확하게 처리하고 인적·물적 증거를 확보하는 습관을 가질 필요가 있다.

[31] 데이트 폭력

데이트 폭력(dating abuse)이란 서로 교제하는 미혼의 연인 사이에서, 둘 중 한 명 이상에 의해 발생하는 폭력의 위협 또는 실행을 말한다. 이처럼 친밀감과 애정을 기반으로 한 관계에서 발생하는 폭력행위 등을 데이트 폭력이라고 부른다. 이러한 데이트 폭력은 성폭행, 성희롱, 협박, 물리적 폭력, 언어폭력, 정신적 폭력, 사회적 매장, 스토킹 등 다양한 형태로 나타난다. 연인관계에서 일어나는 신체적, 언어적, 성적 폭력뿐만 아니라, 심지어 과거 연인이었던 사람이나 그 가족에게 결별 등을 이유로 살인, 상해 등과 같은 끔찍한 범죄를 저지르기도 하는 등 그 유형과 원인은 다양하다.

데이트 폭력은 대부분 여성을 대상으로 하고 있고, 반복적이고 지속적인 폭력에 노출되어 있으나 연인관계의 특성상 '사랑한다는 이유로' 참고 넘어가는 경우가 많다. 또한 연인관계에서의 다툼은 당사자가 알아서 해결할 일이지 제3자가 개입할 일이 아니라는 사회적 인식으로 인해 데이트 폭력을 문제 삼기 위해서는 피해자의 상당한 용기가 필요한 것이 현실이다.

현재 데이트 폭력을 별도로 처벌하고 규제하는 법률은 마련되어 있지 않다. 따라서 그 행위의 유형에 따라 경범죄처벌법, 성폭력범죄의처벌등에관한특례법, 형법, 폭력행위등처벌에관한법률 등의 관련 규정에 의하여 처벌된다.

그러나, 이와 같이 개별 법률에 의해 처벌할 수 있다고 하더라도 위와 같은 데이트 폭력의 특수성을 반영하지 못하고 있어 데이트 폭력의 예방과 근절에 효과적인지 의문이다. 부부 사이의 폭력은 '가정폭력'으로 규정하여 피해자 보호를 중심으로 엄정하게 대응하고 있는 반면, 부부가 아닌 남녀 사이의 폭력은 당사자 간 문제로 치부되고 방치되어 피해가 발생한 이후에야 사법처리 위주로 처리하는 등 피해예방이나 피해자 보호 등에 대한 체계적인 대응이 부족하다고 할 수 있다. 가정폭력에 대해 법률상 인정되고 있는 응급조치나 임시조치, 보호처분 등을 통해서 가해자를 피해자로부터 격리시키고 피해자에 대한 적절한 보호 및 지원 조치를 수립할 필요가 있다.

[32] 자동차 교통사고의 법률관계

자동차 교통사고는 남의 일이 아니다. 우리는 언제든지 피해자가 될 수도 있지만 가해자가 될 수도 있다. 자동차 교통사고와 관련된 형사책임 문제를 잘 알아두고 불의의 교통사고를 야기했을 때 적절하게 대처할 수 있는 능력을 지닐 필요가 있다.

1. 교통사고 현장에서의 조치

(1) 자동차 교통사고가 나면 그 차의 운전자 또는 승무원은 곧 정차하여 사상자를 구호하는 등 필요한 조치를 하여야 한다. 또 현장의 경찰관이나 가장 가까운 경찰관서(경찰서, 지구대, 출장소, 교통초소 등)에 사고장소, 사상자 수 및 부상정도, 손괴한 물건 및 손괴정도, 그 밖의 조치사항 등을 신속하게 신고하여야 한다(도로교통법 제54조). 이러한 구호조치의무나 신고의무를 이행하지 않으면 처벌받게 된다(같은 법 제148조, 제154조).

(2) 가벼운 인적 사고일 경우라도 피해자의 "괜찮다"는 말을 믿고 그대로 가버리면 절대로 안된다. 나중에 뺑소니 또는 신고의무불이행 등으로 처벌받을 염려가 있다. 피해자가 괜찮다고 하더라도 다친 곳이 없다는 확인서를 받아 두든지 아니면 가까운 병원에 가서 부상여부를 확인하고 부상이 없다는 의사의 소견서를 받아 두어야 한다.

(3) 가능하다면 목격자의 신원을 확보하거나 현장사진을 찍어 보관함으로써 나중에 자기의 과실 없음을 인정받을 수 있는 증거를 확보하여야 한다. 자동차종합보험에 가입되어 있다면 보험회사에 연락해서 경험 많은 보험회사 직원들의 도움을 받는 것이 좋다.

2. 자동차종합보험

자동차 교통사고를 일으킨 차가 자동차종합보험에 가입하고 있으면 사망사고, 뺑소니, 음주특정 불응의 경우 그리고 교통사고처리특례법에 규정된 11개

예외사유에 해당하지 않는 한, 그 자동차의 운전자에 대하여 공소를 제기할 수 없다(교통사고처리특례법 제3조, 제4조). 공소를 제기할 수 없으니 자동차운전자는 업무상과실치상죄 등으로 처벌받지 않음은 물론이다. 자동차 운전자가 자동차종합보험에 가입하고 있으면 다음과 같은 예외사유에 해당하지 않는 한 처벌받지 않는다.

(1) 피해자가 사망한 경우(업무상과실치사죄의 경우)
(2) 뺑소니의 경우(도로교통법에 정한 구호의무 등을 이행하지 않고 도주한 경우)
(3) 경찰공무원의 음주측정 요구에 따르지 아니한 경우
(4) 신호기 또는 교통정리를 하는 경찰공무원 등의 신호를 위반하거나 통행금지 또는 일시정지를 내용으로 하는 안전표지가 표시하는 지시에 위반하여 운전한 경우
(5) 중앙선을 침범하거나 불법으로 횡단·유턴 또는 후진한 경우
(6) 제한속도를 시속 20킬로미터 초과하여 운전한 경우
(7) 앞지르기의 방법, 금지시기, 금지장소 또는 끼어들기의 금지에 위반하거나 고속도로에서의 앞지르기 방법을 위반하여 운전한 경우
(8) 철길건널목 통과방법을 위반하여 운전한 경우
(9) 횡단보도에서 보행자보호의무를 위반하여 운전한 경우
(10) 운전면허 또는 건설기계조종사면허를 받지 아니하거나 국제운전면허증을 소지하지 아니하고 운전한 경우(면허의 효력이 정지중에 있거나 운전의 금지중에 있는 때에는 면허증을 소지하지 아니한 것으로 본다)
(11) 술에 취한 상태에서 운전을 하거나 약물의 영향으로 정상적인 운전을 하지 못할 염려가 있는 상태에서 운전한 경우
(12) 보도를 침범하거나 보도횡단방법에 위반하여 운전한 경우
(13) 승객의 추락방지의무를 위반하여 운전한 경우
(14) 어린이 보호구역에서 어린이의 안전에 유의하면서 운전하여야 할 의무를 위반하여 어린이의 신체를 상해에 이르게 한 경우

3. 피해자합의

(1) 피해자합의가 필요한 경우

위에 열거한 14개의 예외사유에 해당하지 않는 한, 자동차종합보험에 가입되어 있거나 처벌을 원하지 아니하는 피해자의 명시된 의사가 제출된 경우에는 처벌받지 아니한다.

그러므로 자동차종합보험에 가입하지 않은 경우에는, 형사처벌을 면하기 위해서 피해자합의가 필요하다. 또 자동차종합보험에 가입하였더라도 위에 열거한 예외사유에 해당하여 처벌대상이 되는 경우에는, 피해자합의가 있어야 구속을 면하든가 유리한 재판결과를 기대할 수 있다. 가해운전자가 피해자에게 성의 있는 보상을 다했고 또 피해자가 "가해운전자의 처벌을 원하지 않는다"는 명시된 의사를 표시한다면, 검사 또는 법관은 이를 근거로 사고운전자에 대해 관대한 처리를 고려할 수 있기 때문이다.

(2) 피해자합의서

사람들이 말하는 '합의서'는 법률상의 용어가 아니다. 교통사고처리특례법과 관련하여 정확하게 표현하자면, 합의서란 피해자가 "가해운전자의 형사처벌을 원하지 않는다"고 명시한 서면을 의미한다. 합의서를 작성하는 과정에서 소위 '합의금'이 건네지는 것이 보통이다.

합의서는 특별한 형식을 요하지 아니한다. 어떤 형식이든 상관없지만 피해자가 "가해운전자의 형사처벌을 원하지 않는다"는 표현은 반드시 포함되어야 한다. 합의내용을 둘러싸고 차후의 다툼을 피하기 위해서는 모든 사항을 명확히 기재해 두는 것이 좋다. 합의서에 날인한 피해자의 인감에 대한 인감증명서는 '형사합의용'으로 용도를 지정하여 합의서와 함께 받아 두면 된다.

피해자의 입장에서는 백지합의서에 함부로 인감도장을 찍고 인감증명서를 내어 주면 안된다. 또 앞뒤 생각 없이 "더 이상 민·형사상 책임을 묻지 않겠다"는 내용에 섣불리 합의하면 곤란하다.

[33] 횡단보도 사고(보행자)

사 례≫ A는 신호등이 설치된 사거리에서 녹색 보행신호에 따라 횡단보도를 건너고 있었다. 그런데 도중에 적색의 보행정지신호로 바뀌었다. 자동차들은 차량진행 신호에 따라 진행하기 시작했다. A는 할 수 없이 도로중앙선 부분에서 횡단보도 통행을 중단하고 차량의 통과를 기다리며 멈춰 서 있다가 이를 발견하지 못하고 운행하던 B의 승용차에 치어 전치 6개월의 가료를 요하는 중상을 입었다. 자동차종합보험에 가입되어 있더라도 이 경우는 횡단보도상의 사고이므로 B는 업무상과실치상죄로 처벌되어야 하는가?

해설 자동차종합보험에 가입하고 있더라도 횡단보도에서 보행자보호의무를 위반하여 운전하다가 교통사고를 낸 경우에는 처벌대상이 된다. B는 예외사유의 하나인 횡단보도상의 보행자보호의무를 위반하여 운전한 경우에 해당함으로써 자동차종합보험의 가입 여부와 상관없이 처벌대상이 되는 것일까.

운전자 B가 보행자 A를 충격한 시점에서는 이미 보행자 신호가 적색으로 바뀌어 있었다. 즉, 적색의 보행정지 신호를 표시하고 있던 시점에서 교통사고를 낸 것이다. 그런데 횡단보도는 녹색의 보행신호를 표시하고 있는 동안만 보행자를 위한 횡단보도로서 기능하는 것이지, 적색의 보행정지 신호를 표시하고 있는 동안에는 횡단보도가 아니다. 운전자 B가 A를 충격한 시점에서는 그 도로부분은 횡단보도가 아니었다. B는 교통사고처리특례법에서 말하는 예외사유 가운데 하나인 '횡단보도상의 보행자보호의무를 위반하여 운전한 경우'에 해당한다고 볼 수 없다.

우리 대법원도 "피해자(A)가 신호기의 보행신호에 따라 횡단보도를 통행하던 중 보행정지 및 차량진행신호로 바뀌자 도로중앙선 부분에서 횡단보도 통행을 중단하고 차량의 통과를 기다리며 멈춰 서 있던 상황이라면 위 피해자를 횡단보도를 통행중인 보행자라고 보기는 어렵다고 할 것이므로 차량정지신호가 진행신호로 바뀌는 것을 보고 운행하던 피고인(B) 운전차량이 위 피해자를 충돌하였다 하더라도 사고발생방지에 관한 사무상 주의의무위반의 과실이 있음은 별론으로 하고 피고인에게 보행자보호의무를 위반한 잘못이 있다고는 할 수 없다"고 하였다(대법원판결 1983. 12. 13, 83도2676).

[34] 횡단보도 사고(손수레)

사 례≫ 야채상 A는 보행신호기의 녹색 보행신호에 따라 손수레를 끌고 횡단보도를 통과하고 있었다. 이 때 차량정지신호를 보지 못한 자동차 운전자 B가 A를 충격하여 바닥에 넘어뜨림으로써 전치 2개월의 가료를 요하는 상해를 입혔다. 운전자 B는 교통사고처리특례법상의 예외사유 가운데 하나인 '횡단보도상의 보행자보호의무를 위반하여 운전한 경우'에 해당하는가?

해설 야채상 A의 손수레는 사람의 힘에 의하여 도로에서 운전되는 차이다. 손수레를 끌고 횡단보도를 건너는 사람을 차의 '운전자'로 보아야 하는지,

아니면 교통사고처리특례법에서 말하는 '보행자'로 보아야 하는지 문제된다.

이 사안을 제2심으로서 재판했던 서울형사지방법원은 "손수레를 끌고 횡단보도를 건너는 사람은 차의 운전자로서 교통사고처리특례법에서 말하는 보행자라고 할 수 없다"는 이유로, B가 교통사고특례법이 정한 '횡단보도상의 보행자보호의무를 위반하여 운전한 경우'에 해당하지 않는다고 판시했다.

그러나 대법원은 제2심 판결이 잘못된 해석을 내렸다고 결론지었다. "손수레가 도로교통법에서 규정한 사람의 힘에 의하여 도로에서 운전되는 것으로서 '차'에 해당하고 이를 끌고 가는 행위를 차의 운전행위로 볼 수 있다 하더라도, 다른 한편으로 손수레는 자전거나 오토바이 등과 달리 끌고 가는 것 이외에 다른 이동방법이 없으므로 손수레를 끌고 가는 사람이 횡단보도를 통행할 때에는 걸어서 횡단보도를 통행하는 일반인과 마찬가지로 보행자로서의 보호를 받아야 할 것이다. 따라서 손수레를 끌고 횡단보도를 건너는 사람은 교통사고처리특례법 제3조 제2항 제6호 및 도로교통법 제48조 제3호에서 규정한 '보행자'에 해당한다고 해석함이 상당하다"고 보았다(대법원판결 1990. 10. 16. 90도761).

자동차 운전자 B는 교통사고처리특례법에 정한 예외사유의 하나인 '횡단보도상의 보행자보호의무를 위반하여 운전한 경우'에 해당하기 때문에 비록 자동차종합보험에 가입하였거나 피해자합의서를 제출하더라도 업무상과실치상죄로서 처벌대상이 된다.

[35] 음주운전

음주운전은 운전자 자신을 위험하게 할 뿐만 아니라 다른 교통관여자를 심각한 위험에 빠뜨린다. 그럼에도 불구하고 음주운전이 횡행한다. 별다른 죄의식 없이 습관적으로 음주운전을 일삼는 사람도 있다.

음주운전의 기준은 운전당시 혈중알콜농도 0.05% 이상인 경우이다. 남녀, 체중, 개인특성에 따라 약간의 차이가 있으나 성인남자 기준으로 소주(2홉 짜리) 0.3병 또는 맥주(640ml 짜리) 0.7병을 마시면 대략 혈중알콜농도 0.05%에 도달한다. 음주운전을 하게 되면 다음과 같은 처벌을 받게 된다.

첫째, 혈중알콜농도 0.05% 이상의 음주운전 금지를 2회 이상 위반한 사람이 다시 음주운전을 한 경우, 술에 취한 상태에 있다고 인정할 만한 상당한 이유가 있는 사람이 경찰관의 음주측정에 불응한 경우에는 1년 이상 3년 이하의 징역 또는 500만원 이상 1천만원 이하의 벌금형으로 처벌된다.

또한 혈중알콜농도 0.2% 이상의 음주운전에 대해서는 1년 이상 3년 이하의 징역이나 500만원 이상 1천만원 이하의 벌금형으로 처벌되고, 혈중알콜농도 0.1% 이상 0.2% 미만의 음주운전에 대해서는 6개월 이상 1년 이하의 징역이나 3백만원 이상 5백만원 이하의 벌금형으로 처벌되며, 혈중알콜농도 0.05% 이상 0.1% 미만의 음주운전에 대해서는 6개월 이하의 징역이나 3백만원 이하의 벌금형으로 처벌된다(도로교통법 제148조의2).

둘째, 음주운전 중 교통사고를 낸 경우에는 교통사고처리특례법에 정한 예외사유 가운데 하나에 해당하여, 운전자가 자동차종합보험에 가입하고 있거나 피해자합의서를 제출하더라도 처벌대상이 된다.

셋째, 도로교통법시행규칙이 정한 기준에 따라 운전면허를 취소 또는 정지당하게 된다. 음주운전 중 교통사고로 사람을 죽게 하거나 다치게 한 경우, 만취상태(혈중알콜농도 0.1% 이상)에서 운전한 경우, 2회 이상 음주운전으로 적발된 경우, 경찰관의 음주측정 요구에 불응한 경우에는 운전면허가 취소된다. 혈중알콜농도 0.05% 이상 0.1% 미만의 음주운전에 대해서는 벌점 100점이 부과되고, 벌점 40점 이상부터 1점을 1일로 계산하여 그 기간 동안 운전면허가 정지되므로, 100일간 운전면허가 정지된다.

[36] 뺑소니 운전자

1. 뺑소니란 무엇인가

'뺑소니'라는 말은 법률상 용어가 아니다. 그러나 사회일반인들이 자주 사용하고 있기 때문에 이제는 대법원 판결문에서도 사용하는 표현이 되었다. 뺑소니란 차의 교통으로 인하여 사람을 치사 또는 치상케 한 운전자가 피해자구호 등 도로교통법 소정의 조치를 취하지 아니하고 도주하는 것이다. 구체적인 경우 뺑소니에 해당하는지 분명하지 않을 수 있다. 이해를 돕기 위해서 몇 개의 대법원 판례를 소개해 보겠다.

(1) 운전자의 차량에 충격되어 횡단보도상에 넘어진 피해자가 스스로 일어나서 도로를 횡단하였다 하더라도 사고차량 운전자로서는 피해자의 상해 여부를 확인하여 병원으로 데리고 가는 등 조치를 취하여야 함에도 불구하고 이를

이행하지 않고 서로 말다툼을 하다가 사고에 대한 원만한 해결이 되지 않은 상태에서 그냥 가버렸다면 뺑소니에 해당한다(대법원판결 1993. 8. 24, 93도1384).

(2) 피해자의 부모에게 알려 사후조치를 하려고 사고현장을 떠났어도 구호조치를 하지 않은 이상 뺑소니에 해당한다(대법원판결 1984. 7. 24, 84도1144).

(3) 교통사고 당시 눈이 내려 노면이 미끄러웠으므로 자동차 운전자가 운행속력 때문에 즉시 정차할 수 없었고, 또한 도로공사 중이어서 사고현장에 정차할 마땅한 장소가 없어 사고지점에서 150미터 내지 200미터쯤 전진하다가 정차한 뒤, 사고현장 쪽으로 50미터 정도 되돌아오다가 뒤쫓아 온 사람들과 마주쳐서 이들과 같이 사고현장에 이르러 피해자를 싣고 병원으로 가서 응급조치를 취하게 했다면 뺑소니에 해당하지 않는다(대법원판결 1981. 10. 13, 81도2175).

(4) 사고운전자가 피해자 일행으로부터 구타・폭행당하는 것을 피하기 위해서 사고현장을 부득이 이탈하게 된 경우는 뺑소니에 해당하지 않는다(대법원판결 1985. 9. 24, 85도1616).

(5) 사고운전자도 부상을 입고 경찰에 의하여 병원에 후송되어 치료를 받던 도중 아무 말 없이 병원에서 나와 경찰에 연락을 취하지 아니하였더라도 그 당시에 이미 경찰이나 구급차량등에 의하여 피해자에 대한 구호조치가 이루어진 후였다면 뺑소니에 해당하지 않는다(대법원판결 1999. 4. 13, 98도3315; 2002.11.26, 2002도4986).

(6) 교통사고로 인하여 피해자가 차에 왼쪽 다리가 끼어 빠져 나올 수 없어 고함을 지르는 상태에 있었음에도 불구하고 사고운전자가 구호조치를 취하지 않음은 물론 피해차량 부근에도 가보지 않은 채 집으로 돌아왔고, 그의 처도 현장에 남아 있다가 피해자의 친구에게 병원으로 데려가라고 말한 후 집으로 돌아왔으며, 사고운전자나 그 처가 피해자에게 인적사항이나 연락처를 스스로 이야기한 사실도 없다면 뺑소니에 해당한다(대법원판결 1995. 11. 24, 95도1680).

(7) 사고운전자가 경찰관에게 교통사고를 신고하기 전에 이미 경찰관이 출동하여 현장조사를 하고 있었고 피해자 일행이 피해자를 병원에 긴급후송하는 조치를 취했다면 사고운전자는 자기의 신원을 밝히는 이외에 달리 이행할 의무가 없는 것이기 때문에, 사고운전자가 진실한 이름과 전화번호를 피해자 일행에게 가르쳐 주고 사고현장을 이탈했다면 뺑소니에 해당하지 않는다(대법원판결 1992. 4. 10, 91도1831).

2. 뺑소니와 교통사고처리특례법

뺑소니는 교통사고처리특례법에 정한 예외사유 가운데 하나에 해당한다. 따라서 뺑소니 운전자는 비록 자동차종합보험에 가입하고 있거나 피해자합의서를 제출하더라도 업무상과실치사상죄로서 처벌대상이 된다.

3. 뺑소니와 특정범죄가중처벌법

특정범죄가중처벌등에관한법률(줄여서 '특가법') 제5조의 3은 뺑소니 운전자를 가중 처벌하는 규정을 두고 있다. 특가법의 위 조항에 따라 뺑소니 운전자에게 적용되는 형벌은 매우 가혹하다. 사고피해자가 사망한 경우에는 고의살인죄에 맞먹을 정도로 중하게 처벌된다.

첫째, 피해자를 사망에 이르게 하고 도주하거나 도주 후에 피해자가 사망한 경우에는 무기 또는 5년 이상의 징역에 처한다.

둘째, 피해자를 상해에 이르게 한 경우에는 1년 이상의 유기징역 또는 500만원 이상 3천만원 이하의 벌금에 처한다.

셋째, 사고운전자가 피해자를 사고장소로부터 옮겨 유기하고 도주한 경우 ① 피해자를 사망에 이르게 하고 도주하거나 도주 후에 피해자가 사망한 경우에는 사형, 무기 또는 5년 이상의 징역에 처한다. ② 피해자를 상해에 이르게 한 경우에는 3년 이상의 유기징역에 처한다.

[37] 사이버 범죄

1. 사이버 범죄란 무엇인가

인터넷 사용이 일반화되면서 사이버 범죄가 급증하고 있다. 사이버 범죄는 전문성, 익명성, 비대면성, 신속전파성, 죄의식 희박 등을 특징으로 한다. 사이버 범죄에 대응하기 위하여 대검찰청에는 사이버수사과를 두고 있고, 경찰청에는 사이버안전국을 두고 있다.

사이버 범죄는 '사이버테러형 범죄'와 '일반사이버 범죄'로 구분된다. ① 사이버테러형 범죄란 정보통신망 자체에 대한 공격행위를 포함하는 것으로서 해킹, 바이러스 유포 등을 말한다. ② 일반사이버 범죄란 일반 인터넷 사용자를 대상으로 하는 범죄로서 사이버 사기, 불법사이트 운영, 불법복제, 사이버 명예훼손 등을 말한다.

2. 사이버 범죄의 유형 및 처벌

(1) 인터넷 전자상거래 사기

인터넷 쇼핑몰에서 발생하는 사기범죄이다. 인터넷 쇼핑몰이 '선결제'라는 특성을 갖고 있음을 기화로, 물품을 저렴한 가격으로 판매하는 것처럼 광고하여 물품대금만 챙기고 사이트를 폐쇄하거나 연락을 두절하는 수법이 사용되고 있다. 사기범은 보통 타인 명의의 휴대전화 또는 은행구좌를 사용하기 때문에 추적이 곤란하다.

이런 행위는 형법상 사기죄(형법 제347조), 컴퓨터사용사기죄(형법 제347조의 2), 준사기죄(형법 제348조) 등으로 처벌된다.

(2) 인터넷 쇼핑몰 분양사기

인터넷 쇼핑몰을 분양한다고 속여서 분양대금만 챙기고 도주하는 사기범죄이다. 보통은 생활정보지 또는 인터넷 구인·구직 사이트에 광고를 내어, 이를 보고 전화하는 피해자들을 기망한 다음 인터넷 쇼핑몰 분양대금을 선결제하도록 하고 이를 챙겨서 잠적하는 수법이 사용되고 있다.

이런 행위 역시 사기죄(형법 제347조), 컴퓨터사용사기죄(형법 제347조의 2), 준사기죄(형법 제348조) 등으로 처벌된다.

(3) 인터넷상 불법복제

컴퓨터 프로그램, 영화, 음반CD 등을 인터넷을 통해 불법복제하거나, 불법으로 인터넷을 통해 유포 또는 판매하는 경우이다. 최근에는 자신의 컴퓨터에 특정 프로그램을 설치하면 동일한 프로그램을 사용하는 다른 사람의 컴퓨터에 보관되어 있는 자료를 공유할 수 있는 P2P(peer to peer) 방식의 인터넷 자료공유를 통해서, 네티즌 사이에 별다른 죄의식 없이 엄청난 양의 불법복제 및 유포가 횡행하고 있다.

이런 행위는 창작물에 대한 저작권을 침해하는 범죄행위로서 저작권법, 콘텐츠산업진흥법 등의 관련규정에 의하여 처벌된다.

(4) 불법 · 유해 사이트 운영

공공의 안녕질서를 위협하거나 미풍양속을 저해하는 등 반사회적 내용을 담고 있는 인터넷 사이트를 개설하여 운영하는 경우이다. 인터넷 사이트를 매개로 하여 각종 범법행위에 대한 정보교환이 이뤄지거나(음란, 성매매, 자살, 마약거래), 심지어는 범죄행위를 직접 의뢰(청부살인)하기도 한다.

이런 행위는 형법, 정보통신망이용촉진및정보보호등에관한법률, 마약류관리에관한법률, 성폭력범죄의처벌등에관한특례법 등의 관련규정에 의하여 처벌된다.

(5) 스펨 메일

인터넷 전자우편을 이용하여 다수인에게 상품, 영업내용 또는 인터넷 사이트 등을 광고하는 행위를 말한다. 이로 인하여 많은 네티즌이 정신적 스트레스, 업무방해, 생활방해 등을 당하고 있다.

정보통신망이용촉진및정보보호등에관한법률 제50조 제1항은 "누구든지 전자적 전송매체를 이용하여 영리목적의 광고성 정보를 전송하려면 그 수신자의 명시적인 사전 동의를 받아야 한다"고 규정하고, 이에 위반하여 스펨 메일을 보내면 3천만원 이하의 과태료에 처하도록 하고 있다(같은 법 제76조 제1항 제7호).

(6) 사이버 명예훼손 및 모욕

인터넷을 이용하여 타인의 명예를 훼손할 만한 사실을 적시하거나 타인을 공공연히 모욕하는 경우이다. 인터넷 사이트의 게시판에 타인의 명예를 훼손할 만한 글, 사진, 동영상을 올리거나 게시글에 대한 '댓글'을 달아주는 형태로 행해지고 있다. 어떤 경우에는 소위 '퍼나르기'를 통해서 단시간 내에 인터넷 상에 널리 유포되기도 한다. 이런 행위는 형법상 명예훼손죄(형법 제307조), 모욕죄(형법 제311조)로 처벌된다.

인터넷은 불특정 다수인이 단시간에 무제한적으로 접근할 수 있는 특성을 갖고 있기 때문에, 특정사실이 인터넷상에 일단 게재되면 급속도로 확산됨으로써 심각한 피해로 이어질 수 있다.

그래서 정보통신망이용촉진및정보보호등에관한법률 제70조 제1항에서는 "사람을 비방할 목적으로 정보통신망을 통하여 공공연하게 사실을 드러내어 다른 사람의 명예를 훼손한 자는 3년 이하의 징역 또는 3천만원 이하의 벌금에 처한다"라고 규정하고 있다. 또 같은 조 제2항에서는 "사람을 비방할 목적으로 정보통신망을 통하여 공공연하게 거짓의 사실을 드러내어 다른 사람의 명예를 훼손한 자는 7년 이하의 징역, 10년 이하의 자격정지 또는 5천만원 이하의 벌금에 처한다"고 규정하고 있다. 비방목적의 사이버 명예훼손죄를 일반명예훼손죄에 비하여 가중 처벌하는 것이다.

(7) 사이버 스토킹

'스토킹'이란 반복적 · 지속적 · 악의적으로 타인을 괴롭히는 행위를 총칭한다. 스토킹은 타인에게 불안감을 주는 등 심각한 정신적 · 육체적 피해를 주고 폭행 · 협박 · 감금 등 중대한 범죄로 발전한 개연성이 높아 사회불안을 야기한다는 점에 특징이 있다. 미국, 일본을 위시한 여러 나라에서는 이미 오래전에 스토킹에 관한 규제법률을 입법하였지만, 우리나라에서는 몇 차례 관련입법이 시도되었음에도 불구하고 아직 강력한 '스토킹방지법'이 마련되지 못했다. 다만, 경미한 스토킹 행위에 대해서만 경범죄처벌법 위반으로 처벌할 수 있을 뿐이다.

스토킹은 오프라인 상에서는 상대방 의사와 상관없이 ① 집요한 구애전화 · 음란전화 · 음담패설, ② 계속해서 따라다니거나 집 · 학교 · 직장 또는 그 부근에서 기다림, ③ 반복적이고 집요하게 껴안거나 추근거리는 등 신체접촉을 시도, ④ 집요한 꽃 · 선물공세 또는 편지 보내기, ⑤ "만나자", "교제하자", "술 따르라"는 등 의무 없는 일을 집요하게 요구, ⑥ 현저하게 거칠고 품위 없거나 난폭한 언동을 반복, ⑦ 오물 · 동물사체 등 혐오감을 주는 물건을 보내는 등 다양하게 이뤄지고 있다. 이 경우 언어 · 문서 · 거동 · 태도 등을 통해 해악을 고지하여 상대방이 공포심을 느끼게 하면 협박죄(형법 제283조)로 처벌되는 등 스토킹으로 인한 범죄행위(폭행, 납치, 감금, 강간 등)는 형법 등 관련 규정에 의하여 처벌된다. 그리고 상대방의 명시적 의사에 반하여 지속적으로 접근을 시도하여 면회 또는 교제를 요구하거나 지켜보기, 따라다니기, 잠복하여 기다리기 등의 행위를 반복하면 경범죄처벌법 위반죄(제3조 제1항 제41호)로 처벌된다.

온라인 상에서는 인터넷 사이트, 트위터 또는 전자메일을 이용하여 상대방이 원하지 않거나 공포심 · 수치심 · 불안감을 유발할 만한 영상, 화상, 음향, 음성, 글 따위를 유포하거나 반복하여 송달하는 형태로 이뤄지고 있다.

사이버 스토킹의 피해자들은 타인이 가늠하기 어려울 정도로 엄청난 고통에 시달린다. 스토킹의 반복성과 집요함으로 말미암아 피해자는 공포와 불안에 사로잡히고 의사결정 및 사회생활상 행동의 자유를 현저하게 제약받게 된다. 그래서 종국에는 온라인 접속불안, 외출불안, 노이로제, 정서장애, 우울증, 불면증, 악몽, 건강장해, 직장(학업)중단, 가정파탄, 자살기도 등으로 이어지는 경우까지 있다.

정보통신망이용촉진및정보보호등에관한법률 제74조 제1항 제3호는 전화, 이동통신, 이메일, 인터넷게시판, 대화방 등 정보통신망을 통하여 공포심·불안감을 유발하는 부호·문언·음향·화상 또는 영상을 반복적으로 상대방에게 도달하게 한 행위에 대하여 1년 이하의 징역 또는 1천만원 이하의 벌금에 처하도록 규정하고 있다. 다만, 이 범죄는 피해자가 구체적으로 밝힌 의사에 반하여 공소를 제기할 수 없는 반의사불벌죄이므로(같은 조 제2항), 피해자의 고소·고발이 없어도 수사기관이 수사해서 처벌할 수 있지만 피해자가 가해자의 처벌을 원하지 않는다는 의사표시를 표명한 경우에는 처벌할 수 없다.

위 죄가 성립하려면 정보통신망을 이용하여 상대방의 공포심이나 불안감을 조성하는 일정 행위의 반복이 있어야 하므로, 각 행위 상호간에 일시·장소의 근접, 방법의 유사성, 기회의 동일, 범의의 계속 등 밀접한 관계가 있어 그 전체를 일련의 반복적인 행위로 평가할 수 있는 경우라야 한다. 따라서 그와 같이 평가될 수 없는 일회성 내지 비연속적인 단발성 행위가 수차 이루어진 것에 불과한 경우에는 그 문언의 구체적 내용 및 정도에 따라 협박죄(형법 제283조)나 경범죄처벌법상 불안감 조성행위(제3조 제1항 제19호) 등 별개의 범죄로 처벌할 수는 있어도 정보통신망이용촉진및정보보호등에관한법률 위반죄로 처벌할 수는 없다(대법원 판결 2009. 4. 23. 2008도11595).

(8) 해 킹

다른 사람의 컴퓨터 시스템에 무단으로 침입하여 정보를 빼내거나 프로그램을 파괴하는 행위를 말한다. 자신의 컴퓨터 실력을 과시하기 위해 정보통신망을 뚫는 것에서부터 해킹을 통해 타인의 자료나 정보를 탐지, 변경, 삭제하거나 탐지한 정보를 이용하여 재산상의 이익을 취하기도 한다.

정보통신망이용촉진및정보보호등에관한법률 제48조 제1항은 "누구든지 정당한 접근권한 없이 또는 허용된 접근권한을 넘어 정보통신망에 침입하여서는 아니 된다"고 규정하고, 이를 위반하여 정보통신망에 침입하면 5년 이하의 징역 또는 5천만원 이하의 벌금에 처하도록 하고 있다(같은 법 제71조 제1항).

또한 정보통신기반보호법 제12조 제1호는 "누구든지 접근권한을 가지지 아니하는 자가 주요정보통신기반시설에 접근하거나 접근권한을 가진 자가 그 권한을 초과하여 저장된 데이터를 조작 · 파괴 · 은닉 또는 유출하는 행위를 하여서는 아니된다"고 규정하고, 이를 위반하면 10년 이하의 징역 또는 1억원 이하의 벌금에 처하도록 하고 있다(같은 법 제28조). 여기서 "정보통신기반시설"이라 함은 국가안전보장 · 행정 · 국방 · 치안 · 금융 · 통신 · 운송 · 에너지 등의 업무와 관련된 전자적 제어·관리시스템 및 정보통신망을 말한다(같은 법 제2조 제1호).

(9) 컴퓨터 바이러스 등 악성프로그램

정보시스템의 정상적인 작동을 방해하기 위하여 고의로 제작, 유포되는 모든 실행 가능한 컴퓨터 프로그램으로 악성코드, 맬웨어(malware)라고도 한다. 주로 웹페이지를 검색할 때, P2P 서비스를 이용할 때, 셰어웨어를 사용할 때, 불법복제 프로그램을 사용할 때, 내부자(해커)가 직접 설치할 때, 전자우편의 첨부파일 또는 메신저 파일을 열 때 침투한다. 악성프로그램에 감염된 컴퓨터는 처리속도가 현저하게 떨어지거나 평소에 나타나지 않던 오류메세지가 표시되면서 비정상적으로 작동하기도 하고 지정된 일시에 특정한 작동을 하기도 한다.

정보통신망이용촉진및정보보호등에관한법률은 제48조 제2항은 "누구든지 정당한 사유 없이 정보통신시스템, 데이터 또는 프로그램 등을 훼손 · 멸실 · 변경 · 위조하거나 그 운용을 방해할 수 있는 프로그램(악성프로그램)을 전달 또는 유포하여서는 아니 된다"고 규정하고, 이를 위반하여 악성프로그램을 전달 또는 유포하면 7년 이하의 징역 또는 7천만원 이하의 벌금에 처하도록 하고 있다(같은 법 제70조의2).

또한 정보통신기반보호법 제12조 제2호는 "누구든지 주요정보통신기반시설에 대하여 데이터를 파괴하거나 주요정보통신기반시설의 운영을 방해할 목적으로 컴퓨터바이러스·논리폭탄 등의 프로그램을 투입하는 행위를 하여서는 아니된다"고 규정하고, 이를 위반하면 10년 이하의 징역 또는 1억원 이하의 벌금에 처하도록 하고 있다(같은 법 제28조).

(10) 분산서비스 거부공격

서비스 거부공격(DoS)이란 시스템의 정상적인 서비스를 방해할 목적으로 대량으로 데이터를 보내 대상 네트워크나 시스템의 성능을 급격히 저하시켜 대상 시스템에서 제공하는 서비스를 사용하지 못하게 하는 공격으로 해킹 수법 중의 하나이다. 이 수법은 특정 컴퓨터에 침투해 자료를 삭제하거나 훔쳐가는 것이 아니라 목표 서버가 다른 정당한 신호를 받지 못하게 방해하는 작용만 한다. 쉽게 말해 대량의 접속을 유발해 해당 컴퓨터를 마비시키는 수법이다.

이에 대해 분산서비스 거부(DDoS)공격은 여러 대의 컴퓨터를 일제히 동작하게 하여 특정 사이트를 공격하는 방식이다. 특정 사이트를 공격하기 위해 해커가 서비스 공격을 위한 악성코드를 여러 컴퓨터에 심어놓는다. 이렇게 감염된 컴퓨터는 해커가 원하는 시점에 공격 대상 컴퓨터 시스템에 무수히 많은 패킷을 전송하여 해당 시스템의 성능 저하나 마비를 가져온다. 쉽게 말해 한 전화번호에 집중적으로 전화가 걸려오면 일시 불통되는 현상과 같다고 보면 된다. 서비스 거부공격이 단일 시스템이나 서비스를 목표로 하는 1:1 유형이라고 한다면, 분산서비스 거부공격은 N개의 불특정 시스템이 단일 네트워크를 대상으로 공격하는 N:1 유형이라 할 수 있다.

정보통신망이용촉진및정보보호등에관한법률은 제48조 제3항은 "누구든지 정보통신망의 안정적 운영을 방해할 목적으로 대량의 신호 또는 데이터를 보내거나 부정한 명령을 처리하도록 하는 등의 방법으로 정보통신망에 장애가 발생하게 하여서는 아니 된다"고 규정하고, 이를 위반하여 정보통신망에 장애가 발생하면 5년 이하의 징역 또는 5천만원 이하의 벌금에 처하도록 하고 있다(같은 법 제71조).

또한 정보통신기반보호법 제12조 제3호는 "누구든지 주요정보통신기반시설의 운영을 방해할 목적으로 일시에 대량의 신호를 보내거나 부정한 명령을 처리하도록 하는 등의 방법으로 정보처리에 오류를 발생하게 하는 행위를 하여서는 아니된다"고 규정하고, 이를 위반하면 10년 이하의 징역 또는 1억원 이하의 벌금에 처하도록 하고 있다(같은 법 제28조).

제 2 절 형사절차법

[1] 형사절차법의 기초지식

1. 형사절차법이란 무엇인가

형법은 범죄로 되는 행위가 무엇이고 범죄행위에 대하여 어떤 형사제재를 과할 것인가를 정한다. 형법을 형사실체법이라고 부른다. 형법은 형사사건의 실체(그 행위가 범죄인가 아닌가, 범죄라면 어떤 형사제재를 과할 것인가)에 적용될 법이기 때문이다. 형사실체법을 구체적인 사안에 실현하는 절차와 방법을 정한 법이 형사절차법이다.

형사절차법의 중심을 이루는 법률은 형사소송법(1954. 9. 23. 법률 제341호)이다. 그 이외에도 형사절차를 규율하는 법률 또는 법조라면 모두 형사절차법에 해당한다. 그러므로 형사절차의 기본원칙을 규정한 헌법규정을 비롯하여 법원조직법, 검찰청법, 변호사법, 경찰관직무집행법, 소년법, 즉결심판에관한절차법, 형사소송비용등에관한법률, 성폭력범죄의처벌등에관한특례법 등도 형사절차를 규율하고 있는 한 그 법률 또는 법조는 형사절차법이다.

2. 형법과 형사절차법의 관계

형법은 형사절차법에 정해진 절차와 방법으로써만 실현된다. 형법과 형사절차법은 분리할 수 없는 하나로서 일체불가분의 관계에 있다. 그래서 둘의 관계를 '칼날과 칼자루'에 비유한다. "형사절차법 없는 형법은 칼날 없는 칼자루와 같고, 형법 없는 형사절차법은 칼자루 없는 칼날과 같다"는 것이다. 칼날과 칼자루가 함께 있을 때 비로소 사용할 수 있는 칼이 된다.

형법과 형사절차법의 관계는 민법과 민사절차법의 관계와는 본질적으로 다르다. 대부분의 선량한 시민들은 거래상 맺은 계약을 자진해서 이행한다. 돈을 꾸었으면 변제기에 자진해서 갚고, 물건을 구입했으면 그 대금을 자진해서 지불한다. 극히 예외적인 경우에만 양 당사자 사이에 다툼이 생긴다. 이러한 사적 분쟁을 당사자 스스로 해결할 수 없을 때만 민사절차법에 의한 절차(예컨대 민사소송)에 의해서 국가(법원)가 해결하게 된다. 사적 거래관계에서의 다툼은 양

당사자가 자율적으로 해결하는 것이 바람직하고, 민사절차법에 따라 해결하는 모습은 좋지 않다.

그러나 형법은 반드시 형사절차법에 의해서만 실현되어야 한다. 여기에 예외를 둘 수 없다. 민사절차법에 의하지 않고도 민법을 실현할 수 있고 또 이것이 바람직하다는 것과 비교할 때, 형법과 형사절차법의 관계는 본질적으로 다른 특성을 갖고 있다.

3. 형사절차의 개요

(1) 수사의 개시

형사절차는 수사의 개시로 시작된다. 예컨대 범죄혐의를 둘 수 있는 변사체가 발견되어 이를 수사한 끝에 자살로 결론내리고 수사를 종결하였더라도 형사절차는 이미 존재했다는 의미이다.

수사개시의 단서는 상상가능한 모든 것이 포함된다. 고소, 고발, 현행범인 체포, 자수, 변사자 검시, 불심검문, 자동차검문, 112 신고, 투서, 진정, 신문보도, TV보도, 풍문 등 수사기관에게 범죄혐의를 환기시킬 수 있는 모든 것이 수사개시의 단서가 된다. 수사기관은 범죄에 대한 주관적인 혐의만 있어도 언제든지 수사에 착수할 수 있다.

수사개시를 보통 '입건'이라고 한다. 형사입건되어 수사대상이 된 사람을 '피의자'라고 부른다. 정식으로 입건하지 않은 채 수사기관이 내부적으로만 조사하는 경우도 있는데 이를 '내사'라고 부른다. 내사한 결과 범죄혐의가 드러나면 정식으로 입건하여 수사를 개시하게 된다.

(2) 수 사

수사란 범죄사실을 조사하고 범인을 체포하며 증거를 발견·수집하는 수사기관의 활동을 말한다. 수사는 수사기관이 행하는 것이다. 개인이 범인을 체포한다든가 범죄증거를 수집하는 활동을 하더라도 이를 '수사'라고 할 수 없다.

수사기관은 수사권한이 있는 국가기관을 말한다. 검사와 사법경찰관리가 수사기관이다. 검사는 수사의 주재자로서 사법경찰관리를 지휘하여 수사를 행한다. 검사와 사법경찰관리는 지휘·감독의 관계에 있다.

범죄수사는 강제력을 사용하지 않는 수사, 즉 임의수사를 원칙으로 한다. 그러나 범인을 발견·체포하고 증거를 발견·수집하는 과정에서 강제력을 행사할 수 없다면 수사는 많은 애로를 겪게 될 것이다.

그래서 형사절차법에서는 예외적으로 강제력을 사용하는 수사, 즉 강제수사를 허용하고 있다. 강제수사는 형사절차법에 정한 엄격한 요건과 절차에 따라서만 허용된다. 전형적인 강제수사방법은 체포, 구속, 압수, 수색, 검증이다.

(3) 수사의 종결

수사활동의 결과 공소제기(기소) 여부를 판단할 수 있을 정도로 범죄혐의가 해명되었을 때 수사는 종결된다. 수사종결권자는 검사이다. 사법경찰관은 검사의 지휘를 받아 수사할 수 있는 것이므로 검사만이 수사를 종결할 권한을 갖고 있다.

수사의 종결은 기소 또는 불기소의 형태로 나타난다. 기소는 검사가 판단하기에 범죄혐의가 충분하고 소송조건이 구비되어 있기 때문에 법원으로부터 유죄판결을 받아 낼 수 있다고 인정되는 경우에 행한다. 불기소는 범죄혐의 없음, 죄가 안됨, 공소권 없음 등을 이유로 하지만 검사가 범죄의 정상을 참작하여 기소유예하는 경우도 포함한다.

(4) 공소제기(기소)

공소제기란 검사가 법원에 대해서 특정한 형사사건을 심판해 줄 것을 요구하는 것이다. 공소제기가 없으면 법원은 형사사건으로 심판할 수 없다(불고불리의 원칙). 공소제기는 검사가 공소장을 관할법원에 제출함으로써 이루어진다. 공소제기 후에는 검사(원고당사자)와 피고인(피고당사자)이 양 당사자가 되는 형사소송절차로 넘어가게 된다.

(5) 공판준비절차

공판준비절차란 법원이 기소된 사건을 효율적이고 집중적으로 심리하기 위하여 제1회 공판기일 이전에 사건의 쟁점과 증거를 정리하는 절차를 말한다. 공판준비절차의 대상은 효율적이고 집중적인 심리가 필요한 사건이다. 국민참여재판에 있어서는 공판준비절차가 필수적이나, 배심원이 참여하지 않는 일반사건에 있어서는 법원이 필요하다고 인정하는 경우에 거칠 수 있는 임의적 절차이다.

(6) 공판절차

공판절차란 공소제기되어 소송절차가 시작된 때부터 소송절차가 종료될 때까지의 절차를 말한다. 그 핵심은 공판기일에 이루어지는 공판정(형사법정)에서의 심리절차이다. 공판정에서의 심리절차는 다음과 같은 순서와 방법에 따라 행해진다.

(가) 진술거부권의 고지

재판장은 인정신문을 하기 전에 피고인에게 진술을 하지 아니하거나 개개의 질문에 대하여 진술을 거부할 수 있고, 이익 되는 사실을 진술할 수 있음을 알려 주어야 한다.

(나) 인정신문

재판장이 피고인의 성명·연령·본적·주거·직업 등을 물어서 피고인임에 틀림없는가를 확인한다.

(다) 검사의 기소요지진술

인정신문이 끝나면 재판장은 검사로 하여금 기소요지를 진술하게 할 수 있다. 기소요지 진술은 검사가 형사사건의 개요와 적용법조 및 입증방침을 밝히는 것이다. 오늘날 형사재판 실무에서는 검사의 기소요지 진술이 생략되는 경우가 대부분이다.

(라) 피고인의 모두진술

피고인은 검사의 모두진술(기소요지진술)이 끝난 뒤에 공소사실의 인정 여부를 진술하여야 한다. 다만, 피고인이 진술거부권을 행사하는 경우에는 그러하지 아니하다.

(마) 증거조사

법관이 피고인의 공소범죄사실과 그 정상에 대해 심증을 얻기 위해서 각종 증거를 조사하여 그 내용을 알아내는 것이다. 증거에는 인적 증거, 물적 증거, 서류증거 등이 있다. 증거조사는 각종 증거의 내용을 알아낼 수 있는 합당한 방법으로 이뤄진다. 예컨대 증인의 경우는 증언을 청취하고, 녹화 테이프의 경우는 녹화 테이프 재생기에 걸어 그 내용을 시청하게 되며, 컴퓨터 디스켓의 경우는 컴퓨터에 넣어 실행시킴으로써 그 내용을 알아내게 된다. 증거조사 과정에서 검사와 피고인은 증거조사신청, 증거조사에의 참여, 이의신청, 증거조사 결과에 대한 의견진술 등을 할 수 있다.

(바) 피고인신문

검사와 변호인은 순차적으로 피고인에 대하여 공소사실과 범죄의 정상에 관한 필요사항을 질문한다. 검사와 변호인의 신문이 끝난 다음에 재판장도 피고인에 대해 필요사항을 신문할 수 있다. 피고인을 신문함에 있어서는 진술을 강요하거나 답변을 유도하거나 그 밖의 위압적 또는 모욕적 신문을 해서는 안 된다.

(사) 최종변론

양 당사자의 최종적인 의견진술을 말한다. 검사는 공소범죄사실과 법률적용에 관해 자신의 의견을 진술하고 피고인에게 합당하다고 판단되는 형량을 구형한다(논고). 피고인과 변호인에게도 최종진술의 기회가 주어져야 한다. 이것으로써 변론은 종결되고 판결선고만 남겨 놓은 상태가 된다.

(아) 판결선고

재판장은 재판서에 의하여 판결을 선고한다. 재판장은 피고인에게 적절한 훈계를 할 수 있다.

(7) 재판의 확정

양 당사자는 재판에 승복할 수 없으면 그 재판을 선고 또는 고지받은 날로부터 7일 이내에 상급법원에 항소할 수 있다. 양 당사자의 불복신청 없이 이 기간을 경과하면 재판은 확정된다. 항소심(제2심)의 재판에 대해서도 7일 이내에 대법원에 상고할 수 있다. 최종심 대법원의 판결은 그 선고와 동시에 확정된다.

(8) 재판의 집행

재판의 집행은 확정된 재판의 내용을 실현하는 것이다. 재판집행은 형벌의 집행뿐만 아니라 추징·소송비용과 같은 부수처분, 강제처분을 위한 영장집행 등을 포함한다. 재판집행의 중심을 이루는 것은 유죄판결의 집행이다. 유죄판결의 내용에 따른 형의 집행으로써 형사절차법의 최종목표가 달성된다. 형벌집행은 검사의 직무(법무부)에 속한다. 형벌집행의 구체적인 내용에 대해서는 형법에서 설명한 '형벌과 보안처분' 부분을 참고하기 바란다.

4. 국민참여재판절차

(1) 의 의

사법의 민주적 정당성과 신뢰를 높이기 위하여 국민이 배심원으로서 형사재판에 참여하는 재판을 국민참여재판이라고 한다(국민의형사재판참여에관한법률 제1조). 국민의 건전한 상식과 경험을 재판내용에 반영하여 일반인들의 법감정에 합치되는 재판결과를 얻음으로써 재판의 정당성에 대한 신뢰를 증진시킬 수 있을 것으로 기대된다.

(2) 대상사건

배심원이 참여하는 국민참여재판의 대상사건은 지방법원과 그 지원의 합의부가 제1심으로 심판하는 모든 형사사건이다. 즉 ① 합의부에서 심판할 것으로 합의부가 결정한 사건, ② 사형·무기 또는 단기 1년 이상의 징역 또는 금고에 해당하는 사건 및 이와 동시에 심판할 공범사건, ③ 다른 법률에 의하여 지방법원합의부의 권한에 속하는 사건이 여기에 해당한다. 또한 합의부 관할 사건의 미수죄·교사죄·방조죄·예비죄·음모죄에 해당하는 사건 및 합의부 관할 사건과 형사소송법 제11조에 따른 관련사건으로서 병합하여 심리하는 사건도 이에 해당한다. 다만, 피고인이 국민참여재판을 원하지 아니하거나 법원의 배제결정이 있는 경우는 국민참여재판을 하지 아니한다(같은 법 제5조).

(3) 배심원의 권한

배심원은 국민참여재판을 하는 사건에 관하여 사실의 인정, 법령의 적용 및 형의 양정에 관한 의견을 제시할 권한이 있다(같은 법 제12조 제1항). 다만 배심원의 유무죄에 관한 평결과 양형에 관한 의견은 법원을 기속하지 아니한다(같은 법 제46조 제5항).

(4) 배심원의 자격요건

배심원은 만 20세 이상의 대한민국 국민 중에서 국민의 형사재판 참여에 관한 법률이 정하는 바에 따라 선정된다(같은 법 제16조). 그러나 배심원의 업무수행의 난이도 및 공공성을 고려하고 공정한 재판을 담보할 수 있도록 하기 위하여 배심원으로 선정될 수 없는 사유를 결격사유(같은 법 제17조), 직업에 따른 제외사유(같은 법 제18조), 제척사유(같은 법 제19조), 면제사유(같은 법 제20조) 등으로 나누어 규제하고 있다.

[2] 수사기관

사 례≫ A는 늦은 밤 귀가길에 뺑소니 교통사고를 당해 현장에서 사망하고 말았다. A의 유족들은 경찰의 수사결과를 기다렸으나 뺑소니 운전자를 밝혀내지 못하는 등 지지부진하자 직접 나서서 뺑소니 운전자를 밝혀내기로 했다. A의 유족들은 교통사고 현장 부근의 거주자들 가운데 목격자가 있는지를 조사하는 한편, 교통사고를 목격한 사람이 제보해 주면 사례하겠다는 내용의 현수막을 걸었다. A의 유족들은 '수사'를 하고 있는 것일까?

해설 수사란 범죄사실을 조사하고 범인을 체포하며 증거를 발견·수집하는 수사기관의 활동이다. 수사기관이 아닌 A의 유족들이 사실상 수사활동에 참여하더라도 이를 '수사'라고 할 수는 없다.

수사기관에는 검사와 사법경찰관리가 있다. 검사는 수사의 주재자인 동시에 최종책임자이다. 사법경찰관리는 검사의 지휘·감독을 받아 수사를 행한다. 사법경찰관리에는 일반형사사건을 취급하는 일반사법경찰관리와 철도공안, 산림, 소방, 전매, 세무, 해사, 군수사 등 특별한 영역 또는 사항만 수사할 수 있는 특별사법경찰관리가 있다. 특별사법경찰관리의 권한과 직무범위는 영역적·사항적으로 제한되는 특징을 가지고 있는 이외에는 일반사법경찰관리와 다를 것이 없다.

[3] 고 소

사 례≫ 직장여성 A는 다수가 있는 자리에서 평소 업무문제로 갈등을 빚어 온 직장상사 B로부터 '저 망할년 저기오네', '이년 진정 잘하는 년 아가리를 찢어 놓겠다'라는 말을 듣고 모욕죄로 고소하려고 한다. 고소란 무엇이고 또 어떻게 하여야 하는 것일까?

해설 1. 고소란 무엇인가

고소란 범죄의 피해자 등 고소권을 가진 사람이 수사기관에 대하여 범죄사실을 신고함으로써 범인을 처벌해 달라고 요구하는 의사표시를 말한다. 적법한 고소가 되기 위해서는 ① 고소권자가, ② 수사기관에 대하여, ③ 특정한 범죄사실을 신고하고, ④ 범인의 처벌을 구하는 의사표시를 하여야 한다.

첫째, 고소는 고소권자만 할 수 있다. 예컨대 제3자가 수사기관에 범죄사실을 신고하고 범인의 처벌을 구하는 의사표시를 하거나(고발), 범인 자신이 수사기관에 범죄사실을 신고하고 처벌을 구하는 의사표시를 하는 것(자수)은 고소가 아니다.

둘째, 고소는 수사기관에 대하여 해야 한다. 법원에 진정서를 내거나 언론기관에 제보하는 것은 고소라고 할 수 없다. 대통령, 국무총리, 법무부장관 등 수사기관이 아닌 고위 공무원에게 고소장을 제출하는 것은 결국 해당수사기관에게로 고소장이 전달되기는 하겠지만, 전달되기까지 상당한 기간이 소요되므로 그만큼 수사가 지연됨으로써 고소인에게 손해가 되고 불필요한 국가행정력의 낭비만 일어나게 한다.

셋째, 고소는 범죄사실을 특정하여 신고해야 한다. 범죄사실을 특정하지 않은 채 막연히 범인을 처벌해 주도록 요구하는 것은 적법한 고소가 아니다. 그러나 범인의 성명, 범행일시와 장소, 범행방법, 죄명 등에 다소 틀리는 곳이 있더라도 무방하다. 고소인이 어떤 범죄사실을 지적하면서 그 범인의 처벌을 구하는지 확정할 수 있으면 적법한 고소가 있다고 볼 수 있다.

넷째, 고소에는 범인의 처벌을 구하는 의사표시가 포함되어 있어야 한다. 단순히 범죄사실을 신고하는 것만으로는 적법한 고소라고 할 수 없다(도난신고, 피해사실신고 등).

2. 고소권자는 누구인가

① 범죄로 인한 피해자, ② 피해자의 법정대리인(피해자가 미성년자인 경우 친권자인 부모), ③ 피해자가 사망한 경우에는 그의 배우자・직계친족・형제자매, ④ 친고죄에서 고소권자가 없는 경우에는 이해관계 있는 사람의 신청에 의하여 검사가 지정하는 지정고소권자 등이 고소권자이다(형사소송법 제223조, 제225조).

3. 고소의 방식과 절차

고소의 방식과 절차에는 제한이 없다. 고소권자가 직접 수사기관 앞에 나아가서 구두로 고소할 수도 있고 고소장을 제출할 수도 있다. 고소장은 일정한 양식이 없다. 고소인과 피고소인의 인적사항, 피해를 입은 내용, 처벌을 원한다는 뜻만 들어 있으면 반드시 무슨 죄에 해당하는지 밝힐 필요도 없다. 다만 범죄사실이 무엇인지 알 수 있을 정도로는 특정되어야 한다.

다만 자기 또는 배우자의 직계존속(자기의 부모, 장인 장모 등)은 고소할 수 없다(형사소송법 제224조). 그러나 성폭력범죄의처벌등에관한특례법에 의한 성폭력범죄(제18조) 및 가정폭력범죄의처벌등에관한특례법에 의한 가정폭력범죄(제6조 제2항)에 대하여는 자기 또는 배우자의 직계존속을 고소할 수 있다. 이미 행한 고소는 제1심 판결선고 전까지 취소할 수 있다. 일단 고소를 취소하면 같은 범죄로 다시 고소할 수 없다(형사소송법 제232조). 그러므로 '합의' 등을 이유로 경솔하게 고소를 취소하지 않도록 주의해야 한다.

4. 친고죄에 있어서 고소

친고죄란 고소권자의 고소가 없으면 기소할 수 없고, 범인을 처벌할 수도 없는 범죄를 말한다. 친고죄에서는 피해자의 명예나 개인적인 사정 등을 고려하여 국가형벌권의 발동을 고소권자의 의사에 맡기고 있는 것이다. 모욕죄(형법 제311조), 사자(死者)의 명예훼손죄(형법 제308조), 비밀침해죄(형법 제316조), 업무상비밀누설죄(형법 제317조) 등이 친고죄에 해당한다.

일반범죄의 경우 고소는 수사개시의 단서에 불과하다. 고소권자의 고소가 없더라도 얼마든지 범인을 기소하고 처벌할 수 있다. 그러나 친고죄의 경우 범인을 처벌하기 위해서는 반드시 고소권자의 고소가 필요하다. 친고죄의 고소는 소송조건이므로 공소제기 여부를 사인의 의사에 의하여 장기간 불확정한 상태에 놓여지는 것을 막기 위한 것이다.

친고죄에 대하여는 범인을 알게 된 날로부터 6개월이 지나면 고소하지 못한다(형사소송법 제230조 제1항). 따라서 친고죄 아닌 범죄에 대하여는 고소기간의 제한이 없다.

5. A는 어떻게 고소하여야 하는가

직장상사 B가 다수가 있는 자리에서 A에게 경멸하는 욕설 섞인 표현을 한 것은 모욕죄(형법 제311조)가 성립한다(대법원판결 1990. 9. 25, 90도873). 모욕죄는 친고죄이다. 따라서 B가 A를 처벌받게 하기 위해서는 고소가 필요하다. 다만 친고죄이므로 범인을 안 날로부터 6개월 이내에 고소하여야 한다. 고소는 수사기관 앞에서 구두로 하든지, 아니면 고소장을 작성하여 수사기관에 제출하면 된다.

[4] 수사개시와 입건

수사기관이 수사를 개시하여 형사사건으로 되는 것을 '입건'이라고 부른다. 형사사건으로 입건되어 수사대상이 된 사람을 '피의자'라고 한다. 공소가 제기된 사람은 '피고인'이라고 부르기 때문에, 피의자란 수사개시로부터 수사종결시까지 수사기관의 수사대상이 된 사람을 의미한다.

범죄혐의가 뚜렷하지 않기 때문에 정식으로 입건하기에는 부족하지만 수사개시 여부를 결정하기 위해서 조사해 볼 필요가 있는 때에는 정식입건을 하지 않고 수사기관이 내부적으로만 조사하는 경우가 있다. 이를 '내사'라고 한다. 내사대상이 된 사람을 '피내사자'라고 부른다. '피내사자'는 정식으로 입건됨으로써 피의자가 된다.

피의자는 '용의자'와는 다른 개념이다. 용의자는 피의자의 신분일 수도 있고 아직 피의자의 신분이 아닐 수도 있다. 예컨대 강도사건이 일어났을 때 범인으로 의심이 가는 사람이지만 범인이라는 뚜렷한 혐의가 아직 발견되지 않은 경우 흔히 그 사람을 용의자라고 부른다. 이 경우 그 용의자는 정식으로 입건되기 이전이라면 아직 피의자가 아니지만, 정식으로 입건된 이후라면 피의자의 신분이다. 용의자란 범죄수사학적 개념이지 형사절차법적 개념이 아니다.

[5] 수사절차상 인신구속(체포와 구속)

수사절차상 피의자의 인신을 구속하는 제도는 네 가지가 있다. ① 구속영장을 발부받아 피의자를 구속하는 경우(구속), ② 체포영장을 발부받아 피의자를 체포하는 경우(체포), ③ 영장 없이 행하는 피의자의 긴급체포의 경우(긴급체포), ④ 영장 없이 행하는 현행범인 체포의 경우(현행범인 체포).

첫째, 구속은 수사기관이 법관으로부터 사전에 구속영장을 발부받아 피의자의 인신을 구속하는 것이다. 구속의 개념과 요건 및 절차에 대해서는 별도로 설명한다.

둘째, 체포는 수사기관이 법관으로부터 사전에 체포영장을 발부받아 피의자를 체포하는 것이다. 체포의 요건으로서는 피의자가 죄를 범했다고 의심할 만한 상당한 이유가 있고, 정당한 이유없이 피의자신문을 위한 출석요구에 응하지 않거나 응하지 않을 우려가 있을 것을 요한다(형사소송법 제200조의2 제1항). 체포영장은 주로 기소중지자로서 지명수배된 피의자를 체포하기 위한 수단으로 사용되고 있다. 실무상으로는 체포영장의 유효기간을 1년으로 청구하고, 발부된 체포영장이 기간만료되기 전에 다시 유효기간을 갱신하는 형태로 운영되고 있다.

체포영장은 검사가 청구하고 관할지방법원 판사가 발부한다. 사법경찰관은 검사를 경유해서만 체포영장을 청구할 수 있다. 체포영장을 발부받아 피의자를 체포한 경우에는 48시간 이내에 구속영장을 청구하지 않으면 즉시 석방하여야 한다(형사소송법 제200조의2 제5항).

셋째, 긴급체포는 피의자가 혐의를 받고 있는 범죄가 중범죄이고(사형, 무기 또는 장기 3년 이상의 징역이나 금고에 해당하는 범죄), 체포영장 또는 구속영장을 받을 시간적 여유가 없는 경우에 사전영장 없이 피의자를 체포하는 것이다(형사소송법 제200조의3 제1항). 다만 긴급체포 후 48시간 이내에 관할지방법원 판사에게 구속영장을 청구하지 않거나 구속영장을 청구했지만 발부받지 못한 때에는 피의자를 즉시 석방하여야 한다(형사소송법 제200조의4 제1항, 제2항).

넷째, 범죄의 실행중이거나 실행 직후인 현행범인은 누구든지 영장 없이 체포할 수 있다(형사소송법 제211조, 제212조). 일반인이 현행범인을 체포한 때에는 검사 또는 사법경찰관리가 올 때까지 붙들어 두고 있거나 가까운 수사기관에 즉시 인계하여야 한다(형사소송법 제213조). 현행범인을 체포한 경우 48시간 이내에 구속영장을 청구하지 않은 때에는 즉시 석방하여야 한다(형사소송법 제213조의2).

[6] 구속과 불구속의 기준

사 례≫ A는 혈중알콜농도 0.15%인 만취상태에서 운전하다가 보행자를 치어 전치 6개월의 가료를 요하는 중상을 입혔다. A와 그 가족들은 A가 구속될까봐 걱정하고 있다. A는 구속될 것인가?

해설 구속이란 형사절차의 목적을 달성하기 위해서 피의자 또는 피고인으로부터 신체의 자유를 박탈하는 강제처분이다. 구속은 '피의자의 구속'과 '피고인의 구속'으로 구분된다. 피의자의 구속은 수사절차상 수사기관이 법관으로부터 구속영장을 발부받아 하는 강제수사의 한 방법이다. 반면에 피고인의 구속은 공소제기 후 법원이 피고인을 구속하는 것이다. 사람들이 보통 '구속'이라고 말할 때에는 '피의자의 구속'을 의미한다. A와 그 가족들은 바로 A에 대한 피의자의 구속을 염려하는 것이다.

피의자의 구속은 ① 피의자가 죄를 범했다고 의심할 만한 상당한 이유가 있고, ② 주거부정, 증거인멸의 염려, 이미 도망하거나 도망할 염려가 있을 것 등의 사유에 해당함을 요한다. 이러한 구속요건을 구비했다고 판단하면 검사는 관할지방법원 판사에게 구속영장을 청구한다. 사법경찰관리는 독자적으로 구속영장을 청구할 수 없고 반드시 검사를 경유해서만 구속영장을 청구할 수 있다(형사소송법 제201조).

구속영장 청구를 받은 법관은 피의자를 심문하는 등 필요한 심사를 한 연후에 구속영장을 발부한다. 발부된 구속영장은 검사의 지휘로 사법경찰관리가 집행한다. 구속의 집행절차는 피의자의 신병을 교도소 미결감 또는 구치소 내에 인치함으로써 끝나게 된다.

피의자는 유죄판결이 확정될 때까지 무죄로 추정되기 때문에 불구속상태에서 수사하는 것이 원칙이다. 또 피의자를 구속하게 되면 피의자의 심리적인 위축감은 물론이고, 나중에 형사재판 과정에서 자기를 방어할 수 있는 준비를 하는 데 많은 애로를 겪게 된다. 그러므로 피의자의 구속은 필요한 최소한에 그쳐야 한다.

그럼에도 불구하고 지금까지 우리나라의 국민의식 및 수사관행은 피의자구속을 일종의 처벌로 생각하는 경향이 강하고, "누구는 돈 있고 빽 있어서 구속을 면하고 누구는 돈 없고 빽 없어서 구속되느냐"하는 형평의 요청이 강하기 때문에, 위와 같은 인신구속의 기본원칙이 지켜지지 않는 경우가 많았다. 그래서 경찰 및 검찰에서는 일정한 기준을 세워 놓고 이에 해당하면 주거부정, 증거인멸의 염려, 도주하거나 또는 도주할 염려 등 구속사유와 상관없이 구속영장을 청구하고, 법관은 특별한 사정이 없는 한 검사가 청구한 구속영장을 그대로 발부해 주는 경우가 많았다.

그러나 형사소송법은 법관이 피의자를 직접 대면하여 심문한 후 구속영장 발부 여부를 결정하도록 하는 영장실질심사제도(구속전 피의자심문제도)를 필요적으로 실시하도록 하고 있다(형사소송법 제201조의2). 이는 종래 (피의자 또는 그 변호인 등의) 신청에 의한 임의적 피의자심문제도가 인권보장에 미흡할 우려가 있다는 이유로 구속영장을 발부함에 있어서 필수적으로 피의자심문절차를 거치도록 규정한 것이다.

이런 상황을 감안한다면 A의 구속 여부는 일반적으로 말할 수밖에 없다. 첫째, 형사사건을 담당한 사법경찰관 또는 검사의 판단에 따라 구속영장이 청구될 것인지 여부에 달려 있다. 둘째, 구속영장 청구가 이뤄지면 그 영장발부 여부를 심사하게 될 법관이 구속영장을 발부할 것인지 여부에 달려 있다.

[7] 체포 · 구속적부심사

사 례 ≫ A는 술집에서 친구들과 어울려 술을 마시다가 사소한 시비 끝에 친구 B를 구타함으로써 전치 10주의 가료를 요하는 상해를 입히고 구속되었다. A의 부친은 아들을 석방시키기 위해서 피해자의 피해를 전액 배상하고 "A의 형사처벌을 원치 않는다"는 내용의 합의서를 건네받았다. A의 부친은 어떻게 해야 아들을 석방시킬 수 있을까?

해설 수사절차상 체포 또는 구속된 피의자에 대해서 법원이 체포 · 구속의 적부를 심사하여 석방하는 제도가 있다. 이것이 '체포 · 구속적부심사'이다. 피의자를 체포 · 구속하기 위해서는 법관이 발부한 영장이 있어야 하기 때문에 체포 · 구속적부심사는 영장을 발부한 법원에 대해 다시 체포 · 구속의 적부를 심사하게 하는 것으로서 인신구속과 관련된 일종의 재심절차적 성격을 갖고 있다.

피의자에 대해서만 체포 · 구속적부심사의 청구가 가능하다(형사소송법 제214조의2 제1항). 기소된 이후의 피고인은 체포 · 구속적부심사의 대상이 되지 않는다. 구속기소된 피고인을 위해서는 다음에서 설명할 '보석'이라는 제도가 있다.

체포 · 구속적부심사를 청구할 수 있는 사람은 피의자 본인, 피의자의 변호인, 법정대리인, 배우자, 직계친족, 형제자매나 가족, 동거인 또는 고용주이다. 그리고 피의자를 체포 또는 구속한 검사 또는 사법경찰관은 체포 또는 구속된 피의자와 체포 · 구속적부심사 청구권자 중에서 피의자가 지정하는 자에게 체포 · 구속적부심사를 청구할 수 있음을 알려줘야 한다(형사소송법 제214조의2 제2항). 체포 · 구속적부심사의 청구사유는 ① 체포 또는 구속이 애당초 불법 또는 부당하게 이루어진 경우, ② 체포 또는 구속은 적법하게 이뤄졌으나 그 후 피해변상 · 피해자 합의 · 고소취소 등으로 사정이 변경되어 체포 또는 구속을 계속하는 것이 합당하지 않다고 판단되는 경우이다. 체포 · 구속적부심사의 청구방법은 청구권자가 피의사건의 관할법원에 서면(체포·구속적부심사청구서)으로 한다.

체포·구속적부심사의 청구를 받은 법원은 청구서가 접수된 때부터 48시간 이내에 체포 또는 구속된 피의자를 심문하고, 수사관계서류와 증거물 등을 조사한 연후에 석방결정 또는 청구기각결정을 내려야 한다. 이 때 법원은 구속피의자에 대하여 피의자의 출석을 보증할 만한 보증금의 납입을 조건으로 석방결정을 할 수 있다(보증금납입조건부 석방결정).

위 사례에서 A의 부친은 구속피의자 A의 직계존속으로서 구속적부심사청구서를 작성하여 관할법원에 제출하면 된다. 이 때 구속적부심사의 청구권자임을 인정할 수 있는 서류(가족관계증명서 또는 주민등록등본)와 피해자합의서 등 피해보상을 입증할 수 있는 서류를 첨부해야 한다. 법원으로부터 심문기일의 통지를 받으면 A의 부친은 그 기일에 출석하여 법원으로부터 구속피의자 A의 석방결정을 받아내는 데 유리한 자료를 제출하거나 A에게 유리한 진술 등을 하면 된다. 법원의 석방결정이 있으면 A는 석방되어 불구속상태로 재판받게 된다.

[8] 기소와 불기소

사 례 ≫ 고등학교 재학생 A(만 17세)는 불량한 친구와 어울려 야산에서 채취한 대마초 잎을 말려서 피우다가 마약류관리에관한법률 위반혐의로 입건되었다. 수사를 받게 된 A는 냉엄한 현실을 직시하게 되었고, 부모님과 학교 선생님들의 간곡한 호소로 자신의 죄를 깊이 뉘우치게 되었다. 철 모르고 죄를 범한 고등학생 A가 형사처벌을 받고 전과자로 낙인 찍히는 것을 면할 수 있는 길은 없을까?

해설 1. 기소란 무엇인가

검사가 사법경찰관으로부터 송치받은 사건이나 자신이 직접 수사한 사건을 조사한 결과 범죄혐의가 충분하고 소송조건을 구비하여(예컨대 친고죄에서 고소) 유죄판결을 받아낼 수 있다고 인정되면 공소를 제기한다. 공소제기의 줄임말이 '기소'이다. 기소는 검사가 공소장을 관할법원에 제출함으로써 이뤄진다.

정식적인 공소제기는 공판의 청구이다(정식기소=공판청구). 정식기소(공판청구)가 있으면 피의자는 피고인의 신분으로 바뀌게 되고, 공판절차에 의해서 형사재판을 받게 된다.

검사는 벌금, 과료 또는 몰수에 처할 수 있는 사건에 대해서는 법원에 약식명령을 청구할 수 있다(약식기소=약식명령청구). 약식명령청구에 의한 절차를 약식절차라고 부르는데, 이러한 약식절차에서 법원은 피고인을 출석시키지 아니하고 검사가 제출한 서류와 증거물만을 기초로 재판함으로써 피고인에게 벌금, 과료 또는 몰수를 과하게 된다.

2. 불기소처분과 기소유예

검사가 사건을 수사한 결과 피의자에 대해서 기소하지 않는 것이 합당하다고 판단한 때에는 기소하지 않고 수사를 종결한다. 이를 '불기소처분'이라고 한다. 불기소처분은 다음과 같은 경우에 행한다.

(가) 혐의없음

검사가 사건을 수사한 결과 피의사실을 인정할 만한 충분한 증거가 없는 경우 또는 피의사실이 인정되더라도 범죄로 되지 않는 경우에는 '혐의없음'(무혐의) 결정을 내린다. 이로써 수사는 종결된다. 일단 수사종결된 사건이라도 피의사실을 인정할 만한 새로운 증거가 발견될 경우에는 수사를 다시 개시할 수 있다(수사재기).

(나) 죄가 안됨

검사가 사건을 수사한 결과 피의사실이 범죄의 구성요건에 해당하지만 위법성조각사유(예컨대 정당방위) 또는 책임조각사유(예컨대 형사미성년자) 등 범죄성립을 부정케 하는 사유가 인정되는 경우에는 '죄가 안됨' 결정을 내린다.

(다) 공소권 없음

검사에게 공소권이 없는 경우에 내려지는 처분이다. 이미 확정판결이 있거나 보호처분이 있는 경우, 공소시효가 완성된 경우, 자동차 교통사고에 있어서 자동차종합보험 가입 또는 피해자합의로 기소할 수 없는 경우, 범죄 후 법률이 개정되어 형벌이 폐지된 경우, 법률규정에 의해 형이 면제된 경우, 친고죄에 있어서 고소권자의 고소가 없는 경우 등에서 검사는 '공소권 없음' 결정을 내리고 수사를 종결한다.

(라) 각 하

고소장 또는 고발장의 내용이 진실하더라도 혐의없음 · 죄가 안됨 · 공소권 없음 등의 사유에 해당함이 명백한 경우, 동일사건에 관하여 이미 불기소처분이 있는 경우, 친고죄에서 고소권자 아닌 자가 고소한 경우, 고소인 또는 고발인이 출석요구에 불응하거나 소재불명으로 진술을 청취할 수 없는 경우에는 '각하' 결정을 한다.

(마) 기소유예

피의사실을 인정할 만한 증거도 충분하고 또 이것이 범죄로 됨에 아무런 장애가 없는 경우라도 검사는 피의자의 연령, 성행, 지능과 환경, 피해자에 대한 관계, 범행동기나 수단 및 결과, 범행 후의 정황 등을 참작하여 기소하지 않고 수사를 종결하는 경우이다. 사람들은 보통 기소유예를 "검사님이 용서해줬다"고 말한다.

기소유예는 피의자를 기소하여 전과자로 만드는 것보다는 기회를 주는 것이 좋겠다고 인정하는 경우에 행한다. 소년인 피의자에 대하여 선도조건부 기소유예(선도유예)를 할 수 있다. 소년과 소년의 친권자·후견인 등 법정대리인의 동의를 받아 범죄예방자원봉사위원의 선도, 소년의 선도·교육에 관련된 단체·시설에서의 상담·교육·활동 등을 받게 하고, 피의사건에 대하여 공소를 제기하지 아니할 수 있다(소년법 제49조의3).

1978년 광주지방검찰청이 창안하여 소년범에 대해 적용해 본 결과 재범률이 낮아지는 등 그 성과가 좋은 것으로 나타나 전국 검찰청 및 지청에서 실무차원에서 인정되어 오던 것을 2007년 소년법 개정을 통해 입법화하였다.

3. A의 경우

A는 비록 마약류관리에관한법률 위반죄를 범했지만, 만 17세의 고등학생이고 초범이며 자신의 잘못을 깊이 뉘우치고 있기 때문에 검사의 기소유예처분을 기대해 봄직하다.

검사가 A에 대하여 선도유예하기로 결정한 경우에는, 범죄예방 지역협의회 또는 지구협의회에 A의 인적사항, 범죄사실 등 자료를 송부하여 선도책임을 맡을 범죄예방위원의 선정을 의뢰하고, 해당 협의회에서는 A의 선도를 담당할 범죄예방위원을 선정·추천하게 된다. 선정된 범죄예방위원은 A의 귀주처 및 선도시 접촉장소, 주변환경 및 범인성 요인, 가족상황 및 보호자 등 가족과의 관계, 성장과정(학력, 경력 등) 및 교우관계, 건강상태 등을 조사하고, 대면상담 등 직접접촉 및 전화·전자메일 등 간접접촉에 의하여 A와 월 1회이상 접촉을 유지하게 된다. 범죄예방위원은 월 1회 선도조치내용 등을 소년전담검사에게 통보하여야 한다(소년선도보호지침 제15조, 제18조 제1항). 선도기간은 재범가능성이 비교적 높은 1급 유예소년에 대하여는 1년, 재범가능성이 비교적 낮은 2급 유예소년에 대하여는 6월로 하고 3월씩 2차에 걸쳐 연장할 수 있다(같은 지침 제25조 제1항). 검사는 A가 선도기간을 무사히 경과하였을 때에는 해당 범죄예방위원의 의견을 들어 선도보호조치를 해제하며, 이후 A가 재범을 하더라도 일단 선도유예한 사건을 재기수사하지 않게 된다(같은 지침 제27조).

[9] 약식명령과 정식재판청구

사 례 ≫ A는 직장의 회식자리에서 시비 끝에 직장동료 B와 몸싸움을 벌였다. A는 직장동료들의 주선으로 그 자리에서 B와 화해하였으므로 다 끝난 일인 줄 알았다. 그런데 며칠 후 A는 경찰서로부터 폭행으로 고소되었으니 출두하라는 통지를 받고 출석하여, 담당 사법경찰관 앞에서 지난 일을 사실대로 진술하였다. 그리고 잊어버리고 있었는데 며칠 전 법원으로부터 벌금 20만원에 처한다는 내용의 '약식명령'이 송부되어 왔다. A는 약식명령이라는 것이 무엇인지도 모르겠고, 또 자기가 범죄자로 되어 벌금형을 받는 것도 억울하다. A는 어떻게 해야 할까?

해설 약식절차란 검사의 약식명령청구(약식기소)가 있을 때 정식의 공판절차에 의하지 아니하고 서면심리만으로 피고인에게 벌금, 과료 또는 몰수를 과하는 절차이다. 약식절차는 피고인의 출석없이 검사가 제출한 서류와 증거물을 기초로 재판한다.

위 사례에서 A는 B의 고소에 따라 폭행혐의로 입건되어 사법경찰관으로부터 피의자신문을 받았고, 검사에 의해 약식기소되어 자기도 모르는 사이에 벌금 20만원에 처하는 약식명령을 받았던 것이다.

A가 이에 불복한다면 정식재판을 청구할 수 있다. 약식명령을 송부받은 날로부터 7일 이내에 정식재판청구서를 작성하여 약식명령을 내린 법원에 제출하면 된다. 7일 이내에 정식재판을 청구하지 않으면 약식명령은 확정판결과 동일한 효력을 갖게 된다. 정식재판을 청구한 이후의 절차는 정식의 공판절차와 같다. A가 공판기일의 통지를 받으면 그 기일에 공판정에 출석하여 자신의 무고함을 주장하면 될 것이다.

[10] 보 석

사 례 ≫ 회사원 A는 사람을 구타하여 전치 5주를 요하는 상해를 입히고 구속되어 폭행치상죄로 기소되었다. A의 부인 B는 되도록 빨리 남편을 석방시킬 수 있는 길을 찾고 있다. 어떤 방법이 있겠는가?

해설 법원에 소정의 서약서·약정서·출석보증서·보증금 등을 제출 또는 납부하는 조건으로 피고인의 구속을 정지하고 석방시키는 제도를 '보석'이라고 한다. 보석제도는 피고인에게 출석을 보증할 수 있을 정도의 조건을 정하여 자유를 주는 제도이다.

보석청구권자는 피고인 자신, 변호인, 법정대리인, 배우자, 직계친족, 형제자매와 가족, 동거인 또는 고용주이다(형사소송법 제94조). 보석청구는 보석청구서를 작성하여 법원에 제출하면 된다. 보석청구를 받은 법원은 '보석을 허가하는 결정' 또는 '보석을 허가하지 않는 결정'을 한다. 법원이 보석허가결정을 내릴 때에는 ① 법원이 지정하는 일시·장소에 출석하고 증거를 인멸하지 아니하겠다는 서약서를 제출할 것, ② 법원이 정하는 보증금 상당의 금액을 납입할 것을 약속하는 약정서를 제출할 것, ③ 법원이 지정하는 장소로 주거를 제한하고 이를 변경할 필요가 있는 경우에는 법원의 허가를 받는 등 도주를 방지하기 위하여 행하는 조치를 수인할 것, ④ 피해자, 당해 사건의 재판에 필요한 사실을 알고 있다고 인정되는 자 또는 그 친족의 생명·신체·재산에 해를 가하는 행위를 하지 아니하고 주거·직장 등 그 주변에 접근하지 아니할 것, ⑤ 피고인 외의 자가 작성한 출석보증서를 제출할 것, ⑥ 법원의 허가 없이 외국으로 출국하지 아니할 것을 서약할 것, ⑦ 법원이 지정하는 방법으로 피해자의 권리회복에 필요한 금원을 공탁하거나 그에 상당한 담보를 제공할 것, ⑧ 피고인 또는 법원이 지정하는 자가 보증금을 납입하거나 담보를 제공할 것, ⑨ 그 밖에 피고인의 출석을 보증하기 위하여 법원이 정하는 적당한 조건을 이행할 것 가운데 하나 이상의 조건을 붙이게 된다(형사소송법 제98조).

부인 B는 A의 배우자로서 보석청구권자이다. B는 보석청구서를 작성하여 해당법원에 제출하면 된다. ① 사형, 무기 또는 장기 10년 이상의 징역이나 금고에 해당하는 죄를 범한 경우(사례의 폭행치상죄는 7년 이하의 징역), ② 누범 또는 상습범인 경우, ③ 증거를 인멸하거나 인멸할 염려가 있다고 믿을 만한 충분한 이유가 있는 경우, ④ 도망하거나 도망할 염려가 있다고 믿을 만한 충분한 이유가 있는 경우, ⑤ 주거가 분명하지 않은 경우, ⑥ 피해자 등 해당사건의 재판에 필요한 사실을 알고 있다고 인정되는 자 또는 그 친족의 생명, 신체나 재산에 해를 가할 염려가 있다고 믿을 만한 충분한 이유가 있는 경우를 제외하고는 A에게 보석허가결정이 내려질 것이다(형사소송법 제95조). 법원으로부터 보석허가결정을 받으면 A는 그 조건에 좇아 소정의 서약서·약정서·출석보증서·보증금 등을 제출 또는 납부한 연후에 석방되어 불구속 상태로 재판받게 된다.

[11] 배상명령절차

사 례 ≫ A는 B가 운전하던 승용차에 치어 전치 6개월의 가료를 요하는 중상을 입었다. 알고 보니 B는 무면허에 자동차종합보험에 가입하지도 않은 사람이었다. B는 업무상과실치상죄로 구속되어 제1심 형사재판을 받고 있다. 피해자 A는 운전자 B가 처벌되는 것보다 B로부터 손해배상을 받아내는 방법에 더 관심이 있다. A는 형사재판과 별도로 민사소송을 제기하여 손해배상을 청구하여야 하는가, 아니면 다른 간단한 방법이 있는가?

해설 1. 배상명령절차란 무엇인가

배상명령절차란 기소된 범죄로 인해서 피해자에게 손해가 발생한 경우 법원의 직권 또는 피해자의 신청에 의해서 피고인(가해자)에게 그 손해배상을 명하는 절차이다. 배상명령절차는 형사절차에서 민사상 손해배상까지 명하는 절차라고 할 수 있다. 예컨대 상해를 입은 피해자는 별도로 민사상 손해배상청구소송을 하지 않더라도 이 절차에 의해서 신속·간편하게 손해배상을 받을 수 있다.

배상명령절차는 범죄피해자로 하여금 번거롭게 민사소송절차를 다시 밟지 않아도 손해배상을 받을 수 있도록 하며, 형사판결과 민사판결 사이의 모순을 피할 수 있고, 피해자를 형사절차에 참여하게 함으로써 진실발견에 도움을 줄 수 있는 장점을 갖고 있다. A는 배상명령절차를 이용하여 간편하게 손해배상을 받을 수 있다.

2. 배상명령 대상사건

배상명령의 대상사건은 제1심 또는 제2심의 형사공판절차에서 다음과 같은 범죄에 대하여 유죄판결을 선고할 경우에 한한다(소송촉진등에관한특례법 제25조). ① 상해죄(형법 제257조 제1항), 중상해죄(형법 제258조 제1항, 제2항), 특수상해죄(형법 제258조의2 제1항), 상해치사죄(형법 제259조 제1항), 폭행치상죄와 폭행치사죄(형법 제262조, 단 존속폭행치사상죄 제외), 과실치사상의 죄(형법 제26장), 강간과 추행의 죄(형법 제32장), 절도와 강도의 죄(형법 제38장), 사기와 공갈의 죄(형법 제39장), 횡령과 배임의 죄(형법 제40장), 손괴의 죄(형법 제42장), 이러한 범죄를 가중처벌하는 죄 및 그 죄의 미수범을 처벌하는 경우 미수의 죄, ② 성폭력범죄의처벌등에관한특례법에서 규정하고 있는 업무상 위력 등에 의한 추행죄(제10조), 공중밀집장소에서의 추행(제11조), 성적 목적을 위한 공공장소 침입행위(제12조), 통신매체를 이용한 음란행위(제13조), 카메라 등을 이용한 촬영행위 및 그 미수범(제14조, 제15조), ③ 아동 · 청소년의성보호에관한법률에 규정된 아동 · 청소년 매매행위(제12조), 아동 · 청소년에 대한 강요행위 등(제14조), ④ 이상에 해당하지 않는 범죄라도 피고인과 피해자 사이에 손해배상액을 합의한 경우.

A의 경우는 피고사건이 업무상과실치상죄이기 때문에 배상명령 대상사건이 된다.

3. 배상명령 신청방법

배상명령의 신청은 범죄의 직접피해자 또는 그 상속인이 할 수 있다(소송촉진등에관한특례법 제25조 제1항). 신청방법은 제1심 또는 제2심 공판의 변론이 종결될 때까지 당해사건이 계속(係屬)되어 있는 법원에 배상명령신청서를 제출하면 된다. 이 때 별도로 인지를 사서 붙일 필요는 없다. 또 범죄피해자가 그 형사재판에 증인으로 출석하여 증언할 때에는 구두로 신청할 수 있다(같은 법 제26조 제1항, 제5항).

4. 배상명령의 범위

당해 피고사건의 범죄행위로 인하여 발생한 직접적인 물적 피해와 치료비 손해 및 위자료에 대해서 배상명령할 수 있다(소송촉진등에관한특례법 제25조 제1항). A가 그 이상의 손해배상을 받으려면 별도로 민사소송을 제기하여야 한다.

5. 배상명령의 선고 및 효과

법원이 배상명령을 할 때에는 유죄판결의 선고와 동시에 하여야 한다. 배상명령은 피고인에게 일정액의 금전지급을 명하는 것이다. 배상명령의 내용은 유죄판결문에 기재되어야 한다(소송촉진등에관한 특례법 제31조). 배상명령이 기재된 유죄판결문은 민사판결문과 동일한 효력이 있다(같은 법 제34조).

배상명령의 신청인은 배상명령신청을 각하 당하거나 신청금액 중 일부만 인정받은 때에는 불복할 수 없다(같은 법 제32조 제4항). 신청인이 별도의 민사소송으로 손해배상청구를 할 수 있음은 물론이다. 피고인은 유죄판결 전체에 대하여 상소하거나 배상명령 부분에 대한 즉시항고에 의하여 배상명령에 불복할 수 있다(같은 법 제33조 제5항).

[12] 범죄피해자구조 제도

사 례 ≫ A의 남편 B는 노상강도에게 살해당했다. 그러나 범인이 누구인지 밝혀지지 않았기 때문에 범인으로부터 손해배상을 받을 수 있는 길이 없었다. 이제까지 남편의 수입에 의존하여 오던 A와 어린 자녀 2명은 생계유지가 막막해졌다. 부인 A가 국가로부터 무슨 보상이나 구조를 받을 수 있는 방법은 없는가?

해설 1. 범죄피해자구조 제도란 무엇인가

범죄피해자구조란 사람의 생명 또는 신체를 해하는 범죄행위로 인하여 사망하거나 장해 또는 중상해를 당하고도 피해의 전부 또는 일부를 배상받지 못하거나 자기나 타인의 형사사건의 수사 또는 재판에 있어서 고소, 고발 등 수사단서의 제공·진술·증언 또는 자료제출을 하다가 피해자로 된 경우에 국가가 그러한 피해자 또는 유족에게 일정한 구조금을 지급하는 제도이다(범죄피해자보호법 제3조 제1항 제4호, 제16조).

범죄피해자구조 제도는 1987년에 범죄피해자구조법이 제정됨으로써 시행이 가능하게 되었다. 원래 국가는 범죄피해로부터 국민을 보호할 의무가 있고 이 의무를 다하지 못하여 개개 국민이 범죄피해를 당한 경우에는 그 손해를 배상할 책임이 있다고 보는 형법학자들도 있다. 필자의 기억에 의하면 1987년에 범죄피해자구조법안을 만들기 위한 전문가 세미나에서도 범죄피해의 '보상'이냐

'배상'이냐를 두고 논란을 벌인 적이 있다. 국가에게 범죄피해의 배상책임이 없다면 '보상'이겠지만 그 책임이 있다면 '배상'이라고 해야 정당하다. 결국 범죄피해에 대한 '보상'도 '배상'도 아닌 '구조'로 결정됨으로써, 범죄피해에 대한 국가의 배상책임을 회피하면서 범죄피해자구조를 국가가 베푸는 일종의 시혜로 개념정의하게 되었다. 범죄피해자구조법은 실질적인 피해자 구조기능을 담당하지 못한다는 비판과 함께 2010년 8월 폐지되어 전면 개정된 새로운 범죄피해자보호법에 통합되었으며, 구조금 신청 및 지급금액이 대폭 증가되었다.

2. 범죄피해자구조의 요건

(가) 구조대상 범죄피해의 범위

구조대상 범죄피해는 대한민국의 영역 안에서 또는 대한민국의 영역 밖에 있는 대한민국의 선박이나 항공기 안에서 행하여진 사람의 생명 또는 신체를 해치는 죄에 해당하는 행위로 인한 사망 또는 장해·중상해이다(범죄피해자보호법 제3조 제1항 제4호).

(나) 범죄피해구조의 요건

구조대상 범죄피해를 받은 사람(구조피해자)이 피해의 전부 또는 일부를 배상받지 못하거나, 자기 또는 타인의 형사사건의 수사 또는 재판에 있어서 고소·고발 등 수사단서를 제공하거나 진술, 증언 또는 자료제출을 하다가 구조피해자가 된 경우의 어느 하나에 해당하여야 한다(범죄피해자보호법 제16조).

(다) 구조배제사유

범죄행위 당시 구조피해자와 가해자 사이에 ① 부부(사실상의 혼인관계 포함), ② 직계혈족, ③ 4촌 이내의 친족, ④ 동거친족의 어느 하나에 해당하는 친족관계가 있는 경우에는 구조금을 지급하지 아니한다(범죄피해자보호법 제19조 제1항). 그리고 범죄행위 당시 구조피해자와 가해자 사이에 위의 어느 하나에 해당하지 아니하는 친족관계가 있는 경우에는 구조금의 일부를 지급하지 아니한다(같은 조 제2항).

구조피해자가 ① 해당 범죄행위를 교사 또는 방조하는 행위, ② 과도한 폭행·협박 또는 중대한 모욕 등 해당 범죄행위를 유발하는 행위, ③ 해당 범죄행위와 관련하여 현저하게 부정한 행위, ④ 해당 범죄행위를 용인하는 행위, ⑤ 집단적 또는 상습적으로 불법행위를 행할 우려가 있는 조직에 속하는 행위(다만, 그 조직에 속하고 있는 것이 해당 범죄피해를 당한 것과 관련이 없다고 인정되는 경우는 제외), ⑥ 범죄행위에 대한 보복으로 가해자 또는 그 친족이나 그 밖에 가해자와 밀접한 관계가 있는 사람의 생명을 해치거나 신체를 중대하게 침해하는 행위 중의 어느 하나에 해당하는 행위를 한 때에는 구조금을 지급하지 아니한다(같은 조 제3항).

구조피해자가 ① 폭행·협박 또는 모욕 등 해당 범죄행위를 유발하는 행위, ② 해당 범죄피해의 발생 또는 증대에 가공한 부주의한 행위 또는 부적절한 행위 중 어느 하나에 해당하는 행위를 한 때에는 구조금의 일부를 지급하지 아니한다(같은 조 제4항).

또한 구조피해자 또는 그 유족과 가해자 사이의 관계, 그 밖의 사정을 고려하여 구조금의 전부 또는 일부를 지급하는 것이 사회통념에 위배된다고 인정될 때에는 구조금의 전부 또는 일부를 지급하지 아니할 수 있다(같은 조 제6항).

그러나 위의 규정에도 불구하고 구조금의 실질적인 수혜자가 가해자로 귀착될 우려가 없는 경우 등 구조금을 지급하지 아니하는 것이 사회통념에 위배된다고 인정할 만한 특별한 사정이 있는 경우에는 구조금의 전부 또는 일부를 지급할 수 있다(같은 조 제7항).

3. 범죄피해구조금의 종류

(가) 유족구조금

범죄로 인해서 구조피해자가 사망한 경우에는 구조피해자의 유족에게 유족구조금을 지급한다. 유족구조금은 맨 앞의 순위인 유족에게 일시금으로 지급한다. 유족의 범위 및 순위는 배우자(사실혼관계의 배우자 포함) 및 구조피해자의 사망당시 구조피해자의 수입으로 생계를 유지하고 있는 구조피해자의 자녀, 부모, 손자·손녀, 조부모, 형제자매의 순이다. 선순위의 유족이 없는 경우에는 열거한 순서에 따라 순차로 제1순위의 유족이 되고, 부모의 경우에는 양부모를 선수위로 하고 친생부모를 후순위로 한다. 유족의 범위에서 태아는 구조피해자가 사망할 때 이미 출생한 것으로 본다. 순위가 같은 유족이 2인 이상인 경우에는 구조금을 균분하여 지급한다(범죄피해자보호법 제18조).

(나) 장해구조금

범죄행위로 입은 부상이나 질병이 치료된 후에 남은 신체의 장해(신체장해등급 1급 내지 10급의 장해)를 입은 사람에게 장해구조금을 지급한다. 장해구조금은 해당 구조피해자에게 일시금으로 지급한다(같은 법 제17조, 같은 법 시행령 제2조 제1항).

(다) 중상해구조금

범죄행위로 인하여 사람의 생명 및 기능과 관련 있는 주요 장기에 손상이 발생하거나 신체의 일부가 절단 또는 파열되거나 중대하게 변형되는 등의 중상해를 입은 사람에게 중상해구조금을 지급한다. 중상해구조금은 해당 구조피해자에게 일시금으로 지급한다(같은 법 제17조, 같은 법 시행령 제3조 제3호).

4. 범죄피해구조금 신청절차

범죄피해구조금을 지급 받고자 하는 사람은 그 주소지, 거소지 또는 범죄발생지를 관할하는 지방검찰청에 설치된 범죄피해구조심의회에 신청을 하면 된다. 구조금 신청은 해당 구조대상 범죄피해의 발생을 안 날로부터 3년 또는 해당 구조대상 범죄피해가 발생한 날로부터 10년 이내에 하여야 한다(범죄피해자보호법 제25조).

5. 범죄피해구조금 액수

유족구조금은 구조피해자의 사망 당시(신체에 손상을 입고 그로 인하여 사망한 경우에는 신체에 손상을 입은 당시를 말한다)의 월급액이나 월실수입액 또는 평균임금에 24개월 이상 48개월 이하의 범위에서 유족의 수와 연령 및 생계유지상황 등을 고려하여 대통령령으로 정하는 개월 수를 곱한 금액으로 한다. 장해구조금과 중상해구조금은 구조피해자가 신체에 손상을 입은 당시의 월급액이나 월실수입액 또는 평균임금에 2개월 이상 48개월 이하의 범위에서 피해자의 장해 또는 중상해의 정도와 부양가족의 수 및 생계유지상황 등을 고려하여 대통령령으로 정한 개월 수를 곱한 금액으로 한다(범죄피해자보호법 제22조 제1항, 제2항).

6. A의 경우

부인 A는 구조대상 범죄피해자 B의 배우자로서 범죄피해자구조를 받을 수 있는 요건을 갖추고 있다. A는 범죄피해의 발생을 안 날로부터 3년 또는 범죄피해가 발생한 날로부터 10년 이내에 구조금지급신청서를 작성하여 A의 주소지, 거소지 또는 범죄발생지를 관할하는 지방검찰청에 설치된 범죄피해구조심의회에 제출하면 된다. 범죄피해자구조심의회에서는 범죄피해자보호법에 정한 절차에 따라 구조금의 지급 여부 및 지급액수를 결정한다.

[13] 형사보상제도

사 례 ≫ A는 억울하게 강도죄의 피의자로 구속되어 형사재판을 받았다. 재판 도중 진범이 체포됨으로써 무죄판결은 받았지만 수사단계에서 15일, 공판절차단계에서 25일을 구속되어 총 40일 동안 무고하게 구금을 당했다. A는 자기가 입은 손해를 보상받으려고 한다. 어떻게 하여야 하는가?

해설 1. 형사보상이란 무엇인가

형사보상이란 국가의 잘못된 형사사법권 행사로 인하여 무고하게 기본권을 침해당한 사람에게 국가가 손해를 보상해 주는 것이다. 헌법은 형사보상청구권(제28조)을 국민의 기본권으로 보장하고 있으며, 이는 형사보상및명예회복에관한 법률에 의하여 구체적으로 실현되고 있다. 형사보상은 두 경우로 구분된다. ① 피의자로서 구속되었다가 불기소처분을 받음으로써 미결구금으로 인한 피해를 보상하는 경우(피의자보상), ② 피고인으로서 무죄판결을 받음으로써 미결구금 및 형집행으로 인한 피해를 보상하는 경우(피고인보상).

2. 형사보상의 요건

(가) 피의자보상

형사절차상 피의자로서 구금되었다가 검사로부터 불기소처분을 받은 사람이어야 한다. 다만 기소유예처분, 종국적이 아닌 불기소처분, 구금된 후 비로소 불기소처분을 할 사유가 발생한 경우 등은 제외한다(형사보상및명예회복에 관한법률 제27조 제1항).

(나) 피고인보상

형사소송법에 의한 재판절차에서 무죄판결을 받은 사람이어야 한다(같은 법 제2조 제1항). 면소 또는 공소기각의 재판을 받은 사람이라도 그러한 면소 또는 공소기각의 재판을 할 만한 사유가 없었더라면 무죄판결을 받을 수 있는 현저한 사유가 있는 때에는 형사보상의 대상이 된다(같은 법 제26조 제1항 제1호).

3. 형사보상 청구절차

형사보상을 청구할 수 있는 사람은 본인 또는 상속인(본인이 사망한 경우)이다. 피의자보상의 청구는 검사로부터 불기소처분의 고지 또는 통지를 받은 날로부터 3년 이내에, 피고인보상의 청구는 무죄, 면소 또는 공소기각의 재판이 확정된 사실을 안 날로부터 3년, 이들 재판이 확정된 때부터 5년 이내에 하여야 한다(형사보상및명예회복에관한법률 제8조, 제26조 제2항, 제28조 제3항).

청구방법은 보상청구서에 불기소처분을 받은 사실을 증명하는 서류를 첨부하여 불기소처분을 내린 검사가 소속하는 지방검찰청의 피의자보상심의회에 제출하거나(피의자보상의 경우), 보상청구서에 재판서등본과 그 재판의 확정증명서를 첨부하여 무죄판결을 내린 법원에 제출하면 된다(피고인보상의 경우)(같은 법 제9조, 제28조 제1항).

4. 보상내용

첫째, 구금에 대한 보상금은 구금일수에 따라 지급한다. 1일 보상금의 액수는 피의자보상심의회(피의자보상의 경우) 또는 법원(피고인보상의 경우)이 구금의 종류 및 기간의 장단, 구금기간 중에 받은 재산상의 손실과 얻을 수 있었던 이익의 상실 또는 정신적인 고통과 신체 손상, 경찰 · 검찰 · 법원의 각 기관의 고의 또는 과실의 유무, 그 밖에 보상금액 산정과 관련된 모든 사정을 고려하여 결정하게 된다(형사보상및명예회복에관한법률 제5조 제2항, 제29조 제1항). 1일 보상금의 상한선은 보상청구의 원인이 발생한 해의 최저임금법에 따른 일급최저임금액의 5배 이내에서 결정된다(같은 법 시행령 제2조). 따라서 예컨대 40일간 구금되었다가 무죄판결을 받은 사람에게 1일 보상금이 3만원으로 결정되었다면 보상금 총액은 40일×3만원=120만원이 된다.

둘째, 무고하게 사형집행된 경우에는 집행 전 구금에 대한 보상금 외에도 3천만원 이내에서 모든 사정을 고려하여 법원이 타당하다고 인정하는 금액을 더하여 보상한다. 본인의 사망에 의해서 생긴 재산상의 손실액이 증명된 경우에는 그 손실액까지도 보상금에 포함된다(같은 법 제5조 제3항).

셋째, 벌금 또는 과료의 경우에는 이미 징수한 금액에 징수일의 다음 날부터 보상결정일까지의 법정이자를 합산한 보상금을 지급한다. 몰수의 경우에는 몰수물을 반환하여야 한다. 몰수물이 이미 처분된 때에는 시가보상을 해야 한다. 추징의 경우에는 추징금과 그 법정이자를 합산한 보상금을 지급한다(같은 법 제5조 제4항, 제6항, 제7항).

5. A의 경우

A는 형사보상법에 정한 피고인보상을 받을 수 있다. A는 무죄판결이 확정

된 사실을 안 날로부터 3년, 무죄판결이 확정된 때부터 5년 이내에 보상청구서를 작성하여 재판서등본과 그 재판의 확정증명서를 첨부하여 무죄판결을 내린 법원에 제출하면 된다. 법원은 형사보상및명예회복에관한법률에 정한 바에 따라 A에 대한 보상여부 및 보상액수를 결정하게 된다. A의 무고한 구금일수가 총 40일이기 때문에 그 일수에 상응하는 보상결정이 내려질 것이다.

보상결정이 집으로 송달되면, A는 그 법원에 대응하는 검찰청에 보상지급청구서(법원의 보상결정서 첨부)를 제출하여 보상금을 지급받으면 된다. 다만 보상결정이 송달된 날로부터 2년이 경과하면 보상지급청구권이 소멸하기 때문에 보상지급청구를 할 수 없게 된다는 점에 주의하여야 한다(형사보상및명예회복에관한법률 제21조).

[14] 형사조정

사 례≫ 같은 동네 단독주택에 이웃하여 살고 있는 A와 B는 평소 주차 문제로 걸핏하면 시비를 벌이다가, 마침내 서로 주먹다짐 끝에 A는 B에게 전치 2주의 상해를, B는 A에게 전치 3주의 상해를 입히게 되었다. A와 B는 감정의 골이 깊어 폭행치상죄로 서로를 고소하였고, 경찰서에서 조사를 받으면서도 원만하게 합의하지 못했다. 사법경찰관은 A와 B의 폭행사건을 검찰로 송치하겠다고 말했다. 며칠 후 A는 검찰청 여직원으로부터 형사조정에 응할 생각이 있는지를 묻는 전화를 받았다. 관련된 설명을 듣고 얼떨결에 그렇게 하겠다고 말했지만, 형사조정이 무엇인지 정확하게 모르겠고, 또 검찰청에서 지정한 일시에 출석하여 어떻게 해야 하는지도 모르겠다. A는 어떻게 해야 할까?

해설 1. 형사조정이란 무엇인가

형사조정이란 일정범위의 고소사건 및 이에 준하는 형사사건에 대하여 담당검사가 민간인으로 위촉된 형사조정위원에게 조정을 의뢰하고 그 결과를 당해사건의 수사와 공소제기 등에 반영하도록 하는 제도이다. 고소인 및 피고소인(피의자)이 원만하게 조정성립에 이른 경우에는 고소인은 고소를 취하하고, 담당검사는 추가적인 수사절차 없이 각하처분 등으로 당해사건을 조기에 종결하는 것이 보통이다. 이 제도는 2006년 4월경부터 7개월 가량 시범시행을 거쳐 2007년 1월부터 전국 지방검찰청 및 지청에서 전면적으로 시행하였으며, 2010년 5월 범죄피해자보호법에 규정함으로써 법률적 근거를 마련하였다. 형사조정절차는 수사절차상의 제도라는 점에서 공판절차에서 행하여지는 배상명령제도나 형사상 화해제도와 구별된다.

2. 형사조정 대상사건

검사는 피의자와 범죄피해자 사이에 형사분쟁을 공정하고 원만하게 해결하여 범죄피해자가 입은 피해를 실질적으로 회복하는 데 필요하다고 인정하면 당사자의 신청 또는 직권으로 수사 중인 형사사건을 형사조정에 회부할 수 있다(범죄피해자보호법 제41조 제1항).

형사조정에 회부할 수 있는 형사사건은 ① 차용금, 공사대금, 투자금 등 개인간 금전거래로 인하여 발생한 분쟁으로서 사기, 횡령, 배임 등으로 고소된 재산범죄 사건, ② 개인간의 명예훼손, 모욕, 경계침범, 지적재산권 침해, 임금체불 등 사적 분쟁에 대한 고소사건, ③ 위에서 규정한 사항 외에 형사조정에 회부하는 것이 분쟁해결에 적합하다고 판단되는 고소사건, ④ 고소사건 외에 일반형사사건 중 위에 준하는 사건이다(같은 법 시행령 제46조). 다만, 형사조정 대상사건 중에서도 ① 피의자가 도주하거나 증거를 인멸할 염려가 있는 경우, ② 공소시효의 완성이 임박한 경우, ③ 불기소처분의 사유에 해당함이 명백한 경우(기소유예처분의 사유에 해당하는 경우는 제외) 중 어느 하나에 해당하는 경우에는 형사조정에 회부하여서는 아니 된다(같은 법 제41조 제2항).

3. 형사조정위원회

검사가 회부한 형사사건에 대한 형사조정을 담당하기 위하여 각급 지방검찰청 및 지청에 형사조정위원회를 둔다. 형사조정위원회는 2명 이상의 형사조정위원으로 구성한다. 형사조정위원은 형사조정에 필요한 법적 지식 등 전문성과 덕망을 갖춘 사람 중에서 관할 지방검찰청(지청)의 장이 지역의 법조계·교육계·의료계·종교계·문화계 및 언론계 등 각계의 추천을 받거나 공모절차에 응한 사람들을 대상으로 공정하고 투명하게 심사하여 위촉한다. 다만, 추천대상자가 없거나 기타 사정으로 공모절차를 밟기 어려운 경우에는 관할 지방검찰청(지청)의 장이 개별적으로 위촉할 수 있다(범죄피해자보호법 제42조 제1항~제3항, 형사조정실무운용지침 제4조 제2항, 제3항, 제5항).

형사조정위원회는 당사자 사이의 공정하고 원만한 화해와 범죄피해자가 입은 피해의 실질적인 회복을 위하여 노력하여야 한다. 형사조정위원회는 형사조정이 회부되면 지체 없이 형사조정 절차를 진행하여야 한다. 형사조정위원회는 필요하다고 인정하면 형사조정의 결과에 이해관계가 있는 사람의 신청 또는 직권으로 이해관계인을 형사조정에 참여하게 할 수 있다(같은 법 제43조 제1항-제3항).

형사조정위원회는 조정기일마다 형사조정의 과정을 서면으로 작성하고, 형사조정이 성립되면 그 결과를 서면으로 작성하여야 한다. 형사조정위원회는 형사조정 절차가 끝나면 위의 서면을 붙여 해당 형사사건을 형사조정에 회부한 검사에게 보내야 한다. 검사는 형사사건을 수사하고 처리할 때 형사조정 결과를 고려할 수 있다. 다만, 형사조정이 성립되지 아니하였다는 사정을 피의자에게 불리하게 고려하여서는 아니 된다.

4. 형사조정 절차

고소사건(검찰접수 고소사건, 송치 고소사건)을 배당받은 검사는 사안의 경중, 혐의유무 등을 고려하여 당해 사건을 형사조정에 회부할 것인지 여부를 결정한다. 검사는 고소사건을 배당일로부터 1개월 이내에 형사조정에 회부하여야 한다. 검사는 형사조정 회부 결정을 함에 있어 당사자에게 형사조정제도의 취지와 사건진행 예정사항을 설명하고 형사조정 회부 의사를 확인한 후, 당사자가 형사조정을 원하는 경우 당사자로부터 형사조정신청서를 제출받아 수사기록에 첨부한다(형사조정실무운용지침 제10조, 제11조 제1항, 제25조 제28조). 형사조정기간은 형사조정위원회에 형사조정 회부된 날부터 3개월 이내로 한다(같은 지침 제9조). 형사조정위원회의 위원장은 소속 위원 중 형사조정 회부된 각 사건별로 형사조정을 담당할 개별 조정위원회를 구성하는 조정위원 3인 또는 2인을 지정하여 조정에 임하게 하고, 개별 조정위원회는 당사자 모두의 동의사 있음을 확인한 후 형사조정을 진행한다(같은 지침 제5조 제2항, 제6조 제2항).

형사조정 절차는 지방검찰청(지청)의 장이 정하는 형사조정위원회 운영 지침에 의하는데(같은 지침 제19조 제1항), 보통 ① 형사조정 제도의 취지에 관한 설명, ② 고소인 및 피고소인의 진술 및 쟁점부각, ③ 쟁점사항에 대한 조정, ④ 조정종결(조정성립 또는 조정불성립)의 순으로 진행하게 된다.

고소인과 피고소인이 원만하게 합의하여 조정성립에 이른 경우는 합의서, 처벌불원서, 고소취소서 등을 작성하게 한다. 형사조정이 성립되어 고소가 취소된 사건은 담당검사가 각하 처분한다. 형사조정이 불성립된 사건에 대하여는 담당검사가 통상의 수사절차에 따라 수사하거나 경찰에 수사 지휘한다(같은 지침 제22조).

4. A의 경우

A는 검찰청으로부터 통지받은 형사조정기일에 참석하여, 조정위원들의 진

행에 따라 형사조정에 응하면 된다. 형사조정위원은 지역사회에서 덕망이 높은 사람으로 위촉되고, 당해사건에 대하여 편견이나 이해관계를 갖지 않은 공정한 제3자로서 형사조정을 진행하게 될 것이다. 1시간 가량의 조정과정을 통해서 A는 자신의 감정 및 주장을 상대방 B의 관점에서 바라보게 되고 B도 역시 그렇게 됨으로써, 결국 원만한 조정성립에 이르게 될 것으로 예상한다.

A와 B가 조정성립에 이른 경우에는 상호 합의사항을 이행하고(예컨대 치료비 지급), 검찰청 담당직원의 안내에 따라 고소취소서를 작성·제출하는 등 필요한 절차를 밟으면 된다. 이렇게 하면 통상적인 경우 담당검사가 각하처분으로 A와 B의 형사사건을 종결할 것으로 예상된다.

제 5 장 상사법과 사회생활

제 1 절 일반적인 상사관계

[1] 상법이란

'상법은 일반적으로 상법이라는 이름을 가진 법률 즉 1962년에 제정되어 몇 차례의 개정을 거친 성문법을 가리킨다(상법전 즉 형식적 의의의 상법). 상법전은 민법전과 함께 사법(私法)에 해당하며 민법(전)이 개인과 개인 사이의 재산관계 또는 경제적 생활관계에서 개인이 갖는 권리와 의무에 관한 일반원칙을 규정한다고 말한다면, 상법(전)은 상인의 영업조직과 영업활동에 특유한 사항만을 규정하고 있는 것이다.

상법전은 총칙, 상행위, 회사, 보험, 해상(海商), 항공운송 등 모두 6편으로 구성되어 있다. 제1편 총칙은 상법의 적용범위와 상인 그리고 상인의 인적・물적시설(상업사용인, 상호, 상업장부, 상업등기, 영업양도)에 관해 규정하고 있다. 제2편 상행위는 상사매매, 상호계산, 익명조합 기타 상거래의 특성을 감안하여 민법(전)을 보충 변경하는 조항과 대리상, 중개인, 위탁매매업, 운송업, 운송주선업, 공중접객업, 창고업 등 특수업종에 관한 특칙을 두고 있다. 제3편 회사는 합명회사, 합자회사, 주식회사, 유한회사 및 외국회사에 관한 규정이다. 제4편 보험은 상행위의 일종인 보험계약에 관한 것이며 각종의 보험에 공통된 통칙, 손해보험 및 인보험에 관한 규정들로 구성된다. 제5편 해상은 해상운송과 해상기업의 조직과 활동에 관한 규정들을 두고 있다. 제6편 항공운송은 항공운송인 및 항공기 운항자의 책임 등 항공운송에 특유한 규정들을 두고 있다.

상인의 영업조직과 영업활동에 대해 적용되는 법규범은 상법전 외에도 갖가지 이름으로 제정된 상사특별법령과 상관습법 등이 있다. 따라서 상인과 그 거래상대방에게 적용되는 법규범을 통일적・체계적으로 파악하는 이 학문적으로나 법률실무적인 측면에서 볼 때 필요하고 이러한 관점에서 상법이라는 용어를 쓸 때도 있다(실질적 의의의 상법). 이러한 의미의 상법은 보통 기업(企業)의 조직과 활동에 특유한 법규의 총체라고 정의된다.

상법은 그 적용대상인 기업적 생활관계의 특성과 기업이 국민경제상으로 차지하는 중요성을 반영하지 않을 수 없다. 예컨대 도소매업을 하는 상인이 하는 매매행위를 보더라도 일반인이 하는 매매계약에서는 찾을 수 없는 영리성, 계속성, 집단성 등의 특성을 갖는다. 따라서 상법은 기업의 유지·발전과 기업거래의 왕성 및 거래의 안전이라는 기본이념에 입각하여 거래주체간의 이해관계를 조정하고자 한다. 또한 최소의 비용으로 최대의 효과를 거두고자 하는 경제적 합리주의를 근본으로 하는 기업적 생활관계는 그 변화의 속도가 매우 빠르고 또한 합리적인 제도는 어느 나라의 것이나 서로 쉽게 모방하는 경향이 있으므로 상법 역시 다른 법역에 비해 시간적으로는 유동적·진보적 경향을 보이고 공간적으로는 세계적·통일적 경향이 상대적으로 짙다.

[2] 상인과 상행위(상법의 적용범위)

민법(전)과 상법(전)은 서로 일반법과 특별법의 관계에 선다. 다시 말해서 상법에 별도의 규정이 없어야 민법이 적용된다. 그런데 상법(전)과 민법(전)은 모두 개인의 재산관계 또는 경제적 생활관계를 적용대상으로 하므로 상법(전)은 그 적용범위를 확정하기 위한 방법으로서 상인 및 상행위라는 개념을 사용한다. 다시 말해서 상인과 상행위에 대해서는 민법(전)에 앞서 상법(전)을 우선해서 적용한다는 것이지만 상인과 상행위라는 개념은 통속적으로 쓰이는 의미와 달리 이해해야 한다.

상법전이 인정하는 상인의 개념으로서 우선 당연상인을 들 수 있다. 당연상인은 자기명의로 상행위를 하는 자를 말한다. 자기명의란 상행위에서 생기는 권리를 취득하고 의무를 부담하는 주체가 된다는 뜻이다. 또한 여기서의 상행위란 영업으로(즉 영리를 목적으로 반복적 계속적으로 할 의도를 가지고) 상법 제46조에서 열거한 22종의 행위(基本的 商行爲)를 하는 경우를 말한다. 다만 오로지 임금을 받을 목적으로 물건을 제조하거나 노무에 종사하는 자의 행위는 상행위에서 제외된다. 상법(전)은 위의 상행위를 하지 않더라도 점포 기타 유사한 설비에 의하여 상인적 방법으로 영업을 한다면 이러한 자를 의제상인(擬制商

人)이라고 하여 상법의 적용을 받도록 규정하고 있다. 또한 회사는 무엇을 영업으로 하든 언제나 상인이 된다. 상법(전)은 그러나 영업재산의 현재가치(자본금)가 1,000만원 미만인 영세규모의 상인을 소상인이라고 하여 지배인·상호·상업등기·상업장부에 관한 규정을 적용하지 않는다.

상행위에 관해 우선 상인이 영업으로 하는 것을 영업적 상행위라고 부르는데 이는 다시 당연상인의 기본적 상행위와 의제상인의 준상행위(準商行爲)로 분류된다. 그러나 예컨대 출판업을 목적으로 하는 상인(당연상인)이 영업으로 하는 행위, 즉 도서나 문서를 발간하여 판매하는 행위(영업적 상행위)만이 상행위가 되는 것은 아니고 예컨대 저자와의 출판계약, 인쇄업자와의 인쇄계약, 사무실임대계약, 광고계약, 영업자금 차입 등 영업을 위하여 하는 행위도 보조적 상행위(또는 부속적 상행위)로서 상법의 적용을 받는다. 또한 상법(전)은 상인의 행위는 영업을 위한 것으로 추정하고 있으므로 상인이 하는 거래는 원칙적으로 상법의 적용을 받는다고 말할 수 있다. 더구나 국가나 지방자치단체와 같은 공법인의 상행위도 법령에 다른 규정이 없는 한 상법(전)이 적용되고 거래당사자 가운데 1인의 행위가 상행위라면 전원에 대해 상법이 적용되므로 상법(전)의 적용범위는 매우 넓다고 말할 수 있다.

사 례 ≫ 갑은 다음과 같은 경우 상인이 되는가?

(1) 갑이 아내 을의 이름으로 영업허가를 받아 목욕탕을 경영하는 경우
(2) 갑이 동생인 병의 이름으로 목욕탕 영업을 하는 경우
(3) 갑이 결혼상담소를 차리고 상담에 응하는 경우
(4) 갑이 아내 을과 함께 의류수선업을 하는 경우
(5) 갑이 미성년자로서 부모의 허락없이 당구장을 하는 경우
(6) 갑이 점포를 열고 자신의 농장에서 수확한 농산물을 파는 경우
(7) 갑이 회사로서 농장을 경영하는 경우
(8) 갑이 변호사로서 법률사무소를 열고 변호업무를 하는 경우
(9) 갑이 주식회사 을의 대표이사인 경우

해설 (1) 상인이다. 목욕탕을 경영함은 "객의 집래를 위한 시설에 의한 거래"(상법 제46조 제9호)를 하는 것이며 이를 영업으로 한다면 기본적 상행위(상법 제46조)에 해당한다. 또한 이를 자기명의로 한다면 당연상인(상법 제4조)이다. 음식점 영업허가를 누구의 이름으로 받았는가의 문제와 상관없이 갑이 음식점 영업으로 인한 권

리를 취득하고 의무를 부담한다면 "자기명의"로 상행위를 하는 것이다.

(2) 단순히 병의 이름을 차용하여 영업을 하고 있다면 갑은 영업상 자기를 표시하는 명칭으로서 병의 이름을 사용하고 있는 것으로 되어 자기명의로 상행위를 하는 자에 해당한다(이 경우 후술하듯이 병은 명의대여자로서 갑의 영업상의 채무에 대해서 연대책임을 질 수 있다). 그러나 갑이 병의 법정대리인이나 또는 임의대리인(예컨대 상업사용인)으로서 병의 이름으로 영업을 한다면 갑이 아니라 병이 자기명의로 상행위를 하는 것이다.

(3) 영리를 목적으로 하는가의 여부에 따라 다르다. 즉 갑이 상담료나 소개료를 받는다면 점포 기타 유사한 설비에 의해 상인적 방법으로 영업을 하는 자로서 의제상인이 된다. 그러나 무료봉사를 하고 있다면 영리를 목적으로 하지 않으므로 상인이 될 수 없다.

(4) 오직 노임을 받을 목적으로 수선을 하고 있다면 상인이 아니다. 만일 종업원을 몇 명 거느리고 있다면 영리를 목적으로 한다고 볼 수 있고 따라서 상인이 된다. 그러나 소상인에 해당하는 경우가 많을 것이다.

(5) 미성년자가 법정대리인의 허락을 받지 않았다고 하더라도 자기명의로 상행위를 하는 한 상인이 된다. 다만 법정대리인의 동의없이 한 거래행위는 취소할 수 있다.

(6) 의제상인이다. 그러나 점포 없이 행상으로 판매한다면 상인이 아니다.

(7) 회사는 무엇을 영업으로 하든 상인이다. 즉 회사는 언제나 상인이다(태생적 상인).

(8) 상인이 아니다. 변호사, 의사, 공인회계사, 세무사, 설계사, 예술가 등 자유직업인은 점포 기타 유사한 설비에 의해 그 활동을 하더라도 연혁적으로나 사회통념에 의해 영업을 하는 것으로 보지는 않는다.

(9) 주식회사 을이 상인인 것은 물론이다. 그러나 갑이 을 회사의 대표기관으로서 을 회사의 이름으로 거래를 하고 있을 뿐이라면 갑은 상인이 아니다.

[3] 상인의 인적 · 물적 설비

상인의 영업 또는 기업은 인적·물적 요소가 결합된 조직이다. 인적인 요소 또는 설비로서는 영업보조자를 들 수 있다. 영업보조자로서는 우선 특정 상인에게 종속하여 대외적인 영업상의 활동을 보조하는 종속적 보조자 즉 상업사용인이 있다. 상법은 제1편 총칙에 상업사용인에 관한 조항을 두고 있다. 한편 상인에게 기술이나 노무를 제공하거나 영업활동에 관여하지 않는 보조자도 있지만 이들은 상인의 영업상의 법률관계를 변동하게 하지 않으므로 상법의 관심사가 아니다. 이러한 보조자들과 상인의 내부적인 법률관계는 노동법이 적용되는 영역이다. 또한 영업보조자로서 그 자신이 하나의 독립된 상인이기도 한 대리상, 중개인, 위탁매매인 등 독립적 보조자도 있지만 상법은 이들이 영업으로 하는 거래가 기본적 상행위에 해당한다는 사실을 중시하여 상행위편에 관련 규정을 두고 있다. 영업의 물적 요소는 곧 영업재산을 뜻한다. 상법 제1편 총칙은 영업재산 가운데 영업에 특유한 설비에 해당하는 영업소, 상호, 상업장부와 영업재산의 양도에 관한 특별규정을 두고 있다.

1. 상업사용인

상업사용인은 대리권의 범위에 따라서 셋으로 구분된다. 우선 영업주(상인)의 영업에 관한 재판상 또는 재판 외의 모든 행위를 할 수 있는 지배인(예컨대 은행지점장)이 있다. 지배인의 선임과 종임은 등기사항이므로 지배인을 둔 영업소에서 등기를 하여야 한다. 또한 지배인은 영업에 관한 포괄적인 권한을 가지므로 영업주가 이를 제한하더라도 선의의 제3자에게 대항하지 못한다. 다만 지배인의 권한은 특정한 종류의 영업 및 영업소를 단위로 한정된다. 또한 영업의 특정한 종류 또는 특정한 사항에 관하여 포괄적 대리권을 가지는 "부분적 포괄대리권을 가지는 사용인"이 있다. 대리권의 범위가 포괄적이고 대리권의 제한을 선의의 제3자에게 대항하지 못하는 점은 지배인과 같지만 대리권의 범위가 부분적이고 재판상의 행위가 제외되며 선임과 종임이 등기사항이 아니라는 점이 다르다. 마지막으로 물건을 판매하는 점포의 사용인은 영업주의 권한 부여 여부를 묻지 않고 선의의 제3자에 대한 관계에서는 점포 내에서의 판매에 관한 한 모든 권한이 있는 것으로 간주된다. 도서대여점포나 공중접객업소의 사용인 또는 은행창구직원 역시 이러한 권한이 있는 것으로 해석하는 것이 일반적이다.

상업사용인은 특정 상인의 영업보조자이며 영업상의 기밀이나 고객관계 기타의 사정을 악용하여 자기 또는 제3자의 이익을 도모할 우려가 있다. 따라서 상업사용인은 영업주의 허락 없이 자기 또는 제3자의 계산으로 영업주의 영업부류에 속한 거래를 하지 못하며(경업금지의무) 만일 상업사용인이 이 의무를 위반한 경우 영업주는 그를 해임하고 손해배상청구를 할 수 있을 뿐만 아니라 개입권을 행사할 수 있다. 즉 경업거래가 상업사용인의 계산으로 한 것일 때는 영업주의 계산으로 한 것으로 볼 수 있고 제3자의 계산으로 한 경우에는 그로 인한 이득을 양도하도록 청구할 수 있다. 다만 영업주의 개입권은 영업주가 그 거래를 안 날로부터 2주간을 경과하거나 그 거래가 있은 날로부터 1년을 경과하면 소멸한다. 또한 상업사용인은 영업주의 허락 없이 회사의 무한책임사원, 이사, 또는 다른 상인의 사용인이 되지 못한다(상법 제17조).

사 례≫ 갑은 평소 알고 지내는 을 주식회사 대전지점장 병이 지점의 영업자금 부족을 호소하자 1,000만원을 대출하고 차용일로부터 2개월 후를 만기로 하여 지점장 명의로 발행한 약속어음을 교부받았다. 만기가 도래하여 갑이 을 회사에 대해 어음금액의 지급을 청구하였지만 을 회사는 병이 지배인이 아니며 회사의 이름으로 돈을 차입할 권한도 없고 병이 그 돈을 자택구입을 위한 계약금으로 사용하였다는 이유로 어음금의 지급을 거절하였다. 을 회사의 주장은 정당한가?

해설 병이 지배인이 아니더라도 이른바 표현지배인에 해당한다면 을 회사가 어음금을 지급해야 한다. 요컨대 병이 지배인이 아니라는 사실, 또는 병이 차입한 금전을 유용할 것이라는 사실을 금전소비대차계약 또는 어음 취득시에 갑이 알았거나 중과실로 몰랐음을 을 회사가 입증하지 못한다면 을 회사는 위와 같은 사유로써 어음금 지급을 거절할 수는 없다.

상법 제14조 제1항은 "본점 또는 지점의 본부장, 지점장, 그 밖에 지배인으로 인정될 만한 명칭을 사용하는 자는 본점 또는 지점의 지배인과 동일한 권한이 있는 것으로 본다. 그러나 재판상의 행위에 관하여는 그러하지 아니하다"라고 규정하고 있다. 이것은 민법상의 표현대리제도를 강화한 것으로서 겉모습을 신뢰한 거래상대방을 보호함으로써 거래안전을 도모하는 외관법리에 입각한 것인데 이 법리는 외관의 존재와 이에 대한 귀책사유 그리고 보호사유의 셋이 필수적인 요건이 된다.

표현지배인에 해당하기 위해서는 첫째로 지배인과 같은 겉모습이 있어야 한다(외관의 존재). 상법 제14조 제1항에 따른다면 우선 그 사용인의 근무장소가 본점 또는 지점이어야 하므로 영업소로서의 실질을 갖춘 곳이어야 하고 따라서 어느 정도 독립하여 영업활동을 할 수 있는 곳이어야 한다. 그러므로 본지점의 지휘 감독 아래 기계적으로 제한된 보조적인 사무만을 처리하는 보험회사 영업소의 영업소장이나 건설회사의 현장소장은 표현지배인이 될 수 없다(대판 1978. 12. 13, 78다1567). 다음으로 그 사용인이 그 영업소의 본부장이나 지점장 등 영업책임자임을 나타내는 명칭을 사용해야 한다. 마지막으로 그 사용인이 지배인이 갖는 권한 내의 거래를 하여야 한다고 해석된다. 지배인 권한 내의 행위인가의 여부는 행위자의 주관적 의사가 아니라 행위의 객관적 성질로 판단한다. 따라서 영업소가 영업으로 하는 거래(영업적 상행위)나 영업을 위하여 하는 거래(보조적 상행위)에 해당된다면 족하다. 이 사례의 영업자금조달행위는 지배인의 권한내에 속한다고 판단된다. 또한 차입한 금전을 유용한 경우처럼 지배인이 객관적으로는 그 권한내에 속하였지만 사실은 자신이나 제3자의 이익을 위하여 한 거래행위(권한의 남용)였다고 한다면 제3자가 이를 알고서 회사에 대해 권리를 주장함은 권리의 남용으로서 허용될 수 없다(대판 1990. 3. 13, 89다카24360). 위의 사례에서 갑이 금전대차계약시 유용사실을 몰랐거나 중과실로 몰랐다면 을 회사는 이 사실로써 대항할 수 없다.

표현지배인에 해당하기 위한 두번째 요건은 영업주에게 책임을 물을 수 있는 사유가 있어야 한다는 것이다(귀책사유의 존재). 즉 본부장, 지점장, 그 밖에 지배인으로 인정될 만한 명칭을 그 자가 사용하도록 영업주가 허락하거나 이를 알고서 묵인한 경우라야만 한다.

표현지배인에 해당하기 위한 세번째 요건은 갑을 보호할만한 사유가 있어야 한다는 것이고(보호사유의 존재) 이는 곧 갑이 거래를 할 때 병이 지배인이 아니라는 사실을 몰랐고 몰랐던 데 중과실이 없어야 한다는 것이다.

물론 병이 지배인으로 선임되었다는 사실이 입증된다면 을 회사가 어음금을 지급할 책임이 있음은 당연하다. 지배인은 영업주가 선임하므로 주식회사의 경우 대표이사가 선임한다. 다만 이사회의 결의가 있어야 하나 이사회 결의가 없더라도 갑이 이를 모르는 한 선임이 무효임을 주장할 수 없다(대판 1978. 6. 27, 78다389 참조).

2. 상　　호

상호란 상인이 영업상 자기를 표시하기 위해 사용하는 명칭이다. 상인은 원칙적으로 자유로이 상호를 선정할 수 있고 적법하게 선정한 상호라면 타인의 방해를 받지 않고 사용할 수 있는 권리가 있으며(상호사용권) 또한 타인이 부정한 목적으로 자신의 영업으로 오인할 수 있는 상호를 사용함을 배척할 수 있는 권리(상호전용권)가 있다. 회사의 상호에는 그 종류에 따라 합명회사, 합자회사,

주식회사 또는 유한 회사의 문자를 사용해야 하고 회사가 아니면 상호에 회사임을 표시하는 문자를 사용하지 못한다. 또한 상호의 등기는 의무가 아니지만 등기상호는 미등기상호보다 두터운 보호를 받는다. 또한 상호를 등기한 자가 그 상호를 폐지 또는 변경하였을 때에는 이를 등기하여야 한다(상법 제40조).

사 례 ≫ 갑은 대전에서 "대천해물탕"이라는 상호로 음식점을 경영하여 신용과 명성을 떨치던 중 서울로 진출하기 위해 1994년 10월에 그 영업을 상호와 함께 을에게 양도하였고 을이 같은 장소에서 영업을 하게 되었다. 갑은 서울로의 진출이 실패하자 1996년 3월 을의 영업소 근처에서 "원조 대천해물탕"이라는 상호로 다시 음식점 영업을 시작, 4월에는 위 상호를 등기하였다. 이로 인해 매상이 감소한 을은 갑이 그 상호로 영업을 하는 것은 부당하다고 지적하고 그 영업을 폐지할 것을 요구함으로써 갑과 을 사이에 분쟁이 발생하자 갑은 그 간의 사정을 잘 아는 병에게 상호와 함께 영업을 양도하였고 병은 1996년 10월 상호양수를 등기하고 영업을 계속하였다. 이 경우 을이 병을 상대로 그 상호의 사용폐지와 등기말소를 청구할 수 있는가?

해설 우선 후술하듯이 영업양도인은 양수인에 대해 경업금지의무를 부담하므로(제41조) 그 위반에 대해 양수인은 영업의 금지와 손해배상을 청구할 수 있다. 다만 위의 설문에서 양수인 을이 이를 따지고 있지 않은 것으로 보아서 경업금지의무를 배제하는 특약이 있지 않았나 생각된다. 상호전용권 문제에 관해서는 결론적으로 말해서 을의 상호가 미등기상호라 하더라도 상호양수를 등기한 병에게 상호 사용금지 및 등기말소까지 청구할 수 있다. 상호전용권은 미등기상호의 사용자에게도 인정된다(서울고판 1977. 5. 26, 76나3276). 즉 타인이 "부정한 목적으로" 자기의 영업으로 오인할 수 있는 상호를 사용하고 "이로 인해 손해를 받을 염려가 있다면" 그 상호의 사용폐지 및 손해배상의 청구를 할 수 있다(상법 제23조 제2항, 제3항). 다만 상호를 등기한다면 상호전용권의 보호가 강화된다. 즉 상호를 등기한다면 손해를 받을 염려가 없어도 되고 또한 동일한 특별시·광역시·시·군에서 동종영업으로 타인이 등기한 상호를 사용하는 자는 부정한 목적으로 사용하는 것으로 추정된다(동조 제4항). 여기서의 부정한 목적이란 일반공중으로 하여금 자기의 영업을 상호권자의 영업으로 오인시켜 자기의 영업활동을 유리하게 전개시키려고 하는 의사가 있음을 가리킨다. 위의 설문에 따르면 갑이 을에게 상호와 영업을 함께 양도한 후에(즉 상호에 결부된 상인과 영업의 신용 및 성가 등의 재산적 가치를 양도한 이후에) 인근에서 유사한 상호로서 동종영업을 재개한 사실이 인정되므로 갑에게(또한 갑의 지위를 승계한 병 역시) 부정한 목적이 있었음을 을이 쉽게 입증할 수 있는 반면 갑이 상호등기를 하였더라도 갑이나 병은 자신에게 부정한 목적이 없었음을 쉽게 반증할 수 없다.

한편 부정경쟁방지법은 국내에서 널리 인식된 상호와 동일 또는 유사한 것을 사용하는 자가 있을 경우에는 이로 인하여 영업상의 이익이 침해되거나 침해될 우려가 있는 상호권자는 그 상호사용의 금지 및 예방은 물론 상호의 폐기, 간판의 제거 기타 필요한 조치를 함께 청구할 수 있으며 고의·과실이 있을 때에는 손해배상청구도 가능하다(동법 제2조, 제4조, 제5조). 국내에 널리 인식된 것(주지성)만이 요건이고 부정목적이나 등기가 그 요건이 아님을 유의할 필요가 있다.

사 례 ≫ 갑은 을 주식회사의 제품을 판매하고 있는 을 회사 청주지점장 병의 요청에 따라서 금전을 대출하고 어음을 발행받았지만 상환기일에 을 회사 청주지점이 지급불능상 태임을 알고서 을 회사에게 대출금의 상환을 청구하였으나 을 회사는 명칭만 청주지점일 뿐이고 사실은 을 회사와는 전혀 별개의 상인인 병이 경영하는 독립한 기업임을 들어 상환청구에 불응하고 있다. 을 회사의 상환거부는 정당한가?

해설 갑의 오인에 중과실이 있음을 을회사가 입증하지 않는 한, 차입금을 상환해야 한다.

상법 제24조는 "타인에게 자기의 성명 또는 상호를 사용하여 영업을 할 것을 허락한 자는 자기를 영업주로 오인하여 거래한 제3자에 대하여 그 타인과 연대하여 변제할 책임이 있다"고 규정하고 있다. 이는 영업주를 오인한 거래상대방의 이익을 보호하기 위한 규정이며 표현지배인의 경우와 같이 외관법리에 근거하고 있으므로 그 요건도 크게 셋으로 분류된다.

첫째로, 명의대여자의 성명 또는 상호가 영업상 사용되어야 한다(외관의 존재). 따라서 명의대여자는 상인에 한하지 않는다. 명의대여자와 차용자의 영업이 동일해야 하는가에 관해서는 견해의 대립이 있다. 설문의 경우을 회사의 상호가 병의 영업에 사용되고 있음은 분명하다.

둘째로, 자기의 성명 또는 상호를 사용하는 것을 명의대여자가 명의차용자에게 허락했어야 한다(귀책사유). 그 허락의 의사를 차용자에게 표시하면 족하고 제3자나 일방에게 공표할 필요는 없다. 명의사용의 허락은 명시적이어야 하는 것은 아니고 묵인한 경우도 포함한다. 다만 자기의 명의를 사용하는 것을 알고서 방치하였다는 것만으로는 묵시적인 허락이 있었다고 볼 수는 없다. 방치하는 것이 사회통념상 타당하지 않다고 인정되는 경우에만 외관책임을 물을 수 있을 것이다. 명의사용의 허락을 철회할 때는 명의사용을 금지하였다는 것을 통지하거나 광고하는 등 외관을 없애기 위한 조치를 취하지 않는 한 묵시적 허락으로 볼 것이다. 설문의 경우 을 회사 서울지점이 을 회사 제품의 판매를 담당하고 있다는 사실로부터 명의사용에 대한 을 회사의 허락이 있었다고 볼 수 있을 것이다.

셋째로, 명의차용자와 거래한 제3자가 거래시에 명의대여자를 영업주로 오인 했어야 한다(보호사유). 따라서 제3자가 명의대여의 사실을 알았거나 몰랐지만 모른데 중과실이 있었던 경우에는 명의대여자가 책임을 지지 않는다(대판 1991.11.12, 91다18309). 설문의 경우 영업주가 을 회사가 아님을 갑이 안 것은 상환기일이 지난 후였으므로 갑에게 중과실이 있었음을 을 회사가 입증할 수 없다면 대출금을 상환할 책임을 부담한다.

3. 상업장부

상업장부는 상인이 영업상의 재산 및 손익의 상황을 명백히 하기 위하여 상법상의 의무로서 작성하는 장부이며 회계장부와 대차대조표가 여기에 속한다. 상업장부는 재무제표와 구별해야 한다. 재무제표는 주식회사와 유한회사가 상법상의 의무로서 작성하는 장부인데 ① 대차대조표(재무상태표), ② 손익계산서 및 ③ 자본변동표나 이익잉여금 처분계산서 또는 결손금 처리계산서 중의 어느 하나가 여기에 해당한다.

4. 영업소

영업소란 상인이 영업활동을 하는 중심이 되는 일정한 장소를 말한다. 따라서 어느 정도 독립성을 가지고 영업에 관한 지휘와 결정을 하며 활동의 결과가 보고 및 통일되는 장소적 구심점이며 시간적으로 계속성이 있는 일정한 공간이어야 한다. 상인은 여러 영업소에 의해 여러 종류의 영업을 할 수 있음은 물론이지만 특정 종류의 영업을 함에 있어서도 수개의 영업소를 가질 수 있다. 수개의 영업소가 있을 때에는 이를 본점과 지점으로 구분한다. 영업소는 상행위로 인한 채무를 이행하는 장소가 되는 등 일정한 법적 효과가 부여된다.

5. 상업등기

상업등기는 상법의 규정에 의해 상업등기부에 하는 등기를 말한다. 상업등기부에는 상호·무능력자·법정대리인·지배인·합명회사·합자회사·유한책임회사·주식회사·유한회사·외국회사에 관한 10가지가 있다. 상업등기제도는 거래안전의 보호를 위한 공시주의의 구체적 표현이다. 즉 상인은 영업구조나 책임관계 등 거래에 관한 중요한 사항은 상업등기부에 공시함으로써 상인 자신의 사회적 신용을 증대하고 나아가 공시한 사항은 선의의 제3자에게도 대항할 수 있다는 편익이 있다. 또한 상인과 거래하는 일반공중은 등기사항을 상업등기부에 의해 손쉽게 알 수 있고 거래의 법률적 경제적 효과를 용이하게 예측할 수 있어 거래를 원활·확실하게 한다.

사 례 ≫ 갑 주식회사 이사회는 대표이사 을을 해임하고 병을 대표이사로 새로 선임한다고 결의하였다. 그러나 을은 대표이사 해임등기 전에 병으로부터 금전을 차용하고 갑 주식회사 대표이사의 이름으로 약속어음을 발행하여 교부하였다. 병이 지급기일에 가서 어음금의 지급을 청구하였지만 을이 해임된 후에 그 어음이 발행되었고 차금행위도 회사와 아무런 관계가 없다는 이유로 갑 회사가 지급을 거절하였다. 갑 회사의 이러한 항변은 적절한가?

해설 병의 악의 즉 금전대여시나 또는 약속어음 취득시에 을이 해임된 대표이사이었다는 사실 또는 차금행위가 회사의 영업에 관한 행위가 아니었다는 사실을 병이 알고 있었음을 갑 회사가 입증하지 않는 한 갑 회사가 어음금을 지급할 책임이 있다.

상법은 등기한 사항에 변경이 있는 때에는 당사자가 지체없이 변경등기를 하여야 하고(제40조) 등기할 사항은 등기 후가 아니면 선의의 제3자에게 대항하지 못한다(제37조 제1항)고 규정한다. 주식회사 대표이사의 성명은 등기사항이고(제317조 제2항 제8호) 이에 변경이 있는 때에는 본점소재지에서 2주간 내에, 지점소재지에서 3주간 내에 변경등기를 하여야 한다(제317조 제4항, 제183조). 따라서 대표이사의 해임은 이를 등기하기 전에는 해임된 대표이사의 행위라고 하여 이를 몰랐던 선의의 제3자(거래상대방 병)에게 대항할 수 없다. 또한 대표이사는 영업에 관해 회사를 대표하는 권한을 가지고 있으며 영업에 관한 행위인가의 여부는 대표이사의 주관적 의사가 아니라 행위의 객관적 성질에 의해 판단한다. 또한 앞에서 보았던 지배인의 권한 남용에 관한 사례의 설명을 참조하기 바란다.

6. 영업양도

영업양도란 영업의 동일성을 유지하면서 영업재산의 이전을 목적으로 하는 채권계약이다. 영업재산은 각종의 적극재산(물권, 채권, 무체재산권), 소극재산(채무) 및 재산적 가치 있는 사실관계(영업상의 비결, 고객관계, 영업조직, 상호 등)로써 구성된다. 영업재산은 이를 구성하는 개별재산이 갖는 가치의 합계보다 훨씬 큰 경제적 가치를 가지므로 상법은 영업재산 전체를 양도의 대상으로 할 수 있다는 전제 아래 양도인과 양수인 그리고 영업상의 채권자 및 채무자의 이해관계를 조정하기 위한 조항들을 두고 있다.

영업양도계약이 체결되면 양도인은 양수인에게 영업재산을 이전할 의무를 짐은 물론이지만 영업양도의 실효성을 확보하기 위해 상법은 경업금지의무를 부담시키고 있다. 즉 다른 약정이 없으면 양도인은 10년간 동일한 특별시·광역시·시·군과 인접 특별시·광역시·시·군에서 동종업종을 하지 못하며 약정에 의한 경업금지의무기간은 20년을 초과하지 아니한 범위 내에서 그 효력이 있다.

사 례≫ 갑은 소규모 사무자동화기기 판매업을 경영하고 있는 을에게 매도한 복사용지대금 500만원의 채권을 갖고 있었지만 영업부진을 이유로 차일피일 지급을 미루어 오던 을이 그 영업 전부를 병에게 양도하였음을 알게 되었다. 을은 사업실패로 별다른 재산이 없지만 병의 개인재산은 상당한 것으로 보인다. 만약 병이 신문에 "금반 폐사는 을의 영업을 양수하였사오니 배전의 애호편달을 바랍니다"라는 내용의 광고를 하였다면 갑은 병에게 채무의 변제를 청구할 수 있는가? 또한 병이 을로부터 영업과 함께 상호를 인수한 것은 사실이지만 을의 영업상 채무까지 인수한 것은 아니라고 하여 갑에게 대항할 수 있는가?

해설 병이 영업상의 채무를 직접 변제하겠다는 의사를 광고하지 않은 이상 갑이 병에게 채무의 변제를 청구할 수 없으나, 영업양수인이 양도인의 상호를 계속 사용하는 경우에는 양수인도 양도인의 영업상의 채무에 대해 변제할 책임을 지는 것이 원칙이다.

상법은 영업양수인이 양도인의 상호를 계속 사용하는 경우에는 양도인의 영업으로 인한 제3자의 채권에 대하여 양수인도 변제할 책임이 있다(제41조)고 규정한다. 상호가 속용되는 경우에는 영업양도가 있었음을 알지 못하거나 알았더라도 채무인수가 있었다고 생각하는 것이 보통이므로 외관이론에 따라 특칙을 둔 것이다. 그러나 양수인이 영업양도를 받은 후 지체 없이 양도인의 채무에 대한 책임이 없음을 등기한 때와 양도인과 양수인이 지체 없이 제3자에 대하여 그 뜻을 통지한 경우에 그 통지를 받은 제3자에 대하여는 양수인이 변제의 책임을 지지 않는다(제42조).

상호의 속용(續用)이 없는 경우에도 영업양수인이 양도인의 영업으로 인한 채무를 인수할 것을 광고한 때에는(실제로 채무인수가 없었을지라도) 양수인도 변제할 책임이 있다(제44조). 역시 외관이론에 입각한 특칙이다. 여기서 채무인수의 광고라 함은 반드시 채무인수라는 문자를 광고에 사용해야 하는 것은 아니고 양수인이 채무를 인수하는 것으로 사회통념상 믿을만한 기재가 있으면 족하다. 그러나 상법 제44조는 채무부담의 일반원칙에 대한 예외를 인정하는 것이므로 신중한 해석이 필요하고 따라서 영업양수라는 표현만으로는 채무인수를 광고한 것으로 볼 수는 없다.

이상과 같이 영업양수인이 변제의 책임을 지는 경우에는 양도인의 제3자에 대한 채무는 영업양도 또는 광고 후 2년이 경과하면 소멸한다(제45조).한편 영업양수인이 양도인의 상호를 속용하는 경우에 양도인의 영업으로 인한 채권에 대하여 채무자가 선의이며 중대한 과실 없이 양수인에게 변제한 때에는 그 효력이 있다(제43조). 영업주 교체의 사실을 모르는 채무자에 의한 이중변제의 위험이 있기 때문이다.

[4] 상행위 통칙

1. 상행위에 관한 특칙

(1) 민법 총칙편에 대한 특칙

상거래는 대개 계속적 · 반복적 · 집단적으로 이루어지므로 상법은 상행위의 대리에 관해 민법에 대한 특칙을 두고 있다. 즉 상행위의 대리인이 본인을 위한 것임을 표시하지 아니하여도 그 행위는 본인에 대해 효력이 있다. 그러나 상대방이 본인을 위한 것임을 알지 못한 때에는 대리인에 대하여도 이행의 청구를 할 수 있다(제48조). 이상은 민법의 현명주의에 대한 특칙이다. 또한 민법상의 대리권은 본인이 사망하면 소멸하지만(민법 제127조 제1호) 상행위의 위임에 의한 대리권(즉 대리권을 부여하는 행위 예컨대 지배인 선임행위가 상행위인 경우의 대리권)은 본인의 사망으로 인하여 소멸하지 아니한다(제50조).

민법상 채권의 소멸시효기간은 10년이지만 상행위(즉 당사자 가운데 적어도 일방에 대하여 상행위가 되는 행위)로 인하여 직접 생긴 채권과 이와 동일성이 있는 채권은 원칙적으로 5년의 시효에 의해 소멸한다(제64조 본문). 이는 상거래의 신속한 종결을 도모하고자 하는 것이다.

(2) 민법 물권편에 대한 특칙

상인간의 상행위로 인한 채권(피담보채권)이 변제기에 있는 때에는 채권자(상인)는 변제를 받을 때까지 그 채무자(상인)에 대한 상행위로 인하여 자기가 점유하고 있는 채무자 소유의 물건 또는 유가증권(목적물)을 당사자간에 다른 약정이 없는 한 유치할 수 있다. 이것은 피담보채권이 목적물에 관하여 생길 것을 요건으로 하는 민사유치권(민법 제320조 제1항)에 대한 특칙이며 상사채권의 물적 담보를 강화함으로써 기업활동의 신용을 보호하고자 하는 것이다.

민법은 또한 유질(流質)계약을 금지하지만(민법 제339조) 상인은 자기의 이익을 방어할 능력이 있으며 질권 실행을 용이하게 함으로써 금융의 편의를 얻을 수 있도록 할 필요가 있다는 견지에서 상법은 유질계약을 허용하고 있다(제59조).

(3) 민법 채권편에 대한 특칙

상거래는 영리를 추구하기 위한 것이다. 따라서 민법상 타인을 위해서 한 행위는 무상이 원칙이지만 상인이 그 영업의 범위 안에서 타인을 위하여 행위를 한 때에는 이에 대하여 보수를 청구할 수 있다(제61조). 또한 민법상 소비대차 및 체당금은 이자가 없는 것이 원칙이다. 그러나 상인간에 금전소비대차를 한 경우나 상인이 그 영업범위 내에서 타인을 위하여 금전을 체당한 경우에는 법정이자를 청구할 수 있다(제55조). 그리고 민법상 법정이율은 년 5분이나 상법상 상행위로 인하여 생긴 채무의 법정이율은 년 6분이다(제54조).

민법상 계약의 청약을 받은 자는 승낙 여부를 통지할 의무가 없다. 그러나 상인이 상시거래관계에 있는 자로부터 그 영업부류에 속한 계약의 청약을 받은 때에는 지체없이 승락 여부의 통지를 발송하여야 하고 이를 게을리한 때에는 승낙한 것으로 본다(제53조). 다만 격지자(隔地者)로부터 승낙기간을 정하지 않고 청약을 받은 경우에 한한다.

상인이 그 영업부류에 속한 계약의 청약과 함께 견품 기타의 물건을 받은 때에는 그 청약을 거절한 때에도 청약자의 비용으로 그 물건을 보관하여야 한다. 그러나 그 물건의 가액이 보관의 비용을 상환하기에 부족하거나 보관으로 인하여 손해를 받을 염려가 있는 때에는 그러하지 아니하다(제60조). 민법상으로는 이러한 의무가 없다.

민법상 채무자가 수인인 경우에는 균등비율에 의한 분할채무가 되는 것이 원칙이지만(민법 제408조) 수인이 그 1인 또는 전원에게 상행위가 되는 행위로 인하여 채무를 부담한 때에는(즉 채무자 가운데 적어도 1인이 상인인 경우) 연대하여 변제할 책임이 있다(제57조 제1항). 또한 민법상 보증인은 최고 검색의 항변권(민법 제437조)과 분별의 이익(민법 제439조)을 가지나 보증이 상행위이거나(예컨대 은행이 고객을 위해 하는 지급보증) 주채무가 상행위로 인한 것인 때에는 주채무자와 보증인은 연대하여 변제할 책임이 있다(제57조 제2항).

민법상 보수 없이 임치를 받은 자는 임치물의 보관에 있어서 자기 재산과 동일한 주의를 하면 되지만(민법 제695조) 상법은 상인이 그 영업범위 내에서 물건의 임치를 받은 경우에는 보수를 받지 아니하는 때에도 선량한 관리자의 주의를 하여야 한다고 규정하고 있어 주의의무를 가중하고 있다(제62조).

사 례≫ 갑이 슈퍼마켓을 개업할 생각으로 을로부터 자금을 차입하고 갑의 친구 병이 이에 보증을 하였다. 이 경우 갑은 상인으로 되는가? 또한 병은 어떤 책임을 지는가?

해설 민법전과 상법전의 관련조항 가운데 어느 것을 적용할 것인지가 논점이다. 결론적으로 갑이 개업을 위해 차입한다는 사실을 을이 알았다면 갑은 상인이 되며 또한 병은 주채무자 을과 연대하여 변제할 책임(연대보증책임)을 진다. 자금대출이 을에게 상행위가 되는 경우에도 병은 연대보증책임을 진다. 이러한 경우 보증인 병은 최고 검색의 항변권을 가지지 못하며 보증인이 수인 있는 경우에도 분별(分別)의 이익(민법 제439조)을 누리지 못한다.

설문에서의 자금차입행위는 슈퍼마켓 개업을 위한 것이므로 갑이 상인이라고 전제한다면 보조적 상행위에 해당한다. 논리적으로 따진다면 보조적 상행위는 상인이 영업을 위하여 하는 것이므로 행위자가 상인임이 전제가 되고 따라서 영업적 상행위가 보조적 상행위에 선행하여야 한다. 그러나 개업준비행위는 영업적 상행위를 할 의사를 실현하는 것이므로 개업준비행위를 할 때부터 상인으로서 상행위를 한 것으로 보아 상법이 적용된다고 보는 것이 일반적이다. 문제는 어느 시점을 기준으로 개업준비행위가 있었다고 판단할 것인가이다. 여기에 관해 준비행위 자체의 성질에 비추어 객관적으로 행위자가 영업을 하고자 한다는 의사를 상대방이 알 수 있는 행위(예컨대 점포임차)를 한 때나 영업의사를 대외적으로 알렸을 때(예컨대 근일 개업한다는 광고) 개업준비행위(보조적 상행위)가 있고 행위자가 상인이 된다고 보는 것이 일반적이다. 설문의 개업준비자금차입은 행위 자체의 성질에 의해 객관적으로 행위자의 영업의사를 알 수 없는 경우라고 판단되므로 일반적으로 또는 개별적으로 거래상대방에게 영업의사를 알린 경우에만 개업준비행위가 있었다고 할 수 있다.

상법은 보증인이 있는 경우에 그 보증이 상행위이거나 주채무가 상행위로 인한 것인 때에는 주채무자와 보증인은 연대하여 변제할 책임이 있다(제57조 제2항)고 규정한다. 우선 병이 갑을 위해 을과 보증계약을 한 것이 상행위인가의 여부가 문제인데 병이 상인이라면 상인의 행위는 영업을 위하여 한 것으로 추정되나(제47조 제2항) 영업과 관련 없이 단지 친구라는 이유로 보증을 선 것이 입증된다면 상행위성이 부정될 수 있다. 또한 을이 상인이고 병은 상인이 아니어서 채권자 을에게만 상행위가 되는 경우에는 제57조 제2항의 적용을 부정하는 것이 다수설이다. 다음으로 주채무가 상행위로 인한 것인지의 여부를 따져야 한다. 다수설은 채권자와 채무자 어느 일방에게 상행위가 된다면 주채무가 상행위로 인한 것에 해당한다고 본다. 그러나 예컨대 상인이 아닌 자가 은행(채권자)으로부터 주택자금을 대출받음에 있어서 상인이 아닌 자가보증을 한 경우에는 연대보증이 되지 않는다고 보는 견해도 있다.

2. 상인간의 매매

상인간의 매매라 함은 상인과 상인간에 이루어지는 상행위인 매매를 말한다. 상법은 상인간의 매매에 있어 매도인을 보호하고 거래의 안전과 신속을 위해 민법의 매매 규정에 대해 매도인의 공탁권과 경매권(제67조), 확정기매매의 해제(제68조), 매수인의 목적물검사·하자통지의무(제69조), 매수인의 목적물보관·공탁의무(제70조·제71조) 등 약간의 특칙을 두고 있다.

사 례≫ (1) 수입식품판매업을 하고 있는 갑은 약 2개월 전에 수입업자 을로부터 납품받은 벌꿀 기타의 식품을 인수하여 창고에 보관할 당시에는 몰랐으나 며칠 전 창고에서 꺼내보니 포장이 파손되어 심하게 변질되었거나 상품가치가 없다는 것을 발견하고 이를 을에게 즉시 통지하고 반품하려고 하였지만 을이 이를 인정하지 않으려고 한다. 갑은 어떤 조치를 취할 수 있는가?

(2) A는 국산차를 제조하여 판매하는 업자로서 자동포장기계를 이용, 타처로부터 주문에 의해 구입한 자동포장지를 도안된 형태에 따라 절단하여 만든 1회용 포장지에 국산차를 포장 시중에 판매하여 왔는데 이 자동포장기계는 규격이 틀린 포장지의 올바른 절단이 불가능하다. B는 A가 제시한 도안과 규격에 따라 자동포장지를 제작하여 공급하는 계약에 따라 A에게 자동포장지를 제작, 공급하였는데 A는 이를 인도받는 즉시 그 하자 유무에 관해 검사하지 아니한 채 보관하다가 2개월 가까이 경과하고서야 위 자동포장기계로 작업하던 도중에 B가 공급한 포장지 전량의 규격이 잘못되었다는 사실을 발견하고서 반품을 요구하였다. 그러나 B는 이와 같은 하자는 공급 당시 쉽게 발견할 수 있는 것이고 수령 후 지체없이 검사하여 통지하지 않은 사실을 들어 A의 어떠한 요구에도 응할 수 없다고 주장하고있다. 누구의 주장이 옳은가?

해설 (1)과 같은 경우 갑의 요구는 부당한 것으로서 물건의 하자로 인한 손해를 스스로 부담할 수밖에 없다. 그러나 (2)의 경우 A는 계약의 해제 및 손해배상청구 또는 대금감액청구를 할 수 있다.

민법에 따르면 매매목적물에 하자가 있는 경우 선의·무과실의 매수인은 그로 인해 매매의 목적을 달성할 수 없는 때에는 계약해제권과 손해배상청구권을 행사할 수 있고, 목적물의 하자에도 불구하고 매매의 목적을 달성할 수 있는 때에는 손해배상청구권을 행사할 수 있을 뿐이다. 다만 불특정물에 관하여 하자가 있을 경우에는 매수인이 계약해제권 또는 손해배상청구권의 행사에 갈음하여 하자 없는 물건을 청구할 수 있다. 선의·무과실의 매수인은 이상과 같은 권리를 그 사실을 안 날로부터 6월 내에 행사하여야 한다. 또한 만일 매매목적물의 수량이 부족하다면 선의의 매수인은 원칙적으로 대금감액청구권과 손해배상청구권을 행사할 수 있고, 계약 당시에 잔존한 것만으로는 매수인이 목적물을 매수하지 않았으리라는 사정이 있는 경우에는 계약해제권과 손해배상청구권을 행사할 수 있다. 선의의 매수인은 이상과 같은 권리를 그 사실을 안 날로부터 1년 내에 행사하여야 한다.

그러나 상인간의 매매에 있어서는 장기간 거래관계를 불안정한 상태로 두는 것은 입증을 곤란하게 하고 매수인이 목적물의 하자 또는 수량부족을 악용하여 유리한 시점에서 계약을 해제하는 등의 폐단이 많을 것이므로 상법은 이를 방지하고 거래관계를 신속히 종결시켜 매도인의 이익(예컨대 전매기회 보장)을 보호하기 위해서 매수인에게 목적물검사·하자통지의무를 부과하는 특칙을 두고 있다. 즉 매수인은 목적물을 수령한 때에는 지체 없이 이를 검사하여야 하고 하자 또는 수량부족을 발견한 때에는 즉시 매도인에게 통지를 발송하여야 하며 만약 이 통지를 하지 아니하면 매도인이 악의가 아닌 한 그로 인한 대금감액청구·계약해제 또는 손해배상청구를 하지 못하게 된다. 다만 그 하자가 즉시 발견할 수 없는 성질의 것인 때에는 6월 내에 이를 발견하여 즉시 통지하면 그 권리를 상실하지 아니한다(제69조). 따라서 설문 (1)과 같은 경우 매수인은 매매목적물검사·하자통지의무를 위반했으므로 어떠한 권리의 행사도 불가능하다.

그러나 상법 제69조는 매매계약의 경우에만 적용된다. 이른바 제작물공급계약은 매매와 도급의 성질을 함께 가지고 있는 것으로서, 그 적용법률은 계약에 의해 제작 공급해야 할 물건이 대체물인 경우에는 매매로 보아서 매매에 관한 규정이 적용된다고 할 것이나, 물건이 특정의 주문자를 만족시키기 위한 불대체물인 경우에는 도급의 성질을 강하게 띠고 있다고 할 것이므로 매매에 관한 상법 제69조의 적용이 없으며, (y)의 경우 이 사건 포장지는 A만이 사용할 수 있고 A나 B로서는 이를 타인에게 매각처분하기가 곤란하거나 불가능하여 불대체물에 해당한다는 것이 판례의 입장이다(대판 1987. 7. 21, 86다카2446).

3. 상호계산

상인간 또는 상인과 비상인(非商人)간에 상시거래관계가 있는 경우에 일정한 기간의 거래로 인한 채권채무의 총액에 관하여 상계하고 그 잔액을 지급할 것을 약정하는 계약이다(제72조). 법적으로 상호계산은 잔액결제기일까지 계입(計入)채무의 지급유예의 효력이 있고 계산폐쇄일에 채권채무를 상계하는 효력이 있으므로 경제적으로는 신용제공의 기능 및 담보적 기능을 갖는다.

4. 익명조합

익명조합은 당사자의 일방이 상대방의 영업을 위하여 출자하고 상대방은 그 영업으로 인한 이익을 분배할 것을 약정하는 계약이다(제78조).

[5] 상행위 각칙

상법 제2장은 상인이 흔히 종사하는 다음과 같은 몇 가지 중요한 영업형태에 관한 규정을 두고 있다. 이러한 규정들은 당사자가 계약의 내용 및 방식을 정하지 않았을 때 적용되는 임의법규가 대부분이다.

1. 대리상

대리상이란 일정한 상인을 위하여 상업사용인이 아니면서 상시 그 영업부류에 속하는 거래의 대리 또는 중개를 영업으로 하는 자(제87조)이다. 거래의 대리를 영업으로 하는 경우 체약대리상, 거래의 중개를 영업으로 하는 경우 중개대리상이라고 부른다.

2. 중개업

중개업이란 타인간(他人間)의 상행위의 중개를 영업으로 하는 것(제93조)을 말한다.

3. 위탁매매업

위탁매매업이란 자기명의로써 타인의 계산으로 물건 또는 유가증권의 매매를 영업으로 하는 것(제101조)을 말한다.

4. 운송주선업

운송주선업이란 자기명의로 물건운송의 주선을 영업으로 하는 것(제114조)을 말한다.

5. 운송업

운송업은 육상 또는 호천, 항만에서 물건 또는 여객의 운송을 영업으로 하는 것(제125조)을 말한다.

6. 공중접객업

공중접객업이란 극장, 여관, 음식점 기타 객의 집래(集來)를 위한 시설에 의한 거래를 영업으로 하는 것(제151조)을 말한다.

상법은 객의 휴대물이 멸실, 훼손된 경우 특별히 무거운 책임을 지우고 있는 한편 단기의 소멸시효기간을 규정하고 있다. 즉 공중접객업자가 임치물을 반환하거나 객이 휴대물을 가져간 후 6월이 경과하면 소멸시효가 완성한다. 또한 이 기간은 물건이 전부 멸실한 경우에는 객이 그 시설을 퇴거한 날로부터 기산하고 공중접객업자나 그 사용인이 악의(즉 고의에 의한 멸실 또는 훼손)인 경우에는 상사소멸시효의 일반원칙이 적용된다.

사 례≫ 갑은 을 호텔에 투숙하면서 수정원석이 든 상자를 호텔종업원에게 맡기고 각별한 주의를 당부하였다. 그러나 그날 밤 도둑이 호텔 비상문을 부수고 숙직실 창고에 있던 수정원석을 절취하여 갔다. 갑이 손해배상을 청구하였으나 호텔측은 불가항력으로 인한 것임을주장하여 이를 거부하고 있다. 을 호텔의 주장은 정당한가?

해설 상법은 제152조 제1항에서 "공중접객업자는 객으로부터 임치를 받은 물건의 멸실 또는 훼손에 대하여 주의를 게을지하지 않았음을 증명하지 아니하면 그 물건의 멸실 또는 훼손으로 인한 손해를 배상할 책임이 있다"고 규정하고 있다. 과거에는 임치물의 멸실 또는 훼손이 '불가항력으로 인한 것'임을 증명하지 아니하면 공중접객업자가 그 손해를 배상할 책임이 있다는 엄격책임을 인정했지만, 공중접객업자의 책임을 운송인, 창고업자의 경우보다 무겁게 다루어야 할 이유가 없다는 이유에서 2010년 4월에 이상과 같이 개정되었다. 그러나 과거에도 '불가항력으로 인한 것'의 의미에 관해 그 사업의 외부에서 발생한 사건으로서 보통 그 발생을 예측할 수 없는 위해를 가리킨다고 보는 것이 통설이었고 이것은 일반적인 관실책임을 인정하는 것과 실제적으로 거의 차이가 없고 따라서 공중접객업자의 책임에 관한 특칙으로서의 의미가 전혀 없다는 지적을 받았다.

이 설문에서 갑이 수정원석을 호텔 종업원에게 맡긴 사실로 보아 임치의 합의가 있었음은 분명하므로 수정원석의 멸실 또는 훼손에 대하여 을 호텔이 주의를 게을리하지 않았음을 증명할 수 있는지 여부가 문제되며 그 입증책임은 접객업자에게 있다. 위의 설문에서 도둑이 침입한 것은 호텔 외부사정에 기인한 것이 분명하고 비상문을 부수고 들어온 것으로 보아 비상문의 설치로써 도난방지를 위한 조치를 한 것으로 인정되지만 비상문의 관리나 숙직실 창고의 견고성 기타의 사정을 고려해야만 호텔측이 주의를 게을리하였는지 여부 그리고 손해배상책임의 유무를 최종적으로 판단할 수 있을 것이다. 과거의 판례에 의하면 을 호텔이 도난방지를 위해 보통 필요하다고 인정되는 예방방법을 다 하였다고 하더라도 방지할 수 없는 손해였음을 입증한다면 어떠한 손해배상책임도 지지 않는다(관련판례 대판 1965. 2. 23, 64다1724).

사 례≫ 갑은 을이 경영하는 여관에 투숙하면서 그 여관의 정면 건너편에 있는 주차장에 승용차를 주차하여 두었다가 도난당하였다. 동 주차장은 을이 여관의 부대시설로서 설치하고 있는 것으로서 그 입구에 동 여관 전용의 주차장임을 알리는 간판이 있고 여관 계산대에서 출입구를 마주 볼 수 있는 위치에 있기는 하나 경비하는 종업원을 따로 두지도 않았고 도난방지를 위한 특별한 시설을 설치한 것도 아니었다. 갑이 투숙할 때에 여관의 주인이나 종업원에게 주차사실을 고지하지도 않았다면 이 경우 갑은 을에게 차량의 도난으로 인한 손해의 배상을 청구할 수 있는가?

해설 갑은 을 또는 그 사용인의 과실을 입증하여 을의 책임을 물을 수 있다.

위 사례에서 설명했듯이 상법 제152조 제1항은 공중접객업자가 객의 임치물에 대해 지는 책임을 규정하고 있고 동조 제2항은 객의 휴대물에 대한 과실책임을 규정한다. 즉 "공중접객업자는 객으로부터 임치를 받지 아니한 경우에도 그 시설 내에 휴대한 물건이 자기 또는 그 사용인의 과실로 인하여 멸실 또는 훼손된 때에는 그 손해를 배상할 책임이 있다."

설문으로 보아 이 사례에서는 우선 갑이 자동차를 을에게 묵시적으로 임치한 것으로 볼 수 있는지 여부가 문제된다. 다음으로 갑과 을 간의 임치관계가 성립하지 않는다면 상법 제152조 제2항의 휴대물에 대한 책임을 물을 수 있는지의 여부가 문제된다. 이 사례에 있어 갑이 자동차를 주차함에 있어서 을이나 그 종업원에게 고지하거나 차량열쇠를 맡기지도 않았고 주차장을 관리하는 종업원도 따로 없어서 을이 주차한 사실조차 몰랐다면 갑과 을 사이에 임치계약이(묵시적인 것도) 성립했다고 볼 수는 없다. 따라서 을이 임치물에 대한 책임을 질 수는 없다(대판 1992. 2. 11, 91다21800).

다음 제152조 제2항에 근거한 휴대물에 대한 책임의 성립 여부에 관해 판단한다면 임치물의 경우와 달리 휴대물의 경우 그 멸실 또는 훼손에 대해 공중접객업자 또는 그 사용인의 과실로 인한 것임을 '객'이 입증해야 공중접객업자의 손해배상책임이 성립한다.

사 례 ≫ 갑은 목욕탕에서 옷장에 넣어둔 옷과 책가방, 현금을 도난당하여 목욕탕 주인 을에게 그로 인한 손해의 배상을 요구했지만 을은 도난당한 휴대품에 대하여 업소에서는 책임을 지지 않는다는 주의표지를 보지 못하였느냐고 하면서 책임질 수 없다고 항변하였다. 이 경우 갑은 어떤 권리를 갖는가?

해설 주의표지 유무와 상관 없이 옷과 책가방의 분실에 관해 을의 과실이 인정된다면 손해배상책임을 물을 수 있다. 그러나 현금 기타 귀중품은 갑이 그 종류와 가액을 명시하여 임치하였어야만 을이 책임을 진다.

이 사례에서는 갑의 분실물이 임치물인지 아니면 휴대물인지가 우선 가려야 할 문제이다. 여기에 관해 다른 견해도 있을 수 있지만 분실물에 대한 점유가 객 또는 업자 어느 쪽에 있는지의 기준에 따르는 것이 옳을 것이다. 목욕탕의 옷장은 업자가 제공하는 것이지만 그 열쇠는 객이 소지하는 통례에 비추어 본다면 업자에게 임치된 물건은 아니라고 판단된다. 객이 임치하지 않은 휴대물에 대해서는 제152조 제2항에 따라 "그 시설 내에 휴대한 물건이 자기 또는 그 사용인의 과실로 인하여 멸실 또는 훼손된 때에는" 공중접객업자가 그 손해를 배상할 책임이 있음을 이미 설명한 바 있다. 문제는 을측의 과실 유무에 달려 있다. 설문과 같은 경우 열쇠를 객이 소지하고 있는 것이 통례이지만 과연 그러했는가의 여부, 주인이나 그 종업원의 탈의장 상주 및 도난감시 여부, 자물쇠와 열쇠 및 옷장의 관리상태 등을 종합적으로 고려하여 주인측의 과실 유무를 판단하여야 할 것이다.

그렇지만 위 설문과 같은 목욕탕 주인의 항변은 잘못된 것이다. 즉 객과 접객업자간의 특약으로 위의 책임을 감면할 수는 있지만 업소의 책임이 없다는 게시나 표지만으로는 책임을 면하지 못한다(제152조 제3항). 다만 상법은 "화폐, 유가증권 기타 고가물에 대하여는 객이 그 종류와 가액을 명시하여 임치하지 아니하면 공중접객업자는 그 물건의 멸실 또는 훼손으로 인한 손해를 배상할 책임이 없다"고 규정한다(제153조). 이는 고가물임을 알렸더라면 더 깊은 주의를 기울였을 것이라는 것을 고려한 것이다.

7. 창고업

창고업은 타인을 위해 창고에 물건을 보관함을 영업으로 하는 것(제155조)이다.

8. 금융리스업

금융리스업은 금융리스이용자가 선정한 기계, 시설, 그 밖의 재산을 제3자로부터 취득하거나 대여받아 금융리스이용자에게 이용하게 함을 영업으로 하는 것(제168조의 2)이다.

9. 가맹업

가맹업이란 가맹업자(加盟業者)가 가맹상(加盟商)으로 하여금 자기의 상표, 서비스표, 상호, 휘장 또는 그 밖의 영업표지를 사용하여 일정한 품질기준이나 영업방식에 따라 상품(원재료 및 부재료를 포함한다) 또는 용역을 판매하도록 하면서 이에 따른 경영 및 영업활동 등에 대한 지원·교육과 통제를 하고, 가맹점사업자는 이에 대한 대가로 가맹본부에 금전을 지급하는 계속적인 거래관계를 말한다(제168조의 6).

10. 채권매입업

타인이 물건·유가증권의 판매, 용역의 제공 등에 의하여 취득하였거나 취득할 영업상의 채권을 매입하여 회수함을 영업으로 하는 것을 말한다(제168의 11).

제 2 절 회 사

[1] 회 사 란

회사란 상행위나 그 밖의 영리를 목적으로 하여 설립한 법인을 말한다(제169조).

회사가 영리를 목적으로 한다고 함은 영리사업으로 이익을 얻고자 할뿐만 아니라 얻은 이익을 회사 구성원에게 분배할 것을 목적으로 한다는 것을 뜻한다.

상법은 원래 회사를 사단으로 규정하고 있었다. 여기서 사단이라고 함은 공동의 목적을 위해 결합한 복수인의 단체를 뜻한다. 즉 회사는 사단이므로 일반적으로 2인 이상의 사원이 있음이 성립요건이자 존속요건이었다. 그러나 주식회사, 유한책임회사 및 유한회사의 경우 1인의 발기인만 있어도 설립이 가능하고 회사 성립 후에도 사원(주식회사의 경우 이를 주주라고 한다)이 1인만 존재하게 되더라도 해산사유가 아니고 이러한 주식회사를 1인회사라고 부른다. 따라서 현행 상법은 회사의 개념을 정의하면서 사단성을 요건으로 삼지 않았다.

회사는 법인이다. 따라서 자연인 갑과 을이 설립한 회사 병은 독립한 법인격을 갖는다. 이는 회사 병이 그 이름으로 권리를 취득하고 의무를 부담하는 주체가 되며 소송당사자가 되고 회사 병의 재산과 사원(갑과 을)의 재산이 분리된다는 것을 뜻한다. 특히 주식회사와 유한회사의 경우 법인의 이러한 속성이 빠짐없이 인정되므로 회사채권자는 주주나 사원의 개인적 재산에 대해서 강제집행할 수 없다.

상법은 사원이 회사채무에 대해 어떠한 책임을 지는가에 따라서 회사를 합명회사, 합자회사, 주식회사, 유한회사, 유한책임회사의 5가지로 분류하고 다른 종류의 회사를 인정하지 않는다. 상법이 이처럼 회사법정주의를 채택한 이유는 회사채권자, 일반대중 및 사원으로 하여금 그들이 관계하고 있는 회사의 법률관계를 명확히 알 수 있도록 함으로써 거래의 안전을 도모하고자 한 것이다. 네 가지 회사 가운데 우리나라에서 압도적으로 많이 이용되는 것은 주식회사이다.

사 례≫ 갑은 을이 대표이사로 있는 병 주식회사에 물품을 공급해 온 영세업자인데 회사의 경영이 악화되자 을은 부도를 내고 잠적하고 말았다. 병 회사는 을의 동생과 처남이 명목상 이사로 선임 등기되어 있지만, 사실상 주주는 을 한 사람뿐인 개인회사로서 사무실에 간단한 집기만 있을 뿐 회사재산이 따로 없으나 을 개인소유의 재산은 상당히 있는 것으로 알려져 있다. 갑은 병 회사에 대한 채권으로 을의 개인재산에 강제집행할 수 있는가?

해설 불가능하다. 주식회사의 채권자에게는 회사재산만이 유일한 담보재산이다. 주식회사나 유한회사는 주주나 사원이 출자의무를 이행한 이상 회사채무에 대해 전혀 책임을 지지 않는 회사이다. 또한 대표이사가 회사를 대표하여 법률행위를 했다고 하더라도 개인적으로 그 법률행위에 책임을 지는 것도 아니다. 따라서 병 회사에 대한 채권으로 을 개인재산에 강제집행할 수는 없다.

그러나 회사의 소유가 주주 1인에게 집중되어 있고 회사재산과 주주 개인재산이 혼용되고 있으며 회사업무와 개인사무가 구별되지 않고 회사의 운영에 있어 법률과 정관이 정한 절차가 무시되고 오로지 대표이사인 1인주주의 독단에 의존하고 있는 경우라면, 외형상 주식회사의 형태만 유지하고 있는 것이어서 법인격분리로 인한 유한책임의 혜택만을 누리도록 하는 것은 신의성실의 원칙에 반한다고 할 것이므로 회사의 독립한 법인격을 부인하여 배후에 있는 1인주주에게 회사채무에 대한 책임을 지도록 하는 것이 타당하다(법인격부인론)고 하는 것이 통설이다. 그러나 주주의 유한책임은 회사법의 대원칙이어서 이 이론의 적용은 불가피한 예외적 경우에 한정되어야 한다는 것이 일반적 견해이며 판례로서 이 이론을 적용한 예가 거의 없어 그 적용요건도 반드시 명백하다고 할 수도 없으므로 현실적인 소송에서 1인주주의 개인적인 책임이 인정될 가능성은 결코 많지 않다.

후술하듯이 이사가 법령 및 정관에 위반한 행위를 하거나 그 임무를 해태한 때에는 회사에 대해 연대하여 손해배상책임을 지고 회사채권자가 회사를 대위하여 이사에 대해 손해배상을 청구할 수 있다. 또한 이사가 악의 또는 중대한 과실로 인해 그 임무를 해태한 때에는 그 이사는 제3자에 대해서도 연대하여 손해를 배상할 책임이 있다. 그러나 이러한 이사의 회사 또는 이사에 대한 책임을 추궁하기 위해서는 법령 또는 정관에 위반한 행위 또는 임무해태가 증명되어야 하므로 설문의 사실만으로는 대표이사 을의 손해배상책임을 인정할 수 없다.

주식회사라고는 하지만 실질적으로는 개인기업이나 마찬가지인 가족회사나 1인회사가 흔히 존재하고 있고 소규모회사라면 개인재산과 회사재산이 혼용될 가능성도 많아서 회사가 파산하는 경우 주주 개인의 재산으로는 책임을 지지 않기 때문에 채권회수가 곤란한 경우가 많이 있다. 따라서 회사나 법인과 거래할 때에는 그 신용과 자력을 확인하고 필요하다면 채권에 대해 물적 담보를 확보하든가 아니면 주주 또는 이사가 연대보증을 하도록 요구하는 것이 안전하다.

[2] 합명회사

합명회사는 2인 이상의 무한책임사원만으로 구성되는 회사이다(제178조, 제212조). 각

사원은 회사채권자에 대해 직접·연대·무한의 무거운 책임을 지는 대신에 금전 기타의 재산뿐만 아니라 신용이나 노무도 출자할 수 있고 또한 원칙적으로 업무집행과 회사대표의 권한도 갖는다. 또한 사원이 그 지위(즉 지분)를 양도하기 위해서는 전 사원의 동의가 필요하다.

합명회사의 설립절차는 매우 간단하여 2인 이상의 사원이 정관을 작성하여 설립등기를 함으로써 성립한다. 합명회사의 실체는 조합에 해당하기 때문에 상법에 규정이 없는 경우 조합에 관한 민법의 조항이 준용된다. 합명회사는 상호간의 인적 신뢰관계를 바탕으로 하는 소수인의 동업에 적합한 회사형태이다.

[3] 합자회사

합자회사는 무한책임사원과 유한책임사원 각 1인 이상으로 구성되는 회사이다. 무한책임사원의 지위는 합명회사의 사원의 경우와 같다. 유한책임사원은 회사채권자에 대하여 직접·연대책임을 지나 정관으로 정한 출자액의 한도 내에서만 책임을 지고 금전 기타의 재산만 출자할 수 있다는 점에서 무한책임사원과 다르다. 업무집행권과 회사대표권도 무한책임사원이 갖고 유한책임사원은 업무집행에 대한 감시권만을 갖는다. 무한책임사원이 지분을 양도함에는 모든 사원의 동의가 필요하지만 유한책임사원이 지분을 양도함에는 무한책임사원의 동의만 있으면 된다. 합자회사에 관해 별도의 규정이 없으면 합명회사에 관한 규정이 준용된다.

[4] 주식회사

1. 주식회사란

주식회사란 자본이 균일한 금액의 주식으로 분할되고 주주는 출자의무를 부담할 뿐 회사채권자에게는 아무런 책임을 지지 않는(간접 유한책임) 회사이다. 따라서 주식회사의 개념은 자본, 주식 그리고 유한책임의 3 요소로 구성된다.

자본은 발행주식의 액면총액으로서 회사가 보유해야 할 순재산액의 기준이 되는 수액이며 증자나 감자의 절차를 밟지 않는 한 불변의 것이라는 점에서 회사가 실제로 보유하는 재산과 구별된다. 후자는 물가의 변동이나 경영성과에 따라서 그 가액이 변동되는 것은 당연하다. 주주가 회사채권자에 대해 아무런 책임을 지지 않기 때문에 상법은 자본을 등기에 의해 공시하는 한편 주식회사의 설립시나 성립 후에 적어도 자본에 상당한 재산이 회사에 의해 보유되도록 배려하고 있다. 다만 여기서 말하는 자본은 이미 발행된 주식의 액면총액 즉 발행자본이며 이른바 수권자본과 구별해야 한다. 수권자본이란 정관에 기재된 '회사가 발행할 주식 총수'의 액면총액을 말하며 상법은 그 범위 안에서 신주를 발행할 수 있는 권한을 이사회에 부여함으로써 필요한 자금을 기동성 있게 조달할 수 있도록 배려하고 있다.

주식은 자본을 구성하는 균등한 단위이지만 다른 한편 주주의 회사에 대한 지위 즉 사원권을 의미하기도 한다. 주주는 그가 가진 주식의 수에 따라서 주주총회에서 의결권을 행사하고 이익배당을 받는다. 주식은 자유롭게 양도할 수 있음이 원칙이지만 정관이 정하는 바에 따라서 이사회의 승인을 얻도록 할 수 있다.

주주는 회사에 대하여 그가 인수한 주식의 가액을 한도로 출자의무를 부담하지만 회사채권자에 대해 아무런 책임을 지지 않으며 그 의사에 반해서 추가출자의무를 부담하지도 않는다. 주주의 책임이 유한이며 주주의 지위가 주권에 결합되어 자유롭게 유통될 수 있어 투자회수가 용이하다는 사실은 일반대중의 소액투자를 집적시켜 주식회사가 거대한 자본을 형성할 수 있도록 만든다.

2. 주식회사의 기관

주식회사에 있어서는 소유와 경영이 분리되어 있어 주주가 곧 기관이 될 수는 없고 기관이 전문적으로 분화되어 있는 것이 특색이다. 주식회사의 기관구성은 원래 견제와 균형의 원리에 바탕을 둔 3권분립의 정치사상의 영향을 받았다. 현행법은 영미법의 이사회제도를 도입하고 있어 기본적으로 주주총회, 이사회 · 대표이사 및 감사로 구성된다.

주주총회는 주주로 구성되며 상법 및 정관에서 정하는 회사의 기본적 사항에 관한 의사를 결정하는 필요상설기관이다. 주주총회가 비록 만능의 기관은 아니지만 이사 · 감사의 선임 · 해임, 정관변경, 재무제표의 승인 및 이익배당의 결정 등 중요한 사항은 주주총회의 전권사항이므로 회사의 최고기관이라고 할 수 있다.

이사회는 회사의 업무집행에 관한 의사를 결정하고 대표이사를 선임하며 대표이사 및 업무담당이사의 직무집행을 감독할 권한을 갖는, 이사 전원으로 구성되는 필요상설기관이다. 상법 및 정관에 의해 주주총회의 권한사항으로 규정되어 있지 않다면 회사의 업무집행에 관한 의사결정은 모두 이사회의 권한사항이다.

대표이사는 대내적으로는 회사의 업무집행을 하고 대외적으로는 회사를 대표하는 필요상설기관이다. 대표이사는 주주총회와 이사회가 결정한 사항을 집행하고 이사회가 결정할 사항으로 유보되어 있지 않은 업무에 관하여 스스로 의사결정을 하여 집행할 수 있다. 또한 대표이사의 대표권은 회사의 영업에 관한 재판상 또는 재판 외의 모든 행위에 미친다. 대표이사는 이사회의 결의로 선임하는 것이 원칙이지만 정관으로 주주총회에서 선임하도록 정할 수 있다. 2011년 개정상법에서는 집행임원 제도를 도입하여 회사의 선택에 따라 업무집행기관으로 대표이사 대신에 집행임원을 둘 수 있도록 하였다.

감사는 회사의 업무와 회계를 감사할 권한을 갖는 필요상설기관이다. 감사는 수인이 있는 경우에도 독립하여 그 권한을 행사한다. 회사는 정관에 정하는 바에 따라 감사에 갈음하여 감사위원회를 설치할 수 있다. 감사위원회는 '이사의 업무집행과 회계를 감사할 권한을 가진 이사회내 위원회의 하나로서 감사에 갈음하여 설치되는 필요상설기관'을 말한다(제415조의 2 제1항). 감사위원회는 합의체의 의결기관인 점에서 감사가 수인 있는 경우와 구별된다. 다만 최근 사업연도 말 현재 자산총액이 2조원 이상인 상장회사는 감사위원회를 의무적으로 설치해야 한다. 감사위원회는 3인 이상의 이사로 구성해야 하고 총위원 중 사외이사인 이사의 비율이 3분의 2 이상이어야 한다. 이 밖에 임시적 감사기관으로서 검사인이 있고 일정 규모 이상의 주식회사는 외부의 감사인에 의한 회계감사를 받아야 한다(주식회사의 외부감사에 관한 법률 제2조 본문).

사 례≫ 갑은 을 주식회사의 대표이사로 재직 중인 병에게 1,000만원을 대여하고 을 회사 대표이사 병의 명의로 발행된 약속어음 1장을 교부받았다. 갑이 만기에 어음을 지급 제시하였더니 을 회사는 병이 위의 돈을 개인채무변제에 사용하였기 때문에 개인채무라고 주장하면서 어음금 지급을 거절하였다. 과연 을 회사는 어음금을 지급할 책임이 없는가?

해설 갑이 대표이사의 진의를 알았거나 모른 데 중과실이 있었음을 을 회사가 입증하지 않는 한 어음금을 지급할 책임이 있다.

주식회사의 대표이사는 회사의 대표기관으로서 영업에 관한 재판상 또는 재판외의 모든 행위를 할 포괄적인 권한을 갖는다. 따라서 그 권한의 범위는 회사의 권리능력의 범위와 일치한다. 설문과 같이 객관적으로는 대표이사의 권한 범위 안에 속하지만 주관적으로는 자신 또는 제3자의 이익을 위해 대표행위를 한 경우를 대표권의 남용이라고 한다. 이 경우 원칙적으로 그 대표행위는 유효하지만 상대방이 대표이사의 진의를 알았거나 중과실로 모른 때 그로 인해 취득한 권리를 회사에 대해 주장하는 것은 신의칙에 반하므로 회사는 상대방의 악의나 중과실을 입증하여 그 책임을 면할 수 있다고 함이 판례의 입장이다(대판 1990. 3. 13, 89다카24360).

사 례 ≫ 갑 회사의 대표이사 을은 병 소유의 부동산을 5억원에 매입하는 계약을 체결하고 계약금 5천만원을 지급하고 2개월 후에 잔금 4억5천만원을 일시에 지급하기로 하였다. 그런데 1개월 후에 부동산경기가 급랭하고 자금난까지 겹치자 갑 회사는 이 건 매매계약이 이사회의 결의 없이 체결된 계약이므로 회사에게 효력이 없다고 하면서 계약금의 반환을 요구하고 나섰다. 병은 계약금을 반환해야 하는가? 그런데 갑 주식회사의 정관은 대표이사가 1억원 이상의 대가에 의한 거래를 하는 경우 반드시 이사회의 결의를 거쳐야 한다고 규정하고 있다.

해설 대표권제한의 사실에 관한 병의 악의를 회사가 입증하지 못하는 한 매매계약의 효력을 부인하지 못하고 병도 계약금을 반환할 필요가 없음은 물론 계약의 이행을 청구할 수 있다.

일반적으로 주식회사의 대표이사의 대표권한의 범위는 회사의 권리능력의 범위와 일치하는 것이다. 회사는 정관이나 내규 또는 이사회 결의로서 대표이사의 권한에 대하여 내부적인 제한을 가할 수 있고 그 경우 대표이사는 제한된 범위 내에서만 대표권한이 있는데 불과하게 되는 것이지만, 대표권 제한을 위반한 행위라고 하더라도 회사의 권리능력의 범위 내에 속한 행위이기만 한다면 대표권의 제한을 알지 못하는 제3자는 그 행위를 회사의 대표행위라고 믿는 것이 당연하고 이러한 신뢰는 보호되어야 하는 것이므로, 우리 상법이 대표권의 제한은 이로써 선의의 제3자에게 대항할 수 없다고 규정하고 있는 것(제389조, 제209조)은 이러한 취지라고 할 것이다. 그러나 대표권에 제한이 가해지고 있는 사실을 알고 있으면서 이를 위반한 행위의 상대방이 된 악의의 제3자를 보호해야 할 필요성은 없으므로 회사는 그의 악의를 입증하여 그 행위의 효력을 부인할 수 있는 것이다(대판 1988. 8. 9. 86다카1858).

사 례≫ 갑 주식회사의 경리담당상무 을은 이 회사 대표이사 명의로 어음을 발행하고 배서하는 등의 방법으로 자금조달을 해 왔고, 이를 알고 있는 병은 을로부터 액면 2천5백만원의 약속어음을 발행받아 보관하고 있다가 만기에 갑 회사에 지급제시했지만 갑 회사는 을이 대표이사라는 명칭을 임의로 사용하였고 사실은 경리담당 상무이사에 불과하다는 이유로 어음금지급을 거절하고 있다. 갑 회사의 주장은 정당한가?

해설 갑 회사의 주장은 부당하고 어음금을 지급해야 한다.

대표이사로 선임되지 않은 이사의 행위에 대해 회사가 책임을 지지 않는 것이 원칙이다. 그러나 실제에 있어서는 사장, 부사장, 전무, 또는 상무 등의 명칭을 가진 이사는 대표이사인 경우가 많으며 대표이사가 아닌 경우라도 이러한 명칭의 이사를 대표이사로 신뢰하는 경우가 많다. 상법은 제3자의 이러한 신뢰를 보호하고 거래의 안전을 도모하기 위해 "사장, 부사장, 전무, 상무 기타 회사를 대표할 권한이 있는 것으로 인정될 만한 명칭을 사용한 이사의 행위에 대하여는 그 이사가 회사를 대표할 권한이 없는 경우에도 회사는 선의의 제3자에 대하여 그 책임을 진다"라고 규정하고 있다(제395조). 이러한 표현대표이사제도가 외관이론에 입각하고 있음은 물론이다. 외관이론에 관해서는 표현지배인에 관한 사례를 참조하기 바란다.

표현대표이사의 행위에 대한 회사의 책임은 표현대표이사가 자기의 명칭을 사용하여 법률행위를 한 경우는 물론이고 자기의 명칭을 사용하지 아니하고 다른 대표이사의 명칭을 사용하여 행위를 한 경우에도 적용된다고 보는 것이 판례의 입장이다(대판 1988. 10. 25. 86다카1228).

설문의 경우를 본다면 을의 행위는 객관적으로 대표이사의 권한 범위 안에 속하고(외관의 존재), 을이 전부터 대표이사 명의로 어음을 발행하고 배서하는 방법으로 자금을 조달하여 오던 것을 갑 회사가 묵인하여 왔으며(귀책사유의 존재), 병은 이상과 같은 외관을 믿고 거래한 것이므로(보호사유의 존재) 병이 갑 회사에게 어음금을 청구한다면 갑 회사가 지급해야 한다.

3. 이사의 지위

이사는 이사회의 구성원으로서 회사의 업무집행에 관한 의사의 결정에 참여하고 이사회를 통해 대표이사 등의 업무집행을 감독하는 자를 말하며 이사가 회사의 기관인지 여부에 관해서는 견해가 대립한다. 다만 정관 또는 내부규칙에 의해 내부적으로 업무집행권한을 부여할 수 있다(업무 담당이사).

이사는 주주총회에서 선임하고 그 보수를 정관에 규정하지 않았으면 주주총회의 결의로 이를 정한다. 이사는 원칙적으로 3인 이상이어야 하며 그 임기는 3년을 초과하지 못한다. 현행 상법은 또한 상장회사는 원칙적으로 이사 총수의 4분의 1 이상을 사외이사로 하도록 규정하고 있다(제542조의 8). 사외이사는 해당 회사의 상무(常務)에 종사하지 아니하는 이사로서(경영진이나 대주주로부터 독립적인 사외이사를 선임하기 위한 법적 장치로서) 상법이 규정하는 결격사유에 해당하지 아니하는 자를 말한다(제382조 제3항, 제542조의 8 제2항).

이사와 회사와의 관계는 민법상의 위임이므로 선량한 관리자의 주의를 다하여 충실하게 회사의 업무를 집행하여야 한다. 이사는 이사회의 구성원으로서 대표이사의 직무행위를 감독할 의무가 있으며, 상법은 특히 감사에 의한 감사의 실효성을 확보하고 간접적으로 회사의 이익을 보호하기 위해 회사에 현저하게 손해를 미칠 염려가 있는 사실을 발견한 때에는 즉시 감사에게 보고할 의무를 이사에게 지우고 있다(제412조의 2).

이사는 또한 회사의 실정을 잘 알고 이사회의 권한행사에 참여할 권한을 가지고 있어 그 지위를 악용하여 개인적 이익을 도모할 위험이 있으므로 회사와 이사 간의 이해관계를 조정할 필요가 있다. 따라서 이사는 법령과 정관의 규정에 따라 회사를 위하여 그 직무를 충실히 수행해야 한다(충실의무: 제382조의 3). 특히 이사는 이사회의 승인이 없으면 자기 또는 제3자의 계산으로 회사의 영업부류에 속한 거래를 하거나 동종영업을 목적으로 하는 다른 회사의 무한책임사원이나 이사가 되지 못한다(경업금지의무: 제397조). 또한 이사는 이사회의 승인이 있어야 자기 또는 제3자의 계산으로 회사와 거래를 할 수 있다(자기거래의 금지: 제398조).

이사는 회사에 대해 선량한 관리자로서의 주의의무를 부담하고 그 위반에 대해서는 채무불이행책임을 지나 때로는 불법행위책임도 진다. 그러나 상법은 이사가 차지하는 지위의 중요성과 그 행위가 갖는 영향력을 감안하여 엄격한 특별책임을 지우고 있다. 즉 이사가 법령 또는 정관에 위반한 행위를 하거나 그 임무를 게을리한 때에는 그 이사는 회사에 대하여 연대하여 손해를 배상할 책임이 있고, 만일 그 행위가 이사회의 결의에 의한 것인 때에는 그 결의에 찬성한 이사도 동일한 책임을 진다(손해배상책임: 제399조). 이러한 이사의 책임은 무의결권주주를 포함한 총주주의 동의로만 면제할 수 있다(제400조). 또한 신주의 발행으로 인한 변경등기가 있은 후에 아직도 인수하지 않은 주식이 있거나 주식인수의 청약이 취소된 때에는 이사가 이를 공동으로 인수한 것으로 본다(자본충실의책임: 제428조 제1항). 이사가 또한 그 임무를 게을리하였더라도 회사 외의 아무런 계약관계에 있지 않은 제3자에 대해 개인적으로 직접 책임을 지지 않는 것이 원칙이지만, 제3자를 보호하고 이사의 신중한 직무집행을 유도하기 위해 상법은 이사가 악의 또는 중대한 과실로 그 임무를 게을리한 때에는 제3자에 대하여 연대하여 책임을 진다고 규정하고 있다(제401조). 여기의 제3자에는 주주도 포함된다고 보는 것이 통설이다.

이사회와 그 구성원인 이사의 권한이 강대한 대신에 주주도 이사의 업무집행에 대한 직접적인 감독시정권을 갖는다. 즉 이사가 법령 또는 정관에 위반한 행위를 하여 이로 인하여 회사에 회복할 수 없는 손해가 생길 염려가 있는 경우에는 감사 또는 발행주식의 총수의 100분의 1 이상에 해당하는 주식을 가진 주주는 회사를 위하여 이사에 대하여 그 행위를 중지할 것을 청구할 수 있고(유지청구권: 제402조) 만일 이사가 이에 불응한다면 이사를 피고로 하여 소를 제기하고 이 소에 기한 가처분으로 그 행위를 중지시킬 수 있다(민소 제714조). 또한 이사가 회사에 대해 지는 채무나 책임이 있더라도 정실관계로 불문에 붙여질 위험이 있으므로 상법은 주주가 이사의 책임을 직접 추궁하기 위한 소송을 제기할 수 있다고 규정한다(대표소송). 즉 발행주식총수의 100분의 1 이상에 해당하는 주식을 가진 주주는 이유를 기재한서면으로 회사에 대하여 이사의 책임을 추궁할 소의 제기를 청구할 수 있고 회사가 그 청구를 받은 날로부터 30일내에 소를 제기하지 아니한 때에는(만일 기간의 경과로 인하여 회사에 회복할 수 없는 손해가 생길 염려가 있는 때에는 이러한 절차 없이) 즉시 회사를 위하여 소를 제기할 수 있다(제403조). 주주의 이상과 같은 감독시정권은 그 남용을 방지하기 위해 소수주주권으로 규정되어 있다.

사 례 ≫ (1) 갑 주식회사는 외부로부터 혼방사의 가공위탁을 받아 가공하여 납품하는 것을 영업으로 해왔는데, 세법에 따라 세무신고를 해야 함에도 불구하고 그 중 일부만 스스로 제조한 것으로 신고하고 잔여분은 신고하지 않는 바람에 탈세 혐의로 조사를 받고 지난 92년 간접세가 추징 · 과세되었다. 그런데 이 세금은 갑 회사가 타인의 위탁을 받아 제조하였으므로 과세되지 않을 것이나 위탁 · 제조한 사실을 신고하지 않았으므로 자가제조로 간주되어 과세된 것이다. 갑 회사가 경영적자의 누적으로 급기야 A 은행의 관리로 이관되자 이 은행은 96년에 와서 갑 회사의 대표이사였던 을을 상대로 임무해태로 인한 손해배상책임을 추궁하는 소를 제기하려고 한다. 승소 가능한가?

(2) 위와 같은 경우에 감사였던 병과 평이사였던 정에게도 임무해태로 인한 손해배상책임을 추궁하려고 하는데, 병과 정은 자신들이 갑 회사의 감사나 이사였음은 명목에 불과할 뿐이고 A 회사의 업무는 대표이사인 갑이 혼자 결정하였으며 갑 회사는 설립 이후부터 주주총회나 이사회를 개최한 적이 없다고 항변하고 있다. 이 경우 병과 정에게 책임이 있는가?

해설 대표이사였던 을과 감사였던 병은 물론이고 평이사였던 정 역시 손해배상의 책임이 있다.

이사나 감사가 그 임무를 게을리한 때에는 회사에 대하여 연대하여 손해를 배상할 책임이 있다(제399조 제1항, 제414조 제1항). 설문의 경우 대표이사 을이 위탁 제조한 사실을 세무신고하지 않아 회사에 손해가 발행한 것은 분명하므로 을이 회사에 대해 손해배상책임을 짐은 당연하다. 또한 감사 역시 대표이사에 의한 업무집행의 적법성을 감사할 권한과 의무가 있으므로 설문과 같은 경우 감사의 손해배상책임은 쉽게 인정할 수 있다. 문제는 평이사의 임무해태 여부이다. 회사의 업무집행을 담당하지 않는 평이사는 이사회의 일원으로서 이사회를 통해 대표이사의 업무집행을 감시하는 것은 물론이지만, 판례는 단지 이사회에 상정된 사항에 관해서 뿐만 아니라 이사회에 상정된 사항이 아니라도 일반적으로 감시할 권한과 의무가 있다고 보고 있다. 즉 평이사의 능동적 감시의무를 긍정하고 있다. 그러나 업무집행을 담당하지 않는 이사에게 적극적으로 직무위반 여부를 감시할 의무를 부담시키는 것은 비현실적이므로 대표이사의 위법한 업무집행을 의심할 만한 사유가 있음에도 불구하고 또는 직무위반을 알았거나 알 수 있었음에도 불구하고 이를 방치했다면 이로 말미암아 회사가 입은 손해를 배상할 책임이 있다고 한다. 또한 이사 또는 감사의 임무해태로 인한 손해배상책임은 일반 불법행위책임(소멸시효기간 3년)이 아니라 채무불이행책임이므로 그 소멸시효기간은 일반 채무와 같이 10년이라고 보아야 한다(대판 1985. 6. 25. 84다카1954). 그리고 병과 정이 명목적 이사 또는 감사에 불과했다고 함이 사실이라고 하더라도 임무해태의 사실만 분명해질 뿐 그로 인한 손해배상책임의 성립에 전혀 영향을 주지 않는다.

사 례≫ 갑 주식회사 대표이사 을은 경영적자의 누적 및 자금난으로 사무실을 폐쇄하기로 하고 사무실에 있던 비품 일체를 병에게 양도하기로 계약하고 병으로부터 매매대금 500만원을 지급받았지만 당분간 갑 회사의 사무실에 보관하기로 하였다. 그러나 을은 갑회사가 사무실을 비워주고 퇴거할 때 직원들로 하여금 그 비품들을 모두 실어내어 처분하게 함으로써 병이 양수한 비품의 회수가 불가능하게 되었다. 갑회사는 도산 직전이어서 회사채무를 변제할 자력이 거의 없는 상태인데 대표이사 을에게 손해배상을 청구할 수 있는가?

해설 대표이사 을에게 임무해태 또는 불법행위로 인한 손해배상을 청구할 수 있다.

주식회사의 이사가 악의 또는 중대한 과실로 인하여 그 임무를 해태한 때에는 그 이사는 제3자에 대하여 연대하여 손해를 배상할 책임이 있다(제401조 제1항). 설문의 경우 병에게 집기의 소유권이 이미 이전된 것으로 보인다. 당분간 갑 회사의 사무실에 보관하기로 양해가 되어 있고 매매대금의 지급과 목적물의 인도는 보통 동시이행관계에 서기 때문이다. 을이 직원들로 하여금 비품들을 실어내게 하여 병이 그 소유물을 회수할 수 없게 만든 것은 악의 또는 중대한 과실로 인한 임무해태로 병에게 손해를 입힌 것이다. 따라서 상법 제401조의 요건을 충족한다. 또한 직원들로 하여금 타인 소유의 비품들을 실어내게 하여 손해를 입힌 대표이사 을의 행위는 민법 제750조가 규정하는 불법행위에 해당하기도 한다. 또한 대표이사가 업무집행으로 타인에게 손해를 가한 때에는 회사와 대표이사가 연대하여 손해배상의 책임을 지나(제389조 제3항, 제210조) 설문의 경우 회사에게 자력이 없다고 하므로 이를 주장할 실익이 없다.

[5] 유한회사

유한회사는 균등액 단위의 출자로 이룩되는 자본에 대한 출자의무를 부담할 뿐 회사채권자에 대하여는 아무런 책임도 지지 않는 사원만으로 구성되는 회사이다. 유한회사 사원의 책임은 간접유한책임이라는 점에서 주식회사의 주주와 같으나 일정한 경우에 자본에 대한 전보책임을 진다는 점에서 다르다(제550조, 제551조, 제593조). 유한회사는 사원의 출자에 의해 형성되는 자본중심의 단체라는 점에서 주식회사와 그 본질이 비슷하다. 그러나 합명회사의 장점인 설립절차나 회사조직의 간이성을 가미하고 있어 소규모의 폐쇄적인 회사운영을 원하는 중소기업에게 적합한 회사형태이다.

유한회사의 중요한 특성을 요약한다면 ① 폐쇄성으로서 설립절차는 주식회사의 발기설립에 상당하는 것만 인정된다. 설립·증자시에 사원의 공모는 할 수 없다(제589조 제2항). 주식·사채 또는 이에 유사한 것의 발행은 허용되지 않는다. 사원의 지분양도가 제한된다. 수권자본제를 채용하지 아니하므로 자본총액을 정관에 기재하여야 한다(제543조 제2항). ② 조직의 간이성으로 이사의 원수에 제한이 없고(제561조), 이사회는 인정되지 않으며(제567조), 감사는 임의기관이다(제568조 제1항). 사원총회의 권한이 크고 그 소집절차·결의방법이 간이화되어 있다(제571조 제2항, 제573조, 제577조). 이 밖에 사원의 책임은 출자의무에 한정되는 유한책임이나, 현물출자·재산인수의 목적물에 관하여 가액전보책임(價額塡補責任)을 진다(제550조, 제551조, 제593조). 사원의 지위(지분) 양도에도 사원총회의 특별결의가 필요하다. 회사의 기관구성은 주식회사와 비교할 때 간소성이 두드러진다. 필요적 기관으로 사원총회와 이사가 있으며 감사는 임의기관이다. 사원총회는 회사에 관한 모든 사항을 결의할 수 있는 최고 만능의 기관이며 서면에 의한 결의도 가능하다. 업무집행기관은 이사회와 대표이사로 분화되어 있지 않고 이사는 1인만 있어도 된다.

[6] 유한책임회사

유한책임회사는 2012년 개정된 상법에 도입된 회사의 형태이다. 1인 이상의 사원의 출자 및 설립등기에 의해 설립되는 경직된 지배구조의 주식회사보다 신속하고 유연하며 탄력적인 지배구조를 가지고 있으며, 출자자가 직접 경영에 참여할 수 있고, 각 사원이 출자금액만을 한도로 책임을 지게 되는 회사를 말한다. 사원에게 유한책임을 인정하면서도 회사의 설립·운영과 기관 구성 등의 면에서 사적 자치를 폭넓게 인정하기 위해 도입된 회사의 형태이다. 이로써 사모(私募)투자펀드와 같은 펀드나 벤처 기업 등 새로운 기업 형태에 대한 수요에 대응할 것으로 기대된다.

사원은 정관의 작성 후 설립등기를 하는 때까지 금전이나 그 밖의 재산의 출자를 전부 이행하여야 하며 신용이나 노무를 출자의 목적으로 하지 못한다(제287조의 4). 그리고 사원의 책임은 별도의 규정이 없는 한 그 출자금액을 한도로 한다(제287조의 7). 각 사원은 정관의 다른 규정이 없는 한 다른 사원의 동의를 받지 아니하면 그 지분의 전부 또는 일부를 타인에게 양도하지 못한다. 다만 업무를 집행하지 아니한 사원은 업무를 집행하는 사원 전원의 동의가 있으면 지분의 전부 또는 일부를 타인에게 양도할 수 있다(제287조의 8).

제3절 보 험

[1] 보험제도 · 보험법 · 보험계약법

보험이란 예측할 수 없는 사고로 인한 경제적 불안정에 대비하기 위해 동질적인 사고(보험사고) 발생의 위험을 안고 있는 다수인(보험단체)이 통계적 위험률에 따라 산출된 금액(보험료)을 미리 갹출하여 사고가 발생한 자에게 일정한 금액(보험금) 기타의 급여를 하는 제도이다.

보험법이란 넓은 의미로는 보험계약과 보험사업 기타 보험에 관한 일체의 법규를 말하지만 좁은 의미로는 영리보험에 관한 보험계약법을 말한다(실질적 의의의 보험법). 상법 제4편의 보험에 관한 규정을 보통 보험법이라고 칭하지만(형식적 의의의 보험법) 사실은 보험계약법에 해당한다.

영리보험의 인수는 기본적 상행위의 하나이고 따라서 보험계약법은 체계상 상행위법에 속하지만 보험제도의 특수한 성격 때문에 제2편 상행위로부터 독립한 제4편으로 입법하였다. 상법은 보험편의 어떤 조항도 당사자 간의 특약으로 보험계약자 또는 피보험자나 보험수익자에게 불리하게 변경하지 못한다고 규정하고 있어(제663조) 경제력이나 전문적 지식이 부족한 보험계약자 등을 보호하고 있다. 그러나 재보험이나 해상보험 기타 이에 유사한 보험(기업보험)의 경우에는 보험계약법의 강행규정성이 배제된다(동조단서).

[2] 보험계약

1. 보험계약의 요소

보험계약은 당사자 일방이 약정한 보험료를 지급하고 재산 또는 생명이나 신체에 불확정한 사고가 발생할 경우에 상대방이 일정한 보험금이나 그 밖의 급여를 지급할 것을 약정하는 계약이다(제638조). 보험계약은 보험계약의 관계자, 보험의 목적, 보험사고, 보험기간, 보험료, 보험금 등 여러 가지 요소를 필요로 하는데 이것은 보험계약의 종류에 따라서 약간 다를 수 있다. 여기서는 보험계약의 관계자에 관해서만 설명한다.

우선 보험계약의 당사자로서 보험자와 보험계약자가 있어야 한다. 보험자는 보험료를 받는 대신 보험사고가 발생하면 보험금의 지급 기타의 급여를 할 의무를 지는 자이다. 보험사업은 일정한 금액 이상의 자본 또는 기금을 가진 주식회사 또는 상호보험회사에 한하여 이를 할 수 있으며 주무관청(재정경제부장관)의 허가를 얻어야 한다. 보험계약자는 자기 명의로 보험계약을 체결하고 보험료를 지급할 의무를 부담하는 자이다. 보험계약의 당사자는 아니지만 보험계약에 이해관계를 가지는 제3자 즉 피보험자와 보험수익자가 있을 수 있다. 보통은 보험계약자가 이러한 지위를 겸하지만 타인을 위하여 보험계약을 체결하는 경우에는 그 지위들이 분리된다. 예컨대 인보험의 경우 갑이 보험계약자로서 자신의 배우자 을이 사망하는 경우 딸 병이 약정된 보험금을 지급받기로 계약했다면 을은 피보험자, 병은 보험수익자가 된다. 또한 손해보험의 경우 예컨대 창고업자 A가 임치물에 화재가 발생할 경우 소유자 B에게 보험금을 지급해 주도록 보험자와 계약을 체결했다면 B를 피보험자라고 한다. 위의 두 경우에 있어서 '피보험자'의 의미가 각기 다름을 주의해야 한다.

보험자의 보조자로서 보험모집인, 보험대리점, 보험중개인 그리고 보험의 등이 있다. 보험모집인은 보험에 가입할 자에 대해 보험계약의 청약을 유인하는 자를 말하며 계약체결 기타의 대리권한이 없지만 판례에 따른다면 예외적으로 제1회 보험료를 수령할 권한은 있다. 보험대리점은 상법상의 대리상에 해당하는 것으로서 보험자를 위한 대리권이 있는가에 따라서 체약대리점과 중개대리점으로 구분된다. 보험중개인은 보험사업자와 보험계약자 사이에서 보험계약이 성립하도록 중개하는 것을 영업으로 하는 독립된 상인이며 계약체결 기타의 대리권한도 없음이 원칙이다. 보험의는 생명보험회사가 보험계약을 체결함에 있어서 피보험자의 신체검사를 하여 위험측정에 관한 전문적인 의견표시를 함을 직무로 하는 보험자의 보조자이다. 보험의는 후술하는 고지의무의 이행에 있어 고지를 수령할 권한을 갖는다.

2. 보험계약의 성립

보험계약은 보험계약자의 청약에 대해 보험자가 승낙의 통지를 발송함으로써 성립한다. 보험계약자를 보호하기 위해 상법은 보험계약을 체결할 때 보험계약자에게 보험약관을 교부하고 그 약관의 중요한 내용을 알려주어야 할 의무를 보험자에게 부과하고 보험자가 이 의무를 위반한 때에는 보험계약자가 보험계약이 성립한 날로부터 3월내에 그 계약을 취소할 수 있도록 하고 있다(제638조의 3).

또한 보험자가 보험계약자로부터 보험계약의 청약과 함께 보험료 상당액의 전부 또는 일부의 지급을 받은 때에는 다른 약정이 없으면 30일내에(신체검사를 받아야 하는 인보험의 경우에는 신체검사를 받은 날로부터 기산한다) 그 상대방에 대하여 승낙 여부의 통지를 하여야 하고 이를 게을리한 때에는 승낙한 것으로 간주된다(제638조의 2 제1, 2항). 그리고 보험자가 보험계약자로부터 보험계약의 청약과 함께 보험료 상당액의 전부 또는 일부를 받은 경우에 그 청약을 승낙하기 전에 보험사고가 생긴 때에는 그 청약을 거절할 사유가 없는 한 보험자는 보험계약상의 책임을 진다. 다만 인보험계약의 피보험자가 신체검사를 받아야 하는 경우에 그 검사를 받지 아니한 때에는 그러하지 아니하다(동조 제3항).

보험계약자 또는 피보험자는 보험계약을 체결함에 있어서 보험자에게 중요한 사항을 고지하고 부실한 고지를 하지 않을 의무를 부담한다. 이를 고지의무라고 한다. 여기서 중요한 사항이란 보험자가 보험사고 발생의 위험을 측정하여 보험계약의 체결여부 또는 보험료액을 결정하는 데 영향을 미칠 수 있는 사실을 말한다. 보험계약자나 피보험자가 고의 또는 중대한 과실로 중요한 사항을 불고지 또는 부실고지한 경우에는 보험자는 계약을 해지할 수 있고 보험사고가 발생한 후에 해지하더라도 보험금을 지급할 책임이 없으며 이미 지급한 때에는 이의 반환을 청구할 수 있다(제655조).

사 례 ≫ 갑은 을 생명보험(주)의 보험모집인의 권유로 자신을 계약자 및 피보험자, 자신의 처 병을 보험수익자로 하는 생명보험에 가입하게 되었다. 그 당시 보험모집인이 교부한 계약청약서에는 "계약 전 알릴 의무"라고 하여 직업을 기재하도록 하고 있었는데 갑은 청약서 작성시 다른 사항은 모두 진실하게 답하였지만 직업은 생명보험과 무관하다고 생각하고 허위로 기재하였다. 갑은 제1회보험료 가수금조로 지급하고 보험료 가수증을 받은 1주일 후 을 회사가 지정한 보험의로부터 진단을 받아 합격판정을 받았다. 그러나 갑은 진단을 받은지 5주가 지나 돌연 심장마비로 사망하였지만 아직 보험증권을 교부받지 못하고 있었다. 병이 갑의 사망을 입증하고 을보험회사에게 보험금 지급을 청구하였지만 을은 갑이 직업을 허위로 고지하였으므로 보험금을 지급할 책임이 없다고 하여 지급을 거절하였다. 을의 주장은 정당한가?

해설 갑이 고지의무를 위반하였으므로 보험사고가 발생한 후에 계약을 해지했다고 하더라도 을은 보험금을 지급할 책임이 없다.

먼저 보험계약의 성립여부부터 따져보면 갑의 청약에 대해 을의 승낙이 있었는지 여부가 불분명하나, 보험자가 보험계약자로부터 보험계약의 청약과 함께 보험료 상당액의 전부 또는 일부의 지급을 받은 때에는 다른 약정이 없으면 30일 내에(신체검사를 받아야 하는 인보험의 경우에는 신체검사를 받은 날로부터 기산한다) 그 상대방에 대하여 승낙여부의 통지를 하여야 하고 이를 게을리한 때에는 승낙한 것으로 간주되므로 이 사례에서는 보험계약이 성립되었다.

다음으로 고지의무 위반여부가 문제이다. 먼저 직업이 중요한 사항인지 여부가 문제가 되나 상법은 보험자가 서면으로 질문한 사항은 중요한 사항으로 추정하고 있으므로(제651조의 2) 병이 중요한 사항이 아님을 입증하지 않는 한 고지의무 위반이 된다. 그리고 직업은 생명보험과 무관하다고 생각하여 갑이 부실고지한 것은 중과실이 있었다고 판단된다. 결론적으로 갑의 고지의무위반을 이유로 한 해지권 행사는 정당하고 보험자는 해지 전에 발생한 보험사고에 대해 보험금을 지급할 책임이 없음은 물론이고 해지시까지 발생한 보험료를 청구할 수 있다. 다만 생명보험의 경우 보험수익자를 위하여 적립한 금액을 보험계약자에게 지급하여야 한다(제736조 제1항).

사 례 ≫ 갑은 대학병원에서 종합진단을 받았더니 뜻밖에도 에이즈에 걸린 사실을 알고 고민하던 중, 을 보험회사 보험모집인의 권유로 처 병을 보험수익자로 하고 자신을 피보험자로 하는 생명보험계약을 청약하고 보험의에게 건강에 아무런 이상이 없다고 대답함으로써 신체검사에 합격하였기 때문에 을 보험회사가 갑의 청약을 받아들임으로써 보험계약이 성립되었다. 그러나 갑은 그 후 3년 4개월 만에 에이즈의 발병으로 사망하였다. 병은 을에게 보험금을 청구할 수 있는가?

해설 고지의무위반에 근거한 해지권은 제척기간이 경과하였기 때문에 행사할 수 없지만 갑의 사기에 의한 계약이었으므로 보험계약을 취소할 수 있다.

고지의무 위반을 이유로 한 계약해지권은 그 사실을 안 때로부터 1월내에 계약을 체결한 날로부터 3년내에(생명보험표준약관은 책임개시일로부터 2년 또는 건강진단을 받은 피보험자의 경우에는 1년내로 규정한다) 한하여 행사할 수 있다(제651조). 따라서 설문과 같은 경우에는 갑의 고지의무위반이 있었더라도 을이 보험계약을 해지할 수 없다.

그러나 갑이 에이즈에 감염된 사실을 숨기고 보험계약을 청약하고 보험회사가 이에 속아서 승낙한 것은 갑의 사기에 의한 계약이다. 따라서 을 보험회사는 사기계약을 취소할 수 있다. 이 경우의 취소권은 민법상 추인을 할 수 있는 때로부터 3년, 계약을 체결한 때로부터 10년내에 행사할 수 있다. 생명보험표준약관에 따른다면 청약일 이전에 암 또는 에이즈의 진단확정을 받은 후 이를 숨기고 가입하는 등 뚜렷한 사기의사에 의해 계약이 성립되었음을 보험회사가 증명하는 경우에는 5년 이내에 계약을 취소할 수 있다고 규정하고 있어 취소권의 제척기간을 단축하고 있다. 또한 을이 보험계약을 취소하면 갑이 을 보험회사에 지급한 보험료는 법률상 원인이 없는 부당이득이 되지만 갑이 불법한 원인으로 급여한 재산이므로 그 반환을 청구할 수 없다(민법 제746조).

3. 보험계약의 효과

(1) 보험자의 의무

보험자는 보험계약이 성립한 때에는 지체 없이 보험증권을 작성하여 보험계약자에게 교부하여야 한다. 그러나 보험계약자가 보험료의 전부 또는 최초의 보험료를 지급하지 아니한 때에는 그러하지 아니하다. 보험계약의 당사자는 또한 보험증권의 교부가 있는 날로부터 일정한 기간 내에 한하여 그 증권내용의 정부(正否)에 관한 이의를 할 수 있음을 약정할 수 있다. 이 기간은 1월보다 짧으면 아니 된다(제641조).

보험자는 보험계약이 성립하고 보험기간 안에 보험계약에서 정한 보험사고가 생긴 때에는 피보험자 또는 보험수익자에게 보험금을 지급하여야 한다. 그러나 보험자의 책임은 다른 약정이 없는 한 보험계약자로부터 최초의 보험료를 받은 때로부터 개시한다. 보험사고가 발생하더라도 보험자의 책임이 면제되는 경우가 있다. 즉 상법은 보험사고가 보험계약자 또는 피보험자나 보험수익자의 고의 또는 중대한 과실로 생긴 때에는 보험자는 보험금을 지급할 책임이 없으며(제659조) 보험사고가 전쟁 기타의 변란으로 인하여 생긴 때에도 당사자간에 다른 약정이 없으면 보험자는 보험금을 지급할 책임이 없다고 규정한다(제660조). 또한 손해보험의 경우에는 보험의 목적의 성질, 하자 또는 자연소모로 인한 손해는 이를 보상할 책임이 없다(제678조). 이러한 법정면책사유 외에도 약관에서 정하는 약정면책사유도 있다.

보험사고가 생긴 때에 보험자에게 보험금을 청구할 수 있는 자는 피보험자(손해보험) 또는 보험수익자(인보험)이다. 보험자는 다른 약정이 없는 한 보험사고발생의 통지를 받은 후 지체없이 보험금액을 정한 후 그 정해진 날로부터 10일내에 보험금을 지급하여야 한다. 보험자의 보험금지급의무는 3년이 경과하면 소멸한다(제662조). 이 기간은 보험사고가 발생한 때부터 진행한다.

(2) 보험계약자 등의 의무

보험계약자는 보험계약체결 후 지체없이 보험료의 전부 또는 제1회 보험료를 보험자에게 지급할 의무를 지고 보험자의 책임은 최초의 보험료를 지급받은 때로부터 개시된다. 보험료지급의무자는 보험계약자이지만 타인을 위한 보험의 경우 보험계약자가 파산선고를 받거나 보험료의 지급을 지체한 때에는 피보험자(손해보험) 또는 보험수익자(인보험)도 보험금청구권을 포기하지 않는 한 보험료를 지급할 의무가 있다(제639조 제3항). 보험료지급청구권은 2년간 행사하지 않으면 시효로 인하여 소멸한다.

보험계약자가 계약성립 후 2월 안에 보험료의 전부 또는 제1회 보험료를 지급하지 않은 때에는 다른 약정이 없는 한 그 계약은 해제된 것으로 본다. 그러나 계속 보험료가 약정한 시기에 지급되지 아니한 때에는 보험자가 상당한 기간을 정하여 보험계약자에게 최고하고 그 기간내에 지급되지 아니한 때에 비로소 그 계약을 해지할 수 있다. 또한 타인을 위한 보험의 경우에 보험계약자가 보험료의 지급을 지체한 때에는 보험자가 피보험자(손해보험) 또는 보험수익자에게도 상당한 기간을 정하여 보험료의 지급을 최고한 후가 아니면 그 계약을 해제 또는 해지하지 못한다(제650조). 보험사고가 발생한 후에도 보험료 지급 지체를 이유로 보험계약을 해지하면 보험자는 보험금을 지급할 책임이 없고 이미 지급한 보험금의 반환을 청구할 수 있다(제655조).

보험계약자는 보험자가 파산선고를 받은 때에는 계약을 해지할 수 있고 해지하지 않은 경우에는 3월을 경과하면 그 계약은 효력을 잃는다(제654조). 또한 보험사고 발생 전에는 보험계약자는 언제든지 계약의 전부 또는 일부를 해지할 수 있고 이 경우 당사자간에 다른 약정이 없으면 보험계약자는 미경과보험료의 반환을 청구할 수 있다. 그러나 타인을 위한 보험의 경우 피보험자(손해보험) 또는 보험수익자(인보험)의 동의를 얻지 아니하거나 보험증권을 소지하지 아니하면 그 계약은 해지하지 못한다(제649조). 또한 보험계약의 전부 또는 일부가 무효인 경우에 보험계약자와 피보험자가 선의이며 중대한 과실이 없는 때에 한하여 보험료의 전부 또는 일부의 반환을 청구할 수 있다. 보험계약자와 보험수익자가 선의이며 중대한 과실이 없는 때에도 같다(제648조).

보험기간 중에 보험계약자 또는 피보험자가 사고발생의 위험이 현저하게 변경 또는 증가된 사실을 안 때에는 지체없이 보험자에게 통지하여야 하고 이를 게을리한 때에는 보험자는 그 사실을 안 날로부터 1월내에 한하여 계약을 해지할 수 있으며 보험자가 이러한 위험변경증가의 통지를 받은 때에는 1월내에 보험료의 증액을 청구하거나 계약을 해지할 수 있다(제652조). 또한 보험기간중에 보험계약자, 피보험자 또는 보험수익자의 고의 또는 중대한 과실로 인해 보험사고발생의 위험이 현저하게 변경·증가된 때에는 보험자는 그 사실을 안 날로부터 1월내에 보험료의 증액을 청구하거나 계약을 해지할 수 있다(제653조). 보험사고가 발생한 후에도 이상과 같은 통지의무 및 위험변경증가금지의무 위반을 이유로 보험계약을 해지하면 보험자는 보험금을 지급할 책임이 없고 이미 지급한 보험금의 반환을 청구할 수 있다(제655조).

보험계약자 또는 피보험자나 보험수익자는 보험사고의 발생을 안 때에는 지체없이 보험자에게 그 통지를 발송해야 하며 이 통지의무를 게을리함으로써 손해가 증가된 때에는 보험자는 그 증가된 손해를 보상할 책임이 없다.

[3] 손해보험

손해보험계약은 보험자가 보험사고로 인한 피보험자의 재산상의 손해를 보상할 책임을 지는 점에서 본다면 손해보상계약에 해당한다. 손해보험의 종류로서 상법에 규정되어 있는 것은 화재보험, 해상보험, 책임보험, 자동차보험, 재보험, 보증보험의 6종이다. 상법에 규정하지 아니한 손해보험 예컨대 생산물배상책임보험이나 도난보험 등은 보험법 통칙규정 및 손해보험 통칙규정과 각종 보험약관에 의해 보험계약 관계자의 권리의무가 정해진다.

1. 손해보험계약에 특유한 문제

손해보험계약은 손해보상계약이므로 인보험과 달리 이른바 피보험이익의 존재가 보험계약의 성립요건이자 존속요건이다. 피보험이익은 보험의 목적(화재보험의 경우 예컨대 건물)에 대해 보험사고(화재)와 관련하여 피보험자가 갖는 경제적 이해관계(소유권)를 말한다. 피보험이익이 없으면 피보험자가 될 수 없고 보험계약 성립 후에도 피보험자가 피보험이익을 상실하면 보험계약은 무효가 된다. 피보험이익의 가액을 보험가액이라고 하는데 보험사고가 발생했을 때 보험자가 보상할 금액은 그 손해가 발생한 때와 곳의 보험가액에 의해 산정한다(제676조). 그런데 피보험이익의 평가는 쉬운 것이 아니어서 당사자간의 분쟁을 야기할 위험이 많으므로 상법은 보험계약을 체결할 때 당사자간의 협의에 의해 피보험이익을 미리 평가하는 기평가보험을 인정한다. 즉 협정가액을 정한 때에는 사고발생시의 가액을 정한 것으로 추정한다. 그러나 이 제도는 손해보험의 보상계약성에 대한 중대한 예외이므로 협정가액이 손해발생시의 가액을 현저하게 초과한 때에는 사고발생시의 가액을 보험가액으로 한다(제670조).

보험가액의 개념과 구별해야 할 것은 보험금액이다. 보험금액은 보험자가 손해의 보상을 위해서 지급하기로 한 금액의 최고한도를 말하는데 보험계약을 체결할 때 당사간의 약정으로 정하며 보험금액은 또한 보험료산출의 기준이 된다. 손해보험은 손해보상계약이고 보험사고로 인해 피보험자에게 적극적으로 어떤 이득을 주고자 하는 것이 되어서는 아니되므로 보상액은 성질상 결코 보험가액을 초과할 수 없지만 보험금액은 또한 당사자간의 약정으로 보상액의 최고한도를 정한 것이다. 보험가액과 보험금액은 일반적으로 일치하지만 일치하지 않는 경우가 있다. 즉 일부보험과 초과보험이 그러한 경우이다. 보험금액이 보험가액에 미달하는 일부보험의 경우 보험자는 보험금액의 보험가액에 대한 비율에 따라 보상할 책임이 있지만 분손(分損)의 경우에도 보험금액의 범위 안에서 피보험자에게 발생한 모든 손해를 보상하기로 하는 실손해보상특약도 유효하다(제674조). 보험금액이 보험가액을 초과하는 초과보험은 계약당시부터 존재할 수도 있지만 물가의 변동으로 사후적으로 발생할 수도 있다. 초과보험계약이 체결되었다고 하더라도 피보험자는 보험가액을 기준으로 한 손해의 보상밖에 청구하지 못한다. 이는 손해보험의 손해보상계약적 성격상 당연하다. 상법은 또한 보험금액이 보험가액을 현저하게 초과한 때에는 보험자와 보험계약자가 보험료와 보험금액의 감액을 청구할 수 있지만 보험료의 감액은 장래에 대해서만 그 효력이 있으며 다만 보험계약자의 사기로 인하여 계약이 체결된 때에는 그 계약은 무효로 하고 보험자가 그 사실을 안 때까지의 보험료를 청구할 수 있다고 규정한다(제669조).

사 례≫ 갑은 시가 2억원의 가옥에 대해 을 보험회사와 보험가액 2억원 보험금액 1억 5천만원으로 화재보험계약을 체결한 후에 병보험회사와 또 동일한 내용의 보험계약을 체결하였다. 보험에 가입된 가옥이 화재로 전소한 경우 갑이 받을 수 있는 보험금 총액은 얼마인가?

해설 갑이 받을 수 있는 보험금 총액은 2억원이며 만일 보험계약자의 사기로 중복보험계약이 체결된 경우에는 그 계약은 모두 무효가 되므로 보험금을 청구할 수 없다. 동일한 피보험이익과 동일한 보험사고에 관하여 수개의 보험계약이 체결된 경우에 그 보험금액의 총액이 보험가액을 초과할 때 이를 초과중복보험(협의의 중복보험)이라고 한다. 이 경우 보험자는 각자의 보험금액의 한도에서 연대책임을 진다(제672조 제1항 전단). 설문의 경우 예컨대 갑이 을에게 먼저 보험금을 청구한다면 1억 5천만원의 보험금액 전부를 보상받을 수 있고 나머지 손해 5천만원은 병에게서 보상받을 수 있다. 또한 각 보험자는 각자의 보험금액의 비율에 따라서 내부적으로 책임을 분담하므로(동조 동항 후단) 갑이 먼저 보상을 했다면 자신의 분담액(1억원)을 초과하여 보상한 금액(5천만원)에 대해서 을에게 구상할 수 있다. 보험자가 다른 보험자에 대해 갖는 구상권의 행사를 돕기 위해서 보험계약자는 각 보험자에 대해서 각 보험계약의 내용을 통지해야 한다(동조 제2항). 그러나 초과중복보험이 보험계약자의 사기로 인하여 체결된 경우에는 그 계약은 모두 무효이지만 보험계약자는 보험자가 그 사실을 안 때까지의 보험료를 지급하여야 한다(동조 제4항, 제669조 제4항). 사기로 인하여 체결된 계약이라 함은 보험가액을 넘는 보상을 받을 목적으로 체결된 보험계약을 말하며 각 보험자에 대해 다른 보험계약에 대한 고지 또는 통지를 하지 않은 때에는 사기의 뜻이 있는 것으로 추정할 수 있다.

손해보험계약은 단순히 손해의 보상을 목적으로 하는 것이지 결코 보험사고로 피보험자에게 어떤 이득을 주려고 하는 것이 아니다. 따라서 보험의 목적 전부가 멸실한 경우에 보험금액의 전부를 지급한 보험자는 그 목적에 대한 피보험자의 권리를 취득한다(잔존물대위). 그러나 일부보험의 경우에는 보험금액의 보험가액에 대한 비율에 따라 피보험자의 권리를 취득한다(제681조). 또한 손해가 제3자의 행위로 생긴 경우에 보험금액을 지급한 보험자는 그 지급한 금액의 한도에서 그 제3자에 대한 보험계약자 또는 피보험자의 권리를 취득한다(청구권대위). 그러나 보험자가 보상할 금액의 일부를 지급한 때에는 피보험자의 권리를 해하지 않는 범위내에서 그 권리를 행사할 수 있다.

보험사고가 발생하면 보험계약자와 피보험자는 보험사고발생의 통지의무를 부담할 뿐만 아니라 손해의 방지와 경감을 위하여 노력해야 한다. 이 때의 주의정도는 자기재산과 동일한 주의로 족하다. 만약 보험자가 보험사고발생을 알고서 손해의 방지와 경감을 위한 지시를 한 경우 보험계약자 등은 이를 따라야 한다. 또한 보험계약자 등이 손해의 방지와 경감을 위해 지출한 필요 또는 유익하였던 비용(손해방지비용)은 그 비용과 보상액이 보험금액을 초과하더라도 보험자가 이를 부담한다. 손해방지의 실효성이 없더라도 보험계약자 등에게 중과실이 없는 한 보험자가 그 비용을 부담함은 변함이 없다.

2. 책임보험 및 자동차보험

책임보험계약은 피보험자가 보험기간 중의 사고로 인하여 제3자에게 배상책임을 질 경우에 그로 인한 손해의 보상을 목적으로 하는 보험계약이다(제719조). 또한 자동차보험계약은 피보험자가 자동차를 소유, 사용 또는 관리하는 동안에 발생한 사고로 인하여 생길 손해의 보상을 목적으로 하는 손해보험계약이다(제726조의2). 책임보험은 원래 과실책임주의의 수정에 따른 엄중한 손해배상책임으로부터 피보험자를 보호하기 위한 보험이지만 사회생활에 따르는 위험의 정도가 심각해짐에 따라서 피보험자의 보호와 함께 피해자의 보호도 책임보험에서 중시되고 있다.

일반인들이 흔히 가입하는 개인용자동차종합보험은 자동차대인배상책임보험, 자동차대물배상책임보험, 차량보험, 자손사고보험, 무보험차보유자보험 등으로 구성된다.

대인배상책임보험은 자동차의 운행 또는 소유·사용·관리 중에 제3자의 사망 또는 상해를 입힌 사고로 말미암아 피보험자가 제3자에게 손해배상책임을 짐으로써 입은 손해를 보험자가 보상하는 책임보험이다. 대인배상책임보험은 강제보험인 자동차손해배상책임보험과 임의책임보험으로 이원화되어 있다. 임의책임보험은 강제책임보험으로 보상되지 아니하는 위험을 보호하기 위한 보험이다.

자동차대물배상책임보험은 자동차의 사고로 타인의 재화에 손해를 일으켜 피보험자가 제3자에게 배상책임을 짐으로써 입은 손해를 보험자가 보상하는 책임보험이다. 그러나 자동차에 싣고 있는 물건 또는 운송 중인 물건에 생긴 손해에 대한 배상책임은 자동차보험으로 담보되지 않는다. 이러한 위험을 담보하는 것은 운송보험이기 때문이다.

또한 차량보험은 우연한 사고로 피보험자의 자동차에 생긴 손해를 보험자가 보상하는 물건보험이며 자손사고보험은 자동차의 보유자 그 가족 운전자 등 피보험자가 자동차의 사고로 상해를 입었을 때 보험금을 지급하기로 하는 상해보험이다. 무보험차보유자보험은 자동차책임보험에 가입하지 아니한 무보험차보유자의 책임 있는 사유로 손해를 입은 피보험자가 가해자를 상대로 효율적인 손해배상청구권을 행사할 수 없게 됨으로써 입은 손해를 보상하는 보험이다.

사 례≫ (1) 비번(非番)인 택시운전사 갑이 동거녀의 언니 을을 집에 데려다 주기 위해 회사로부터 비번인 택시를 가사사유로 출고받아 운전하여 가던 중 충돌사고로 을이 사망하였다. 을의 유족은 택시회사에게 손해배상을 청구하거나 그 보험회사에 대해 보험금을 청구할 수 있는가?

(2) A가 계원들의 여행을 위해 B 소유차량을 무상으로 빌린 다음 운행비용은 계원들의 공동비용으로 하고 운전은 계원 중 한 사람에게 맡겨 그 차를 타고 놀러 갔다가 돌아오던 중 운전부주의로 발생한 사고로 A가 사망한 경우, A의 유족은 B에게 손해배상을 청구하거나 그 보험회사에게 보험금을 청구할 수 있는가?

(3) D가 E에게 자동차를 매도하는 계약을 체결하고 계약의 이행으로써 자동차를 인도하고 매매대금 전액을 수령한 다음 아직 자동차 소유권 이전 등록을 필하지 않은 상태에서 E의 운전부주의로 F가 상해를 당한 경우 D에게 손해배상을 청구하거나 그 보험회사에게 보험금을 청구할 수 있는가?

(4) 운전사 G가 술에 취한 사실을 H가 알고 정원초과 차량에 동승했다가 운전부주의로 인한 교통사고로 H가 상해를 입은 경우 G에게 손해배상을 청구하거나 그 보험회사에게 손해배상을 청구할 수 있는가?

해설 (1)의 경우 택시회사에 손해배상책임이 있으며 택시회사의 보험회사는 보험금을 지급해야 한다. (2)의 경우 B에게 손해배상책임을 물을 수 없으며 따라서 보험금청구도 불가능하다. (3)의 경우 매도인 명의로 자동차를 운행할 것을 허용하였다는 특별한 사정이 없다면 매도인 D의 손해배상책임이 없지만 보험금청구는 가능하다. (4)의 경우 G와 보험회사의 손해배상책임 및 보험금지급책임은 인정되나 H에게 과실상계를 인정한다(대판 1991. 4. 23, 90다12205는 40%를 인정).

강제적 대인배상책임보험의 보험자가 보상책임을 지는 손해의 원인인 피보험자의 손해배상책임은 자동차손해배상보장법(약칭 자배법) 제3조의 책임 즉 "자기를 위하여 자동차를 운행하는 자가 그 운행으로 인하여 다른 사람을 사망하게 하거나 부상하게 한 때에 그 손해를 배상할 책임"이다. 이는 무과실책임에 가까운 엄격한 책임이고 자배법과 강제적 대인배상책임보험은 피해자의 보호를 위한 사회보장적 성격이 강하며 이 보험은 가입이 강제되는 동시에 가입을 거절하지도 못함이 원칙이다.

(1)과 같은 경우에 관해 판례는 자배법 제3조의 "자기를 위하여 자동차를 운행하는 자"라고 함은 자동차에 대한 운행을 지배하여 그 이익을 향수하는 책임주체를 말하고 자동차의 소유자 또는 보유자는 통상 그러한 지위에 있는 것으로 추정된다고 할 것이므로 사고를 일으킨 구체적 운행이 보유자의 의사에 기인하지 않은 경우에도 그 운행에 있어 보유자의 운행지배와 운행이익이 완전히 상실되었다고 볼 특별한 사정이 없는 한 보유자는 위 법조의 운행자로서의 책임을 부담하게 되며 자동차소유자의 운행지배와 운행이익의 상실 여부는 평소의 차량관리상태 · 소유자의 의사와 관계없이 운행이 가능하게 된 경위 · 소유자와 운행자의 관계 · 운전자의 차량반환의사의 유무와 무단운전 후의 보유자의 승낙 가능성 · 무단운전에 대한 피해자의 주관적 인식 유무 등 여러 사정을 사회통념에 따라 종합적으로 평가하여 이를 판단하여야 할 것이므로 택시회사에게 운행자로서의 책임이 있다는 입장이다(대판 1992. 6. 23, 91다28177).

(2)와 같은 경우에 관해 판례는 피해자가 사고 당시 이 차량의 운행지배와 운행이익을 가지고 있는 자배법 제3조 소정의 자기를 위하여 자동차를 운행하

는 자의 지위에 있었고 자동차소유자보다 용이하게 사고의 발생을 방지할 수 있었다고 보여지므로 자동차소유자에게 같은 법조 소정의 타인임을 주장할 수 없다고 하여 B의 손해배상책임을 부정하고 있다(대판 1991. 7. 9. 91다5358).

(3)과 같은 경우 판례에 따르면 자동차등록원부에 소유자로 등록되어 있다 하더라도 이를 타인에게 매도하여 그 대금이 모두 결제되고 매수인에게 그 차량이 인도되었다면 이로써 그 운행지배권과 그로 인한 이익은 이미 그 등록명의인으로부터 이탈하여 매수인에게 이전된 것이라고 봄이 상당하고 이러한 법리는 매도인이 자동차이전등록에 필요한 서류의 교부를 거절하였다고 해도 달라질 바 없다고 한다(대판 1983. 12. 13. 83다카975). 그러나 자배법상 자동차 보유자의 운행지배는 현실적으로 보유자와 운전자 사이에 사실상의 지배관계가 존재하는 경우만이 아니라 간접적이거나 제3자의 관리를 통한 관념상의 지배관계가 존재하는 경우도 포함하므로 자동차를 매도하고도 자동차 등록명의를 그대로 남겨둔 경우에 매도인의 운행지배 유무는 매도인과 매수인 사이의 실질적 관계를 살펴서 사회통념상 매도인이 매수인의 차량운행에 간섭을 하거나 지배관리할 책무가 있는지의 여부를 가려 결정하여야 한다는 입장에서 등록명의를 매도인이 유지하기로 특약하고 자동차보험까지도 매도인의 명의로 가입하도록 한 채 매수인으로 하여금 자동차를 사용하도록 하여 왔다면 매도인은 매수인이 명의변경등록을 마치기까지 매도인의 명의로 자동차를 운행할 것을 허용한 것으로서 이 자동차의 운행에 관한 책무를 벗어났다고 보기는 어렵고 따라서 자배법 소정의 자기를 위해 자동차를 운행하는 자에 해당한다고 보는 판례가 있다(대판 1995. 1. 12. 94다38212). 또한 자동차손해배상책임보험 보통약관 제12조는 피보험자동차를 양도한 때에는 이 보험계약으로 인하여 생긴 권리와 의무를 함께 양도한 것으로 본다고 규정하고 있으므로 매수인의 손해배상책임과 함께 보험회사의 보상책임은 인정된다.

(4)와 같은 경우 무상으로 사고차량에 동승하여 그 운행으로 인한 이익을 누리는 지위에 있었다는 것만으로 가해자의 책임을 감경하는 사유로 삼을 수는 없지만(대판 1991. 7. 12. 91다8418) 가해자에게 일반적인 교통사고와 같은 책임을 지우는 것이 신의칙이나 공평의 원칙에 비추어 불합리하다고 볼 수 있는 특별한 사정이 있는 경우에는 과실상계에 의해 가해자의 책임을 감경할 수 있다(대판 1991. 9. 24. 91다17788).

사 례≫ (1) 갑은 을 보험회사와 자기 소유의 트럭을 피보험차량으로 하여 자동차종합보험계약을 체결하였다. 갑이 보험기간 중 자신이 경영하는 공업사 앞길에 트럭의 열쇠를 꽂아둔 채 정차시켜 놓은 사이에 전에 위 공업사 종업원으로 일한 적이 있는 병이 운전면허도 없이 이를 무단운전하여 가다가 정을 들이받아 현장에서 사망하게 하였다. 자동차종합보험 보통약관 제10조 제1항 제6호에 따르면 자동차의 운전자가 무면허운전을 하였을 때 생긴 사고로 인한 손해를 보상하지 않는다고 규정되어 있다. 갑은 을보험회사에 대해 보험금 지급을 청구할 수 있는가?

(2) A가 B 보험회사와 자기 소유의 승용차를 피보험차량으로 자동차종합보험계약을 체결하였는데 보험기간 중 A의 아들(20세)로서 운전면허정지중에 있는 C가 운전하다가 자신의 과실로 인해 상해를 입었다. 자동차종합보험 보통약관 제21조 제1항 제3호에 따르면 피보험자가 무면허운전 또는 음주운전을 하던 중 그 운전자가 상해를 입은 때는 보험자가 보험금을 지급하지 않는다고 규정되어 있다. A는 B에게 보험금지급을 청구할 수 있는가?

(3) 위의 경우에 C가 면허는 있었지만 사고 당시 혈액 1 밀리미터당 알코올농도 2 밀리그램의 주취상태에 있었다면 어떠한가?

해설 설문 (1)의 경우 갑은 보험금을 청구할 수 있고, 설문 (2)의 경우 사고발생에 C의 고의가 없는 한 보험금을 청구할 수 있다. 설문 (3)의 경우 보험금을 청구할 수 없다.

설문 (1)의 경우 차량보유자 갑의 운행지배와 운행이익을 인정하기 어려워 자배법상의 손해배상책임을 지지는 않으나 민법 제750조에 근거한 불법행위책임은 인정될 수 있다. 따라서 대인배상임의책임보험계약에 의해 갑에 대한 을 보험회사의 보험금 지급 책임이 발생함을 일단 인정할 수 있다. 약관의 무면허운전면허면책조항은 무면허운전이 보험계약자나 피보험자의 지배 또는 관리 가능한 상황에서 이루어진 경우에 한하여 적용되는 것이며 무면허운전이 보험계약자나 피보험자의 지배 또는 관리 가능한 상황에서 이루어진 경우라 함은 구체적으로는 무면허운전이 보험계약자나 피보험자의 명시적 또는 묵시적 승인하에 이루어진 경우를 말한다(대판 1991. 12. 24. 90다카23899). 따라서 설문과 같은 경우 을 보험회사는 보험금지급을 거절할 수 없다. 또한 강제적 대인배상책임보험의 경우에는 보험계약자, 피보험자 또는 자동차에 관계되는 피용자의 고의로 인한 손해에 대해서만 보험자가 면책될 뿐 피보험자의 중과실 · 무면허 · 음주운전 중에 생긴 사고라도 보험자가 면책되지 않음이 임의적 대인배상책임보험과 다르다.

설문 (2)의 경우 운전면허정지 중의 운전도 무면허운전에 해당한다. 판례는 상해보험에 있어서 무면허운전면책조항은 중과실로 인한 보험사고에 대해서도 보험자가 면책되지 아니한다는 상법 제732조의 2와 제739조 그리고 당사자간의 약정으로 보험편의 규정을 보험계약자 등에게 불리하게 변경하지 못한다고 규정하는 제663조의 위반이므로 과실로 인한 사고에 대한 면책부분에 한해서는 무효라고 한다(대판 1996. 4. 26. 96다4909). 그러나 이에 반해 설문 (3)과 같은 음주운전면책조항에 관해서 판례는 반대의 입장에 서 있다. 즉 상해보험에서 음주운전면책조항은 사고발행의 원인이 음주운전에 있음을 이유로 한 것이 아니라 사고발생시에 음주운전 중이었다는 법규위반상황을 중시하여 이를 보험자의 보상대상에서 제외하는 사유로 정한 것이므로 이는 관련 상법 조항에 저촉되지 않는 것으로서 유효하다고 하였다(대판 1995. 7. 26. 95다21693). 그러나 음주운전의 경우를 무면허운전의 경우와 달리 취급함에 관해서는 학계의 비판이 강하다.

사 례≫ 갑은 운전자 을이 운행하는 택시의 승객으로서 을의 과실로 인한 교통사고로 갑과 을 모두 사망하였다. 을이 소속한 택시회사가 이미 병 보험회사의 대인무한배상책임보험인 자동차종합보험에 가입하고 있었다면 갑의 상속인 정은 (갑의 사망으로 인해 을이 지급해야 할) 손해배상금을 병이 지급해 주도록 직접 청구할 수 있는가? 또한 갑의 유족들에게 택시회사가 손해배상금을 지급하라는 판결이 확정되고 2년 6개월이 지난 후에 병 보험회사에 대해 보험금을 청구할 수 있는가?

해설 상법 제724조 제2항에 의하여 을의 보험자인 병에게 직접 보험금을 청구할 수 있다. 그러나 강제적 대인배상책임보험에 근거한 직접청구권은 2년의 시효로 벌써 소멸하였고 임의책임보험에 근거한 직접청구권은 3년의 소멸시효가 적용되므로 이 청구권만 행사할 수 있다.

책임보험계약에서 피해자인 제3자는 보험자에 대해 직접 아무런 권리도 가지지 않는 것이 계약법의 일반원칙이다. 그러나 책임보험계약이 원래 피보험자(가해자)의 손해를 보상하기 위한 것이라고 하여도 결국은 보험자가 지급한 보험금은 피해자에게 귀속되게 된다. 상법은 피해자의 보호를 위해서 피해자인 제3자가 배상을 받기 전에는 보험자가 보험금액의 전부 또는 일부를 피보험자에게 지급하지 못하며(제724조 제1항) 피해자인 "제3자는 피보험자가 책임을 질 사고로 입은 손해에 대하여 보험금액의 한도 내에서 보험자에게 직접 보상을 청구할 수 있다"(제724조 의2)라고 규정하고 있다. 이를 피해자의 직접청구권이라고 한다. 다만 자배법은 그 소멸시효를 2년, 산업재해보상보장법은 3년으로 규정하고 있지만 이들 법의 적용을 받지 않는 경우에 적용될 상법은 여기에 관해 명문의 규정이 없다. 직접청구권의 본질을 피보험자의 보험금청구권으로 본다면 보험금청구권과 같은 2년으로 볼 수도 있겠으나(대판 1993. 4. 13, 93다3633) 현재의 판례는 직접청구권의 본질이 피해자의 손해배상청구권이라고 보고 있어(대판 1993. 5. 11, 92다2530) 그 소멸시효기간은 불법행위책임과 같은 3년이 된다(민법 제766조).

[4] 인 보 험

인보험은 사람의 생명 또는 신체에 대해 생긴 사고를 보험사고로 하는 보험이다. 인보험은 생명보험과 상해보험으로 분류되고 생명보험은 보험사고에 따라서 사망보험과 생존보험으로 나누인다. 생명보험은 예컨대 사망으로 인한 손해를 산정하기 어려워 사고의 결과로서 구체적인 손해의 유무 또는 손해액과 무관하게 약정한 금액이 지급되는 정액보험이다. 또한 피보험이익의 개념을 인정하기 어려워 초과보험 · 일부보험 · 중복보험의 문제도 생기지 않으며 보험자대위제도도 적용되지 않는다. 그러나 상해보험의 경우 상해에 의해 발생한 실손해를 보상하는 손해보험으로서의 성질도 아울러 갖고 있으므로 당사자간의 약정으로 피보험자의 권리를 해하지 않는 범위 안에서 그 권리를 대위행사할 수 있다(제729조 단서).

사 례≫ 갑은 자신을 보험수익자, 남편 을의 사망을 보험사고로 하는 생명보험계약을 95년 병 보험회사와 체결하고 보험료를 내오다 96년 남편이 위암으로 사망하게 되자 보험금을 청구했지만 을 보험회사는 보험계약청약서의 피보험자 자필서명란의 서명이 을의 것이 아니라며 이에 불응하고 있다. 병 보험회사의 주장은 정당한가?

해설 판례(대판 1996. 11. 22, 96다37084)에 따른다면 병 보험회사의 주장이 정당하고 따라서 갑은 보험금을 청구할 수 없다.

타인의 사망을 보험사고로 하는 생명보험계약(타인의 사망보험계약)의 경우 이를 무제한으로 허용한다면 피보험자의 사망을 적극적 또는 소극적으로 기대한다는 도덕적 위험이 크기 때문에 상법은 타인의 사망보험계약을 체결할 때 피보험자의 서면에 의한 동의가 얻도록 하고 있으며 동의가 없으면 보험계약의 효력이 발생하지 않는다(효력발생요건)고 해석된다. 피보험자의 동의는 보통 계약청약서에 서명 또는 기명날인하는 방식으로 행해짐이 통례인데 사례와 같이 피보험자의 자필서명이 없다면 서면에 의한 동의가 없는 것이므로 보험계약은 무효이고 따라서 보험회사는 보험사고가 발생하더라도 보험금 지급의 책임이 없다.

다만 '피보험자의 동의를 얻어야 한다'는 부분은 강행법규이지만 '보험계약을 체결할 때까지' 동의를 얻어야 한다는 부분은 강행규정이 아니라는 견지에서 사후적 동의를 인정할 수 있다는 견해가 유력하다. 또한 설문과 같은 경우에도 보험금을 지급한다는 보험업계 사장단 결의가 96년 말에 있었음을 유의할 필요가 있다. 그러나 이러한 결의의 법적 효력은 없으므로 보험회사가 이러한 보험계약의 효력을 부인한다면 보험수익자로서는 별다른 대책이 없다.

한편 타인의 사망보험계약이 피보험자의 동의에 의해 성립한 이후에도 보험계약으로 인해 생긴 보험수익자의 권리를 피보험자가 아닌 자에게 양도하는 경우나 보험계약자가 보험수익자를 새로이 지정·변경하는 경우에도 피보험자의 동의가 필요하다. 또한 15세 미만자, 심신상실자 또는 심신미약자의 사망을 보험사고로 하는 보험계약은 인정되지 않는다.

사 례 ≫ 갑은 을보험회사와 보험금액 5천만원을 한도로 하는 상해보험계약을 2015년 5월 1일 체결하였다. 갑이 그 후 모 병원에서 맹장수술을 받던 중 사망하였으므로 갑의 처 병은 을보험회사에서 갑의 사망을 이유로 보험금의 지급을 구했으나 을은 갑의 사망이 질병의 치료를 위한 외과적 수술로 인한 것이고 이는 보험약관에 규정된 면책사유에 해당한다는 이유로 보험금의 지급을 거절하였다. 이에 대하여 병은 외과적 수술을 면책사유로 한 보험약관의 규정은 상법 제732조의 2와 제663조에 어긋나 무효이므로 을은 보험금지급책임을 면할 수 없다고 주장하였다. 병의 주장은 옳은가?

해설 갑의 사망은 상해로 인한 사망이 아니므로 을 보험회사는 보험금 지급 책임이 없다.

상해보험은 급격하고 우연한 외래의 사고에 의한 신체의 상해를 입었을 때 을 보험회사가 보험금을 지급할 책임을 지는 것이다. 피보험자의 생사를 보험사고로 하는 생명보험의 경우 보험사고의 발생시기만이 불확실하고 정액의 보험금이 지급되는데 반해서 같은 인보험이지만 상해보험의 보험사고는 외부의 우연한 돌발적 사고로 인한 신체의 상해이며 보험금액의 전부(사망보험금) 또는 일부(후유장해보험금)의 정액보험금이나 실손보상을 위한 부정액의 보험금(치료비보험금) 등 다양한 보험금이 약정에 따라서 지급된다.

상해보험의 보험사고는 급격하고 우연한 외래적 사고로 인한 신체의 상해이다. 따라서 판례도 질병의 치료를 위한 외과적 수술 도중에 사망한 경우는 상해보험의 보험사고에 해당하지 않고 상해보험약관에 있는 "외과적 수술 기타의 의료처치의 경우는 보험금지급의 책임을 지지 않는다"는 취지의 특약조항은 상해보험의 성질상 당연한 경우를 규정한 데 지나지 않으므로 보험계약자 등에게 불리하게 상법의 규정을 변경한 것이 아니어서 상법 제663조의 보험계약자 등의 불이익변경 금지규정을 위반한 것이라고 할 수 없다는 입장이다(대판 1980. 11. 25, 80다1109). 그러나 예컨대 동물에게 물렸거나 교통사고로 인한 상해를 치료하기 위해 수술을 하던 중 사망한 것은 상해보험의 보험사고에 해당한다.

제 4 절 어음 · 수표법

[1] 유가증권이란

어음과 수표는 유가증권의 일종이다. 유가증권제도는 재산적 가치가 있는 추상적인 私權(사권)을, 증권과의 결합을 통해 유형화함으로써(권리의 증권화) 그 유통성을 증진시키기 위한 법기술상의 제도이다. 유가증권은 사권이 결합된 증권으로서 그 권리의 행사나 처분에 증권이 필요한 것을 말하는데 주권, 화물상환증, 선하증권, 창고증권, 상품권 등이 여기에 속한다.

[2] 어음과 수표의 기능

어음에는 환어음과 약속어음 두 가지가 있지만 국내거래에서는 주로 약속어음이 이용된다. 약속어음은 발행인이 수취인이나 피배서인 또는 정당한 소지인에 대하여 만기에 어음금액을 무조건 지급할 것을 약속하는 유가증권이다. 약속어음은 예컨대 물건을 외상으로 구입하고 대금을 현금으로 지급하는 대신

약속어음을 발행함으로써 발행일로부터 만기까지 지급이 유예되므로 신용을 창조하는 기능이 있고 또한 은행으로부터 대출을 받고 그 담보용으로 약속어음을 발행하는 경우와 같이 신용을 담보하는 기능도 있다. 또한 물건을 외상 판매한 매도인이 매수인으로부터 받은 약속어음을 거래은행으로부터 할인받으면 매매대금을 추심한 것이 된다.

수표는 발행인이 당좌거래가 있는 지급인(은행)에 대하여 수표금액을 수취인이나 피배서인 또는 정당한 소지인에게 지급할 것을 무조건 위탁하는 유가증권이다. 수표는 현금수수에 따르는 불편과 위험을 제거하는 기능을 수행한다. 그러나 어음과 달리 언제나 일람출급이고 만기가 없으므로 신용기능 및 추심기능이 없다.

[3] 어음과 수표의 발행

1. 약속어음의 발행

약속어음의 발행은 약속어음을 작성하여 이를 수취인에게 교부하는 어음행위를 말한다. 약속어음을 발행함에 있어 어음용지에 어느 하나라도 기재하지 않으면 그 약속어음이 무효로 되는 사항(필요적 기재사항: 어음요건)이 있다. 그것은 1) 약속어음문구, 2) 어음금액의 무조건의 지급약속문구(이상 본질적 기본요건), 3) 수취인의 명칭, 4) 발행인의 기명날인 또는 서명(이상 어음당사자에 관한 사항), 5) 발행일, 6) 만기, 7) 발행지, 8) 지급지 등 8가지이다. 다만 이 가운데 만기를 기재하지 않은 어음은 일람출급어음으로 본다. 또한 발행지의 기재가 없더라도 발행인의 명칭에 붙여 쓴 장소가 있다면 이 장소가 발행지로 간주되며 지급지의 기재가 없는 때에는 특별한 표시가 없는 한 발행지를 지급지로 본다. 그리고 약속어음의 만기에는 일람출급, 일람후정기출급, 발행일자후정기출급, 확정일출급의 4가지만이 허용된다.

이상과 같은 어음요건 외에도 어음요건은 아니지만 일단 어음에 기재되면 그 기재된 내용에 따라서 어음상의 효력이 발생하는 유익적 기재사항과 어음에 기재하여도 어음상의 효력이 발생하지 않는 무익적 기재사항이 있다. 또한 그 기재로 어음 자체가 무효로 되는 유해적 기재사항도 있는데 어음법이 규정한 네 가지 이외의 만기나 분할출급의 기재가 있는 경우 또는 어음금액의 지급에 조건을 붙이거나 지급방법을 한정하는 기재, 발행인의 지급무담보문언 기재 등이 그 예이다(수표발행인의 무담보문언 기재는 무익적 기재사항이다).

약속어음의 발행인은 어음금액을 무조건 지급할 것을 약속한 자이므로 수취인(또는 어음의 정당한 소지인)에 대하여 주채무(제1차적인 채무)를 부담하며 반면에 수취인 등은 발행인에 대해 어음금지급청구권을 갖는다. 또한 발행인의 의무는 절대적인 의무이다. 즉 약속어음의 발행인이 부담하는 주채무는 어음소지인이 상환청구(소구)권보전절차를 취하였는가의 여부와 상관없이 만기로부터 3년의 시효기간까지는 지급채무를 부담한다. 그리고 발행인의 의무는 최종적인 의무이다. 즉 상환(소구)의무를 이행하고 어음을 환수한 상환(소구)의무자는 자기의 前者(전자)에 대해 다시 지급을 청구할 수 있지만 발행인이 어음금을 지급하고 어음을 환수한 경우에는 어음상의 권리의무가 소멸하고 다시는 다른 사람에게 청구할 수 없다.

사 례 ≫ 갑은 대금업자 을에게서 돈을 차용하고 채무변제의 담보로서 금액을 백지로 한 어음을 발행하여 교부하였다. 을이 보충권의 범위에 관한 합의를 위반하여 보충한 다음 이를 병에게 양도한 경우 갑은 병에게 부당보충된 문언대로 책임을 져야 하는가?

해설 갑은 부당보충된 문언대로 책임을 지는 것이 원칙이다. 그러나 소지인 병이 부당보충된 사실에 관해 악의 또는 선의이되 중과실이 있었음을 발행인 갑이 증명한 경우에는 그러하지 않다(어음법 제10조).

어음은 엄격한 요식증권이므로 법이 정한 어음요건을 기재하지 않으면 그 어음은 무효이다. 그러나 기명날인이나 서명 이외의 어음요건의 일부 또는 전부를 비워둔 채 어음소지인으로 하여금 이를 후일 보충시킬 의사로 어음행위를 하는 경우가 있다. 이를 백지어음 또는 미완성어음이라고 하며 소지인에 의해 백지부분이 보충되면 완성된 어음으로서의 효력이 발생한다. 이 때 미리 합의한 약속을 위반하여 보충을 했더라도 그 사실로서 제3자에게 대항할 수 없다. 왜냐하면 제3자가 어음을 취득할 때 어음의 발행이나 어음금액 기재의 경위를 일일이 조사해야 한다면 어음의 유통성이 크게 약화되기 때문이다. 그러나 제3자가 부당보충된 어음을 취득할 때 위의 사실을 이미 알고 있었거나 몰랐지만 중과실이 있었다면 대항할 수 있다. 결론적으로 말해서 차용금의 담보로써 어음을 발행할 때는 되도록 차용금액에 상응하는 금액을 기재한 어음을 이용하도록 하고 금액란 백지의 어음 이용이 불가피하다면 배서금지문언을 기재해 놓는 것이 유리하다.

한편 부당보충된 어음을 취득한 경우가 아니라 취득자 자신이 보충을 하는 경우에도 위에서 말한 법리가 적용된다. 즉 보충권의 범위에 대해 선의이며 중과실 없이 백지어음을 취득한 경우도 보호된다. 그러나 어음금액이 백지인 어음을 취득하면서 보충권한을 부여받은 자의 지시에 의하여 어음금액란을 보충한 경우에 보충권의 내용에 관하여 발행인에게 직접 조회하지 않았다면 특별한 사정이 없는 한 취득자에게 중대한 과실이 있다고 보는 것이 판례이다(대판 1978. 3. 14, 77다2020). 결론적으로 말해서 금액이 백지인 어음이나 수표를 취득하는 자는 발행인에게 조회하는 정도의 주의가 최소한 필요하다.

2. 수표의 발행

약속어음과 비교할 때 수표의 필요적 기재사항에는 만기가 없다. 수표는 약속어음과 달리 신용증권이 아니고 지급증권이므로 만기가 없고 언제나 일람출급이며 수표의 일람출급성에 반하는 기재는 모두 기재하지 않은 것으로 본다(무익적 기재사항). 또한 수표는 수취인의 기재가 수표요건이 아니다. 즉 기명식 또는 지시식 뿐만 아니라 소지인출급식, 무기명식, 또는 지명소지인출급식의 수표가 인정된다. 그리고 수표는 지급위탁증권이므로 '지급인의 명칭'이 수표요건이다. 또한 수표의 지급인은 수표를 지급제시한 때에 발행인이 처분할 수 있는 자금이 있는 은행으로 제한되어 있다.

수표는 지급위탁증권이므로 수표의 발행인은 주채무자가 아니고 수표가 지급인에 의해 지급거절된 경우에 일정한 절차에 따라 상환(소구)의무를 질 따름이다(지급담보책임). 수표의 발행은 지급인(은행)에 대해 발행인의 계산으로 정당한 소지인에게 수표금을 지급하도록 (다시 말해서 당좌예금구좌에서 지급하도록) 위탁하는 행위이지만 지급인은 지급보증을 하지 않은 이상 지급의무를 부담하지 않고 따라서 수표금을 지급하여 발행인의 계산으로 돌릴 수 있는 권한만을 갖는다.

사 례≫ 갑은 당좌예금 잔액이 없는데도 필요한 물건부터 확보하자는 욕심에서 액면 200만원의 수표를 발행했지만 거래정지처분을 받지 않으려고 동 수표를 도난당하였다고 허위로 은행에 신고하였다. 이 경우 은행이 갑에게 취할 조치는?

해설 갑이 발행한 수표는 예금잔고 부족으로 부도처분된다. 어음교환소에 제시된 수표가 부도되면 발행인은 부도처분을 받고 일정한 기간 교환소 가맹은행과의 거래가 정지된다. 또한 부도수표를 작성하거나 발행한 자는 5년 이하의 징역 또는 수표금액의 10배 이하의 벌금에 처하여진다(부정수표단속법 제2조). 수표금액의 지급이나 거래정지 처분을 면하고자 금융기관에 허위신고를 한 자도 10년 이하의 징역이나 20만 원 이하의 벌금에 처해진다(같은 법 제4조).

수표는 지급위탁증권이므로 도난 또는 분실의 신고를 하게 되면 지급인에 대해 지급의 정지를 청구하는 의사표시로 볼 수 있고 결국 지급위탁의 취소가 된다. 그러나 제시기간(10일) 경과 전에 발행인이 지급위탁을 취소(사실은 철회)할 수 없고 취소하더라도 그 취소는 무효이다. 따라서 지급인은 악의나 과실이 없다면 그 지급의 결과를 발행인의 계산에 귀속시킬 수 있다. 다만 지급인이 수표금을 지급해야 할 의무는 없으므로 임의로 지급하지 않을 수 있으며 그 부도처분에 기하여 수표의 선의취득자는 상환청구(소구)할 수 있다. 또한 제시기간 경과 후라도 지급위탁의 취소가 없는 한 지급인은 수표금을 지급하고 발행인의 계산으로 돌릴 수 있다. 물론 제시기간 경과 후에는 지급위탁의 취소가 가능하고 부정취득된 수표의 제시에 앞서 지급위탁을 취소한다면 자기의 손해를 미연에 방지할 수 있다.

[4] 어음 · 수표행위

1. 어음 · 수표행위란

어음행위 또는 수표행위라 함은 기명날인 또는 서명을 요건으로 하는 요식의 서면행위로서 그 행위의 결과 원칙적으로 어음 또는 수표상의 채무부담을 발생시키는 법률행위를 말한다. 약속어음의 어음행위로는 발행, 배서, 보증의 세 가지가 있고 수표행위로는 이 외에 지급보증이 있다. 이 가운데 발행은 다른 어음(수표)행위의 기본이 되는 것이며 발행이 형식적으로 무효이면 다른 어음(수표) 행위도 무효가 되나 발행이 형식적으로 유효하다면 실질적으로 무효라도 다른 어음(수표)행위의 효력에는 영향이 없다(어음·수표행위독립의 원칙). 어음행위나 수표행위는 엄격한 요식성이 그 특징이나 그 종류에 따라서 형식이 각각 법률로 규정되어 있어 한결같지는 않더라도 기명날인 또는 서명을 불가결의 요건으로 하고 있음은 공통된다. 어음행위와 수표행위도 또한 법률행위이므로 실질적 요건으로서 권리능력과 행위능력이 요구되며 의사표시에 하자가 없어야 한다. 여기에 관해서는 민법의 일반원칙이 적용되지만 어음의 특성을 고려해야 한다.

사 례≫ 어음이나 수표를 발행하거나 배서 또는 보증하는데 다음과 같이 한다면 효력이 있는가?

(1) 도장을 찍지 않고 서명을 하거나 지장을 찍은 경우

(2) 법인의 명칭을 기재하고 그 법인의 도장을 찍은 경우

해설 (1)의 경우 서명에 의한 어음·수표행위는 기명날인에 의한 것과 마찬가지로 유효하지만 지장을 찍은 어음행위는 무효이며 (2)의 경우 역시 무효이다(대판 1964. 10. 30, 63다1168). 어음법 및 수표법은 모든 어음행위와 수표행위에 대해 최소한의 형식적 요건으로서 기명날인 또는 서명에 의해 이루어지도록 규정하고 있다. 따라서 지장을 찍은 경우는 무효이다.

법인은 원래 스스로 의사를 결정하고 표시할 수 없으므로 누구인가 자연인이 그 기관(예컨대 주식회사의 경우에는 대표이사)으로서 또는 대리인(예컨대 상업사용인에 해당하는 지점장)이 법률행위를 하여야 하고 어음·수표행위는 엄격한 요식성이 요구되기 때문에 법인의 명칭과 대표(대리)관계를 표시하고 대표자(대리인)가 기명날인 또는 서명해야 한다. 그렇지만 언제나 완벽한 방식을 요구함은 어음이나 수표의 유통성을 해칠 수 있다. 따라서 회사명칭과 대표자의 명칭이 기재되고 그 기명날인이 있는 어음의 경우 대표이사 자격표시가 없었더라도 그 법인의 어음행위가 있는 것으로 본다(대판 1979. 9. 13, 79다15).

사 례≫ 거래처에서 납품대금채무의 담보를 위해 지급장소가 은행으로 된 은행도(銀行渡) 어음이 아니라 문방구상에서 흔히 구할 수 있는 어음용지를 이용하여 발행한 어음을 교부하겠다고 제의하지만 듣자하니 이러한 어음은 약속어음으로서의

법적 효력이 없다는 말도 있는데 정말로 이 어음으로는 발행인에게 어음금 청구가 불가능한가?

해설 은행도어음의 지급장소가 은행이라는 점을 제외하고는 어음법상의 모든 요건을 갖춘 이상 문방구에서 구입한 어음용지로 작성한 어음도 은행도어음과 법적 효력에 있어 전혀 차이가 없고 따라서 이러한 어음도 만기가 도래하면 발행인에게 어음금의 지급을 청구할 수 있다. 다만 은행도어음을 은행에 지급제시하였으나 지급거절되어 부도처분을 받는 경우 어음거래의 신용도에 크게 영향을 받게 되는 불이익이 있어 은행도어음은 지급의 확실성이 상대적으로 높다. 따라서 가능하다면 은행도어음의 발행교부나 다른 담보를 제공받는 것이 유리하다.

2. 배　　서

배서는 수취인 또는 그 후자가 어음·수표의 뒷면에 일정한 사항을 기재하고 기명날인 또는 서명한 후 그 어음·수표를 타인(피배서인)에게 교부하여 그 어음·수표상의 권리를 그 타인에게 이전하는 어음·수표행위를 말한다. 배서는 어음·수표의 유통을 원활하게 하기 위하여 법이 특별히 인정한 양도방법이다. 백지식 배서가 있는 어음·수표 및 소지인출급식 수표에서는 배서 없이 단순한 교부에 의하여 양도한다.

배서는 보통 배서문구와 피배서인을 지정하고(예컨대 "어음금액을 갑 또는 그 지시인에게 지급하여 주십시오"라고 기재하고) 배서인이 기명날인 또는 서명하는 방식(기명식 배서)으로 하나 피배서인을 지명하지 않거나(약식배서; 무기명식배서) 뒷면에 단지 배서인의 기명날인 또는 서명만으로 하는 경우(간략백지식배서)도 있다.

사 례 ≫ 甲은 乙에게 외상매입대금채무를 지고 있다. 갑이 현금이 없다면서 발행인 丙이 丁을 수취인으로 하여 발행하고 수취인 정이 갑에게 그리고 갑이 을에게 배서한 약속어음을 교부하겠다고 제의하였다. 갑은 수취인 정이 재력가이니 걱정 말라고 하지만 을은 발행인 병이나 수취인 정이라는 사람을 직접 모르기 때문에 갑의 채무를 며칠간 유예해주는 것이 차라리 낫지 않을까 망설이고 있다. 어느 쪽이 유리한가?

해설 어음을 받는 것이 유리하다. 발행인 병이 어음금을 지급하지 않더라도 갑은 물론 재력 있는 정에게 상환청구(소구)권을 행사할 수 있어(배서의 담보적 효력) 지급의 확실성을 기대할 수 있으며 어음을 받더라도 특약이 없는 한 갑에 대한 원인채권(외상매출채권)이 소멸하는 것은 아니다(다만 자기앞수표나 은행이 지급보증한 당좌수표를 받는 것은 원인채무의 이행에 갈음하는 것이 된다).

어음수표법은 어음수표의 유통성을 강화하기 위해 그 전형적 양도방법인 배서에 특별한 효력을 부여하고 있는데 권리이전적 효력, 담보적 효력, 자격수여적 효력이 바로 그것이다.

권리이전적 효력이라 함은 채권양도의 통지나 채무자의 승낙(지명채권 양도의 대항요건) 없이도 배서만으로 어음에 결합된 모든 권리가 이전됨을 가리키는데 특히 배서에 의한 양도는 인적 항변을 절단하고 선의취득의 요건이 된다.

담보적 효력이란 배서인이 당연히 피배서인 및 그 후자 전원에 대해 어음금의 지급을 담보하고 지급이 없는 경우 어음금액 기타 일정한 금액을 상환할 의무를 부담하는 것을 말한다. 따라서 배서인이 많은 어음·수표일수록 지급의 확실성이 강화된다.

자격수여적 효력이란 외관상 연속된 배서의 피배서인 또는 최후의 배서가 백지식인 경우의 어음·수표 소지인은 그것만으로 어음·수표의 정당한 권리자로 추정되고 어음·수표채무자가 이를 다투기 위해서는 피배서인 또는 소지인의 무권리를 입증할 책임을 지게 되는 것을 말한다. 또한 어음·수표채무자도 이러한 피배서인 또는 소지인에게 선의이며 중과실 없이 어음금을 지급하면 그 자가 무권리자일지라도 책임을 면하게 된다.

사 례≫ 갑은 부동산중개인을 통해 을로부터 택지를 구입하고 매매대금의 지급을 위해 을에게 2개월 후를 만기로 한 약속어음을 발행하였다. 그런데 알고 보니 그 토지는 법률상 주택을 건축할 수 없는 곳이었으므로 갑은 매매계약을 곧 취소하고 을에게 어음의 반환을 요구하였지만 을로부터 어음을 배서 양도받은 병이 어음을 지급제시하였다. 갑은 매매계약의 취소로서 대항할 수 있는가?

해설 병이 어음을 취득할 때 갑을 해할 것을 알았음을 갑이 입증할 수 없는 한 대항할 수 없다.

어음법은 "어음에 의해 청구를 받은 자는 발행인 또는 종전의 소지인에 대한 인적관계로 인한 항변으로써 소지인에게 대항하지 못한다. 그러나 소지인이 그 채무자를 해할 것을 알고 어음을 취득한 때에는 그러하지 아니하다"라고 규정하고 있다(제17조, 수표법 제22조). 이를 인적항변의 절단이라고 하는데 외관법리에 근거하여 어음의 유통성을 강화하기 위해 민법에 대한 예외로서 정책적으로 규정한 것이다.

어음소지인이 어음채무자를 해할 것을 알고 어음을 취득하였다는 항변을 보통 악의(惡意)의 항변이라고 하는데 정확하게 말하면 해의(害意)의 항변이다. 어음소지인(병)이 종전의 소지인(양도인 을)에 대한 어음채무자(갑)의 인적항변(사기계약 또는 착오를 이유로 하는 계약의 취소)의 존재를 알면서 어음을 취득하였음(병의 악의)을 갑이 입증한다면 보통 병의 해의까지 추정하게 되므로 이 경우 갑이 항변사유를 알고 어음을 취득하였지만 갑이 손해를 입지 않을 것이라고 믿었던 특별한 사정을 오히려 소지인 병이 입증할 부담을 지게 된다.

사 례 ≫ 갑은 발행인 을, 수취인 병으로 기재된 약속어음을 정으로부터 납품대금조로 수취하였다. 만기일에 갑이 을에게 지급제시하였지만 을은 이 어음이 도난당한 어음이라고 하여 지급을 거절하였다. 갑이 정으로부터 어음을 받을 때 이 사실을 몰랐었다고 하더라도 을이 어음금을 지급할 책임이 없는가?

해설 소지인 갑이 선의취득을 주장한다면 발행인 을은 갑의 악의 또는 중과실을 입증하지 못하는 한 어음금을 지급할 책임이 있다.

어음·수표의 선의취득이라 함은 어음·수표의 양도인이 무권리자라고 할지라도 배서가 연속되어 있는 어음을 배서 및 교부에 의하여 양수한 자는 양수할 때에 양도인의 무권리에 관해 악의이었거나 중대한 과실이 있었음을 진정한 권리자가 입증하지 못하는 한, 어음상의 권리를 취득하는 것을 말한다. 그 결과 어음을 분실하거나 도난당한 자에게 반환할 필요가 없고 만기에 어음금을 청구할 수 있게 되는 것이다. 민법이 인정하는 동산의 선의취득과 비교할 때 경과실이 있더라도 선의취득이 성립하고 도품·유실물의 특례가 없어 어음의 유통성을 강화하고 있다. 아래에서 선의취득의 요건을 살펴본다.

첫째, 배서가 연속되어 있는 어음·수표를 취득하여야 한다. 배서의 연속이란 수취인으로부터 최후의 소지인에 이르기까지 배서가 중단됨이 없이 외관상 연속되어 있는 것을 말한다. 무기명식으로 발행된 수표나 최후의 배서가 백지식인 어음을 소지인으로부터 취득할 경우에도 선의취득이 성립한다.

둘째, 유효한 어음·수표를 어음법적 유통방법에 의해 취득하여야 한다. 어음법적 유통방법이란 배서금지어음을 제외한 모든 어음 및 기명식·지시식 수표의 경우에는 배서 및 교부, 백지식 배서가 있는 어음·수표 및 소지인출급식 수표에서는 단순한 교부에 의한 취득을 말한다.

셋째, 취득자가 어음·수표를 취득할 때 양도인이 무권리자임에 관해 악의나 중대한 과실이 없었어야 한다. 그리고 일단 외관상 배서의 연속이 존재하면 소지인에게 선의취득이 인정되지 않는다는 사실은 이를 주장하는 자가 입증해야 한다. 또한 일단 선의취득이 성립하면 그 후의 취득자는 악의·중과실의 유무에 상관없이 전자의 권리를 승계취득한다.

사 례≫ 금은방 경영자인 갑은 손님으로부터 730만원의 자기앞수표(동 수표에는 발행일자가 스탬프로 상이하게 중복 날인되어 있었음)를 교부받으면서 그 수표의 뒷면에 전화번호와 서명을 기재하도록 하였지만 주민등록증에 의해 손님의 신원을 확인하지는 않았다. 갑이 발행은행에 지급제시하였지만 사고신고된 수표라고 하여 지급을 거절하였다. 은행의 지급거절은 정당한가?

해설 갑이 수표를 중과실로 취득하였으므로 선의취득이 성립하지 않고 따라서 은행의 지급거절은 정당하다(대판 1990. 11. 13. 90다카23394 참조).

선의취득의 성립요건에 관해 특히 주의해야 할 것은 취득자의 악의 또는 중과실 유무의 문제이다. 이는 사실문제로서 구체적인 판례를 통해 파악할 필요가 있는데 악의에 대한 판례는 거의 없고 중과실에 관한 판례가 다수 있다. 일반적으로 양도인이 진정한 권리자인지 의심스러운 경우 예컨대 자기앞수표를 받으면서 최소한 주민등록증 등으로 신분을 확인하는 등 이를 조사할 의무가 있고 이를 위반한 경우 중과실이 인정된다고 말할 수 있다. 그러나 자기앞수표를 받으면서 수표 뒷면에 적힌 전화번호나 발행은행에 사고수표 여부의 확인전화를 하지 않으면 중과실이 있다는 대법원판례가 있지만 반대 취지의 하급심판례도 많이 있어 조사의무의 범위에 관해서는 일률적으로 말할 수는 없다. 다만 소액수표라도 권리자인지 여부가 특별히 의심스러운 경우에는 조사의무의 범위가 확대되므로 발행은행 등에 확인전화를 하는 것이 안전하다.

사 례 ≫ 갑이 거래처 을로부터 수취한 1,000만원짜리 약속어음을 보관하고 있다가 분실하였다. 갑이 취해야 할 안전조치는 무엇이며 어음금을 청구하기 위해서 어떤 절차를 밟아야하는가?

해설 어음을 분실하거나 도난당한 자는 먼저 경찰에 사고신고를 하고 발행인이나 은행에 대해 통지한 다음 법원에서 제권판결을 받아야 한다.

우선 도난이나 분실을 당하기 전에 수취한 어음이나 수표의 종류, 번호, 금액, 발행일, 지급일, 발행인, 지급장소 등의 사항을 따로 기록해 두거나 특히 수표가 고액일 경우 수표의 사본을 작성해 두는 것이 좋다. 어음이나 수표를 도난, 분실했을 때는 먼저 경찰서에 도난·분실신고를 하고 신고증명원을 제출하여 증명을 받아 둠으로써 공시최고절차에 따른 제권판결에 대비한다. 또한 발행인에 대해 분실이나 도난사실을 통지하여야 한다. 수표 또는 지급장소가 은행인 어음은 지급은행에 분실신고를 해야 한다. 이처럼 신고하게 되면 분실어음으로 부도가 되고 발행인은 은행거래정지처분을 받게 되지만 발행인은 어음교환소에 어음금에 상당하는 금액을 공탁하고 거래정지처분에 대한 이의를 신청하면 된다. 지급제시기간(발행일로부터 10일)이 경과한 수표의 경우에는 은행이 지급을 정지한다. 어음이나 수표를 도난·분실한 경우 만기가 도래하더라도 권리행사가 불가능함은 물론이지만 제3자에 의해 선의취득될 위험도 있다. 도난·분실한 어음이나 수표의 최종소지인은 공시최고절차를 거쳐 제권판결을 받는다면 어음·수표 없이 지급받을 수 있다.

공시최고는 그 어음·수표 지급지의 지방법원에 서면으로 공시최고신청의 원인과 제권판결을 구하는 취지를 명시하여 신청한다. 법원이 이 신청을 받아들인다면 소정사항을 법원의 게시판이나 관보 신문(2회 이상)에 공고한다. 공시최고의 기일은 이 공고일 후 3월 후로 정하며 이 기일까지 권리의 신고나 청구가 없는 경우에는 법원은 신청에 따라서 제권판결을 하게 된다. 일단 제권판결의 선고가 있으면 분실·도난된 어음·수표는 효력이 상실되어 단순한 종이조각에 불과하게 되고 선의취득도 불가능하게 된다. 신청인(도난·분실한 자)은 또한 어음·수표의 제시 없이 권리행사를 할 수 있게 된다.

사 례≫ 갑은 을에 대한 채무를 변제하기 위해 병으로부터 받은 소지인출급식 수표를 교부하면서 을의 요구에 따라서 수표의 뒷면에 서명하였다. 이 경우 갑은 어떤 책임을 지나?

해설 소지인출급식수표는 배서 없이 단순한 교부에 의해 양도한다. 그러나 이러한 수표도 양도인이 배서를 한다면 그 기명날인 또는 서명을 신뢰한 자를 보호할 필요가 있다. 따라서 뒷면에 한 서명은 지시식수표의 배서와 같은 의사표시로 볼 수 있으므로 담보적 효력이 인정되어 수표가 제시기간 내에 제시되었지만 지급이 거절된 경우 상환청구에 관한 규정에 따라서 책임을 진다. 그러나 이로 인해 소지인출급식수표가 지시식수표로 변하는 것은 아니다(수표법 제20조).

[5] 지 급

1. 약속어음의 지급

어음채무는 추심채무이므로 어음소지인이 어음금을 청구하기 위해서는 만기에 발행인이나 지급담당자에게 또는 어음교환소에서 어음을 제시하여야 한다(지급제시). 약속어음의 주채무자인 발행인에 대해서는 만기의 날로부터 3년(소멸시효기간)내에 지급제시하면 된다. 그러나 지급거절을 이유로 전자에 대한 소구(상환청구)권을 보전하기 위해서는 만기의 날 또는 이에 이은 2 거래일(즉 3일의 제시기간) 내에 지급제시를 하고 지급거절증서를 작성시켜야 한다. 또한 일람출급 어음은 제시된 때가 만기이며 발행일로부터 1년 내에 지급제시를 하여야 한다. 지급제시는 완전한 어음을 제시해야 하므로 백지어음은 반드시 보충하여 완성된 어음으로서 제시해야 한다.

2. 수표의 지급

수표는 지급증권이므로 만기가 없고 발행일자만 기재된다. 국내에서 발행하고 지급할 수표는 발행일자로부터 10일 내에 지급제시를 해야 하며 이 기간은 마음대로 신축하지 못한다. 지급제시기간이 경과한 후에는 은행이 지급거절(부도)을 하여도 발행인(그리고 수표보증인과 배서인)에 대한 상환청구(소구)권을 상실한다. 따라서 수표를 취득할 때에는 지급제시기간이 지난 것인지 여부를 유의할 필요가 있다. 또한 발행인이 수표의 발행에 의해 지급은행에 하였던 지급위탁의 취소는 지급제시기간 경과 후에만 효력이 있으며 이 취소가 없으면 지급은행은 지급제시기간 경과 후에도 발행인의 계산으로 수표금을 지급할 수 있다.

3. 지급거절로 인한 상환청구(소구)

상환청구 또는 소구라 함은 만기에 적법한 지급제시를 했음에도 불구하고 어음 또는 수표의 지급이 거절되거나 또는 만기 전이라도 발행인의 파산, 지급정지 또는 그 재산에 대한 강제집행이 주효하지 않은 경우에 약속어음 소지인이 배서인과 그 보증인에 대하여 어음금과 기타 비용의 지급을 청구하는 것을 말한다. 상환을 하여 어음을 환수한 소지인이나 보증채무를 이행한 보증인도 상환청구(소구)권을 행사할 수 있다(재상환청구). 적법한 지급제시기간 내에 지급을 위하여 수표를 제시하였으나 지급이 거절된 경우에도 수표의 소지인이 전자에 대해 상환청구(소구)할 수 있음은 물론이지만 수표의 경우 만기전의 상환청구(소구)가 인정되지 않는다.

상환청구(소구)권을 행사하기 위해서는 지급 제시기간 안에 반드시 지급거절증서를 작성해야 하는데 지급거절증서는 공적 기관인 공증인 또는 집달관이 작성하는 공정증서이다. 그러나 상환의무자인 배서인 또는 그 보증인은 어음에 '무비용상환', '거절증서 불요'의 문자 또는 이것과 동일한 뜻을 가진 문언을 기재하고 기명날인 또는 서명함으로써 거절증서의 작성을 면제할 수 있다. 또한 발행인이 파산선고를 받은 경우에 하는 만기전 상환청구(소구)에 있어서는 파산결정서를 제시하면 된다.

어음소지인은 지급거절이 있는 경우 이를 자기의 배서인과 그 보증인에게 통지하여야 하고 이 때의 통지기간은 거절증서작성일 또는 어음제시일(거절증서 작성이 면제된 경우)에 이은 4거래일 내가 된다. 통지를 받은 배서인은 통지를 받은 날에 이은 2거래일 내에 자기의 배서인과 그 보증인에게 통지하여야 한다. 통지를 하여야 할 자는 적법한 기간 내에 통지를 하였음을 증명하여야 하는데 통지를 하지 않아도 상환청구(소구)권을 상실하는 것은 아니지만 과실로 인하여 손해가 생긴 때에는 어음금액의 한도 내에서 이를 배상할 책임이 있다.

[6] 특수한 수표

사 례 ≫ 갑이 을에게서 납품대금조로 수표를 받았는데 을의 자금사정이 좋지 않아 발행일자를 실제의 발행일자 8월 1일이 아니라 9월 1일로 기재한 수표이었다. 이러한 수표도 유효한가? 만일 유효하다면 9월 1일 이전에 지급제시했을 때 어떻게 되는가?

해설 이러한 수표도 법적으로 유효하고 발행일자 전이라도 지급제시를 하면 지급받을 수 있지만 별도의 명시적인 합의가 없더라도 이로 인해 발행인이 입은 손해를 수취인이 배상할 책임을 진다.

발행일자를 실제로 발행한 날보다 후일로 기재한 수표를 선일자수표라고 한다. 수표의 지급제시기간은 발행일로부터 10일간인데 선일자수표는 제시기간을 사실상 연장하는 효과가 있어 '연수표'라고도 부른다. 선일자수표도 형식상으로는 요건불비가 아니므로 유효한 수표이다. 발행일자 이후에 이런 수표를 취득한 자는 발행일자를 허위로 기재했다는 사실을 알기 어렵기 때문이다. 또한 일람출급성은 수표의 본질인 까닭에 발행일자 전이라도 지급제시를 하면 은행은 즉시 지급하도록 되어 있고(수표법 제28조), 만일 은행이 예금부족으로 지급에 응하지 않는다면 이러한 제시를 금지하는 별도의 특약이 없는 한 수표의 소지인은 발행인 등 전자에 상환청구(소구)할 수 있음은 물론이고 발행인은 자금이 없이 수표를 발행한 것으로 수표법에 의해 과태료의 처분을 받으며 은행으로부터 거래정지처분을 받는다.

선일자수표는 당장은 지급은행의 구좌에 자금이 없지만 자금을 보충할 예정일을 발행일자로 기재하는 경우가 많다. 그리하여 선일자수표를 발행함에는 수표의 소지인이 자기 또는 자기로부터 수표를 양수한 자가 수표에 기재된 발행일자 이전에는 지급제시하지 않는다는 특약이 있는 것이 보통이고 또한 명시적인 특약이 없더라도 이러한 약속을 한 것으로 추정된다. 따라서 이러한 특약 또는 약속을 위반하여 수취인 등이 미리 지급제시를 함으로써 부도처분이나 자금운영상의 막대한 지장으로 인한 손해를 입는다면 수취인은 발행인이 입은 손해를 배상할 책임이 있다.

사 례 ≫ 금은방을 경영하는 갑은 손님으로부터 며칠 전 밤에 100만원짜리 자기앞수표 두 장을 받았는데 알고 보니 발행일로부터 보름이나 지난 것이었다. 갑이 발행은행에 지급제시했지만 도난신고된 수표라고 하여 지급을 거절하고 있다. 은행의 지급거절은 정당한가?

해설 정당하다. 자기앞수표도 지급제시기간 경과 후에는 은행이 수표금을 지급할 의무가 없다.

자기앞수표는 발행인 자신을 지급인으로 하여 발행한 수표를 말하는데 수표의 지급인은 은행 기타의 금융기관에 한정되므로 이 수표는 결국 은행 발행의 자기앞수표이다. 자기앞수표는 고객의 의뢰에 의해 은행이 발행하는데 이는 마치 발행은행이 고객(발행의뢰인)에게 유가물을 매매한 것과 같지만 수표의 발행인으로서 수표금의 지급을 위탁한 수표관계의 당사자는 어디까지나 은행 자신이지 고객이 아니다. 발행일로부터 10일 내(지급제시기간)에 소지인이 적법한 지급제시를 하는 경우 은행이 지급을 거절하더라도 발행인으로서도 상환(소구)의무를 부담하기 때문에 지급에 응하지 않을 수 없다. 그러나 제시기간이 경과한 후에는 은행이 지급인으로서나 발행인으로서도 지급의무가 없다. 다만 소지인이 이득상환청구권을 행사할 수 있으므로 실제로는 제시기간을 상당히 경과하였어도 의뢰인으로부터 지급정지신청이 없는 한 지급하는 것이 실무관행이다. 다만 6개월이 경과한 경우에는 지급에 응하지 않는 예도 있다고 한다. 결국 지급제시기간 경과 후에 자기앞수표를 취득하는 사람은 자기의 위험부담으로 이를 취득하는 수밖에 없으므로 아무리 지급이 확실시 된다고 하는 자기앞수표라 할지라도 이를 취득할 때는 발행일자를 확인할 필요가 있다.

그러면 자기앞수표의 발행을 의뢰한 고객이 제시기간이 경과한 후에 지급정지 또는 지급위탁의취소를 통보한다면 어찌 되는가? 원래 자기앞수표의 경우 지급위탁의 취소가 있을 수 없다. 발행인은 은행이지 발행을 의뢰한 고객이 아니기 때문이다. 따라서 지급제시기간 경과 후에 발행의뢰인(고객)에 의한 사고신고나 지급정지의 신청이 있더라도 이는 법적으로 단지 은행의 주의를 촉구하는 의미밖에 없고 그렇다고 해서 은행이 이러한 자기앞수표 소지인에게 수표금을 지급할 의무를 지는 것도 아니다. 다만 지급제시기간이 지난 후에는 수표를 취득하는 자가 이득상환청구권을 취득하기 위해 지명채권 양도의 대항요건을 갖추어야 하는가 여부는 경우에 따라 다르며 어떤 경우든 선의취득이 성립할 수도 없으므로 형식적 자격이 있는 소지인에게 선의로 지급한 은행이 면책된다고 단정할 수도 없다. 소지인에게 이득상환청구권이 있는지 여부는 사실관계에 의해 결정되기 때문이다. 따라서 사실관계가 명확하지 않은 경우 은행실무에서는 은행이 지급을 거절함이 통례인데 자기앞수표를 지급제시한 자가 수표금지급청구소송을 제기한다면 은행은 도난신고인에게 그 소송에 보조참가할 것을 요청하고 법원은 수표취득자에게도 50%의 과실이 있는 것으로 보아 그 수표금의 50:50의 비율로 당사자가 화해하도록 조정하는 것이 보통이라고 한다.

참고로 말해둔다면 당좌수표의 발행인은 지급제시기간 경과 후에만 지급위탁을 취소할 수 있으며 이 경우 은행이 지급하더라도 발행인의 계산으로 돌릴 수 없다. 지급제시기간 경과 전에도 은행은 수표금을 지급할 수표상의 의무가 있는 것은 아니므로 지급위탁취소가 있더라도 수표금의 지급여부는 은행의 임의에 달려 있지만 발행인의 의사를 존중하여 지급을 거절함이 통례이다.

제 6 장 행정법과 사회생활

제 1 절 행정법이란?

행정법이란 공공의 이익을 실현하는 행정작용에 대하여 그 근거와 한계를 제시하여 주는 법이다. 일반적으로 국가권력을 입법과 사법 및 행정으로 나눈다. 법 제정 작용과 법 판단작용 그리고 법 집행작용을 각각의 임무로 하고 있다. 여기서 행정은 공익목적을 위하여 법을 집행하는 작용을 의미한다. 구체적으로는 그 법 집행작용에 있어서 근거와 한계를 제시하여 그 남용을 억제하고, 한편으로는 잘못된 행정작용에 의하여 국민의 이익이 침해된 경우 그 구제를 어떻게 할 것인가를 다루고 있다. 행정법은 전반적으로 여러 가지 행정작용의 형태와 특질을 설명하면서 그와 같은 행정작용이 하자가 있을 때 그에 대한 국민의 구제를 어떻게 할 것인가에 초점이 맞춰져 있다. 즉, 행정법은 공익실현 작용인 행정을 그 직접적 대상으로 하면서도 그 실현과정에서 발생할 수 있는 사익의 보호에 관심을 모으고 있는 것이다(다만, 행정법총론에서 의무이행확보수단의 장에서만은 공익실현 작용으로서의 행정작용이 개인의 이행거부 등에 의하여 방해되고 있을 때 공익실현을 위해 행정작용을 강제하는 면을 강조하고 있다. 그러나 면밀히 살펴보면 이 장에서 조차도 행정의 강제에서 나타날 수 있는 국민의 권익 침해에 대한 구제를 강조하고 있다).

따라서 행정법은 '구제'를 배제하고는 그 의미를 파악하기 어려우며 행정법의 발달은 '국민의 권익구제의 확대경향'의 발자취로 대변할 수도 있을 것이다.

[1] 행정법에서의 구제

행정법은 구제가 가장 중요한 이념이라고 하였다. 그렇다면 예를 들어 일반음식점영업을 하는 A에게 청소년에게 주류를 제공하였다는 이유로 2개월간의 영업정지 처분을 받았다고 하자(식품위생법 제31조 위반. 법 제58조에 의한 제재. 그 처리기준은 식품위생법시행규칙 제53조에 의거 별표15로 정함). 그러나 A는 자기는 청소년에게 주류를 제공한 바가 없고 단지 이미 성인들이 음식과 술을 마시던 자리에 나중에 아직 청소년신분인 친구가 합석하였다가 단속되었을 뿐이라며 제재처분에 불만을 제기하고 있다. 이 경우에 A에 대한 적절한 구제수단으로 어떠한 것들을 생각할 수 있을까?

현재 피해를 입은 사업자 A에 대하여 가장 절실한 구제방법은 부적절한 영업정지처분의 효력을 소멸시켜 아무런 제재도 없었던 것처럼 영업을 할 수 있게 하는 것이다. 그 밖의 구제방법으로는 2개월간의 부적절한 영업정지에 상응하는 손해를 배상받는 것일 것이다. 그런데 영업정지라는 행정행위의 효력을 소멸시키는 것은 처분청등이 스스로 잘못을 인정하고 직권으로 처분을 취소하거나, 아니면 피해를 본 당사자가 심판이나 소송을 통하여 처분의 효력을 소멸시키는 방법을 취하여야 한다. 직권으로 처분을 취소하여 줄 것을 촉구하는 방법이 이의신청의 제기이고, 다툼으로 효력을 소멸시키는 방법이 행정심판이나 행정소송의 제기이다. 이 중에서 가장 전형적이고 궁극적인 해결은 소송에 의한 것이다. 행정심판은 처분등을 행한 행정청에 대하여 이의를 제기하여 처분청의 상급기관으로 하여금 다시 한 번 심리하도록 하여 법원의 간섭 없이 행정청 스스로 행정의 능률성과 동일성을 확보하기 위하여 마련된 행정청에 마련된 제도이다. 행정심판은 사법재판과 같은 공정성을 확보하기 위하여 소송과 유사한 절차를 내용으로 한다.

소송의 형태에 있어서 행정작용에 대한 분쟁을 해결하기 위하여 민·형사소송과는 별도로 행정소송을 규정하고 있다. 행정소송법 제3조는 행정소송의 종류로 항고소송, 당사자소송, 민중소송, 기관소송 등 4가지를 정하고 있는데 그 설명을 다음과 같이 하고 있다.

1. 항고소송: 행정청의 처분등이나 부작위에 대하여 제기하는 소송
2. 당사자소송: 행정청의 처분등을 원인으로 하는 법률관계에 관한 소송 그 밖에 공법상의 법률관계에 관한 소송으로서 그 법률관계의 한쪽 당사자를 피고로 하는 소송
3. 민중소송: 국가 또는 공공단체의 기관이 법률에 위반되는 행위를 한 때에 직접 자기의 법률상 이익과 관계없이 그 시정을 구하기 위하여 제기하는 소송

4. 기관소송: 국가 또는 공공단체의 기관상호간에 있어서의 권한의 존부 또는 그 행사에 관한 다툼이 있을 때에 이에 대하여 제기하는 소송 다만, 헌법재판소법 제2조의 규정에 의하여 헌법재판소의 관장사항으로 되는 소송은 제외한다.

예를 들어 항고소송은 행정청이 우월한 의사의 주체로서 행한 행정작용에 대한 불복의 소송을 총칭하는 것으로 행정청의 위법한 처분 등이나 부작위로 인하여 권리·이익을 침해받은 자가 그 위법을 다투기 위하여 제기하는 소송이다. 근로복지공단 또는 공무원연금관리공단의 처분에 대한 취소소송, 공무원 징계처분에 대한 취소소송, 영업허가취소·영업정지처분에 대한 취소소송, 각종 거부처분에 대한 취소소송 등을 예로 들 수 있다. 당사자소송은 행정청의 처분 등을 원인으로 하는 법률관계에 관한 소송 그밖에 공법상의 법률관계에 관한 소송으로서 그 법률관계의 한쪽당사자를 피고로 하는 소송이다. 반드시 처분을 전제로 하거나 처분을 다툴 필요없이 행정청의 처분 등으로 인하여 생긴 개인의 권리나 의무를 다투는 소송이다. 그 구체적인 예로는 공무원이 비위사실로 면직처분을 당한 경우, 면직이 무효라고 주장하면서 국가를 상대로 여전히 공무원으로서 권리·의무를 지니고 있다는 공무원의 지위확인을 구하는 소송을 들 수 있다.

위의 소송유형 중 사례와 같은 행정처분의 위법을 다투는 소송은 항고소송의 유형에 속한다. 그런데 항고소송은 다시 취소소송, 무효등확인소송, 부작위위법확인소송 등 3가지로 구분하고 그 각각의 설명을 다음과 같이 하고 있다.

1. 취소소송: 행정청의 위법한 처분등을 취소 또는 변경하는 소송
2. 무효등 확인소송: 행정청의 처분등의 효력 유무 또는 존재여부를 확인하는 소송
3. 부작위위법확인소송: 행정청의 부작위가 위법하다는 것을 확인하는 소송 행정심판의 경우에도 행정심판법은 행정심판의 종류를 취소심판, 무효등확인심판, 의무이행심판으로 나누고 그 각각의 설명을 다음과 같이 하고 있다.

행정심판법－제4조 (행정심판의 종류) 행정심판은 다음의 세 가지로 구분한다.

1. 취소심판: 행정청의 위법 또는 부당한 처분의 취소 또는 변경을 하는 심판
2. 무효등확인심판: 행정청의 처분의 효력 유무 또는 존재 여부에 대한 확인을 하는 심판
3. 의무이행심판: 행정청의 위법 또는 부당한 거부처분이나 부작위에 대하여 일정한 처분을 하도록 하는 심판

[2] 행정법 사례의 접근방법

설 문≫ 주택건설등록사업자 A는 B광역시 지역의 긴급한 주택난 해소를 위하여 국토해양부장관이 지정·고시하는 지역에서 주택건설사업(대지면적 10만제곱미터 미만)을 추진하였다. 이에 아파트 1,500세대를 건설하는 내용의 주택건설 사업계획(공사비 1,000억원 규모)을 수립하고, 승인권자인 B광역시장에게 사업계획승인을 신청하였다. 그런데 B광역시장은 당해 광역시의 도로의 증설을 위해 사업지역과는 상당히 거리가 떨어진 곳에 소재하여 본사업과는 무관한 A 소유의 부지(싯가 10억원 상당)를 기부채납할 것을 부담으로 붙여 주택사업계획을 승인하였다. B광역시장의 기부채납부담은 적법한가?

=참고조문=

[주택법]

• 제16조 (사업계획의 승인)

① 대통령령이 정하는 호수 이상의 주택건설사업을 시행하고자 하는 자 또는 대통령령이 정하는 면적 이상의 대지조성사업을 시행하고자 하는 자는 사업계획승인신청서에 주택과 부대시설 및 복리시설의 배치도, 대지조성공사설계도서 등 대통령령이 정하는 서류를 첨부하여 다음 각 호의 사업계획승인권자(이하 "사업계획승인권자"라 한다. 국가·대한주택공사 및 한국토지공사가 시행하는 경우와 대통령령으로 정하는 경우에는 국토해양부장관을 말하며, 이하 이 조 및 제17조에서 같다)에게 제출하고 그 사업계획승인을 얻어야 한다. 다만, 주택 외의 시설과 주택을 동일건축물로 건축하는 경우 등 대통령령이 정하는 경우에는 그러하지 아니하다(개정 2008. 2. 29, 2008. 3. 28).

1. 주택건설사업 또는 대지조성사업으로서 해당 대지면적이 10만제곱미터 이상인 경우에는 시·도지사 또는 「지방자치법」 제3조 제3항에 따라 자치구가 아닌 구를 둔 시의 시장
2. 주택건설사업 또는 대지조성사업으로서 해당 대지면적이 10만제곱미터 미만인 경우에는 특별시장·광역시장 또는 시장·군수

[공유재산및물품관리법]

• 제7조 (기부채납)

① 공유재산에 편입할 재산을 기부하고자 하는 자가 있는 때에는 대통령령이 정하는 바에 의하여 이를 채납할 수 있다.

일반적으로 문제의 중점은 행정작용에 의한 피해에 대하여 어떠한 구제수단이 발동될 수 있는가에 관한 것이다.

우선 분쟁의 대상이 되고 있는 것은 무엇인가? 현재 A는 사업에 대한 B도지사의 승인행위에 대하여는 아무런 불만이 없다. A가 불만을 갖는 것은 사업승인에 붙여진 도로부지의 기부채납이다. 예문은 이를 부담으로 붙였다고 명시하고 있다. 일반적으로 이러한 종류의 부관이 혼동을 주는 것은 '기부채납'의 요구를 '조건'으로 붙일 수도 있고 '부담'으로도 붙일 수 있기 때문이다. '조건'인 경우에는 기부채납의 불이행으로 주된 행정행위인 사업승인행위도 효력을 상실한다. 반면 '부담'으로 붙여진 경우 기부채납이 불이행되었다고 하더라도 주된행정행위인 사업승인행위의 효력 자체가 상실되는 것은 아니고 부담의무 불이행에 따른 제재만이 따를 뿐이다. 이러한 의미에서 행정청의 상대방의 입장에서는 '조건'으로 붙여지기보다는 '부담'으로 붙여지는 것이 더 유리하다고 볼 것이다. 이러한 의미에서 이와 같은 조건이 '조건'인지 '부담'인지 명확하지 않을 때에는 '부담'으로 해석한다.

그렇다면 A는 이러한 불만을 어떻게 구제받을 수 있는가.

첫번째는 기부채납의 요구를 효력없는 것으로 소멸시켜 기부채납의무를 면하는 것이다. 기부채납의 효력을 소멸시키기 위하여는 행정심판으로 취소청구심판이나 무효확인심판을 제기하던가 또는 항고소송으로 취소청구소송이나 무효확인소송을 제기하여야 할 것이다(간단히 설명하고 넘어 갈 사항으로 '이의신청'의 제기도 포함하여야 한다). 그 중 소송의 경우를 살펴보자. 소송에 의한 구제를 구하기 위하여는 일반적인 접근방식에 따라 소송제기요건(특히 '처분성', '소의 이익', '원고적격')을 갖췄는지를 살펴보고, 요건이 충족되었으면 당해 행위가 '위법'임을 밝혀야 할 것이다. 여기에 더하여 부관에 있어서의 특수한 문제, 즉 소송제기에 있어 부관만을 독립하여 소송을 제기할 수 있는가의 문제와 부관만에 대한 일부취소 등이 가능한가의 문제를 더하여야 한다.

행정심판의 경우는 마찬가지로 행정심판의 제기요건 충족여부, '위법' 또는 '부당'여부 및 부관의 일부취소 등 제기가능성 및 일부취소 등 가능성을 살펴보아야 한다.

만약 기부채납이 이행된 상황이라면 부당이득반환청구권의 제기를 살펴보아야 하고 선결문제로서의 행정행위 존재여부의 판단을 다뤄야 할 것이다.

또 다른 구제방법으로는 국가배상에 의한 구제를 생각할 수 있다. 국가배상청구권이 인정되려면 '공무원'의 '고의 · 과실'에 기한 '위법'한 '직무집행행위'로 인하여 '손해'가 발생하고 직무집행행위와 손해간의 '인과관계'가 있어야 한다. 따라서 이 같은 요건이 충족되었는지 각각의 요건 충족여부를 살펴야 한다.

이 문제에서는 기부채납부관의 위법성을 묻고 있다. 일반적으로 위법이 되기 위하여는 '법치행정의 원리'에서 요구하는 각 사항들이 판단되어야 한다. '법률의 우위'의 원칙은 원칙은 행정이 '법'에 반하지 않을 것을 요구한다. 또한 '법률의 유보'의 원칙은 일정한 행정작용(특히 침해적 행정작용)에 대하여 '법'적 근거가 있을 것을 요구하고 있다. 따라서 '위법'이란 이 원칙들이 지켜지지 않는 상황이 '위법'이 될 것이다. 즉, 행정작용이 '법'에 위반하면 '위법'이고, 법적 근거가 필요한 행정작용에 근거법이 존재하지 않는다면 '위법'이 된다는 것이다.

그런데 여기서 어떠한 것들이 '법'에 해당할 수 있을까? 이 질문의 대답을 해 줄 수 있는 것이 '법의 연원'이다. 즉, 법의 인식근거 또는 법의 존재근거라고 논의하는 '법의 연원'은 어떠한 규범들이 법률에 의한 행정이 요구하는 '법'의 지위로 인정받을 수 있는가에 대한 논의인 것이다. 이렇게 그 존재가 법으로서 인정받을 수 있는 규범들이 '법률우위의 원칙'이나 '법률유보의 원칙'에서 위법판단의 근거가 되는 '법'의 위치에 설 수 있는 것이다.

일반적으로 법은 '성문법'과 '불문법'의 형식으로 존재한다고 한다. 성문법은 헌법, 법률, 법규명령, 조례, 규칙, 국제법이 인정된다고 하고 행정규칙에 대하여는 학설이 대립하고 있다. 그러나 행정규칙이 그에 위반한 행정작용의 위법이 인정되고, 그에 근거한 행정작용이 법적 근거 있음을 인정받을 수 없는 한 법원성은 인정될 수 없다고 보아야 할 것이다. 불문법은 판례법, 관습법, 조리법(행정법의 일반원칙) 등이 있는데 그 중 판례법도 행정규칙과 같은 이유로 그 법원성을 인정할 수 없다고 본다.

본 사안은 '부담'의 부관이 붙여져 있고 그 종류로서 '기부채납'이 붙여졌다. 이에 대한 '위법'여부를 판단하여 보자.

먼저 법률유보의 원칙과 관련하여 당해 행정작용들이 법적 근거가 필요한가? 필요하다면 현행법상 어떠한 근거법이 존재하는가? 등이 살펴져야 하고,

'법률우위의 원칙'과 관련하여 당해 행정작용은 근거법이 요구하는 주체, 내용, 절차, 형식을 충족하고 있는가?(법령상의 한계) 그밖에 불문법상 요구하는 관습법이나 행정법의 일반원칙에 반하지 않는가?(조리상의 한계) 등이 살펴져야 할 것이다.

본 사안은 부관으로 '기부채납부담'이 붙여져 있다. 주택건설사업의 근거법인 주택법에는 주택건설사업의 승인에의 부관에 대하여 규정된 바 없다. 본래인 침해적 행정작용은 그 발동에 법적 근거를 필요로 한다(법률유보의 원칙). 부관의 경우에도 법적 근거가 필요한가? 다수설과 판례는 조건, 기한, 부담, 철회권의 유보 등의 부관에 대하여는 본행정행위의 권한에 당연히 부관을 붙일 수 있는 권한이 포함된 것으로 보고 별도의 법적 근거가 필요하지 않은 것으로 본다. 따라서 본사안의 기부채납부담은 법률유보의 원칙에 따른 위법은 없다.

다음으로는 '법률우위의 원칙'에 따른 위법의 존재여부이다. 이미 살펴본 바와 같이 주된 행정행위인 주택건설사업의 승인을 규정하고 있는 주택법에는 이에 대한 부관에 대하여 규정된 바 없다. 따라서 부관 자체의 법령상의 한계는 살펴 볼 필요가 없다. 그러나 부관으로 붙여진 기부채납은 독립한 행정행위로서 법령상의 주체, 내용, 절차, 형식을 갖춰야 한다. 부관의 주체는 법령에서 인정하는 자로서 주된 행정행위의 발동 주체와 일치하여야 한다.

그러나 부관에 고유한 조리상 한계로서 준법률행위적 행정행위에 부관을 붙일 수 있는가? 기속행위에 부관을 붙을 수 있는가의 문제가 있다. 본 사안은 주된행정행위로서 주택건설사업의 승인을 들고 있다. 주택건설사업의 승인은 상대방에게 새로운 권리와 이익을 부여하는 강학상 특허행위로서 재량행위이다(대법원 2007. 6. 15. 선고 2005두5369 판결). 따라서 주택건설사업의 승인은 법률행위적 행정행위이고 재량행위이므로 이 점에서 부관을 붙이는데 아무런 제한이 없다. 다음으로는 부관에 일반적인 조리상의 한계로서 신뢰보호의 원칙, 평등의 원칙, 비례의 원칙, 부당결부의 금지의 원칙 등이 있는바 이들 중 문제가 되는 것을 살펴보아야 한다.

일반적으로 이 문제는 부당결부금지의 원칙으로 위법임을 해결하고 있지만 그같은 속단은 문제가 약간씩 변형되었을 때 전혀 적응력을 갖지 못한다.

이 사안이 "처음에는 아무 부관없이 건축사업승인을 약속하였으나 실제는 부관을 붙여서 건축사업승인을 하였다면" 신뢰보호원칙의 위배가 문제될 것이다. "다른 사업자의 건축사업승인에는 부관을 붙인 바 없는데 A에게만 기부채납의 부관을 붙여 건축사업승인을 하였다면" 이는 평등의 원칙 위배가 문제될 것이다. 또한 "부관으로 붙인 기부채납의 액수가 너무 크다면" 비례의 원칙의 위배가 문제될 것이다. 그리고 본 사안과 같이 "주된 행정행위인 건축사업승인과는 아무런 관련이 없는 토지의 기부채납을 부관으로 붙인 것이라면" 이는 부당결부금지의 원칙의 위배가 될 것이다.

이에따라 본문제의 풀이는 사안에서 명백한 것들을 먼저 다루어 부당결부금지의 원칙의 위배를 이유로 위법임을 밝히고, 나머지는 여론으로 위법의 가능성을 점검함으로써 정리하여야 한다.

제 2 절 법률에 의한 행정의 원칙

[1] 법치주의와 법률에 의한 행정의 원칙

중세에서 근대시민사회로 이전하면 가장 두드러진 특징은 시민계급의 등장과 그 지위의 향상이었다. 이는 지속적으로 기존 왕권과의 갈등하면서 왕의 지배에서 규범의 지배로 변천되었다. 이러한 규범의 제정은 시민의 참여가 가능한 형태의 규범을 중시하게 되었고, 여러형태의 규범 중 의회를 통하여 시민의 참여가 가능했던 법에 대한 시민계급의 신뢰는 더욱 두터워졌다. 이에 따라 법치국가원리가 지배적인 사회이데올로기로 정착하게 되었다.

행정에 있어 법치국가의 원리가 구현된 모습이 법률에 의한 행정의 원칙이다.

법치주의의 관념은, 기본적으로 국민은 헌법과 법률에 의해서만 구속되기 때문에 무엇보다도 법률은 국민의 의사를 집약적으로 표현한 것이어야 한다는 생각에 바탕을 두고 있다. 즉 국민의 의사가 법률의 형태로 구체화될 때 비로소 권력과 자유의 모순관계는 지양되고 권력의 자의적인 발동에 의한 자유의 침해가 견제될 수 있다는 것이다. 따라서 법치주의는 그 논리적 귀결로서 의회제도의 확립, 법률에 의한 행정, 법률에 의한 재판을 요구한다. 즉 법률의 제정은 국민의 자유의사에 의해 구성된 국회가 행하고 정부는 법률에 따라 행동해야 하며, 정부가 법률에 따라 행동하고 있는가를 정부로부터 독립된 법원으로 하여금 심사하게 한다는 것이 법치주의 관념의 기본구조이다.

이와 같은 법치주의 관념에 따르면 행정권의 발동이라 하더라도 법, 특히 국민의 대표기관인 국회가 제정한 법률에 따라 이루어질 것이 요청된다. 이것을 통상 법률에 의한 행정의 원칙이라고 부른다.

[2] 법률에 의한 행정의 원칙의 내용

법률에 의한 행정의 원칙의 내용을 이루는 것으로는 법률의 법규창조력, 법률의 우위, 그리고 법률의 유보가 있다.

법률의 법규창조력이란, 의회가 제정한 법률만이 그에 고유하게 내재하는 힘인 법규로서의 구속력을 가진다는 것이다. 즉, 국가작용 중에서 국민의 권리와 의무에 관하여 새로운 규율을 정하는 것은 전속적인 의회입법인 법률에 한정되어야 한다는 원칙이다. 이에 대한 예외로 행정권도 헌법이 인정한 긴급명령 및 긴급재정경제명령과 같이 법률의 효력을 갖는 법규명령을 제정하는 것이 인정되기도 한다. 그러나 원칙적으로 법규명령도 법률에 의한 구체적 위임이 있거나 그렇지 않은 경우에는 법률이 정한 것 이외에 새로운 것을 정하지 않을 경우에만 허용되게 함으로써 법률의 법규창조력의 원칙을 구현하고 있다.

법률의 우위란 행정작용이 법률에 위배되어서는 안된다는 원칙을 말한다. 이를 소극적 의미의 법률적합성의 원칙이라고 한다. 행정작용이 이에 위반하면 하자의 정도에 따라 무효가 되거나 취소할 수 있게 된다.

법률유보의 원칙이란 일정한 행정작용은 법률의 수권에 의하여 행하여져야만 한다는 원칙이다. 과거에는 국민의 자유와 권리를 침해하는 행정활동만이 법률의 근거를 필요로 한다고 보았다(침해행정유보설). 그러나 현대국가에서는 이 원칙의 적용범위는 보다 확대되고 있다. 비록 행정의 전영역에까지 이를 확대하는 것은 불가능하지만, 국가공동체와 그 구성원에게 기본적이고도 중요한 의미를 갖는 영역, 특히 국민의 기본권실현과 관련된 영역에 있어서는 그 본질적 사항들은 국회가 정한 법률의 수권을 요한다는 것이 일반적인 견해이다(본질사항유보설).

[3] 법률에 의한 행정의 원칙과 행정구제

모든 행정활동은 법률에 의한 행정의 원칙에 따라 행하여져야 하지만 현실적으로는 행정기관이 법에 위반해서 자의적으로 국민의 자유나 권리를 침해하는 경우가 많다. 이와 같은 국민의 권리와 이익의 침해를 방지하고 행정의 적법성과 타당성을 확보하는 제도로서는 행정구제법상의 것 이외에도 행정감독제도나 공무원징계제도, 국회나 감사원에 의한 행정통제 등이 있다. 그러나 이런 제도나 통제장치의 기능은 어디까지나 간접적인 것에 불과하므로 국민의 권리나 이익을 직접적으로 보호해 주는 행정상의 권리구제제도가 절실히 요청되며, 위법한 행정활동으로 침해된 국민의 자유와 권리를 구제해 주는 제도는 법치행정 실현의 요체라고 말할 수 있다.

제 3 절 행정법의 법원

[1] 법원의 의의

법원이라 함은 실정법의 인식근거 또는 실정법의 존재근거라고 정의되고 있다. 법률에 의한 행정의 원칙은 법규사항은 '법'으로 정할 것을 정하고 있다. 앞에서 살펴본 바와 같이 행정작용에 의한 침해에 대한 구제를 위하여는 행정소송이나 행정심판 또는 국가배상 등에 의한 구제가 대표적 구제방법인데, 이는 공통적으로 당해 작용이 '위법'일 것임을 요구하고 있다. 위법은 결국 '법'에 반한다는 것인데 그렇다면 '법'은 어떠한 모습으로 존재하고 인식될 수 있는가를 밝혀야 할 것이며 이를 밝히는 것이 법원을 밝히는 의미가 될 것이다.

행정법은 성문법주의를 원칙으로 하고 있다. 이는 행정작용이 일방적으로 국민의 권리와 의무를 규율하고 있으므로 국민의 입장에서는 그에 대한 예측가능성과 법적안정성이 확보될 필요가 있기 때문이다. 또한 행정조직의 권한소재를 명확히 할 필요가 있으므로 그 근거법이 성문법으로 제정될 필요성이 있다. 그러나 행정법의 규율대상은 너무나 광범위하고 복잡하며 유동적이므로 그 모든 것을 성문법으로 규율하는 것은 실제상 불가능하다. 따라서 이 같은 영역에 대하여는 불문법으로 보완하는 것이 필요하다.

[2] 성문법원

행정법의 성문법원은 헌법, 법률, 명령, 조례, 규칙 및 국제법규 등을 들 수 있다.

행정규칙도 법원으로 인정할 수 있는가?

행정규칙에 대하여는 '법규성'과 '법원성'에 대하여 많은 논란이 있다. 그러나 일반적인 의미에서 법규개념을 전제로 할 때 국민에 대한 일반적 법적 구속력을 인정할 수 없는 행정규칙은 '법규성'이 없다고 볼 것이다. 또한 같은 의미에서 '법원성'도 인정할 수 없다고 보아야 한다.

[3] 불문법원

불문법으로는 판례법, 관습법, 행정법의 일반원칙(조리) 등이 있는바 관습법과 행정법의 일반원칙(조리)의 법원성이 인정된다.

판례법은 선례기속의 원칙이 적용되지 아니하는 우리나라에서는 인정되지 아니한다. 대법원의 판례변경은 대법관 전원의 3분의 2 이상의 합의체에서 과반수로 결정하도록 한 법원조직법 제7조 1항의 규정이나 "상급법원의 재판에 있어서의 판단은 당해 사건에 관하여 하급심을 기속한다"는 법원조직법 제8조의 규정은 판례가 사실적 구속력만 인정됨을 반증한다.

관습법은 행정영역에서 장기적으로 계속된 관행이 국민들이 법적 확신을 얻어 규범력을 인정받은 것이다. 이에는 행정선례법과 민중관습법이 법원으로 인정된다. 그 효력은 성문법에 대하여 보충적 효력이 인정된다.

행정법의 일반원칙(조리)은 일반사회의 정의감에 비추어 반드시 그러하여야 할 것이라고 인정되는 공감이 규범력을 얻은 것이다. 중요한 원칙으로는 신뢰보호의 원칙, 비례의 원칙, 평등의 원칙, 부당결부금지의 원칙 등이 있다.

신뢰보호의 원칙은 행정기관의 어떠한 언동의 적법성과 존속성에 대하여 신뢰가 형성된 경우 그 신뢰가 보호가치가 있다면 이를 보호하여야 한다는 원칙이다. 이 원칙은 행정절차법 제4조 2항이 "행정청은 법령 등의 해석 또는 행정청의 관행이 일반적으로 국민들에게 받아들여진 때에는 공익 또는 제3자의 정당한 이익을 현저히 해할 우려가 있는 경우를 제외하고는 새로운 해석 또는 관행에 의하여 소급하여 불리하게 처리하여서는 안된다"고 규정하고 있다.

비례의 원칙은 과잉금지의 원칙이라고도 불린다. 이는 헌법 제37조 2항에서 유래하는데, 행정의 수행에 있어 행정목적과 이를 실현하는 수단사이에는 비례관계가 있을 것을 요구한다. 그 내용으로 ① 적합성의 원칙, ② 필요성의 원칙,

③ 상당성의 원칙을 요구한다.

평등의 원칙은 헌법 제11조 1항에서 유래하는데 행정작용을 함에 있어 합리적인 사유가 없는 한 상대방인 국민을 동등하게 처우해야 한다는 원칙이다. 이 원칙은 재량권행사 한계와 관련하여 '자기구속의 법리'로 발전하기도 한다.

부당결부금지의 원칙은 법치국가의 원리에서 유래한다. 이는 행정기관이 행정작용을 함에 있어 그와 실질적인 관련성이 없는 반대급부와 결부시켜서는 안된다는 원칙이다.

사 례≫ A는 자기 소유의 토지상에 유기장을 설치하려고 하는 바 건축법상 허용여부에 의문이 있어 서면으로 질의를 하였다. 이에 대하여 관할 구청에서는 A가 계획하고 있는 유기장이 금지되는 건축물에 해당하지 않으며, 만일 A가 건축허가신청을 하는 경우 즉시 허가할 것이라는 구청장의 명의로 된 서면상의 회신을 하였다. 이에 A는 유기장건축과 경영을 위한 준비를 하면서 건축허가를 신청한 바, 구청에서는 논란 끝에 금지된 건축물로 판단하여 불허가처분을 하였다. A가 이 불허가처분에 대하여 신뢰보호원칙위반을 이유로 행정소송을 제기하려고 한다. 인용여부를 논하라.(제35회 사법시험)

해설 이문제는 1993년 사법시험 2차에 출제된 문제이다. 당시 유기장업법은 "유기장이라 함은 전자유기장·당구장과 기타 대중오락을 위한 유기기구가 설치된 일정한 장소로서 대통령령이 정하는 것을 말한다"고 규정하고 있었다. 다만 본문은 유기장업허가가 아닌 건축허가에 대한 부분을 묻고 있다.

원래 행정소송은 소의 제기로 시작되어 '제기요건'의 심리를 통해 요건이 충족되지 않으면 '각하'판결로 종결되고, 요건이 충족되었으면 본안심리를 통해 인용여부(인용 또는 기각)가 가려질 것이다. 그리고 소송요건이 충족된 경우 처분의 '위법'여부를 검토하여야 할 것이다. 그러나 본문은 인용여부만을 묻고 있으므로 처분이 위법이어서 취소 또는 무효가 될것인가의 여부를 중점적으로 다루어야 하고, 소송요건 부분은 여론으로 뒤에서 다루는 것이 타당할 것이다. 그러나 본 문제는 신뢰보호원칙위반을 이유로 행정소송을 제기할 때의 인용여부를 묻고 있다. 즉 사안이 신뢰보호원칙에 반하여 위법한가의 여부를 살피는 것으로 범위를 좁히고 있다.

1. 신뢰보호의 일반원칙을 충족하는가?

신뢰보호원칙 인정되기 위한 요건으로는 ① 구청장의 선행조치가 있을 것, ② 상대방에게 선행조치에 대한 보호가치 있는 신뢰가 있고, ③ 신뢰에 기한 일정한 처리가 있고 ④ 선행조치와 처리행위간의 인과관계가 존재하며 ⑤ 선행조치에 반하는 후행 처분이 있을 것 등이다.

① 행정청의 선행조치는 행정청의 공적인 견해의 표명을 의미한다. 본 사안에서 "만일 A가 건축허가신청을 하는 경우 즉시 허가할 것이라는 구청장의 명의로 된 서면상의 회신"은 이 요건을 충족한다고 볼 것이다.

② 상대방의 선행조치에 대한 보호가치 있는 신뢰를 요한다. 사후에 선행조치가 변경될 것을 사인이 예상하였거나 예상할 수 있었을 경우 보호가치 있는 신뢰로 인정되지 아니한다. 본 사안은 보호가치 있는 신뢰를 방해할 만한 요소가 보이지 아니하므로 이 요건을 충족한다고 본다.

③ 신뢰에 기한 일정한 처리가 있어야 한다. 사안에서 A가 유기장 건축과 경영을 위한 준비를 하면서 건축허가를 신청하였다고 밝히고 있다. 이는 행정청의 선행조치에 대해 신뢰에 그치지 않고 그에 따른 일정한 처리가 있었다고 볼 것이다.

④ 선행조치와 처리행위간의 인과관계가 존재하여야 하는데, 사안의 내용상 유기장건축과 경영을 위한 준비는 구청장의 허가약속의 회신에 근거한 것으로 보이므로 이 요건도 충족한다.

⑤ 선행조치에 반하는 후행처분이 있을 것을 요하는 바, 선행약속과 다른 후행 불허가처분이 이에 해당한다고 볼 것이다.

이같이 사안은 신뢰보호의 모든 요건을 충족한다. 따라서 위 불허가처분은 신뢰보호원칙에 반하여 위법하다.

2. 불허가처분의 취소를 구하는 경우와 무효를 주장하는 경우의 인용여부

본 사안은 행정소송을 제기한다고만 표현하고 있다. 사안은 처분을 다투므로 소송은 여러 가지 행정소송 중 항고소송의 형태로 제기될 것이다. 그러나 항고소송은 처분취소청구소송, 무효등확인소송, 부작위위법확인소송 등이 있다.

본사안의 불허가처분이 신뢰보호원칙에 위반한다고 할 때 이는 취소사유인가 무효사유인가? 무효와 취소의 구별은 중대명백설에 의한다. 즉 하자가 중대하고 명백한 경우에는 무효이고 그렇지 않은 경우에는 취소사유에 그친다는 것이다. 본안의 사유는 중요한 하자이기는 하지만 명백하다고 보기는 어렵다. 따라서 취소사유에 그친다고 본다.

판결의 주문은 청구취지에 대한 답변으로 구성됨이 원칙이다. 따라서 취소청구소송 취소할 것으로 청구취지로 한다. 따라서 취소를 인정하면 인용판결 취소를 인정하지 않으면 기각판결의 형태로 주문을 통해 판결할 것이다. 또한 무효확인소송의 경우도 청구취지에서 무효의 확인을 구하므로 무효임을 인정하면 인용판결, 무효임을 인정하지 않으면 기각판결을 받게 될 것이다. 그러나 대법원은 “행정처분의 무효확인을 구하는 소에는 특단의 사정이 없는 한 그 취소를 구하는 취지도 포함되어 있다고 보아야 한다”고 판결하고 있다(대법원 2005. 12. 23. 선고 2005두3554 판결; 대법원 1994. 12. 23. 선고 94누477 판결). 따라서 본 사안을 무효확인소송으로 제기한 경우에도 처분을 취소하는 인용판결을 받을 수 있다.

따라서 본사안에서 신뢰보호원칙의 위반으로 허가거부처분은 위법하며, 취소사유에 해당한다. 구체적인 소송형태가 취소청구소송이던 무효확인소송이던 취소를 인정하는 청구인용판결을 받게 될 것이다.

3. 신뢰보호의 한계의 문제

(1) 법률적합성의 원칙과의 관계

사안에서 A에 대한 건축허가가 관계법규에 위반한다면 그럼에도 신뢰보호를 이유로 허가를 발하여야 할 것인가? 이 경우 법률적합성과 신뢰보호의 이익의 비교형량은 통하여 해결할 수밖에 없다. 일반적으로 행정법의 일반원칙이 갖는 보충적 성격에 의해 원칙적으로 법률적합성에 따른 이익이 보다 큰 것으로 보게 될 것이다. 그럼에도 불구하고 이를 극복할 만한 특별한 사유가 있는 경우가 아니라면 신뢰보호를 위해 위법처분을 구하려는 주장은 인용되기 어려울 것이다.

(2) 사정변경

사안에서 처음 허가를 약속하는 회신을 할 시점에서는 허가에 아무런 문제가 없었지만 이후 사정변경으로 건축허가를 할 수 없는 상황이 된 경우에는 신뢰보호에 따른 구속력은 소멸하는 것으로 본다. 본 사안에서 명시된 바는 없지만 만약 중간에 사정변경이 있었다면 신뢰보호를 주장한 인용가능성은 인정되지 않을 것이다.

본 사안에서 만약 건축불허가처분이 법률적합성과의 충돌이나 사정변경에 의한 것이라면 신뢰보호원칙의 일반요건이 충족되어도 인용판결을 받기는 어려울 것이다.

제4절 행정행위의 하자(瑕疵)

행정작용에 관한 구제는 행정심판, 행정소송, 국가배상 모두 처분 또는 직무집행행위의 '위법'을 다루고 있다. 위법은 앞에서 설명한 바와 같이 필요한 법적 근거가 없거나 행정작용 법령에 반하는 경우에 해당한다고 보았다. 행정작용이 온전히 성립하고 또 효력을 발생하기 위하여는 성립요건과 효력발생요건을 충족하여야 한다. 결국 행정작용이 온전한 효력을 발생하지 못한다는 것은 역설적으로는 위와 같은 요건 어딘가에 결함이 발생하였다는 것을 의미한다. 행정법은 이를 '흠' 또는 '하자'로 칭한다. 이러한 '흠'이 발생하는 경우 당해 행정작용은 정상적인 효력발생이 발생하지 못하는 것이다. 그 효과에 대하여 '무효'인 경우와 '취소사유'인 경우로 분류한다. 행정행위가 실체적 또는 절차적인 흠을 가진 경우에는 그것이 완전한 효력을 발생할 수 없다는 것이 법치행정의 당연한 결과일 뿐 아니라, 하자 있는 행위가 외형상 존재하는 한 개인의 권리를 침해할 우려가 많기 때문에 바로 행정소송과 같은 방법을 통해 그 효력을 제한하거나 부인하지 않으면 안된다. 그렇다면 행정기관의 행위 중 어떤 행위를 하자가 있는 것이라고 할 수 있을까?우선 행정행위("행정청의 공법상의 법률행위로서 특정된 사건에 대해 법규에 의해 권리를 설정하고 의무를 명하며 기타 법률상 효과를 발생케 하는 단독행위"라고 정의된다)의 하자에는 무효원인이 되는 하자와 취소원인이 되는 하자가 있다. 이 구분에 대해서는 견해가 대립하지만 간단하게 말하자면, 하자가 중대하고 명백한 경우에는 무효원인이 되며, 하자는 존재하지만 무효원인에 이르지 않을 경우 취소원인이 된다고 말할 수 있다.

통상 행정행위의 무효원인으로 행정행위의 주체·내용·절차 및 형식상의 하자로 구분해서 설명하고 있다.

주체상의 하자로서는 ① 정당한 권한을 갖지 않는 행정기관의 행위(행정기관이 아닌 자, 대리권 없는 자, 적법하게 구성되지 않은 합의제행정기관 등), ② 행정기관의 권한 이외의 행위(법령에 의해 수권된 사항적, 지역적 및 대인적 범위를 넘어서는 경우), ③ 행정기관의 정상의 의사에 의하지 않은 행위(전혀 의사없이 한 경우 등) 등이 있다.

내용상의 하자로서는 ① 내용이 평균인의 판단으로 인식할 수 없을 정도로 불분명하거나 내용이 확정되지 않은 경우, ② 내용이 불능인 경우(사실상 불능과 법률상 불능), ③ 내용이 법적 근거가 없는 경우(특히 부담을 과하는 행정행위) 등이 있다.

또한 절차상의 하자에 해당하는 것은 ① 필요한 상대방의 신청이나 동의가 없는 경우, ② 필요한 고지없이 한 경우, ③ 법령상 요구되는 청문 기타 의견진술의 기회를 주지 않고 한 경우, ④ 이해 관계인의 필요적 참여나 협의가 없는 경우 등이다.

마지막으로 형식상의 하자로서는 ① 법률상 문서에 의하도록 한 것을 구술로 한 경우, ② 필요적인 사항을 기재하지 않은 경우, ③ 행정기관의 서명 날인이 없는 경우 등이 있다.

한편 행정행위의 하자 중에서 무효원인인 것을 제외한 모든 하자가 취소원인이 된다. 아래 사례에서 제시된 행정행위에는 어떤 하자가 있는지, 있다면 그것이 무효원인인지 취소원인인지를 생각해 보자.

제 5 절 행정구제법

현행법상 행정구제의 대표적 방법으로는 행정상 손해전보제도(損害塡補制度)와 행정쟁송제도를 들 수 있다. 행정상 손해전보는 행정작용으로 인해서 국민이 입은 손해를 전보하는 제도로서 위법한 행정작용으로 인한 권익 침해에 대한 구제수단인 행정상 손해배상(국가배상)과 적법한 행정작용으로 인한 권익 침해에 대한 이해조정수단인 행정상 손실보상으로 나누어진다. 행정쟁송제도는 행정기관이 행한 행위의 효력 또는 법률관계의 당부를 다투는 제도로서 다시 행정심판과 행정쟁송으로 나누어진다.

[1] 행정상의 손해배상(국가배상)

행정상의 손해배상 즉 국가배상제도는 헌법 제29조에 근거를 두고 마련되었다. 헌법 제29조는 "공무원의 직무상 불법행위로 손해를 받은 국민은 법률이 정하는 바에 의해 국가 또는 공공단체에 정당한 배상을 청구할 수 있다. 이 경우 공무원 자신의 책임은 면제되지 않는다."고 규정하여 국가배상청구권의 헌법적 근거를 명시하고 있는데, 이에 따라 제정된 법률이 바로 국가배상법이다. 국가배상법에 따른 국가배상은 다시 두 가지로 나누어지는데, 하나는 국가배상법 제2조에서 정하고 있는 공무원의 위법한 행위로 인한 손해배상이며, 또 하나는 동법 제5조에 의한 영조물의 설치 · 관리상의 하자로 인한 손해배상이다.

국가배상법 제2조는 공무원의 위법한 직무행위로 인한 국가배상책임을 명문으로 인정하고 있다. 또한 국가배상법 제5조는 "도로 · 하천 기타 공공의 영조물의 설치 또는 관리에 하자가 있기 때문에 타인에게 손해를 발생하게 하였을 때에는 국가 또는 지방자치단체는 그 손해를 배상하여야 한다"고 규정하고 있다.

[2] 공무원의 위법한 직무집행행위로 인한 국가배상

공무원의 위법한 직무집행행위로 인한 국가배상이 인정되기 위하여는 ① 공무원의 ② 고의 · 과실에 기한 ③ 위법한 ④ 직무집행행위로 ⑤ 손해가 발생하고 ⑥ 직무집행행위와 손해간에 인과관계가 있어야 한다.

① 公務員의 행위

여기서 공무원이란 널리 공무를 위탁받아 이에 종사하는 자(기능적 의미의 공무원)로서 국가공무원법상이나 지방공무원법상의 소위 신분상의 공무원에 한하지 않는 광의의 공무원이다.

② 고의 · 과실에 기할 것

과실은 주의의무 위반을 의미한다. 그러나 국가배상에서 고의 · 과실의 입증이 용이하지 않아 국가배상책임의 인정이 어려워져 구제의 인정범위가 부당히 좁아지는 것을 막기 위하여 과실의 객관화 경향이 주장되고 있다. 과실을 객관적 주의의무의 위반으로 파악하고 그 주의의무의 내용을 고도화하려는 입장이나, 과실을 공무원의 위법행위로 인한 국가작용의 흠으로 이해하여 완화시키려는 견해나, 과실의 인정에서 가해공무원의 특정을 요하지 않는다는 견해들이 이에 해당한다.

③ 위법할 것

위법은 법령에 위반함을 의미한다. 그 해석에 대하여는 행위위법설과 결과위법설이 대립한다. 결과위법설은 국가배상에서의 위법은 항고소송에서와는 달리 행위의 법규에의 위반 뿐만 아니라 결과에 따른 손해의 중대성도 고려하여 보다 넓게 위법을 인정하려 한다. 행정규칙의 위반행위가 위법으로 인정되는가 또는 부당한 재량처분이 위법으로 인정되는가에 대하여는 논란이 있으나 일반적으로 인정되지 않는 것으로 본다. 이러한 위법은 누가 입증할 것인가에 대해 원고책임설(통설)과 입증책임전환설이 주장된다. 행정청의 부작위의 경우에도 그것이 행정청의 작위의무에 위반한 경우에는 위법성이 인정된다.

④ 직무집행행위

직무집행행위는 사경제적 작용의 경우는 배제한다고 본다. 직무집행행위는 행정공무원의 직무행위에 그치지 않고 입법부와 사법부의 행정업무를 포함한다. 입법작용이나 사법작용도 직무집행행위로 인정되어 국가배상이 인정될 수 있는가? 일정한 조건하에서 인정될 수 있다고 본다. 부작위의 경우에도 행정청이 사인에 대한 작위의무가 있는 경우 인정된다고 본다. 직무행위는 직무행위 그 자체 뿐만 아니라 직무수행의 수단으로 행하여진 행위 및 직무와 밀접한 관련이 있는 행위를 포함한다.

⑤ 손해가 발생하여야 한다.

손해는 물리적인 것과 정신적인 것을 모두 포함한다.

⑥ 인과관계

공무원의 직무행위와 손해의 발생과는 상당인과관계가 있어야 한다. 행정지도와 같이 직무집행행위와 손해의 발생 사이에 본인의 '자발적인 동의'가 개입하는 경우에는 위법성이 인과관계가 부정될 것이다.

국가배상의 청구는 고의·중과실의 경우에는 국가(또는 지방자치단체)나 공무원에 선택적으로 청구할 수 있으나 경과실의 경우에는 국가(또는 지방자치단체)에만 청구할 수 있다는 것이 대법원의 입장이다. 국가가 배상한 경우 공무원에 고의 또는 중대한 과실이 있는 때에는 국가 또는 지방자치단체는 그 공무원에게 구상할 수 있다.

또한 공무원의 선임감독자와 비용부담자가 다른 경우에는 비용부담자도 책임을 진다. 이 경우에는 피해를 입은 국민은 양자에 대하여 선택적으로 청구할 수 있는데 이 경우 손해를 배상한 자는 내부관계에서 그 손해를 배상할 책임이 있는 자에게 구상할 수 있다.

사 례 ≫ A지방해양수산청 소속 선박검사담당공무원 갑은 선박에 관한 정기검사를 실시함에 있어, 선박안전법상의 선박검사에 관한 규정을 준수하지 않고 기관의 노후 등으로 화재의 위험이 있는 선박에 대하여 선박검사증서를 교부하였다. 그러나 동 선박은 몇 달 후 항행도중 기관의 과열로 인하여 화재가 발생함으로써 승객 수십명이 사망하기에 이르렀다. 이 경우 사망한 승객의 유가족이 갑의 직무수행과 관련하여 행사할 수 있는 권리구제수단에 대하여 논하시오.(사법시험 제39회)

=참조조문=

선박안전법－제8조 (정기검사)

① 선박소유자는 선박을 최초로 항해에 사용하는 때 또는 제16조의 규정에 따른 선박검사증서의 유효기간이 만료된 때에는 선박시설과 만재흘수선에 대하여 국토해양부령이 정하는 바에 따라 국토해양부장관의 검사(이하 "정기검사"라 한다)를 받아야 한다. 다만, 제29조의 규정에 따른 무선설비 및 제30조의 규정에 따른 선박위치발신장치에 대하여는 「전파법」의 규정에 따라 검사를 받았는지 여부를 확인하는 것으로 갈음한다(개정 2008. 2. 29).

② 국토해양부장관은 제1항의 규정에 따른 정기검사에 합격한 선박에 대하여 항해구역・최대승선인원 및 만재흘수선의 위치를 각각 지정하여 국토해양부령이 정하는 선박검사증서를 교부하여야 한다(개정 2008. 2. 29).

③ 제2항의 규정에 따른 항해구역의 종류와 예외적으로 허용되거나 제한되는 항해구역, 최대승선인원의 산정기준 등에 관하여 필요한 사항은 국토해양부령으로 정한다(개정 2008. 2. 29).

해설 이 사안은 전형적으로 공무원의 위법한 직무집행행위로 인한 국가배상책임을 묻는 것이다. 따라서 그 각 요건을 충족하는가를 살펴보아야 할 것이다. 그 밖에는 유족들이 선박검사증서의 교부에 대해 취소청구소송(및 행정심판)을 등을 제기할 수 있는가의 여부도 여론을 살펴보아야 할 것이다. A는 지방해양수산청 소속 선박검사담당공무원이다. 따라서 ① 공무원의 요건을 충족한다. 노후 등으로 화재의 위험이 있는 선박에 대하여 선박검사증서를 교부하였다고 하므로 ② 과실을 인정할 수 있다. 선박안전법상의 선박검사에 관한 규정을 준수하지 않았다고 하므로 ③ 위법성을 인정할 수 있다. ④ 선박검사증서의 교부는 공무의 집행에 해당한다. ⑤ 승객이 사망하였으므로 손해가 발생하였으며, ⑥ 또한 선박검사증서의 교부와 그에 따른 항해로 인한 화재손해 간에 인과관계가 인정된다 하겠다.

따라서 본 사안은 공무원의 위법한 직무집행행위로 국가배상책임이 인정된다.

그 밖의 권리구제수단으로는 행정심판이나 행정소송을 생각해 볼 수도 있다. 이로써 선박검사증서 교부의 위법을 다툴 것을 계획해 볼 수도 있다. 선박검사증서의 교부는 어떠한 성격의 행정작용인가? 이는 해상교통의 안정 등을 이유로 선박사용을 제한하고 일정한 요건 하에 선박을 사용할 수 있도록 제한을 해제하는 '허가'에 해당한다. 따라서 그 처분성이 인정되므로 행정심판이나 행정소송의 대상이 될 수 있다. 그러나 유족들에게 소송을 제기할 수 있는 원고적격이 인정되는가? 유족들에게 법률상의 이익이 침해되었는가? 또 그러한 재판으로서 얻을 수 있는 법률상 이익이 존재하는지의 '협의의 소의 이익'도 문제된다. 이 경우 원고적격도 인정되기 어렵고, 협의의 소의 이익도 인정되기 어려우므로 행정심판이나 행정소송은 소송요건 또는 심판제기요건의 불비로 각하될 것이다.

[3] 영조물의 설치 · 관리상의 하자로 인한 국가배상책임

국가배상법 제5조는 "도로 · 하천 기타 공공의 영조물의 설치 또는 관리에 하자가 있기 때문에 타인에게 손해를 발생하게 하였을 때에는 국가 또는 지방자치단체는 그 손해를 배상하여야 한다"고 규정하고 있다.

이같은 형태의 국가배상책임은 다음의 요건을 요구한다.

① 공공의 영조물일 것

본래의 의미의 영조물은 공적목적을 달성하기 위한 '인적 · 물적 종합체'를 의미한다. 그러나 여기서의 영조물은 공물의 의미에 가깝다. 공작물에 한하지 아니하므로 자동차 · 항공기 · 경찰견 등 동산도 포함된다. 영조물에는 도로 · 공원 · 운하와 같은 인공공물 뿐만 아니라 하천 · 해면 · 호소와 같은 자연공물도 포함된다.

② 설치 또는 관리에 흠이 있을 것

설치 또는 관리에 흠이 있다는 것은 통상적으로 갖추어야 할 안전성을 결여하였음을 의미한다. 주관설은 영조물에 대한 안전확보의무 내지 사고방지의무위반에 기인하는 물적 위험상태가 야기되었을 것을 요구한다. 객관설은 종래의 통설 및 판례의 입장이었던 것으로 하자의 유무를 객관적으로 보아 안전성을 결여하였는지의 여부만으로 판단한다. 절충설은 하자의 유무를 판단함에 있어 영조물 자체의 객관적 하자 뿐만 아니라, 관리자의 안전관리의무위반이라는 주관적 요소도 아울러 고려해야 한다고 한다. 그리하여 손해가 물적하자에 기인한 것이든 관리작용상의 과오에 기인한 것이든 불문하고 영조물책임이 인정된다고 한다.

판례는 종래 객관설에 의하다가 주관설에 근거한 판례 등이 나오기 시작하는 등 혼란이 야기되고 있다.

자연공물에 대하여는 인공공물과 같은 잣대로 하자를 판단할 것인지 아니면 다른 기준으로 하자를 판단할 것인지 논란이 되고 있다. 예를 들면 하천의 관리의 경우 그 유수원인 강수량의 정확한 예측이 어렵고, 제방의 축조와 같이 막대한 비용이 들며, 예산상의 제약을 받는 등의 특수성으로 인하여 인공공물과 같이 일률적으로 다룰 수 없는 점이 있다. 따라서 자연공물인 하천이 범람하여 수해를 일으킨 경우, 그 전부에 대하여 국가 등이 책임을 질 수는 없다는 것이다.

설치 · 관리의 흠이 없는데도 불구하고 예상할 수 없는 외력에 의하여 재해가 발생한 경우에는 불가항력에 의한 것으로 책임을 지지 않는다. 재정적 제약은 참작사유는 될지언정 면책사유는 되지 않는다.

③ 타인에게 손해를 발생하게 하였을 것

손해가 발생하고 흠과 손해간에 상당인과관계가 있어야 한다.이러한 책임은 하자와 상당인과관계가 있는 모든 손해를 배상하여야 한다. 설치관리자와 비용부담자가 동일하지 않는 경우에는 선택적 청구가 가능하다.

사 례≫ 강풍으로 인한 낙석(落石)이 원인이 되어 지방도의 한 부분이 크게 파손되었는데 이 지방도는 도로관리당국의 책임자인 K시가 (갑)에게 위임하여 관리해 왔다. 그런데 (갑)은 그 당시 개인적인 사정으로 인해 다른 지방에 내려가 있어서 이에 대한 신속한 대응을 하지 못하였다. 그 결과, 이틀 후에 (을)이 그로 인해

교통사고를 당해서 부상을 입게 되었다. 이 경우에 (을)은 어떤 보상을 받을 수 있는가?

해설 이 경우 (을)의 부상은 도로관리상의 하자로 인한 것이면서 동시에 도로관리책임자인 (갑)이 직무를 게을리 해 일어난 것이다. 따라서 (을)은 일단 국가배상법 제2조와 제5조에 의한 손해배상을 청구할 수 있는지, 또 다른 한편으로 민법상의 불법행위로 인한 손해배상을 청구할 수 있는지가 문제된다.

1. 국가배상법 제2조의 손해배상

먼저 국가배상법 제2조에 의한 손해배상을 청구하기 위해서는 첫째, 공무원의 직무상 행위로 인해 손해가 발생해야 하고, 둘째, 그러한 공무원의 행위가 법령에 위반되는 것이어야 하며, 셋째, 공무원에게 고의 또는 과실이 있어야 한다.

먼저 (갑)은 공무원은 아니지만 지방자치단체인 K시로부터 도로관리를 위탁받아 이에 종사하는 자이므로 국가배상법에서 말하는 공무원에 해당한다. 도로관리를 잘못한 행위가 직무상의 행위임은 명백하고 이로 인해서 손해가 발생한 사실도 인정된다. 또한 이러한 관리 잘못이 도로법 등 법령에 위반됨도 인정 된다.

문제는 (갑)에게 고의 또는 과실이 인정되는지 여부인데, 위 도로의 파손은 강풍에 의한 낙석이 원인이었으므로 그 자체에 (갑)의 과실을 인정할 수는 없다. 그러나 사고는 도로파손 후 이틀이 지난 뒤에 일어났고 (갑)은 이틀 동안 "개인적인 사정으로" 다른 지방에 내려가 있었으므로 과실이 있다고 보아야 한다.

따라서 (을)은 국가 또는 지방자치단체를 상대로 국가배상법 제2조에 의거해서 손해배상을 청구할 수 있다. 그런데 도로관리사무는 국가의 보통지방행정기관으로서의 사무에 해당하기 때문에 (을)은 K시를 상대로 손해배상을 청구해야 한다.

2. 국가배상법 제5조의 손해배상

한편 국가배상법 제5조의 손해배상을 청구하기 위해서는 첫째, 공공의 영조물의 하자에 의한 손해이고, 둘째, 그 공공의 영조물의 설치 또는 관리에 하자가 있어야 하며, 셋째, 손해가 그 공공의 영조물의 하자로 인해서 발생해야 한다. 그러나 영조물의 설치·관리책임을 지고 있는 공무원의 고의·과실은 요구되지 않는다. 즉 무과실책임이다.

첫째 공공의 영조물이란 국가 또는 공공단체에 의해 공공의 목적에 공용되는 유체물을 말하며 도로는 국가배상법 제5조에서 명시적으로 인정하고 있는 공공의 영조물이다. 이 사례의 교통사고는 바로 공공의 영조물인 도로의 파손으로 인해서 일어난 것이므로 이 요건은 충족된다.

둘째, 공공의 영조물의 설치·관리상의 하자가 있어야 하는데, 이는 객관적으로 영조물의 설치와 그 후의 유지·수선에 불완전한 점이 있어서 통상적으로 갖추어야 할 '물적 안전성'을 결여한 것을 말하며, 설치·관리자의 주관적 의무위반을 요하지 않는다. 따라서 도로가 이미 파손되었으므로 도로의 물적 안전성을 갖추지 못한 것이 되어 이 요건 역시 충족된다.

한편 위의 교통사고는 도로의 파손으로 인해 일어난 것이므로 셋째 요건 역시 충족된다.

그런데 이 사고의 근본원인이 강풍에 의한 낙석이었다는 점이 매우 중요한 의미를 가진다. 왜냐 하면 국가배상법 제5조의 손해배상은 천재지변과 같이 인력으로 막을 수 없는 재난이 원인이 되어 영조물에 의한 손해가 발생한 경우에는 불가항력에 의한 경우로 면책사유가 된다고 규정하고 있기 때문이다. 그러나 이 점과 관련해서도 강풍에 의한 낙석은 통상 예견할 수 있는 일인 데다가, 그렇지 않다고 하더라도 사고는 낙석으로 인한 것이 아니라 도로보수가 지연된 탓으로 일어난 것이기 때문에 이를 면책사유에 해당한다고 볼 수는 없다.

따라서 (을)은 K시를 상대로 국가배상법 제5조에 의한 손해배상도 청구할 수 있다.

[4] 손실보상

적법한 공권력행사로 사유재산에 가하여진 특별한 희생에 대하여 사유재산의 보장과 공평부담의 견지에서 행정주체가 이를 조정하기 위하여 행하는 조절적인 재산적 보상을 행정상 손실보상이라고 한다.

손실보상의 요건으로는

① 공공필요에 의할 것

헌법 제23조 3항은 공용침해의 요건으로서 "공공필요"를 요구하고 있다. 사기업에 의한 공용수용이 공공필요에 의한 것으로 인정될 수 있는가 문제되고있다.

② 공권력의 행사(수용 · 사용 또는 제한)가 있어야 한다.

이는 법적 행위 뿐만 아니라 사실행위로도 가능하다. 침해의 형태도 반드시 의도적인 것임을 요하지 않는다.

③ 재산권의 침해

헌법 제23조 ①항에서 보장하는 재산권에 대한 침해가 있어야 한다. 여기서 재산권은 소유권 뿐 아니라 법에 의하여 보호되고 있는 일체의 재산적 가치가 있는 권리를 의미한다.

④ 특별한 희생이 발생할 것

형식적 기준설은 재산권에 대한 침해행위가 일반적인 것인지 개별적인 것인지를 표준으로 특별한 희생 여부를 판단한다. 실질적 기준설은 침해가 재산권의 본질을 침해하는 정도의 것인가의 여부로 판단한다. 일반적으로는 두 가지 기준을 복합적으로 판단한다.

사 례≫ A시는 10여년 전까지 석탄 산업으로 번창하던 도시였으나, 최근 석탄 산업의 쇠퇴로 현저하게 인구가 줄어들고 있다. 건설교통부장관은 관광레저형 기업도시를 건설하려는 민간기업인 주식회사 甲과 지역 개발을 위해 이를 유치하려는 A시장의 공동 제안에 따라 A시 외곽 지역에 개발구역을 지정 · 고시하고, 甲을 개발사업의 시행자로 지정하였다. 그 후 甲은 개발사업의 시행을 위해 필요한 토지 면적의 55%를 확보한 후, 해당 지역의 나머지 토지에 대한 소유권을 취득하기 위하여 토지소유자 乙, 丙 등과 협의하였으나 협의가 성립되지 않자 중앙토지수용위원회에 수용재결을 신청하였고, 동 위원회는 수용재결을 하였다.(사법고시 제49회)

(1) 甲이 추진하는 관광레저형 기업도시를 건설하기 위한 토지수용에 있어서 "공공필요"를 검토하시오.(10점)

(2) 乙은 甲에게 생활대책에 필요한 대체용지의 공급을 포함하는 이주대책의 수립을 신청하였지만 상당한 기간이 경과했는데도 甲은 이주대책을 수립하지 않고 있다. 이에 乙은 이주대책의 수립을 구하는 의무이행심판을 청구하였다. 심판청구의 인용가능성 유무와 재결의 형식을 검토하시오.(20점)

(3) 丙은 자신의 토지가 위 개발사업에 필요한 토지가 아니므로 수용재결이 위법하다고 주장한다. 丙이 자신의 토지를 수용당하지 않기 위하여 제기할 수 있는 불복방법을 논하시오.(20점)

=참조조문=

[기업도시개발 특별법]

제1조 (목적) 이 법은 민간기업이 산업·연구·관광·레저분야 등에 걸쳐 계획적·주도적으로 자족적인 도시를 개발·운영하는데 필요한 사항을 규정하여 국토의 계획적인 개발과 민간기업의 투자를 촉진함으로써 공공복리를 증진하고 국민경제와 국가균형발전에 기여함을 목적으로 한다.

제2조 (정의) 이 법에서 사용하는 용어의 정의는 다음과 같다.

1. "기업도시"라 함은 산업입지와 경제활동을 위하여 민간기업(법인에 한하며, 제48조제2항의 규정에 의하여 대체지정된 시행자를 포함한다)이 산업·연구·관광·레저·업무 등의 주된 기능과 주거·교육·의료·문화 등의 자족적 복합기능을 고루 갖추도록 개발하는 도시를 말하며, 다음과 같이 구분한다.
   다. 관광레저형 기업도시: 관광·레저·문화 위주의 기업도시

제4조 (개발구역 지정의 제안) ① 제10조 제3항의 기준에 적합한 민간기업 및 다음 각호에 해당되는 자(민간기업과 협의된 경우에 한한다)는 관할 광역시장·시장 또는 군수(광역시 관할 구역에 있는 군의 군수를 제외하며, 이하 "시장·군수"라 한다)와 공동으로 건설교통부장관에게 개발구역의 지정을 제안할 수 있다(단서 및 각호 생략).

제10조 (개발사업의 시행자 지정 등) ① 건설교통부장관은 제4조의 규정에 의하여 개발구역의 지정을 제안한 민간기업 등을 개발사업의 시행자로 지정한다.

제14조 (토지 등의 수용·사용) ① 시행자는 개발구역 안에서 개발사업의 시행을 위하여 필요한 때에는 공익사업을위한토지등의취득및보상에관한법률 제3조의 규정에 의한 토지·물건 또는 권리(이하 "토지등"이라 한다)를 수용 또는 사용(이하 "수용등"이라 한다)할 수 있다.

③ 공익사업을위한토지등의취득및보상에관한법률 제28조의 규정에 의한 재결의 신청은 개발구역 토지면적의 50퍼센트 이상에 해당하는 토지를 확보(토지소유권을 취득하거나 토지소유자로부터 사용동의를 얻은 것을 말한다) 후에 이를 할 수 있다. (단서 생략)

⑤ 제1항의 규정에 의한 토지등의 수용등에 관한 재결의 관할 토지수용위원회는 중앙토지수용위원회가 된다.

⑥ 시행자는 공익사업을위한토지등의취득및보상에관한법률이 정하는 바에 따라 개발사업의 시행에 필요한 토지등을 제공함으로 인하여 생활의 근거를 상실하게 되는 자에 대하여 주거단지 등을 조성·공급하는 등 이주대책을 수립·시행하여야 한다.

⑦ 제6항의 규정에 의하여 수립하는 이주대책에는 이주대상 주민과 협의하여 당초 토지등의 소유상황과 생업 등을 감안하여 생활대책에 필요한 용지를 대체하여 공급하는 등 대통령령이 정하는 사항을 포함하여야 한다.

⑩ 제1항의 규정에 의한 토지등의 수용등에 관하여 이 법에 특별한 규정이 있는 경우를 제외하고는 공익사업을위한토지등의취득및보상에관한법률을 준용한다.

해설 사안은 요즘 흔히 시행되고 있는 지방자치단체의 민자유치사업에 관한 것이다.

문제 (1)은 민간기업인 갑의 사업이 공용필요성을 인정받을 수 있는가의 문제이다. 당해 사업의 공공사업으로 인정받으면 사인인 사업시행자가 직접 토지수용권을 취득하게 되어 있다.

공용필요의 요건은 사업이 공공성이 있을 것을 요구한다. 그런데 공공성은 직접적으로 공익목적을 실행하는 것만을 인정하는가 아니면 재정수입의 증대 등을 통한 간접적인 공익목적 실행도 포함하는가? 대판 1971. 10. 22, 71다1716에서 워커힐 관광단지를 개발하는 사업에서 소정의 문화시설에 해당하는 공익사업으로 인정하여 공용수용을 인정한 바 있다. 그러나 사기업 등의 사업에 공용필요성을 인정하는 경우에도 기업의 영리추구가 지역개발의 이익보다 앞서는 경우에는 공용필요의 개념이 충족되지 못한다고 보아야 할 것이다.

문제 (2)는 행정청의 부작위에 대하여 의무이행심판의 인용가능성 유무와 재결의 형식을 검토할 것을 요구하고 있다.

의무이행심판을 제기하기 위하여는 행정청의 '부작위'가 존재하여야 한다. 심판의 대상으로서의 '부작위'가 성립하기 위하여는 ① 행정청의 처분의무가 존재하여야 하고, ② 당사자의 처분의 신청이 있어야 하고, ③ 상당한 기간이 경과하여야 하며, ④ 그럼에도 그에 대한 처분이 부존재 하여야 한다. 이주대책신청을 한 것에 대하여 이주대책신청을 거부하였다면 거부처분 취소심판청구도 고려하여야 할 것이나 문제가 의무이행심판을 묻는 것에 그치므로 이 부분은 생략한다.

특별법 제14조 등에 의하면 을에게 조리상 및 법규상의 신청권이 있음을 인정할 수 있다. 따라서 ①요건을 충족하며 ②③④의 요건이 충족하므로 을의 청구는 이유있다.

의무이행심판의 재결의 형식은 심판청구의 요건이 불비된 경우 각하재결, 심판청구의 요건이 충족된 경우에는 다시 청구가 이유있는 경우 인용재결을 이유없는 경우에는 기각재결을 할 수 있다. 청구가 이유 있어도 공익과의 이익

형량상 사정재결을 할 수 있는 경우도 있다. 인용재결의 경우 지체없이 신청에 따른 처분을 하거나 이를 할 것을 명한다.

문제 (3)은 수용재결에 대한 피수용자의 불복방법을 묻고 있다. 이에 대하여는 공익사업을위한토지등의취득및보상에관한법률(이하 공토법)을 참조할 필요가 있다 공토법 제83조는 중앙토지수용위원회의 재결에 대해 이의가 있는 자는 중앙토지수용위원회에 이의를 신청할 수 있도록 규정하고 있다. 이의신청을 제기하기 전에도 행정소송의 제기는 가능하며 이의신청 이후에도 이에 다시 불복하여 행정소송을 제기할 수 있다. 이의신청에 대한 재결이 있은 후 행정소송을 제기하는 경우에도 원칙적으로 원처분주의가 인정된다. 또한 행정소송의 제기 이후에도 공용수용의 집행이 완료되는 것을 막기 위하여 집행정지를 통한 가구제의 신청도 필요할 것이므로 집행정지의 요건을 충족하는지의 여부도 살펴보아야 할 것이다.

[5] 행정소송

행정소송에는 항고소송, 공법상의 당사자소송, 민중소송, 기관소송이 있다.

항고소송이란 행정청의 위법한 처분·재결이나 부작위에 대해 그로부터 법률상 이익을 침해받은 자가 제기하는 소송을 말한다. 이에는 취소소송, 무효 등 확인소송, 부작위위법확인소송이 있다.

공법상의 당사자소송이란 행정청의 처분 등을 원인으로 하는 법률관계에 관한 소송과 그 밖에 공법상 법률관계에 관한 소송으로서 그 법률관계의 한쪽 당사자를 피고로 하는 소송을 말한다. 원칙적으로 대등한 두 당사자 사이의 공법상 법률관계에 대한 다툼을 심판하는 소송이다.

민중소송이란 국가 또는 공공단체의 기관이 위법한 행위를 한 경우 직접 자기의 법률상 이익과 관계없이 그 시정을 구하기 위해 제기하는 소송이다. 즉 행정법규의 적정한 적용을 확보하기 위해 제기하는 이른바 객관적인 소송이다.

기관소송이란 국가 또는 공공단체 기관 상호간에 권한의 존부 또는 그 행사에 관한 다툼이 있을 때에 이에 대해 제기하는 소송이다. 예컨대 지방자치단체의 장이 지방의회의 의결의 위법을 이유로 제기하는 소송(지방자치법 제159조 제3항)이 이에 해당한다. 여기에서는 행정소송의 중심을 이루는 항고소송 중 취소소송만을 다루기로 한다.

사 례≫ (갑)은 서울특별시 K구청장으로부터 대중음식점 영업허가를 받아 레스토랑을 경영해 오고 있다. 그런데 1998. 8. 30. 구청에서 단속을 나와 위생상태가 불량하다는 지적을 받았는데, 1998. 11. 15.에 1998. 12. 1.부터 12. 31.까지 영업정지처분을 한다는 통지를 받았다. 이에 (갑)은 위 영업정지처분이 부당하다고 생각해 행정소송을 제기하려고 한다. 어떤 절차를 밟아야 하는가?

해설 영업정지처분과 같은 행정처분에 대해 억울하다고 판단되면 행정소송을 제기할 수 있는데 이는 일반 민사소송과는 법원의 관할 및 그 절차에 다른 점이 있다.

과거에는 행정심판전치주의를 채택하여 행정소송을 제기하기 위해서는 행정심판절차를 미리 거쳐야 했으나, 현행 행정소송법은 특별히 법률로 정한 경우를 제외하고는 행정심판을 거치지 않고도 행정소송을 제기할 수 있도록 하였다(행정소송법 제18조). 따라서 취소소송은 행정심판을 거쳐서 할 수도 있고 바로 제기할 수도 있다.

사 례≫ A는 주거지역에서 연탄공장 설치허가를 받아 운영하고 있다. 그런데 인근지역 주민들은 이 연탄공장으로부터 발생하는 분진과 소음 등으로 피해를 보게 되자 B를 대표로 선임해 그 연탄공장 설치허가를 취소해 달라는 취지의 행정소송을 제기하였다. B는 이 지역이 주거지역임에도 불구하고 A의 연탄공장이 건축법상의 규제를 따르지 않았으므로 위 공장의 설치허가는 취소되어야 한다고 주장했다. 이에 대해 이 소송에 이해관계인으로 참가한 A는 "B 등 인근지역 주민들은 연탄공장 설치허가의 취소를 구할 법률상 이익이 없으므로 청구가 각하되어야 한다"고 주장했다. A의 주장은 타당한가?

해설 취소소송을 제기하기 위하여는 소송요건을 갖춰야 한다. 소송요건에 중요한 것으로는 ① 처분성, ② 원고적격, ③ 협의의 소의 이익 등이 있다. 본 사안은 두번째 소송요건인 원고적격에 관한 문제이다.

누가 취소청구소송을 제기할 수 있는가?(원고적격) 행정소송법 제12조는 "취소소송은 처분등의 취소를 구할 법률상 이익이 있는 자가 제기할 수 있다" 고 규정하고 있다. 이 해석에 대하여 ① 권리보호설, ② 법률상 이익보호설, ③ 사실상 보호가치 있는 이익 보호설, ④ 적법성 보장설 등의 대립이 있다. 통설과 판례는 법률상 이익보호설을 따르고 있다. 이에 따라 당해 처분등의 직접 상대방뿐만 아니라 제3자라도 당해 처분등의 취소변경을 구할 법률상 이익을 가진 경우에는 취소소송의 원고가 될 수 있다. 그런데 여기서 '법률상의 이익'은 종래 법에서 명시적으로 인정하고 있는 이익만을 인정했었다. 그러나 대법원 1975. 5. 13. 선고 73누96, 97 판결에서는 '관계법률의 해석을 통해 인정되는 이익'도 법률상의 이익으로 인정되었다. 즉 "주거지역내에서 일정한 건축을 금지하고 또 제한하는 것은 공공복리의 증진을 도모하는 데 그 목적이 있는 동시에 주거지역내에 거주하는 사람의 주거의 안녕과 생활환경을 보호하고자 하는 데도 그 목적이 있다. 따라서 주거지역내에 거주하는 사람이 받는 이익은 단순한 반사적 이익이나 사실상의 이익이 아니라 법률에 의해 보호되는 이익이다"고 했다. 즉 대법원의 새로운 판례에 따르면 B는 위 연탄공장의 설치허가 취소를 구할 법률상의 이익이 있는 자로서 적어도 이런 측면에서는 B의 청구는 적법하다.

이와 유사하게 LPG충전소의 건축으로 거주상의 불이익(소음, 진동, 공기오염, 폭발위험, 주택가격 하락 등)을 받는 인근 주민에 의한 동 건축허가 취소청구를 법원이 받아들인 경우도 있다.

사항색인

ㄱ

ㅅ

[저자약력]

高世一(민사소송법)
미국 Tulane대학교 법학박사
현 충남대학교 법학전문대학원 교수

金東健(행정법)
연세대학교 법학박사
현 배재대학교 공무원법학과 교수

金容旭(형사법)
연세대학교 법학박사
현 배재대학교 공무원법학과 교수

金鍾書(헌법)
서울대학교 법학박사
현 배재대학교 공무원법학과 교수

尹富讚(가족법)
연세대학교 법학박사
현 한남대학교 법학과 교수

尹亨烈(재산법)
연세대학교 법학박사
독일 Berlin 자유대학 박사과정 수료
현 배재대학교 공무원법학과 교수

李文址(상사법)
고려대학교 법학박사
현 배재대학교 공무원법학과 교수

* 괄호 안은 책임집필 분야임

사례중심 법과 생활 [제7판]

1997년 3월 10일 초판 발행
1999년 2월 25일 제2판 발행
2007년 2월 20일 제3판 발행
2009년 2월 20일 제4판 발행
2010년 8월 20일 제5판 발행
2013년 2월 20일 제6판 발행
2016년 8월 25일 제7판 인쇄
2016년 8월 30일 제7판 1쇄발행

저 자 고 세 일 · 김 동 건
김 용 욱 · 김 종 서
윤 부 찬 · 윤 형 렬
이 문 지

발행인 배 효 선

발행처 도서출판 法 文 社

주 소 10881 경기도 파주시 회동길 37-29
등 록 1957년 12월 12일 제 2-76호 (倫)
전화 031-955-6500~6, 팩스 031-955-6525
e-mail(영업) : bms @ bobmunsa. co. kr
(편집) : edit66 @ bobmunsa. co. kr
홈페이지 http : //www. bobmunsa. co. kr

조 판 광 암 문 화 사

정가 28,000 원 ISBN 978-89-18-09065-8